Priorität von Kapitalpositionen

Schriften zum Controlling,
Finanz- und Risikomanagement

Herausgegeben von Andreas Brieden, Thomas Hartung,
Bernhard Hirsch und Andreas Schüler

Band 15

PETER LANG

Donatus Wang

Priorität von Kapitalpositionen

Eine rechtsökonomische Untersuchung restrukturierungs- und insolvenzrechtlicher Prioritätssysteme

PETER LANG
Berlin · Bruxelles · Chennai · Lausanne · New York · Oxford

Bibliografische Information der Deutschen Nationalbibliothek
Die Deutsche Nationalbibliothek verzeichnet diese Publikation in der Deutschen Nationalbibliografie; detaillierte bibliografische Daten sind im Internet über http://dnb.d-nb.de abrufbar.

Zugl.: München, Univ. der Bundeswehr, Diss., 2024

D 706
ISSN 1867-027X
ISBN 978-3-631-92357-3 (Print)
E-ISBN 978-3-631-92358-0 (E-PDF)
E-ISBN 978-3-631-92359-7 (E-PUB)
DOI 10.3726/b22116

Verlegt durch Peter Lang GmbH, Berlin (Deutschland)
info@peterlang.com

Diese Publikation wurde begutachtet.

www.peterlang.com

Meinen Eltern

Vorwort

Mit der Veröffentlichung dieser Arbeit findet ein weiteres Promotionsvorhaben seinen Abschluss. Nach einer vorausgegangenen rechtswissenschaftlichen Promotion hat das hiesige Vorhaben Gelegenheit zur vertieften Befassung mit den ökonomischen Grundlagen des Restrukturierungs- und Insolvenzrechts gegeben. Die Forschung hat in bekannten Bereichen eine Vielfalt neuer Eindrücke hinterlassen, Zusammenhänge aufgezeigt und weiteres Interesse geweckt. Zugleich wäre es mir eine Freude, wenn darin ein Beitrag zu einer künftig intensiveren rechtsökonomischen Auseinandersetzung mit dem Bereich des Restrukturierungs- und Insolvenzrechts liegt.

Ich danke meinem Doktorvater Herrn Professor Andreas Schüler, der mir die Chance zur wirtschaftswissenschaftlichen Promotion gegeben und diese betreut hat, sowie Herrn Professor Stefan Koos für die Zweitbegutachtung der Arbeit. Wenngleich eine einfache Danksagung ihren Mühen nicht gerecht wird, möchte ich an dieser Stelle meinen Eltern besonderen Dank aussprechen. Dafür, dass sie mir auf meinem bisherigen Weg stets die Richtung gewiesen, mich zu neuen Projekten ermutigt und mir persönlich, wie auch akademisch und beruflich, alles Erreichte ermöglicht haben. Schließlich meiner Freundin L., die mich seit Beginn unserer Beziehung stets bedingungslos unterstützt hat.

München, im Oktober 2024

Donatus Wang

Inhaltsverzeichnis

1. Einführung

Eigen- und Fremdkapitalpositionen verbriefen einen Anspruch auf Teilhabe an den künftigen Erträgen des Schuldners. Der schuldnerische Unternehmensträger dient als Nexus sämtlicher Kapitalpositionen,[1] welchen das schuldnerische Kapital als Haftungswert gegenübersteht. Das Bedürfnis nach insolvenz- und restrukturierungsrechtlichen Rahmenwerken erwächst sodann aus dem Element der Unsicherheit hinsichtlich möglicher Störungen der Leistungsfähigkeit des Schuldners.[2] Das Kapital des Schuldners wird vor dem Hintergrund dessen unzureichender Ertragskraft in einem geordneten Verfahren festgestellt, durchgesetzt und erforderlichenfalls neu geordnet. In schuldnerischen Unternehmen gebündelte Ressourcen sollen einer gesamtwirtschaftlich effizienten Nutzung zugeführt werden. Die verfahrensrechtliche Behandlung der Kapitalgeber wird durch ihre rechtliche Beziehung zum Schuldner bestimmt, individuelle wirtschaftliche und soziale Umstände bleiben grundsätzlich außer Betracht.[3]

Im Zusammenwirken von Gesetzesrecht und vertraglicher Vereinbarung bestimmt die Priorität die Reihenfolge, in welcher Gläubigern und Gesellschaftern als Kapitalgebern der Zugriff auf den verteilungsfähigen Unternehmenswert eröffnet ist. Als verteilungsfähiger Unternehmenswert wird im Falle einer Fortführung im Planverfahren der Gesamtunternehmenswert (Enterprise Value) des restrukturierten Unternehmens verstanden, im Falle einer Liquidation der verteilungsfähige Nettoverkaufserlös.[4] Tritt die Priorität in der ungestörten Durchführung des Schuldverhältnisses nicht unmittelbar hervor, wird sie in der finanziellen Krise des Schuldners zum bestimmenden Faktor. Der Gesamtheit der Eigen- und Fremdkapitalpositionen steht eine Knappheit haftender Masse gegenüber; dem individuellen Bestreben voller Haftungsverwirklichung sodann das Interesse gemeinschaftlicher Befriedigung und kollektiver Wertmaximierung. Als strukturelles Element durchzieht die Priorität Regelungen gerichtlicher Restrukturierungen und Insolvenzen und bestimmt die verfahrensrechtliche und materielle

---

1 Zu dieser Betrachtungsweise *Meckling*, 41 Law & Contemp. Probs. 13 (1977), 29–30.

2 Ferner *Meckling*, 41 Law & Contemp. Probs. 13 (1977), 30.

3 Zum US-amerikanischen Insolvenzrecht *Rasmussen*, 1994 U. Ill. L. Rev. 1 (1994), 14.

4 *Moyer*, Distressed Debt Analysis, S. 87; *Crystal/Mokal*, The Valuation of Distressed Companies – A Conceptual Framework (2006), SSRN: 877155, S. 2; s. auch *ABI Commission Chapter 11*, Final Report (2014), S. 207; *Schüler/Dirschedl*, DBW 2016, 353 (355).

Position der Beteiligten. Zugleich findet sie an verschiedener Stelle unmittelbare gesetzliche Ausformungen. Sie definiert von zentralen Wirkungspunkten aus die Anreizstruktur innerhalb des Verfahrens und entfaltet verhaltensleitende Wirkungen gegenüber den Beteiligten.

Ausgehend davon bestimmen restrukturierungs- und insolvenzrechtliche Prioritätssysteme grundlegende Dynamiken der Kapitalmärkte. Im Wissen um die ferne Bedeutung der Priorität richten Marktteilnehmer ihr Verhalten aus und treffen Investitions- und Desinvestitionsentscheidungen. Die Priorität entfaltet Anreizwirkungen gegenüber Marktteilnehmern, welche sich über sämtliche Lebensabschnitte der Unternehmenstätigkeit erstrecken. Von der initialen Entscheidung für eine Eigen- und Fremdkapitalinvestition ex ante, über das weitergehende Investitionsverhalten der Kapitalgeber und des schuldnerischen Managements, bis hin zum Verhalten sämtlicher Stakeholder in der finanziellen Krise des Schuldners ex post. Die Priorität wird zum Wirkungspunkt rechtlicher Gestaltung und marktwirtschaftlicher Kräfte.

1.1 Leitmotiv marktwirtschaftlicher Orientierung des Restrukturierungs- und Insolvenzrechts

Das Anliegen des Insolvenzrechts wird nicht mehr beschränkt darauf gesehen, durch ein Kollektivverfahren einen Wettlauf der Gläubiger im Zugriff auf das unzureichende Schuldnervermögen zu verhindern.[5] Vielmehr stellt die moderne ökonomische Theorie des Insolvenzrechts die Bedeutung des Insolvenzrechts als Faktor volkswirtschaftlicher Werterhaltung und Wertschöpfung in den Vordergrund. Als Teil des Unternehmensrechts in Gänze trägt das Insolvenzrecht dazu bei, indem es effiziente Anreize für Marktteilnehmer definiert. In der Gestaltung des Rechts sind mithin dessen Auswirkungen auf Marktteilnehmer ex ante zu berücksichtigen.[6] Seine ökonomische Rechtfertigung erlangt ein Rechtsrahmen, wenn unter Berücksichtigung aller Auswirkungen ein volkswirtschaftlicher Mehrwert generiert wird.[7]

---

5 *Rasmussen*, 1994 U. Ill. L. Rev. 1 (1994), 18.

6 Dazu ebd., 14; Begr. RegE InsO, BT-Drucks. 12/2443, S. 75.

7 *Casey*, 120 Colum. L. Rev. 1709 (2020), 1714.

Als übergeordnetes Leitmotiv wird im deutschen sowie im internationalen Kontext verbreitet die marktwirtschaftliche Orientierung des Restrukturierungs- und Insolvenzrechts verstanden.[8] Anliegen dessen ist nicht die strikte Priorisierung gesamtwirtschaftlicher Effizienzziele gegenüber Belangen des Individuums. Vielmehr herrscht die Einsicht, dass Werterhaltung und Wertschöpfung in Restrukturierung und Insolvenz nicht entgegen, sondern nur entlang marktwirtschaftlicher Mechanismen effektiv erreicht werden können. Marktkräften wird auch in der Restrukturierung und Insolvenz zur Wirkung verholfen. Marktteilnehmern wird eine konsensuale Verwertung des Schuldnervermögens abseits starrer verfahrensrechtlicher Vorgaben und fixer Verteilungsregelungen ermöglicht.[9] Die stetige Fortentwicklung weg vom Leitbild der Liquidation in der Insolvenz hin zur sanierenden Fortführung mittels privatautonomer Plankonzepte folgt dem.

In der insolvenzrechtlichen Forschung wurden verschiedene Grundkonzepte der kollektiven Masseverwertung entwickelt, welche unter den Stichworten hoheitliche Verwaltung, Liquidation, automatische Restrukturierung sowie der strukturierten Verhandlung zusammengefasst werden können.[10] Letzterer Kategorie angehörig sind restrukturierungs- und insolvenzrechtliche Planverfahren, welche den Gegenstand dieser Betrachtung bilden. Der Prozess vollzieht sich in einem Zusammenwirken aus Gesetzesrecht und privatautonomer vertraglicher Vereinbarung. Die Entscheidung über die Art und Weise der Masseverwertung wird in die Hände der Kapitalgeber als wirtschaftlich Betroffene gelegt; die Entscheidung erfolgt in Abstimmungen nach dem Mehrheitsprinzip. Eigen- und Fremdkapitalpositionen am schuldnerischen Vermögen werden in einem einheitlichen Verfahren betrachtet, modifiziert und erforderlichenfalls neu

---

8 Deutlich insoweit Begr. RegE InsO, BT-Drucks. 12/2443, S. 75: „Nur durch die überzeugende Einordnung des Insolvenzrechts in die geltende Wirtschaftsverfassung kann eine Gesetzgebung gelingen, die Bestand hat und nicht alsbald durch weitere Reformen abgelöst werden muß. Die Reform respektiert deswegen die Prinzipien der Wirtschaftsverfassung nicht nur; diese sollen gegenüber dem geltenden Recht noch stärker zur Entfaltung gebracht werden.“, zur Ordnungsaufgabe des Insolvenzrechts in der sozialen Marktwirtschaft.

9 S. etwa Begr. RegE InsO, BT-Drucks. 12/2443, S. 78: „Flexible Insolvenzabwicklung durch Deregulierung“, im „Wettbewerb um die beste Verwertungsart“.

10 Ein Überblick bei *Aghion/Hart/Moore*, in: Blanchard/Froot/Sachs, The Transition in Eastern Europe (Vol. 2), S. 215 (218 ff.); s. ergänzend das maßgeblich von *Schwartz* befürwortete Modell vertragsrechtlicher Regelungen für den Insolvenzfall ("A Contract Theory Approach to Business Bankruptcy"), *Schwartz*, 107 Yale L. J. 1807 (1998), passim.

geordnet. Restrukturierungs- und insolvenzrechtliche Planverfahren dieser Art liegen am Herzen vergangener und gegenwärtiger Reformbestrebungen, wie es Reformen des deutschen Insolvenzplanrechts sowie Schritte europäischer Harmonisierung des Restrukturierungsrechts mit der Einführung des präventiven Restrukturierungsrahmens[11] verdeutlichen. Während Rechtsrahmen präventiver Restrukturierungen primär der Bewältigung von Kollektivhandlungsproblemen (Koordination, Apathie, Holdout) verschrieben sind, steht in der Insolvenz die Knappheit verteilungsfähiger Haftungsmasse (Common-Pool-Problem) weiter im Vordergrund.[12]

1.2 Restrukturierungs- und insolvenzrechtliche Prioritätssysteme

Am Herzen der marktwirtschaftlichen Gestaltung restrukturierungs- und insolvenzrechtlicher Systeme liegt der Faktor der Priorität von Kapitalpositionen. Umgangssprachlich beschreibt der Begriff der Priorität eine Vorrangstellung, mithin ein relatives Verhältnis zweier Bezugsgrößen des Vor- oder Nachrangs. Im Restrukturierungs- und Insolvenzrecht wird der Begriff synonym zum Rangverhältnis gebraucht, der Begriff der Prioritätsstellung synonym zur Rangstellung.

Eigenkapitalgebern (Gesellschaftern) und Fremdkapitalgebern (Gläubigern)[13] sind in der Gestaltung von Kapitalstrukturen verschiedene Dimensionen der Priorität eröffnet. Den Ausgangspunkt bilden gesetzlich definierte Rangklassen für den Fall einer Liquidation des schuldnerischen Rechtsträgers in der Insolvenz. Um der Strukturierung effizienter Verträge und der Entfaltung von Marktkräften Raum zu geben, wird Marktteilnehmern ferner die Möglichkeit eröffnet, ihre insolvenzrechtlichen Rechtsverhältnisse ex ante vertraglich zu modifizieren.[14] So können Vertragsparteien die Prioritätsstellung ihrer Kapitalpositionen durch die Einräumung gegenstandsspezifischer Priorität in Form von Sicherungsrechten

---

11 Richtlinie (EU) 2019/1023 des Europäischen Parlaments und des Rates vom 20. Juni 2019 über präventive Restrukturierungsrahmen, über Entschuldung und über Tätigkeitsverbote sowie über Maßnahmen zur Steigerung der Effizienz von Restrukturierungs-, Insolvenz- und Entschuldungsverfahren und zur Änderung der Richtlinie (EU) 2017/1132 (Richtlinie über Restrukturierung und Insolvenz), im Folgenden „RestRL".

12 Eine Einordnung bei *Skauradszun*, in: BeckOK, StaRUG, Einl. Rn. 12; zum Insolvenzrecht s. auch *Eidenmüller*, ZIP 2016, 145 (145); *Korch*, ZHR 2018, 440 (445 ff.).

13 Im Weiteren gemeinsam auch „Kapitalgeber", in Bezug auf das Verhältnis zum Schuldner.

14 S. *Rasmussen*, 1994 U. Ill. L. Rev. 1 (1994), 18.

beeinflussen oder Nachrangvereinbarungen abschließen. Hinzu treten die Gestaltungsfaktoren der strukturellen Priorität in Konzernstrukturen sowie der zeitlichen Priorität. Auf dem Verhandlungsweg können Marktteilnehmer so ihren wirtschaftlichen Interessen Ausdruck verleihen. Gemeinsam formen diese Dimensionen der Priorität maßgeblich Kapital- und Konzernstrukturen.[15]

1.2.1 Priorität in Liquidation und Fortführung

Wird das schuldnerische Unternehmen im Wege der Einzelliquidation zerschlagen oder im Wege der Gesamtliquidation fortführend veräußert, bestimmt die Priorität die Rangstellung in der Teilhabe am Liquidationswert. Der Nettoverkaufserlös wird an die Kapitalgeber entsprechend ihrer Prioritätsstellung ausgeschüttet. Dabei sind höherrangige Rangklassen zunächst vollständig zu befriedigen, bevor nachfolgenden Rangklassen Werte zuteilwerden.

Im Fall der sanierenden Fortführung des Rechtsträgers bleibt das schuldnerische Vermögen hingegen gebunden und Auszahlungen an Kapitalgeber kommen häufig nicht oder nur in geringem Maß in Betracht. Die Kompensation von Kapitalgebern erfolgt daher durch Wiedereinsetzung ihrer Kapitalpositionen oder Ausgabe neuer Kapitalpositionen in der restrukturierten Kapitalstruktur des Schuldners.[16] Als Entscheidungsmodus sehen Planverfahren die Abstimmung nach dem Mehrheitsprinzip vor. Die Wertverteilung wird zu Teilen in die Hände der Mehrheit der Kapitalgeber gelegt, die Priorität findet nur mittelbar Eingang in die Wertverteilung. Zentraler Wirkungspunkt ist das Instrument des klassenübergreifenden Cram Down.

Um die Einnahme von Blockadestellungen und die Verfolgung ungerechtfertigter Sondervorteile auch auf Klassenebene zu verhindern und Aussichten auf eine Konsensbildung praktisch zu effektuieren, werden der Einflussmacht einzelner Abstimmungsklassen Grenzen gesetzt. Die Ablehnung des Plans durch eine Klasse darf in einem effizienten Restrukturierungs- und Insolvenzrecht nicht dazu führen, dass mehrheitlich befürwortete Sanierungskonzepte scheitern müssen. So darf weder einzelnen Beteiligten innerhalb einer Klasse noch

---

15 Die Grafik auf S. 37 verdeutlicht das Zusammenspiel dieser verschiedenen Dimensionen der Priorität anhand der Insolvenzordnung.

16 Dazu bereits *Friendly*, 48 Harv. L. Rev. 39 (1934), 77: "Since [the creditors] cannot be paid in cash, they should be paid, so far as the resources of the company permit, in securities having the value of cash."; *Bonbright/Bergerman*, 28 Colum. L. Rev. 127 (1928), 131.

einzelnen Klassen ein schrankenloses Vetorecht gegen vorteilhafte Pläne eingeräumt sein.[17] Im Spannungsfeld kollektiver Wertmaximierung und individueller Wertbeanspruchung sollen sanierungshindernde Kollektivhandlungsprobleme überwunden werden. Daher wird dem Gericht auch für den Fall, dass ein mehrheitlicher Konsens nicht in jeder Klasse Planbetroffener zu erreichen ist, eine Planbestätigung mittels einem klassenübergreifenden Cram Down[18] ermöglicht. Restrukturierungs- und insolvenzrechtliche Planverfahren in Deutschland sowie die Vorgaben der europäischen RestRL folgen insoweit einheitlich der Grundstruktur des US-amerikanischen Chapter-11-Verfahrens.[19]

Die Schwelle für diesen weitreichenden Eingriff in die Mitbestimmungsrechte dissentierender Klassen wird entsprechend der Vermögensorientierung des Verfahrens anhand wirtschaftlicher Kriterien definiert. Durch das restrukturierungsrechtliche Grundprinzip des Schlechterstellungsverbots bzw. des best-interests-of-creditors test wird ablehnenden Minderheiten zunächst der wirtschaftliche Wert ihrer Positionen in einem hypothetischen Szenario ohne Plan, regelmäßig einer Liquidation, als Mindestgarantie gesichert. Damit wird eine Untergrenze für Zuteilungen zugunsten dieser unter dem Plan definiert. Geltender Maßstab ökonomischer Effizienz ist das Pareto-Optimum: Das Plankonzept ist einer Durchsetzung zugänglich, wenn konsentierende Klassen eine wirtschaftliche Besserstellung durch den Plan erwarten, während keine dissentierende Klasse schlechter gestellt wird als im Alternativszenario ohne den Plan. Erst wenn sich eine Besserstellung eines Beteiligten nur noch auf Kosten eines anderen Beteiligten erreichen lässt, ist das optimale Zustand erreicht.[20] Als Obergrenze für Zuteilungen zugunsten anderer Gläubiger gilt sodann der volle Betrag des Anspruchs.

---

17 Begr. RegE InsO, BT-Drucks. 12/2443, S. 79; *Drukarczyk/Schüler*, in: MüKo, InsO, § 245 Rn. 2.

18 *Cram down* engl. für herunter-/niederzwängen.

19 Begr. RegE InsO, BT-Drucks. 12/2443, S. 94, 208; *Richter/Thery*, INSOL Europe Guidance Note No. 1 on the Implementation of Preventive Restructuring Frameworks under EU Directive 2019/1023 (April 2020), S. 27 Abs. 91; s. zudem den Strukturvergleich der Regelungen des klassenübergreifenden Cram Down des Chapter-11-Verfahrens, der InsO, der europäischen RestRL und des StaRUG in Übersicht 1 auf den S. 377 ff.

20 Erwähnungsweise zum best-interests-of-creditors test im Chapter-11-Verfahren *Jacoby/Janger*, 123 Yale L. J. 862 (2014), 914–915; mit Blick auf die Entscheidungsfindung im Insolvenzplanverfahren Begr. RegE InsO, BT-Drucks. 12/2443, S. 78; *Eidenmüller*, in: MüKo, InsO, Vor. §§ 217–269 Rn. 24.

Die Verteilung des über den Liquidationswert des schuldnerischen Unternehmens hinausgehenden, durch den Plan im Fortführungsszenario generierten Planmehrwerts, wird innerhalb dieser Grenzen zunächst der Gläubigermehrheit anheimgestellt. Eben diesen Gestaltungsspielraum begrenzt sodann die Prioritätsregel als Kriterium materieller Fairness. Ein durch den Plan gegenüber dem Alternativszenario (häufig der Liquidation) generierter Mehrwert soll fair unter den Kapitalgebern verteilt werden. Ausgangspunkt der Betrachtung sind dabei die für den Insolvenzfall gesetzlich geregelten Liquidationsprioritäten. Die Prioritätsregel bestimmt, in welchem Maß diese auch in der Verteilung des Planmehrwerts in der Fortführung durchgesetzt werden. Adjustierungen im System restrukturierungs- und insolvenzrechtlicher Priorität haben damit Wertverschiebungen unter den Beteiligten zur Folge.[21] Gesetzgeber haben international weithin den Weg beschritten, für diese Durchsetzung nicht-konsensualer Pläne eine vollständige Befriedigung vorrangiger ablehnender Klassen im Sinne einer absoluten Priorität zu fordern.

Da Verhandlungen in der finanziellen Krise des Schuldners stets im Schatten gesetzlicher Zwangsmechanismen geführt werden, wirken die jeweiligen insolvenzrechtlichen Regelungen in den Bereich vorinsolvenzlicher gerichtlicher Restrukturierungen hinein; diese Regelungen wiederum kollektiv in den vorgelagerten Bereich freier, außergerichtlicher Sanierungen.[22] Verfahrensbeteiligte können anhand dieser Kriterien ablesen, welchen Anteil am Unternehmenswert sie im Fall einer nicht-konsensualen Planlösung beanspruchen könnten und damit ihre Handlungsoptionen wirtschaftlich bewerten.[23] Ihnen wird in der privatautonomen Krisenbewältigung in Planverfahren ein strukturierter Verhandlungsraum eröffnet.[24] Zugleich definieren die Regelungen zum klassenübergreifenden Cram Down, welche Sanierungsbeiträge ablehnenden Klassen gegen ihren Willen auferlegt werden können. Auf diese Weise bestimmt die

21 Dazu auch *Roe/Tung*, 99 Virg. L. Rev. 1235 (2013), 1242.

22 Im US-amerikanischen Kontext bezeichnend "bargaining in the shadow of the law"; im insolvenzrechtlichen Kontext etwa *Lipson*, 93 Wash. U. L. Rev. 631 (2018), 680; *Eidenmüller*, in: MüKo, InsO, Vor. §§ 217–269 Rn. 27; *Richter/Thery*, INSOL Europe Guidance Note No. 1 on the Implementation of Preventive Restructuring Frameworks under EU Directive 2019/1023 (April 2020), S. 39 f. Abs. 148.

23 Dazu *Eidenmüller*, in: MüKo, InsO, Vor. §§ 217–269 Rn. 27.

24 *Drukarczyk/Schüler*, in: MüKo, InsO, § 245 Rn. 2; ferner zum RegE InsO, BT-Drucks. 12/2443, RegE InsO, S. 77: koordinierte Verhandlungen zur beschleunigten Selbstkoordinierung der Beteiligten.

Prioritätsregel unter Einschluss der geltenden Liquidationsprioritäten unmittelbar die Verteilung des Unternehmenswerts für nicht-konsensuale Pläne, sowie mittelbar für konsensuale Planlösungen. In ihrer Gesamtheit bilden die verfahrensrechtlichen Vorschriften über die Behandlung von Kapitalpositionen am schuldnerischen Unternehmen in der Krise das jeweilige restrukturierungs- oder insolvenzrechtliche Prioritätssystem.[25]

1.2.2 Dimensionen der Priorität

Die Prioritätsstellung einer Kapitalposition wird durch verschiedene rechtliche Faktoren bestimmt. Diese werden im Folgenden als „Dimensionen" der Priorität bezeichnet und anhand des deutschen Rechts erörtert.

1.2.2.1 Priorität aus Gesetz und Vertrag

Zunächst kennen restrukturierungs- und insolvenzrechtliche Verfahrensrahmen (etwa der US Bankruptcy Code, die deutsche Insolvenzordnung) Regelungen, welche anhand abstrakt-genereller Kriterien bestimmen, welche Rangstellungen Kapitalpositionen im Fall einer Insolvenz des Schuldners einnehmen (gesetzlicher Rang). Rangregelungen für den vorinsolvenzlichen Bereich sind unter US-amerikanischem und deutschem Recht nicht vorgesehen.[26] Gegenstand dieser insolvenzrechtlichen Liquidationsprioritäten sind einheitlich Ansprüche auf Zahlungen, welche aus dem schuldnerischen Vermögen zu leisten sind und den Kapitalwert der Position verbürgen. Im Fall von Fremdkapitalpositionen betrifft dies maßgeblich Ansprüche auf Rückzahlung des überlassenen Fremdkapitals sowie Zinszahlungen (für das deutsche Insolvenzrecht §§ 38, 39 InsO), im Fall von Eigenkapitalpositionen den Anspruch auf Auskehr des Liquidationsüberschusses nach Befriedigung der Gläubiger (§ 199 S. 2 InsO).

---

25 Über Regelungen zu Liquidationsprioritäten und den klassenübergreifenden Cram Down für Planverfahren hinaus umfasst dies auch alternative Mechanismen der Masseverwertung, welche die Rangstellung im Zugriff auf den Unternehmenswert bestimmen, etwa in der US-amerikanischen Forschung entwickelte Optionsmodelle als Konzepte relativer Priorität (eingehend dazu auf den S. 119 ff.).

26 Näher zu den Liquidationsprioritäten unter US-amerikanischem und deutschem Recht auf den S. 54 ff. (Chapter 7 US Bankruptcy Code) und den S. 159 ff. (InsO).

Ergänzend können Gläubiger mit dem Schuldner den insolvenzrechtlichen Nachrang ihrer Forderung vertraglich vereinbaren (vertraglicher Rang bzw. contractual priority).[27] Zudem treffen Finanzierungsgläubiger häufig in bilateralen oder multilateralen vertraglichen Regelungen (sog. Intercreditor Agreements) Absprachen, welche Rangklasse auf welcher Stufe und in welchem Umfang vor- oder nachrangig Forderungen gegenüber dem Schuldner durchsetzen können soll.[28] Die Anerkennung und Durchsetzung dieser vertraglichen – und damit nur zwischen den jeweiligen Vertragsparteien wirkenden – Regelungen in der Restrukturierung oder Insolvenz variiert mit dem jeweiligen Verfahrensrahmen.

Vereinbaren Gläubiger und Schuldner keinen Nachrang der Forderung, steht diese grundsätzlich im Gleichrang (pari passu) mit allen sonstigen, nicht nachrangigen Forderungen gegen den Schuldner. Ergänzend treten gesetzliche Regelungen eines Nachrangs bestimmter Forderungen hinzu.[29] Hierbei stehen weithin materielle Erwägungen der Fairness sowie sozialpolitische Zielsetzungen im Vordergrund. Während das deutsche Insolvenzrecht einer strengeren rechtsökonomischen Prägung folgt, kommt letzterer Aspekt besonders im US-amerikanischen Recht zum Ausdruck.[30] Darin verkörpert liegt die Wertung, dass etwaige Effizienzverluste durch sozialpolitische Gewinne aufgewogen werden.[31] Das deutsche Recht hat Privilegierungen dieser Art mit der Einführung der Insolvenzordnung im Jahr 1999 aufgegeben.[32] Für natürliche Personen als Schuldner sind ergänzend Privilegierungen bestimmter Forderungstypen von einem gesetzlichen Schuldnerlass vorgesehen, welche in ihrer Wirkung einer

---

27 Zum Begriff etwa *Adler/Triantis*, 91 Am. Bankr. L. J. 563 (2017), 563; Vereinbarungen des insolvenzrechtlichen Nachrangs werden unter deutschem Recht gemäß § 39 Abs. 2 InsO anerkannt.

28 *Esser*, in: Braun, StaRUG, § 2 Rn. 26; *Baums*, Recht der Unternehmensfinanzierung, § 31 Rn. 38 ff.

29 S. für das deutsche Insolvenzrecht die Systematik einfacher Insolvenzforderungen als Grundfall (§ 38 InsO) sowie normierter Fälle nachrangiger Insolvenzforderungen (§ 39 InsO).

30 *Lubben*, 21 Fordh. J. Corp. & Fin. L. 581 (2016), 603; zur Diskussion um die Zielbestimmung des Insolvenzrechts in Teil II auf den S. 299 ff.

31 *Lubben*, 21 Fordh. J. Corp. & Fin. L. 581 (2016), 603.

32 Zur historischen Entwicklung von den Konkursvorrechten unter der Konkursordnung bis zu den heutigen Regelungen der §§ 38, 39, 199 InsO auf den S. 159 ff.

Privilegierung in der Priorität hinsichtlich des Schuldnervermögens nach dem Erlass gleichkommen.[33]

1.2.2.2 Zeitliche Priorität

In Abgrenzung zum rechtlichen Rang kann ein faktischer Vorrang einer Forderung aus einer zeitlich vorgelagerten Berechtigung erwachsen, mithin deren zeitlich früherer Fälligkeit. Wenngleich eine Forderung gegenüber einer anderen insolvenzrechtlich nachrangig sein mag, so wird die nachrangige Forderung mit kürzerer Laufzeit faktisch vorrangig bedient.[34] Der rechtliche Rang einer Forderung ist insoweit ohne Bedeutung und entfaltet seine Wirkung nur, wenn es zu einer Restrukturierung oder Insolvenz des Schuldners kommt.[35] Tritt der Schuldner in die Restrukturierung oder Insolvenz ein, werden Forderungen fortan einer gesamtheitlichen Verwertung unterworfen, womit die Bedeutung des zeitlichen Rangs zugleich in den Hintergrund tritt.

1.2.2.3 Strukturelle Priorität

An der Schnittstelle zwischen dem rechtlichen Insolvenzrang sowie dem faktischen Rang einer Forderung steht die Dimension des strukturellen Rangs innerhalb von Gruppenstrukturen mehrerer Rechtsträger.[36] Dieser wird am Beispiel des deutschen Kapitalgesellschaftsrechts erläutert, wobei die grundlegenden Zusammenhänge und Wirkungsweisen auch für andere Gesellschaftsformen und Jurisdiktionen gelten.

Der strukturelle Rang erwächst aus dem Umstand, dass gesellschafts- und konzernrechtliche Prinzipien der Haftungstrennung und Kapitalerhaltung den Zugriff von Gläubigern und Gesellschaftern auf die Haftungsmasse der jeweiligen Gesellschaft begrenzen. Die Separation von Vermögensmassen in Rechtsträgern hat zur Folge, dass Gläubiger unmittelbar allein auf das Vermögen ihrer

---

33 Verbreitet für Forderungstypen wie Steuerforderungen, Deliktsforderungen, Unterhaltsforderungen sowie Strafzahlungen und Bußgelder; im US-amerikanischen Insolvenzrecht etwa gemäß 11 U.S.C. § 523, für die Restschuldbefreiung unter deutschem Insolvenzrecht etwa § 302 InsO; zur Einordnung dieser Privilegierungen in das System absoluter Priorität erwähnungsweise *Lubben*, 21 Fordh. J. Corp. & Fin. L. 581 (2016), 603.

34 Zur Nutzung der rechtlichen sowie auch der zeitlichen Priorisierung von Fremdkapital durch Schuldner als Gestaltungsinstrument der Unternehmensfinanzierung in Teil II auf den S. 346 ff.

35 *Ravid/Sverdlove/Bris/Coiculescu*, 50 J. Fin. & Quant. Anal. 1353 (2015), 1355.

36 Dazu auch *Baird*, 165 U. Pa. L. Rev. 785 (2017), 819–820.

schuldnerischen Gesellschaft zugreifen können, nicht hingegen auf das Vermögen derer Tochtergesellschaften. Der Haftungszugriff von Gläubigern ist auf die Berechtigungen beschränkt, welche dem Haftungsvermögen ihres Schuldners zugeordnet sind. Dies gilt ungeachtet dessen, ob Gesellschaften durch denselben Gesellschafter beherrscht werden.[37] Von Bedeutung ist dies besonders in mehrschichtigen Konzernstrukturen größerer Unternehmen, bei denen Finanzverbindlichkeiten durch Holdinggesellschaften aufgenommen werden, während Vermögenswerte und operative Cashflows auf der Ebene operativer Tochtergesellschaften liegen. Kennzeichnend ist diese Struktur unter anderem für Akquisitionsfinanzierungen.[38] Im Verwertungsfall hat dies zur Folge, dass Gläubiger eines *Gesellschafters* nur auf dessen Vermögenswerte zugreifen können, nicht hingegen auf Vermögenswerte und Cashflows der (Tochter-)*Gesellschaft*. Zugleich sind Ausschüttungen an Gesellschafter nach den Grundsätzen der Kapitalerhaltung im Interesse der Gläubiger der (Tochter-)Gesellschaft beschränkt.[39] Die Separation von Vermögensmassen in Rechtsträgern hat ferner zur Folge, dass Gesellschaften nicht das Vermögen anderer Gesellschaften ohne deren Zustimmung belasten können.[40] Die Gläubiger eines Gesellschafters befinden sich im Zugriff auf das Vermögen der (Tochter-)Gesellschaft damit im strukturellen Nachrang gegenüber deren Gläubigern. Es entstehen strukturelle Prioritäten entlang gesellschaftsrechtlicher Strukturen. Mit der Einfügung weiterer Tochtergesellschaften in die Gruppenstruktur setzt sich der strukturelle Nachrang entsprechend fort.[41]

In Betracht kommt zwar eine Pfändung der Gesellschaftsanteile an der Tochtergesellschaft als Vermögenswert des Gesellschafters, wobei jedoch die Gesellschaftsanteile mit den vorrangigen Fremdverbindlichkeiten gegenüber Gesellschaftsgläubigern belastet und insoweit wertgemindert sind. Der vollstreckende Gläubiger tritt in die Rechtsposition des vormaligen Gesellschafters ein und unterliegt denselben Begrenzungen. Besonders deutlich wird diese Haftungstrennung in der Insolvenz der Gesellschaft, in welcher Gläubiger der

---

37 *Iacobucci/Triantis*, 93 Virg. L. Rev. 515 (2007), 525.

38 Im Kontext der Akquisitionsfinanzierung *Moraht/Dippmann*, in: BeckMandatsHdB Unternehmenskauf, § 6 Rn. 117 ff.

39 S. für die GmbH insb. die Kapitalerhaltungsvorschriften gem. §§ 30 ff. GmbHG, für die AG die §§ 57, 71a AktG.

40 *Iacobucci/Triantis*, 93 Virg. L. Rev. 515 (2007), 525; s. auch *Skeel/Triantis*, 166 U. Pa. L. Rev. 1777 (2018), 1813 Fußn. 151.

41 Näher und mit einem Beispiel zum Recht der GmbH *Baums*, Recht der Unternehmensfinanzierung, § 31 Rn. 45 ff.; zudem *Diem/Jahn*, Akquisitionsfinanzierungen, § 40 Rn. 7 ff.

Gesellschaft ihre Forderungen unmittelbar gegen diese geltend machen können. Der Gesellschafter kann hingegen allein einen etwaigen Liquidationsüberschuss nach Befriedigung der Gesellschaftsgläubiger beanspruchen (§ 199 S. 2 InsO), welcher sodann den Gläubigern des Gesellschafters als Haftungsmasse dient.

Unternehmensgruppen ermöglicht es dies, durch die Verteilung von Vermögenswerten unter den Gruppengesellschaften strukturelle Prioritäten zu formen. Die gezielte Bündelung von Vermögenswerten und Verbindlichkeiten in separaten (Zweck-)Gesellschaften kann dabei Effizienzvorteile gegenüber der Bestellung von Sicherheiten über diese bieten.[42] Zugleich können Risikocharakteristika für Investitionen in die Kapitalstruktur der Gruppe gestaltet und Kapitalkosten optimiert werden.[43] Als Beispiel dienen Mezzanine-Fremdfinanzierungen, welche regelmäßig durch Holdinggesellschaftern begeben werden. Dem Mezzanine-Kreditgeber bleibt der unmittelbare Zugriff auf das Vermögen und die Cashflows operativer Tochtergesellschaften grundsätzlich verwehrt. Ergänzend können auf Ebene der Tochtergesellschaft Ausschüttungen an die Muttergesellschaft kreditvertraglich beschränkt werden. Das mit dem strukturellen Nachrang verbundene, erhöhte Ausfallrisiko wird für Kreditgeber (unter anderem) durch einen erhöhten Risikozinssatz kompensiert.[44]

Ein struktureller Nachrang kann durch die Bestellung von Upstream-Sicherheiten beseitigt werden, indem etwa Tochtergesellschaften für Verbindlichkeiten des Gesellschafters eine Mithaftung übernehmen (z.B. durch Bürgschaft, Garantie oder Schuldbeitritt), wodurch ein Gläubiger des Gesellschafters zugleich unmittelbarer Gläubiger der Tochtergesellschaft wird. Auch durch die Stellung dinglicher (Dritt-)Sicherheiten durch Tochtergesellschaften für Verbindlichkeiten des Gesellschafters wird der strukturelle Rang überwunden.[45] Strukturelle Rangverhältnisse können ferner durch die Verpfändung von Gesellschaftsanteilen gestaltet werden. Diese gestatten dem Pfandnehmer im Verwertungsfall eine Veräußerung der verpfändeten Gesellschaftsanteile und damit eine gegenüber

42 *Skeel/Triantis*, 166 U. Pa. L. Rev. 1777 (2018), 1814.

43 Ebd., 1811–1813.

44 *Baums*, Recht der Unternehmensfinanzierung, § 66 Rn. 22; *Ingenhoven*, in: Jesch/Striegel/Boxberger, RHdB Private Equity, § 15 Rn. 19; mit weiteren Beispielen im Kontext der Akquisitionsfinanzierung *Knepper*, in: Meyer-Sparenberg/Jäckle, BeckHdB M&A, § 21 Rn. 18 f.

45 *Diem/Jahn*, Akquisitionsfinanzierungen, § 40 Rn. 11; im US-amerikanischen Kontext etwa *Skeel/Triantis*, 166 U. Pa. L. Rev. 1777 (2018), 1814; näher zu Gestaltungsmöglichkeiten zur Aufhebung des strukturellen Nachrangs *Ingenhoven*, in: Jesch/Striegel/Boxberger, RHdB Private Equity, § 15 Rn. 76 ff.

den Gesellschaftern (nicht jedoch den Gläubigern der Gesellschaft) vorrangige Befriedigung aus dem Wert der Gesellschaft.[46] Kreditgeber zweitrangig besicherter Kredite (Second Lien) sowie Mezzanine-Kreditgeber werden mit demselben Sicherheitenpaket häufig im zweiten Rang gesichert.[47]

Der strukturelle Rang ist aus deutscher Sicht besonders bedeutsam, da unter deutschem Konzerninsolvenzrecht für jeden Rechtsträger eines Konzerns ein gesondertes Insolvenzverfahren durchzuführen ist.[48] Ein einheitliches „Konzerninsolvenzverfahren" über die Insolvenzmassen sämtlicher Konzerngesellschaften ist nicht vorgesehen. Ebenso hat sich der deutsche Gesetzgeber in der Reform des Konzerninsolvenzrechts im Jahr 2013 gegen die Einführung einer Möglichkeit zur Konsolidierung von Vermögensmassen verschiedener Konzerngesellschaften nach US-amerikanischem Vorbild entschieden.[49] Leitende Erwägungen waren eine Unvereinbarkeit mit dem gesellschafts- und konzernrechtlichen Prinzip der Haftungstrennung sowie Beeinträchtigen der Kreditvergabepraxis, welche erhöhte Fremdfinanzierungskosten erwarten ließen.[50] Gläubigern haftet daher unter deutschem Insolvenzrecht – vorbehaltlich etwaiger Drittsicherheiten – im Insolvenzfall allein die Insolvenzmasse ihrer schuldnerischen Gesellschaft. Strukturelle Prioritäten entfalten Wirkung.

---

46 *Moraht/Dippmann*, in: BeckMandatsHdB Unternehmenskauf, § 6 Rn. 121.

47 *Ingenhoven*, in: Jesch/Striegel/Boxberger, RHdB Private Equity, § 15 Rn. 74.

48 Näher *Flöther*, in: Flöther, KonzernInsR, § 1 Rn. 2; Erleichterungen zur Handhabung von Konzerninsolvenzen wurden unter anderem durch Einführung des Gruppen-Gerichtsstands (§§ 3a-3e InsO), Regelungen zur Zusammenarbeit von Insolvenzverwaltern, Gerichten und Gläubigerausschüssen (§§ 269a-269c InsO) sowie zur Bestellung von Gruppen-Insolvenzverwaltern (§ 56b InsO) geschaffen, näher *Specovius/von Wilcken*, in: Gottwald/Haas, InsR-HdB, § 95 Rn. 24 ff. Zudem erlauben die §§ 217 Abs. 2, 223a InsO nunmehr die Gestaltung gruppeninterner Drittsicherheiten durch den Insolvenzplan; ermöglicht wird im Ergebnis eine verfahrensmäßige Koordinierung, nicht eine materielle Konsolidierung der Vermögensmassen verschiedener Konzerngesellschaften, dazu *Thole*, in: Flöther, KonzernInsR, § 2 Rn. 56 ff.

49 In der deutschen Terminologie: „materielle Konsolidierung der Einzelverfahren über die Konzerngesellschaften" bzw. „Massekonsolidierung", Begr. RegE Gesetz zur Erleichterung der Bewältigung von Konzerninsolvenzen, BT-Drucks. 18/407, S. 2, 17; zu den Grundlagen der sog. substantive consolidation nachf. auf den S. 142 ff.; eine weitergehende rechtsökonomische Betrachtung folgt in Teil II auf den S. 357 ff.

50 Begr. RegE Gesetz zur Erleichterung der Bewältigung von Konzerninsolvenzen, BT-Drucks. 18/407, S. 17.

1.2.2.4 *Vermögensbezogene und gegenstandsbezogene Priorität*

Schließlich ist hinsichtlich der Prioritätsstellung von Kapitalpositionen nach dem Objekt der Haftungsmasse zu differenzieren. Eigen- und Fremdkapitalpositionen begründen für ihren Inhaber zunächst einen Anspruch auf Teilhabe am aktuellen und künftigen Vermögen des Schuldners in Gänze, mithin an der Summe aller seiner Vermögenswerte. Dem Schuldner obliegt die Entscheidung, unter Heranziehung welcher seiner Vermögenswerte er den Anspruch befriedigt. Dem folgen auch die restrukturierungs- und insolvenzrechtlichen Prioritätsregelungen des deutschen und US-amerikanischen Rechts, indem zunächst allgemeine Rangverhältnisse von Forderungen untereinander sowie im Verhältnis zum Eigenkapital statuiert werden. Unter deutschem Insolvenzrecht erwachsen diese aus den knappen Regelungen der §§ 38, 39, 199 S. 2 InsO, welche Rangklassen einfacher und nachrangiger Insolvenzgläubiger sowie den Residualanspruch der Gesellschafter auf einen etwaigen Liquidationsüberschuss bestimmen. Diese Rangregelungen der ganzheitlichen Berechtigung am schuldnerischen Vermögen werden hier zum Zweck der Abgrenzung als vermögensbezogene Priorität bezeichnet.[51]

Hinzu tritt eine durch Sicherungsrechte an spezifischen Vermögensgegenständen begründete gegenstandsbezogene Priorität. Die hiesige Differenzierung erwächst aus den betreffenden insolvenzrechtlichen Regelungen des deutschen und US-amerikanischen Rechts, gemäß denen für eine Forderung bestellte Sicherungsrechte deren Rangstellung unberührt lassen. Wird eine nicht nachrangige Forderung besichert, ist sie damit nicht vorrangig gegenüber anderen nicht nachrangigen Forderungen gegen den Schuldner. Vielmehr wird dem gesicherten Gläubiger nur ergänzend das Recht eingeräumt, sich aus dem betreffenden Vermögensgegenstand des Schuldners gegenüber konkurrierenden Gläubigern vorrangig zu befriedigen. Inhaber dinglich gesicherter Forderungen genießen insoweit eine gegenstandsbezogene Vorrangstellung (engl. asset-based priority).[52] Soweit die Forderung nicht vollständig gesichert ist, im Fall eines geringeren Werts des Sicherungsrechts gegenüber dem Nominalwert der Forderung, kann der Gläubiger insoweit (nur) deren vermögensbezogene Prioritätsstellung in der Teilhabe am Schuldnervermögen geltend machen.[53]

---

51 Eingehend zu den geltenden Liquidationsprioritäten unter US-amerikanischem Recht und deutschem Recht auf den S. 54 ff. sowie S. 159 ff.

52 Ebd.

53 *Iacobucci/Triantis*, 93 Virg. L. Rev. 515 (2007), 529.

1.2.2.5 *Grafische Darstellung: Dimensionen der Priorität am Beispiel der Insolvenzordnung*

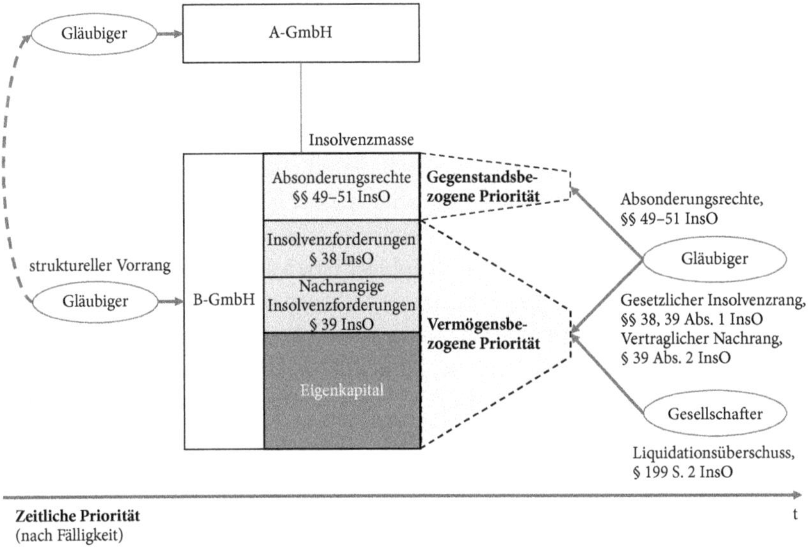

1.2.3 Prioritätskonzepte

Die gesetzlichen Rangregelungen betreffen im deutschen sowie im US-amerikanischen Recht allein die Verteilung eines Liquidationserlöses in der Insolvenz des Schuldners. Die Regelungen zum klassenübergreifenden Cram Down betreffen sodann für Fortführungen nicht nur die Verteilung etwaiger Auszahlungen, sondern weitergehend die Beanspruchung von Fremd- und Eigenkapitalpositionen in der Kapitalstruktur des restrukturierten Schuldners. Das Erfordernis eines restrukturierungs- und insolvenzrechtlichen Prioritätssystems determiniert dabei nicht, welche Prioritätsregel verfahrenstechnisch und gesamtwirtschaftlich effiziente Ergebnisse erwarten lässt.[54] In Ausfüllung dessen haben sich im Laufe der Zeit zwei wesentliche, konkurrierende Konzepte restrukturierungs- und

54 S. auch *Lubben*, 21 Fordh. J. Corp. & Fin. L. 581 (2016), 602: Spektrum möglicher Regeln insolvenzrechtlicher Priorität von einer zufälligen Wertverteilung (z.B. Lotterie) bis zur strikten absoluten Priorität.

insolvenzrechtlicher Priorität entwickelt: absolute Priorität und relative Priorität. Wenngleich sich international kein einheitliches Konzept hat etablieren können, so folgen Prioritätssysteme international weithin Konzepten absoluter Priorität nach dem Vorbild des US-amerikanischen Chapter-11-Verfahrens.[55]

1.2.3.1 Absolute Priorität

Unter Regeln absoluter Priorität sind vorrangige ablehnende Rangklassen zunächst vollständig zu befriedigen, bevor diesen gegenüber nachrangige Rangklassen unter dem Plan jegliche Werte erhalten oder behalten dürfen. Am Schluss der Verteilungsfolge stehen die Gesellschafter, welche als Residualberechtigte nach der vollständigen Befriedigung der Gläubiger einen etwaigen Überschuss beanspruchen können. Die Angehörigen der Rangklasse, welche als erste nicht mehr vollständig befriedigt wird, sind proportional zum Volumen ihrer Positionen (pro rata) zu befriedigen, mithin mit einer einheitlichen Befriedigungsquote. Sämtliche Kapitalpositionen werden mit ihrem Barwert in einer finalen Verteilung des Schuldnervermögens berücksichtigt.[56]

Ausgehend vom US-amerikanischen Chapter-11-Verfahren hat sich das Konzept absoluter Priorität für Unternehmensfortführungen in restrukturierungs- und insolvenzrechtlichen Planverfahren international etablieren können. Absolute Priorität verhilft ex ante vertraglich vereinbarten Prioritäten im Fall der Restrukturierung oder Insolvenz zu voller, *absoluter* Geltung und Verwirklichung. So gilt der Primat vertraglicher Priorität, während zwingende Vorgaben gesetzlicher Priorität auf ein Mindestmaß beschränkt sind. Auf diesem Weg sollen Effizienzvorteile privatautonomer Verhandlung und Allokation von Prioritätsrechten durch Marktteilnehmer genutzt werden.[57] Klarheit und Striktheit in der Verteilung des Unternehmenswerts sollen Vorhersehbarkeit und Stabilität wirtschaftlicher Gläubiger-Schuldner-Beziehungen steigern und den Markt für Unternehmensfremdfinanzierungen stärken.[58]

---

55 Ebd., 603.

56 *Baird*, 165 U. Pa. L. Rev. 785 (2017), 792.

57 S. *Adler*, 2015 U. Ill. L. Rev. 811 (2015), 816.

58 *Lipson*, 93 Wash. U. L. Rev. 631 (2018), 637; allg. mit Blick auf die Gestaltung effizienter Prioritätssysteme *World Bank Group*, Principles for Effective Insolvency and Creditor/Debtor Regimes (revised 2021), S. 26; *UNCITRAL*, Legislative Guide on Insolvency Law (Part I and II, 2005), S. 13.

Strukturell schwächere Beteiligtengruppen können durch eine strikte Verteilungsfolge für nicht-konsensuale Pläne vor einer Übervorteilung durch niederrangige Gläubigergruppen und die Gesellschafter geschützt werden. Dieses Anliegen prägt besonders die Historie der Absolute Priority Rule im US-amerikanischen Chapter-11-Verfahren.[59] Durch die einheitliche Anknüpfung an das Konzept absoluter Priorität in der Liquidation sowie in der Fortführung im Planverfahren wird ferner ein Gleichlauf in der Verteilung des Unternehmenswerts zwischen Liquidation und Sanierung gewährleistet.[60] Diese Symmetrie soll Inkonsistenzen zwischen der zivilrechtlichen Haftungslage, der Liquidation sowie der Fortführung im Planverfahren verhindern, sodass die Wahl der Verwertungsvariante nicht Umverteilungseffekte und die Verfolgung verfahrenszweckwidriger Sondervorteile ermöglicht.[61]

Zugleich soll den Kapitalgebern in der Restrukturierung und Insolvenz ein klarer Verhandlungsrahmen definiert werden, indem das Spektrum möglicher Verteilungslösungen begrenzt wird.[62] Die klare und vorhersehbare Verteilungsfolge soll so effiziente Verwertungen fördern.[63] In der praktischen Anwendung werden die Kapitalgeber jedoch vor Herausforderungen gestellt, da der Unternehmenswert regelmäßig eine unklare, subjektive und im Zeitverlauf wandelbare Größe darstellt. Die Bestimmung des verteilungsfähigen Unternehmenswerts und des Punktes, an dem der Unternehmenswert in der Kapitalstruktur „bricht", wird unter absoluter Priorität häufig zum zentralen Diskussionspunkt und Gefechtsort. Ist auf dem Verhandlungsweg keine Einigkeit zu erreichen, ist das Gericht in der Prüfung eines klassenübergreifenden Cram Down ablehnender Klassen zur gerichtlichen Unternehmensbewertung berufen. In der Folge können

59 Näher auf den S. 52 ff.

60 *Baird*, 165 U. Pa. L. Rev. 785 (2017), 786; *Bonbright/Bergerman*, 28 Colum. L. Rev. 127 (1928), 130: "According to the one theory, the theory of absolute priority, [for reorganization] the same principle must be applied that is presumed to be applied in the event of a cash sale and liquidation.".

61 Zum deutschen Insolvenzrecht s. Begr. RegE InsO, BT-Drucks. 12/2443, S. 83, 91; dazu *Balz*, ZIP 1988, 1438, mit Blick auf das US-amerikanische Recht (1442) sowie zum Diskussionsentwurf InsO (1439 f.); dazu auch *Pape*, in: Uhlenbruck, InsO, § 1 Rn. 1.

62 *Drukarczyk/Schüler*, in: MüKo, InsO, § 245 Rn. 2; *Lipson*, 93 Wash. U. L. Rev. 631 (2018), 679–680; *Skeel/Triantis*, 166 U. Pa. L. Rev. 1777 (2018), 1805; *Roe/Tung*, 99 Virg. L. Rev. 1235 (2013), 1236.

63 *Lipson*, 93 Wash. U. L. Rev. 631 (2018), 679–680.

Unternehmensrestrukturierungen und Planverfahren, besonders in der US-amerikanischen Praxis, von zeit- und kostenaufwändigen Bewertungskonflikten geprägt sein.[64]

1.2.3.2 Relative Priorität

Relative Prioritätskonzepte gehen über diese tradierten Rechtsvorstellungen des US-amerikanischen und des deutschen Insolvenzrechts hinaus und stellen die Anwendung absoluter Priorität für Unternehmensfortführungen in Frage.

Das Spektrum relativer Priorität umfasst zunächst alternative Prioritätsregeln als Teil des klassenübergreifenden Cram Down, welche keine strikte Verteilung des schuldnerischen Unternehmenswerts anhand der Liquidationsprioritäten der Kapitalpositionen vorsehen. Eine Ausgestaltung in Richtung relativer Priorität erleichtert Wertzuteilungen in Abweichung von der strengen insolvenzrechtlichen Liquidationsfolge, wodurch in der Restrukturierung oder Insolvenz Wertzuweisungen an rangniedere Kapitalklassen begünstigt werden.[65] Abhängig von der konkreten Ausgestaltung der Prioritätsregel wird den Planbetroffenen zum Teil ein weiter Gestaltungsspielraum eröffnet. Durch eine Berücksichtigung sämtlicher Rangklassen in der Wertverteilung sollen gemeinsame Anreize für konsensuale Sanierungslösungen geschaffen und sanierungsfeindliche Anreize zu opportunistischem Verhalten gemindert werden. Diesen Weg beschreitet die Regel des relativen Vorrangs unter der europäischen RestRL, welche jegliche *Besserstellung* vorrangiger Gläubiger als Voraussetzung des klassenübergreifenden Cram Down ausreichen lässt.[66] Dem ist etwa der österreichische Gesetzgeber mit der Einführung einer relativen Vorrangregel gefolgt (§ 36 Abs. 1 Nr. 2 ReO).[67]

Zum Spektrum relativer Priorität zählen ferner Konzepte, die den vollen Befriedigungsvorrang höherrangiger Kapitalgeber weithin nicht in Frage stellen, zugleich jedoch vom Erfordernis einer finalen, stichtagsbezogenen Verteilung des Fortführungswerts abrücken. Nachrangigen Kapitalklassen soll eine Teilhabe an einer etwaigen künftigen Wertaufholung des Schuldnervermögens ermöglicht werden. Diesem Bereich sind in der US-amerikanischen Rechtswissenschaft

---

64 *ABI Commission Chapter 11*, Final Report (2014), S. 182; *Seymour/Schwarcz*, 1 U. Ill. L. Rev. 1 (2021), 11; *Bebchuk*, 101 Harv. L. Rev. 775 (1988), 780.

65 *Baird*, 165 U. Pa. L. Rev. 785 (2017), 798.

66 Art. 11 Abs. 1 UAbs. 1 lit. c) RestRL; eingehend auf den S. 218 ff.

67 Näher zu den §§ 36, 37 ReO sowie strukturellen Unterschieden zur InsO und zum StaRUG bei Fußn. 1060.

entwickelte Optionsmodelle zuzuordnen.[68] Werde ein schuldnerisches Unternehmen nicht liquidiert, sondern fortgeführt, bedürfe es nicht der Planbestätigung als einem Tag der „Abrechnung", an welchem finale Verteilungen durchgesetzt würden.[69] Den Autoren gelingt es, unter ihren Konzepten Erfordernisse einer gerichtlichen Unternehmensbewertung zu vermeiden oder jedenfalls die Beteiligung von Gerichten im Verwertungsprozess zu vermindern. Zugleich werden jedoch neue Bewertungsfragen im Umgang mit den Optionsrechten aufgeworfen und grundlegende Fragen der praktischen Umsetzung unbeantwortet gelassen, womit die Modelle als konzeptionell nicht vollends stimmig und praktisch nicht effizient umsetzbar anzusehen sind.[70]

1.3 Unternehmensrestrukturierungen und -insolvenzen

Gegenstand der nachfolgenden Untersuchungen bilden Unternehmensrestrukturierungen und -insolvenzen. Aspekte der Restrukturierung von Verbindlichkeiten natürlicher Personen (consumer debt) oder Staaten (sovereign debt) werden nicht betrachtet.[71] Ferner ist die Betrachtung auf haftungsbeschränkte Kapitalgesellschaften begrenzt. Wenngleich sich vertiefte Fragen der Priorität verschiedener Kapitalklassen vermehrt in Restrukturierungen und Insolvenzen mittlerer und großer Unternehmen stellen,[72] soll die Betrachtung nicht auf diese beschränkt sein. Gesetzliche Sonderregime der Restrukturierung und Insolvenz (etwa für Finanzinstitute) werden – auch aufgrund ihrer geringen praktischen Relevanz, besonders im deutschen Kontext[73] – nicht betrachtet.

---

68 Etwa *Bebchuk*, 101 Harv. L. Rev. 775 (1988), 775 ff.; *Baird*, 165 U. Pa. L. Rev. 785 (2017), passim; *Morrison/Casey*, Col. L. & Econ. WP 551 (2016), passim (Automatic Process); *ABI Commission Chapter 11*, Final Report (2014), S. 207 ff. (Redemption Option Value); *Casey*, 78 U. Chi. L. Rev. 759 (2011), 765 (Option-Preservation Priority); näher zu verschiedenen Konzepten auf den S. 119 ff.

69 S. insb. *Baird*, 165 U. Pa. L. Rev. 785 (2017), 792–793.

70 Eingehend zu verschiedenen Konzepten nachf. auf den S. 119 ff.

71 Im Kontext der Unternehmensfinanzierung und -restrukturierung können Investoren Positionen in sämtlichen Kapitalklassen von Eigen- und Fremdkapital sowie Mischformen dieser einnehmen, womit die restrukturierungs- und insolvenzrechtliche Priorität von besonderer Bedeutung ist. Ferner stehen im Rahmen von Unternehmenskrisen die Verwertungsvarianten der Liquidation und der Sanierung nebeneinander. Diese Möglichkeiten sind in der Restrukturierung von Fremdkapital natürlicher Personen oder juristischer Personen des öffentlichen Rechts jeweils nicht eröffnet, womit für den Zweck der hiesigen Betrachtung grundlegende strukturelle Unterschiede bestehen.

72 Im Kontext der Priorität auch *Baird*, 165 U. Pa. L. Rev. 785 (2017), 788 Fußn. 10.

73 Zum mittlerweile außer Kraft getretenen KredReorgG etwa in Fußn. 658.

Dabei werden sowohl Verfahrensrahmen der präventiven Restrukturierung im vorinsolvenzlichen Bereich betrachtet (etwa die europäische RestRL, das StaRUG) sowie auch Insolvenzverfahren (US Chapter 7 und Chapter 11, InsO). Die gemeinsame Betrachtung ist sachgerecht, da die zivilverfahrensrechtlichen Subsysteme der Restrukturierung und der Insolvenz, obgleich dogmatischer und praktischer Unterschiede, einen einheitlichen Gegenstand haben: die Haftungsverwirklichung im Interesse der Gläubiger.[74] Gleichsam folgen die betrachteten restrukturierungs- und insolvenzrechtlichen Planverfahren einer im Kern einheitlichen Struktur, welche dem US-amerikanischen Chapter-11-Verfahren nachempfunden ist.[75] Das US-amerikanische Recht kennt kein eigenständiges Verfahren der präventiven Restrukturierung neben dem Chapter-11-Verfahren.[76]

1.4 Rechtsökonomische Perspektive

Die Priorität führt Fragen rechtwissenschaftlicher Gestaltung und ökonomischer Effizienz eng zusammen. Eine Untersuchung der Thematik ohne Berücksichtigung beider Dimensionen kann schwerlich zu sachgerechten Ergebnissen führen. Die Einbeziehung der ökonomischen Perspektive erlaubt es, der Gestaltung des Rechts marktwirtschaftliche Wirkungen zuzuordnen und ihr damit einen klaren analytischen Rahmen zu geben.[77] An diesem Berührungspunkt rechtswissenschaftlicher und ökonomischer Fragestellungen unternimmt die hiesige Untersuchung den Versuch, zum Erkenntnisgewinn in der Gestaltung effizienter Prioritätssysteme beizutragen.

Indem Kapitalgebern für den Fall einer Restrukturierung oder Insolvenz des Schuldners ein Verhandlungsraum definiert wird, entfalten die Regelungen zum klassenübergreifenden Cram Down verhaltensleitende Anreizwirkungen. Während die Untergrenze des hypothetischen Liquidationswerts einer Kapitalposition

74 Eine Gegenüberstellung und systematische Einordnung beider Subsysteme bei *Skauradszun*, in: BeckOK, StaRUG, Einl. Rn. 11 ff.

75 Näher dazu in den einleitenden Ausführungen zu den jeweiligen Verfahrensrahmen in Teil I.

76 Eine strukturelle Besonderheit des US-amerikanischen Unternehmensinsolvenzrechts besteht darin, dass Insolvenzverfahren unter dem US Bankruptcy Code keinen Zustand der materiellen Insolvenz als Eröffnungsgrund fordern, *Grauke/Fail/Hwangpo*, in: MüKo, InsO, Bd. 4 – Länderberichte, USA Rn. 18; zu möglichen Abweisungsgründen jedoch *Bruder/Martin*, in: BeckOK, InsR, Internationales InsR – USA, Rn. 16; eine strikte Trennung der Restrukturierung innerhalb und außerhalb der Insolvenz, wie unter deutschem Recht, besteht insoweit nicht.

77 *Meckling*, 41 Law & Contemp. Probs. 13 (1977), 13.

als notwendig anerkannt wird, eröffnet besonders die sachgerechte Gestaltung der Prioritätsregel Raum für Diskussionen. Die Priorität entfaltet Anreizwirkungen ex ante gegenüber potenziellen Kreditgebern in der Entscheidung für oder gegen die Ausreichung einer Finanzierung sowie die Vertragsgestaltung, welche jeweils mit Blick auf Befriedigungsaussichten für den Krisenfall erfolgen. Ebenso mit Blick auf kreditnehmende Schuldner, für welche die Priorität zum Gestaltungsfaktor in der Unternehmensfinanzierung wird. Als implizite Vereinbarung wird die Priorität zu einem wesentlichen Bestandteil finanzierungsvertraglicher Interessengefüge sowie unternehmerischer Kapitalstrukturen insgesamt.[78] Auch definiert sie gegenüber dem schuldnerischen Management und dem Eigenkapital ex ante Risikoanreize hinsichtlich des Kapitaleinsatzes, welche einem Wandel in der finanziellen Krise ex post unterliegen. Ex post definiert die Priorität Maßstäbe für die Verteilung des Unternehmenswerts und beeinflusst in vielfacher Hinsicht das Verhalten der Beteiligten.

Darin liegt die rechtsökonomische Bedeutung der Thematik begründet. Entfalten Prioritätsregeln zum klassenübergreifenden Cram Down weitreichende Verhaltensanreize gegenüber Teilnehmern der Kapitalmärkte ex ante sowie gegenüber Kapitalgebern ex post, wird die Gestaltung ökonomisch effizienter Prioritätssysteme zur gesetzgeberischen Aufgabe. Betrifft die Thematik auf den ersten Blick nur einen überschaubaren Teilaspekt restrukturierungs- und insolvenzrechtlicher Verfahrensrahmen, entfaltet sie im Lichte vorstehender Erwägungen weitergehende ökonomische Relevanz. Als grundlegendes Konzept des Restrukturierungs- und Insolvenzrechts[79] verspricht die Thematik auch in der Zukunft von solcher Bedeutung zu sein.[80]

1.5 Prioritätssysteme in der internationalen Forschung

Vor diesem Hintergrund ist es zu sehen, dass die Diskussion um die sachgerechte Gestaltung insolvenzrechtlicher Priorität in der US-amerikanischen Literatur bereits seit dem frühen 20. Jahrhundert und noch heute kontrovers geführt wird.[81] Vorgeschlagene Abweichungen von der Absolute Priority Rule, deren Achtung

78 *Adler/Triantis*, 91 Am. Bankr. L. J. 563 (2017), 563.

79 *Bebchuk*, 57 J. Fin. 445 (2002), 445.

80 So bereits *Blum*, 25 U. Chi. L. Rev. 417 (1958), 417.

81 S. bereits *Bonbright/Bergerman*, 28 Colum. L. Rev. 127 (1928), passim ("Two Rival Theories of Priority Rights of Security Holders in Corporate Reorganization"); ein Überblick über frühe Veröffentlichungen zur Thematik bei *Baird*, 165 U. Pa. L. Rev. 785 (2017), 786–787 Fußn. 3.

zuweilen zur Glaubensfrage erhoben wird, bleiben stark umstritten.[82] Vorgeschlagene Konzepte relativer Priorität werden nicht selten von dramatischen Warnungen vonseiten der Literatur begleitet, so auch im Gesetzgebungsprozess der europäischen RestRL.[83]

Die US-amerikanische Debatte betrifft zunächst Herausforderungen in der praktischen Anwendung der geltenden Absolute Priority Rule. So erfordere die wasserfallartige Verteilungsfolge in der gerichtlichen Prüfung stets eine volle Unternehmensbewertung, womit signifikante Unsicherheiten und hohe Transaktionskosten in der Krisenbewältigung einhergingen.[84] Durch Unsicherheiten in der Unternehmensbewertung würden asymmetrische Verteilungseffekte zugunsten rangniederer Kapitalklassen erzielt, der Bewertungszeitpunkt stelle sich häufig als zufällig dar und Verfahrensbeteiligten würden strategische Handlungsspielräume eröffnet sowie gerichtliche Konflikte gefördert.[85]

Daneben tritt eine breite Diskussion um die Abwägung mit der Priorität verbundener Verhaltensanreize, wie sie vorstehend skizziert wurde. Anerkannt ist, dass sich Teilnehmer der Fremdkapitalmärkte theoretisch jedem geltenden Prioritätssystem anpassen können. Veränderungen des Prioritätssystems sollten demnach keine langfristigen Werttransfers zwischen den Beteiligten mit sich bringen. Die Gestaltung des Prioritätssystems wird insoweit nicht zur Frage der Fairness oder materieller Gerechtigkeit.[86] In die Betrachtung ist jedoch weitergehend die Gruppe nicht-konsensualer bzw. nicht-adjustierender Gläubiger (etwa Fiskus, Deliktsgläubiger) einzubeziehen, welcher die Möglichkeit einer risikoorientierten

82 *Baird*, 165 U. Pa. L. Rev. 785 (2017), 786: "The absolute priority rule is the organizing principle of the modern law of corporate reorganizations."; *Lubben*, 21 Fordh. J. Corp. & Fin. L. 581 (2016), 581: "The rule has obtained a kind of unassailable, near scriptural status in the corporate reorganization literature."; *Roe/Tung*, 99 Virg. L. Rev. 1235 (2013), 1236: "bankruptcy's most important and famous rule"; s. auch Nachw. in Fußn. 98.

83 *Weijs/Jonkers/Malakotipour*, Amsterdam Law School Research Paper No. 2019–10 (2019), SSRN: 3350375, S. 1: "The proposed [Relative Priority Rule] risks turning a rule of creditor protection into a vehicle for opportunistic behavior that threatens the basic fabric of private law.".

84 *Ayotte/Morrison*, 166 U. Pa. L. Rev. 1819 (2018), 1821; *ABI Commission Chapter 11*, Final Report (2014), S. 211: "[...] absolute priority rule, which often results in wasteful and time-consuming litigation over reorganization value [...]". Näher zu gerichtlichen Bewertungskonflikten im Chapter-11-Verfahren und damit verbundenen Kosten auf den S. 108 ff.

85 Eingehend zum US-amerikanischen Chapter-11-Verfahren auf den S. 96 ff.

86 S. *Baird*, 165 U. Pa. L. Rev. 785 (2017), 798; *Adler/Ayres*, 111 Yale L. J. 83 (2001–2002), 88.

Bepreisung ihrer Forderung nicht eröffnet ist. Diese können sich aufgrund faktischer Gegebenheiten nicht oder nur in beschränktem Maße gegen die Einnahme einer Gläubigerstellung entscheiden oder erhöhte Ausfallrisiken durch Forderungen nach einer (höheren) Verzinsung oder Besicherung kompensieren. Ferner begründet die Priorität weitergehende Verhaltensanreize ex ante sowie ex post, welche nicht stets eine Kompensation im Verhalten anderer Marktteilnehmer finden und schließlich in gesamtwirtschaftlichen Effizienzverlusten resultieren können. Damit beeinflusst die Priorität nicht allein die Aufteilung von Unternehmenswerten, sondern gleichsam deren Schaffung und Erhalt.[87]

Die Gestaltung restrukturierungs- und insolvenzrechtlicher Prioritätssysteme ist damit übergeordneten Zielsetzungen ökonomischer Effizienz verpflichtet. Das Prioritätssystem sollte gleichsam den Interessen aller Kapitalgeber dienen[88] und in seiner Gestaltung die Interessen außenstehender Marktteilnehmer berücksichtigen. Dabei handelt es sich bis heute um eine der wesentlichen rechtsökonomischen Debatten des US-amerikanischen Unternehmensinsolvenzrechts, welche kontinuierlich durch Autoren der Rechtswissenschaft und Rechtsökonomie fortgeführt wird.[89] In der deutschen Wissenschaft wurde der rechtsökonomischen Betrachtung von Prioritätssystemen bislang geringe Aufmerksamkeit gewidmet. Untersuchungen blieben vereinzelt und sind über die vergangenen Jahrzehnte gestreut.[90] Vorschläge zu Konzepten relativer Priorität haben in den Diskurs nicht erkennbar Eingang gefunden. Mit den Entwürfen zur europäischen RestRL unter Einschluss einer Regel des relativen Vorrangs für den klassenübergreifenden Cram Down wurde international sodann eine neue Debatte entfacht. Daraus gingen auch im deutschen Kontext vereinzelt Auseinandersetzungen mit Konzepten absoluter und relativer Priorität hervor.[91] Dabei nehmen in der rechtsökonomischen Forschung der USA entwickelte Ansätze erkennbar Raum ein.

87 Dazu *M. White*, NBER WP 11536 (2005), SSRN: 779946, 13; *Baird*, 165 U. Pa. L. Rev. 785 (2017), 798–799.

88 *Baird*, 165 U. Pa. L. Rev. 785 (2017), 798.

89 Zur Bedeutung US-amerikanischer Forschungsansätze in der ökonomischen Theorie des Insolvenzrechts aus deutscher Sicht auf den S. 317 ff.

90 S. etwa den Beitrag *Eidenmüller/Engert*, ZIP 2009, 541 ff. im Vorfeld des ESUG sowie die rechtsökonomischen Erwägungen zum Obstruktionsverbot bei *Drukarczyk/Schüler*, in: MüKo, InsO, § 245 Rn. 13 ff.

91 Exemplarisch *Madaus*, Is the Relative Priority Rule right for your jurisdiction?, WP 2020-1, SSRN: 3827696; *ders.*, 19 Eur. Bus. Org. L. Rev. (2018) 615 ff.; jüngst auch *Klostermann*, Die absolute und die relative Vorrangregel im Recht der Unternehmensreorganisation (Diss., 2022), passim.; *Liedl*, Absoluter oder relativer Vorrang von Gläubigerklassen im Restrukturierungsrecht (Diss., 2021), passim.

1.6 Anliegen und Gegenstand der Untersuchung

Obgleich der grundlegenden Bedeutung der Priorität für Unternehmensrestrukturierungen und -insolvenzen und den Markt der Unternehmensfremdfinanzierung, fehlte es lange an eingehenden Untersuchungen im deutschen Kontext.[92] An dieser Lücke setzt die hiesige Untersuchung an und unternimmt den Versuch, einen Beitrag in der rechtsökonomischen Analyse der Prioritätssysteme restrukturierungs- und insolvenzrechtlicher Planverfahren zu leisten. Im Vordergrund stehen mit Konzepten absoluter und relativer Priorität verbundene Anreizwirkungen gegenüber Marktteilnehmern im Vorfeld der Krise ex ante sowie in der finanziellen Krise des Schuldners ex post. Ferner ihre weiteren Auswirkungen auf die Gesamteffizienz von Restrukturierungs- und Insolvenzverfahren. Zentraler Anknüpfungspunkt sind die Regelungen zum klassenübergreifenden Cram Down.

Der erste Teil der Untersuchung ist einer eingehenden Auseinandersetzung mit den Entscheidungsmechanismen restrukturierungs- und insolvenzrechtlicher Planverfahren sowie der Wirkungsweise ihrer Prioritätsregeln gewidmet. Als Anknüpfungspunkte dienen die Prioritätssysteme des US-amerikanischen Chapter-11-Verfahrens, der Insolvenzordnung, der europäischen RestRL sowie des StaRUG. Den Gegenstand der Untersuchung bilden:

1. rechtsökonomische Grundlagen und Verteilungswirkungen der Regelungen zum klassenübergreifenden Cram Down;
2. Konzepte absoluter Priorität;
3. Wechselwirkungen absoluter Priorität mit dem Feld der Unternehmensbewertung in Planverfahren; sowie
4. Konzepte relativer Priorität.

Im zweiten Teil werden sodann Aspekte der marktwirtschaftlichen Gestaltung des Restrukturierungs- und Insolvenzrechts sowie die Ökonomie der Priorität untersucht. Im Zentrum stehen mit restrukturierungs- und insolvenzrechtlichen Prioritätssystemen verbundene Verhaltensanreize gegenüber potenziellen Kreditgebern und Kreditnehmern in der Unternehmensfremdfinanzierung, Investitionsanreize gegen dem schuldnerischen Management und dem Eigenkapital sowie

---

92 Nunmehr etwa *Klostermann*, Die absolute und die relative Vorrangregel im Recht der Unternehmensreorganisation (Diss., 2022), passim.; *Liedl*, Absoluter oder relativer Vorrang von Gläubigerklassen im Restrukturierungsrecht (Diss., 2021), passim.

Anreize gegenüber Kapitalgebern in der finanziellen Krise des Schuldners. Den Gegenstand der Untersuchung bilden:

1. Determinanten in der Gestaltung effizienter Prioritätssysteme;
2. Anreizwirkungen gegenüber dem Eigenkapital;
3. Wechselwirkungen von Prioritätskonzepten mit dem Feld der Unternehmensfremdfinanzierung; sowie
4. die Aufhebung struktureller Rangverhältnisse durch eine Massekonsolidierung.

Dabei wird untersucht, Prioritätskonzepte welcher Art unter Gesichtspunkten der Effizienz in der Bewältigung von Unternehmenskrisen und dem weiteren gesamtwirtschaftlichen Kontext vorzugswürdig sind. Anliegen der Untersuchung ist hingegen nicht die Erarbeitung einer Prioritätsregel oder alternativer Verwertungsmechanismen, die Effizienzgewinne gegenüber etablierten Konzepten versprechen sollen.

2. Teil I – Restrukturierungs- und insolvenzrechtliche Prioritätssysteme

Ausgehend vom Vorbild des US-amerikanischen Chapter-11-Verfahrens haben sich insolvenzrechtliche Planverfahren als Mechanismen privatautonomer Insolvenzbewältigung international etabliert. Mit der europäischen Restrukturierungsrichtlinie treten nun Kodifikationen präventiver Restrukturierungsrahmen hinzu und übertragen den Mehrwert in den vorinsolvenzlichen Bereich. Um eine rechtsökonomische Betrachtung der Thematik zu erlauben, bedarf es einer eingehenden Auseinandersetzung mit geltenden Prioritätssystemen restrukturierungs- und insolvenzrechtlicher Planverfahren im ersten Teil der Arbeit. Den Ausgangspunkt bildet das Prioritätssystem des US-amerikanischen Chapter-11-Verfahrens, welches sowohl hinsichtlich der Struktur als Planverfahren sowie der Absolute Priority Rule international als Vorbild gedient hat.[93] Darauf folgen Betrachtungen der Prioritätssysteme des deutschen Insolvenzplanverfahrens, des deutschen StaRUG-Verfahrensrahmens sowie des europäischen präventiven Restrukturierungsrahmens nach der RestRL.

Wie die betrachteten Regelungen zum klassenübergreifenden Cram Down folgen auch die Abschnitte des Teil I einer weithin einheitlichen Struktur. Als Ausgangspunkt werden die jeweils geltenden Liquidationsprioritäten erörtert, welche über die Regelungen zum klassenübergreifenden Cram Down mittelbar Eingang in das Planverfahren finden. Zur Einordnung der Regelungen wird ein Überblick über die Verfahrensstruktur sowie speziell das Verfahren der Planabstimmung gegeben. Sodann folgt eine vertiefte Auseinandersetzung mit der Struktur der jeweiligen Cram-Down-Regelungen, im Rahmen derer die Mindestvorgaben für die Verteilung des Unternehmenswerts als Fixpunkte des Verhandlungsraums erörtert werden. Dabei markiert jeweils der best-interests-of-creditors test die Untergrenze für Wertzuteilungen gegenüber ablehnenden Klassen, der volle Betrag des Anspruchs die Obergrenze für Zuteilungen zugunsten anderer Gläubiger. Die Prioritätsregel formuliert Anforderungen an die Verteilung des durch die Fortführung im Planszenario gegenüber der Liquidation generierten Planmehrwerts und bestimmt, in welchem Maß Liquidationsprioritäten in der Fortführung durchgesetzt werden. Diese einheitliche Grundstruktur erlaubt eine enge vergleichende Betrachtung der verschiedenen Prioritätssysteme sowie mit ihnen verbundener Anreizwirkungen. Es werden bestehende und vorgeschlagene

93 Nachw. nachf. bei den jeweiligen Verfahrensrahmen.

Prioritätskonzepte reflektiert und bereits erste rechtsökonomische Überlegungen angestellt.

Die Betrachtung beginnt mit der Absolute Priority Rule des US-amerikanischen Chapter-11-Verfahrens, welches allen nachfolgend betrachteten Verfahrensrahmen als Vorbild diente. Darauf folgt eine Untersuchung der absoluten Vorrangregel, welche als Teil des deutschen Insolvenzplanverfahrens bis vor kurzem für das Prioritätssystem des deutschen Restrukturierungsrechts stand. Sodann werden die Vorgaben der europäischen RestRL zur Prioritätsregel untersucht sowie die absolute Prioritätsregel des StaRUG als Umsetzungsvariante aus deutscher Sicht.

2.1 Absolute Priority Rule, 11 U.S.C. § 1129

Den Beginn der Betrachtung insolvenz- und restrukturierungsrechtlicher Prioritätssysteme soll das US-amerikanische Recht bilden. Das Chapter-11-Verfahren in seiner Gesamtheit sowie speziell die Regelung des klassenübergreifenden Cram Down gemäß 11 U.S.C. § 1129(b) dienten dem deutschen sowie jüngst auch dem europäischen Gesetzgeber als Vorbild in der Gestaltung des Insolvenzplanverfahrens, des europäischen präventiven Restrukturierungsrahmens sowie nunmehr des StaRUG.[94] Wie auch in den europäischen und deutschen Verfahrensrahmen beansprucht die Absolute Priority Rule[95] auch im Chapter-11-Verfahren keine unmittelbare, umfassende Geltung, sondern entfaltet ihre Wirkung als Voraussetzung eines klassenübergreifenden Cram Down. Verteilungsregelungen konsensualer, durch zustimmende Voten sämtlicher Klassen getragener Pläne, müssen den Anforderungen der Absolute Priority Rule nicht gerecht werden.[96]

Während die Historie absoluter Priorität deutscher und europäischer Verfahrensrahmen erst Ende der 1990er-Jahre (Insolvenzordnung, 1999) bzw. in den vergangenen Jahren (RestRL, 2019 und StaRUG, 2021) ihren Lauf nahm, reichen die Wurzeln der Absolute Priority Rule bis in das frühe 20. Jahrhundert zurück.[97] Seither war die insolvenzrechtliche Priorität des Chapter-11-Verfahrens fortlaufend Gegenstand kontroverser juristischer und rechtsökonomischer Diskurse. Zwar wird die Absolute Priority Rule weithin als fundamentales Ordnungskonzept

---

94 Nachw. nachf. bei den jeweiligen Verfahrensrahmen.

95 11 U.S.C. § 1129(b)(2)(B).

96 *Case II/Newton*, IILR 2011, 511 (515); *Seymour/Schwarcz*, 1 U. Ill. L. Rev. 1 (2021), 3.

97 Grundlegend die Entscheidung des US Supreme Court in Sachen Northern Pacific Railway Company v. Boyd, 228 U.S. 482 (1913), näher dazu im nachfolgenden Abschnitt zur Historie der Absolute Priority Rule.

des US-amerikanischen Reorganisationsrechts sowie speziell des Chapter-11-Verfahrens verstanden.[98] Dennoch ist die Diskussion um Fragen einer ausgewogenen Konzeption sowie ihrer praktischen Anwendung noch nicht erschöpft.

Noch immer sind Rufe nach einer Abschaffung und Ersetzung der Absolute Priority Rule nicht verstummt. Alternativen Konzepten einer Relative Priority Rule werden tiefgehende Auseinandersetzungen gewidmet.[99] Im Vordergrund der rechtsökonomischen Diskussion – und so auch in der hiesigen Untersuchung – stehen Wechselwirkungen der Priorität mit dem Feld der Unternehmensfinanzierung sowie Anwendungs- und Abstimmungsfragen hinsichtlich der gerichtlichen Unternehmensbewertung.[100] Der insoweit fortgeschrittene Stand von Praxis und Forschung bietet für das deutsche und europäische Recht eine Fülle wertvoller Einblicke, die in den nachfolgenden Untersuchungen nutzbar gemacht werden sollen. Diese Erkenntnis allein ist nicht neu, sondern vielmehr ein Wesensmerkmal der deutschen ökonomischen Theorie des Insolvenzrechts. Nunmehr wird der Versuch unternommen, die verschiedenen Prioritätssysteme einander unter rechtlichen und rechtsökonomischen Gesichtspunkten gegenüberzustellen. Mit Blick auf die europäische RestRL sowie das StaRUG steht die Forschung insoweit noch am Beginn.

In den nachfolgenden Abschnitten werden zunächst die Historie der Absolute Priority Rule sowie die Grundlagen der Priorität unter dem US Bankruptcy Code nachgezeichnet. Sodann folgt eine Auseinandersetzung mit den Grundlagen des Abstimmungsverfahrens sowie der Regelung des klassenübergreifenden Cram Down im Chapter-11-Verfahren. Dabei werden die Verteilungswirkung

98 *Baird*, 165 UPenn. L. Rev. 785 (2017), 786: "The absolute priority rule is the organizing principle of the modern law of corporate reorganizations."; ebenso *Baird/Bernstein*, 115 Yale L. J. 1930 (2006), 1930; *Lubben*, 21 Fordh. J. Corp. & Fin. L. 581 (2016), 581: "The [absolute priority rule] has obtained a kind of unassailable, near scriptural status in the corporate reorganization literature."; *Roe/Tung*, 99 Virg. L. Rev. 1235 (2013), 1236: "Absolute priority is central to the structure of business reorganization and is, quite appropriately, bankruptcy's most important and famous rule."; *Markell*, 44 Stanf. L. Rev. 69 (1991), 88: "For over fifty years, the absolute priority rule has been the cornerstone of reorganization practice and theory.".

99 Etwa *Bebchuk*, 101 Harv. L. Rev. 775 (1988), passim; *Baird*, 165 U. Pa. L. Rev. 785 (2017), passim; *Morrison/Casey*, Col. L. & Econ. WP 551 (2016), passim (Automatic Process); *ABI Commission Chapter 11*, Final Report (2014), S. 207 ff. (Redemption Option Value); *Casey*, 78 U. Chi. L. Rev. 759 (2011), 765 (Option-Preservation Priority); näher zu verschiedenen Konzepten auf den S. 119 ff.

100 Eingehend zur Unternehmensbewertung auf den S. 78 ff., zur Unternehmensfremdfinanzierung in Teil II auf den S. 277 ff.

der Cram-Down-Regelung sowie ihre Festlegung des Verhandlungsraums für die Beteiligten näher beleuchtet. Sodann werden eingehend die unter der Regelung des klassenübergreifenden Cram Down geltenden Voraussetzungen und Verteilungsvorgaben untersucht. Der Fokus liegt wiederum auf der Absolute Priority Rule. Etablierte Kritikpunkte am Konzept absolute Priorität werden nachgezeichnet und reflektiert, wobei Herausforderungen in der gerichtlichen Unternehmensbewertung im Vordergrund stehen. Abschließend werden Konzepte einer Relative Priority Rule dargestellt und reflektiert.

2.1.1 Geschichte der Absolute Priority Rule im US-amerikanischen Insolvenzrecht

Die Geschichte der Absolute Priority Rule nimmt ihren Ursprung in der *Northern Pacific Railway Co. v. Boyd*-Entscheidung des US Supreme Court aus der Zeit des sog. Equity-Receivership-Verfahrens[101] im Jahr 1913.[102] Gegenstand der Entscheidung war die Restrukturierung einer Eisenbahngesellschaft durch den Verkauf des Unternehmens an bestimmte Gläubiger der Gesellschaft sowie deren Gesellschafter, ohne hingegen Zuteilungen für ungesicherte Gläubiger vorzusehen.[103] In der etablierten Praxis Altgesellschaftern einen Teil des Eigenkapitals am reorganisierten Schuldner zu belassen, während niederrangige Gläubiger keine Werte erhalten, wurde weithin ein Missbrauch des Verfahrens durch Zusammenwirken höherrangiger Gläubiger mit den Gesellschaftern erblickt.[104]

Nachdem den Beteiligten im Verfahren der Equity Receivership weitergehender Freiraum in der Neuordnung der Kapitalstruktur unter den beteiligten

---

101 Dazu etwa *Braun*, in: Römermann, InsO, Vor. §§ 217–269 InsO Rn. 36 ff.; *Undritz*, in: K. Schmidt, InsO, Vor. §§ 270–285 Rn. 8 (Zwangsverwaltung nach Billigkeitsrecht).

102 Northern Pacific Railway Company v. Boyd, 228 U.S. 482 (1913): "[…] creditors [are] entitled to be paid before the stockholders could retain [equity] for any purpose whatever."; dazu Bank of America Nat. Trust and Sav. Assn. v. 203 North LaSalle Street Partnership, 526 U.S. 434, 444 (1999); *ABI Commission Chapter 11*, Final Report (2014), S. 213, 225; näher zur Entscheidung als Ursprung der Absolute Priority Rule *Flessner*, Sanierung und Reorganisation, S. 94 ff.; s. auch *Braun*, in: Römermann, InsO, Vor. §§ 217–269 Rn. 36; zur Geschichte der Absolute Priority Rule im US-amerikanischen Recht ausf. *Lubben*, 21 Fordh. J. Corp. & Fin. L. 581 (2016), 585–602; *Grohsgal*, 8 Wm. & Mary Bus. L. Rev. 439 (2017), 457–467.

103 Northern Pacific Ry. Co. v. Boyd, 228 U.S. 482 (1913); *ABI Commission Chapter 11*, Final Report (2014), S. 213.

104 Näher *Case II/Newton*, IILR 2011, 511 (512 f.); *Herweg*, in: MüKo, StaRUG, § 27 Rn. 14; zur heutigen Praxis der konsensualen Umverteilung von Werten zugunsten niederrangiger Klassen durch sog. gift plans nachf. auf den S. 73 ff.

Gruppen zugestanden war,[105] forderte der Supreme Court nunmehr zum Schutz der Gläubiger ein festes Ordnungsprinzip in der Verteilung des Unternehmenswerts.[106] So statuierte der Gerichtshof, dass Gläubiger ein vorrangiges Recht am Reorganisationswert innehätten, bevor die Altgesellschafter Werte in jeglicher Form beanspruchen könnten.[107] Dieses Ordnungsprinzip verlange von den Verfahrensbeteiligten nicht das Unmögliche. Gläubiger müssten nicht etwa ausgezahlt werden, bevor Altgesellschaftern eine Eigenkapitalposition am restrukturierten Schuldner belassen werden könne. In jedem Falle seien die Gläubiger jedoch vollständig vor den Altgesellschaftern zu befriedigen.[108]

Im Jahr 1934 führte der US-amerikanische Gesetzgeber sodann das Fair-and-Equitable-Kriterium als Voraussetzung der Planbestätigung ein,[109] welches seit der Entscheidung des Supreme Court in *Case v. Los Angeles Lumber Products*[110] noch heute als gesetzliche Ausformung der Absolute Priority Rule verstanden wird. Dieser Maßstab von Fairness und Gerechtigkeit fordere es, dass Gläubiger in der Insolvenz vollständig befriedigt werden müssten, bevor den Eigenkapitalgebern jegliche Werte am schuldnerischen Unternehmen verbleiben dürften.[111] Abweichungen von der absoluten Priorität waren selbst bei Zustimmung der betroffenen Beteiligtengruppe nicht zulässig.[112] Das Fair-and-Equitable-Kriterium wurde weiter in die Gesetzesfassung von 1938[113] sowie schließlich in gelockerter Form auch in die heutige Fassung des US Bankruptcy Code von 1978[114] übernommen.[115]

In der weiteren Entwicklung haben die Gerichte die in der *Boyd*-Entscheidung formulierten Anliegen dahingehend konkretisiert, dass die Absolute

105 *Baird*, 165 U. Pa. L. Rev. 785 (2017), 814.

106 Northern Pacific Ry. Co. v. Boyd, 228 U.S. 482, 507 (1913); dazu auch *Blum*, 25 U. Chi. L. Rev. 417 (1958), 418; *Case II/Newton*, IILR 2011, 511 (512 f.).

107 Northern Pacific Ry. Co. v. Boyd, 228 U.S. 482, 508 (1913): "In either event it was a right of property out of which the creditors were entitled to be paid before the stockholders could retain it for any purpose whatever.".

108 Ebd., S. 16.

109 Dazu Bank of America Nat. Trust and Sav. Assn. v. 203 North LaSalle Street Partnership, 526 U.S. 434, 444 (1999).

110 Case v. Los Angeles Lumber Prods. Co., 308 U.S. 106, 115–116 (1939).

111 Northern Pacific Railway Company v. Boyd, 228 U.S. 482, 508 (1913); dazu auch Bank of America Nat. Trust and Sav. Assn. v. 203 North LaSalle Street Partnership, 526 U.S. 434, 444 (1999).

112 *Lubben*, 21 Fordh. J. Corp. & Fin. L. 581 (2016), 593.

113 §§ 174, 221(2); *Flessner*, Sanierung und Reorganisation, S. 94.

114 11 U.S.C. § 1129(b)(2).

115 Bank of America Nat. Trust and Sav. Assn. v. 203 North LaSalle Street Partnership, 526 U.S. 434, 450 (1999); näher *Herweg*, in: MüKo, StaRUG, § 27 Rn. 15 f.

Priority Rule maßgeblich dem Schutz strukturell schwacher Gläubigergruppen, insbesondere ungesicherter Gläubiger diene. Man sah die Besorgnis begründet, dass einerseits Gesellschafter als Verfahrensinsider ihre Einflussmacht nutzen könnten, um sich durch das Plankonzept ungerechtfertigte Vorteile gegenüber den Gläubigern zu verschaffen.[116] So sei jedem vom Schuldner vorgelegten Planentwurf die Gefahr inhärent, dass der Plan die Altgesellschafter gegenüber den Gläubigern priorisiere. Die Absolute Priority Rule sollte es den Gläubigern dabei ermöglichen, auch bei Machtgefällen effektive Verhandlungen vor dem Hintergrund eines klaren Standards der Fairness und gerichtlicher Kontrolle zu führen.[117] Gleichsam sollte die absolute Priorität als Korrektiv zur Einflussmacht gesicherter Gläubiger dienen. Als fundamentales Prinzip des Bankruptcy Code gewährleiste die Absolute Priority Rule, dass die Verteilung des schuldnerischen Vermögens in geordneter Weise anhand etablierter Prinzipien erfolge, nicht aufgrund innerer Einflussmacht oder wirtschaftlichen Einflussvermögens einzelner Gläubiger.[118]

In einer jüngeren Entscheidung aus dem Jahr 2017 hat der US Supreme Court nochmals die Bedeutung der Absolute Priority Rule als fundamentales Prinzip des US-amerikanischen Unternehmensinsolvenzrechts und die Geltung enger Grenzen für die Anerkennung möglicher Abweichungen gegen den Willen betroffener Gläubiger hervorgehoben.[119]

2.1.2 Liquidationsprioritäten unter Chapter 7 des US Bankruptcy Code

Ein wesentliches Prinzip des US Bankruptcy Code ist es, dass die Verteilung verbliebener Unternehmenswerte nach zuvor bestimmten gesetzlichen und vertraglichen Prioritäten erfolgt. Innerhalb der Prioritätsklassen gilt ein Gleichbehandlungsgebot.[120]

---

116 Bank of America Nat. Trust and Sav. Assn. v. 203 North LaSalle Street Partnership, 526 U.S. 434, 444 (1999); auch unter Verweis auf Stellungnahmen aus dem Gesetzgebungsverfahren zum Bankruptcy Reform Act 1978 (H.R. Doc. No. 93–137, pt. I, p. 255); näher *Baird/Jackson*, 55 U. Chi. L. Rev. 738 (1988), 739–740; *Lipson*, 93 Wash. U. L. Rev. 631 (2018), 672; *ders.*, 50 UCLA L. Rev. 1189 (2003), 1229.

117 Bank of America Nat. Trust and Sav. Assn. v. 203 North LaSalle Street Partnership, 526 U.S. 434, 444 (1999) m.w.Nachw.

118 Dazu *Lipson*, 93 Wash. U. L. Rev. 631 (2018), 645–646.

119 Czyzewski v. Jevic Holding Corp., 580 U.S. __ (2017), 11: "The Code's priority system constitutes a basic underpinning of business bankruptcy law."; ausf. zur Entscheidung *Lipson*, 93 Wash. U. L. Rev. 631 (2018), 633.

120 *Roe/Tung*, 99 Virg. L. Rev. 1235 (2013), 1243.

Der US Bankruptcy Code sieht für die Bewältigung von Unternehmensinsolvenzen zwei zentrale Verfahrensvarianten vor: die Einzel- oder Gesamtliquidation im Chapter-7-Verfahren (11 U.S.C. §§ 701–784, Liquidation) sowie das auf Reorganisationen und Fortführungen ausgerichtete Chapter-11-Verfahren (11 U.S.C. §§ 1101–1195, Reorganization). Beide Verfahrensarten beruhen gleichsam auf dem grundlegenden Konzept absoluter Priorität der Kapitalansprüche der Verfahrensbeteiligten.[121] Während die absolute Priorität in Chapter-7-Verfahren strikte Geltung beansprucht, findet sie in das Chapter-11-Verfahren nur mittelbar Eingang über die Cram-Down-Regelung des 11 U.S.C. § 1129.[122]

Der US Bankruptcy Code statuiert für Liquidationen im Chapter-7-Verfahren ein grundlegendes System der Priorität in der Verteilung des Unternehmenswerts des Schuldners.[123] Danach sind vorrangige Rangklassen zunächst vollständig zu befriedigen, bevor nachrangigen Klassen Werte zuteilwerden dürfen.[124] Der Verwalter (trustee) verwertet das schuldnerische Vermögen und verteilt die Erlöse an die Gläubiger.[125]

Gesicherte Gläubiger nehmen den höchsten Rang in der Verteilungsfolge ein. Ihnen ist der Wert ihrer Sicherheit bis zum Nennbetrag der gesicherten Forderung vorrangig zu gewährleisten (11 U.S.C. §§ 725, 506). Sie genießen insoweit eine gegenstandsbezogene Vorrangstellung.[126] Soweit die gesicherte Forderung nicht durch den Wert der Sicherheit gedeckt ist, ist die Forderung als einfache ungesicherte Forderung einzuordnen (11 U.S.C. § 506(b)).[127]

Sodann gilt die in 11 U.S.C. § 726 bestimmte Rangfolge.[128] Zunächst sind Inhaber vorrangiger ungesicherter Forderungen in der Rangfolge gemäß

---

121 Czyzewski v. Jevic Holding Corp., 580 U.S. __ (2017), 11.

122 Prägnant Czyzewski v. Jevic Holding Corp., 580 U.S. __ (2017), 11–12: "In Chapter 7 liquidations, priority is an absolute command – lower priority creditors cannot receive anything until higher priority creditors have been paid in full. See 11 U.S.C. §§ 725, 726. Chapter 11 plans provide somewhat more flexibility, but a priority-violating plan still cannot be confirmed over the objection of an impaired class of creditors. See § 1129(b)."; eingehend *Grohsgal*, 8 Wm. & Mary Bus. L. Rev. 439 (2017), 482–497.

123 Zum Chapter-7-Verfahren *Grauke/Horwitz*, in: MüKo, InsO, Bd. 4 – Länderberichte, USA, Rn. 8 f.

124 *ABI Commission Chapter 11*, Final Report (2014), S. 239: "priority waterfall"; ausf. zur Priorität in Chapter-7-Liquidationen *Grohsgal*, 8 Wm. & Mary Bus. L. Rev. 439 (2017), 484–486.

125 *Grauke/Fail/Hwangpo*, in: MüKo, InsO, Bd. 4 – Länderberichte, Rn. 8 f.

126 Engl. asset-based priority; s. auch Nachw. in Fußn. 196; näher zur gegenstandsbezogenen Priorität zuvor auf den S. 36 ff.

127 *Grohsgal*, 8 Wm. & Mary Bus. L. Rev. 439 (2017), 485.

128 Ebd.

11 U.S.C. § 507(a) zu befriedigen, etwa bestimmter Steuer- oder Lohnforderungen (11 U.S.C. §§ 726(a)(1), 507).[129] Dabei sind wiederum vorrangige Klassen zunächst vollständig zu befriedigen.[130] Dem folgen sonstige ungesicherte Forderungen nach (11 U.S.C. § 726(a)(2)). Am Schluss der Prioritätsfolge stehen die Inhaber des Eigenkapitals. Ihnen dürfen keine Werte zuteilwerden, solange nicht sämtliche Gläubiger vollständig zuvor befriedigt sind (11 U.S.C. § 726(a)(6)).[131] Unter Gläubigern eines Schuldners getroffenen Nachrangvereinbarungen wird eine insolvenzrechtliche Rangwirkung zuerkannt (11 U.S.C. § 510(a)).[132] Spezifika unterfallen zu Teilen einzelstaatlichem Recht.[133] Wie auch im deutschen Insolvenzverfahren entfalten Rangvereinbarungen unter Gläubigern in Intercreditor Agreements auch im US-amerikanischen Chapter-11-Verfahren keine insolvenzrechtliche Rangwirkung. In den Verträgen getroffene Vereinbarungen finden nur punktuell gerichtliche Berücksichtigung.[134]

Deckt der verbliebene Unternehmenswert des Schuldners die Forderungen einer Rangklasse nicht mehr vollständig, partizipieren diese anteilig nach ihrer Forderungshöhe (pro rata) am verbleibenden Wert. Wiederum niedrigere Rangklassen erhalten keine Werte.[135] Darin kommt der absolute, unbedingte Geltungsanspruch der Prioritätsstellung vorrangiger Kapitalgeber zum Ausdruck. In 11 U.S.C. § 103(b) ist gesetzlich ausdrücklich klargestellt, dass (unter anderem) die Regelung des 11 U.S.C. § 726 allein für das Chapter-7-Verfahren gilt, nicht etwa auch für das Chapter-11-Verfahren.[136]

Anders als das Chapter-7-Verfahren zielen die Regelungen des Chapter 11 nicht auf eine Liquidation des Schuldners, sondern auf dessen Sanierung und Fortführung. Vermögenswerte bleiben weithin im schuldnerischen Unternehmen

---

129 Die Privilegierung von Lohnforderungen soll zugunsten von Arbeitnehmern mit dem Verlust des Arbeitsplatzes in der Insolvenz des Arbeitgebers verbundene soziale Härten partiell ausgleichen und Arbeitnehmer zugleich incentivieren, das schuldnerische Unternehmen nicht aus Angst vor einem Zahlungsausfall des Schuldners zu verlassen, dazu Czyzewski v. Jevic Holding Corp., 580 U.S. __ (2017), 4.

130 *Grohsgal*, 8 Wm. & Mary Bus. L. Rev. 439 (2017), 485.

131 Czyzewski v. Jevic Holding Corp., 580 U.S. __ (2017), 17; s. auch *Roe/Tung*, 99 Virg. L. Rev. 1235 (2013), 1244.

132 *Baird*, 165 U. Pa. L. Rev. 785 (2017), 804; *Roe/Tung*, 99 Virg. L. Rev. 1235 (2013), 1243–1244.

133 S. etwa 11 U.S.C. § 506; *Roe/Tung*, 99 Virg. L. Rev. 1235 (2013), 1243.

134 Dazu *Skeel/Triantis*, 166 U. Pa. L. Rev. 1777 (2018); zur Rechtslage im deutschen Insolvenzverfahren im Rahmen der Ausführungen zum StaRUG auf den S. 276 ff.

135 *Roe/Tung*, 99 Virg. L. Rev. 1235 (2013), 1244.

136 Dazu *Grohsgal*, 8 Wm. & Mary Bus. L. Rev. 439 (2017), 486.

gebunden. Bestehende Kapitalpositionen werden zu Teilen erlassen und zu Teilen wiedereingesetzt oder durch neue Kapitalpositionen ersetzt; Zahlungen auf diese sind aus den künftigen Erträgen des Schuldners zu leisten. An die Stelle einer Liquidation tritt ein strukturierter Verhandlungsprozess. Über die Regelung der Planbestätigung und speziell des klassenübergreifenden Cram Down gemäß 11 U.S.C. § 1129 finden die für das Chapter-7-Verfahren geltenden Liquidationsprioritäten sodann Eingang in das Chapter-11-Verfahren. Mit der Prioritätsregel bestimmen sie für nicht-konsensuale Pläne Mindestvorgaben für Wertzuteilungen zugunsten mehrheitlich ablehnender Gruppen.[137]

In der US-amerikanischen Rechtswissenschaft und Rechtsprechung wird in der absoluten Priorität weithin nicht nur ein fundamentales Verteilungsprinzip[138] erblickt; vielmehr wird ihre Durchsetzung zuweilen als zentrales Anliegen des Insolvenzrechts verstanden. Danach diene die Konzeption des US Bankruptcy Code der Durchsetzung einer geordneten Verteilung der schuldnerischen Vermögenswerte nach etablierten Prinzipien, anstelle des äußeren Einflusses oder ökonomischer Einflussmacht einzelner Gläubiger.[139]

2.1.3 Abstimmung und Planbestätigung

Die Abstimmung über den Plan erfolgt innerhalb der im Plan gebildeten Klassen, denen die Beteiligten nach im Wesentlichen gleichartigen wirtschaftlichen Interessen zuzuordnen sind („substantially similar", 11 U.S.C. § 1122(a)).[140] Angehörige derselben Klasse sind unter dem Plan gleich zu behandeln (11 U.S.C. § 1123(a)(4)). Für Klassen von Gläubigern gilt das Erfordernis der Zustimmung einer einfachen Mehrheit der abstimmenden Gläubiger nach Köpfen (> 50%), welche mindestens zwei Drittel (66 2/3%) der in der Abstimmung repräsentierten Forderungssumme ausmachen. Für Klassen von Anteilsinhabern gilt eine Mehrheit von zwei Dritteln

137 Zur Anknüpfung an die Liquidationsprioritäten im Rahmen des best-interests-of-creditors test sowie der Absolute Priority Rule nachf. in den jeweiligen Abschnitten.

138 *Lipson*, 50 UCLA L. Rev. 1189 (2003), 1229: "In its essence, priority is a distributional doctrine.".

139 Dazu Czyzewski v. Jevic Holding Corp., 580 U.S. __ (2017), 12 unter Verweis auf eine Stellungnahme im Gesetzgebungsverfahren des Bankruptcy Reform Act of 1994 (H. R. Rep. No. 103–835, p. 33 (1994)); ferner *Roe/Tung*, 99 Virg. L. Rev. 1235 (2013), 1245.

140 *Case II/Newton*, IILR 2011, 511 (514).

(66 2/3%) des abstimmenden Kapitals (11 U.S.C. § 1126(d)).[141] Dissentierende Abstimmungsminderheiten können nach dem Mehrheitsprinzip im Wege eines klasseninternen Cram Down überwunden werden. Die Zustimmung von Klassen, deren Rechte unter dem Plan nicht beeinträchtigt werden, wird fingiert (11 U.S.C. §§ 1124, 1126(f)). Werden einer Klasse unter dem Plan keinerlei Werte zugewiesen, gilt ihre Zustimmung zum Plan als verweigert (11 U.S.C. § 1126(g)).

Mit der Planbestätigung entfalten die Regelungen des Reorganisationsplans Bindungswirkung gegenüber dem Schuldner, den Gläubigern und Gesellschaftern sowie sämtlichen weiteren Betroffenen (11 U.S.C. § 1141).[142] Die Voraussetzungen der gerichtlichen Planbestätigung sind in 11 U.S.C. § 1129 geregelt und umfassen unter anderem die erforderliche Zustimmung jeder durch den Plan beeinträchtigten Klasse mit den gemäß 11 U.S.C. § 1126 erforderlichen Zustimmungsmehrheiten (11 U.S.C. § 1129(a)(8)) sowie die Voraussetzungen eines klassenübergreifenden Cram Down. Greift der Plan in die Rechte von Gläubigern ein, genügt als Mindestzustimmung die Zustimmung einer Gruppe von Gläubigern, deren Forderungen unter dem Plan beeinträchtigt werden (11 U.S.C. § 1129(a)(10)).

2.1.4 Regelung des klassenübergreifenden Cram Down, 11 U.S.C. § 1129(b)

Liegen die Voraussetzungen der Planbestätigung gemäß U.S.C. § 1129(a) im Übrigen vor und fehlt es lediglich an der Zustimmung einer oder mehrerer Klassen zum Plan, kommt eine Planbestätigung auf Antrag des Planvorlegenden im Wege des klassenübergreifenden Cram Down gemäß 11 U.S.C. § 1129(b)(1) in Betracht.[143]

2.1.4.1 Mindestvorgaben für die Wertverteilung durch nicht-konsensuale Pläne

Stimmen sämtliche Beteiligte für einen Plan, steht diesen eine konsensuale Verteilung des Unternehmenswerts des reorganisierten Schuldners offen. Stimmen einzelne Beteiligte oder Klassen solcher gegen den Plan, sind die

141 Ein knapper Überblick über das Abstimmungsverfahren und die Voraussetzungen der Planbestätigung bei *Bruder/Martin*, in: BeckOK, InsR, Internationales InsR – USA, Rn. 90 ff.

142 S. auch *Bruder/Martin*, in: BeckOK, InsR, Internationales InsR – USA, Rn. 89.

143 S. zudem den Strukturvergleich der Regelungen des klassenübergreifenden Cram Down des Chapter-11-Verfahrens, der InsO, der europäischen RestRL und des StaRUG in Übersicht 1 auf den S. 377 ff.

Verteilungsregelungen an den Voraussetzungen der 11 U.S.C. § 1129(a), (b) zu messen.[144]

Die in 11 U.S.C. § 1129(b)(1) statuierten Anforderungen dienen als Schutzkriterien für die Angehörigen einer Abstimmungsklasse, gegen deren insgesamt ablehnendes Votum die Planregelungen im Wege des klassenübergreifenden Cram Down durchgesetzt werden sollen. Die Kriterien statuieren Mindestvorgaben für Wertzuweisungen zugunsten der Angehörigen ablehnender Klassen unter dem Plan und sichern diesen damit eine wirtschaftliche Mindestposition zu.[145] Damit entfalten die Regelungen Verteilungswirkung für nicht-konsensuale Pläne und legen zugleich den Verhandlungsraum für die Beteiligten im Verfahren sowie im Vorfeld der Insolvenz fest.

Dabei werden – strukturell analog zu den Regelungen des klassenübergreifenden Cram Down in den weiteren betrachteten Verfahrensrahmen – drei Mindestvorgaben hinsichtlich der Wertverteilung statuiert:

1. die Wertuntergrenze des Schlechterstellungsverbots (best-interests-of-creditors test, 11 U.S.C. § 1129(b)(1), (a)(7));
2. das Verbot der Besserstellung mit der ablehnenden Klasse gleichrangiger Klassen (does not discriminate unfairly, 11 U.S.C. § 1129(b)(1)); sowie
3. die billige und gerechte Behandlung der Klassenangehörigen (fair and equitable, 11 U.S.C. § 1129(b)(1)).[146]

Diese Voraussetzungen müssen mit Blick auf jede Klasse erfüllt sein, welche durch den Plan beeinträchtigt wird und diesem insgesamt nicht zugestimmt hat.[147]

Der best-interests-of-creditors test entfaltet individualschützende Wirkung für dissentierende Klassenangehörige und gewährleistet ihnen zunächst individuell den wirtschaftlichen Liquidationswert ihrer Kapitalposition als Mindestgarantie, welcher ihnen durch den Plan nicht gegen ihren Willen entzogen werden darf

---

144 S. auch *Veder*, in: Paulus/Dammann, European Preventive Restructuring, Art. 11 Rn. 6 f.

145 S. auch *Veder*, in: Paulus/Dammann, European Preventive Restructuring, Art. 11 Rn. 6.

146 11 U.S.C. § 1129(b)(1): "[…] if all of the applicable requirements of subsection (a) of this section other than paragraph (8) are met with respect to a plan, the court, on request of the proponent of the plan, shall confirm the plan notwithstanding the requirements of such paragraph if the plan does not discriminate unfairly, and is fair and equitable, with respect to each class of claims or interests that is impaired under, and has not accepted, the plan.".

147 11 U.S.C. § 1129(b)(1), (a)(8).

(11 U.S.C. § 1129(a)(7)).[148] Als allgemeine Voraussetzung der Planbestätigung gilt das Kriterium für ablehnende Klassenangehörige unter konsensualen und nicht-konsensualen Plänen.[149]

Das Fair-and-Equitable-Kriterium entfaltet seinen Schutz auf Gruppenebene und soll gewährleisten, dass Angehörige ablehnender Klassen entsprechend ihrer Rangstellung am verteilungsfähigen Planwert teilhaben.[150] Es verbietet als Wertobergrenze eine Überbefriedigung anderer Klassen über 100% deren Forderungswerts hinaus und verbürgt zugleich die Absolute Priority Rule.[151]

Die Absolute Priority Rule kommt damit nur im Rahmen eines klassenübergreifenden Cram Down zur Anwendung, wenn eine Abstimmungsklasse mehrheitlich gegen den Plan gestimmt hat (11 U.S.C. § 1129(b)(1)). Ein überstimmter Gläubiger oder Anteilseigner in einer zustimmenden Klasse kann der Planbestätigung nicht unter Berufung auf die Nichteinhaltung der Absolute Priority Rule widersprechen.[152] Zugleich verspricht sie dissentierenden Planbetroffenen keine absolute Mindestgewähr wirtschaftlicher Werte. Vielmehr statuiert diese ein Verteilungsprinzip, nach dem der über den Liquidationswert hinausgehende Reorganisationswert, der Planmehrwert, „fair" unter verschiedenen Klassen Planbetroffener zu verteilen ist.[153] Das Schutzkriterium der Absolute Priority Rule wirkt damit gruppenbezogen und sichert die relative Prioritätsstellung in der Teilhabe am Planmehrwert. Beabsichtigt ein Planersteller einen Plan gegen den Willen einer insgesamt ablehnenden Klasse zwangsweise mittels eines klassenübergreifenden Cram Down durchzusetzen, müssen dessen Verteilungsregelungen diesem Fairness-Test genügen.[154]

---

148 *Markell*, 44 Stanf. L. Rev. 69 (1991), 88;

149 Nachw. in Fußn. 172.

150 *Veder*, in: Paulus/Dammann, European Preventive Restructuring, Art. 11 Rn. 7.

151 *Case II/Newton*, IILR 2011, 511 (514).

152 *Markell*, 44 Stanf. L. Rev. 69 (1991), 88.

153 Dazu prägnant aus dem Gesetzgebungsverfahren zum Bankruptcy Code 1978 H.R. Rep. No. 595, 95th Cong., 2d Sess., 221–224: "If the debtor is unable to obtain the consents of all classes of creditors and stockholders, then the court may confirm the plan anyway on the request of the plan's proponent, if the plan treats the nonconsenting classes fairly. The bill defines 'fairly' in terms of the relative rights among the classes. Simply put, the bill requires that the plan pay any dissenting class in full before any class junior to the dissenter may be paid at all."; dazu *J. White*, 8 Cooley L. Rev. 1 (1991), 6; *Foohey*, 86 St. J. L. Rev. 31 (2012), 33–34.

154 *Foohey*, 86 St. J. L. Rev. 31 (2012), 34.

2.1.4.2 Festlegung des Verhandlungsraums für effiziente Mehrheitslösungen

In der Ausarbeitung eines mehrheitsfähigen Plankonzepts obliegt es den Beteiligten zu verhandeln, welche Wertverzichte die jeweiligen (besonders niederrangigen) Klassen zu akzeptieren bereit sind.[155] Am Ende dieses Verhandlungswegs steht ein Reorganisationsplan. Verhandlungen werden in Unternehmensrestrukturierungen und -insolvenzen stets vor dem Hintergrund etwaiger rechtlicher Zwangsmechanismen geführt, welche zur Anwendung kommen, sollte eine Verhandlungslösung nicht zu erreichen sein.[156]

Der Dreiklang von best-interests-of-creditors test, Gleichbehandlungsgebot und Absolute Priority Rule zeichnet den Beteiligten äußere Linien für durchsetzbare, nicht-konsensuale Planlösungen im Chapter-11-Verfahren vor. Mehrheitsbildung und Konsensfindung hinsichtlich der Verteilung des unzureichenden Unternehmenswerts erfolgen in einem Rahmen, welcher dissentierenden Planbetroffenen den wirtschaftlichen Liquidationswert ihrer Position als Mindestgewähr zuspricht. Ein darüberhinausgehender, durch den Reorganisationsplan generierter Planmehrwert darf ausschließlich auf Grundlage eines Mehrheitsvotums der Klassen unter Beachtung der Prioritäten verteilt werden.[157]

Abstimmungsklassen agieren in dem Bewusstsein, dass ihnen gegenüber jede Verteilungsregelung durchgesetzt werden kann, welche (1) als Untergrenze den best-interests-of-creditors test, (2) das Gebot der Gleichbehandlung gleichrangiger Klassen sowie (3) in der Verteilung des Planmehrwerts die Absolute Priority Rule wahrt. Ihnen wird eine Schwelle definiert, ab welcher eine Zustimmung zu einer konsensualen Planlösung für sie einen wirtschaftlichen Mehrwert generiert. Auf diesem Weg definieren die Schutzkriterien den Verhandlungsraum im Chapter-11-Verfahren sowie den gerichtlichen Prüfungsmaßstab.[158] Zugleich wird der Verhandlungsraum für Sanierungsverhandlungen im Vorfeld der Insolvenz festgelegt.

---

155 *Baird*, 165 U. Pa. L. Rev. 785 (2017), 814.

156 Nachw. in Fußn. 22.

157 *Markell*, 44 Stanf. L. Rev. 69 (1991), 88: "Once the creditor received its liquidation value, the Code allocated the surplus of going concern value over liquidation value by democratic vote within and among classes of creditors.".

158 *Lipson*, 93 Wash. U. L. Rev. 631 (2018), 679–680; *Skeel/Triantis*, 166 U. Pa. L. Rev. 1777 (2018), 1805: "bargaining environment"; *Grohsgal*, 8 Wm. & Mary Bus. L. Rev. 439 (2017), 447 m.w.Nachw.; *Roe/Tung*, 99 Virg. L. Rev. 1235 (2013), 1236: "fixed framework"; *Markell*, 44 Stanf. L. Rev. 69 (1991), 88.

Einzelnen Klassen wird die Möglichkeit genommen, das Verfahren durch ihr Votum zu blockieren.[159] Der Raum valider und invalider Argumente in den Verhandlungen wird ex ante definiert. Die Beteiligten werden diszipliniert, die Verhandlungen innerhalb dieser Grenzen verlaufen zu lassen.[160] Der Mehrwert der Absolute Priority Rule wird in diesem Kontext besonders in ihrer klaren und strikten Verteilungsfolge gesehen. Diese würde einen klaren Verhandlungsrahmen vorgeben und ex post zu einer effizienten Entscheidungsfindung beitragen.[161]

Indem effiziente, mehrheitsgetragene Planlösungen gefördert werden, können aus der Insolvenzmasse aufzubringende Kosten für eine verlängerte Verfahrensführung sowie gerichtliche Auseinandersetzungen um die Voraussetzungen der Planbestätigung reduziert werden.[162] Eine rasche Planbestätigung vermeidet weitere insolvenzbedingte Schädigungen des schuldnerischen Unternehmens.[163] Zuweilen wird berichtet, dass in der Reorganisationspraxis häufige konsensuale Planlösungen erreicht werden können.[164] Bereits die Nutzung des klassenübergreifenden Cram Down als Drohinstrument, mithin die Verhandlungsführung im Schatten des Insolvenzrechts, entfalte häufig konsensfördernde Wirkung.[165] Eindrücklich beschrieb dies *Jackson* bereits im Jahr 1982:

> "*The presence of a bankruptcy system does not mandate its use. The realization that a creditor could always initiate the bankruptcy process would deter attempts in any non-bankruptcy collective proceeding to provide any creditor with less than the minimum obtainable in a bankruptcy proceeding. The availability of a mandatory collective system in which distributions are governed by a set of statutory rules is, therefore, important because it stipulates a minimum set of entitlements for claimants that, in turn, provides a framework for implementing a consensual collective proceeding outside of the bankruptcy process.*"

---

159 *Casey*, 120 Colum. L. Rev. 1709 (2020), 1709–1710.

160 *Blum/Kaplan*, 41 U. Chi. L. Rev. 652 (1974), 653; *Casey*, 120 Colum. L. Rev. 1709 (2020), 1709–1710.

161 Dazu *Lipson*, 93 Wash. U. L. Rev. 631 (2018), 679–680 m.w.Nachw.; s. auch Czyzewski v. Jevic Holding Corp., 580 U.S. __ (2017), 18.

162 *Seymour/Schwarcz*, 1 U. Ill. L. Rev. 1 (2021), 9.

163 Ebd.

164 S. etwa ebd.

165 Zu diesem Aspekt allg. *Lipson*, 93 Wash. U. L. Rev. 631 (2018), 679–680.

2.1.5 Verbot der Schlechterstellung: best-interests-of-creditors test, 11 U.S.C. § 1129(a)(7)(A)(ii)

Als wirtschaftliches Schutzkriterium in der Planbestätigung müssen die Planregelungen dem sog. best-interests-of-creditors test genügen. Gemäß 11 U.S.C. § 1129(a)(7)(A)(ii) darf das Gericht einen Plan nur bestätigen, wenn jeder durch den Plan beeinträchtigte Gläubiger oder Anteilsinhaber unter dem Plan aufgrund seiner Forderung oder Beteiligung mindestens wirtschaftliche Werte erhält oder behält, welche zum Zeitpunkt des Wirksamwerdens des Plans den Wert dessen erreichen, was sie im Rahmen einer Einzelliquidation des schuldnerischen Unternehmens im Chapter-7-Verfahren erhielten.[166] Einer Besserstellung des ablehnenden Klassenangehörigen gegenüber der Liquidation bedarf es nicht,[167] eine wertmäßige Indifferenz zwischen Fortführung und Liquidation genügt. Das Kriterium statuiert damit ein Verbot der Schlechterstellung gegenüber einer hypothetischen Liquidation und diente als Vorbild der betreffenden Regelungen des Insolvenzplanverfahrens, der europäischen RestRL sowie der neuen Regelung des StaRUG.[168]

Das Gericht hat die Einhaltung des Kriteriums im Rahmen der Planbestätigung von Amts wegen, mithin ohne entsprechenden Antrag eines Verfahrensbeteiligten zu prüfen.[169] Aufgabe des Planerstellers ist es folglich, durch eine Liquidationsbewertung darzulegen, dass ablehnende Plangruppen durch den Plan wirtschaftlich nicht schlechter gestellt werden, als sie im Falle einer Liquidation im Chapter-7-Verfahren stünden.[170] Die gerichtliche Prüfung erfordert Bewertungsentscheidungen des Gerichts und erfolgt regelmäßig auf Grundlage einer dem Reorganisationsplan beizufügenden Offenlegungserklärung (disclosure statement, 11 U.S.C. § 1125(b)).[171]

---

166 11 U.S.C. § 1129(a)(7)(A)(ii): "With respect to each impaired class of claims or interests […] each holder of a claim or interest of such class […] will receive or retain under the plan on account of such claim or interest property of a value, as of the effective date of the plan, that is not less than the amount that such holder would so receive or retain if the debtor were liquidated under chapter 7 of this title on such date"; *Grohsgal*, 8 Wm. & Mary Bus. L. Rev. 439 (2017), 492 (zur Historie in Fußn. 332).

167 11 U.S.C. § 1129(a)(7)(A)(ii): "that is not less than".

168 Nachw. im Rahmen der jeweiligen nachf. Ausführungen.

169 S. 11 U.S.C. § 1129(a)(7).

170 *Lipson*, 50 UCLA L. Rev. 1189 (2003), 1233 Fußn. 190.

171 *Bruder/Martin*, in: BeckOK, InsR, Internationales InsR – USA, Rn. 89, 92.

Abweichend gegenüber der Absolute Priority Rule findet der best-interests-of-creditors test nicht nur dann Anwendung, wenn die Klasse mehrheitlich gegen den Plan stimmt. Vielmehr hat das Gericht die Einhaltung als allgemeine Voraussetzung der Planbestätigung im Falle konsensualer und nicht-konsensualer Pläne zu prüfen.[172] Darin liegt ein wesentlicher Unterschied zum Schlechterstellungsverbot des § 245 Abs. 1 Nr. 1 InsO, wonach die Prüfung allein bei der Anwendung des Obstruktionsverbots erfolgt.[173]

Die Prüfung des best-interests-of-creditors test erfolgt im Hinblick auf jeden dissentierenden Klassenangehörigen individuell. Während die Absolute Priority Rule einen gruppenbezogenen Schutz gewährleistet, entfaltet der best-interests-of-creditors test Individualschutz.[174] Das Kriterium ergänzt so den beschränkten Geltungsbereich der Absolute Priority Rule und gewährleistet, dass dissentierenden Planbetroffenen gegen ihren Willen durch eine mehrheitliche Zustimmung der Klasse der Liquidationswert ihrer Position als Mindestgewähr nicht entzogen werden kann.[175]

Der best-interests-of-creditors test definiert im ersten Schritt die Wertuntergrenze für mögliche Wertzuweisungen zugunsten ablehnender Klassen und Klassenangehöriger. Zugleich hat das Kriterium damit eine nur begrenzte Schutzwirkung, da es Anliegen der Reorganisation ist, den über den Liquidationswert hinausgehenden Fortführungswert des Unternehmens zu realisieren.[176] Vor dem Hintergrund geringer Befriedigungsquoten bei Liquidationen im Chapter-7-Verfahren ist die Schwelle aus praktischer Sicht häufig niedrig.[177]

2.1.6 Verbot der Besserstellung gleichrangiger Klassen: no unfair discrimination, 11 U.S.C. § 1129(b)(1)

Über die Einhaltung des Schlechterstellungsverbots (11 U.S.C. § 1129(a)(7)) als allgemeine Voraussetzung der Planbestätigung hinaus gelten für den

172 *Veder*, in: Paulus/Dammann, European Preventive Restructuring, Art. 11 Rn. 6; s. 11 U.S.C. § 1129(a)(7)(A)(ii).

173 Ferner im individuellen Minderheitenschutz gemäß § 251 Abs. 1 Nr. 2 InsO oder einer Beschwerde gegen die Planbestätigung (§ 253 Abs. 2 Nr. 3 InsO). Näher zum Schlechterstellungsverbot gem. § 245 InsO auf den S. 173 ff.

174 *Bruder/Martin*, in: BeckOK, InsR, Internationales InsR – USA, Rn. 92.

175 *Grohsgal*, 8 Wm. & Mary Bus. L. Rev. 439 (2017), 492–493.

176 *Blum*, 25 U. Chi. L. Rev. 417 (1958), 418.

177 *Moyer*, Distressed Debt Analysis, S. 90 f.; *Seymour/Schwarcz*, 1 U. Ill. L. Rev. 1 (2021), 29: "virtually meaningless as real protection".

klassenübergreifenden Cram Down gemäß 11 U.S.C. § 1129(b)(1) weitere, gruppenbezogene Anforderungen.[178]

Das Kriterium der unangemessenen Benachteiligung („does not discriminate unfairly") gemäß 11 U.S.C. § 1129(b)(1) hat im US Bankruptcy Code keine Legaldefinition erfahren und wurde durch die Rechtsprechung der US-Gerichte konkretisiert. Diese versteht das Kriterium im Sinne eines Gleichstellungsgebots bzw. Diskriminierungsverbots im Hinblick auf gleichrangige Abstimmungsklassen. Die Vorgabe gewährleistet den Gleichrang zugunsten einer ablehnenden Klasse und dient damit als horizontale Schranke für nicht-konsensuale Pläne.[179]

So liegt eine unangemessene Benachteiligung im Sinne der Norm vor, wenn der Plan die dissentierende Klasse gegenüber einer gleichrangigen Klasse dergestalt ungleichbehandelt, dass (1) die dissentierende Klasse eine prozentual signifikant geringere Befriedigungsquote erhält (gemessen am Barwert aller Zahlungen), oder (2) die zugesprochenen Planleistungen für die dissentierende Klasse wesentlich stärker risikobehaftet und damit in der Folge geringerwertiger ist.[180] Das Kriterium ist damit weniger eng gefasst als die deutsche Fassung in § 245 Abs. 2 S. 1 Nr. 3 InsO, unter welcher *jegliche* wirtschaftliche Besserstellung einer gegenüber der ablehnenden Gruppe gleichrangigen Gruppe dem Vorliegen einer angemessenen Beteiligung am Planwert (Abs. 1 Nr. 2) und damit einem klassenübergreifenden Cram Down entgegensteht. Untersagt wird nicht jede Ungleichbehandlung, sondern lediglich eine unfaire Diskriminierung.[181]

Diskriminierungen können nach Ansicht der US-amerikanischen Insolvenzgerichte gerechtfertigt und damit nicht unfair sein, wobei zuweilen unterschiedliche Prüfungsmaßstäbe angelegt werden. So wird zur Bestimmung zunächst der

---

178 S. auch *Veder*, in: Paulus/Dammann, European Preventive Restructuring, Art. 11 Rn. 6 f.

179 *Case II/Newton*, IILR 2011, 511 (514); *Bull*, ZIP 1980, 843 (849); *Markell*, 72 Am. Bankr. L. J. 227 (1998), 227: "horizontal limit on nonconsensual confirmation", "intrapriority fairness".

180 S. etwa In re Sentry Operating Co. of Texas, Inc., 264 B.R. 850, 863 (Bkrtcy.S.D. Tex. 2001): "In general, the Bankruptcy Code is premised on the rule of equality of treatment. Creditors with claims of equal rank are entitled to equal distribution. But § 1129 (b) obviously permits some discrimination, since it only prohibits unfair discrimination. The task is to determine what constitutes 'fair' discrimination."; zudem *Markell*, 72 Am. Bankr. L. J. 227 (1998), 227.

181 Dazu *Lüer/Streit*, in: Uhlenbruck, InsO, § 245 Rn. 32; *Rühle*, in: Römermann, InsO, § 245 Rn. 23; näher zum Verbot der Besserstellung gleichrangiger Gläubiger gemäß § 245 Abs. 2 S. 1 Nr. 3 InsO auf den S. 141 ff.; zur entsprechenden Vorgabe des § 27 Abs. 1 Nr. 3 StaRUG auf den S. 275 ff.

Markell-Test herangezogen, wonach unterschiedliche Behandlungen gleichrangiger Gruppen nicht diskriminierend wirken, wenn diese konsistent sind mit den Ergebnissen, die außerinsolvenzlich zu erwarten gewesen wären oder die Besserstellung durch die Leistungen der anderen Klasse zugunsten der Reorganisation wirtschaftlich ausgeglichen wird.[182]

Zuweilen wird auch der Four-Factor-Test herangezogen, wonach eine unfaire Diskriminierung einer gleichrangigen Gruppe nicht vorliegt, wenn (1) die Ungleichbehandlung eine sinnvolle Grundlage hat, (2) der Schuldner den Plan nicht ohne die Ungleichbehandlung umsetzen kann, (3) die Ungleichbehandlung in gutem Glauben erfolgt, und (4) der Umfang der Ungleichbehandlung in angemessenem Verhältnis zum verfolgten Zweck steht.[183]

2.1.7 Absolute Priority Rule: fair and equitable, 11 U.S.C. § 1129(b)

Hinsichtlich der Verteilung des durch den Plan generierten Planmehrwerts tritt die Absolute Priority Rule hinzu. Gemäß dieser ist die Durchsetzung nichtkonsensualer Pläne als billig und gerecht (fair and equitable) im Sinne des 11 U.S.C. § 1129(b) anzusehen, wenn der strikte Befriedigungsvorrang höherrangiger, ablehnender Klassen gewahrt ist.[184] Dissentierende Klassen sind nach dem Gedanken absoluter Priorität zunächst vollständig zu befriedigen.[185] Die Fairness eines zwangsweise durchgesetzten Plans wird an die Wahrung der Rangstellung der ablehnenden Klasse geknüpft.[186] Dabei ist es unerheblich, ob die Wertzuteilung die Form einer Zahlung oder – wie regelmäßig im Falle der Fortführung – einer Zuteilung einer Eigen- oder Fremdkapitalposition hat.[187]

---

182 *Markell*, 72 Am. Bankr. L. J. 227 (1998), 227; dazu In re Sentry Operating Co. of Texas, Inc., 264 B.R. 850 (Bkrtcy.S.D. Tex. 2001), 864.

183 Dazu In re Tribune Co., 972 F.3d 228, 241 (3d Cir. 2020), mit einem Überblick zur Rechtsprechung.

184 *Case II/Newton*, IILR 2011, 511 (514); zur Situation vor Einführung des US Bankruptcy Code von 1978 bereits *Calkins*, 16 Notre Dame L. Rev. 18 (1940), 20: "A plan is not 'fair and equitable' unless it provides participation for claims and interests in recognition of their priorities, and the value of the debtor's properties supports the extent of the participation accorded to each participating class. If the effect of a plan is to divert to a junior class values allocable to senior security holders, the plan fails to meet the requisite statutory and judicial standards.".

185 *ABI Commission Chapter 11*, Final Report (2014), S. 213; *Baird*, 165 U. Pa. L. Rev. 785 (2017), 786; *Lubben*, 21 Fordh. J. Corp. & Fin. L. 581 (2016), 581; *Roe/Tung*, 99 Virg. L. Rev. 1235 (2013), 1236, 1243–1244.

186 Zur Historie *Lubben*, 21 Fordh. J. Corp. & Fin. L. 581 (2016), 587–588, 591.

187 *Baird*, 165 U. Pa. L. Rev. 785 (2017), 786.

Die Absolute Priority Rule statuiert damit zugleich ein Prinzip, nach dem – vorbehaltlich einer Zustimmung der beeinträchtigten Klasse zu einer abweichenden Regelung – unzureichende Vermögenswerte des Schuldners[188] bzw. eingetretene Verluste[189] unter den planbetroffenen Kapitalgebern verteilt werden. Auf diesem Weg soll gewährleistet werden, dass die außerhalb der Insolvenz festgelegten Prioritäten im Insolvenzverfahren fortwirken.[190]

Die Prüfung erfolgt als Voraussetzung des klassenübergreifenden Cram Down und allein in Bezug auf die mehrheitlich ablehnende Klasse.[191] Verteilungsregelungen konsensualer, durch zustimmende Voten sämtlicher Klassen getragener Pläne, müssen der Absolute Priority Rule nicht gerecht werden.[192] Wird der Plan diesen Anforderungen nicht gerecht, hat das Gericht die Planbestätigung zu versagen.[193]

2.1.7.1 Anforderungen der Absolute Priority Rule

Das Fair-and-Equitable-Kriterium ist für verschiedene Rangklassen in 11 U.S.C. § 1129(b)(2) näher definiert. Es ist zunächst dann gewahrt, wenn der dissentierenden Abstimmungsklasse der volle Forderungsbetrag zugesprochen wird. Ferner ist das Kriterium gewahrt – und dies ist praktisch entscheidend – wenn der Plan in Einklang mit der Absolute Priority Rule steht.[194] Diese ist für Klassen ungesicherter Gläubiger und Anteilseigner in 11 U.S.C. § 1129(b)(2)(B), (C) verbürgt.

Für gesicherte Gläubiger wurde eine Sonderregelung geschaffen (11 U.S.C. § 1129(b)(2)(A)).[195] Im Hinblick auf eine Gruppe gesicherter Gläubiger ist der Plan als fair and equitable anzusehen, wenn ein voller wertmäßiger Schutz ihrer

---

188 *Lubben*, 21 Fordh. J. Corp. & Fin. L. 581 (2016), 581.

189 *Roe/Tung*, 99 Virg. L. Rev. 1235 (2013), 1245.

190 *Roe/Tung*, 99 Virg. L. Rev. 1235 (2013), 1236.

191 *Case II/Newton*, IILR 2011, 511 (515).

192 Ebd.

193 *Roe/Tung*, 99 Virg. L. Rev. 1235 (2013), 1244.

194 Ein detaillierter Überblick zur Regelung des klassenübergreifenden Cram Down gemäß 11 U.S.C. § 1129(b) bei *Grohsgal*, 8 Wm. & Mary Bus. L. Rev. 439 (2017), 488–491; s. auch die insoweit zur Verdeutlichung modifizierte Gesetzesfassung des 11 U.S.C. § 1129(b) von *Roe/Tung*, 99 Virg. L. Rev. 1235 (2013), 1244 Fußn. 35: "[T]he court [...] shall confirm the plan [over the objection of a creditor only] if the plan does not discriminate unfairly, and [...] (i) [...] the plan provides that each [dissenting creditor] receive or retain [...] property of a value [...] equal to the allowed amount of such claim; or (ii) [all] junior[s to the dissenting creditor] will not receive or retain [...] any property.".

195 *Janger*, 167 U. Pa. L. Rev. Onl. 47 (2019), 52.

Sicherungsrechte gewährleistet wird, wobei dem Planverfasser verschiedene Gestaltungen eröffnet sind. Gesicherten Gläubigern wird die durch ihr Sicherungsrecht vermittelte Vorrangstellung gewahrt. Diese gegenstandsbezogene Priorität gewährleistet eine vorzugsweise Befriedigung aus Erlösen aus der Verwertung des Sicherungsgegenstands und ist zugleich darauf begrenzt.[196] Unterbesicherte Restansprüche (deficiency claims) nehmen keine Vorrangstellung ein und haben gleichrangig und pro rata mit sonstigen ungesicherten Forderungen am Unternehmenswert teil.[197]

Planregelungen hinsichtlich einer Gruppe ungesicherter Gläubiger sind billig und gerecht, wenn (1) diese aufgrund ihrer Forderungen unter dem Plan Werte erhalten oder behalten, welche bezogen auf den Zeitpunkt des Wirksamwerdens des Plans den Betrag der zugelassenen Forderung erreichen, oder (2) nachrangigen Gläubigern oder den Gesellschaftern aufgrund ihrer Forderungen bzw. Beteiligungen unter dem Plan keine Werte zugewiesen werden (11 U.S.C. § 1129(b)(2)(B)). In letzterer Vorgabe – dem Erfordernis einer vollständigen Befriedigung vorrangiger, ablehnender Klassen, bevor nachrangigen Klassen jegliche Werte zuteilwerden dürfen – liegt die Absolute Priority Rule begründet. Das negative Votum einer den Plan ablehnenden Klasse ungesicherter Gläubiger kann gemäß 11 U.S.C. § 1129(b)(1), (2) damit nicht ersetzt werden, wenn der Plan Wertzuteilungen für die Gesellschafter vorsieht, indem diesen neue Werte zugesprochen oder Werte belassen werden. Ein in jedem Fall zu wahrender, inhärenter Residualwert des Eigenkapitals wird, gleich dem deutschen Recht,[198] nicht anerkannt.[199]

Schließlich ist auch einer ablehnenden Klasse von Gesellschaftern der Wert ihrer Beteiligungen zu gewährleisten oder alternativ zu ihren Gunsten die Absolute Priority Rule mit Blick auf nachrangige Klassen von Gesellschaftern zu wahren (11 U.S.C. § 1129(b)(2)(C)).[200] Lehnt eine unter dem Plan nicht vollständig befriedigte Gläubigerklasse den Plan mehrheitlich ab, bieten sich Planverfassern im Wesentlichen zwei Wege, Altgesellschaftern einen Beteiligungserhalt

---

196 Ebd.: "asset-based [priority] limited to the value of their collateral instead of the value of the firm"; *Janger/Jacoby*, 96 Tex. L. Rev. 673 (2018), 731.

197 *Janger*, 167 U. Pa. L. Rev. Onl. 47 (2019), 52; *Adler/Triantis*, 91 Am. Bankr. L. J. 563 (2017), 573.

198 S. die Ausführungen zur absoluten Vorrangregel des deutschen Insolvenzplanverfahrens auf den S. 184 ff.

199 *Lubben*, 21 Fordh. J. Corp. & Fin. L. 581 (2016), 595.

200 Zusammenfassend *Janger*, 167 U. Pa. L. Rev. Onl. 47 (2019), 52: "priority of debt over equity and preferred equity over junior equity in cramdown"; hinsichtlich des wirtschaftlichen Schutzes s. die Konkretisierung in 11 U.S.C. § 1129(b)(2)(C)(i).

zu ermöglichen: der Beteiligungserhalt gegen vollständigen wirtschaftlichen Ausgleich unter der New Value Exception sowie Rückzahlungspläne für small business debtors.[201]

Für die Gesellschafter als letztrangige Klasse[202] hat diese strikte Verteilungsfolge regelmäßig einen vollständigen Verlust ihrer Beteiligungen zur Folge, sofern der Unternehmenswert nicht im Rahmen des Verfahrens noch gesteigert wird.[203] Gesetzliche Ausnahmen von der Absolute Priority Rule sind nicht vorgesehen.[204]

Über die Absolute Priority Rule hinaus statuiert das Fair-and-Equitable-Kriterium nach dem gesetzgeberischen Willen ein Verbot der Überbefriedigung, gemäß dem kein vorrangiger Gläubiger Werte über 100% seiner Forderungshöhe hinaus erhalten darf, solange nicht die dissentierende Klasse voll befriedigt wird.[205]

2.1.7.2 Ausnahmen und Abweichungen von der Absolute Priority Rule

In der US-amerikanischen Reorganisationspraxis sehen sich Schuldner häufig vor dem Bedürfnis, niederrangige Out-of-the-Money-Klassen durch Wertzuweisungen zu begünstigen. In Umsetzung dessen können Planverfasser zunächst den Versuch unternehmen, benachteiligte vorrangige Gläubigerklassen vom Mehrwert der Gestaltung zu überzeugen, sodass die Abweichung von der Absolute Priority Rule von der mehrheitlichen Zustimmung der Klasse getragen wird. Anreize zu Zustimmung zu einer Umverteilung von Werten in Richtung niederrangiger Klassen können insbesondere daraus erwachsen, dass Kosten für gerichtliche Auseinandersetzungen im Rahmen der Planbestätigung voraussichtlich den umverteilten Wert übersteigen.[206] Gleichsam kann vorrangigen Klassen daran gelegen sein, geschäftsführende Gesellschafter in die Unternehmensfortführung einzubeziehen.[207] Gelingt dies nicht, können Schuldner in der Chapter-11-Reorganisationspraxis verschiedene Gestaltungen in Betracht ziehen.

---

201 Näher zu beiden Varianten in den nachf. Abschnitten.

202 11 U.S.C. § 726(a)(6); zu den unter Chapter 11 US BC geltenden Liquidationsprioritäten zuvor auf den S. 54 ff.

203 *Couwenberg/Lubben*, 34 Int. Rev. L. & Econ. 61 (2013), 63.

204 *Roe/Tung*, 99 Virg. L. Rev. 1235 (2013), 1244.

205 Ersichtlich aus den Gesetzgebungsunterlagen 124 Cong. Rec. S 17, 421 (daily ed. Oct. 6, 1978), 124 Cong. Rec. H 11, 105 (daily ed. Sept. 28, 1978); dazu *Pachulski*, 58 N.C. L. Rev. 925 (1980), 944.

206 *Case II/Newton*, IILR 2011, 511 (516), insb. auch Fußn. 39: Beteiligte, die Vorrangstellung anderer Beteiligter in Frage stellen oder ein Verhalten dieser entgegen gutem Glauben im Vorfeld der Insolvenz rügen.

207 Ebd.

2.1.7.2.1 New Value Exception

In der US-amerikanischen Rechtsprechung wurde bereits früh das Bedürfnis erkannt, in Abweichung von der strikten Absolute Priority Rule vereinzelt Altgesellschaftern eine fortgesetzte Beteiligung am Eigenkapital der restrukturierten Gesellschaft zu ermöglichen. Dies betrifft insbesondere Fälle, in denen Altgesellschafter als Unternehmensgründer oder aus sonstigen Gründen für den Erfolg des Unternehmens besonders bedeutsam sind.[208] Gleichsam adressiert sind Konstellationen, in denen Altgesellschafter die einzige oder jedenfalls die aussichtsreichste Finanzierungsquelle für das Plankonzept darstellen.[209]

Ausgehend davon hat der Supreme Court bereits vor Einführung des Bankruptcy Code im Jahr 1978 die sog. New Value Exception anerkannt.[210] Diese ermöglicht es, Altgesellschaftern obgleich der Absolute Priority Rule eine Eigenkapitalbeteiligung an der schuldnerischen Gesellschaft zu belassen, wenn sie für diese eine vollwertige Gegenleistung erbringen.[211] Da keine Umverteilung von Werten zulasten höherrangiger Klassen stattfindet, wird die absolute Priorität in diesem Fall nicht in Frage gestellt.[212] Ein klassenübergreifender Cram Down einer nicht vollständig befriedigten Gläubigerklasse kommt weiterhin in Betracht.[213] Die New Value Exception ist gesetzlich nicht ausdrücklich normiert und kommt in der heutigen Fassung des US Bankruptcy Code darin zum Ausdruck, dass lediglich solche Wertzuteilungen an niederrangige Klassen einem klassenübergreifenden Cram Down entgegenstehen, welche „aufgrund" („on account of") der bisherigen Forderung oder Beteiligung des niederrangigen Kapitalgebers erfolgen.[214]

Die Gegenleistung des Gesellschafters für den Beteiligungserhalt muss (1) in Geld oder geldwerten Vermögensleistungen erbracht werden, (2) wertmäßig

---

208 Aus Praktikersicht *ABI Commission Chapter 11*, Final Report (2014), S. 226.

209 *ABI Commission Chapter 11*, Final Report (2014), S. 226.

210 Case v. Los Angeles Lumber Products Co., 308 U. S. 106, 118 (1939); dazu Bank of Am. Nat'l Trust & Sav. Ass'n v. 203 N. LaSalle St. P'ship, 526 U.S. 434–435 (1999); *ABI Commission Chapter 11*, Final Report (2014), S. 225; *Lubben*, 21 Fordh. J. Corp. & Fin. L. 581 (2016), 588 m.w.Nachw.; näher *Rusch*, 19 Pepp. L. Rev. 1311 (1992), 1319; näher zur Historie *Lipson*, 50 UCLA L. Rev. 1189 (2003), 1231 Fußn. 186.

211 *Casey*, 120 Colum. L. Rev. 1709 (2020), 1767.

212 Ferner *Adler/Triantis*, 91 Am. Bankr. L. J. 563 (2017), 569.

213 *ABI Commission Chapter 11*, Final Report (2014), S. 225; *Lipson*, 93 Wash. U. L. Rev. 631 (2018), 673; s. auch *Lüer/Streit*, in: Uhlenbruck, InsO, § 245 Rn. 26.

214 11 U.S.C. § 1129(b)(2)(A)(i)(II), (b)(2)(B)(ii), (b)(2)(C)(ii); näher Bank of Am. Nat'l Trust & Sav. Ass'n v. 203 N. LaSalle St. P'ship, 526 U.S. 442 (1999); zur Entscheidung des US Supreme Court i.S. *LaSalle St.* auch *Wittig*, ZInsO 1999, 373 ff.

äquivalent sein mit der Beteiligung, (3) zur Finanzierung des Plans notwendig sein und (4) hinsichtlich der Wertäquivalenz einem Markttest genügen.[215] Als nicht geldwert („in money's worth") wurde etwa die Einbringung von Arbeitskraft, Erfahrung und Expertise angesehen.[216] Gesellschafter müssen ihre Beteiligung an der restrukturierten Gesellschaft mithin gegen vollen Wertausgleich erwerben. Die New Value Exception erlaubt es ihnen damit im Kern, unter dem Plan eine neue Investition in die Gesellschaft zu tätigen.

Dem Erfordernis eines Marktests genügt etwa ein kompetitiver Bieterprozess, insbesondere in Form einer öffentlichen Auktion, oder ein konkurrierender Chapter-11-Plan. Die Bestimmung, dass im Interesse der Gläubiger der höchstmögliche Preis erzielt worden ist, müsse durch den Markt erfolgen, nicht durch das Insolvenzgericht.[217] ferner kann der Markttest bestanden sein, wenn der Gesellschafter die einzige oder aussichtsreichste Quelle einer notwendigen Finanzierung des Plans darstellt.[218] Die Anforderungen gelten nach der US-gerichtlichen Rechtsprechung nicht nur für den Erhalt von Beteiligungen durch Altgesellschafter. Ebenso soll zum Schutz der Absolute Priority Rule vor dem Erwerb von Beteiligungen unter einem Chapter-11-Plan durch einen Insider (11 U.S.C. § 101 (31)) auch außenstehenden Dritten ein Gebot im Sinne eines kompetitiven Bieterprozesses ermöglicht werden, da andernfalls Umgehungen drohten.[219] Die praktische Handhabung durch die Gerichte bleibt bis heute indes uneinheitlich.[220] Nachvollziehbar hat sich die ABI Kommission zur Reformierung des Chapter-11-Verfahrens in ihrem Bericht von 2014 dafür ausgesprochen, die

---

215 Nachw. in Fußn. 210; zu dem in der Rechtsprechung nicht klar konturierten Kriterium des Markttests u.a. *Lipson*, 50 UCLA L. Rev. 1189 (2003), 1231 Fußn. 186; näher auch *Drukarczyk/Schüler*, in: MüKo, InsO, § 245 Rn. 82 ff.

216 Norwest Bank Worthington v. Ahlers, 485 U.S. 197, 203–205 (1988).

217 Bank of Am. Nat'l Trust & Sav. Ass'n v. 203 N. LaSalle St. P'ship, 526 U.S. 434, 457 (1999): "Under a plan granting an exclusive right, making no provision for competing bids or competing plans, any determination that the price was top dollar would necessarily be made by a judge in bankruptcy court, whereas the best way to determine value is exposure to a market."; In re Platinum Corral, LLC, 2022 WL 127431 (Bankr. E.D.N.C. Jan. 13, 2022), 23; *ABI Commission Chapter 11*, Final Report (2014), S. 225; *Lipson*, 93 Wash. U. L. Rev. 631 (2018), 674.

218 *ABI Commission Chapter 11*, Final Report (2014), S. 226.

219 In re Castleton Plaza, LP, 707 F.3d 821 (7th Cir. 2013), 2–4 (S. 2: "Competition is essential whenever a plan of reorganization leaves an objecting creditor unpaid yet distributes an equity interest to an insider.").

220 *ABI Commission Chapter 11*, Final Report (2014), S. 225.

Anforderungen an den Markttest aus Kosten- und Praktikabilitätsgründen nicht zu hoch anzusetzen.[221]

Die Ausnahme von der strikten Absolute Priority Rule ermöglicht es, Blockadepotenzialen von Gesellschaftern im Planverfahren durch Anreize für eine konstruktive Zusammenarbeit entgegenzuwirken. Ferner kann Gesellschaftern, die für die Unternehmensfortführung von Bedeutung sind, ein Erhalt ihrer Gesellschafterstellung ermöglicht werden.[222] Genügt die Planregelung diesen Anforderungen, ist der Plan gleichsam als fair and equitable anzusehen und kann mittels eines klassenübergreifenden Cram Down gegenüber einer ablehnenden Klasse von Gläubigern bestätigt werden.[223] Die in der US-amerikanischen Rechtsprechung geschaffene New Value Exception diente wiederum dem InsO-Gesetzgeber als Vorbild und ist seit dem SanInsFoG im Jahr 2021 in § 245 Abs. 2 S. 1 Nr. 2 InsO sowie der neuen restrukturierungsrechtlichen Regelung des § 27 Abs. 1 Nr. 2 StaRUG kodifiziert.[224]

2.1.7.2.2 Ausnahme von der Absolute Priority Rule für small business debtors, 11 U.S.C. § 1191(c)(2)

Im Jahr 2019 wurde das US Chapter-11-Verfahren um Regelungen für sog. small business debtors ergänzt, welche diesen Reorganisationen vergleichbar dem für Verbraucher geltenden Chapter 13 erlauben.[225] Unter den Regelungen wird es Schuldnern ermöglicht, unter nicht-konsensualen Plänen nach einem „best effort"-Standard ihrer Vermögenswerte zu behalten, anstelle einer Anwendung der strikten Absolute Priority Rule.[226]

Ein Plan, welcher vorrangige Gläubigerklassen nicht vollständig befriedigt und zugleich den Gesellschaftern Werte zuweist, kann im Wege des klassenübergreifenden Cram Down unter den Voraussetzungen des 11 U.S.C. §§ 1129, 1191(c)(2) bestätigt werden. Dem folgend ist der Plan gegenüber einer Klasse von Gläubigern oder Gesellschaftern als billig und gerecht (fair and equitable) anzusehen, wenn (1) die Absolute Priority Rule gewahrt ist, (2) sämtliche prognostizierten

---

221 Ebd., S. 226.

222 *Casey*, 120 Colum. L. Rev. 1709 (2020), 1767; *ABI Commission Chapter 11*, Final Report (2014), S. 226.

223 *Lipson*, 50 UCLA L. Rev. 1189 (2003), 1231 Fußn. 186.

224 Näher nachf. auf den S. 191 ff. (§ 245 InsO) sowie S. 273 ff. (§ 27 StaRUG).

225 Subkapitel 5 des Kapitel 11 des US Bankruptcy Code, 11 U.S.C. §§ 1181–1195; *Ballerini*, 30 Int. Insol. Rev. 7 (2021), 21–22.

226 *Seymour/Schwarcz*, 1 U. Ill. L. Rev. 1 (2021), 32.

verfügbaren Erträge (projected disposable income)[227] des Schuldners in einem Zeitraum von drei bis fünf Jahren, bestimmt durch das Gericht, der Leistung von Zahlungen unter dem Plan dienen werden oder (3) der Wert der Planleistungen nicht geringer ist als die prognostizierten verfügbaren Erträge des Schuldners.[228]

Vermögenswerte des Schuldners und das Eigenkapital bleiben in der Reorganisation unangetastet. Auszahlungen an die Gläubiger erfolgen sodann entsprechend der Absolute Priority Rule.[229] Die Entschuldung erfolgt durch gerichtliche Entscheidung, sobald sämtliche unter dem Plan vorgesehenen Rückzahlungen durch den Schuldner geleistet sind (11 U.S.C. § 1192).

Bei wirtschaftlicher Betrachtung erwerben Gesellschafter das Recht, ihre Beteiligungen zu erhalten, indem sie im Gegenzug verfügbare Erträge des Unternehmens für Planleistungen zugunsten der Gläubiger für einen gerichtlich fixierten Zeitraum zur Verfügung stellen. Für Gesellschafter können daraus nur begrenzte Anreize zur Maximierung des wirtschaftlichen Unternehmensergebnisses folgen, da Erträge zunächst ausschließlich den Gläubigern zugutekommen.[230] Den Gesellschaftern verbleibt jedoch eine Aufwertung des Eigenkapitals als wirtschaftliches Ergebnis ihrer Bemühungen.

Die Anwendung der Ausnahme ist grundsätzlich auf small business debtors mit Verbindlichkeiten von weniger als USD 2,7 Mio. begrenzt[231] und damit von praktisch begrenzter Bedeutung für Unternehmensinsolvenzen.

2.1.7.2.3 Konsensuale Wertzuwendungen unter der gifting doctrine

Über die vorgenannten Gestaltungen hinaus können vorrangige Gläubigerklassen zugunsten nachrangiger Klassen von Gläubigern oder Gesellschaftern auf die Einhaltung der Absolute Priority Rule verzichten und diesen Werte auf Grundlage eines „gift plan" zuwenden (gifting doctrine).[232] Das ablehnende Votum einer zwischen diesen Klassen belegenen Klassen kann obgleich der formalen Verletzung der Absolute Priority Rule weiterhin im Wege eines klassenübergreifenden Cram

---

227 Legaldefiniert in 11 U.S.C. § 1191(d).

228 Näher *Ballerini*, 30 Int. Insol. Rev. 7 (2021), 22.

229 *Seymour/Schwarcz*, 1 U. Ill. L. Rev. 1 (2021), 32.

230 S. *Ballerini*, 30 Int. Insol. Rev. 7 (2021), 22.

231 Näher die Definition des „debtor" gemäß 11 U.S.C. § 1182(1); durch den Coronavirus Aid, Relief, and Economic Security (CARES) Act wurde die Schwelle im März 2020 temporär auf USD 7,5 Mio. angehoben, dazu *Seymour/Schwarcz*, 1 U. Ill. L. Rev. 1 (2021), 32.

232 Tw. auch "class-skipping transfers", s. etwa *ABI Commission Chapter 11*, Final Report (2014), S. 238.

Down gemäß 11 U.S.C. § 1129(b) überwunden werden.[233] Eine Abweichung von der Absolute Priority Rule *zulasten der ablehnenden Klasse* liegt nicht vor, sofern der nachrangigen Klasse zugewiesene Werte vollständig aus Werten geschöpft werden, welche die vorrangige, „schenkende" Klasse beanspruchen könnte.

In Betracht kommen sowohl durch Verzichte getragene Begünstigungen auf vertikaler Stufe (vertical gifting) sowie einzelner gleichrangiger Klassen auf horizontaler Stufe (horizontal gifting).[234] Letztere sind am Verbot der Besserstellung gleichrangiger Klassen (does not discriminate unfairly, 11 U.S.C. § 1129(b)(1))[235] zu messen, wobei vertreten wird, dass eine unfaire, diskriminierende Ungleichbehandlung durch den Plan nur vorliege, wenn diese zulasten der ungleichbehandelten Klasse erfolge.[236] Erfolgt die Planleistung aus Werten, welche andernfalls nur höherrangige Klassen beanspruchen könnten, sei davon nicht auszugehen.

Zuweilen werden gift plans als verfahrenstechnisch effizient und dem Zustandekommen konsensualer Pläne förderlich wahrgenommen.[237] Höherrangige Kapitalklassen können auf diesem Weg berechtigten Bedenken gegenüber dem Plan sowie der Einnahme von Holdout-Positionen entgegenwirken.[238] Kritiker hingegen sehen in Wertzuweisungen unter nicht-konsensualen Plänen entgegen der Absolute Priority Rule weitreichende Gefahren kollusiven Zusammenwirkens höher- und niederrangiger Klassen zulasten mittlerer Klassen begründet.[239]

Die Anerkennung und Handhabung der gifting doctrine variierte lange Zeit zwischen den verschiedenen Gerichtsbezirken und ist noch heute mit Unsicherheiten behaftet.[240] Während gift plans zuweilen die Bestätigung versagt wurde,[241] ließen andere Gerichte betreffende class-skipping transfers zu, sofern die freiwilligen Leistungen an niederrangige Klassen nicht aus der Insolvenzmasse

---

233 *Case II/Newton*, IILR 2011, 511 (516 f.).

234 Dazu In re Nuverra Environmental Solutions Inc., 590 B.R. 75, 94 (D. Del. 2018).

235 Näher zuvor auf den S. 65 f.

236 Dazu In re Nuverra Environmental Solutions Inc., 590 B.R. 75, 91 (D. Del. 2018).

237 *ABI Commission Chapter 11*, Final Report (2014), S. 239 m.w.Nachw.

238 *Skeel/Triantis*, 166 U. Pa. L. Rev. 1777 (2018), 1803–1804.

239 So etwa *ABI Commission Chapter 11*, Final Report (2014), S. 238 f. m. Nachw. aus der Rspr.

240 In jüngerer Vergangenheit wurde ein gift plan bestätigt durch In re Nuverra Environmental Solutions Inc., 590 B.R. 75 (D. Del. 2018); zur Entwicklung auch *Case II/Newton*, IILR 2011, 511 (516 ff.); *Skeel/Triantis*, 166 U. Pa. L. Rev. 1777 (2018), 1803.

241 In re Armstrong World Indus., Inc., 432 F.3d 507; dazu *Case II/Newton*, IILR 2011, 511 (519 f.).

erbracht werden, womit die Verteilung der Mittel nicht der Absolute Priority Rule unterliege[242].[243]

2.1.7.3 *Gesetzlicher Geltungsbereich und faktischer Wirkungsbereich*

Während die absolute Priorität in der Verteilung des schuldnerischen Vermögens für Liquidationen im Chapter-7-Verfahren strikte Geltung beansprucht, findet sie in das Planverfahren nach Chapter 11 des Bankruptcy Code nur mittelbar Eingang.[244] Die Absolute Priority Rule kommt unter 11 U.S.C. § 1129(b) allein in der Planbestätigung im Chapter-11-Verfahren und wiederum nur dann zur Anwendung, sofern eine Klasse mehrheitlich gegen den Plan gestimmt hat oder deren Ablehnung des Plans fingiert wird.[245] Ablehnende Minderheiten innerhalb einer Klasse werden durch das zustimmende Votum gebunden.[246] Sodann wird ihre Einhaltung allein im Hinblick auf die Angehörigen der mehrheitlichen ablehnenden Klasse geprüft.[247]

In der Implementierung vollständig konsensualer Planlösungen mit der mehrheitlichen Unterstützung sämtlicher Gruppen kommt die Regel nicht zur Anwendung.[248] Das Gericht bestätigt den konsensualen Plan, sofern die Voraussetzungen des 11 U.S.C. § 1129(a) gegeben sind; die Einhaltung der Absolute Priority Rule wird in diesem Fall nicht geprüft.[249] Damit ist es den Verfahrensbeteiligten grundsätzlich unbenommen, durch einen konsensualen Plan Verteilungsregelungen entgegen der Absolute Priority Rule zwischen den Rangklassen umzusetzen. Ihnen steht es offen, (teilweise) auf ihre Prioritätsstellung zu verzichten.[250] Finden der Plan hingegen nicht die notwendige mehrheitliche Zustimmung der

242 S. etwa In re ICL Holding Co., Inc., 802 F.3d 547, 555 (3d Cir. 2015); dazu *Casey*, 120 Colum. L. Rev. 1709 (2020), 1769.

243 Zur weiteren Gestaltungsmöglichkeit des structured dismissal etwa *Skeel/Triantis*, 166 U. Pa. L. Rev. 1777 (2018), 1804; zudem eine jüngere Entscheidung des US Supreme Court Czyzewski v. Jevic Holding Corp., 580 U.S. __ (2017).

244 Näher zuvor auf den S. 55 ff.

245 *Lubben*, 21 Fordh. J. Corp. & Fin. L. 581 (2016), 583.

246 Ebd., 594–595; im deutschen Kontext auch „klasseninterner cram down" in Abgrenzung zum „klassenübergreifenden cram down"; dazu auch *Pachulski*, 58 N.C. L. Rev. 925 (1980), 927 Fußn. 13.

247 *Skeel/Triantis*, 166 U. Pa. L. Rev. 1777 (2018), 1785.

248 *ABI Commission Chapter 11*, Final Report (2014), 212 f.; *Lubben*, 21 Fordh. J. Corp. & Fin. L. 581 (2016), 595.

249 *Grohsgal*, 8 Wm. & Mary Bus. L. Rev. 439 (2017), 491.

250 *Skeel/Triantis*, 166 U. Pa. L. Rev. 1777 (2018), 1785.

betroffenen Gruppe, scheitert eine zwangsweise Durchsetzung dieser mittels klassenübergreifendem Cram Down gemäß 11 U.S.C. § 1129 an der Absolute Priority Rule.[251]

Schließlich ermöglicht die New Value Exception die zwangsweise Durchsetzung von Plankonzepten, welche den Altgesellschaftern eine Eigenkapitalbeteiligung an der Gesellschaft gegen einen vollen Wertausgleich belassen. Hinzu treten die disposable income method für kleine Unternehmen gemäß 11 U.S.C. § 1191 sowie Abweichungen unter der gifting doctrine.[252]

Wenngleich die Absolute Priority Rule weithin als fundamentales Prinzip des US Bankruptcy Code beschrieben wird, verbleibt ihr damit tatsächlich ein begrenzter unmittelbarer Geltungsbereich.[253] Durch ihre Anwendung im Rahmen des Insolvenzverfahrens betrifft sie zugleich allein den Fall, dass in der Gesamtverwertung sämtliche Kapitalansprüche gegen den Schuldner zugleich „fällig" werden.[254] Im Rahmen des nicht insolvenzbeschlagenen Geschäftsbetriebs bedient der Schuldner seine Verbindlichkeiten hingegen nach Fälligkeiten, unabhängig von ihrem Insolvenzrang.[255] Auch im eröffneten Verfahren erlaubt der Bankruptcy Code vereinzelt zur Förderung des Verfahrens die Zuwendung von Vermögenswerten in Abweichung vom Gedanken strikter absoluter Priorität.[256]

Vermehrt wird vonseiten der US-amerikanischen Literatur deshalb angemerkt, dass der Konzeption nach und insbesondere in der Praxis des Chapter 11 keine Absolute Priority Rule mit universellem und striktem Geltungsanspruch bestehe, wie sie zuweilen beschrieben wird.[257] Ungeachtet des beschränkten gesetzlichen Geltungsbereichs werden die Verhandlungen über Planentwürfe stets auch im Schatten einer möglichen zwangsweisen Durchsetzung geführt, womit sich die Absolute Priority Rule im Chapter-11-Verfahren auf einen weitergehenden faktischen Wirkungsbereich in die Verhandlungsphase erstreckt. Im Ergebnis stehen nach Beschreibungen aus Wissenschaft und Praxis häufig bereits vorinsolvenzliche

---

251 Czyzewski v. Jevic Holding Corp., 580 U.S. __ (2017), 4; *Lipson*, 93 Wash. L. Rev. (2018) 631, 633.

252 Zu den Themen zuvor auf den S. 72 ff.

253 Dazu *Lubben*, 21 Fordh. J. Corp. & Fin. L. 581 (2016), 584: "[…] under chapter 11 of the Federal Bankruptcy Code, the rule only applies when there is a contested plan.".

254 *Lubben*, 21 Fordh. J. Corp. & Fin. L. 581 (2016), 584.

255 Ebd., 585, 598.

256 Ebd., 583, 596–598; zudem *Couwenberg/Lubben*, 16 Eur. Bus. Org. L. Rev. 39 (2015), 52.

257 *Baird*, 165 U. Pa. L. Rev. 785 (2017), 789; *Grohsgal*, 8 Wm. & Mary Bus. L. Rev. 439 (2017), 448–450; *Lubben*, 21 Fordh. J. Corp. & Fin. L. 581 (2016), 585; *Lipson*, 50 UCLA L. Rev. 1189 (2003), 1229.

Sanierungslösungen, welche zur Erreichung eines Konsenses von einer strikten absoluten Priorität abweichen.[258]

2.1.8 Kritik am Konzept der Absolute Priority Rule

Wenngleich die Historie der Absolute Priority Rule bis zur *Boyd*-Entscheidung des US Supreme Court im Jahr 1913 zurückreicht und sie heute als fundamentale Maxime des US-amerikanischen Unternehmensinsolvenzrechts verstanden wird, bleibt sie Gegenstand wissenschaftlicher Kontroversen. Sie wird seit jeher begleitet von einer kontinuierlichen Diskussion um ihren Mehrwert für das Chapter-11-Verfahren, besonders gegenüber Konzepten relativer Priorität. Noch immer fordern Autoren Änderungen oder ihre Abschaffung; Konzepte einer Relative Priority Rule werden entworfen.[259] Auch die ABI Kommission zur Reformierung des Chapter-11-Verfahrens setzte sich in verschiedener Hinsicht mit Reformperspektiven um die Absolute Priority Rule auseinander.[260]

Im Vordergrund stehen die Anliegen der Schaffung eines ausgeglichenen Verhandlungsrahmens sowie einer sachgerechten Verteilung des verbliebenen Unternehmenswerts. Einigkeit herrscht insoweit, dass die Prioritätsregel den Schutz strukturell schwächerer Beteiligtengruppen vor einer wirtschaftlichen Übervorteilung gewährleisten und Anreize für frühzeitige und effiziente Restrukturierungsbemühungen setzen müsse. Uneinigkeit herrscht sodann darüber, welche Verteilungsvorgaben fair und gerecht (fair and equitable) sind, welche Beteiligtengruppen strukturell schutzwürdiger seien, welches Konzept gegenüber den Verfahrensbeteiligten sachgerechte Anreizwirkungen entfalte und welches Konzept letztlich effiziente Sanierungen weitestmöglich begünstige.

Konkret sind weite Teile des wissenschaftlichen Diskurses konzentriert auf attestierte Anwendungsdefizite wegen Unsicherheiten in der Unternehmensbewertung, die Striktheit und Inflexibilität absoluter Priorität sowie eine verfehlte Anreizwirkung gegenüber Gesellschaftern als zentralen Gestaltern der Unternehmensentwicklung. Diese Gedanken betreffen das Konzept absoluter Priorität in seinen Grundlagen, womit die Argumentationslinien auch der Reflektion strukturell ähnlicher Verfahrensrahmen anderer Rechtsordnungen dienlich sind.

---

258 *Casey*, 120 Colum. L. Rev. 1709 (2020), 1765: "In reality, absolute priority is a rough guideline from which outcomes often deviate."; *Baird*, 165 U. Pa. L. Rev. 785 (2017), 821 (vor dem Hintergrund von Unsicherheiten in einer andernfalls erforderlichen gerichtlichen Unternehmensbewertung; eingehend dazu nachf. auf den S. 49 ff.); *Baird/Bernstein*, 115 Yale L. J. 1930 (2006), 1935–1936 m.w.Nachw.

259 Eingehend zu verschiedenen Konzepten auf den S. 114 ff.

260 S. etwa den Vorschlag zum Modell des Redemption Option Value bei *ABI Commission Chapter 11*, Final Report (2014), S. 211 ff.

Die nachfolgenden Abschnitte leisten wiederum einen Beitrag dazu, das Fundament der weiteren Untersuchung absoluter und relativer Priorität aus rechtsökonomischer Sicht zu legen. Die wesentlichen Kritikpunkte hinsichtlich des Konzepts absoluter Priorität werden unter Zusammenführung wissenschaftlicher Erkenntnisse nachgezeichnet. Eine Auseinandersetzung mit empirischen Untersuchungen in dem Feld soll ein tieferes Verständnis fördern und eine Rückanbindung an die Praxis des Chapter-11-Verfahrens sichern.

2.1.8.1 Anwendungsdefizite aufgrund von Unsicherheiten in der Unternehmensbewertung

Bewertungsfragen werden unter dem US Bankruptcy Code an verschiedener Stelle zum entscheidenden Faktor. Dies betrifft neben der Prüfung einer materiellen Insolvenz (11 U.S.C. § 101(32))[261] den Schutz der Werthaltigkeit von Sicherheiten während des Verfahrens (adequate protection, 11 U.S.C. § 361), Fragen der Forderungsanmeldung (claims allowance, 11 U.S.C. § 502) und der Anfechtung schuldnerischer Leistungen bei Insolvenzreife (preferential transfer, 11 U.S.C. § 547), sowie schließlich die Durchsetzung nicht-konsensualer Pläne mittels eines klassenübergreifenden Cram Down im Chapter-11-Verfahren.[262]

Für die konsensuale Reorganisation im Chapter-11-Verfahren bildet die Unternehmensbewertung einen zentralen Wirkungspunkt.[263] Reorganisation und Fortführung schöpfen ihre innere Rechtfertigung daraus, dass der Reorganisationswert den Liquidationswert übersteigt. Vollzieht sich die Verwertung des schuldnerischen Vermögens durch eine Einzel- oder Gesamtliquidation, so liegt der realisierte Unternehmenswert im erzielten Liquidationserlös. Dieser ist den Barwerten der bestehenden Verbindlichkeiten gegenüberzustellen und an die Gläubiger anhand ihrer Rangstellung in absoluter Prioritätsfolge auszuschütten.[264] Einer gerichtlichen Unternehmensbewertung bedarf es insoweit nicht.[265]

Soll die Gesellschaft hingegen auf Grundlage eines Chapter-11-Plans reorganisiert und fortgeführt werden, so kommt eine Ausschüttung von Barwerten weithin

---

261 Relevant etwa für Insolvenzanfechtungsklagen (avoidance actions), dazu *Bruder/Martin*, in: BeckOK, InsR, Internationales InsR – USA, Rn. 18.

262 Ein Überblick bei *Ayotte/Morrison*, 166 U. Pa. L. Rev. 1819 (2018), 1824–1825.

263 *LoPucki*, 82 Wash. U. L.Q. 1341 (2004), 1345: "Indeed, valuation is the essence of the bankruptcy reorganization process."; *Ayotte/Morrison*, 166 U. Pa. L. Rev. 1819 (2018), 1820: "Valuation disputes lie at the heart of Chapter 11 reorganization processes.".

264 *Baird*, 165 U. Pa. L. Rev. 785 (2017), 806; zu den im Chapter-7-Verfahren geltenden Liquidationsprioritäten zuvor auf den S. 54 ff.

265 *Baird*, 165 U. Pa. L. Rev. 785 (2017), 811.

gerade nicht in Betracht. Die Vermögenswerte verbleiben vielmehr in der Gesellschaft und dienen dem schuldnerischen Unternehmen. Die Verfahrensbeteiligten erhalten in der Reorganisation Kapitalpositionen in Form neuen Eigen- und Fremdkapitals der restrukturierten Gesellschaft oder behalten ihre Kapitalpositionen, welche in ihrer Gesamtheit den Unternehmenswert reflektieren.[266] Die Reichweite dieser wird durch die Unternehmensbewertung bestimmt.[267] Die Bestimmung des verteilungsfähigen Unternehmenswerts steht einer konsensualen Übereinkunft durch die Beteiligten auf dem Verhandlungsweg offen. Finden die Beteiligten keinen Konsens, obliegt sie dem Gericht im Rahmen der Planbestätigung.[268]

Einen Kritikpunkt hinsichtlich des Konzepts der Absolute Priority Rule bilden das Erfordernis einer Unternehmensbewertung und damit einhergehende Unsicherheiten im Chapter-11-Verfahren. Abseits eines tatsächlichen Verkaufs vollziehe sich die Bewertung außerhalb des Marktes und unter letztverbindlicher Bestimmung durch das Gericht, mit der Folge hoher Kosten und Fehleranfälligkeit.[269] Stellungnahmen aus dem Gesetzgebungsverfahren zum heutigen Bankruptcy Code von 1978 legen nahe, dass Unsicherheiten und Zeitaufwand in der Unternehmensbewertung ein Grund dafür waren, dass die Anwendung der Absolute Priority Rule auf nicht-konsensuale Pläne begrenzt wurde.[270] Unsicherheiten in der gerichtlichen Unternehmensbewertung im Chapter-11-Verfahren bilden noch immer den Gegenstand zahlreicher wissenschaftlicher Untersuchungen.[271]

---

266 *Ayotte/Morrison*, 166 U. Pa. L. Rev. 1819 (2018), 1821.

267 Ebd., 1820–1821; *Trujillo*, 53 UCLA L. Rev. 357 (2005), 359–360.

268 *Ayotte/Morrison*, 166 U. Pa. L. Rev. 1819 (2018), 1821; näher nachf. auf den S. 103 ff.

269 *Baird*, 165 U. Pa. L. Rev. 785 (2017), 788; *Adler/Ayres*, 111 Yale L. J. 83 (2001–2002), 88–91.

270 H.R. Rep. No. 95-595, at 222 (1977), abgedruckt in 1978 U.S.C.C.A.N. 5963, 6181: "In a reorganization where time is of the essence, the length and uncertainty of the valuation process is no longer justified in every case."; zitiert nach *Seymour/Schwarcz*, 1 U. Ill. L. Rev. 1 (2021), 13 Fußn. 80; zuvor mussten Chapter-11-Pläne stets die Absolute Priority Rule wahren, Nachw. in Fußn. 112.

271 In jüngerer Vergangenheit empirisch etwa *Ayotte/Morrison*, 166 U. Pa. L. Rev. 1819 (2018), passim; zudem *Gilson/Hotchkiss/Ruback*, 13 Rev. Fin. Stud. 43 (2000), passim; zudem *Casey*, 120 Colum. L. Rev. 1709 (2020), 1769–1770: Bewertungserfordernisse als Achillesferse des Chapter-11-Verfahrens; *Dick*, 4 U. Ill. L. Rev. 1487 (2017), passim; *Bebchuk*, 101 Harv. L. Rev. 775 (1988), 778: "[…] the existing reorganization process resolves the problem of division in a way that suffers from substantial imperfections. These imperfections are all rooted in a problem of valuation."; *Adler/Ayres*, 111 Yale L. J. 83 (2001–2002), 85: "[…] valuation is the most hotly contested and debated topic in the realm of corporate bankruptcy law."; *ABI Commission Chapter 11*, Final Report (2014), S. 181–183.

Die Thematik bildet den Ausgangspunkt verschiedener Folgeproblematiken wie auftretender Bewertungskonflikte oder potenziell zufälliger Verteilungseffekte aufgrund einer stichtagsbezogenen Betrachtung im Rahmen der Planbestätigung. Ein wesentlicher Vorteil von Konzepten relativer Priorität wird in der Folge darin gesehen, dass es keiner gerichtlichen Unternehmensbewertung bedarf oder die Anforderungen an diese jedenfalls abgesenkt sind.[272] Andere Autoren erblicken in der Drohkulisse einer andernfalls erforderlichen, zeit- und kostenaufwändigen Unternehmensbewertung die Grundlage der Anreizwirkung absoluter Priorität für konsensuale Planlösungen.[273] Die beschriebenen Zusammenhänge gelten weithin nicht allein für die Absolute Priority Rule des Chapter-11-Verfahrens, sondern vielmehr das Konzept absoluter Priorität in Fortführungen in der Restrukturierung und Insolvenz in Gänze.

2.1.8.1.1 Bewertungsanlässe unter der Absolute Priority Rule

Wird ein Chapter-11-Plan durch zustimmende Voten sämtlicher Klassen getragen, ist als allgemeine Voraussetzung der Planbestätigung lediglich die Einhaltung des best-interests-of-creditors test zu prüfen (11 U.S.C. § 1129(a)(7)). Die Einhaltung der Absolute Priority Rule in der Verteilung des Planmehrwerts ist hingegen nicht zu wahren.[274] Soll der Plan hingegen mittels klassenübergreifendem Cram Down bestätigt werden, rücken die Absolute Priority Rule und Fragen der Unternehmensbewertung in den Vordergrund. Dabei bieten sich im Wesentlichen drei Bewertungsanlässe.

Zunächst sind Planregelungen jedenfalls als billig und gerecht (fair and equitable) anzusehen, sollten die Mitglieder einer ablehnenden Klasse wirtschaftlich volle Befriedigung erfahren. Dies ist im Hinblick auf ablehnende Klassen gesicherter Gläubiger der Fall, wenn ihre Sicherungsrechte bei wirtschaftlicher Betrachtung unangetastet bleiben (11 U.S.C. § 1129(b)(2)(A)(i), (iii)). Hinsichtlich ablehnender Klassen ungesicherter Gläubiger und Gesellschafter ebenso, wenn deren Rechte unter dem Plan wirtschaftlich nicht beeinträchtigt werden

---

272 Eingehend zu ausgewählten Konzepten relativer Priorität auf den S. 114 ff.; zur Regel des relativen Vorrangs im Kontext der europäischen RestRL auf den S. 218 ff.

273 *Seymour/Schwarcz*, 1 U. Ill. L. Rev. 1 (2021), 25–26: "An absolute priority default rule conserves value by encouraging a negotiated outcome in which litigation over the plan is not required. This permits a speedier exit from bankruptcy and, likely, higher recoveries for the parties. Because relative priority dispenses with the requirement for a full, going-concern valuation in a cram down, it lacks a penalty default rule that would incentivize settlement.".

274 Näher zuvor auf den S. 75 ff.

(11 U.S.C. § 1129(b)(2)(B)(i), (C)(i)). Dabei ist jeweils unbeachtlich, welche Zuteilungen für andere Klassen vorgesehen sind.

Wird eine ablehnende Klasse von Gläubigern nicht vollständig befriedigt, hat das Gericht ferner zu prüfen, ob nachrangigen Klassen unter dem Plan Werte zugewiesen werden. Eine Planbestätigung scheitert in diesem Fall an der Absolute Priority Rule. Um die Einhaltung der Prioritätsfolge zugunsten einer ablehnenden Klasse bestimmen zu können, ist es Aufgabe des Gerichts, den verteilungsfähigen Unternehmenswert des reorganisierten Schuldners zu bestimmen.[275] Sieht der Plan etwa den (teilweisen) Erlass der Forderungen niederrangiger Gläubiger vor, so hat das Gericht zu prüfen, ob bzw. inwieweit der verbliebene Unternehmenswert die Forderungen vorrangiger Gläubiger überschreitet, mithin die Forderungen niederrangiger Gläubiger deckt.[276] Umgekehrt können niederrangige Gläubiger nur dann Anteile am Unternehmenswert beanspruchen, wenn vorrangige, ablehnende Klassen vollständig befriedigt werden.[277]

Schließlich darf unter dem Fair-and-Equitable-Kriterium des 11 U.S.C. § 1129(b)(1) keine gegenüber der ablehnenden, nicht vollständig befriedigten Klasse höherrangige Klasse unter dem Plan Werte über 100% ihrer Forderungen hinaus erlangen.[278]

2.1.8.1.2 Stellenwert der Unternehmensbewertung im Chapter-11-Verfahren

Aus Sicht der Verfahrensbeteiligten bestimmt die Bewertung des Unternehmens ihre Befriedigungsaussichten[279] und wird so zur Kernfrage des Chapter-11-Verfahrens in der Umsetzung nicht-konsensualer Reorganisationspläne.[280] Effizienzvorteile privatautonomer Insolvenzbewältigung können mithin nur generiert werden, wenn zugleich ein effizientes und verlässliches System gerichtlicher Unternehmensbewertung implementiert wird. Vor diesem Hintergrund wird das Erfordernis einer gerichtlichen Unternehmensbewertung auch als Achillesferse des Chapter-11-Verhandlungsrahmens bezeichnet.[281]

Verschiebungen in der Unternehmensbewertung führen zu Verschiebungen in der Verteilung des Unternehmenswerts und können für die Beteiligten den

---

275 *Ayotte/Morrison*, 166 U. Pa. L. Rev. 1819 (2018), 1821; *Baird*, 165 U. Pa. L. Rev. 785 (2017), 796, 807; ferner *Baird/Bernstein*, 115 Yale L. J. 1930 (2006), 1943.

276 *Baird*, 165 U. Pa. L. Rev. 785 (2017), 796.

277 *Ayotte/Morrison*, 166 U. Pa. L. Rev. 1819 (2018), 1821.

278 S. zuvor auf den S. 60.

279 *Gilson/Hotchkiss/Ruback*, 13 Rev. Fin. Stud. 43 (2000), 43.

280 *Lipson*, 50 UCLA L. Rev. 1189 (2003), 1232.

281 *Casey*, 120 Colum. L. Rev. 1709 (2020), 1769.

Unterschied zwischen weitreichender Befriedigung oder einem wirtschaftlichen Totalverlust bedeuten. Für Planbetroffene bieten sich damit entsprechende Anreize, strategisch auf eine gerichtliche Unternehmensbewertung in ihrem Sinne hinzuwirken. In der Folge sind Chapter-11-Verfahren nicht selten von zeit- und kostenintensiven gerichtlichen Bewertungskonflikten geprägt.[282] Die ABI Kommission zur Reformierung des Chapter-11-Verfahrens beschrieb in ihrem Bericht von 2014 die Beobachtung, dass der Unternehmenswert häufig nicht mehr wie zuvor auf der Ebene einfacher ungesicherter Gläubiger, sondern bereits auf der Ebene vorrangiger Senior-Gläubiger breche.[283]

2.1.8.1.3 Konsensuale Unternehmensbewertung und gerichtliche Bewertung

Findet eine Verwertung durch einen Verkauf am Markt nicht statt, so fehlt es zunächst an verlässlichen Wertansätzen für das Unternehmensvermögen anhand einer Marktbewertung.[284] Das Chapter-11-Verfahren kennt zwei grundlegende Mechanismen zur Bestimmung einer dem Plan zugrunde zu legenden Unternehmensbewertung: (1) die konsensuale Unternehmensbewertung durch Verhandlungen sowie (2) die gerichtliche Bewertung.

Der Planersteller legt dem Plankonzept Wertansätze für das Unternehmensvermögen zugrunde; die Unternehmensbewertung erfolgt sodann auf dem Verhandlungsweg unter den Verfahrensbeteiligten durch Abstimmung über den Plan (valuation through negotiation).[285] Unsicherheiten einer gerichtlichen Unternehmensbewertung werden vermieden.[286] Die Planbestätigung durch das Gericht finalisiert den Prozess. Die Verhandlungsführung erfolgt wiederum im Schatten einer andernfalls erforderlichen gerichtlichen Bewertung, wodurch die Eigenheiten dieser mittelbar auf die Verhandlungen einwirken.[287] Stimmt jedoch eine

---

282 *Seymour/Schwarcz*, 1 U. Ill. L. Rev. 1 (2021), 11; *Bebchuk*, 101 Harv. L. Rev. 775 (1988), 780; näher nachf. auf den S. 108 ff.; zur Thematik strategischer Unternehmensbewertungen im Chapter-11-Verfahren auf den S. 96 ff.

283 *ABI Commission Chapter 11*, Final Report (2014), S. 216 f.

284 *Lipson*, 50 UCLA L. Rev. 1189 (2003), 1232; *Baird*, 165 U. Pa. L. Rev. 785 (2017), 788; *Adler/Ayres*, 111 Yale L. J. 83 (2001–2002), 89.

285 *Baird*, 165 U. Pa. L. Rev. 785 (2017), 788; *Lipson*, 50 UCLA L. Rev. 1189 (2003), 1233; *Gilson/Hotchkiss/Ruback*, 13 Rev. Fin. Stud. 43 (2000), 44; *Bebchuk*, 101 Harv. L. Rev. 775 (1988), 779.

286 *Seymour/Schwarcz*, 1 U. Ill. L. Rev. 1 (2021), 12.

287 *Ayotte/Morrison*, 166 U. Pa. L. Rev. 1819 (2018), 1821; *Baird*, 165 U. Pa. L. Rev. 785 (2017), 788: "bargain in the shadow of a judicial valuation", 821–827; *Baird/Bernstein*, 115 Yale L. J. 1930 (2006), 1943.

Klasse mehrheitlich gegen den Plan und kann eine Planbestätigung nur mittels eines klassenübergreifenden Cram Down erfolgen, so hat das Gericht die Einhaltung der Absolute Priority Rule zu prüfen und dem eigens eine Bewertung des Unternehmens zugrunde zu legen (judicial valuation).[288]

Mechanismen, welche in einer Verwertung des Vermögens am freien Markt eine transparente und verlässliche Bewertung ermöglichen, kommen in beiden Konstellationen nicht zur Anwendung.[289] Das schuldnerische Unternehmen wird gerade nicht den Marktteilnehmern frei zum Erwerb angeboten, es fehlt an externen Erwerbsangeboten. Das Unternehmen erfährt geringere Aufmerksamkeit vonseiten des Kapitalmarkts.[290] Zugleich haben Schuldner einen natürlichen Anreiz, zwecks Verteidigung ihres Bewertungsansatzes Außenstehenden nur eingeschränkten Zugang zu bewertungsrelevanten Informationen zu geben.[291] Die Bewertung auf dem Verhandlungsweg wird damit abermals komplexer, weniger transparent und im Ergebnis weniger verlässlich.[292]

Das Gericht kann sich im Rahmen der Unternehmensbewertung auf etablierte Bewertungsmethoden stützen.[293] Es hat seine Überzeugung erforderlichenfalls auf Grundlage einer Anhörung der Verfahrensbeteiligten sowie von Sachverständigen zu bilden (valuation hearing). Nicht selten sind verfahrensprägende Bewertungskonflikte die Folge.[294]

2.1.8.1.4 Die Liquidation als Leitbild absoluter Priorität

Kritiker führen Herausforderungen in der Anwendung absoluter Priorität weithin auf systemische Friktionen in der Einbettung absoluter Priorität in Chapter-11-Reorganisationen zurück. Die Regel sei als Verteilungsprinzip auf Fälle der Einzel- oder Gesamtliquidation des schuldnerischen Unternehmens

288 *Baird*, 165 U. Pa. L. Rev. 785 (2017), 796, 807; *ABI Commission Chapter 11*, Final Report (2014), S. 181; *Seymour/Schwarcz*, 1 U. Ill. L. Rev. 1 (2021), 11; *Bebchuk*, 101 Harv. L. Rev. 775 (1988), 777: "[…] a process of bargaining and litigation among the various classes of participants".

289 *Gilson/Hotchkiss/Ruback*, 13 Rev. Fin. Stud. 43 (2000), 43–44; *Adler/Ayres*, 111 Yale L. J. 83 (2001–2002), 85, 140.

290 *Gilson/Hotchkiss/Ruback*, 13 Rev. Fin. Stud. 43 (2000), 44, 59–63.

291 *Dick*, 4 U. Ill. L. Rev. 1487 (2017), 1491.

292 *Gilson/Hotchkiss/Ruback*, 13 Rev. Fin. Stud. 43 (2000), 44.

293 *ABI Commission Chapter 11*, Final Report (2014), 182; *Seymour/Schwarcz*, 1 U. Ill. L. Rev. 1 (2021), 12; *Ayotte/Morrison*, 166 U. Pa. L. Rev. 1819 (2018), 1825.

294 *Baird*, 165 U. Pa. L. Rev. 785 (2017), 808; *Dick*, 4 U. Ill. L. Rev. 1487 (2017), 1498; *Bebchuk*, 101 Harv. L. Rev. 775 (1988), 780; näher auf den S. 108 ff.

durch einen Verkauf an den Höchstbietenden konzipiert.[295] Der Liquidationserlös werde nach der geltenden Prioritätsfolge auf die Kapitalgeber ausgeschüttet. Ungeachtet dessen, ob der Liquidationserlös den Unternehmenswert zutreffend reflektiere, bestünden jedenfalls keine Zweifel hinsichtlich der verteilungsfähigen Masse.[296]

Wesen der Reorganisation im Chapter-11-Verfahren sei hingegen eine konsensuale Verwertungslösung, im Rahmen derer eine neue Kapitalstruktur ohne einen Verkauf im Markt installiert werde.[297] Durch die Adaption absoluter Priorität sei es der Reorganisation damit auferlegt, einen Verkauf zu simulieren, der nicht stattfinde.[298] Es bedürfe einer Fortführungsbewertung des schuldnerischen Unternehmens außerhalb der Marktmechanismen, welche sich häufig als zeitaufwändig, fehleranfällig und kostenintensiv erweise.[299] Die Anwendung eines dem Leitbild der Liquidation folgenden Verteilungsprinzips auf Fälle der Reorganisation sei systemfremd und fördere Anwendungsprobleme.[300] Zahlreiche Regelungen des Bankruptcy Code dienten deshalb dem Zweck, die Auswirkungen der Varianz gerichtlicher Bewertungen des schuldnerischen Vermögens abzumildern.[301] Die Begrenzung strategischer Einflussnahme auf die Unternehmensbewertung durch Verfahrensbeteiligte zum eigenen Vorteil werde zu einer der Hauptaufgaben des Richters im Verfahren.[302] Die Problematik werde dadurch verschärft, dass es sich bei schuldnerischen Unternehmen in der Fortführung nicht um eine statische

---

295 *Baird*, 165 U. Pa. L. Rev. 785 (2017), 788, 812; *Lubben*, 21 Fordh. J. Corp. & Fin. L. 581 (2016), 602.

296 *Bebchuk*, 101 Harv. L. Rev. 775 (1988), 778.

297 *Baird*, 165 U. Pa. L. Rev. 785 (2017), 788.

298 Ebd., 812: "Modern corporate reorganizations attempt to mimic the results of a sale that never happens."; *Bebchuk*, 101 Harv. L. Rev. 775 (1988), 778.

299 *Baird*, 165 U. Pa. L. Rev. 785 (2017), 788, 812; *Lubben*, 21 Fordh. J. Corp. & Fin. L. 581 (2016), 601.

300 *Baird*, 165 U. Pa. L. Rev. 785 (2017), 788: "[...] much of the complexity and virtually all of the stress points of modern Chapter 11 arise from the uneasy fit between its priority regime (absolute instead of relative) and its procedure (negotiation in the shadow of a judicial valuation instead of a market sale)."; *Lubben*, 21 Fordh. J. Corp. & Fin. L. 581 (2016), 602: "[...] the desire to apply 'strict' priority in a reorganization case is seriously misguided. Reorganization is not liquidation. It requires different rules.".

301 *Baird*, 165 U. Pa. L. Rev. 785 (2017), 822–823 m.w.Nachw.

302 Ebd., 827; näher zum Aspekt strategischer Unternehmensbewertungen nachf. auf den S. 96 ff.

Vermögensmasse handele, sondern vielmehr um einen lebenden Organismus mit fluktuierenden Aktiva und Passiva.[303]

2.1.8.1.5 Fehleranfälligkeit gerichtlicher Bewertungen im Chapter-11-Verfahren

Die Regelungen des Chapter 11 sehen für gerichtliche Unternehmensbewertungen weitgehend keine gesetzlichen Standards oder anzuwendenden Methodiken vor.[304] Den Gerichten und den Verfahrensbeteiligten sind damit weitreichende Einschätzungs- und Argumentationsspielräume eröffnet.[305] Unternehmensbewertungen erfolgen in der Chapter-11-Rechtsprechungspraxis unter Heranziehung etablierter Methoden (insb. Discounted-Cashflow-Methode und Multiplikatoren vergleichbarer Unternehmen und Transaktionen).[306] Ergänzend können direkte Marktindikatoren herangezogen werden. Prüft das Gericht etwa im Kontext der Insolvenzanfechtung[307] die Solvenz des Schuldners zum Zeitpunkt einer Übertragung, können Indikatoren wie der Aktienkurs[308] oder Angebote zum Kauf von Wertpapieren oder Vermögenswerten des Schuldners herangezogen werden, ebenso Handelspreise für Anleihen des Schuldners.[309] Ferner Unternehmens- oder Finanzierungsratings.[310] Gleichsam Indikatoren aus der

---

303 Krit. *Lubben*, 21 Ford. J. Corp. & Fin. L. 581 (2016), 602; *ders.*, 50 UCLA L. Rev. 1189 (2003), 1232.

304 *Ayotte/Morrison*, 166 U. Pa. L. Rev. 1819 (2018), 1824, u.a. zur Ausnahme der Bewertung von Sicherheiten in der Forderungsanmeldung (claims allowance, 11 U.S.C. § 506(a)); *ABI Commission Chapter 11*, Final Report (2014), 180–181.

305 *Trujillo*, 53 UCLA L. Rev. 357 (2005), 359: "But the law of valuation in bankruptcy is radically underdetermined by hierarchical forces exogenous to the bankruptcy system, such as congressional and appellate court directives. As a result, bankruptcy actors are left substantially on their own.".

306 *ABI Commission Chapter 11*, Final Report (2014), 182; *Seymour/Schwarcz*, 1 U. Ill. L. Rev. 1 (2021), 12; *Ayotte/Morrison*, 166 U. Pa. L. Rev. 1819 (2018), 1825, mit einer Übersicht zu den verschiedenen Methoden und ihrer Anwendung im Chapter-11-Verfahren auf den S. 1826–1831; ebenso bei *Sontchi*, 20 ABI L. Rev. 1 (2012), passim.

307 Eingehend *Ayotte/Morrison*, 166 U. Pa. L. Rev. 1819 (2018), 1832, 1843–1845.

308 In re Prince, 85 F.3d 314, 320 (7th Cir. 1996); In re Iridium, 373 B.R. 283, 349 (Bankr. S.D.N.Y. 2007).

309 In re Iridium, 373 B.R. 283, 332 (Bankr. S.D.N.Y. 2007); *Ayotte/Morrison*, 166 U. Pa. L. Rev. 1819 (2018), 1844–1845.

310 In re Iridium, 373 B.R. 283, 332–333 (Bankr. S.D.N.Y. 2007).

Unternehmensfinanzierung.[311] Ein Indikator sei etwa der Zugang des Schuldners zu neuen Finanzierungen im Markt im Vergleich mit solventen Unternehmen,[312] insbesondere zu ungesicherten Finanzierungen, die eine vergleichsweise hohe Ausfallwahrscheinlichkeit aufweisen.[313] Gleichsam der Zugang zu frischem Eigenkapital im Markt.[314] Gehen erfahrene und informierte Marktteilnehmer bei Investitionsentscheidungen von einer Solvenz des Schuldners aus, komme dem eine starke Indizwirkung zu.[315] In Anerkennung der Subjektivität von Unternehmensbewertungen seien Gerichte geneigt, zur Zeit der Transaktion vorherrschenden Marktbedingungen größeres Gewicht einzuräumen als rückblickenden Betrachtungen im Prozess.[316] Wenngleich die beschriebenen Marktindikatoren allein meist keine verlässliche Unternehmensbewertung erlauben, bieten sie besonders bei der Prüfung der Solvenz einen Mehrwert und können als Ausgangspunkt im Bewertungsprozess dienen.[317]

Als Grundlage der Überzeugungsbildung hört das Gericht im valuation hearing erforderlichenfalls Sachverständige zur Frage der Bezifferung des Unternehmenswerts, welche häufig signifikante zeitliche und finanzielle Kapazitäten in Anspruch nehmen und zum Austragungsort intensiver Bewertungskonflikte (valuation fights) werden.[318] Nach Beobachtung der ABI Kommission zur Reformierung des Chapter-11-Verfahrens sind Gerichte dabei regelmäßig um eine

311 *Ayotte/Morrison*, 166 U. Pa. L. Rev. 1819 (2018), 1843–1845.

312 In re Iridium, 373 B.R. 283, 349 (Bankr. S.D.N.Y. 2007): "Courts examining the question of adequate capital also place great weight on the ability of the debtor to obtain financing.".

313 *Ayotte/Morrison*, 166 U. Pa. L. Rev. 1819 (2018), 1843.

314 Ebd.

315 In re McCook Metals, L.L.C., 05 C 2990, 12 (N.D. Ill. 2007); In re Iridium, 373 B.R. 283, 349 (Bankr. S.D.N.Y. 2007), unter anderem in Bezug auf Investmentbanken als Underwriter hinsichtlich Eigen- und Fremdkapitalfinanzierungen des Schuldners im konkreten Fall.

316 In re Hechinger Inv. Co. of Del., 327 B.R. 537, 548 (D. Del. 2005); In re Iridium, 373 B.R. 283, 348 (Bankr. S.D.N.Y. 2007).

317 Ayotte/Morrison, 166 U. Pa. L. Rev. 1819 (2018), 1845.

318 *Baird*, 165 U. Pa. L. Rev. 785 (2017), 808; *Dick*, 4 U. Ill. L. Rev. 1487 (2017), 1498: "To be sure, in many large and complex Chapter 11 cases, parties spend enormous amounts of time and resources retaining experts and fighting over valuation […]."; *Bebchuk*, 101 Harv. L. Rev. 775 (1988), 780.

sachgerechte Würdigung vorgebrachter Wertansätze und Argumentationen bemüht, anstelle schlicht einen Mittelwert der Wertansätze zugrunde zu legen.[319]

2.1.8.1.5.1 Unsicherheitsfaktoren in der gerichtlichen Unternehmensbewertung

Methoden der Unternehmensbewertung sind aufgrund subjektiver Prämissen hinsichtlich der künftigen Unternehmensentwicklung sowie dem Erfordernis adäquater Vergleichsgruppen und weiterer Faktoren mit naturgegebenen, signifikanten Unsicherheiten belastet.[320] Hinzu treten aus Sicht der Verfahrensbeteiligten durch die gerichtliche Bewertung bedingte weitere Unsicherheiten.[321] Die Krisensituation der schuldnerischen Gesellschaft sowie zunehmend komplexe Kapitalstrukturen und Finanzierungsinstrumente erschweren die Bewertung abermals.[322] Im Zusammenspiel dieser Wirkungsweisen sind gerichtliche Unternehmensbewertungen im Chapter-11-Verfahren mit bedeutenden Unsicherheiten behaftet.[323]

In praktischer Hinsicht ist der Bewertungsprozess im Chapter-11-Verfahren regelmäßig von Bemühungen der strategischen Einflussnahme auf den Bewertungsansatz zum eigenen Vorteil geprägt.[324] Das Konzept gerichtlicher Unternehmensbewertung eröffnet insoweit Räume, da das Gericht regelmäßig auf die Konsultation Sachverständiger und den Rückgriff auf Projektionen des schuldnerischen Managements angewiesen ist.[325] Verfügt der betreffende Richter ferner nicht über hinreichende Expertise im Feld der Unternehmensbewertung, stellt dies aus Sicht der Beteiligten eine weitere Unwägbarkeit und ein potenzielles

---

319 *ABI Commission Chapter 11*, Final Report (2014), 181, m.Nachw. zu empirischen Untersuchungen in Fußn. 681.

320 *Ayotte/Morrison*, 166 U. Pa. L. Rev. 1819 (2018), 1825; *Baird/Bernstein*, 115 Yale L. J. 1930 (2006), 1941–1942.

321 S. auch *ABI Commission Chapter 11*, Final Report (2014), 182.

322 *Lipson*, 50 UCLA L. Rev. 1189 (2003), 1234.

323 S. etwa In re Mirant Corp., 334 B.R. 800, 848 (Bankr. N.D. Tex. 2005): "[…] valuation of an enterprise […] is an exercise in educated guesswork. At worst it is not much more than crystal ball gazing. There are too many variables, too many moving pieces in the calculation of value […] for the court to have great confidence that the result of the process will prove accurate in the future."; dazu *ABI Commission Chapter 11*, Final Report (2014), S. 181, s. auch S. 182; *Baird*, 165 U. Pa. L. Rev. 785 (2017), 807; *Baird/Bernstein*, 115 Yale L. J. 1930 (2006), 1942–1943, 1956.

324 Näher dazu nachf.

325 In re Mirant Corp., 334 B.R. 800, 848 (Bankr. N.D. Tex. 2005); *Sontchi*, 20 ABI L. Rev. 1 (2012), 8, Fußn. 13; *Baird/Bernstein*, 115 Yale L. J. 1930 (2006), 1936.

Risiko dar und kann das Verfahren verzögern.[326] Im Ergebnis bleibt in jedem Falle die subjektive Einschätzung des Richters maßgeblich.[327]

Nicht unerwartet kam eine empirische Untersuchung zu abgeschlossenen Chapter-11-Verfahren deshalb zu der Einschätzung, dass dem Reorganisationsplan zugrunde gelegte Cashflow-Projektionen eine hohe Standardabweichung aufweisen, was wiederum eine hohe Fehleranfälligkeit gemessen an ermittelten Marktwerten impliziert.[328]

2.1.8.1.5.2 Studie von *Gilson/Hotchkiss/Ruback* (2000)

In einer Studie aus dem Jahr 2000 verglichen *Gilson/Hotchkiss/Ruback* die durch Cashflow-Projektionen im Chapter-11-Reorganisationsplan implizierte Unternehmensbewertung mit der letztlichen Marktbewertung 63 börsennotierter Unternehmen nach Abschluss des Chapter-11-Verfahrens. Zugrunde lag ein Datensatz von insgesamt 1.342 Chapter-11-Anträgen zwischen 1979 und 1993. Aus der Gruppe dieser Unternehmen wurden wiederum 377 Unternehmen identifiziert, welche das Verfahren bis Dezember 1993 als börsennotierte Unternehmen abgeschlossen hatten. Dabei konnten die Autoren aus Offenlegungen der Unternehmen wiederum Einblick nehmen in 104 der bestätigten Chapter-11-Reorganisationspläne. Schließlich enthielten die Offenlegungen in 63 Fällen Cashflow-Projektionen für einen Zeitraum von länger als zwei Jahren, anhand welcher sodann eine Unternehmensbewertung mittels der Discounted-Cashflow-Methode durchgeführt wurde.[329] In 28 der 63 Fälle lagen Bewertungsansätze des schuldnerischen Managements nach sog. Fresh Start Accounting vor.[330]

Bei der Interpretation der Untersuchungsergebnisse gilt es zu beachten, dass der Datensatz aufgrund der zeitlichen Distanz nur begrenzte Aussagekraft für die heutige Praxis des Chapter-11-Verfahrens hat. Jedoch erfolgte die Untersuchung bereits unter Geltung des heutigen US Bankruptcy Code, wobei die

---

326 *ABI Commission Chapter 11*, Final Report (2014), 183; krit. etwa *Baird/Bernstein*, 115 Yale L. J. 1930 (2006), 1940.

327 *ABI Commission Chapter 11*, Final Report (2014), 183.

328 S. neben der nachf. erörterten Studie von *Gilson/Hotchkiss/Ruback* auch die Studie von *Ayotte/Morrison*, 166 U. Pa. L. Rev. 1819 (2018), passim, näher beschrieben auf den S. 103 ff.

329 Näher *Gilson/Hotchkiss/Ruback*, 13 Rev. Fin. Stud. 43 (2000), 46; ausgewählte Fallstudien bei ebd., S. 70 ff.

330 Ebd., 52–53.

Verfahrensstruktur des Chapter 11 in der Zwischenzeit keine grundlegenden Änderungen erfahren hat. Zugleich veranschaulicht die Untersuchung die in der Unternehmensbewertung im Chapter-11-Verfahren sowie vergleichbar strukturierten Planverfahren wirkenden Mechanismen und Zusammenhänge, womit diese auch für die heutige Situation wertvolle Einblicke bietet.[331]

Zur Ermittlung des durch die Cashflow-Projektionen implizierten Unternehmenswerts wandten die Autoren einen Discounted-Capital-Cashflow-Ansatz (DCCF), einen Comparable-Companies-Ansatz, sowie einen Bewertungsansatz nach Fresh Start Accounting an.[332] Dabei kamen sie zu dem Ergebnis, dass die im DCCF-Verfahren[333] impliziertem Unternehmenswerte auf Grundlage der Cashflow-Projektionen im Plan eine durchschnittliche Abweichung von –9,1% gegenüber der späteren Marktbewertung (implizierter Enterprise Value/Marktbewertung Enterprise Value) aufwiesen (Median: –0,6%) sowie der Comparable-Companies-Ansatz eine durchschnittliche Abweichung von –10,4% (Median: 4,7%). Die Standardabweichung betrug im Falle des DCCF-Ansatzes 54,6%, im Falle des Comparable-Companies-Ansatzes 79,4%. Insgesamt reichte das Verhältnis von impliziertem Unternehmenswert zur Marktbewertung von 18% bis zu 259%.[334]

Als erste mögliche Erklärung der Fehleranfälligkeit Cashflow-basierter Bewertungen (DCCF und Comparable-Companies-Ansatz[335]) führten die Autoren die eingeschränkte Qualität und Verfügbarkeit bewertungsrelevanter Informationen im Insolvenzverfahren an. Die Durchführung eines administrativen

331 Gleichsam nimmt auch die ABI Kommission zur Reformierung des Chapter-11-Verfahrens in ihrem Abschlussbericht von 2014 noch Bezug auf die Untersuchung, s. *ABI Commission Chapter 11*, Final Report (2014), S. 182.

332 Zusammenfassend zu den Parametern in der Anwendung der Ansätze *Gilson/Hotchkiss/Ruback*, 13 Rev. Fin. Stud. 43 (2000), 54; zum Capital-Cashflow-Ansatz *Ruback*, 31 Fin. Man. 85 (2002) passim.

333 Bei der Berechnung des Endwertes (terminal value) wurde ein Wachstumsrate von 4% zugrunde gelegt, sowie eine Markt-Risikoprämie (market risk premium) von 7,4%; *Gilson/Hotchkiss/Ruback*, 13 Rev. Fin. Stud. 43 (2000), 54.

334 Ebd., 53–54; minimale und maximale Abweichungen reichten im Falle des DCCF-Ansatzes von –174% bis 95% sowie im Falle des Comparable-Companies-Ansatz von –269% bis 116%; in 25% bzw. 21% der Fälle lag die Abweichung in einer Spannbreite von 15%; ebd. S. 54.

335 Im Falle des Comparable-Companies-Ansatzes EBITDA-Projektionen, näher ebd. S. 52.

Bewertungsprozesses anstelle einer Bewertung durch den Markt würde Quantität und Qualität bewertungsrelevanter Informationen reduzieren. Aufgrund eingeschränkter Investitionsmöglichkeiten biete sich Marktteilnehmern kein Anreiz für eigenständige Bewertungen und gesteigerte Informationsverlangen. Der Mehrwert von Einschätzungen künftiger Cashflows aufgrund von Akquisitionen oder Transaktionen im öffentlichen Markt könne nicht genutzt werden.[336] Als weiteren denkbaren Grund identifizieren die Autoren die strategische Verzerrung der Cashflow-Projektionen durch Verfahrensbeteiligte als Grundlage der Bewertung, um auf diesem Weg eine individuell günstigen Bewertungsansatz im eigenen Interesse durchzusetzen.[337] Aufgrund des engen Zusammenhangs zwischen der starren Verteilungsfolge absoluter Priorität und Anreizen zur Durchsetzung strategischer Unternehmensbewertungen in der Insolvenz wird die Thematik im Nachfolgenden näher beleuchtet.

Die Autoren kommen zu dem Schluss, dass die gerichtlichen Unternehmensbewertungen im untersuchten Datensatz unparteiisch zustande gekommen, jedoch wenig präzise seien.[338] Mit einem festgestellten Verhältnis von impliziertem Unternehmenswert zur Marktbewertung von 18% bis zu 259% hätten die Fehlbewertungen eine sehr hohe Streubreite aufgewiesen, die nicht allein mit der gewählten Methodik in der Auswertung und zugrunde gelegten Annahmen zu erklären sei.[339]

2.1.8.1.5.3 Studie von *Trujillo* (2000)

In einer Studie aus dem Jahr 2000 hat sich ferner *Trujillo* mit Unternehmensbewertungen im Chapter-11-Verfahren auseinandergesetzt, spezifisch beim klassenübergreifenden Cram Down. Der Datensatz umfasst 145 Entscheidungen von US Bankruptcy Courts zum klassenübergreifenden Cram Down seit Einführung des US Bankruptcy Code (1978), von 1979 bis 1998. Aus den Entscheidungen wurden als Datenpunkte Ausführungen zu insgesamt 180 Bewertungen mindestens

336 *Gilson/Hotchkiss/Ruback*, 13 Rev. Fin. Stud. 43 (2000), 45, 55, 59–63: unter Verweis auf geringere Aufmerksamkeit vonseiten möglicher Käufer, Finanzierer und von Aktienanalysten.

337 Ebd., 45.

338 *Gilson/Hotchkiss/Ruback*, 13 Rev. Fin. Stud. 43 (2000), 44: "[...] generally unbiased, but [...] not very precise.".

339 *Gilson/Hotchkiss/Ruback*, 13 Rev. Fin. Stud. 43 (2000), 44–45.

eines Vermögensgegenstands gewonnen.[340] Im untersuchten Datensatz kam es typischerweise in zwei Fällen zu gerichtlichen Bewertungen:[341]

1. eine ablehnende Klasse von Gläubigern, typischerweise ein einzelner gesicherter Gläubiger, wandte sich gegen die Bewertung seiner Sicherheit unter dem Plan gemäß 11 U.S.C. § 1129(b)(2)(A);[342] oder
2. das Gericht prüfte die Angemessenheit einer unter dem Plan vorgesehenen Kompensationszahlung an einen Gläubiger für die Beseitigung dessen Sicherheit.

Dabei handelt es sich nicht um Fälle der Unternehmensbewertung im Sinne der Bestimmung eines verteilungsfähigen Werts des gesamten Unternehmens. Ebenso legt Trujillo nicht offen, welche Auswirkungen die gerichtliche Bewertungsentscheidung auf den Chapter-11-Plan und das Verfahren insgesamt hatte.[343] Dennoch lassen die Untersuchungsergebnisse wertvolle Schlüsse auf die gerichtliche Bewertungspraxis im Chapter-11-Verfahren zu und gewähren seltene, empirisch gestützte Einblicke. Die wesentlichen Ergebnisse der Studie werden nachfolgend zusammengefasst und sodann näher beschrieben.

Während Gerichte zu Beginn des Betrachtungszeitraums noch häufig vollständig den Wertansatz einer der beiden Seiten zugrunde legten und diese näher beieinander lagen, entfernten sich diese gegen Ende des Betrachtungszeitraums zunehmend voneinander und Gerichte kamen vermehrt zu Bewertungsergebnissen im Spektrum zwischen den Wertansätzen der Parteien.[344] Besonders verbreitet ist aufseiten von Schuldnern, Gläubigern und Gerichten über den Betrachtungszeitraum hinweg die Nutzung des Comparables-Ansatzes und der Discounted-Cashflow-Methode. Schuldner und Gläubiger stützten sich während

340 *Trujillo*, 53 UCLA L. Rev. 357 (2005), 367; damit handelt es sich nur um Urteile, die vom jeweils erkennenden Gericht zur Veröffentlichung angemeldet wurden, womit der Datensatz bereits von einem gewissen Maß gerichtlichen Ermessens geprägt ist und die Ergebnisse unter Umständen qualitativ und quantitativ nur begrenzt repräsentativ für die gerichtliche Bewertungspraxis sind, ebd. S. 365.

341 Ebd., 367 Fußn. 33; die Beteiligten waren jeweils Unternehmen, ebd.

342 Demgemäß ist ein Plan gegenüber einer ablehnenden Klasse gesicherter Gläubiger nur billig und gerecht (fair and equitable), wenn die Sicherheit wertmäßig nicht angetastet wird, also dem gesicherten Gläubiger seine gegenstandsbezogene Prioritätsstellung erhalten bleibt.

343 Hält das Gericht die dem Plan vom Schuldner zugrunde gelegte Bewertung für unzutreffend, kommt eine Planbestätigung mittels klassenübergreifendem Cram Down wegen Verletzung der absoluten Priorität nicht in Betracht (11 U.S.C. § 1129(b)).

344 *Trujillo*, 53 UCLA L. Rev. 357 (2005), 368–374.

des gesamten Betrachtungszeitraums stark auf den Comparables-Ansatz. Die Nutzung der Discounted-Cashflow-Methode hat aufseiten von Schuldnern und Gläubigern über den Betrachtungszeitraum stark zugenommen.[345] *Trujillo* führt dies zu dem Schluss, dass die Beteiligten des Chapter-11-Verfahrens im Laufe der Zeit versierter im Umgang mit Bewertungsfragen wurden.[346]

2.1.8.1.5.3.1 Erfolgsgrad und Wertansätze der Parteien

Ein untersuchter Parameter ist der Erfolgsgrad einer Partei bei der Durchsetzung der eigenen Bewertung (Party Success). Dabei wurden die Bewertungsansätze des Schuldners und des Gläubigers jeweils ins Verhältnis zur letztlichen gerichtlichen Bewertung gesetzt.[347] Die Auswertung von 62 Datenpunkten[348] brachte hervor, dass das Gericht in 17 Fällen vollständig dem Wertansatz des Gläubigers folgte und in 16 Fällen vollständig dem Wertansatz des Schuldners.[349] Gläubigern und Schuldnern gelang es demnach etwa mit selber Häufigkeit, das Gericht vollständig vom eigenen Wertansatz zu überzeugen.[350] Die Übrigen 29 Bewertungsentscheidungen sind gleichmäßig über das Spektrum zwischen diesen äußeren Polen verteilt, mit einer minimalen Häufung von zwei Fällen beim Mittelwert der Wertansätze von Gläubiger und Schuldner.[351] Diese W-förmige Verteilung der Ergebnisse mit ausgeprägten Rändern und einer nur minimalen Häufung im Mittelwert zwischen den vorgebrachten Bewertungsansätzen legt zwei Schlussfolgerungen nahe: Zum einen legen Gerichte bei Bewertungsstreitigkeiten nur selten den Mittelwert zwischen den Wertansätzen beider Seiten zugrunde (im Datensatz nur zwei von 62 Fällen).[352] Zum anderen folgten Gerichte häufig vollständig dem Bewertungsansatz einer Seite (in 33 von 62 Fällen), anstatt zu einem von beiden Bewertungsansätzen abweichenden Wert zu kommen (29 von 62 Fällen).

Dabei beobachtete *Trujillo*, dass der Trend gerichtlicher Entscheidungen, in denen das Gericht vollständig dem Wertansatz einer der Seiten folgte, zwischen 1982 und 1998 von ca. 70% auf ca. 40% der Fälle absank.[353] Gerichte neigten

---

345 Ebd., 375–396; Zusammenfassungen der wesentlichen Erkenntnisse ebd., S. 398–399.

346 Ebd., 396.

347 Details ebd., 368–369.

348 In der Studie wird nicht offengelegt, weshalb nur 62 der insgesamt 180 Bewertungsentscheidungen in diese Auswertung einbezogen und erörtert wurden.

349 *Trujillo*, 53 UCLA L. Rev. 357 (2005), 369.

350 Mit Blick auf den konkreten Datensatz *Seymour/Schwarcz*, 1 U. Ill. L. Rev. 1 (2021), 12.

351 *Trujillo*, 53 UCLA L. Rev. 357 (2005), 369.

352 Ebd., 370.

353 Ebd., 371.

mithin im Laufe der Zeit zunehmend dazu, einen Bewertungsansatz zwischen den beiden Parteipositionen zugrunde zu legen. Zugleich zeigte sich der Trend, dass die wertmäßige Distanz der Wertansätze von Gläubiger und Schuldner (Party Proximity) mit der Zeit zunahm.[354] Zusammenfassend lagen die Wertansätze von Gläubigern und Schuldnern zu Beginn des Betrachtungszeitraums näher beieinander und Gerichte legten zugleich eher vollständig den Wertansatz einer der beiden Seiten zugrunde. Im Laufe der Zeit entfernten sich die Wertansätze von Gläubigern und Schuldnern zunehmend und Gerichte legten vermehrt Bewertungen zwischen diesen zugrunde.[355] Ob dabei die Bewertungsansätze der Parteien der gerichtlichen Praxis folgten (Gerichte bilden zunehmend einen Mittelwert, weshalb die Parteien gezielt höhere/niedrigere Wertansätze vortragen) oder andersherum (Wertansätze der Parteien werden zunehmend extremer, weshalb Gerichte diesen nicht mehr folgen) oder keiner dieser Zusammenhänge gilt (z.B. Gerichte werden in Bewertungsfragen versierter und entfernen sich eher von Parteipositionen, zugleich tendieren die Parteien zu extremeren Wertansätzen), ist dem Datensatz nicht zu entnehmen.[356]

Der Trend in Richtung größerer Bewertungsdifferenzen aufseiten von Gläubigern und Schuldnern deckt sich mit der gängigen Beobachtung, dass Chapter-11-Verfahren bereits seit längerem von Bewertungskonflikten der Beteiligten geprägt sind.[357]

2.1.8.1.5.3.2 Bewertungsmethoden und ihre Verbreitung über den Betrachtungszeitraum

Ferner wurden die Entscheidungen dahingehend ausgewertet, welche Bewertungsmethoden von Schuldnern, Gläubigern und dem Gericht genutzt wurden. Häufig genutzt wurden dabei: der Comparables-Ansatz, die Discounted-Cashflow-Methode, die Bewertung nach Liquidationswerten, Stellungnahmen aktueller oder künftiger Nutzer des Vermögensgegenstands zu dessen Bewertung, sowie vor Verfahrenseröffnung zwischen dem Schuldner und dem Gläubiger vertraglich fixierte Wertansätze.[358] Dabei wurde erfasst, wie häufig bestimmte

354 Ebd., 373–374.
355 Ebd., 374.
356 Ebd.
357 Näher nachf. auf den S. 75 ff.
358 *Trujillo*, 53 UCLA L. Rev. 357 (2005), 383.

Bewertungsmethoden allein oder in Kombination von Schuldnern, Gläubigern oder Gerichten angewendet wurden. Die wesentlichen Ergebnisse sind nachfolgend resümiert.[359]

Schuldner wandten in 24,4% der Fälle den Comparables-Ansatz an, in 10,5% der Fälle die Discounted-Cash-Flow-Methode, in 7,8% der Fälle eine Kombination beider Methoden. In 4,4% der Fälle wurden Liquidationswerte angeführt, in 6,7% der Fälle Stellungnahmen von Nutzern. In 5,0% der Fälle vertragliche Wertansätze. In 14,4% der Fälle war die genutzte Bewertungsmethode unklar.

Gläubiger, für die eine höhere Bewertung vorteilhaft ist, wandten in 17,8% der Fälle den Comparables-Ansatz an, in 8,9% der Fälle die Discounted-Cashflow-Methode, in 8,9% der Fälle eine Kombination beider Methoden. In nur 2,2% der Fälle wurden Liquidationswerte angeführt, in 4,4% der Fälle Stellungnahmen von Nutzern. In 2,8% der Fälle vertragliche Wertansätze. In gut einem Drittel der Fälle (35,0%) war die genutzte Bewertungsmethode unklar.

Gerichte wandten in 23,3% der Fälle den Comparables-Ansatz an, in 10,6% der Fälle die Discounted-Cashflow-Methode, in 9,4% der Fälle eine Kombination beider Methoden. In jeweils 3,9% der Fälle wurden Liquidationswerte und Stellungnahmen von Nutzern angeführt. In 3,3% der Fälle vertragliche Wertansätze. In 5,6% der Fälle war die genutzte Bewertungsmethode unklar, womit die Nutzung der Bewertungsmethoden auf gerichtlicher Seite erwartungsgemäß transparenter ist als bei den Parteien.

In der Studie wird nicht erörtert, auf welche Ursachen diese Verbreitung der Bewertungsmethoden bei den verschiedenen Beteiligtengruppen zurückzuführen sein könnte. Wenig überraschend ist zunächst die Erkenntnis, dass die etablierten Bewertungsmethoden des Comparable-Ansatzes und der Discounted-Cashflow-Methode aufseiten aller Beteiligter (Schuldner, Gläubiger, Gericht) mit Abstand am häufigsten genutzt wurden, allein oder in Kombination. Ursache für die (geringfügig) verstärkte Nutzung der Discounted-Cashflow-Methode durch Schuldner im Vergleich zu Gläubigern (10,5% gegenüber 8,9%) könnte die Notwendigkeit des Rückgriffs auf Cashflow-Projektionen des schuldnerischen Managements sein. Gläubiger könnten dabei eher geneigt sein, ihre Bewertung unter Nutzung des Comparables-Ansatzes durch Heranziehung von Referenzwerten im Markt zu begründen. Der Rückgriff auf Liquidationswerte erlaubt Schuldnern regelmäßig den geringsten möglichen Wertansatz, weshalb die Methode wohl aufseiten

359 Ebd., 384; in den übrigen, unterhalb nicht näher angesprochenen Fällen wurden weniger verbreitete Bewertungsmethoden oder eine Kombination der nachfolgend genannten Methoden angewandt.

von Schuldnern doppelt so häufig anzutreffen ist wie aufseiten von Gläubigern. Bemerkenswert ist, dass Gläubiger in 35% der Fälle ihren Bewertungsansatz nicht durch Angabe einer Bewertungsmethode untermauert haben, wodurch in aller Regel die Überzeugungskraft des Vortrags gemindert wird.

Ferner schildert die ABI Kommission zur Reformierung des Chapter-11-Verfahrens in ihrem Bericht aus dem Jahr 2014, dass manche Gerichte bei der Bewertung von Sicherheiten im Chapter-11-Verfahren stets Liquidationswerte zugrunde legen, da der Schuldner im Insolvenzverfahren agiere.[360] Der Erhebung kann aufgrund der abweichenden Bewertungsstandards der US-Insolvenzgerichte daher nur begrenzte Aussagekraft beigemessen werden. Die ABI Kommission spricht sich für Fälle der Fortführung im Chapter-11-Verfahren oder fortführender 363 sales dafür aus, gesicherten Gläubigern den Fortführungswert ihrer Sicherheit zu schützen.[361]

2.1.8.1.5.3.3 Nutzung der Bewertungsmethoden über den Betrachtungszeitraum

Ferner brachte der Datensatz hervor, dass die Vielfalt in der Nutzung verschiedener Bewertungsmethoden in Fällen eines Cram Down aufseiten von Schuldnern sowie aufseiten von Gläubigern über den Betrachtungszeitraum deutlich abnahm, mithin auf beiden Seiten eine Fokussierung auf einzelne Bewertungsmethoden erfolgte. Besonders ausgeprägt war dies aufseiten der Gläubiger.[362] Der Trend kann Ausdruck einer Festigung von Marktstandards in der Bewertung im Chapter-11-Verfahren sowie auch der Etablierung klarerer Standards in der Rechtsprechung sein. Eine verstärkte Nutzung derselben Bewertungsmethode durch Schuldner und Gläubiger war hingegen nicht festzustellen, was *Trujillo* nachvollziehbar mit dem Hintergrund der prozessualen Auseinandersetzung erklärt.[363] Aufseiten der Gerichte war im Betrachtungszeitraum hingegen keine zunehmende Fokussierung auf einzelne Bewertungsmethoden festzustellen.[364] Ursache dessen könnte sein, dass Gerichte über den gesamten Betrachtungszeitraum hinweg nur eine geringere Vielfalt an Bewertungsmethoden genutzt

---

360 *ABI Commission Chapter 11*, Final Report (2014), S. 212.

361 Ebd., S. 218 Fußn. 793.

362 Gemessen am Maß der Standardabweichung in einem Spektrum häufig genutzter Bewertungsmethoden, näher *Trujillo*, 53 UCLA L. Rev. 357 (2005), 386–389.

363 Ebd., 389.

364 Ebd., 391–392.

haben[365] und sich Gläubiger und Schuldner dem im Zeitverlauf angenähert haben.[366] Die Studie umfasst jedoch keine Daten zur gerichtlichen Nutzung verschiedener Bewertungsmethoden über den Betrachtungszeitraum hinweg, sodass sich dies nicht validieren lässt.

Bemerkenswert ist die deutlich zunehmende Nutzung der Discounted-Cashflow-Methode über den Zeitverlauf. Ausgehend von einer durchschnittlichen Nutzung mit einem Wert von ca. 0,1[367] im Jahr 1982 erreichte die Trendlinie im Jahr 1998 den Wert von ca. 0,45 und zeigt mithin eine signifikante Zunahme in der Nutzung.[368] Noch deutlicher ist der Trend aufseiten der Gläubiger, im Falle derer der Wert nach einer Stagnation bei 0 zwischen 1982 und 1986 schließlich einen Wert oberhalb 0,6 im Jahr 1998 erreicht.[369] *Trujillo* schlussfolgert, dass die Verbreitung der Discounted-Cashflow-Methode im Chapter-11-Verfahren in den frühen 1980er-Jahren begonnen hat, bis hin zur Etablierung als Standardmethode Ende der 1990er-Jahre.[370] Auch die durchschnittliche Nutzung des Comparables-Ansatzes hat deutlich zugenommen aufseiten von Schuldnern (von ca. 0,4 auf ca. 0,8) und Gläubigern (von ca. 0,6 auf ca. 0,7).[371]

2.1.8.1.6 Strategische Unternehmensbewertungen im Chapter-11-Verfahren

Aufgrund ihrer Verteilungswirkung entfaltet die Absolute Priority Rule für die Beteiligten des Chapter-11-Verfahrens Anreize, die Unternehmensbewertung zum eigenen Vorteil zu beeinflussen. Schon kleine Verschiebungen der Unternehmensbewertung können bestimmen, ob Rangklassen gemäß ihrer Prioritätsstellung Wertzuweisungen beanspruchen können oder nicht.[372] Gelingt es etwa einem niederrangigen Gläubiger, die gerichtliche Bewertung über die Summe der höherrangigen Forderungen zu verschieben, partizipiert dieser in voller Höhe

---

365 Unterstützt wird dies durch die Feststellung einer deutlichen Fokussierung der Gerichte auf einzelne Bewertungsmethoden, s. ebd., 377.

366 Ähnlich *Trujillo*, 53 UCLA L. Rev. 357 (2005), 392 Fußn. 100: Annäherung der Bewertungsmethoden von Schuldnern, Gläubigern und Gerichten über den Zeitverlauf.

367 Ein Wert von 0 zeigt, dass die Bewertungsmethode im betreffenden Jahr in keiner der untersuchten Fälle genutzt wurde, ein Wert von 1 besagt, dass die Bewertungsmethode in jedem der Fälle genutzt wurde; *Trujillo*, 53 UCLA L. Rev. 357 (2005), 393.

368 Ebd.

369 Ebd., 394.

370 Ebd.

371 Ebd., 395.

372 S. *Baird*, 165 U. Pa. L. Rev. 785 (2017), 808.

an dem nunmehr erhöhten Differenzbetrag.[373] Die Schutzwirkung der Absolute Priority Rule zugunsten höherrangiger Kapitalklassen wird insoweit entkräftet.[374] Umgekehrt führt eine ungerechtfertigt niedrige Unternehmensbewertung zu Wertverlusten aufseiten niederrangiger Kapitalgeber.

Nicht unerwartet gelten Versuche der strategischen Einflussnahme auf die gerichtliche Unternehmensbewertung deshalb als gängige Erscheinung in Chapter-11-Verfahren.[375] Eigenarten der Unternehmensbewertung sowie die Struktur des Chapter-11-Verfahrens eröffnen Versuchen strategischer Einflussnahme entsprechende Räume. Für den Schuldner und die Verfahrensbeteiligten können gerichtliche Auseinandersetzungen über den Unternehmenswert mit erheblichen Kosten und zeitlichen Verzögerungen verbunden sein. Das schuldnerische Unternehmen sieht sich mit entsprechenden direkten und indirekten Insolvenzkosten belastet.[376]

2.1.8.1.6.1 Anreize für strategische Unternehmensbewertungen

Die wasserfallartige Verteilungsfolge absoluter Priorität begünstigt höherrangige Gläubiger insoweit, als sie auf eine vollständige Befriedigung bestehen können, bevor nachrangigen Klassen jegliche Werte zuteilwerden dürfen. Ein von dieser Priorität abweichender Plan kann gegen ihren Willen mithilfe eines klassenübergreifenden Cram Down nicht umgesetzt werden. Sie werden damit zugleich incentiviert, auf die Durchsetzung einer niedrigen Unternehmensbewertung hinzuwirken, sodass sie einen höheren Anteil am Eigenkapital des reorganisierten Schuldners beanspruchen können oder der restrukturierte Schuldner jedenfalls mit geringeren Kapitalansprüchen belastet bleibt.[377] Zugleich sind sie incentiviert, eine schnelle Verwertungslösung (etwa durch einen Verkauf) mit der Folge einer

---

373 Ebd.

374 S. etwa *Meckling*, 41 Law & Contemp. Probs. 13 (1977), 36: "Warner's example shows how overestimates of the total value of a firm subvert the intent of absolute priority. The issue in valuation is not simply error in the estimates but bias-systematically overestimating the value of the reorganized firm in order to give something to junior creditors and stockholders.".

375 *Moyer*, Distressed Debt Analysis, S. 337; *Ayotte/Morrison*, 166 U. Pa. L. Rev. 1819 (2018), 1822; *Seymour/Schwarcz*, 1 U. Ill. L. Rev. 1 (2021), 12; *Morrison/Casey*, Col. L. & Econ. WP 551 (2016), 15.

376 *Ayotte/Morrison*, 166 U. Pa. L. Rev. 1819 (2018), 1821; näher zur Bedeutung gerichtlicher Bewertungskonflikte im Chapter-11-Verfahren auf den S. 108 ff.

377 *Moyer*, Distressed Debt Analysis, S. 337 f.; *Baird*, 165 U. Pa. L. Rev. 785 (2017), 826; *Gilson/Hotchkiss/Ruback*, 13 Rev. Fin. Stud. 43 (2000), 45, 65–67; *Seymour/Schwarcz*, 1 U. Ill. L. Rev. 1 (2021), 12; *Bebchuk*, 101 Harv. L. Rev. 775 (1988), 779.

zeitnahen Befriedigung zu favorisieren, auch wenn diese den realisierten Unternehmenswert nicht zugunsten niedrigerer Rangklassen maximiert.[378]

Demgegenüber entfaltet die absolute Priorität für niederrangige Gläubiger und Gesellschafter eine entgegengesetzte Anreizwirkung. So bietet ihnen häufig nur eine höhere Unternehmensbewertung die Aussicht, im Planverfahren Wertzuteilungen zu erhalten.[379] Perspektiven zur Steigerung des angesetzten Unternehmenswerts können auch das Hinwirken auf einen zeitlich späteren Verkauf zu einem günstigeren Zeitpunkt bieten oder das Beharren auf eine Restrukturierung des Schuldners anstelle eines Verkaufs.[380] So können mit dem Zeitablauf im Verfahren oder Veränderungen markoökonomischer Faktoren (etwa des risikofreien Zinssatzes) weitreichende Veränderungen der Unternehmensbewertung verbunden sein und für Kapitalgeber den Unterschied zwischen Wertbeteiligung und Totalverlust bedeuten.[381]

Gleichsam wird auch die Zukunft des schuldnerischen Managements meist in bedeutendem Maße durch den Ausgang des Planverfahrens bestimmt. Folglich kann das Management etwa von der Zielsetzung geleitet sein, sich eine künftige Position im Unternehmen zu sichern oder seine Reputation zu schützen, indem anstelle einer Liquidation eine Restrukturierung unterstützt wird. Vielfältige Faktoren können das schuldnerische Management incentivieren, das eigene Interesse am Verfahrensausgang dem bestimmter Gruppen von Stakeholdern anzugleichen und die eigene Einflussstellung zur Förderung dessen zu nutzen.[382] Das Management nimmt insoweit eine zentrale Rolle ein, als seine Finanzprojektionen regelmäßig den Ausgangspunkt des Bewertungsprozesses bilden.[383] Ferner hat das Management des Schuldners zu Verfahrensbeginn ein exklusives Recht, für den Schuldner einen Reorganisationsplan vorzulegen (exclusivity period).[384]

---

378 *Baird/Bernstein*, 115 Yale L. J. 1930 (2006), 1940; zudem *Baird*, 165 U. Pa. L. Rev. 785 (2017), 826, wobei den Gläubigern etwa die Verweigerung weiterer Finanzierungen als Druckmittel dienen kann, ebd. S. 811; *Bebchuk*, 101 Harv. L. Rev. 775 (1988), 779.

379 *Moyer*, Distressed Debt Analysis, S. 337 f.; *Gilson/Hotchkiss/Ruback*, 13 Rev. Fin. Stud. 43 (2000), 45, 65–67; *Seymour/Schwarcz*, 1 U. Ill. L. Rev. 1 (2021), 12.

380 *Bebchuk*, 101 Harv. L. Rev. 775 (1988), 780.

381 *Baird*, 165 U. Pa. L. Rev. 785 (2017), 808.

382 *Baird*, 165 U. Pa. L. Rev. 785 (2017), 826–827; *Sontchi*, 20 ABI L. Rev. 1 (2012), 8 Fußn. 13.

383 *Sontchi*, 20 ABI L. Rev. 1 (2012), 8 Fußn. 13: “In addition, the projections may be manipulated by management to favor its interests or those of others ‘friendly’ to management.”; *Baird/Bernstein*, 115 Yale L. J. 1930 (2006), 1942.

384 11 U.S.C. § 1121(a), (b); *Gilson/Hotchkiss/Ruback*, 13 Rev. Fin. Stud. 43 (2000), 44.

Hat das Management zu Verfahrensbeginn signifikante Eigenkapitalpositionen inne, so kann dies den Anreiz setzen, eine höhere Unternehmensbewertung durchzusetzen, die eine Werthaltigkeit des Eigenkapitals impliziert.[385] Erwirbt das Management unter dem Plan Eigenkapital an der restrukturierten Gesellschaft oder Optionen darauf, incentiviert dies hingegen in Richtung einer niedrigeren Bewertung, womit der inhärente Wert des neuen Eigenkapitals gesteigert wird.[386] Gläubiger können dies mit Blick auf die Einflussstellung des Managements nutzen und im Zusammenwirken mit dem Management einen Reorganisationsplan ausarbeiten, welche den Gläubigern (etwa im Wege eines Debt-Equity-Swap) eine kontrollierende Eigenkapitalbeteiligung an der sanierten Gesellschaft einräumt, während dem Management zugleich künftige Beschäftigungsmöglichkeiten eröffnet oder Beteiligungen oder Optionen eingeräumt werden.[387]

2.1.8.1.6.2 Einfluss der Kapitalgeber auf die Unternehmensbewertung – Studie von *Gilson/Hotchkiss/Ruback*

Gilson/Hotchkiss/Ruback beobachteten in ihrer Studie einen deutlichen Zusammenhang zwischen Bewertungsfehlern und strategischer Einflussnahme auf die Unternehmensbewertung durch Kapitalgeber mittels verzerrter Cashflow-Projektionen. Maßgeblich seien im Kern die Faktoren konkurrierender finanzieller Interessen sowie relativer Verhandlungsmacht der Beteiligten.[388] Im Wesentlichen seien Fehler in der Bewertung auf vier Faktoren zurückzuführen: (1) die relative Verhandlungsmacht konkurrierender höher- und niederrangiger Gläubigerklassen, (2) Eigenkapitalpositionen des schuldnerischen Managements, (3) die Existenz externer Angebote zum Erwerb des Schuldners oder zur Beteiligung an diesem, sowie (4) die Dauer der Zugehörigkeit des schuldnerischen Managements zum Unternehmen.[389]

---

385 *Moyer*, Distressed Debt Analysis, S. 337.

386 Ebd., S. 338; *Gilson/Hotchkiss/Ruback*, 13 Rev. Fin. Stud. 43 (2000), 67–68, welche zu dem Ergebnis kommen, dass ein signifikanter Zusammenhang von Bewertungsfehlern mit Eigenkapitalbeteiligungen des Managements bei Verfahrenseröffnung nicht festzustellen ist; anders hingegen mit Blick auf den Erwerb von Eigenkapital oder entsprechender Erwerbsoptionen im Verfahren, ebd. S. 68.

387 Im Fall einer Gruppe höherrangiger Gläubiger etwa durch Ansatz einer niedrigeren Unternehmensbewertung, welche die Forderungen niederrangiger Gläubigergruppen nicht mehr deckt, s. *Gilson/Hotchkiss/Ruback*, 13 Rev. Fin. Stud. 43 (2000), 44–45.

388 Ebd., 45, 64.

389 Ebd., 45.

Eine Querschnitts-Regressionsanalyse der Bewertungsfehler für Chapter-11-Pläne habe ergeben, dass:

1. der durch Cashflow-Projektionen implizierte Unternehmenswert tendenziell geringer gewesen sei als der Marktwert nach Abschluss des Verfahrens, wenn ein Senior-Gläubiger eine kontrollierende Beteiligung am schuldnerischen Unternehmen durch Einbringung seiner Forderungen erworben habe;
2. der implizierte Unternehmenswert höher gewesen sei, wenn Gläubiger die kontrollierende Beteiligung mittels junior debt erlangt hätten;
3. der implizierte Unternehmenswert niedriger gewesen sei, wenn das schuldnerische Management Eigenkapital oder entsprechende Optionen unter dem Plan erhielt, wodurch diese wiederum profitierten; sowie
4. der implizierte Unternehmenswert geringer gewesen sei, wenn Schuldner unter dem Plan frisches Eigenkapital an einen außenstehenden Investor verkauft haben.[390]

Dabei stellen die Autoren ferner einen Zusammenhang zwischen dem Grad des Interesses der Einflussnahme auf die Unternehmensbewertung mit der Größe der gehaltenen Fremdkapitalposition her. Insbesondere im Falle von Distressed-Debt-Investoren, welche regelmäßig größere Forderungsblöcke erwerben, könnten sich gesteigerte Anreize ergeben.[391] Letztlich habe die Untersuchung sie zu dem Schluss geführt, dass Unternehmensbewertungen im Chapter-11-Verfahren strategisch in Verhandlungen genutzt worden seien, um ein angestrebtes Verhandlungsergebnis zu erzielen.[392]

2.1.8.1.6.3 Discounted-Cashflow-Methode – unternehmensspezifische Risikoaufschläge

Wissenschaft und Rechtsprechung sehen in der Anwendung der stark von subjektiven Annahmen geprägten Discounted-Cashflow-Methode Räume für strategische Unternehmensbewertungen eröffnet. Dies betrifft neben der Möglichkeit zur subjektiven Verzerrung künftiger Cashflows besonders die Bemessung

390 Ebd., 45–46, eingehend auf den S. 63–70.

391 Ebd., 66–67, mit weitergehenden Analysen zur Beteiligung von Distressed-Debt-Investoren („vultures“) in den untersuchten Verfahren (Erwerb einer kontrollierenden Eigenkapitalbeteiligung durch den Plan durch Einbringung von senior debt in 8% der Fälle, durch Einbringung von junior debt in 13% der Fälle).

392 Ebd., 46.

des Diskontierungszinssatzes.[393] In ihrer Studie äußern *Ayotte/Morrison*, dass Sachverständige bei der Bemessung des Diskontierungszinssatzes häufig in subjektiver Einschätzung „unternehmensspezifische“ oder „unsystematische“ Risikoaufschläge (“company-specific” bzw. “unsystematic” premiums) einkalkulieren, um die Bewertung gezielt zu verringern.[394] Die Einführung dieser zusätzlichen Variable erlaubt es, neben der Berücksichtigung marktspezifischer Risiken unter dem Capital Asset Pricing Model zusätzlich auf diskretionärer Grundlage weitere, nicht-marktspezifische (mithin unternehmensspezifische) Risikofaktoren zu berücksichtigen.[395] Anerkannte Risikofaktoren umfassen Fundamentaldaten eines Unternehmens wie die Unternehmensgröße, Branche und Finanzsituation sowie weitere Eigenheiten des Unternehmens.[396] Für branchenspezifische Orientierungswerte werden unter anderem Veröffentlichungen von Dienstleistern im Bereich Unternehmensbewertung herangezogen.[397] Schon geringe Aufschläge auf den Diskontierungszinssatz können dabei weitreichende Auswirkungen auf

393 *Ayotte/Morrison*, 166 U. Pa. L. Rev. 1819 (2018), 1822; *Sontchi*, 20 ABI L. Rev. 1 (2012), 8 Fußn. 13 (Manipulation von Cashflow-Projektionen durch das Management), 16 (Manipulation des Diskontierungszinssatzes); s. bereits *Gardner*, 91 U. Pa. L. Rev. 440 (1942–1943), 453: “[…] it seems not unlikely that implicit in the choice of a [capitalization] rate may be the desire to rationalize a predetermined result, as for instance, the retention of the common stockholders in the enterprise.”; In re Iridium, 373 B.R. 283, 351 (Bankr. S.D.N.Y. 2007): Ergebnisse der Discounted-Cashflow-Methode sind durch Anwendung anderer anerkannte Bewertungsmethoden zu validieren; To-Am Equip. Co., 953 F. Supp. 987, 996 (N.D. Ill. 1997): “[…] a skilled practitioner can come up with just about any value he wants.”; In re Prince, 85 F.3d 314, 319–320 (7th Cir. 1996): hohe Fehleranfälligkeit wegen Subjektivität von Cashflow-Projektionen und Wahl des Diskontierungszinssatzes.

394 *Ayotte/Morrison*, 166 U. Pa. L. Rev. 1819 (2018), 1822, eingehend auf den S. 1834–1836.

395 Sog. Build-Up-Methode, *Ayotte/Morrison*, 166 U. Pa. L. Rev. 1819 (2018), 1828; In Re CNB Intern., Inc., 393 B.R. 306, 320 (Bankr.W.D.N.Y. 2008): “Also referred to as a specific company risk premium, an unsystematic risk factor adjusts for risks associated with a particular business, and with its finances, industry position, and operations.”.

396 In Re CNB Intern., Inc., 393 B.R. 306, 320 (Bankr.W.D.N.Y. 2008); *Ayotte/Morrison*, 166 U. Pa. L. Rev. 1819 (2018), 1828.

397 *Ayotte/Morrison*, 166 U. Pa. L. Rev. 1819 (2018), 1828.

den bezifferten Unternehmenswert und damit die Wertzuteilungen für die Verfahrensbeteiligten haben.[398]

Die Gerichte stehen der Berücksichtigung unternehmensspezifischer Risikoaufschläge obgleich ihrer stark subjektiven Prägung grundsätzlich offen gegenüber.[399] In der Rechtsprechungspraxis wurden zuweilen Pläne bestätigt, welche in der zugrundeliegenden Bewertung Risikoaufschläge von bis zu 10% berücksichtigten.[400] Für das Gericht ist die Notwendigkeit der Berücksichtigung sowie die Quantifizierung eines solchen Risikoaufschlags regelmäßig nur schwer nachprüfbar, sodass nach Ansicht von *Ayotte/Morrison* in der Praxis häufig die Kredibilität des betreffenden Sachverständigen zum entscheidenden Faktor wird.[401] Aus ihrer Sicht handelt es sich um willkürliche Aufschläge, die keine Stütze in der

---

398 Ebd., 1836 mit einem Beispiel, wonach bei einer kalkulierten Wachstumsrate der Cashflows von 5% pro Jahr und einem Diskontierungszinssatz von 10% eine Berücksichtigung eines unternehmensspezifischen Risikoaufschlags beim Diskontierungszinssatz von 1% (Diskontierungszinssatz: 11%) der Unternehmenswert um 16,7% reduziert würde, bei einem Aufschlag von 5% (15%) um 50% und bei einem Aufschlag von 10% (20%) um 66,7%.

399 Exemplarisch Nelson v. Walnut Investment Partners, L.P. et al, No. 1-09-CV-00750 (S.D.Ohio 2011), 12: unternehmensspezifischer Risikoaufschlag war nicht als reine Spekulation unberücksichtigt zu lassen, da dieser vom Gutachter auf Grundlage von historischen Finanzdaten, Protokollen von Sitzungen der Geschäftsführung, Stellungnahmen des COO und weiteren Dokumenten bemessen wurde. In Re CNB Intern., Inc., 393 B.R. 306, 320–321 (Bankr. W.D.N.Y. 2008): Berücksichtigung eines unternehmensspezifischen Risikoaufschlags wegen Unsicherheiten hinsichtlich der Realisierung von Synergien einer Unternehmenstransaktion, der Abhängigkeit von einem Großkunden, Wettbewerbsdrucks im Ausland, Unsicherheiten in der Umsetzung strategischer Maßnahmen des Businessplans und Problemen in der Corporate Governance; ebd., S. 322: "For all of these reasons, the court must accept the argument of plaintiffs that the discount rate should incorporate a substantial unsystematic risk premium. Apart from its status as a small company, CNB encountered risks that were special and specific for its particular business activity."; LaSalle National Bank Association v. Paloian, 406 B.R. 299, 356–357 (N.D.Ill. 2009); In re Village at Camp Bowie I, L.P., 454 B.R. 702, 713 (Bankr.N.D.Tex. 2011); krit. aus Richtersicht *Sontchi*, 20 ABI L. Rev. 1 (2012), 16; *Ayotte/Morrison*, 166 U. Pa. L. Rev. 1819 (2018), 1834–1836 m.w.Nachw. aus der Rspr.

400 LaSalle National Bank Association v. Paloian, 406 B.R. 299, 357 (N.D.Ill. 2009); *Ayotte/Morrison*, 166 U. Pa. L. Rev. 1819 (2018), 1822.

401 *Ayotte/Morrison*, 166 U. Pa. L. Rev. 1819 (2018), 1835–1836 mit Beispielen aus der Chapter-11-Rechtsprechungspraxis (Fußn. 65).

empirischen Finanzwissenschaft finden und allein der Reduzierung des Unternehmenswerts dienen.[402]

2.1.8.1.6.4 Gerichtliche Bewertungskonflikte – Studie von *Ayotte/Morrison* (2018)

In einer jüngeren Untersuchung gerichtlicher Bewertungskonflikte („valuation disputes") in der Chapter-11-Rechtsprechungspraxis setzten sich *Ayotte/Morrison*[403] unter anderem mit dem Themenkreis strategischer Unternehmensbewertungen auseinander. In 46% der untersuchten Fälle habe es zwischen den Sachverständigen Auseinandersetzungen über den Diskontierungszinssatz (bspw. WACC) gegeben, in 74% über die Cashflow-Projektionen. Insgesamt sei in 84% der Fälle mindestens ein Variable streitig gewesen, verglichen mit 76% im Falle des Multiplikatorverfahrens.[404]

Mit ihren erheblichen Unsicherheiten sei die Discounted-Cashflow-Methode nach Ansicht der Autoren für gerichtliche Auseinandersetzungen der Beteiligten in Insolvenzverfahren wenig geeignet.[405] Nach den Untersuchungsergebnissen hätten sich die Gerichte deutlich versierter in der Falsifizierung manipulativer Annahmen in der Anwendung des Multiplikatorverfahrens erwiesen.[406] Für die untersuchten Bereiche unterschiedlicher Bewertungsfragen im Chapter-11-Verfahren haben die Autoren eine hohe durchschnittliche Differenz der

---

402 Ebd., 1822: "These are nothing more than arbitrary add-ons that drive the company's reported value downward.", 1828–1829.

403 Ebd., passim mit einer Untersuchung von insgesamt 143 Entscheidungen US-amerikanischer Gerichte im Chapter-11-Verfahren aus dem Zeitraum 1990–2018, welche nähere Ausführungen zu Streitigkeiten um Bewertungsfragen enthielten (u.a. mit zahlreichen Zitaten aus den ausgewerteten Entscheidungen), ebd. S. 1831; 34% der Fälle betrafen dabei Bewertungsfragen im Kontext der Planbestätigung, dazu auf S. 1849.

404 Ebd., 1832–1833, unter Einbeziehungen aller untersuchter Bewertungsanlässe, auch über den klassenübergreifenden Cram Down hinaus.

405 Ebd., 1822: "Because DCF leans heavily on subjective assumptions that are difficult to test, if not entirely untestable, we believe this method is not well-suited for adversarial litigation in a bankruptcy case.".

406 Ebd., 1823, mit einer Aufzählung häufiger Streitpunkte (gewählte Position in der Gewinn-und-Verlust-Rechnung, Wahl zwischen vergangenheits- und zukunftsgerichteten Multiplikatoren, Wahl der Vergleichsgruppe), näher auf den S. 1839–1840.

Bewertungen Sachverständiger von 0,47 (niedriger Bewertungsansatz/hoher Bewertungsansatz) festgestellt.[407]

Letztlich kamen *Ayotte/Morrison* in ihrer Untersuchung zu folgenden Schlüssen:

1. Sachverständige und Gerichte berücksichtigen bei der Bemessung des Diskontierungszinssatzes regelmäßig unternehmensspezifische Risikoaufschläge, um Unsicherheiten in den Cashflow-Projektionen zu reflektieren;
2. die Gerichte begegnen der stark auf subjektiven Erwägungen beruhenden Discounted-Cashflow-Methode kritisch, verlassen jedoch selten den Rahmen in der Rechtsprechungspraxis etablierter Bewertungsmethoden;
3. die Gerichte sind sich der Bestrebungen zur Durchsetzung strategischer Unternehmensbewertungen durch Sachverständige im Interesse derer Auftraggeber grundsätzlich bewusst;
4. die Gerichte zeigen sich versiert in der Anwendung des Multiplikatorverfahrens;
5. die Gerichte berücksichtigen zunehmend im Einzelfall vorhandene Marktindikatoren als Grundlage der Bewertung anstelle der Einschätzungen Sachverständiger.[408]

Die Autoren sprechen sich mit Blick auf die Gerichte dafür aus, (1) von der Berücksichtigung – nach ihrer Ansicht in Wissenschaft und Empirie nicht fundierter – unternehmensspezifischer Risikoaufschläge in der Bemessung des Diskontierungszinssatzes abzusehen, (2) subjektiv bestimmte ungleiche Gewichtungen innerhalb ermittelter Multiplikatoren als Bewertungsgrundlage zu vermeiden, da sich diese als manipulationsanfällig erwiesen und (3) Marktindikatoren den Einschätzungen Sachverständiger vorzuziehen.[409]

---

407 Relativ zur höheren Bewertung als Referenzpunkt in dem Sinne, dass bei einer Abweichung von 47% der Wert der niedrigen Bewertung 47% des Wertes der höheren Bewertung gleichsteht, *Ayotte/Morrison*, 166 U. Pa. L. Rev. 1819 (2018), 1832, 1848.

408 Ebd., 1834–1841.

409 Ebd., 1841–1841; bemerkenswert zu letzterem Punkt auch das Zitat aus der Entscheidung In re Cent. Ice Cream Co., 836 F.2d 1068, 1072 n.3 (7th Cir. 1987), abgedruckt bei *Ayotte/Morrison*, 166 U. Pa. L. Rev. 1819 (2018), 1843: "Astute investors survive in competition; those who do not understand the value of assets are pushed aside. There is no similar process of natural selection among expert witnesses and bankruptcy judges.".

2.1.8.1.7 *Asymmetrische Verteilungseffekte aufgrund von Bewertungsvarianz*

Systematische Friktionen aufgrund der Absolute Priority Rule werden gleichsam erkannt für Konstellationen, in denen der klassenübergreifende Cram Down nicht unmittelbar zur Anwendung kommt, sondern vielmehr nur mittelbar Auswirkungen auf Planverhandlungen unter den Beteiligten entfaltet. Sowohl in der US-Praxis als auch in der deutschen Restrukturierungspraxis wird in dieser (mittelbaren) Nutzung des klassenübergreifenden Cram Down als Drohinstrument mitunter dessen maßgeblicher praktischer Nutzen gesehen.[410]

Den Beteiligten einer Restrukturierung steht grundsätzlich die Möglichkeit offen, eine zeit- und kostenintensive gerichtliche Bewertung im Rahmen des klassenübergreifenden Cram Down durch eine Lösung auf dem Verhandlungsweg zu verhindern.[411] Bereits die Verhandlungsführung im Schatten absoluter Priorität und einer potenziell erforderlichen gerichtlichen Unternehmensbewertung schaffe jedoch nach verbreiteter Ansicht Unsicherheit und Intransparenz. Gläubigern könne dies wiederum die Möglichkeit eröffnen, die Verhandlungen in ihrem Sinne zu beeinflussen und damit Wertverschiebungen zu ihren Gunsten zu erzielen.[412] Insbesondere sei dabei niederrangigen Gläubigern (junior creditors) im Verhältnis zu höherrangigen Gläubigern (senior creditors) eine asymmetrisch vorteilhafte Position eingeräumt, welche aus der hohen Varianz gerichtlicher Unternehmensbewertungen folge.[413]

Dies illustriert *Baird* anhand folgenden Szenarios:[414] Höherrangige Gläubiger haben Forderungen gegen das schuldnerische Unternehmen in Höhe von insgesamt 100; der Unternehmenswert beträgt ebenso 100. Beide Gläubigergruppen haben diese Information (bzw. teilen diese Auffassung), das Gericht hat diese Information hingegen nicht. Die gerichtliche Unternehmensbewertung weise eine Standardabweichung von 10 dergestalt auf, dass das Gericht das Unternehmen mit einer Wahrscheinlichkeit von 0,5 mit 110 bewerten werde, mit ebenso hoher

410 Nachw. in Fußn. 164.

411 *Baird*, 165 U. Pa. L. Rev. 785 (2017), 821; zur konsensualen Unternehmensbewertung zuvor auf den S. 82 f.

412 Ebd.

413 Ebd., 821, 824 zu dieser in der US-Literatur verbreiteten Sichtweise: "It is commonly thought that Chapter 11's nonmarket valuation mechanism systematically undercompensates senior creditors." (824); *Baird/Bernstein*, 115 Yale L. J. 1930 (2006), 1956.

414 *Baird*, 165 U. Pa. L. Rev. 785 (2017), 821–822; ähnlich auch bei *Baird/Bernstein*, 115 Yale L. J. 1930 (2006), 1956; dazu auch *Seymour/Schwarcz*, 1 U. Ill. L. Rev. 1 (2021), 13–14.

Wahrscheinlichkeit mit einem Wert von 90. Unter der Geltung absoluter Priorität könnten die höherrangigen Gläubiger den gesamten Unternehmenswert beanspruchen, da ihnen vorrangig Werte in Höhe ihrer Forderung von 100 gesichert sind.

Bestimmt das Gericht – wie in der Hälfte der Fälle – einen Unternehmenswert von 90, ermöglicht dies die Bestätigung eines Plankonzepts, unter welchem den vorrangigen Gläubigern der gesamte Unternehmenswert zugewiesen wird. Trotz der Unterbewertung des Unternehmens seien die nachrangigen Gläubiger nicht beeinträchtigt, da sie auch im Falle einer korrekten Bewertung von 100 keine Werte hätten beanspruchen können. Bewertet das Gericht das Unternehmen mit einem Wert von 110, werden die nachrangigen Gläubiger insoweit in Höhe von 10 ungerechtfertigt wertmäßig begünstigt; die vorrangigen Gläubiger werden in dieser Höhe benachteiligt, da sie folglich einen geringeren Wert als den nominalen Wert von 100 erhalten.

Niederrangige Gläubiger würden damit durch das Konzept absoluter Priorität asymmetrisch begünstigt. Erreicht der Unternehmenswert nach der gerichtlichen Bewertung nicht den vollen Betrag der vorrangigen Forderungen, so betragen die Zuteilungen für die nachrangigen Gläubiger stets 0. Eine weitergehende Bewertungsvarianz in Richtung eines geringeren Unternehmenswerts wirkt sich damit nicht zulasten der nachrangigen Gläubiger aus.[415] Durch eine zunehmende Überbewertung würden sie hingegen bis zum Betrag ihrer vollen (niederrangigen) Forderung marginal weitergehend begünstigt. Nachrangige Gläubiger erhielten auf diesem Weg Vorteile bei einer Überbewertung des Unternehmens durch das Gericht, welche nicht durch entsprechende Verluste im Falle einer Unterbewertung ausgeglichen würden.[416]

Daraus folge eine asymmetrische Verteilung der Chancen und Risiken von Bewertungsfehlern in gerichtlichen Unternehmensbewertungen bei nichtkonsensualen Verwertungslösungen außerhalb des Marktes unter absoluter Priorität.[417] Die in der Restrukturierungspraxis verbreitete Varianz gerichtlicher Unternehmensbewertungen generiere für niederrangige Kapitalpositionen

---

415 *Huang*, Absolute Priority, Options, and Bargaining Dynamics in Chapter 11 Reorganization (2011), SSRN: 1930404, S. 3: "floor effect".

416 *Baird*, 165 U. Pa. L. Rev. 785 (2017), 822; s. auch *Seymour/Schwarcz*, 1 U. Ill. L. Rev. 1 (2021), 14.

417 *Baird*, 165 U. Pa. L. Rev. 785 (2017), 821; *Huang*, Absolute Priority, Options, and Bargaining Dynamics in Chapter 11 Reorganization (2011), SSRN: 1930404, S. 3.

damit tendenziell einen Optionswert.[418] Dieser sei bereits in der Möglichkeit der Gläubiger verbürgt, ein gerichtliches valuation hearing durchführen zu lassen, in welchem möglicherweise ein Unternehmenswert am oberen Ende des Spektrums festgesetzt wird.[419] Je höher die Varianz in der gerichtlichen Unternehmensbewertung, desto höher der Optionswert.[420]

Ein solcher Optionswert einer niederrangigen Fremdkapitalposition könne ferner aus den aufgezeigten Verhandlungsdynamiken erwachsen, die höherrangige Gläubiger zuweilen incentivieren, wertmäßige Zugeständnisse zu machen, um eine zeit- und kostenintensive gerichtliche Bewertung zu vermeiden.[421] Aus Sicht höherrangiger Gläubiger sei mit diesen Unsicherheiten in gerichtlichen Unternehmensbewertungen spiegelbildlich ein Verlustrisiko verbunden, dass sie incentiviere, konsensuale Verhandlungslösungen unter Inkaufnahme von Wertabschlägen auf ihre Kapitalposition zu akzeptieren.[422] Die Verhandlungsführung im Schatten absoluter Priorität fördere damit im Ergebnis systematische Abweichungen von dieser auf dem Verhandlungsweg.[423] In jeder dieser Verhandlungslösungen sei der Optionswert nachrangiger Gläubiger reflektiert.[424]

418 *Baird*, 165 U. Pa. L. Rev. 785 (2017), 822; *Baird/Bernstein*, 115 Yale L. J. 1930 (2006), 1935; näher auch *Huang*, Absolute Priority, Options, and Bargaining Dynamics in Chapter 11 Reorganizations (2011), SSRN: 1930404, S. 3; *Seymour/Schwarcz*, 1 U. Ill. L. Rev. 1 (2021), 13–14; zum Gedanken des Optionswerts niederrangiger Kapitalpositionen wegen des Potenzials der Wertaufholung des Unternehmens nach Abschluss der Restrukturierung nachf. auf den S. 120 ff.

419 *Baird/Bernstein*, 115 Yale L. J. 1930 (2006), 1956; *Seymour/Schwarcz*, 1 U. Ill. L. Rev. 1 (2021), 13.

420 *Morrison/Casey*, Col. L. & Econ. WP 551 (2016), 3.

421 *Baird/Bernstein*, 115 Yale L. J. 1930 (2006), 1936; ähnlich *Baird*, 165 U. Pa. L. Rev. 785 (2017), 822; zudem *Seymour/Schwarcz*, 1 U. Ill. L. Rev. 1 (2021), 14; zu dieser praktischen Erscheinung bereits *Bonbright/Bergerman*, 28 Colum. L. Rev. 127 (1928), 145.

422 *Baird*, 165 U. Pa. L. Rev. 785 (2017), 822.

423 Ebd., 821.

424 Ebd., 822: "Valuation variance itself creates option value, and this option value will be cashed out in any deal they strike."; *Baird/Bernstein*, 115 Yale L. J. 1930 (2006), 1959, 1968.

Das Zusammenspiel aus Unsicherheiten gerichtlicher Bewertungen im Planverfahren unter Anwendung absoluter Priorität fördere letztlich das Zustandekommen von Lösungen nach dem Vorbild relativer Priorität.[425] Nachrangigen Gläubigern würden entsprechend strategische Spielräume eröffnet.[426]

2.1.8.1.8 Gerichtliche Bewertungskonflikte im Chapter-11-Verfahren

Aufgrund der zentralen Bedeutung der Unternehmensbewertung für die Verteilung des Unternehmenswerts bilden gerichtliche Bewertungskonflikte ein prägendes Element des Chapter-11-Verfahrens.[427] Zwar steht es den Verfahrensbeteiligten offen, Uneinigkeiten hinsichtlich der Bewertung bereits auf dem Verhandlungsweg aufzulösen und einen Planentwurf mit zugrundeliegender Bewertung konsensual durchzusetzen.[428] In der Praxis scheitern entsprechende Bemühungen jedoch häufig an stark abweichenden Bewertungsansätzen der Beteiligten.[429] Den Inhabern nicht gedeckter Forderungen bietet sich zugleich die Möglichkeit, sich durch prozessuale Angriffe auf die Bewertung eine stärkere Verhandlungsposition zu verschaffen.[430]

Stimmt eine Klasse nicht mit der notwendigen Mehrheit für den Plan, bestimmt das Gericht in der Prüfung eines klassenübergreifenden Cram Down in einem

---

425 *Baird*, 165 U. Pa. L. Rev. 785 (2017), 822; *Baird/Bernstein*, 115 Yale L. J. 1930 (2006), 1935–1936, 1968; *Morrison/Casey*, Col. L. & Econ. WP 551 (2016), 16.

426 *Baird*, 165 U. Pa. L. Rev. 785 (2017), 822; Chapter 11 des US Bankruptcy Code sehe zwar verschiedene Regelungen vor, um die Ausnutzung von Unsicherheiten in der Unternehmensbewertung durch niederrangige Gläubiger zu verhindern, insbesondere, indem eine zutreffende Bewertung gesicherter Forderungen sichergestellt werden solle; diese seien jedoch wiederum mit Hindernissen und indirekten Kosten für die Restrukturierung verbunden, womit die Problematik fortwirke, ebd. S. 823 m.w.Nachw.; dazu auch *Bris/Schwartz/Welch*, 34 J. Leg. Stud. 295 (2005), 296: "[...] junior creditors (or juniors) spend [on professionals] to capture a larger part of the estate than the absolute priority rule (APR) would otherwise grant to them [...]", dazu auch *Baird*, ebd. S. 824 Fußn. 180; in der Chapter-11-Praxis der vergangenen Jahre zeige sich jedoch vermehrt, dass höherrangige Gläubigergruppen Einfluss auf die Plangestaltung nehmen und niedrige Bewertungen durchsetzen, ebd. S. 825.

427 *Ayotte/Morrison*, 166 U. Pa. L. Rev. 1819 (2018), 1820; *Dick*, 4 U. Ill. L. Rev. 1487 (2017), 1498; *Bebchuk*, 101 Harv. L. Rev. 775 (1988), 778; s. auch *Seymour/Schwarcz*, 1 U. Ill. L. Rev. 1 (2021), 11.

428 Dazu zuvor auf den S. 82 f.

429 *Ayotte/Morrison*, 166 U. Pa. L. Rev. 1819 (2018), 1821.

430 *Lipson*, 50 UCLA L. Rev. 1189 (2003), 1233 Fußn. 190; ferner *Dick*, 4 U. Ill. L. Rev. 1487 (2017), 1498.

valuation hearing sodann den zugrunde zu legenden Unternehmenswert, welcher in absoluter Priorität zu verteilen ist. Dabei vollzieht sich der Bewertungsprozess dergestalt, dass die Verfahrensbeteiligten unter Heranziehung Sachverständiger ihre Bewertungsvorstellungen darlegen und dem Gericht die Aufgabe obliegt, diese als neutrale Instanz zu würdigen und ein sachgerechtes Ergebnis zu finden.[431] Das Gericht kann sich dabei eigens der Expertise eines gerichtlich bestellten Sachverständigen bedienen.[432]

In der US-gerichtlichen Chapter-11-Praxis, insbesondere in Reorganisationen großer Unternehmen, haben sich gerichtliche Bewertungsfragen als derart streitintensiv erwiesen, dass sich die Verfahren nicht selten mit starken Verzögerungen und hohen (zum Teil aus dem schuldnerischen Vermögen zu tragenden) zusätzlichen Kosten belastet sehen.[433] Für das schuldnerische Unternehmen gehen mit der verlängerten Verfahrensdauer potenziell signifikante Einschränkungen des Geschäftsbetriebs und folglich weitere direkte und indirekte Kosten einher.[434] Besonders für Restrukturierungen großer Unternehmen stellt eine gerichtliche Unternehmensbewertung regelmäßig eine signifikante Kostenbelastung dar.[435] Aus der US-amerikanischen Gerichtspraxis sind verschiedene Fälle bekannt geworden, in welchen Zeit- und Kostenaufwand des Bewertungsprozesses das

---

431 *Ayotte/Morrison*, 166 U. Pa. L. Rev. 1819 (2018), 1820; *Gilson/Hotchkiss/Ruback*, 13 Rev. Fin. Stud. 43 (2000), 45; *ABI Commission Chapter 11*, Final Report (2014), 180–181; dazu In re Mirant Corp., 334 B.R. 800, 848 (Bankr. N.D. Tex. 2005): "At best, the valuation of an enterprise like Mirant Group is an exercise in educated guesswork. At worst it is not much more than crystal ball gazing. There are too many variables, too many moving pieces in the calculation of value of Mirant Group for the court to have great confidence that the result of the process will prove accurate in the future. […] It may be that there are better ways to determine value than through courtroom dialectic. That said, the court must work within the system created by Congress – and, in valuing a company in chapter 11, that system contemplates an adversary contest among parties before a neutral judge.".

432 11 U.S.C. § 105, Rule 706 Federal Rules of Evidence; dazu *ABI Commission Chapter 11*, Final Report (2014), 180; dieser kann auf entsprechende gerichtliche Anordnung hin zugleich die Rolle eines Mediators zwischen den Parteien einnehmen, ebd., S. 181.

433 S. nur *Ayotte/Morrison*, 166 U. Pa. L. Rev. 1819 (2018), 1821; *Baird*, 165 U. Pa. L. Rev. 785 (2018), 807–808; *ABI Commission Chapter 11*, Final Report (2014), S. 211: "[…] absolute priority rule, which often results in wasteful and time-consuming litigation over reorganization value […]"; *Seymour/Schwarcz*, 1 U. Ill. L. Rev. 1 (2021), 11; *Kim*, 29 Nw. J. Int. L. & Bus. 119 (2009), 137 Fußn. 87: "battle field of experts".

434 *Baird*, 165 U. Pa. L. Rev. 785 (2017), 809.

435 Ebd., 807–808; dazu auch *Kowalewski/Praß*, in: Morgen, Präventive Restrukturierung, Art. 11 Rn. 5.

gesamte Verfahren vereinnahmten. So erstreckte sich das valuation hearing in der Restrukturierung der Mirant Corporation (abgeschlossen 2005) über 27 Tage über eine Spanne von 11 Wochen.[436]

Auch die ABI Kommission zur Reformierung des Chapter-11-Verfahrens kam in ihrer im Jahr 2014 abgeschlossenen Untersuchung möglicher Reformperspektiven weithin zu dem Schluss, dass gerichtliche Bewertungskonflikte häufig zeit- und kostenaufwändig seien. Das Konzept gerichtlicher Bewertung und damit einhergehende Unsicherheiten könnten jedoch Bewertungen auf dem Verhandlungswege fördern.[437] Diese stünden wiederum in Einklang mit der im Grunde konsensualen Natur des Chapter-11-Verfahrens.[438] Der bestehende Rechtsrahmen gebe den Beteiligten die Flexibilität, die im Einzelfall passendste Bewertungsmethode zu wählen.[439] Im Rahmen der gerichtlichen Bewertung könnten Marktbewertungen, Buchwerte sowie die spezifischen Umstände der jeweiligen Reorganisation Berücksichtigung finden.[440] Im Ergebnis unterbreitete die ABI Kommission deshalb keine Reformvorschläge für den Bereich der Bewertung im Chapter-11-Verfahren.[441]

2.1.8.1.9 Zufälligkeit des Bewertungszeitpunkts und stichtagsbezogene Verteilungswirkung

Dem Konzept absoluter Priorität liegt im Chapter-11-Verfahren eine streng zeitpunktbezogene Betrachtung des verteilungsfähigen Unternehmenswerts zugrunde. Das Gericht prüft die Einhaltung der Priorität ausschließlich bezogen auf den Zeitpunkt der Planbestätigung, in welchem es zugleich über die Voraussetzungen eines klassenübergreifenden Cram Down befindet.[442] Der

---

436 *Baird*, 165 U. Pa. L. Rev. 785 (2017), 807–808 zum Verfahren In re Mirant Corp., 334 B.R. 800, 809 (Bankr. N.D. Tex. 2005), wobei das Spektrum angeführter Bewertungen von USD 7,2 Mrd. bis USD 13,6 Mrd. reichte. Zum Fall Residential Capital, ebd. S. 807: "In the reorganization of Residential Capital, more than $ 100 million was spent in a dispute over how much to value the claim of a single group of secured creditors."; zum Verfahren Residential Capital, LLC, 501 B.R. 549, 624 (Bankr. S.D.N.Y. 2013).

437 *ABI Commission Chapter 11*, Final Report (2014), S. 182; s. auch *Seymour/Schwarcz*, 1 U. Ill. L. Rev. 1 (2021), 11.

438 *ABI Commission Chapter 11*, Final Report (2014), S. 182.

439 Ebd.

440 Ebd., S. 182–183.

441 S. die Übersicht ebd., S. 180.

442 *Lubben*, 21 Fordh. J. Corp. & Fin. L. 581 (2016), 601; *ABI Commission Chapter 11*, Final Report (2014), S. 213.

Bewertungsstichtag determiniert damit die Verteilung des Unternehmenswerts. Fluktuationen in der Unternehmensbewertung, bedingt etwa durch eine zyklische Abwärtsbewegung im Marktumfeld des Schuldners, werden so in den Wertzuteilungen an die Verfahrensbeteiligten reflektiert.[443] Damit kann allein der Faktor des Bewertungsstichtags bestimmen, dass niederrangige Gläubiger oder Gesellschafter ihre Rechte zu Teilen oder in Gänze verlieren, während eine künftige Wertaufholung allein höherrangigen Gläubigern zugutekommt.[444] Analoge Verteilungswirkungen zeigen sich in Gesamtveräußerungen des schuldnerischen Unternehmens unter 11 U.S.C. § 363(b) (sog. 363 sale).[445]

Den Kapitalgebern eröffnet dies wiederum taktische Handlungsspielräume. So unterliegen höherrangige Gläubiger dem natürlichen Anreiz, auch bei vorübergehenden (etwa marktbedingten) Tiefs in der Unternehmensbewertung auf einen zeitnahen Abschluss der Restrukturierung oder einen beschleunigten Verkauf des schuldnerischen Unternehmens hinzuwirken. Auf diesem Weg kann dem Plan eine niedrigere Unternehmensbewertung zugrunde gelegt werden oder sie erhalten im Falle eines Verkaufs zeitnah Zugriff auf ihr gebundenes Kapital. Dies bis hin zu beschleunigten Verkäufen zu niedrigen Preisen in fire sales, die zulasten niederrangiger Klassen nicht den höchstmöglichen Verkaufspreis realisieren, solange der Verkaufspreis nur den Nominalwert ihrer vorrangigen Forderungen übersteigt.[446] Niederrangige Kapitalgeber können wiederum incentiviert sein, auf eine längere Verfahrensdauer hinzuwirken, um so die Option auf Wertaufholung ihrer Positionen durch Zeitablauf zu erlangen.[447] Durch Anträge auf einen Verkauf des Unternehmens (zur Beschleunigung des Verkaufs) oder die Durchführung eines gerichtlichen Bewertungsprozesses vor einem klassenübergreifenden Cram Down (zur Verlangsamung des Verfahrens) kann dieser Optionswert beeinflusst werden.[448]

---

443 *Morrison/Casey*, Col. L. & Econ. WP 551 (2016), 2; *ABI Commission Chapter 11*, Final Report (2014), S. 213.

444 *ABI Commission Chapter 11*, Final Report (2014), S. 213–214.

445 Im Falle der Gesamtveräußerung auch *363x sale*; *ABI Commission Chapter 11,* Final Report (2014), S. 214; *Morrison/Casey*, Col. L. & Econ. WP 551 (2016), 3.

446 Dazu *Baird*, 165 U. Pa. L. Rev. 785 (2017), 816; *Morrison/Casey*, Col. L. & Econ. WP 551 (2016), 3.

447 *Morrison/Casey*, Col. L. & Econ. WP 551 (2016), 2–3: Potenzial der Wertaufholung über Zeit entspricht dem Profil einer Call-Option.

448 *Morrison/Casey*, Col. L. & Econ. WP 551 (2016), 3 Fußn. 5; *Casey*, 78 U. Chi. L. Rev. 759 (2011), 760–761.

Nach Ansicht der ABI Kommission begünstigt diese Wirkungsweise absoluter Priorität zufällige Verteilungswirkungen in Abhängigkeit vom Bewertungsstichtag. Zwar reflektiere eine Unternehmensbewertung stets auch Potenziale für künftige Wertzuwächse. Die für Chapter-11-Reorganisationspläne und 363 sales geltenden Verfahrensvorschriften bedürften jedoch einer Ergänzung um einen Mechanismus, welcher Benachteiligungen niederrangiger Kapitalgeber durch die zeitpunktbezogene Bewertung ausgleiche und ihnen eine Option zur Teilhabe an künftigen Wertzuwächsen einräume.[449]

2.1.8.2 Striktheit und Inflexibilität der Absolute Priority Rule

Wesen der finanziellen Restrukturierung ist die Interaktion verschiedener Kapitalschichten, regelmäßig im Bezugsrahmen eines aktiven Unternehmens als dynamisches Gebilde. Zunehmend komplexe Kapitalstrukturen mit höheren Anteilen an Fremdkapital steigern die Vielfalt denkbarer Interessenlagen und die Komplexität derer Handhabung.[450] Entsprechend groß zeigt sich das praktische Bedürfnis nach Flexibilität in der Gestaltung möglicher Restrukturierungslösungen, sowohl in verfahrenstechnischer Hinsicht, sowie maßgeblich auch mit Blick auf gangbare Verteilungslösungen.

In ihrer Striktheit bestimmt die Absolute Priority Rule hohe Anforderungen an die Bestätigung nicht-konsensualer Pläne.[451] Schon die Zuteilung marginaler Vermögenswerte an gegenüber ablehnenden Klassen nachrangige Klassen schließt die Bestätigung mittels eines klassenübergreifenden Cram Down aus. Vor diesem Hintergrund wird das Konzept absoluter Priorität in Teilen der rechtswissenschaftlichen Literatur in gewichtigem Konflikt mit systemischen Bedürfnissen des Reorganisationsrechts nach Gestaltungsfreiheit und Flexibilität gesehen. Zwar stütze sich das Vertragsrecht auf die Prämisse glaubhafter rechtlicher Durchsetzbarkeit vertraglicher Rechte ex ante. Die unabdingbare Durchsetzung dieser ex post im Reorganisationsrecht fördere jedoch wertvernichtende Lösungen.[452]

In der Folge wird in der Nichtanwendbarkeit der Absolute Priority Rule ein Vorteil informeller, außergerichtlicher Restrukturierungen gesehen. Indem unter Gläubigern selber Prioritätsstufe einzelne Gruppen (etwa Kleingläubiger, Lieferanten) bevorzugt behandelt und Gesellschaftern Werte belassen werden können,

---

449 Eingehend zu den Empfehlungen der Kommission zur Figur des *Redemption Option Value* auf den S. 97 ff.; *ABI Commission Chapter 11*, Final Report (2014), S. 207 ff.

450 Dazu *ABI Commission Chapter 11*, Final Report (2014), S. 12.

451 *ABI Commission Chapter 11*, Final Report (2014), S. 239.

452 *Lubben*, 21 Fordh. J. Corp. & Fin. L. 581 (2016), 604.

werde die Flexibilität der Verfahren gesteigert.[453] Auch in Insolvenzverfahren kleiner und mittlerer, insbesondere inhabergeführter Unternehmen, stellt die Striktheit der Absolute Priority Rule gegenüber Anteilsinhabern die Beteiligten regelmäßig vor Herausforderungen.[454] Im Lichte dessen ist auch die Ausnahme von der Absolute Priority Rule für small business debtors gemäß Unterkapitel 5 des Chapter 11 zu sehen.[455]

Während in der früheren Entstehungsgeschichte der Absolute Priority Rule einer ihrer Vorzüge gerade in ihrer Klarheit und Striktheit als Verteilungsprinzip gesehen wurde,[456] hat sich eben diese Facette zu einem der zentralen Kritikpunkte in der heutigen Diskussion entwickelt. Das Konzept absoluter Priorität habe sich praktisch als unflexibel und sinnvollen Reorganisationen hinderlich erwiesen.[457] Ferner stehe die strikte Anwendung absoluter Priorität bezogen auf den Zeitpunkt der Planbestätigung in Widerspruch zu gesetzlichen Ausnahmen und praktischen Abweichungen von der Priorität im schuldnerischen Betrieb während des eröffneten Chapter-11-Verfahrens.[458]

2.1.8.3 Verfehlte Anreizsetzung absoluter Priorität gegenüber Gesellschaftern

Überdies wird im Hinblick auf die Absolute Priority Rule gerügt, dass sie gegenüber Gesellschaftern des schuldnerischen Unternehmens in der Krise ex post eine verfehlte Anreizwirkung entfalte. Durch die strikte Allokation von Unternehmenswerten in Richtung höherrangiger Gläubiger würden Gesellschafter incentiviert, sinnvolle Sanierungsbemühungen zu verzögern oder gar zu verhindern. Die gläubigerschützende Wirkung der Absolute Priority Rule verkehre sich ins Gegenteil. Der Gedanke wird in den Betrachtungen des Teil II näher erörtert, weshalb er an dieser Stelle nur grob skizziert sei.[459]

---

453 *Garrido*, Out-of-Court Debt Restructuring (World Bank Study, 2012), S. 9.

454 Näher *ABI Commission Chapter 11*, Final Report (2014), S. 299 (insb. Fußn. 1067, 1069), mit Reformüberlegungen auf den S. 300 ff.

455 S. zuvor auf den S. 72 f.

456 *Bradley/Rosenzweig*, 101 Yale L. J. 1043 (1992), 1085: "[...] certainty afforded by strict application of the absolute priority rule."; dazu *Lubben*, 21 Fordh. J. Corp. & Fin. L. 581 (2016), 601; zur Entstehungsgeschichte zuvor auf den S. 52 ff.

457 *ABI Commission Chapter 11*, Final Report (2014), 213; s. bereits *Blum/Kaplan*, 41 U.Chi. L. Rev. 651 (1974), 651.

458 *Lubben*, 21 Fordh. J. Corp. & Fin. L. 581 (2016), 601–602; *Roe/Tung*, 99 Virg. L. Rev. 1235 (2013), 1237.

459 Näher auf den S. 323 ff.

2.1.9 Konzepte relativer Priorität

Seit Beginn der Diskussion um die Absolute Priority Rule in Chapter-11-Reorganisationen zu Beginn des 20. Jahrhunderts haben Autoren begonnen, alternative Konzepte relativer Priorität zu erforschen. Vergleichende Betrachtungen von Konzepten gehen zurück bis in die 1920er-Jahre.[460] Nach einer eingehenden Untersuchung der geltenden Absolute Priority Rule im Chapter-11-Verfahren ist der nachfolgende Abschnitt einer Auseinandersetzung mit Konzepten relativer Priorität gewidmet. Dabei werden zunächst die wesentlichen Argumentationslinien für relative Prioritätskonzepte aus der US-amerikanischen Diskussion nachgezeichnet.[461] Im Anschluss werden ausgewählte Konzepte relativer Priorität aus der US-amerikanischen Forschung erörtert und hinsichtlich ihrer konzeptionellen Stimmigkeit und Praktikabilität reflektiert.[462]

Anders als in der europäischen Diskussion um relative Prioritätsregeln[463] liegt der Schwerpunkt der US-amerikanischen Erforschung relativer Priorität auf alternativen Verwertungskonzepten, maßgeblich wiederum optionsbasierten Modellen.[464] Daher wird für den US-amerikanischen Kontext anstelle des Begriffs Relative Priority Rule bewusst der weiter gefasste Begriff relative Priorität gewählt. Frühere Arbeiten zu Umsetzungskonzepten stammen bereits aus den 1980er-Jahren, etwa das von *Bebchuk* entwickelte Konzept einer optionsbasierten Insolvenzbewältigung, unter dem der absolute Befriedigungsvorrang höherrangiger Klassen gewahrt bleibt, niederrangige Klassen sich jedoch durch Ablösung vorrangigen Fremdkapitals den Zugriff auf das Eigenkapital

---

460 Etwa *Bonbright/Bergerman*, 28 Colum. L. Rev. 127 (1928), "Two Rival Theories of Priority Rights of Security Holders in a Corporate Reorganization"; näher zur Historie *Baird*, 165 U. Pa. L. Rev. 785 (2017), 785–786, insb. in Fußn. 3; *Baird/Bernstein*, 115 Yale L. J. 1930 (2006), 1966.

461 Zu Kritik an der geltenden Absolute Priority Rule bereits zuvor auf den S. 77 ff.

462 S. etwa das von *Casey* entwickelte Modell einer „Option-Preservation Priority" für das Chapter-11-Verfahren, *Casey*, 78 U. Chi. L. Rev. 759 (2011), 765: höherrangige Gläubiger wären bei Erhalt des Eigenkapitals der restrukturierten Gesellschaft zum Ausgleich des Optionswerts niederrangiger Gläubiger verpflichtet (zum Umsetzungskonzept auf den S. 789–806).

463 Maßgeblich die Debatte um die Regel des relativen Vorrangs (Art. 11 Abs. 1 UAbs. 1 lit. c) RestRL) als Teil der Regelungen zum klassenübergreifenden Cram Down mit dem Merkmal der „Besserstellung", eingehend nachf. auf den S. 218 ff.

464 S. jedoch das von der ABI Kommission vorgeschlagene Konzept der Ergänzung des 11 U.S.C. § 1129 um einen sog. Redemption Option Value auf den S. 133 ff.

und den Fortführungswert verschaffen können.[465] Dem ähnelt das von *Baird* entwickelte Optionsmodell, das in der jüngeren Diskussion besondere Beachtung gefunden hat. Kernanliegen des Modells sind es, der absoluten Priorität inhärente Defizite gerichtlicher Unternehmensbewertungen zu vermeiden und Interessengegensätze zwischen Kapitalklassen zu mildern.[466] Das Modell wird hier der geltenden Absolute Priority Rule gegenübergestellt und reflektiert. Zudem haben *Morrison/Casey* ein Konzept für fortführende 363 sales des schuldnerischen Unternehmens im Vorfeld eines Insolvenzverfahrens entwickelt, welches den Verkaufsprozess in die Hände höherrangiger Gläubiger legt und ihnen die Wahl zwischen Verwertungsvarianten unter absoluter und relativer Priorität eröffnet. Damit sollen Effizienzverluste aufgrund der Einbindung von Gerichten in fortführende Verkäufe und Bewertungsfragen vermieden und effiziente Verkäufe gefördert werden.[467] Schließlich hat die ABI Kommission zur Reformierung des Chapter-11-Verfahrens in ihrem Bericht aus dem Jahr 2014 ein Konzept vorgestellt, unter dem niederrangigen Kapitalgebern ein etwaiger Optionswert ihrer Positionen durch höherrangige Gläubiger zu kompensieren ist (Redemption Option Value).[468] Zufällige Verteilungsergebnisse aufgrund des Bewertungsstichtags und gerichtliche Bewertungskonflikte sollen vermindert werden.

Zwar sind die Aussichten aller nachfolgend untersuchten Konzepte auf eine praktische Umsetzung als gering anzusehen. Mitunter, da ihnen zum Teil konzeptionelle Defizite anhaften, die einer praktischen Umsetzung im Wege stünden, etwa den von *Baird* und *Morrison/Casey* entwickelten Konzepten. Auch bieten die Autoren jeweils keine hinreichende Rechtfertigung für die angestrebten Umverteilungseffekte in Richtung rangniederer Kapitalklassen, es fehlt weithin an einer Abwägung gegen die Interessen ranghöherer Kapitalklassen. Potenzielle Auswirkungen auf den Markt für Unternehmensfremdfinanzierungen aufgrund der befürworteten Abweichungen von vertraglich errichteten Prioritäten bleiben weitgehend unerörtert. Vereinzelt wird lediglich darauf verwiesen, dass die Kapitalmärkte im Stande seien, sich jedem geltenden Prioritätssystem anzupassen.[469] Schließlich werfen die Konzepte jeweils neue Bewertungsfragen auf, womit zweifelhaft ist, ob die angestrebte Minderung gerichtlicher Bewertungskonflikte erreicht werden kann. Im Fall von *Baird* und *Morrison/Casey* ist dies vor dem

---

465 *Bebchuk*, 101 Harv. L. Rev. 775 (1988), passim; näher besprochen bei *Drukarczyk/Schüler*, in: MüKo, InsO, § 245 Rn. 120 ff.

466 *Baird*, 165 U. Pa. L. Rev. 785 (2017), 812–813.

467 Nachf. auf den S. 129 ff.

468 Eingehend auf den S. 133 ff.

469 *Baird*, 165 U. Pa. L. Rev. 785 (2017), 798.

Hintergrund zu sehen, dass es sich nicht um detaillierte Modellentwürfe handelt, sondern eher Perspektiven für mögliche Konzepte relativer Priorität aufgezeigt werden sollen. Zugleich werfen die Optionsmodelle wiederum neue Bewertungsfragen auf. Dennoch bringt die Auseinandersetzung mit innovativen Prioritätskonzepten dieser Art wertvolle Erkenntnisse für die Reflektion bestehender und Entwicklung künftiger Konzepte. Auch können sie Kapitalgebern in der Praxis Ansatzpunkte für die Ausarbeitung konsensualer Verteilungsregelungen bieten und damit kooperative Verwertungslösungen fördern.[470]

Die Untersuchung bereitet zugleich die Grundlage für die nachfolgende Auseinandersetzung mit den Vorgaben der RestRL zur Regel des relativen Vorrangs, deren Entwicklung im Gesetzgebungsprozess auch durch Eindrücke aus der US-amerikanischen Diskussion inspiriert war.[471] In einer Gegenüberstellung werden sodann grundlegende konzeptionelle Unterschiede offenbar.[472]

2.1.9.1 Grundgedanken relativer Priorität

In der US-amerikanischen Forschung lassen sich verschiedene Grundgedanken relativer Priorität identifizieren, die in den Umsetzungskonzepten in unterschiedlicher Prägung zum Ausdruck kommen. Anknüpfungspunkte sind jeweils der geltenden Absolute Priority Rule attestierte Defizite.

2.1.9.1.1 Wertaufholungspotenzial niederrangiger Kapitalpositionen, gerichtliche Unternehmensbewertung

Ein wesentliches Anliegen relativer Prioritätskonzepte besteht darin, die stichtagsbezogene und finale Verteilungswirkung absoluter Priorität abzumildern.[473] So zielt etwa das Optionsmodell von *Baird* darauf ab, niederrangigen Kapitalgebern ein künftiges Wertaufholungspotenzial zu sichern.[474] Dem heutigen Verständnis der Absolute Priority Rule seien bereits grundlegende konzeptionelle Unstimmigkeiten inhärent. Mit der vergleichenden Anknüpfung an den Liquidationsfall fordere die Absolute Priority Rule die Fiktion eines Verkaufs des schuldnerischen

470 Zu diesem Aspekt *ABI Commission Chapter 11*, Final Report (2014), S. 224.

471 Näher auf den S. 218 ff.

472 S. dazu auf den S. 126 ff. sowie 218 ff.; so auch *Seymour/Schwarcz*, 1 U. Ill. L. Rev. 1 (2021), 3 Fußn. 10.

473 *Baird*, 165 U. Pa. L. Rev. 785 (2017), 791; *Casey*, 78 U. Chi. L. Rev. 759 (2011), 764; *ABI Commission Chapter 11*, Final Report (2014), S. 218–219; dazu auch *Adler/Triantis*, 91 Am. Bankr. L. J. 563 (2017), 579.

474 *Baird*, 165 U. Pa. L. Rev. 785 (2017), 791; *Casey*, 78 U. Chi. L. Rev. 759 (2011), 764.

Unternehmens, der tatsächlich nicht stattfinde.[475] Die Restrukturierung werde zum Tag der Abrechnung. Sämtliche Kapitalansprüche gegen den Schuldner würden auf den gegenwärtigen Zeitpunkt, auf ihren aktuellen Barwert reduziert und einer finalen Verteilung unterworfen.[476] Anliegen der Reorganisation sei jedoch gerade die Realisierung des erwarteten Fortführungswerts des Unternehmens, über dessen Liquidationswert hinaus. Dabei seien die Beteiligten, anders als im Falle der Liquidation, nicht auf eine Verteilung eines fixen Verwertungserlöses beschränkt. Die Fortführung ermögliche es, dass der Unternehmenswert in der Zukunft den Wert der schuldnerischen Verbindlichkeiten zum Zeitpunkt der Restrukturierung übersteige. Niederrangigen Kapitalgebern könne mithin die Möglichkeit eröffnet werden, an dieser Wertaufholung zu partizipieren.[477] Ein Konzept relativer Priorität könne dies gewährleisten, indem die relativen Rangverhältnisse bestehender Kapitalpositionen in der Kapitalstruktur des restrukturierten Schuldners fortgesetzt werden.[478]

Unter dem von der ABI Kommission entwickelten Konzept des Redemption Option Value werden künftige Wertaufholungspotenziale berücksichtigt, indem niederrangigen Kapitalgebern der Optionswert ihrer Positionen auszugleichen ist. Damit sollen zugleich Benachteiligungen aufgrund temporärer Tiefs in der Unternehmensbewertung ausgeglichen werden.[479]

Bedarf es ferner keiner gerichtlichen Unternehmensbewertung bei einer Restrukturierung im Chapter-11-Verfahren, um eine finale Verteilung zu

475 *Baird*, 165 U. Pa. L. Rev. 785 (2017), 812; *Bebchuk*, 101 Harv. L. Rev. 775 (1988), 778.

476 *Baird*, 165 U. Pa. L. Rev. 785 (2017), 792: "The restructuring is a day of reckoning. All future possibilities are collapsed to the present."; s. auch *Morrison/Casey*, Col. L. & Econ. WP 551 (2016), 1: "[…] a moment that forces valuation of the firm, crystallization of claims against it, and elimination of junior stakeholders' interest in future appreciation in firm value."; zur Liquidation als Leitbild absoluter Priorität zuvor auf den S. 83 ff.

477 S. etwa *Blum*, 25 U. Chi. L. Rev. 417 (1958), 437: "The key thought behind this arrangement is that the 'relative priority' positions of the old claimants might be preserved by somehow building them into the distribution of the new securities. Then if only the most probable estimates were realized, the top class of new securities, allocated to the old senior claimants, would have a good prospect of selling at its projected value while the other new classes would sell at discounts increasing in size in descending order of the hierarchy."; *Baird*, 165 U. Pa. L. Rev. 785 (2017), 795.

478 *Blum*, 25 U. Chi. L. Rev. 417 (1958), 437: "The key thought behind this arrangement is that the 'relative priority' positions of the old claimants might be preserved by somehow building them into the distribution of the new securities.".

479 *ABI Commission Chapter 11*, Final Report (2014), S. 207, 217–218.

ermöglichen, können mit dieser verbundene Defizite vermieden werden.[480] Dies ist Kernanliegen des von *Morrison/Casey* entwickelten Konzepts für beschleunigte 363 sales, im Rahmen derer höherrangige Gläubiger zwischen der Anwendung relativer und absoluter Priorität wählen können. Das relative Prioritätskonzept besteht (wie auch bei *Baird*) in Call-Optionen niederrangiger, nicht vollständig befriedigter Gläubiger auf das restrukturierte Eigenkapital mit einem Ausübungspreis in Höhe des bei Verkauf bestehenden vorrangigen Fremdkapitals.[481]

2.1.9.1.2 Anreiz zur Kooperation in der Sanierung

Zugleich kann aus Sicht der Beteiligten das Bedürfnis bestehen, durch individuelle Sanierungsbeiträge die finanzielle Krise des Schuldners zu überwinden, ohne niederrangige Kapitalschichten zwingend aus der künftigen Kapitalstruktur auszuschließen.[482] Die Absolute Priority Rule gibt Beteiligten in der Sanierungspraxis insoweit wenig Raum, derartige Planlösungen auch gegen den Widerstand einzelner Klassen zu ermöglichen.[483] So ist etwa die anerkannte New Value Exception auf Planleistungen an niederrangige Klassen gegen vollen Wertausgleich begrenzt. Weitere Ausnahmen sind ebenfalls tatbestandlich eng begrenzt oder mit praktischen Unsicherheiten behaftet.[484]

Höherrangigen Gläubigern bieten sich unter der Absolute Priority Rule Anreize, Wertzuweisungen an niederrangige Klassen unter Verweis auf die Absolute Priority Rule zu verweigern. Niederrangige Kapitalgeber können durch diese Aussicht wiederum incentiviert sein, sinnvolle Sanierungsbemühungen zu vermeiden oder hinauszuzögern, besonders die Gesellschafter als Inhaber gesellschaftsrechtlicher Kontrolle. Konzepte relativer Priorität können diese gegenläufigen Anreize durch Aufhebung des strikten Befriedigungsvorrangs höherrangiger Kapitalklassen mindern und konsensuale Lösungskonzepte unter Mitwirkung und Einbeziehung aller Beteiligten fördern.[485]

---

480 *Morrison/Casey*, Col. L. & Econ. WP 551 (2016), 16–18; *Baird*, 165 U. Pa. L. Rev. 785 (2017), 796; ausf. zu den praktischen Herausforderungen in der Anwendung der Absolute Priority Rule im Chapter-11-Verfahren zuvor auf den S. 77 ff.

481 Eingehend zu *Baird* im nachf. Abschnitt und zu *Morrison/Casey* auf den S. 129 ff.

482 *Baird*, 165 U. Pa. L. Rev. 785 (2017), 791.

483 *ABI Commission Chapter 11*, Final Report (2014), S. 213.

484 Näher zu geltenden Ausnahmen und Abweichungen von der Absolute Priority zuvor auf den S. 69 ff.

485 *Baird*, 165 U. Pa. L. Rev. 785 (2017), 813–814.

2.1.9.1.3 *Verminderter Anreiz für fire sales*

Schließlich können relative Prioritätskonzepte aufseiten höherrangiger Kapitalgeber Anreize für beschleunigte fire sales zulasten niederrangiger Gläubiger verringern, welche dem Anliegen höherrangiger Gläubiger an einer zeitnahen Befriedigung gerecht werden, jedoch zulasten niederrangiger Klassen nicht den höchstmöglichen Verkaufspreis realisieren.[486] Wird niederrangigen Gläubigern etwa durch Call-Optionen der Zugriff auf das restrukturierte Eigenkapital eröffnet, bieten sich höherrangigen Gläubigern weniger Anreize, auf einen beschleunigten Verkauf zu einer niedrigen Unternehmensbewertung hinzuwirken.[487]

2.1.9.2 *Optionsmodell von Baird*

In der US-amerikanischen Diskussion der vergangenen Jahre sowie auch in der Auseinandersetzung mit den Vorgaben der europäischen RestRL zum klassenübergreifenden Cram Down (Regeln des relativen und absoluten Vorrangs) auf europäischer Ebene hat besonders das von *Baird* entwickelte Optionsmodell Aufmerksamkeit erfahren. Entscheidend sei, die Frage insolvenzrechtlicher Priorität in der Verteilung des Planmehrwerts von der vergleichenden Betrachtung mit dem Szenario der Liquidation zu lösen. Die Insolvenz müsse nicht als Tag der Abrechnung verstanden werden.[488] Das Erfordernis einer gerichtlichen Unternehmensbewertung könne vermieden werden.[489] Indem auch rangniederen Kapitalklassen eine Teilhabe am Unternehmenswert ermöglicht wird, könnten die Interessen verschiedener Kapitalklassen einander angeglichen und Konfliktpotenziale im Kontext einer Restrukturierung gemindert werden.[490] Eine nähere Auseinandersetzung wird jedoch zeigen, dass ein Konzept relativer Priorität in Form von Call-Optionen niederrangiger Gläubiger oder Gesellschafter auf das restrukturierte Eigenkapital nicht mit Bedürfnissen der Sanierungs- und Unternehmenspraxis nach Stabilität vereinbar ist und zahlreiche neue Verfahrens- und Bewertungsfragen aufwirft. Ferner würden gegenüber den Eigenkapitalgebern

486 Dazu *Morrison/Casey*, Col. L. & Econ. WP 551 (2016), 15–19.

487 *Baird*, 165 U. Pa. L. Rev. 785 (2017), 816; *Morrison/Casey*, Col. L. & Econ. WP 551 (2016), 17; krit. dazu auch *Adler/Triantis*, 91 Am. Bankr. L. J. 563 (2017), 582–583.

488 *Baird*, 165 U. Pa. L. Rev. 785 (2017), 792 Fußn. 22.

489 Ebd., 796; s. auch die knappe Beschreibung des Optionsmodells bei *de Weijs/Jonkers/Malakotipour*, Amsterdam Law School Research Paper No. 2019-10 (2019), SSRN: 3350375, S. 11 ff.

490 *Baird*, 165 U. Pa. L. Rev. 785 (2017), 813.

ex post Restrukturierung ineffiziente Anreize zur Unterinvestition und zur Extraktion von Werten aus dem Unternehmen gesetzt.

2.1.9.2.1 Niederrangige Kapitalpositionen als Call-Option hinsichtlich des Unternehmenswerts

Mögliche Unterschiede zwischen absoluter und relativer Priorität erklärt *Baird* anhand des nachfolgenden Beispiels, das den Optionswert niederrangiger Kapitalpositionen verdeutlichen soll:[491] Die Kapitalstruktur eines Unternehmens wird gebildet durch Forderungen eines Gläubigers in Höhe von USD 150 sowie Eigenkapital eines Gesellschafters. Gegenstand des Unternehmens ist ein im Ausgang ungewisses Projekt, welches bei dessen Abschluss mit gleich hoher Wahrscheinlichkeit einen wirtschaftlichen Wert von USD 200 oder USD 0 haben wird. Der Gläubiger ist aus den Erträgen des Projekts vorrangig zu befriedigen, der Gesellschafter kann dessen Überschüsse nach Rückführung sämtlichen Fremdkapitals beanspruchen. Das Projekt habe damit einen Barwert von USD 100 (= USD 200 * 0,5 + USD 0 * 0,5). In einer Restrukturierung unter Geltung absoluter Priorität könnte der Gläubiger aus dieser Summe nicht vollständig befriedigt werden und folglich 100% des Eigenkapitals an der restrukturierten Gesellschaft beanspruchen. Ein davon abweichender Plan wäre gegen sein Votum nicht mittels klassenübergreifendem Cram Down durchsetzbar.[492]

---

491 Ebd., 791–792; ähnlich auch *Casey*, 78 U. Chi. L. Rev. 759 (2011), 804; die beispielhafte Wertverteilung ist sodann nicht Teil des von *Baird* entworfenen Konzepts relativer Priorität, dazu nachfolgend.

492 Das Beispiel lässt sich um eine Klasse gesicherter Gläubiger erweitern: Das Fremdkapital in Höhe von USD 150 wird in Höhe von USD 75 durch eine Klasse (vollwertig) gesicherter Gläubiger und in Höhe vom ebenfalls USD 75 durch eine Klasse ungesicherter Gläubiger bereitgestellt. Unter absoluter Priorität blieben die vollständig vom Barwert in Höhe von USD 100 gedeckten Forderungen gesicherter Gläubiger unter dem Plan unangetastet, während die nur in Höhe verbleibender USD 25 gedeckten Forderungen ungesicherter Gläubiger in Eigenkapital gewandelt werden könnten; die Gesellschafter erhielten keine Werte (Wertverteilung: 75%/25%/0%; Befriedigung(-squoten): 100%/33,3%/0). Unter relativer Priorität ergäbe sich nach *Bairds* Beispiel eine Verteilung des Unternehmenswerts auf die Klassen von 37,5%/37,5%/25% (= jeweils USD 75 * 0,5 für die Gläubigerklassen sowie USD 50 * 0,5 für die Gesellschafter). Wäre der Projektwert im Negativszenario hingegen größer als USD 0, käme ggf. der Befriedigungsvorrang gesicherter Gläubiger zum Tragen – abhängig von der Ausgestaltung der Stellung gesicherter Gläubiger unter relativer Priorität.

Unter einem Konzept relativer Priorität könnten die Kapitalpositionen am restrukturierten Schuldner hingegen entsprechend der wirtschaftlichen Positionen der Beteiligten im Vorfeld der Restrukturierung verteilt werden. Mit einem Barwert ihrer Investitionen von USD 75 (= Forderungsbetrag von USD 150 * 0,5) sowie USD 25 (= potenzieller Überschuss des Projekts von USD 50 * 0,5) seien der Gläubiger und der Gesellschafter mit Anteilen von 75% bzw. 25% am Kapital des restrukturierten Schuldners zu beteiligen. Dieser wirtschaftliche Wert der Positionen der Kapitalgeber bliebe unberührt und werde in der künftigen Kapitalstruktur reflektiert.[493] Ist das Projekt erfolgreich und realisiert es den erwarteten Wert von USD 200, würde der Gläubiger daran in Höhe von USD 150 (= USD 200 * 0,75) beteiligt und mithin voll befriedigt.

Die Grundlage des von *Baird* sodann entwickelten Optionsmodells bildet die in der rechtsökonomischen Literatur etablierte Betrachtungsweise niederrangiger Kapitalpositionen in einem Prioritätssystem als Call-Option hinsichtlich des Unternehmenswerts.[494] Niederrangige Kapitalgeber haben die Möglichkeit, die Positionen höherrangiger Kapitalgeber durch deren volle Befriedigung zu beseitigen. Die Chance, dass das Unternehmen letztlich einen Überschuss über die gegenüber vorrangigen Gläubigern bestehenden Verbindlichkeiten hinaus generiert, begründet Optionswert.[495] In Anknüpfung an vorstehendes Beispiel: Aus Sicht eines rationalen Investors sei es denkbar, den Gesellschaftern bis zu USD 25 zu zahlen für die Option, das schuldnerische Projekt bei dessen Abschluss gegen Zahlung von USD 150 an den Gläubiger zu erwerben.[496]

Die Ausführungen von *Baird* sollen den Optionswert niederrangiger Kapitalpositionen verdeutlichen. Die beschriebene Prioritätsfolge anhand ex ante bestehender Barwerte der Kapitalpositionen ist hingegen nicht Teil seines Umsetzungskonzepts relativer Priorität (Zuweisung von Call-Optionen auf das

---

493 *Baird*, 165 U. Pa. L. Rev. 785 (2017), 792.

494 *Black/Scholes*, 81 J. Pol. Econ. 637 (1973), 649–650.

495 *Baird*, 165 U. Pa. L. Rev. 785 (2017), 793: "Options are a component of every investment instrument. Whenever one investor has priority over another, whether absolute or relative, the junior investor has what is in effect a call option."; *Schwartz*, 109 Yale L. J. 343 (1999), 356: "[...] junior creditors have a call option on the insolvent firm: They can buy the firm from the seniors by paying the seniors' claims."; *Janger/Jacoby*, 96 Tex. L. Rev. 673 (2018), 730; *Casey*, 78 U. Chi. L. Rev. 759 (2011), 759–760, 764.

496 *Baird*, 165 U. Pa. L. Rev. 785 (2017), 793; damit verbunden ist die Einsicht, dass der Wert des Eigenkapitals auch bei Vorliegen einer materiellen Insolvenz nicht stets Null ist, das Vorliegen von Insolvenzeröffnungsgründen also keine zwingenden Schlüsse auf den Wert des Eigenkapitals zulässt, s. auch *Drukarczyk/Schüler*, ZInsO 2017, 61 (65 f.); *Schüler/Dirschedl*, DBW 2016, 353 (357).

restrukturierte Eigenkapital mit vollem Befriedigungsvorrang vorrangiger Klassen), welches nachfolgend untersucht wird.

2.1.9.2.2 Umsetzungskonzept

Über Erwägungen zum Optionswert niederrangiger Kapitalpositionen hinaus, formuliert *Baird* sodann ein Umsetzungskonzept relativer Priorität in Form eines Optionsmodells. Die Ausführungen sind auf grundlegende strukturelle Elemente des Prioritätskonzepts beschränkt, Fragen der Einbettung in das geltende Recht und Details der Gestaltung bleiben zum Teil offen. Kern des Optionsmodells ist es, niederrangigen Kapitalgebern gerichtlich Call-Optionen auf das Eigenkapital der restrukturierten Gesellschaft einzuräumen. In vorstehendem Beispiel könnten dem Gläubiger sämtliche Anteile an der restrukturierten Gesellschaft zugesprochen werden. Dabei scheint *Baird* auch einen Mechanismus einer automatischen Umwandlung höherrangiger Forderungen in Eigenkapital zu erwägen, spezifiziert dies jedoch nicht endgültig.[497] Zugleich würden niederrangigen Kapitalgebern gerichtlich Call-Optionen zum Erwerb sämtlicher Anteile von den neuen Gesellschaftern zugewiesen.

Der Ausübungspreis wäre in Höhe des Nominalbetrags der restrukturierten (und in Eigenkapital gewandelten) Forderungen der höherrangigen Gläubiger, nebst Kosten und Zinsen, festzusetzen.[498] Niederrangige Gläubiger könnten mithin das restrukturierte Eigenkapital erwerben, indem sie die vormaligen Forderungen der höherrangigen Gläubiger (und neuen Gesellschafter) vollständig ablösen. Damit entfiele das mit der Absolute Priority Rule verbundene Erfordernis einer gerichtlichen Unternehmensbewertung, welches regelmäßig im Zentrum der Kritik steht und auch *Baird* als wesentlicher Nachteil absoluter Priorität betrachtet.[499] Zugleich bleibe der Befriedigungsvorrang höherrangiger Gläubiger unangetastet. Erweise sich das schuldnerische Unternehmen als wirtschaftlich erfolgreich, sei darüber hinaus jedoch niederrangigen Kapitalgebern (im Beispiel: dem Gesellschafter) die Möglichkeit eröffnet, an dieser Wertaufholung teilzuhaben.[500] Erreiche der Unternehmenswert im gerichtlich zu bestimmenden

---

497 *Baird*, 165 U. Pa. L. Rev. 785 (2017), 795 Fußn. 36: "The automatic conversion feature of the senior investor's stake into 100% equity of the reorganized firm […]".

498 Ebd., 796, 812–813 (inklusive Zinsen und mit der Finanzierung verbundener Kosten, S. 819; daraus folgen weitere praktische Hürden); *Casey*, 78 U. Chi. L. Rev. 759 (2011), 764.

499 *Baird*, 165 U. Pa. L. Rev. 785 (2017), 788.

500 Ebd., 796.

Ausübungszeitraum nicht den Nennbetrag der Forderungen der vorrangigen Gläubiger, sei die Call-Option wirtschaftlich wertlos.

Herausforderungen ergäben sich sodann in der Bestimmung des Ausübungszeitraums. Naheliegend sei nach Ansicht von *Baird* eine Anknüpfung an das Fälligkeitsdatum der restrukturierten Forderungen des Senior-Gläubigers.[501] Zugleich sollte der Zeitraum eine Stabilisierung des Unternehmens sowie des Marktumfelds erlauben. In Betracht komme etwa ein Zeitraum zwischen drei und fünf Jahren.[502] In dieser Bestimmung des Ausübungszeitraums liegt nach Ansicht von *Baird* der zentrale Unterschied zwischen der geltenden Absolute Priority Rule sowie dem Konzept relativer Priorität.[503] Unter der Absolute Priority Rule würden sämtliche Verbindlichkeiten des Schuldners auf den Zeitpunkt der Planbestätigung reduziert und damit das Ausübungszeitraum der Call-Option vorgezogen.[504] Der Inhaber der niederrangigen Kapitalpositionen müsse entscheiden, ob er die Option ausübe oder diese Möglichkeit final verstreichen lasse.[505] Durch die Zugrundelegung aktueller Barwerte unter der Absolute Priority Rule werde der wirtschaftliche Wert der Call-Option gegebenenfalls beseitigt.[506] Den niederrangigen Kapitalgebern verbleibe allein die Möglichkeit, die Option bezogen auf den Zeitpunkt der Insolvenz auszuüben und höherrangige Kapitalgeber auszuzahlen. Ein Konzept relativer Priorität erlaube es hingegen, zunächst die künftige Unternehmensentwicklung abzuwarten.[507]

2.1.9.2.3 Reflektion

Auf den ersten Blick verspricht das von *Baird* entworfene Konzept relativer Priorität bekannte Schwächen absoluter Priorität zu überwinden. Die Insolvenz würde nicht mehr zum Tag der „Abrechnung“, welcher für die Kapitalgeber eine harte

---

501 *Baird*, 165 U. Pa. L. Rev. 785 (2017), 796, 815 (Herausforderungen ergeben sich etwa mit Blick auf revolvierende Kreditlinien); s. den zuvor erörterten Beispielsfall auf den S. 120 ff.

502 Ebd., 796, 815.

503 Ebd., 793; dazu *de Weijs/Jonkers/Malakotipour*, Amsterdam Law School Research Paper No. 2019-10 (2019), SSRN: 3350375, S. 12.

504 Zutreffend ist die Anknüpfung an den Zeitpunkt der Planbestätigung, auf welchen bezogen die Einhaltung der Absolute Priority Rule durch das Gericht geprüft wird; dazu *Baird*, 165 U. Pa. L. Rev. 785 (2017), 828.

505 *Baird*, 165 U. Pa. L. Rev. 785 (2017), 793; *Morrison/Casey*, Col. L. & Econ. WP 551 (2016), 2.

506 *Casey*, 78 U. Chi. L. Rev. 759 (2011), 764.

507 *Baird*, 165 U. Pa. L. Rev. 785 (2017), 793.

Zäsur bedeutet und die volle Schärfe möglicher Eingriffe bis hin zum Totalverlust mit sich bringt.[508] Hat das Gericht nicht eine *volle Befriedigung* der ablehnenden, vorrangigen Klasse zu prüfen, bedarf es keiner Bestimmung des verteilungsfähigen Unternehmenswerts, mithin keiner gerichtlichen Unternehmensbewertung. Das Erfordernis einer Unternehmensbewertung würde weg von den Gerichten im Chapter-11-Verfahren hin zu Marktteilnehmern im Vorfeld der Ausübung der Call-Optionen als Investitionsentscheidung verschoben. Werden die Kapitalgeber nicht in Richtung einer Instrumentalisierung des Insolvenzrechts zum Ausschluss niederrangiger Kapitalklassen oder der Verzögerung sinnvoller Sanierungsbemühungen incentiviert, könnten konsensuale Lösungskonzepte unter Maximierung des Unternehmenswerts im gemeinsamen Interesse aller gefördert werden. Den Beteiligten würden zentrale Gefechtsorte US-amerikanischer sowie auch internationaler Insolvenzverfahren unter einem Konzept absoluter Priorität bereits nicht eröffnet. Zugleich würde der für die Absolute Priority Rule charakteristische Befriedigungsvorrang höherrangiger Klassen nicht in Frage gestellt. Vielmehr würde darüber hinaus niederrangigen Kapitalgebern durch Call-Optionen auf das restrukturierte Eigenkapital die Möglichkeit eröffnet, an einer etwaigen künftigen Steigerung des Unternehmenswerts teilzuhaben.

Dass sich Optionsmodelle als Konzepte relativer Priorität obgleich deren wiederkehrender Untersuchung in der Literatur nicht haben durchsetzen können, lässt sich sodann mit schwer überwindbaren Herausforderungen in ihrer Gestaltung und praktischen Umsetzung erklären.[509] Ferner setzen gesetzliche Anrechte auf Call-Optionen auf das restrukturierte Eigenkapital gegenüber den Eigenkapitalgebern nach der Restrukturierung gesamtwirtschaftlich ineffiziente Anreize zur Unterinvestition in das restrukturierte Unternehmen und sind mit Anliegen nachhaltiger Corporate Governance schwer vereinbar.

2.1.9.2.3.1 Festsetzung des Ausübungspreises

Die Festsetzung des Ausübungspreises der Call-Option in Höhe der vormaligen, in Eigenkapital gewandelten Forderungen höherrangiger Gläubiger (inklusive Zinsen und mit der Finanzierung verbundener Kosten)[510] verspricht auf elegante Weise das Erfordernis einer gerichtlichen Unternehmensbewertung zu umgehen. Dennoch hätten Optionsinhaber als Grundlage ihrer Investitionsentscheidung bei der Ausübung ihrer Call-Optionen den Unternehmenswert

---

508 S. Fußn. 476.

509 Näher dazu in den nachfolgenden Abschnitten.

510 *Baird*, 165 U. Pa. L. Rev. 785 (2017), 819.

zu beziffern. Aus praktischer Sicht bleibt wiederum unklar, unter Zuhilfenahme welcher Mittel außenstehenden Optionsinhabern, besonders im Fall einer nichtbörsennotierten Gesellschaft, eine verlässliche Bewertung gelingen soll. Wird Optionsinhabern nicht zugleich ein Zugang zu bewertungsrelevanten Informationen eröffnet, können diese den wirtschaftlichen Wert der Call-Optionen stark mindern. Die Gesellschafter wären zugleich in Richtung einer Restriktion dessen incentiviert.

2.1.9.2.3.2 Festsetzung des Ausübungszeitraums

Als bedeutender Werttreiber der Call-Option rückt sodann die gerichtliche Bestimmung des Ausübungszeitraums in den Blickpunkt. Hängt die Befriedigung der niederrangigen Kapitalklasse von einer Steigerung des Unternehmenswerts über Zeit ab, bestimmt der gerichtlich festzusetzende Ausübungszeitraum über das wirtschaftliche Schicksal zwischen Wertverlust und erfolgreicher Teilhabe an der Wertaufholung. Absehbar würde die gerichtliche Festsetzung des Ausübungszeitraums zum zentralen Gefechtsort. *Baird* betrachtet diese Frage als offensichtlich, aber zugleich wenig herausfordernd.[511] Der Ausübungszeitraum sei grundsätzlich auf den Fälligkeitszeitpunkt der Forderungen der höherrangigen Gläubiger zu begrenzen.[512] Dabei wird wohl von dem Fälligkeitszeitpunkt der restrukturierten Forderungen ausgegangen. Hingewiesen wird auf Herausforderungen im Falle revolvierender Kreditlinien.[513] Unklar bleibt, wie es sich hinsichtlich einer Mehrzahl höherrangiger Forderungsklassen verhält.

Dabei räumt *Baird* ein, dass es wohl einer diskretionären Bestimmung des Ausübungszeitraums durch das Gericht bedürfte.[514] Der Zeitraum müsse Gelegenheit für eine Stabilisierung des Unternehmens sowie dieses umgebender Marktbedingungen geben. Nahe lägen etwa drei bis fünf Jahre.[515] Das Gericht wird, wie im Fall konventioneller Unternehmensbewertungen, eine sachgerechte Einschätzung fundamentaler und makroökonomischer Faktoren jedoch nur selten allein treffen können, womit es wiederum auf die Unterstützung durch Sachverständige angewiesen wäre. Die bekannte und auch von *Baird* kritisierte Historie gerichtlicher

---

511 Ebd., 815: "The most obvious, but perhaps least problematic, challenge is the need to establish the exercise date of the call option that junior investors receive.".

512 Ebd., 815 (s. dort auch Fußn. 135).

513 Ebd.

514 Ebd.: "It is likely necessary to pick an arbitrary time for the duration of the options [...].".

515 Ebd.

Unternehmensbewertungen würde in der Festsetzung des Ausübungszeitraums fortgeschrieben.[516] Auch aus legislativer Sicht scheint es mehr als herausfordernd, in der Umsetzung des Konzepts geltenden Anforderungen von Rechtsklarheit und Rechtssicherheit gerecht zu werden.

2.1.9.2.3.3 Ausübung der Option und Handelbarkeit

Ferner wäre aus legislativer Sicht darüber zu befinden, ob die Call-Optionen eines niederrangigen Kapitalgebers, bzw. mehrerer Klassen dieser, am Markt frei handelbar sein sollten.[517] Würde den Optionsinhabern diese Handelsmöglichkeit nicht eröffnet, wobei bereits ein Gesellschafterwechsel aufseiten des Optionsinhabers dies im Kern mit sich bringt, bliebe den Optionsinhabern zur Realisierung ihres Optionswerts allein deren Ausübung, womit diese die ehemals vorrangigen Forderungen zum Nennwert abzulösen[518] und sodann den Unternehmenswert durch Fortführung oder Veräußerung zu realisieren hätten. Was zunächst Abhilfe verspricht, bringt in jedem Schritt einer tieferen Auseinandersetzung höhere Hürden mit sich.

2.1.9.2.3.4 Fazit

Das von *Baird* entworfene Konzept relativer Priorität eröffnet wertvolle Perspektiven in der rechtsökonomischen Untersuchung restrukturierungs- und insolvenzrechtlicher Prioritätssysteme. Mit Bedürfnissen der Restrukturierungs- und Sanierungspraxis scheint das Optionsmodell jedoch im Kern bereits

---

516 Allein das (eventuelle) Abklingen der schuldnerischen Krise wird dem nicht Abhilfe leisten können; zu diesem Gedanken ebd.: "By postponing the day of reckoning until after the future of the firm becomes clear, one can also be confident that the uncertainties of financial distress and the valuation difficulties it brings are not driving the market's assessment of the junior investor's claim.".

517 Dafür *Baird*, 165 U. Pa. L. Rev. 785 (2017), 816: "The problem is small as long as there is a market for the options and those holding the options have enough time to act before a sale is consummated. Those who hold them can either exercise them or, if they lack the liquidity, can sell them to someone else.".

518 Ebd.: "The junior investors can protect themselves only if they both know what the firm is worth and possess sufficient liquidity to exercise the options before they expire.".

unvereinbar.[519] Einer automatischen Umwandlung höherrangiger Forderungen in Eigenkapital stünde bereits entgegen, dass viele Gläubiger, insbesondere Kreditgeber in höheren Rangklassen wie Geschäftsbanken oder Versicherungen, aufgrund regulatorischer Anforderungen oder kraft ihrer Portfolioverwaltungsverträge hinsichtlich der Inhaberschaft von Eigenkapitalpositionen oder derivativer Instrumente beschränkt sind.[520] Gleichsam würden „unfreiwillige" Gesellschafter geschaffen, die geringe Aussichten bieten, das Unternehmen mittel- bis langfristig erfolgreich zu führen und den Unternehmenswert im gesamtwirtschaftlichen Interesse zu maximieren.

Ferner scheint die langfristige Trennung von wirtschaftlichem Eigentum und Kontrolle über das Unternehmen, besonders im Nachgang einer tiefgreifenden Restrukturierung, mit Anliegen stabiler und nachhaltiger Corporate Governance schwerlich vereinbar und setzt bedeutende Anreize für strategisches Verhalten.[521] Nach Abschluss der Restrukturierung sähen sich Gesellschafter bis zum Ablauf des Ausübungszeitraums mit dem Erwerbsrecht der Optionsinhaber belastet. Durch ihr Engagement erzielte Steigerungen des Eigenkapitalwerts über den Ausübungspreis hinaus kämen unter Umständen den Optionsinhabern zugute. Damit würden für Gesellschafter nach Abschluss der Restrukturierung ineffiziente Anreize zur Unterinvestition in das Unternehmen gesetzt.[522] Darüber hinaus Anreize, dem Unternehmen laufend Werte zu entziehen, etwa in Form von Dividenden, um diese vor einem Zugriff der Optionsinhaber zu schützen. Ein Verkauf des Unternehmens zu einem Kaufpreis oberhalb des Ausübungspreises könnte bis über den Ausübungszeitraum der Call-Optionen hinausgezögert werden. Optionsinhaber könnten dies aufgrund bestehender Informationsasymmetrien

---

519 Optimistisch hingegen ebd., 817: "A rule that protects relative priority rights after the reorganization may not need to be that elaborate, at least if there is a short period of time after the reorganization is over in which sales and dividends are not permissible. One might craft special rules that protect the junior option holders. But once the market for the equity and the call options develops (perhaps after three months or so), it might be enough to make only modest changes in existing director duties to protect the option holders."; zu weiteren signifikanten Herausforderungen in der Gestaltung des Konzepts *Baird*, ebd., S. 817 ff. (Governance-Struktur mit zahlreichen Out-of-the-Money-Optionen, S. 817–819; Abstimmung der Relative Priority Rule mit dem Faktor struktureller Priorität, S. 819–821).

520 S. etwa *Baums*, Recht der Unternehmensfinanzierung, § 17 Rn. 6.

521 Dazu auch *Morrison/Casey*, Col. L. & Econ. WP 551 (2016), 18; zu dem von *Morrison/Casey* entwickelten Konzept relativer Priorität nachf. auf den S. 129 ff.; selbst unter Hinweis auf die Problematik *Baird*, 165 U. Pa. L. Rev. 785 (2017), 817.

522 *Adler/Triantis*, 91 Am. Bankr. L. J. 563 (2017), 585.

gegenüber den Gesellschaftern (besonders im Fall nicht börsennotierter Unternehmen) nur schwerlich aufdecken.[523] *Baird* zeigt diese Risiken auf und verweist darauf, dass Schutzvorschriften zugunsten der Optionsinhaber dem entgegenwirken könnten, jedoch wiederum ohne die Komplexität derer Gestaltung einzugestehen.[524] Das unter dem Optionsmodell begründete Potenzial für strategisches Verhalten ist signifikant und stellt die konzeptionelle Stimmigkeit insgesamt infrage.[525] *Baird* selbst resümiert zutreffend:[526]

> *Relative priority might prove costly if the simplicity of the reorganization process set the stage for taking advantage after it was over.*

Schließlich ließe das entworfene Konzept Friktionen im Markt der Unternehmensfremdfinanzierung befürchten. Potenzielle Kreditgeber in der Unternehmensfinanzierung hätten nun ein zusätzliches Merkmal der Strukturierung von Finanzierungsinstrumenten zu berücksichtigen: den potenziellen mittelfristigen Optionswert der Forderung im Falle einer Restrukturierung des Schuldners mittels nicht-konsensualen Plans im Insolvenzverfahren.

Wenngleich in der Diskussion um die Regel relativen Vorrangs kritisiert wird, dass diese vermutlich (jedenfalls zu Teilen) auf einem Missverständnis der US-amerikanischen Diskussion beruhe,[527] so hat der europäische Gesetzgeber mit dem Merkmal der „Besserstellung" jedenfalls eine praktikable Umsetzungsmöglichkeit gefunden.[528] Gewiss ist es einfacher, Ansätze zur Reformierung geltenden Rechts zu kritisieren, als sie zu formulieren. Dennoch bleibt nach eingehender Untersuchung die Erkenntnis, dass nicht allein das von *Baird* entwickelte Optionsmodell, sondern die Einräumung von Call-Optionen als Mechanismus zur Teilhabe an einer künftigen Wertsteigerung in Gänze keine praktikable Alternative zum

---

523 *Baird*, 165 U. Pa. L. Rev. 785 (2017), 816.

524 S. ebd., 817.

525 a.A. ebd., 816: "It is important, however, not to overstate the possibility of misbehavior.".

526 Ebd.

527 U.a. *de Weijs/Jonkers/Malakotipour*, Amsterdam Law School Research Paper No. 2019-10 (2019), SSRN: 3350375, S. 11 ff., die hervorheben, dass höherrangige Gläubiger unter *Bairds* Optionsmodell weiterhin einen vollen Befriedigungsvorrang genießen (Ausübungspreis der Call-Optionen auf das Eigenkapital wäre der volle Nominalwert der in Eigenkapital gewandelten Forderungen der höherrangigen Gläubiger, s. zuvor), während eine bloße *Besserstellung* vorrangiger Klassen wie unter Art. 11 Abs. 1 UAbs. 1 lit. c) RestRL nicht ausreichend wäre; näher dazu nachf. auf den S. 233 ff.

528 Ausf. zur Regel des relativen Vorrangs gemäß Art. 11 Abs. 1 UAbs. 1 lit. c) RestRL auf den S. 218 ff.

geltenden Recht darstellen.[529] Dem vorzuziehen wäre ein Mechanismus wie der von der ABI Kommission zur Reformierung des Chapter-11-Verfahrens entworfene Redemption Option Value, welcher für Chapter-11-Verfahren oder 363 sales einen Ausgleich eines möglichen Optionswerts niederrangiger Kapitalpositionen durch Zahlung oder andere Leistungen vorsieht, anstatt tatsächlich Call-Optionen auf das Eigenkapital zu schaffen.[530]

2.1.9.3 Gesamtverkauf unter Wahl des Prioritätskonzepts von Morrison/Casey

Ferner haben *Morrison/Casey* ein Verfahrenskonzept für fortführende Gesamtverkäufe des schuldnerischen Unternehmens (363 sales) entwickelt, das ein effizienteres Prioritätssystem etablieren soll. Abweichend etwa von *Baird* seien Anliegen nicht die Wahrung relativer Rangstellungen oder der Schutz des Optionswerts niederrangiger Kapitalpositionen. Vielmehr sollen durch effiziente Unternehmensverkäufe im Vorfeld der Insolvenz das Erfordernis einer gerichtlichen Unternehmensbewertung und damit verbundene systemische Fehlanreize vermieden werden. Unter dem Konzept würde es höherrangigen Gläubigern ermöglicht, bei einem Kreditausfall des Schuldners frühzeitig einen Gesamtverkauf einzuleiten, wobei ihnen ferner ex post die Wahl zwischen einer Verwertung unter absoluter oder relativer Priorität eröffnet würde. Zugleich würde die Beteiligung von Gerichten minimiert.[531] Der Vorschlag von *Morrison/Casey* ist wie bei *Baird* auf Makrolinien eines alternativen Verwertungsmodus beschränkt. Das Konzept bietet im Ergebnis keine Alternative zum geltenden System absoluter Priorität für 363 sales und das Chapter-11-Verfahren, da die Verwertungsvariante unter relativer Priorität niederrangigen Kapitalgebern wiederum Call-Optionen auf das restrukturierte Eigenkapital einräumt, womit es aus denselben Gründen wie *Bairds* Optionsmodell als nicht praktikabel anzusehen ist.[532] Dennoch zeigt

529 In der Praxis des Chapter-11-Verfahrens sowie des Insolvenzplanverfahrens genutzte Optionsmodelle (etwa Optionen zum Barausgleich im Falle von Debt-Equity-Swaps; s. etwa zum Erwerbsrechte-Modell beim Debt-Equity-Swap von Anleihen im Insolvenzplan *Thole*, ZIP 2014, 2365 (2366)) sind davon zu unterscheiden, da Ausübungspreis und Ausübungszeitpunkt im Plan klar definiert sind; vielmehr wird die fixierte Wertzuweisung allein in verschiedenen Formen angeboten, eine Verschiebung in der Verteilungs- bzw. Prioritätsfolge ist damit nicht verbunden.

530 Eingehend nachf. auf den S. 133 ff.

531 Zusammenfassend *Morrison/Casey*, Col. L. & Econ. WP 551 (2016), S. 15, 19–20.

532 Mit Blick auf *Bairds* Optionsmodell zuvor auf den S. 123 ff.

es ein weiteres Umsetzungskonzept relativer Priorität auf und soll daher knapp erörtert werden.

2.1.9.3.1 Umsetzungskonzept

Ausgangspunkt sind Erwägungen von *Morrison/Casey*, dass Defizite im Hinblick auf fire sales und Unternehmensbewertungen maßgeblich auf die leitende Rolle von Gerichten in der Verwertung zurückzuführen seien. So könnten Gerichte überzeugt werden, fire sales des Unternehmens zu niedrigen Preisen zu genehmigen oder hingegen ineffiziente Verfahrensverzögerungen zuzulassen.[533] Ferner seien gerichtliche Bewertungen fehleranfällig und unterlägen einer signifikanten Varianz.[534]

Abhilfe biete ein durch höherrangige Gläubiger eingeleiteter, weitergehend „automatisierter" Verfahrensmodus (automatic process) für fortführende Unternehmensverkäufe. Etablierten 363 sales solle ein neuer Verfahrensrahmen gegeben werden.[535] Unter dem Konzept hätten höherrangige Gläubiger die Option, nach einem vertraglich definierten Kreditausfall (default) im Vorfeld eines Insolvenzverfahrens das Unternehmen durch fortführenden Verkauf umgehend zu verwerten. Damit könnten zugleich Belastungen des Unternehmens durch den Eintritt in ein Insolvenzverfahren vermieden werden.[536] Werde von dieser Option kein Gebrauch gemacht, erfolge die Verwertung des Schuldnervermögens nach den konventionellen insolvenzrechtlichen Regelungen – jedoch mit der Besonderheit, dass ein fortführender Gesamtverkauf nun nicht mehr möglich sei. Zur Wahl stünden nur noch die Einzelliquidation oder die Reorganisation.[537] Entscheiden sich die höherrangigen Gläubiger für die Verkaufsoption, könnten sie wählen zwischen Verkaufsmodi unter absoluter Priorität mit einer nachgelagerten gerichtlichen Unternehmensbewertung (sale subject to appraisal) oder unter relativer Priorität, wobei niederrangigen Kapitalgebern Call-Optionen auf das restrukturierte Eigenkapital eingeräumt würden (sale subject to warrants).

---

533 *Morrison/Casey*, Col. L. & Econ. WP 551 (2016), 15; krit. ggü. der These *Adler/Triantis*, 91 Am. Bankr. L. J. 563 (2017), 582–583, u.a. unter Verweis auf Schutzvorkehrungen im Verkaufsprozess: Antrag bei Gericht, Überzeugung des Gerichts von der Vorteilhaftigkeit des Verkaufs für die Masse ggü. einer Sanierung, Erlass von Verfahrensvorschriften für den Verkauf mit dem Ziel der Wertmaximierung, sodann im Regelfall öffentliche Auktion.

534 *Morrison/Casey*, Col. L. & Econ. WP 551 (2016), 15.

535 Ebd., 16.

536 Ebd.

537 Ebd.

2.1.9.3.1.1 Verkauf unter relativer Priorität (sale subject to warrants)

Werden niederrangige Gläubiger unter dem Konzept relativer Priorität aus den Verkaufserlösen nicht vollständig befriedigt, erhalten diese Call-Optionen zum späteren Erwerb des verkauften Unternehmens vom Erwerber (sale subject to warrants).[538] Der Ausübungspreis entspreche dem Nominalwert der vorrangigen Forderungen zum Zeitpunkt des Verkaufs. Die Laufzeit der Option könne etwa fünf bis zehn Jahre betragen oder auch zeitlich unbegrenzt sein.[539] Eine gerichtliche Kontrolle könne etwa hinsichtlich des Verkaufsprozesses bzw. Bieterverfahrens eingeführt werden.[540] Die niederrangigen Forderungen inhärente Call-Option in Restrukturierung und Insolvenz (Zugriff auf den Eigenkapitalwert bei vollständiger Ablösung vorrangiger Forderungen) werde damit aufrechterhalten.[541] Ferner würde die Erwerbsoption in der Preisfindung im Rahmen des Gesamtverkaufs berücksichtigt. Höherrangige Gläubiger müssten daher für die Möglichkeit eines beschleunigten Verkaufs einen Abschlag auf den Kaufpreis akzeptieren.[542]

2.1.9.3.1.2 Verkauf unter absoluter Priorität (sale subject to appraisal)

Alternative sei ein Verkauf unter absoluter Priorität. Der Käufer erwerbe das Eigenkapital frei von Verbindlichkeiten. Der Verkaufserlös werden an die Gläubiger erst nach einer gerichtlichen Bewertung verteilt (sale subject to appraisal).[543] Unterschreite der Verkaufspreis den gerichtlich ermittelten Fortführungswert zulasten niederrangiger Kapitalgeber, seien diese vonseiten höherrangiger Kapitalgeber zu entschädigen. In den Verkauf sei das Gericht hingegen nicht involviert.[544] Aufgrund des Kompensationsmechanismus unterlägen höherrangige Gläubiger geminderten Anreizen für beschleunigte Verkäufe in fire sales.[545] Zugleich wird höherrangigen Gläubigern die Option eröffnet, sich den Nachteilen einer gerichtlichen Bewertung im Chapter-11-Verfahren (unter Umständen hoher Zeit- und Kostenaufwand, asymmetrische Verteilungseffekte aufgrund von Bewertungsvarianz) durch Verzicht auf den Schutz absoluter Priorität zu

538 Ebd., 16–17.
539 Ebd., 18.
540 Ebd., 16.
541 Ebd., 18; zu dieser Betrachtungsweise bereits zuvor, s. Fußn. 495.
542 Ebd., 17.
543 Die Ausführungen von *Morrison/Casey* lassen unklar, zu welchem Zeitpunkt vor oder nach dem Verkauf die gerichtliche Bewertung stattfinden würde.
544 *Morrison/Casey*, Col. L. & Econ. WP 551 (2016), 17.
545 Ebd., 17–18.

entziehen und die Verwertung mittels sale subject to warrants unter relativer Priorität zu beschleunigen.[546]

2.1.9.3.2 Reflektion

Wie im Optionsmodell von *Baird* ist auch im automatisierten Verkaufsmodell von *Morrison/Casey* kein konkretes Umsetzungskonzept zu sehen. Es wird schlicht darauf verwiesen, dass die Implementierung weitreichender Änderungen des geltenden Insolvenzrechts bedürfe,[547] Details bleiben offen. Der sale subject to warrants ähnelt stark dem Optionsmodell von *Baird* und ist aus denselben Erwägungen als nicht praktikabel und konzeptionell nicht umsetzbar anzusehen.[548] Die Einräumung von Call-Optionen auf das restrukturierte Eigenkapital ist wiederum mit Anliegen stabiler und nachhaltiger Corporate Governance nicht vereinbar[549] und begründet für die neuen Gesellschafter Anreize zur Unterinvestition in das Unternehmen und zur Wertextraktion.[550] Unklar bleibt auch, wie mit mehreren niederrangigen, nicht vollständig befriedigten Kapitalklassen (z.B. einfache ungesicherte Gläubiger und nachrangige Gläubiger) umzugehen ist. Zudem dürfte die Belastung des Eigenkapitals mit Call-Optionen den Kauf des Unternehmens für Marktteilnehmer deutlich unattraktiver machen und viele potenzielle Käufer gänzlich von Geboten abhalten, womit das Konzept insgesamt in Frage gestellt wird. Entscheiden sich höherrangige Gläubiger gegen die Verkaufsoption, stünden ihnen im Insolvenzverfahren nur noch die Einzelliquidation oder die Reorganisation im Chapter-11-Verfahren offen. Die Möglichkeit eines späteren Gesamtverkaufs aus der Insolvenz wäre ihnen endgültig genommen.[551] Mit dem Anliegen der Wertmaximierung im Interesse der Gläubiger scheint diese weitreichende Einschränkung der Verwertungsoptionen unvereinbar.

---

546 Ebd., 18–19.

547 Ebd., 16 Fußn. 32.

548 Eingehend zuvor auf den S. 119 ff.; auch *Morrison/Casey* räumen mögliche Governance-Probleme aufgrund der Trennung von wirtschaftlichem Eigentum und Kontrolle im Falle eines sale subject to warrants ein, S. 18.

549 Dazu auch *Morrison/Casey*, Col. L. & Econ. WP 551 (2016), 18: jedoch unter Verweis darauf, dass die Thematik weniger bedeutsam sei, wenn die Call-Optionen wertmäßig nicht gedeckt sind.

550 *Adler/Triantis*, 91 Am. Bankr. L. J. 563 (2017), 585: durch den neuen Eigentümer erzielte Wertsteigerungen kommen auch den Optionsinhabern zugute; s. mit Blick auf das Optionsmodell von *Baird* auf den S. 126 ff.

551 *Morrison/Casey*, Col. L. & Econ. WP 551 (2016), 16.

Vorteile gegenüber dem Optionsmodell von *Baird* bietet das Konzept von *Morrison/Casey* insoweit, als es auf fortführende Verkäufe beschränkt ist und den Beteiligten zugleich die Verwertung unter absoluter Priorität ermöglicht wird.[552] In beiden Verfahren steht höherrangigen Gläubigern die Möglichkeit zur Durchführung eines beschleunigten Verkaufs offen – gegen entsprechenden Abschlag auf den Kaufpreis, wegen der Einpreisung der Call-Option der niederrangigen Gläubiger (sale subject to warrants) oder einer etwaigen Kompensationszahlung (sale subject to appraisal). Mit Recht weisen Kritiker des Modells jedoch darauf hin, dass im Falle eines sale subject to appraisal dem Gericht wiederum eine zentrale Rolle in der Unternehmensbewertung zugewiesen wird.[553] Gerichten käme nicht mehr maßgeblich die Aufgabe zu, Verhandlungen über die Bewertungen prozessual zu leiten. Vielmehr werde die Bewertung zur genuinen Aufgabe des Gerichts, was ein erhöhtes Maß an Fehleranfälligkeit und gerichtlichen Bewertungskonflikten erwarten ließe.[554] Im Ergebnis ist auch das von *Morrison/Casey* entwickelte Konzept als konzeptionell nicht stimmig und verfahrenstechnisch schwer umsetzbar anzusehen.

2.1.9.4 Redemption Option Value der ABI Kommission

Ein weiteres Konzept relativer Priorität hat die ABI Kommission zur Reformierung des Chapter-11-Verfahrens in ihrem Abschlussbericht aus dem Jahr 2014 vorgestellt. Das Konzept verpflichtet die Klasse, die den Fortführungswert vereinnahmt, gegenüber der nachfolgenden Rangklasse zum Ausgleich des Werts derer hypothetischen Call-Option auf das restrukturierte Eigenkapital.[555] Unter dem Vorschlag würde das geltende Prioritätssystem des Chapter-11-Verfahrens – unter grundsätzlicher Fortgeltung der Absolute Priority Rule – für nicht-konsensuale Pläne um eine Pflicht zum Ausgleich eines etwaigen positiven Optionswerts ergänzt. Gleichsam für Fälle eines fortführenden 363 sale.[556] Anders als unter den von *Baird* und *Morrison/Casey* entwickelten Modellen würden der nachrangigen Klasse hingegen nicht tatsächlich Call-Optionen zugewiesen.[557]

---

552 Ebd., 18.

553 *Adler/Triantis*, 91 Am. Bankr. L. J. 563 (2017), 582–584.

554 Ebd., 582–584.

555 *ABI Commission Chapter 11*, Final Report (2014), S. 207–209; *Adler/Triantis*, 91 Am. Bankr. L. J. 563 (2017), 590; ebenso unter dem von *Casey* entwickelten Modell einer „Option-Preservation Priority", s. *Casey*, 78 U. Chi. L. Rev. 759 (2011), 765.

556 *ABI Commission Chapter 11*, Final Report (2014), S. 218–219.

557 Ausdr. ebd., S. 219; *de Weijs/Wessels*, Cent. St. Europ. Contr. L. WP 2015-05, SSRN: 2595577, S. 12.

Das Umsetzungskonzept reicht hinsichtlich Detailgrad und Praktikabilität deutlich über die in der Wissenschaft entwickelten Konzepte relativer Priorität hinaus. Jedoch fehlt es auch dem Reformvorschlag der ABI Kommission an einer fundierten Begründung, weshalb es der Einführung des Umverteilungsmechanismus bedarf, anstelle der strikten Durchsetzung vertraglich und gesetzlich fixierter Rangverhältnisse unter absoluter Priorität. Befürwortete Besserstellungen rangniederer Gläubiger durch die Umverteilung werden nicht in hinreichendem Maß gegen die Nachteile aufseiten höherrangiger Gläubiger abgewogen. Potenzielle Auswirkungen auf die Finanzierungspraxis bleiben unerwähnt. Ferner würde hinsichtlich der Bestimmung des Redemption Option Value ein weiteres Forum für gerichtliche Bewertungskonflikte eröffnet. Der Reformvorschlag wurde vonseiten des US-amerikanischen Gesetzgebers bis heute nicht umgesetzt. In der Literatur ist das Stimmungsbild gemischt.[558]

Das Konzept des Redemption Option Value erweckt den Eindruck einer Kompromisslösung der ABI Kommission, um einen Ausgleich zur gewachsenen Präsenz besicherter Finanzierungen zu schaffen. So führt die ABI Kommission aus, dass der Unternehmenswert zunehmend bereits auf der Ebene erst- oder zweitrangig gesicherter Gläubiger breche, womit für ungesicherte Gläubiger keine Werte verblieben.[559]

2.1.9.4.1 Grundgedanken

Ausgangspunkt des Vorschlags ist die stichtagsbezogene und finale Verteilungswirkung absoluter Priorität. Die Absolute Priority Rule sei ein wichtiges Instrument des Gläubigerschutzes, habe sich jedoch als unflexibel und häufig als Hindernis für erfolgreiche Sanierungen erwiesen. Ebenso könne der Bewertungsstichtag eines Chapter-11-Plans (Planbestätigung) oder eines 363 sale (Genehmigung des Verkaufs) zufällige Verteilungsergebnisse zur Folge haben.[560] Zwar reflektiere eine Unternehmensbewertung zu jedem Zeitpunkt notwendig auch

558 Befürwortend etwa *Janger/Jacoby*, 96 Tex. L. Rev. 673 (2018), 729; *Siemon/Harder*, NZI 2016, 434 (440); krit. hingegen *Adler/Triantis*, 91 Am. Bankr. L. J. 563 (2017), 588–592; *Silverman*, IILR 2015, 123 (136 f.); *de Weijs/Wessels*, Cent. St. Europ. Contr. L. WP 2015-05, SSRN: 2595577, S. 12.

559 *ABI Commission Chapter 11*, Final Report (2014), S. 216–217, 229; *Adler/Triantis*, 91 Am. Bankr. L. J. 563 (2017), 589; *de Weijs/Wessels*, Cent. St. Europ. Contr. L. WP 2015-05, SSRN: 2595577, S. 1.

560 *ABI Commission Chapter 11*, Final Report (2014), S. 213.

künftige Potenziale des Unternehmens. Dennoch könne die Bewertung zu einem ungünstigen Zeitpunkt im Geschäftszyklus des Schuldners oder während allgemein widriger Marktbedingungen erfolgen, mit der Folge, dass Werte von niederrangigen Kapitalklassen hin zu höherrangigen Kapitalklassen in einer Weise umverteilt werden, die unfair und nicht vereinbar sei mit dem Anliegen des US Bankruptcy Code, vorübergehenden Schutz vor widrigen Geschäftsbedingungen zu gewähren.[561] Allein der Bewertungszeitpunkt könne damit zur Folge haben, dass rangniedere Kapitalklassen in der Restrukturierung ihre Rechte verlieren, während höherrangige Gläubiger das Potenzial einer künftigen Steigerung des Fortführungswerts vollständig vereinnahmen.[562]

Die ABI Kommission empfiehlt daher die Ergänzung des geltenden Prioritätssystems um einen Mechanismus zur Bestimmung, ob die Wertzuteilungen wegen der *Möglichkeit* einer künftigen Steigerung des Unternehmenswerts in einem angemessenen Zeitrahmen nach dem Stichtag eines Chapter-11-Plans oder eines fortführenden 363 sale anzupassen seien.[563] Zugrunde liegt das in der US-amerikanischen Wissenschaft verbreitete Verständnis rangniedriger Kapitalpositionen als Call-Option.[564] Komme dieser Option, das vorrangige Fremdkapital abzulösen und Zugriff auf den Fortführungswert zu erlangen (Redemption Option Value), nach etablierten Bewertungsmethoden am Bewertungsstichtag ein positiver Wert zu, sei dieser zu kompensieren.[565] Der Ausgleich erfolge durch diejenige Gläubigerklasse, die das restrukturierte Eigenkapital oder den Verkaufserlös erhält, mithin am Fortführungspotenzial des restrukturierten Unternehmens partizipiert.[566] Ausgleichsberechtigt sei die unmittelbar im Rang nachfolgende Gläubigerklasse (Immediately Junior Class).

Neben dem Ausgleich zufälliger Verteilungsergebnisse könnten zugleich konsensuale Fortführungslösungen gefördert und damit zeit- und kostenaufwändige

561 Ebd., S. 207: "[…] may result in a reallocation of the reorganized firm's future value in favor of senior stakeholders and away from junior stakeholders in a manner that is subjectively unfair and inconsistent with the Bankruptcy Code's principle of providing a breathing spell from business adversity.".

562 Ebd., S. 213–214.

563 Ebd., S. 219: Bestehende Prioritäten im Verhältnis verschiedener Kapitalklassen und Verteilungen innerhalb von Klassen sollen nicht berührt werden.

564 Im Kontext *Janger/Jacoby*, 96 Tex. L. Rev. 673 (2018), 729; s. auch *Baird*, 165 U. Pa. L. Rev. 785 (2017), 793; *Schwartz*, 109 Yale L. J. 343 (1999), 356.

565 *ABI Commission Chapter 11*, Final Report (2014), S. 218.

566 Ebd., S. 210.

Bewertungsstreitigkeiten vermieden werden.[567] Der Vorschlag ist auf große Unternehmen begrenzt, kleine und mittlere Unternehmen sind ausgenommen.[568]

2.1.9.4.2 Umsetzungskonzept

Die ABI Kommission empfiehlt, die Regelungen zum klassenübergreifenden Cram Down im Chapter-11-Verfahren sowie die Regelungen zum 363 sale um eine Pflicht zum Ausgleich eines Redemption Option Value zu ergänzen. Redemption Option Value sei der Wert einer hypothetischen Call-Option auf das gesamte restrukturierte Eigenkapital. Ausübungspreis bei der Berechnung wäre der Nominalwert aller vorrangigen Forderungen nebst hypothetischer Zinsen zum vertraglich vereinbarten Zinssatz bis zur Zeit der Ausübung der Option.[569] Erst bei einem positiven Eigenkapitalwert nach Berücksichtigung vorrangiger Forderungen bestünde mithin ein positiver Optionswert.[570] Ausübungszeitraum wäre die Zeit von der Wirksamkeit der Planbestätigung oder des 363 sale bis drei Jahre nach dem Zeitpunkt der Antragstellung.[571] Erwägung ist, dass temporäre Verzerrungen der Unternehmensbewertung durch Geschäfts- oder Marktzyklen, operative Probleme oder singuläre Ereignisse typischerweise in drei bis fünf Jahren korrigiert würden.[572] Die Zuweisung des Redemption Option Value kompensiere mithin die Möglichkeit, dass der Fortführungswert in einem Zeitraum von drei Jahren nach Antragstellung hätte ausreichen können, um die Forderungen

---

567 Ebd., S. 211, 224.

568 Ebd., S. 207–209, 219: Vor Erweiterung des Reformvorschlags auf kleine und mittlere Unternehmen sei näher zu prüfen, ob der Vorschlag auch für diese effektiv und kosteneffizient umsetzbar sei. Kleine und mittlere Unternehmen wären dabei Unternehmen (1) ohne öffentlich gehandelte Kapitalinstrumente in der Kapitalstruktur und (2) mit weniger als USD 10 Mio. Vermögensgegenständen oder Verbindlichkeiten (auf konsolidierter Basis mit anderen Gruppengesellschaften) zur Zeit der Antragstellung, ebd. S. 279, womit die Schwelle für die Anwendung des Redemption Option Value sehr niedrig angesetzt wäre.

569 *ABI Commission Chapter 11*, Final Report (2014), S. 221; krit. *Janger/Jacoby*, 96 Tex. L. Rev. 673 (2018), 729–730: Der Ausübungspreis sollte anstelle des Nominalwerts der vorrangigen Forderungen auf den Wert der Sicherheiten begrenzt sein, da besicherten Gläubigern nur dieser Wert zugesichert sei, nicht ein darüberhinausgehender Fortführungswert des Unternehmens.

570 *ABI Commission Chapter 11*, Final Report (2014), S. 221; *Janger/Jacoby*, 96 Tex. L. Rev. 673 (2018), 729–730.

571 *ABI Commission Chapter 11*, Final Report (2014), S. 209–210, S. 210 Fußn. 767.

572 Ebd., S. 220.

vorrangiger Gläubiger vollständig zu decken und auch der Immediately Junior Class Werte zukommen zu lassen.[573]

Ausgleichspflichtig sei im Falle einer Fortführung im Chapter-11-Verfahren die Gläubigerklasse, die das restrukturierte Eigenkapital am Schuldner erhält, welcher damit das Potenzial einer künftigen Steigerung des Fortführungswerts zuteilwird. Gläubigerklassen, die Wertzuweisungen in Form von Fremdkapital oder Zahlungen erhalten, wären demnach nicht ausgleichspflichtig.[574] Im Falle eines Gesamtverkaufs des schuldnerischen Unternehmens auf Grundlage eines Chapter-11-Plans oder eines 363 sale läge die Ausgleichspflicht bei der höherrangigen Gläubigerklasse, welcher der Verkaufserlös zuteilwird.[575] Die Ausgleichspflicht bestünde auch, wenn die höherrangige Gläubigerklasse aus dem Verkaufserlös nicht vollständig befriedigt würde. Erfolge der fortführende Verkauf nicht an die höherrangigen Gläubiger, sondern an einen außenstehenden Dritten, werde ihnen das Fortführungspotenzial nicht unmittelbar zuteil. Jedoch erhielten die höherrangigen Gläubiger in diesem Fall eine zeitlich frühere Befriedigung, womit ihre Ausgleichspflicht gerechtfertigt sei.[576] Damit sei ein Gleichlauf mit Verkäufen an die höherrangigen Gläubiger selbst und auch der Fortführung im Chapter-11-Verfahren gewährleistet, da andernfalls Umgehungen drohten.[577]

Die Rangverhältnisse zwischen ausgleichspflichtigen und ausgleichsberechtigten Kapitalklassen seien umfassend zu bestimmen, mithin auch unter Berücksichtigung von Sicherheiten, vertraglicher Rangregelungen und sonstiger Faktoren.[578] Die Zuweisung des Redemption Option Value erfolge im Ermessen der ausgleichspflichtigen Klasse durch Zahlung oder andere wertäquivalente Leistung.[579]

Zwecks Umsetzung für das Chapter-11-Verfahren sei 11 U.S.C. § 1129(b) dahingehend zu ändern, dass ein klassenübergreifender Cram Down der Immediately Junior Class nur erfolgen dürfe, wenn dieser der Redemption Option Value zugewiesen werde, sofern ein positiver Optionswert gegeben sei. Diese Wertzuweisung stehe auch einem Cram Down der höherrangigen Klasse nicht entgegen,

573 Ebd., S. 208; aufgrund dieser Prämisse einer vollständigen Befriedigung der vorrangigen Klasse ist die vorrangige Klasse selbst aufgrund etwaiger unterbesicherter Restansprüche (*deficiency claim*) nicht selbst zum Erhalt eines Redemption Option Value berechtigt, ebd. Fußn. 764.

574 Ebd., S. 208 Fußn. 762; näher auf den S. 209–210.

575 Ebd., S. 208 Fußn. 762.

576 Ebd., S. 224.

577 Ebd.

578 Ebd., S. 208 Fußn. 763.

579 Ebd., S. 210.

wenn die Absolute Priority Rule zu deren Lasten allein wegen der Zuweisung des Redemption Option Value nicht gewahrt sei.[580] Die Überprüfung des Redemption Option Value würde durch das Gericht in der Anhörung zum klassenübergreifenden Cram Down oder dem 363 sale unter Nutzung anerkannter Bewertungsmodelle, etwa des Black-Scholes-Modells, erfolgen.[581]

Wendet sich eine den Plan ablehnende Immediately Junior Class im Chapter-11-Verfahren zugleich gegen den Wertansatz für den verteilungsfähigen Unternehmenswert als Grundlage der Berechnung des Redemption Option Value, wäre ein klassenübergreifender Cram Down auch ohne Zuteilung dessen für die ablehnende Klasse möglich, wenn der zugrunde gelegte Fortführungswert in gutem Glauben (good faith) bemessen worden sei.[582] Damit soll das Potenzial für gerichtliche Bewertungsstreitigkeiten über die neu geschaffene Größe des Optionswerts gemindert werden.[583] Im Falle eines 363 sale sei die Immediately Junior Class zum Erhalt des Redemption Option Value nur berechtigt, wenn sie keine Einwendungen gegen den Verkauf erhebe, andernfalls nicht.[584]

Der Redemption Option Value wäre quantitativ nicht anhand eines fixen Prozentsatzes oder eines absoluten Betrags zu bemessen. Im Einzelfall könnte der Optionswert der Höhe nach zu vernachlässigen oder bei Null sein.[585] Die ABI Kommission verdeutlicht dies anhand verschiedener Berechnungsbeispiele:[586]

- Bei einer Befriedigungsquote der vorrangigen Gläubiger von 90%, einem Ausübungspreis von 100% aller vorrangigen Forderungen, einem Ausübungszeitraum von zwei Jahren (bei Planbestätigung ein Jahr nach Antragstellung), einer Volatilität von 15% und einem risikofreien Zinssatz von 2,23%, würde der Redemption Option Value 5,32% des verteilungsfähigen Unternehmenswerts[587] betragen.

---

580 Ebd., S. 208–209; *Adler/Triantis*, 91 Am. Bankr. L. J. 563 (2017), 590.

581 *ABI Commission Chapter 11*, Final Report (2014), S. 210; näher auf S. 221, auch zu einer möglichen Bestimmung der Volatilität unter dem Black-Scholes-Modell; *Adler/Triantis*, 91 Am. Bankr. L. J. 563 (2017), 590–591.

582 *ABI Commission Chapter 11*, Final Report (2014), S. 219.

583 *Adler/Triantis*, 91 Am. Bankr. L. J. 563 (2017), 592.

584 *ABI Commission Chapter 11*, Final Report (2014), S. 209; Einwendungen einzelner Gläubiger sollen dem nicht entgegenstehen, ebd. Fußn. 765.

585 Ebd., S. 208.

586 Ebd., S. 222.

587 *ABI Commission Chapter 11*, Final Report (2014), S. 207, 215: Enterprise Value des restrukturierten Unternehmens im Falle einer Sanierung mittels Chapter-11-Plan, Nettoverkaufspreis im Fall eines 363 sale.

- Sinkt die Befriedigungsquote der vorrangigen Gläubiger bei sonst konstanten Variablen auf 70%, läge der Redemption Option Value nur noch bei 0,54%, bei 60% bei 0,08% und bei 50% bei 0%.

2.1.9.4.3 Reflektion

Abweichend von den Konzepten relativer Priorität von *Morrison/Casey* oder *Baird* entwirft die ABI Kommission mit dem Redemption Option Value nicht einen gänzlich neuen Verwertungsmodus oder schafft umfassende Optionsrechte, sondern beschränkt sich auf eine punktuelle Ergänzung des geltenden Prioritätssystems für Chapter-11-Pläne und 363 sales durch Einführung eines Kompensations- bzw. Ausgleichsmechanismus.

2.1.9.4.3.1 Praxistauglichkeit

Das Konzept scheint grundsätzlich umsetzbar und praktikabel, da niederrangigen Gläubigern nicht tatsächlich Call-Optionen auf das restrukturierte Eigenkapital zugewiesen würden. Allein der Wert einer hypothetischen Call-Option wäre im Rahmen des Verfahrens auszugleichen. Mit den Optionsmodellen von *Baird* und *Morrison/Casey* kaum auflösbare Probleme in der Corporate Governance des restrukturierten Unternehmens (Trennung von wirtschaftlichem Eigentum und Kontrolle, instabile Gesellschafterstruktur) und Anreize der neuen Gesellschafter zur Unterinvestition in das mit Optionen belastete Eigenkapital[588] und zur Wertextraktion würden damit vermieden. Der Reformvorschlag beschränkt sich auf punktuelle Ergänzungen der Regelungen zum klassenübergreifenden Cram Down (11 U.S.C. § 1129) und des 363 sale und scheint damit auch legislativ umsetzbar.

Die Vorgaben zu Ausübungspreis und -zeitraum sind klar formuliert und nachvollziehbar begründet. Insbesondere ist bei der Bestimmung des Ausübungspreises berücksichtigt, dass dieser neben dem Nominalwert der vorrangigen Forderungen auch bis zum Zeitpunkt der hypothetischen Ausübung angefallene Zinsen und weitere Kosten und Ausgaben der höherrangigen Gläubiger umfassen müsste.[589] Das ist konsistent mit der Anknüpfung an hypothetische Call-Optionen niederrangiger Gläubiger auf das Eigenkapital, im Falle derer höherrangige Gläubiger für die Kapitalbindung bis zur späteren Ausübung der Optionen sachgerecht ebenfalls zu kompensieren wären. Die Anknüpfung an den zuvor vertraglich bestimmten Zinssatz ist pragmatisch und vermeidet gerichtliche

588 S. zuvor mit Blick auf das Optionsmodell von *Baird*, S. 91 ff.; dazu auch *Adler/Triantis*, 91 Am. Bankr. L. J. 563 (2017), 585.

589 *ABI Commission Chapter 11*, Final Report (2014), S. 223.

Streitigkeiten über den angemessenen Zinssatz. Ob es des langen hypothetischen Ausübungszeitraums von drei Jahren bedürfte, womit zugleich der Wert der Call-Option entsprechend gesteigert wird, um temporäre Verzerrungen der Unternehmensbewertung auszugleichen, ist nicht zweifelsfrei. Wiederum ist der Vorschlag sachnäher als etwa der Ausübungszeitraum von *Morrison/Casey* von fünf Jahren, zehn Jahren oder einer ewigen Laufzeit.[590]

2.1.9.4.3.2 Umverteilungseffekte, Unternehmensbewertung, Fazit

Das zuvor erörterte Berechnungsbeispiel zeigt, dass ein positiver und ausgleichspflichtiger Redemption Option Value häufig nur gegeben ist, wenn die vorrangigen Gläubiger hohe Befriedigungsquoten erzielen. Dennoch kann, wie dargelegt, bereits ab Quoten von 80%, ein signifikanter Redemption Option Value im einstelligen Prozentbereich des verteilungsfähigen Unternehmenswerts bestehen. Anders als im Fall der Optionsmodelle von *Bebchuk* oder *Baird* ist die volle Befriedigung vorrangiger Forderungen vor Wertzuteilungen an niederrangige Kapitalklassen dabei nicht sichergestellt, sondern lediglich Prämisse bei der Berechnung des Optionswerts.[591] Vorrangige Gläubiger könnten unmittelbare Zahlungen vermeiden und Risiken mit den niederrangigen Gläubigern teilen, indem der Ausgleich – nach ihrem Ermessen – etwa in Form von Fremdkapital des restrukturierten Unternehmens erfolgt. Das Fremdkapital wäre jedoch wiederum so zu verzinsen, dass der Barwert den vollen Optionswert erreicht.

Das Konzept des Redemption Option Value könnte ein wesentliches Ziel der Kommission erreichen – den Ausgleich temporärer Tiefs in der Unternehmensbewertung. Jedoch erfolgt die Kompensationszahlung in jedem Fall, mithin überschießend auch für Fälle, in denen die Unternehmensbewertung zulasten einer vorrangigen Gläubigerklasse bereits erhöht ist und absehbar absinken wird. Die höherrangige Klasse wäre damit nicht nur an Tag 1 nach der Restrukturierung dem Risiko einer Bewertungskorrektur hinsichtlich ihres Eigenkapitals und einer erhöhten Fremdkapitallast des restrukturierten Unternehmens (wegen erhöhtem unterstelltem Gesamtunternehmenswert) ausgesetzt, sondern zusätzlich mit der Zahlung des Redemption Option Value belastet. Diese Perspektive findet im Bericht der ABI Kommission keine Erörterung. So wird dem behaupteten Schutzbedürfnis niederrangiger Kapitalklassen nicht die spiegelbildliche Belastung

---

590 *Morrison/Casey*, Col. L. & Econ. WP 551 (2016), 18.

591 *ABI Commission Chapter 11*, Final Report (2014), S. 223.

höherrangiger Kapitalklassen gegenübergestellt, es fehlt an einer sachgerechten Abwägung.[592]

Ebenso bleibt unerörtert, weshalb die attestierten Risiken temporärer Bewertungstiefs im Fall einer Restrukturierung in einem effizienten Finanzierungsmarkt nicht bereits in der Vertragsgestaltung berücksichtigt sind (insbesondere Risikozinssatz, Sicherheiten, Laufzeit, Covenants) und es einer ausgleichenden Umverteilung von Werten bedarf. Gleichsam die grundlegende Frage, ob Eingriffe in das bestehende Konzept absoluter Priorität ex ante Fremdkapitalkosten steigern und dem Zugang zu Fremdfinanzierungen abträglich sein könnten.[593] Marktbeteiligten würde die Möglichkeit genommen, Gläubigern eine insolvenzfeste, umfassende Vorrangstellung einzuräumen. Der Vorschlag der ABI Kommission wird zuweilen vor dem Hintergrund der Zunahme gesicherter Finanzierungen gesehen, die in der Insolvenz keinen Raum für Zuteilungen an ungesicherte Gläubiger ließen.[594] Wollte man dem abhelfen, ließe sich die Prioritätsstellung gesicherter Gläubiger etwa vereinfacht auch quotal begrenzen, während der verbleibende Unternehmenswert auf rangniedrigere Klassen zu verteilen wäre.[595]

Unklar ist ferner, ob das weitere wesentliche Ziel der ABI Kommission – die Milderung gerichtlicher Bewertungskonflikte im Chapter-11-Verfahren und beim 363sale – erreicht werden kann. Aufgrund der grundsätzlichen Fortgeltung absoluter Priorität stellen sich nach wie vor dieselben Bewertungsfragen. Die Einführung eines zusätzlich zu bestimmenden Optionswerts würde den Kapitalgebern ein weiteres Forum für Bewertungsstreitigkeiten bieten. Die Herabstufung des Prüfungsmaßstabs hinsichtlich des verteilungsfähigen Unternehmenswerts im Chapter-11-Verfahren auf die Schwelle guten Glaubens (good faith) mildert dies zwar ab.[596] Jedoch erfasst dies nicht die weiteren Variablen der Bewertung (Ausübungspreis, Ausübungszeitraum, Volatilität).

Schließlich ist die Ausgleichspflicht im Chapter-11-Verfahren beschränkt auf die Klasse, die das restrukturierte Eigenkapital am Schuldner erhält. Höherrangige

---

592 Krit. auch *Silverman*, IILR 2015, 123 (136 f.).

593 Im Kontext *Adler/Triantis*, 91 Am. Bankr. L. J. 563 (2017), 591; s. auch *Silverman*, IILR 2015, 123 (136 f.); ausf. in Teil II auf den S. 338 ff.

594 *ABI Commission Chapter 11*, Final Report (2014), S. 11 (mission statement der ABI Kommission), S. 216–217; *de Weijs/Wessels*, Cent. St. Europ. Contr. L. WP 2015-05, SSRN: 2595577, S. 1.

595 Im Kontext *European Law Institute*, Rescue of Business in Insolvency Law (2017), S. 292 (exemplarisch: ab einer Befriedigungsquote von 90%); *de Weijs/Wessels*, Cent. St. Europ. Contr. L. WP 2015-05, SSRN: 2595577, S. 13.

596 *Adler/Triantis*, 91 Am. Bankr. L. J. 563 (2017), 591–592.

Gläubiger könnten damit incentiviert sein, anstelle der Wandlung ihrer Forderungen in Eigenkapital auf die Beibehaltung von Fremdkapital hinzuwirken, um die Ausgleichspflicht zu vermeiden. Resultat könnte ein erhöhter Verschuldungsgrad nach Abschluss des Verfahrens sein, womit die Wahrscheinlichkeit einer Folgeinsolvenz gesteigert wäre.[597]

Im Ergebnis scheint auch das Konzept der ABI Kommission damit nicht hinreichend entwickelt und bietet keine hinreichende Rechtfertigung für die befürworteten Umverteilungseffekte.[598]

2.1.10 Konsolidierung von Vermögensmassen im Chapter-11-Reorganisationsplan – Substantive Consolidation

Während Prioritätsregeln eine rein rechtsträgerbezogene Wirkung entfalten, tritt in Konzernsachverhalten die Dimension struktureller Priorität hinzu. Vermögenswerte und Verbindlichkeiten sind regelmäßig über mehrere Ebenen des Konzerns hinweg verteilt, womit Rangverhältnisse und deren Wirkungen nur in einer Gesamtbetrachtung erfasst werden können. Hat ein Kapitalgeber einer Gesellschaft eine günstige Prioritätsstellung in deren Kapitalstruktur, liegen wesentliche Vermögenswerte der Gruppe jedoch auf der Ebene anderer Konzerngesellschaften mit wiederum eigenen Gläubigern, wird die strukturelle Prioritätsstellung zum entscheidenden Faktor. Gesellschafter haben in Form von Eigenkapital eine Berechtigung am Gesamtvermögen direkter oder indirekter Tochtergesellschaften. Deren Gläubiger nehmen nach allgemeinen Kriterien wiederum eine Vorrangstellung gegenüber dem Gesellschafter ein.[599] So sind strukturelle Prioritäten wie andere Aspekte von Prioritätssystemen von rechtsökonomischer Bedeutung. Sie entfalten verhaltensleitende Wirkungen gegenüber Kapitalgebern, beeinflussen die Dynamiken der Finanzierungsmärkte und bestimmen insgesamt die Effizienz von Prioritätssystemen mit. Ausgehend von der grundsätzlichen Geltung struktureller Prioritäten soll im nachfolgenden Abschnitt untersucht werden, unter welchen Voraussetzungen diese in Chapter-11-Verfahren überwunden werden können.

---

597 *Schulte Roth & Zabel*, "Redemption Option Value": Mandatory Distributions to Out-of-the-Money Stakeholders (5 February 2015), S. 5.

598 Besonders kritisch *Adler/Triantis*, 91 Am. Bankr. L. J. 563 (2017), 592: "based on inaccurate premises and faulty reasoning".

599 Näher zur Funktionsweise und Wirkung struktureller Prioritäten zuvor auf den S. 32 ff.

Das US-amerikanische Recht stellt die Beteiligten in der Bewältigung von Konzerninsolvenzen vor vergleichbare Herausforderungen wie das deutsche Recht. In Konzernsachverhalten stellen neben der Obergesellschaft oder den wesentlichen Finanzierungsvehikeln regelmäßig weitere Gesellschaften Anträge auf Eröffnung eines Chapter-11-Verfahrens. Das US-amerikanische Recht ermöglicht eine verfahrensmäßige Konsolidierung der Verfahren, ein einheitliches Gesamtverfahren über sämtliche Vermögensmassen der insolventen und sonstigen Konzerngesellschaften ist hingegen nicht vorgesehen.[600] Die Prioritätsfolge der Kapitalgeber ist grundsätzlich mit Blick auf die jeweilige schuldnerische Gesellschaft zu bestimmen.[601] Strukturelle Prioritäten innerhalb der Konzernstruktur entfalten Wirkung.

Um Verfahrenskosten in komplexen Konzernsachverhalten im Interesse der Gläubiger zu senken oder berechtigten Haftungserwartungen gerecht zu werden, erlaubt das US-amerikanische Insolvenzrecht unter engen Voraussetzungen eine sog. substantive consolidation. Das richterrechtlich entwickelte Institut ermöglicht es dem Insolvenzgericht, einen Chapter-11-Reorganisationplan zu bestätigen, in dem die Vermögenswerte und Verbindlichkeiten mehrerer Konzerngesellschaften konsolidiert werden. Dies ermöglicht zum einen die Bestätigung von Reorganisationsplänen, durch welche einzelne Rechtsträger verschmolzen und deren Aktiva und Passiva in einem Rechtsträger zusammengeführt werden. Häufiger ist jedoch die Form der deemed consolidation, bei der die Konsolidierung allein für den Zweck der Masseverwertung und -verteilung unterstellt wird.[602] Die einbezogenen Gesellschaften werden mithin nur konsolidiert betrachtet und bestehen als selbständige Rechtsträger fort.[603] Mit einer tatsächlichen Verschmelzung von Rechtsträgern verbundene Kosten werden vermieden.[604] Die Vermögensmassen werden sodann konsolidiert und pro rata zur Befriedigung der ungesicherten Gläubiger der einbezogenen Konzerngesellschaften unter einer einheitlichen Prioritätsfolge herangezogen.[605] Zugleich bleiben konzerninterne Forderungen zwischen den

600 S. auch *Baird*, 47 B.C. L. Rev. 5 (2005), 6; Nachw. zum deutschen Recht in Fußn. 48.
601 *Baird*, 47 B.C. L. Rev. 5 (2005), 6.
602 Dazu *Widen*, 75 Geo. Wash. L. Rev. 237 (2007), 244.
603 *Baird*, 47 B.C. L. Rev. 5 (2005), 9.
604 *Widen*, 75 Geo. Wash. L. Rev. 237 (2007), 255.
605 *Baird*, 47 B.C. L. Rev. 5 (2005), 5–6; *Widen*, 75 Geo. Wash. L. Rev. 237 (2007), 271.

konsolidierten Gesellschaften sowie konzerninterne Garantien unberücksichtigt.[606] Gesellschafsrechtlich errichtete Begrenzungen der Vermögenshaftung auf den Rechtsträger werden überwunden.[607]

Die Gläubiger einbezogener Gesellschaften stimmen über den einheitlichen Reorganisationsplan ab.[608] Dissentierende Gläubiger innerhalb einer Abstimmungsklasse werden durch ein mehrheitlich zustimmendes Votum der Klasse gebunden (klasseninterner Cram Down), ablehnende Klassen können durch einen klassenübergreifenden Cram Down überwunden werden. Ablehnenden Klassenangehörigen bleibt durch den best-interests-of-creditors test der Liquidationswert ihrer Position gesichert (11 U.S.C. § 1129(a)(7)).[609] Durch die Planbestätigung werden die Kapitalgeber an den Plan gebunden.

Die Doktrin der substantive consolidation hat keine gesetzliche Kodifikation im US Bankruptcy Code und wurde durch die US-amerikanischen Insolvenzgerichte auf Grundlage ihrer sog. equitable powers (11 U.S.C. § 105(a)) entwickelt.[610] Wenngleich die Gerichte in der Anwendung der substantive consolidation von wirtschaftlichen Erwägungen geleitet sind, ist das Instrument daher im Kern auf Anliegen materieller Gerechtigkeit in der Behandlung von Gläubigergruppen zurückzuführen.[611] Als grundlegend verstandene Prinzipien der gesellschaftsrechtlichen Separation von Haftungsmassen und dem folgende Erwartungen von Marktteilnehmern[612] können in Ausnahmefällen aus übergeordneten Erwägungen materieller Gerechtigkeit überwunden werden.

---

606 *Sprayregen/Friedland/Gettleman*, Annual Survey of Bankruptcy Law (2005), Part. 1 S. 3; In re Genesis Health Ventures, Inc., 402 F.3d 416, 423 (3d Cir. 2005): “Substantive consolidation treats separate legal entities as if they were merged into a single survivor left with all the cumulative assets and liabilities (save for inter-entity liabilities, which are erased). The result is that claims of creditors against separate debtors morph to claims against the consolidated survivor.”.

607 *Skeel/Triantis*, 166 U. Pa. L. Rev. 1777 (2018), 1812.

608 *Sprayregen/Friedland/Gettleman*, Annual Survey of Bankruptcy Law (2005), Part. 1 S. 3.

609 Im Kontext *Baird*, 47 B.C. L. Rev. 5 (2005), 9; näher dazu zuvor auf den S. 63 f.; das Schlechterstellungsverbot gilt als allgemeine Voraussetzung der Planbestätigung für ablehnende Angehörige insgesamt ablehnender sowie auch zustimmender Klassen, Nachw. in Fußn. 172.

610 *Sprayregen/Friedland/Gettleman*, Annual Survey of Bankruptcy Law (2005), Part. 1 S. 3; “equity” dabei im Sinne von Gerechtigkeit, Billigkeit.

611 S. etwa In re Owens Corning, 419 F.3d 195, 208 (3d Cir. 2005): “substantive consolidation as an equitable remedy”; ebd., 211: “Substantive consolidation at its core is equity. Its exercise must lead to an equitable result.”.

612 Dazu In re Owens Corning, 419 F.3d 195, 211 (3d Cir. 2005).

Zuweilen wird die Doktrin der substantive consolidation noch immer kritisch betrachtet, da die Konsolidierung ex post das ex ante vertraglich geschaffene Interessengefüge überlagere und effiziente Anreizwirkungen ex ante schwäche.[613] An anderer Stelle wird die Doktrin hingegen als wichtigste Doktrin der Unternehmensrestrukturierung beschrieben.[614] Im zweiten Teil der Untersuchung folgt eine nähere rechtsökonomische Betrachtung der Aufhebung struktureller Priorität im Wege der Massekonsolidierung.[615]

2.1.10.1 Wirtschaftliche Auswirkungen der substantive consolidation

Unter Aufhebung struktureller Prioritäten werden sämtliche Gläubiger und Gesellschafter einbezogener Konzerngesellschaften einer einheitlichen vermögensbezogenen Prioritätsfolge hinsichtlich der konsolidierten Haftungsmassen unterworfen.[616] Gegenstandsbezogene Prioritäten in Gestalt dinglicher Sicherheiten bleiben hingegen unberührt. Zugleich entfällt der Sicherungswert von Garantien anderer Konzerngesellschaften, da die Vermögenswerte der konsolidierten Gesellschaften gleichsam sämtlichen Gläubigern als Haftungsmasse dienen.[617] Aus Sicht der Gläubiger und Gesellschafter tritt an die Stelle ihres Schuldner die konsolidierte Haftungsmasse der einbezogenen Gesellschaften. Gemeinsam mit Gläubigern und Gesellschaftern werden sie in eine einheitliche Prioritätsfolge eingegliedert.

Eine solche Konsolidierung kann die wirtschaftliche Position der Kapitalgeber signifikant verbessern oder verschlechtern.[618] Weisen die einbezogenen Gesellschaften unterschiedliche Deckungsgrade im Verhältnis ihrer Vermögenswerte und Verbindlichkeiten auf, kommt es durch die Konsolidierung notwendig zu Wertverschiebungen zwischen den Gläubigern. Je weiter die Deckungsgrade auseinander liegen, desto größer ist dieser Effekt. Möglichkeit und Voraussetzungen einer Massekonsolidierung können daher Auswirkungen auf die risikoorientierte

---

613 Etwa *Skeel/Triantis*, 166 U. Pa. L. Rev. 1777 (2018), 1816–1817.

614 *Widen*, 75 Geo. Wash. L. Rev. 237 (2007), 238: "most important doctrine in corporate reorganization".

615 Näher auf den S. 357 ff.

616 Näher *Skeel/Triantis*, 166 U. Pa. L. Rev. 1777 (2018), 1811–1816; *Graulich*, 14 ABI L. Rev. 527 (2006), 538; *Grauke/Fail/Hwangpo*, in: MüKo, InsO, Bd. 4 – Länderberichte, USA Rn. 69 f.; *Uhlenbruck*, NZI 1999, 41 (42 f.).

617 Dazu *Grauke/Fail/Hwangpo*, in: MüKo, InsO, Bd. 4 – Länderberichte, USA Rn. 69.

618 *Moyer*, Distressed Debt Analysis, S. 287; *Skeel/Triantis*, 166 U. Pa. L. Rev. 1777 (2018), 1812.

Bepreisung von Fremdfinanzierungen sowie die Bereitschaft zur Kreditvergabe und mithin die Praxis der Fremdfinanzierung in Gänze haben.[619]

2.1.10.2 *Voraussetzungen der substantive consolidation*

Die Voraussetzungen der substantive consolidation sind nicht vollends konturiert und werden durch die Gerichte uneinheitlich gehandhabt.[620] Als Anwendungsfälle haben sich in der Rechtsprechung zwei wesentliche Fallgruppen etabliert: (1) die kaum auflösbare Verflechtung von Vermögenswerten und Verbindlichkeiten von Gesellschaften, sowie (2) das Auftreten von Gesellschaften als wirtschaftliche Haftungseinheit.[621] Ebenso kann ein konsolidierender Reorganisationsplan konsensual umgesetzt werden, womit dieser nicht an den Anforderungen der Rechtsprechung zu messen ist.[622] Die Planbetroffenen sehen die Konsolidierung ex post als ökonomisch vorteilhaft an und fassen einen Entschluss gegen die Anwendung der gesetzlichen Standardregel der Vermögenstrennung. In der Praxis des Chapter-11-Verfahrens bildet diese konsensuale Form der Konsolidierung den primären Anwendungsfall der substantive consolidation.[623]

2.1.10.2.1 *Kaum auflösbare Verflechtung von Vermögenswerten und Verbindlichkeiten*

Eine substantive consolidation kommt im Chapter-11-Verfahren zunächst in Betracht, wenn die Vermögenswerte und Verbindlichkeiten der betreffenden Konzerngesellschaften derart verwoben sind, dass ihre Zuordnung und Feststellung

---

619 Eine nähere rechtsökonomische Betrachtung der Massekonsolidierung folgt in Teil II auf den S. 357 ff.

620 *Skeel/Triantis*, 166 U. Pa. L. Rev. 1777 (2018), 1812 Fußn. 148.

621 Zusammenfassend In re Owens Corning, 419 F.3d 195, 211–212 (3d Cir. 2005): "In our Court what must be proven (absent consent) concerning the entities for whom substantive consolidation is sought is that (i) prepetition they disregarded separateness so significantly their creditors relied on the breakdown of entity borders and treated them as one legal entity, or (ii) postpetition their assets and liabilities are so scrambled that separating them is prohibitive and hurts all creditors."; s. auch In re Genesis Health Ventures, Inc., 402 F.3d 416, 423 (3d Cir. 2005); *Skeel/Triantis*, 166 U. Pa. L. Rev. 1777 (2018), 1812; *Grauke/Fail/Hwangpo*, in: MüKo, InsO, Bd. 4 – Länderberichte, USA Rn. 70.

622 In re Owens Corning, 419 F.3d 195, 211 (3d Cir. 2005); *Skeel/Triantis*, 166 U. Pa. L. Rev. 1777 (2018), 1815; *Baird*, 47 B.C. L. Rev. 5 (2005), 8.

623 *Skeel/Triantis*, 166 U. Pa. L. Rev. 1777 (2018), 1815; *Widen*, 75 Geo. Wash. L. Rev. 237 (2007), 263–264.

einen erheblichen wirtschaftlichen Aufwand erwarten ließe.[624] Ebenso, wenn zwischen Konzerngesellschaften in bedeutendem Maß Forderungen streitig sind, etwa aufgrund möglicherweise anfechtbarer gruppeninterner Geschäftsvorgänge. Würden die Gläubiger durch den Aufwand in der Aufarbeitung dieser Verhältnisse wirtschaftlich schlechter gestellt, als im Falle einer Konsolidierung der Vermögensmassen, wird die Konsolidierung als ökonomisch gerechtfertigt und verfahrenstechnisch sinnvoll angesehen.[625] Allein das gerichtliche Bestreben nach einer verfahrenstechnischen Vereinfachung des Falls kann eine substantive consolidation hingegen nicht rechtfertigen.[626]

Gerichte sehen eine substantive consolidation überwiegend nur dann als gerechtfertigt an, wenn *jeder* Gläubiger der einbezogenen Konzerngesellschaften durch die Konsolidierung wirtschaftlich bessergestellt wird.[627] Der wirtschaftliche Mehrwert müsse aus der Schonung der Haftungsmasse durch Kosteneinsparungen im Verfahren hervorgehen, nicht hingegen aus einer Verschiebung wirtschaftlicher Werte unter den Gläubigern.[628] Besonders in Verfahren mit komplexen, stark verwobenen Konzernstrukturen und großen Volumina gruppeninterner Transaktionen, kann die substantive consolidation eine wirtschaftliche Entlastung der Haftungsmasse schaffen.[629] Die Einschätzung, in welcher Höhe bei einer getrennten Betrachtung Verfahrenskosten zu erwarten wären, mithin ob die

---

624 S. etwa In re Owens Corning, 419 F.3d 195, 214 (3d Cir. 2005): "hopeless commingling".

625 *Skeel/Triantis*, 166 U. Pa. L. Rev. 1777 (2018), 1812; *Widen*, 75 Geo. Wash. L. Rev. 237 (2007), 268–269.

626 In re Owens Corning, 419 F.3d 195, 211 (3d Cir. 2005); *Skeel/Triantis*, 166 U. Pa. L. Rev. 1777 (2018), 1815 Fußn. 155.

627 *Skeel/Triantis*, 166 U. Pa. L. Rev. 1777 (2018), 1812; *Widen*, 75 Geo. Wash. L. Rev. 237 (2007), 287.

628 S. etwa In re Owens Corning, 419 F.3d 195, 214 (3d Cir. 2005): "As we have explained, commingling justifies consolidation only when separately accounting for the assets and liabilities of the distinct entities will reduce the recovery of *every* creditor – that is, when every creditor will benefit from the consolidation. Moreover, the benefit to creditors should be from cost savings that make assets available rather than from the shifting of assets to benefit one group of creditors at the expense of another. Mere benefit to some creditors, or administrative benefit to the Court, falls far short." (Hervorhebung durch das Gericht); dazu *Baird*, 47 B.C. L. Rev. 5 (2005), 18.

629 S. etwa *Baird*, 47 B.C. L. Rev. 5 (2005), 11 zur substanive consolidation im Chapter-11-Verfahren des Telekommunikationsunternehmens WorldCom, welches monatlich zuweilen mehr als 600.000 gruppeninterne Transaktionen abwickelte, 12–13; *Skeel/Triantis*, 166 U. Pa. L. Rev. 1777 (2018), 1812.

Konsolidierung für betroffene Gläubiger ökonomisch vorteilhaft ist, obliegt dem Gericht und bleibt mit bedeutenden Unsicherheiten behaftet.[630]

In der US-amerikanischen Literatur wird beschrieben, dass eine substantive consolidation selten für Emissionen strukturierter Finanzierungen oder Verbriefungen gegründete Zweckgesellschaften betreffe, da deren Vermögenswerte und Verbindlichkeiten gezielt von denen anderer Konzerngesellschaften getrennt würden und diese selten in verwobene Transaktionen mit anderen Konzerngesellschaften einbezogen würden.[631] Werden Zweckgesellschaften in diesem Sinne wirtschaftlich von anderen Konzerngesellschaften separiert, kann damit einer späteren substantive consolidation gezielt entgegengewirkt werden.[632] Gleichsam kann die klare Separation von finanziellen Aufzeichnungen, Konten und Entscheidungsprozessen der Geschäftsleitung einer Konsolidierung vorbeugen.[633]

2.1.10.2.2 Auftreten von Gesellschaften als wirtschaftliche Haftungseinheit

Darüber hinaus soll eine Konsolidierung von Vermögensmassen in Betracht kommen, wenn Gesellschaften ihre rechtliche Separation derart unbeachtet lassen, dass Gläubiger diese bei ihrer Geschäfts- oder Finanzierungsentscheidung ex ante als wirtschaftliche Einheit betrachtet und nicht auf die rechtliche Trennung und individuelle Haftungsmassen und Verhältnisse der Gesellschaften vertraut haben.[634] Ex ante begründeten, berechtigten Haftungserwartungen von Gläubigern soll im Insolvenzfall zur Geltung verholfen werden.[635] Hauptanwendungsfälle sind – absichtliche oder unabsichtliche – irreführende Darstellungen von Schuldnern, durch welche mehrere Gesellschaften als eine dargestellt wurden, worauf Gläubiger vertraut haben.[636] Aufseiten der Gläubiger wird damit der Eindruck erweckt, dass ihrer Forderung mehr Haftungsmasse gegenüberstehe,

---

630 *Widen*, 75 Geo. Wash. L. Rev. 237 (2007), 286.

631 *Skeel/Triantis*, 166 U. Pa. L. Rev. 1777 (2018), 1815 Fußn. 156; dazu auch In re Owens Corning, 419 F.3d 195, 214 (3d Cir. 2005), Fußn. 24.

632 *Skeel/Triantis*, 166 U. Pa. L. Rev. 1777 (2018), 1815 Fußn. 156.

633 *Iacobucci/Triantis*, 93 Virg. L. Rev. 515 (2007), 526.

634 In re Owens Corning, 419 F.3d 195, 211 (3d Cir. 2005): "[…] prepetition [the entities] disregarded separateness so significantly their creditors relied on the breakdown of entity borders and treated them as one legal entity […]."; *Skeel/Triantis*, 166 U. Pa. L. Rev. 1777 (2018), 1812 Fußn. 148 m.w.Nachw. aus der Rspr.

635 In re Owens Corning, 419 F.3d 195, 212 (3d Cir. 2005), Fußn. 19; *Sprayregen/Friedland/Gettleman*, Annual Survey of Bankruptcy Law (2005), Part. 1 S. 1.

636 In re Owens Corning, 419 F.3d 195, 212 (3d Cir. 2005), Fußn. 19.

als tatsächlich zur Verfügung steht.[637] Auch Umstände dieser Art, die nach der Geschäfts- oder Finanzierungsentscheidung der Gläubiger eingetreten sind, können unter Umständen eine substantive consolidation rechtfertigen.[638]

Indizien für eine wirtschaftliche Identität dieser Art können eine zentrale Steuerung der Konzerngesellschaften, das Vorhandensein nur einheitlicher Businesspläne und Budgets, eine konsolidierte Rechnungslegung der Gesellschaften, die Zurverfügungstellung nur konsolidierter Finanzzahlen gegenüber Kreditgebern oder ein zentrales Cash-Management-System der Gesellschaften sein.[639] Dabei handelt es sich zugleich um strukturelle Merkmale, die kennzeichnend für konsolidierte Unternehmensgruppen sind und als wesentliche Maßnahmen der Effizienzsteigerung begriffen werden[640] und damit nicht allein bereits eine Konsolidierung rechtfertigen.

Haben hingegen einzelne Konzerngesellschaften Garantien gewährt und wurde deren Werthaltigkeit in den Vertragsverhandlungen geprüft, kann dies aus Sicht der Gerichte gegen eine Betrachtung des Unternehmens als wirtschaftliche Haftungseinheit durch den Gläubiger sprechen. Werden Garantien mit dem Ziel gewährt, dem Kreditgeber insoweit eine strukturelle Prioritätsstellung einzuräumen, fehle es gerade an einer einheitlichen Betrachtung der Haftungsmassen.[641] Besonders das Vorhandensein besicherter Finanzierungen mit diversifizierten Paketen gruppeninterner Drittsicherheiten, wie es in der Praxis der Unternehmens- und Akquisitionsfinanzierung im Konzern verbreitet ist, stünde damit einer Konsolidierung entgegen.

2.1.10.3 Prüfung durch die Gerichte

In einer Gesamtschau der vorgenannten Faktoren folgen Gerichte häufig einer dreiteiligen Prüfung. Demnach ist eine substantive consolidation gerechtfertigt, wenn (1) die betreffenden Konzerngesellschaften als im Wesentlichen identisch anzusehen sind, (2) es der Konsolidierung bedarf, um einen Nachteil abzuwenden oder einen Vorteil zu erzielen und (3) die Gläubiger nicht darlegen können, dass sie auf die Bonität der einzelnen Konzerngesellschaften vertraut haben und

637 *Widen*, 75 Geo. Wash. L. Rev. 237 (2007), 249.

638 Etwa Verschiebungen von Vermögenswerten durch Schuldner, um eine Befriedigung der Gläubiger zu verhindern; dazu *Widen*, ebd., m.Nachw. aus früherer Rspr.

639 m.Nachw. aus der US-amerikanischen Rechtsprechung jeweils *Baird*, 47 B.C. L. Rev. 5 (2005), 13–14.

640 *Widen*, 75 Geo. Wash. L. Rev. 237 (2007), 258–260.

641 Eingehend In re Owens Corning, 419 F.3d 195, 212–213 (3d Cir. 2005).

durch die Konsolidierung geschädigt werden.[642] Die Darlegungs- und Beweislast für die ersten beiden, positiven Voraussetzungen liegt beim Planvorlegenden.[643] Die Darlegungs- und Beweislast hinsichtlich der dritten, negativen Voraussetzung verlagert sich sodann auf die Gläubiger, welche sich gerichtlich gegen die Konsolidierung wenden.[644]

2.1.11 Zusammenfassung

Das US-amerikanische Chapter-11-Verfahren hat Gesetzgebern international bei der Gestaltung restrukturierungs- und insolvenzrechtlicher Planverfahren als Vorbild gedient, so auch dem deutschen Gesetzgeber. Die Regelungen zum klassenübergreifenden Cram Down sowie die Absolute Priority Rule wurden strukturell analog in das deutsche Recht übernommen. Daher bringt die Auseinandersetzung mit dem US-amerikanischen Recht Erkenntnisgewinne auch für die Betrachtung des deutschen Rechts. Neben der New Value Exception, die einen vollen Wertausgleich der Planleistung erfordert und damit keine echte Ausnahme zur Absolute Priority Rule darstellt, kennt der US Bankruptcy Code Ausnahmen für kleine Unternehmen (11 U.S.C. § 1191(c)). Freiwillige Wertzuwendungen durch höherrangige Klassen unter dem Plan werden von Gerichten weithin für zulässig gehalten (gifting doctrine).

Obgleich ihrer Geltung seit dem frühen 20. Jahrhundert, bleibt die Absolute Priority Rule in der US-amerikanischen Literatur umstritten. Autoren setzen sich fortlaufend mit ihren Wirkungen auf Kapitalgeber, die Dynamiken vorinsolvenzlicher Restrukturierungen und Insolvenzverfahren und die Finanzierungsmärkte auseinander. Im Vordergrund stehen dabei Anwendungsdefizite absoluter Priorität aufgrund des Erfordernisses einer gerichtlichen Unternehmensbewertung,

642 In re Auto-Train Corp., 810 F.2d 270, 276 (D.C. Cir. 1987): "The proponent must show not only a substantial identity between the entities to be consolidated, but also that consolidation is necessary to avoid some harm or to realize some benefit. [...] At this point, a creditor may object on the grounds that it relied on the separate credit of one of the entities and that it will be prejudiced by the consolidation."; dazu *Skeel/Triantis*, 166 U. Pa. L. Rev. 1777 (2018), 1812; *Baird*, 47 B.C. L. Rev. 5 (2005), 8–9, 10 Fußn. 15 zu verschiedenen Tests der Gerichte; zu einer Kombination der beiden zuvor dargestellten Fallgruppen in der Rechtsprechungspraxis auch *Widen*, 75 Geo. Wash. L. Rev. 237 (2007), 272–273.

643 S. etwa In re Owens Corning, 419 F.3d 195, 215 (3d Cir. 2005).

644 *Baird*, 47 B.C. L. Rev. 5 (2005), 9, 14.

sollte ein konsensualer Plan nicht zu erreichen sein. Zudem die stichtagsbezogene und finale Verteilungswirkung absoluter Priorität. Vermehrt wird berichtet, dass Chapter-11-Verfahren nicht selten von zeit- und kostenaufwändigen gerichtlichen Bewertungsstreitigkeiten geprägt seien. Kapitalgebern würden signifikante Anreize gesetzt, Unsicherheiten in der Unternehmensbewertung strategisch gegeneinander auszuspielen und im Eigeninteresse die Unternehmensbewertung zu beeinflussen. Studien von *Gilson/Hotchkiss/Ruback* (2000), *Trujillo* (2000) und *Morrison/Ayotte* (2018) stützen verbreitete Thesen, dass Verfahrensbeteiligte in bedeutendem Maß versuchen, Unternehmensbewertungen im eigenen Interesse zu beeinflussen und die Wertansätze der Beteiligten im Chapter-11-Verfahren im Laufe der Zeit zunehmend divergieren.

Autoren und auch die ABI Kommission zur Reformierung des Chapter-11-Verfahrens haben dies zum Anlass genommen, alternative Konzepte relativer Priorität zu entwickeln, maßgeblich optionsbasierte Verwertungsmodelle. Dabei gelingt es ihnen zum Teil, Erfordernisse einer gerichtlichen Unternehmensbewertung zu vermeiden und die Einbindung von Gerichten in den Verwertungsprozess zu vermindern, was als maßgebliche Fehlerquelle und prozessuale Hürde verstanden wird. Zugleich werden jedoch neue Bewertungsfragen im Umgang mit Optionen aufgeworfen, womit der konzeptionelle Mehrwert der Modelle in Frage gestellt wird. Grundlegende Fragen der praktischen Umsetzung und der Abstimmung mit dem geltenden Recht werden offengelassen, womit es den Konzepten weithin an einer praktischen Umsetzbarkeit fehlt. Eine Ausnahme bildet insoweit das Modell eines Redemption Option Value der ABI Kommission, dass höherrangige Klassen zum Ausgleich eines hypothetischen Optionswerts niederrangiger Kapitalpositionen verpflichten kann. Potenzielle nachteilige Auswirkungen auf den Markt der Unternehmensfremdfinanzierung aufgrund der Abweichung von ex ante vertraglich fixierten Prioritäten und verminderter Vorhersehbarkeit von Wertzuweisungen ex post bleiben jedoch weitgehend unreflektiert.

Wertvolle Perspektiven in der Handhabung struktureller Prioritäten in Konzernsachverhalten bringt die Auseinandersetzung mit der Doktrin der substantive consolidation, die in eng umgrenzten Fällen eine konsolidierte Betrachtung von Vermögenswerten und Verbindlichkeiten verschiedener Konzerngesellschaften erlaubt. Sind für die Auflösung enger konzerninterner Verflechtungen hohe Verfahrenskosten zu erwarten, können die Einsparungen im Falle einer Konsolidierung sämtliche Kapitalgeber besserstellen. Entsprechende Abweichungen von der absoluten Priorität ex post versprechen insoweit Effizienzgewinne.

2.2 Absolute Vorrangregel, § 245 InsO

Mit der Einführung der Insolvenzordnung im Jahr 1999 wurden die früheren Funktionen von Konkurs und Vergleich in einem einheitlichen Insolvenzverfahren zusammengeführt.[645] Das Verfahren dient der Verwirklichung der Vermögenshaftung des Schuldnervermögens im Interesse einer bestmöglichen Befriedigung der Gläubiger (§ 1 S. 1 InsO). Die Kapitalstruktur des Schuldners wird unter Wahrung der haftungsrechtlichen Rangfolge der Kapitalbeiträge neu strukturiert.[646] Wird über das Vermögen eines Schuldners ein Insolvenzverfahren eröffnet, kommen nach dem gesetzlichen Leitbild die Verfahrens- und Verwertungsregelungen des Regelinsolvenzverfahrens zu Anwendung.[647] Das schuldnerische Vermögen wird durch den Insolvenzverwalter verwertet (§ 159 InsO), der Verwertungserlös an die Insolvenzgläubiger verteilt (§§ 187 ff. InsO).[648] Abweichend können die Verwertung der Insolvenzmasse sowie deren Verteilung an die Beteiligten in einem Insolvenzplan nach den §§ 217 ff. InsO geregelt werden, wobei dem Schuldner sämtliche Formen der Masseverwertung offenstehen (Einzel- oder Gesamtliquidation, Sanierung). Sämtliche Kapitalpositionen, einschließlich der Anteils- und Mitgliedschaftsrechte der Gesellschafter, können im Plan umfassend gestaltet werden (§§ 217, 225a InsO). Der Planersteller genießt bei Änderung der Rechtsstellungen der Beteiligten (§ 221 InsO) und damit der Wertallokation unter dem Plan weitgehende Gestaltungsfreiheit. So können mögliche Leistungen etwa in Barzahlungen, ratierlichen Zahlungen, dem teilweisen Erhalt der bestehenden Forderungen, der Zuteilung neuer Forderungen, der Zuteilung von Gesellschaftsanteilen am sanierten Unternehmen im Wege eines Debt-Equity-Swap oder auch einer Möglichkeit zur Auswahl unter verschiedenen solcher Optionen bestehen.[649] Zur Vorlage eines Insolvenzplans an das Insolvenzgericht sind allein der Schuldner und der Insolvenzverwalter berechtigt (§ 218 Abs. 1 InsO). Ein Vorlagerecht der Gläubiger besteht anders als im US-amerikanischen Chapter-11-Verfahren nicht. Die Wiederherstellung der Ertragskraft unter Erhalt des Rechtsträgers wird ermöglicht.[650]

645 Begr. RegE InsO, BT-Drucks. 12/2443, S. 82 f.

646 Ebd.

647 *Spahlinger*, in: Kübler/Prütting/Bork/Jacoby, InsO, § 217 Rn. 1.

648 *Eidenmüller*, in: MüKo, InsO, Vor. §§ 217–269, Rn. 1; *Keller*, in: Keller, InsR, 1. Teil Rn. 14 ff.

649 Näher bei *Lüer/Streit*, in: Uhlenbruck, InsO, § 221 Rn. 3 ff.

650 *Tan/Lambrecht*, NZI 2019, 249 (249); s. auch *Rühle*, in: Römermann, InsO, § 217 Rn. 8; *Spahlinger*, in: Kübler/Prütting/Bork/Jacoby, InsO, § 217 Rn. 8.

Die Gestaltung des neuen Insolvenzrechts, besonders des Insolvenzplanverfahrens, war stärker als zuvor von der ökonomischen Theorie des Insolvenzrechts geprägt.[651] Die Grundlage boten die Lehren aus dem weitgehend funktionsunfähig gewordenen Konkurs- und Vergleichsrecht sowie die Erkenntnis, dass Funktionsschwächen des Insolvenzrechts die Überzeugungskraft der Rechtsordnung in ihrer Gesamtheit herabsetzen können.[652] Mit dem Insolvenzverfahren sollte deshalb ein ganzheitliches Konzept kollektiver Haftungsverwirklichung geschaffen werden, das Marktprozessen nicht zuwiderläuft, sondern diese stimuliert.[653] Ein besonders wertvolles Instrument sollte dabei die Deregulierung der Insolvenzbewältigung durch Privatisierung sein. Entscheidungen über Verfahrensabläufe und die Art und Weise der Masseverwertung sollten mit dem neuen Insolvenzplanverfahren weitestmöglich der privatautonomen Entscheidung der wirtschaftlich Betroffenen anheimgestellt werden.[654] Durch privatautonome Verhandlungen und Austauschvorgänge im Wettbewerb um die beste Verwertungsart sollen Pareto-effiziente Verwertungslösungen begünstigt werden. Wird mindestens ein Beteiligter durch die Lösung bessergestellt und kein anderer schlechter gestellt, ist das wirtschaftliche Optimum erreicht.[655] Ausdruck findet dies in den Regelungen der Planabstimmung sowie besonders in § 245 InsO als zentraler Norm kollektiver Willensbildung.[656] Analog zum US-amerikanischen Chapter-11-Verfahren statuiert auch die insolvenzplanrechtliche Regelung des § 245 InsO eine Regel absoluter Priorität (absolute Vorrangregel).

651 Dazu *Eidenmüller*, in: MüKo, InsO, Vor. §§ 217–269, Rn. 23 f.; *Stürner*, ebd., Einl. Rn. 39; s. auch Begr. RegE InsO, BT-Drucks. 12/2443, S. 104 zur Berücksichtigung rechtsökonomischer Stellungnahmen im Gesetzgebungsprozess.

652 Begr. RegE InsO, BT-Drucks. 12/2443, S. 72 (in den Jahren 1985–1990 wurden über 75% der Konkursanträge mangels Masse abgewiesen; im selben Zeitraum wurde in weniger als 1% der Insolvenzen ein gerichtlicher Vergleich bestätigt), S. 75.

653 Näher zur marktwirtschaftlichen Orientierung der InsO in Teil II auf den S. 299 ff.

654 Begr. RegE InsO, BT-Drucks. 12/2443, S. 75, 77 f.; *Pape*, in: Pape/Reichelt/Voigt-Salus, InsR, Kap. 10 Rn. 1.

655 Begr. RegE InsO, BT-Drucks. 12/2443, S. 78; dazu *Eidenmüller*, in: MüKo, InsO, Vor. §§ 217–269 Rn. 24; sowie Nachw. in Fußn. 714.

656 *Eidenmüller*, in: MüKo, InsO, Vor. §§ 217–269 Rn. 25.

Das Konzept privatautonomer Krisenbewältigung durch den Insolvenzplan wurde auch in den Vorschriften zum Reorganisationsverfahren für Kreditinstitute (KredReorgG)[657] übernommen.[658] Die Regelung des klassenübergreifenden Cram Down gemäß § 19 KredReorgG war strukturell § 245 InsO nachempfunden und folgte der absoluten Vorrangregel.[659]

2.2.1 Historie des Obstruktionsverbots

Mit der Einführung der Insolvenzordnung und des Insolvenzplanverfahrens im Jahr 1999 wurde auch die Regelung des Obstruktionsverbots in § 245 InsO geschaffen, welche bis heute weitgehend unverändert blieb.[660] Seither prägt die absolute Vorrangregel das Prioritätssystem für nicht-konsensuale Pläne unter deutschem Insolvenzrecht. Wie die Grundstrukturen des Insolvenzplanverfahrens ist auch die zentrale Regelung des § 245 InsO dem Vorbild des US-amerikanischen Chapter-11-Verfahrens (11 U.S. C § 1129(b)(1)) nachempfunden.[661] Den Regelungen liegt einheitlich der Gedanke zugrunde, dass eine Gruppe den vom Mehrheitswillen getragenen Reorganisationsplan nicht verhindern können soll, wenn die ablehnende Gruppe unter dem Plan wirtschaftlich nicht schlechter gestellt und zugleich angemessen am Planmehrwert beteiligt wird.[662]

Wie im US-amerikanischen Chapter-11-Verfahren stand auch in der Einführung der absoluten Vorrangregel der Gedanke der Symmetrie von zivilrechtlicher

---

657 Gesetz zur Reorganisation von Kreditinstituten (Kreditinstitute-Reorganisationsgesetz – KredReorgG) v. 9.12.2010, BGBl. I S. 1900.

658 Dazu *Eidenmüller*, in: MüKo, InsO, Vor. §§ 217–269, Rn. 2; s. die ehemaligen Vorschriften zum Reorganisationsplan in den §§ 9 ff. KredReorgG a.F.; das Verfahren sollte die außerinsolvenzliche Restrukturierung von Kreditinstituten ermöglichen; seit seinem Inkrafttreten im Jahr 2010 wurde kein Anwendungsfall bekannt. Mit der Verabschiedung des europäischen präventiven Restrukturierungsrahmens wurde es als obsolet angesehen und zum 28.12.2020 aufgehoben, s. Begr. RegE Risikoreduzierungsgesetz, BT-Drucks. 19/22786, S. 200; dazu auch *Skauradszun*, ZRI 2020, 625 (626).

659 § 19 Abs. 3 Nr. 2 KredReorgG a.F.

660 Ein Überblick zur Historie des § 245 InsO bei *Pleister*, in: Kübler/Prütting/Bork/Jacoby, InsO, § 245 Rn. 1 ff.

661 Ausdr. Begr. RegE InsO, BT-Drucks. 12/2443, S. 94 („Der Entwurf folgt mit dieser Regelung Leitlinien des amerikanischen Reorganisationsrechts"), 208; *Lüer/Streit*, in: Uhlenbruck, InsO, § 245 Rn. 1; *Pleister*, in: Kübler/Prütting/Bork/Jacoby, InsO, § 245 Rn. 1.

662 *Pleister*, in: Kübler/Prütting/Bork/Jacoby, InsO, § 245 Rn. 1.

Haftungslage, Liquidation und Fortführung im Planverfahren im Vordergrund.[663] Anliegen des Insolvenzverfahrens sei die Verwirklichung der zivilrechtlichen Haftungslage unter Wahrung der haftungsrechtlichen Rangfolge der Kapitalbeiträge. Dies müsse unabhängig von der gewählten Verfahrensvariante auch für Fälle gelten, in denen das Schuldnervermögen in der Fortführung im Unternehmen gebunden bleibe. Vorbehaltlich einer Zustimmung zu einer abweichenden Behandlung sei die für den Liquidationsfall bestimmte haftungsrechtliche Rangfolge auch in der Fortführung im Insolvenzplanverfahren zu verwirklichen. Die Kapitalgeber können in der Sanierung entsprechend ihrem Rang eine Teilhabe am Fortführungswert beanspruchen. Zugleich wird einer Verfolgung verfahrenszweckwidriger Sondervorteile im Planverfahren vorgebeugt.[664]

Einen grundlegenden Wandel des Prioritätssystems brachte die Einbeziehung der Anteils- und Mitgliedschaftsrechte der Gesellschafter in den Insolvenzplan und damit die Erweiterung des Obstruktionsverbots um eine Regelung für ablehnende Gesellschaftergruppen (Abs. 3) mit dem ESUG[665] im Jahr 2012.[666] Zur Durchführung sanierender Kapitalmaßnahmen erforderliche Gesellschafterbeschlüsse können seither mittels des Obstruktionsverbots ersetzt (§§ 225a, 245 InsO), Insolvenzpläne gegen den Willen der Gesellschafter durchgesetzt werden.[667] Das Eigenkapital wurde – wie zuvor auch Forderungen von Gläubigern – dem absoluten Vorrang in der Durchsetzung nicht-konsensualer Insolvenzpläne unterworfen.

In der Reform des deutschen Insolvenz- und Sanierungsrechts durch das SanInsFoG[668] wurde die Norm im Jahr 2021 schließlich um eine Kodifikation der zuvor in der Rechtsprechung bereits anerkannten New Value Exception, eine punktuelle Durchbrechung der absoluten Vorrangregel zur Privilegierung von

---

663 Begr. RegE InsO, BT-Drucks. 12/2443, S. 83, 91; *Eidenmüller/Engert*, ZIP 2009, 541 (544): „Konsistenz zwischen Plan- und Regelverfahren".

664 Begr. RegE InsO, BT-Drucks. 12/2443, S. 83, 91; s. auch *Ganter/Bruns*, in: MüKo, InsO, § 1 Rn. 69.

665 Gesetz zur weiteren Erleichterung der Sanierung von Unternehmen vom 7. Dezember 2011 (ESUG), BGBl. I S. 2582.

666 Dazu Begr. RegE ESUG, BT-Drucks. 17/5712, S. 30.

667 *Spahlinger*, in: Kübler/Prütting/Bork/Jacoby, InsO, § 217 Rn. 14 f.; *Brinkmann*, WM 2011, 97 (99).

668 Gesetz zur Fortentwicklung des Sanierungs- und Insolvenzrechts (SanInsFoG) v. 22.12.2020, BGBl. I S. 3256; näher zum SanInsFoG im Kontext des neuen StaRUG auf den S. 202 ff.; zudem wurde eine Konkretisierung des Schlechterstellungsverbots für natürliche Personen als Schuldner in § 245a InsO eingeführt.

Gesellschaftern, sowie eine Sonderregelung für die Inhaber gruppeninterner Drittsicherheiten ergänzt.[669]

2.2.2 Praktische Bedeutung des Obstruktionsverbots

Vielfach wird beschrieben, dass die Regelung des § 245 InsO in der Insolvenzpraxis nur selten unmittelbar zur Anwendung komme.[670] Vielmehr diene bereits das Inaussichtstellen eines möglichen Cram Down als „konsensförderndes" Druckmittel,[671] womit ablehnende Gruppen – etwa in Kombination mit wertmäßigen Zugeständnissen – häufig bereits zu einer Zustimmung bewegt werden können. In eben dieser Hinsicht ist das Obstruktionsverbots jedoch von umso größerer praktischer Bedeutung. Nach *Jacoby/Madaus/Sack/Schmidt/Thole*, den Autoren des Gesamtberichts zur Evaluierung des ESUG von 2018, gelte dies gleichsam mit Blick auf die letztrangige Gruppe der Anteilseigner als Verfahrensbeteiligte. Sehe der Plan Eingriffe in die Gesellschafterrechte vor, ergäben sich im Ergebnis oftmals Verwertungslösungen, im Rahmen derer Gesellschaftern (in zumindest geringer Höhe) Beteiligungen verblieben. Die absolute Vorrangregel werde in ihrer Striktheit gegenüber Gesellschaftern nur selten praktisch durchgesetzt.[672] Zurückzuführen sei dies unter anderem darauf, dass die Personen der Altgesellschafter nicht selten über ihren ursprünglichen Kapitalbeitrag hinaus für das Unternehmen von Bedeutung seien.[673] Mit Blick auf die Gesellschafter finde die absolute Vorrangregel maßgeblich dann Anwendung, wenn Finanzinvestoren am Eigenkapital beteiligt seien.[674]

2.2.3 Diskussion um den absoluten Vorrang und Befunde aus der Evaluierung des ESUG

Wenngleich die deutsche Diskussion um das Konzept der absoluten Vorrangregel weitaus weniger umfangreich und kontrovers geführt wurde und wird als in den

669 § 245 Abs. 2 S. 1 Nr. 2, S. 2 u. 3, Abs. 2a InsO n.F.

670 *Thole*, in: Brünkmans/Thole, HdB Insolvenzplan, § 17 Rn. 1; *Madaus*, Insolvenzplan, S. 262.

671 *Thole*, in: Brünkmans/Thole, HdB Insolvenzplan, § 17 Rn. 1: „Druckmittel in den Verhandlungen vor der Planabstimmung"; *Rendels/Zabel*, Insolvenzplan, Rn. 451.

672 *Jacoby/Madaus/Sack/Schmidt/Thole*, Evaluierung ESUG (2018), S. 170, 178.

673 Ebd., S. 178.

674 *Jacoby/Madaus/Sack/Schmidt/Thole*, Evaluierung ESUG (2018), S. 178, wobei die Einschätzung auf eine Fallstudie zum Insolvenzverfahren der IVG Immobilien AG (2013–2014) gestützt wird.

USA, bleibt die Striktheit des absoluten Vorrangs bis heute nicht unumstritten. So kritisierten etwa die Autoren der Evaluierung des ESUG in ihrem Bericht aus dem Jahr 2018, die Regelungen der §§ 245, 246a InsO böten „für überstimmte Gesellschafter keinerlei Schutz", da sie „anhand der rein wertorientierten Verteilungsordnung einer Insolvenz(liquidation) davon ausgehen, dass Gesellschafter nur als nach-nachrangige Gläubiger am Verfahren zu beteiligen" seien und diese „nach der Verfahrenseröffnung bei insolventen Gesellschaften nichts beanspruchen könn[t]en (absolute priority rule)".[675] Die These wird im Bericht vor dem Hintergrund des geltenden Prioritätssystems nicht näher reflektiert.

Der Auszug aus der Evaluierung des ESUG steht exemplarisch für Teile der deutschen rechtswissenschaftlichen Diskussion um die insolvenzrechtliche Priorität. So stehen zuweilen nicht die Verhältnisse höher- und niederrangiger Gläubiger, sondern Erwägungen einer weitergehenden oder minderen Schutzbedürftigkeit der Gesellschafter im Vordergrund. Bedenken gegen die Erstreckung des Obstruktionsverbots auf die Gesellschafter, bzw. im Kern – ihre Unterwerfung unter den absoluten Vorrang – resultierten nicht maßgeblich aus einem befürchteten Entzug von Vermögenswerten, sondern „vor allem aus dem Eingriff in die aus der Mitgliedschaft fließenden Schutz- und Teilhaberechte".[676] Eine wirtschaftliche Wertlosigkeit der Gesellschaftsanteile rechtfertige nicht den Eingriff in die mitgliedschaftliche Position des Gesellschafter.[677] Diese Ansicht folgte auch der deutsche Gesetzgeber im Gesetzgebungsprozess zur InsO, weshalb eine Einbeziehung der Gesellschafterrechte in den Insolvenzplan zunächst unterblieb.[678]

Wenngleich auch nachrangige Gläubiger unter dem absoluten Vorrang häufig keine Aussicht auf Wertzuweisungen unter dem Plan haben, wird nicht deren vollständige Schutzlosigkeit und Auslieferung gegenüber dem Insolvenzplan beklagt. In der Evaluierung des ESUG wurde weitergehend erwogen, den Altgesellschaftern

---

675 Ebd., S. 188 ff.

676 *Brinkmann*, WM 2011, 97 (100).

677 Ebd.; *Madaus*, ZGR 2011, 749 (751): allein die Insolvenz des Schuldners rechtfertige nicht eine „Willensherrschaft [der Gläubiger] über die Anteilseigner hinsichtlich der Aufgabe oder Änderung ihrer Mitgliedschaftsrechte"; s. auch *K. Schmidt*, ZIP 2012, 2085 (2088): die Aufgabe der „Versöhnung von Insolvenzrecht und Gesellschaftsrecht im Recht der Unternehmen".

678 Begr. RegE InsO, BT-Drucks. 12/2443, S. 83: „Gegenstand der Haftung ist das Vermögen des Schuldners, nicht seine gesellschafts- oder verbandsrechtliche Organisation. Der Entwurf sieht deswegen keine insolvenzrechtlichen Eingriffe in die gesellschaftsrechtlichen Verhältnisse des Schuldners vor."; seien die notwendigen gesellschaftsrechtlichen Mehrheiten nicht zu erreichen, bleibe eine Verwertung im Wege der übertragenden Sanierung, ebd.

über eine Ergänzung des § 245 Abs. 3 InsO nicht vermögensrechtliche Positionen der Gesellschafter (genannt werden Mitverwaltungsrechte, good will) gesetzlich zu sichern – jedoch „ohne den Gesellschaftern eine unvernünftige Blockade zu ermöglichen". Hier könne eine „generalklauselartige Formulierung" Abhilfe schaffen.[679] Details eines solchen Konzepts werden nicht erörtert. Ebenso wenig mögliche praktische Implikationen und mit einer solchen Neuregelung verbundene ökonomische Anreizwirkungen. Vorschläge in Richtung der Kodifizierung einer New Value Exception sowie der Privilegierung für die Fortführung bedeutsamer Gesellschafter unter dem absoluten Vorrang sind hingegen mit den Neuerungen des SanInsFoG nunmehr in § 245 InsO reflektiert.[680]

War der Gesetzgebungsprozess der Insolvenzordnung und die Etablierung des geltenden Prioritätssystems noch deutlich von der ökonomischen Theorie des Insolvenzrechts geprägt,[681] wird in der heutigen Debatte nur vereinzelt eine rechtsökonomische Betrachtungsweise eingenommen. Verhaltensanreize gegenüber Marktteilnehmern und Verfahrensbeteiligten, ebenso wie Erwägungen ökonomischer Effizienz, finden nur punktuell Eingang in die Debatte.[682] In der Folge werden – anders als zuweilen in der US-amerikanischen Debatte[683] sowie der europäischen Debatte um das Prioritätssystem unter der RestRL[684] – geäußerte Erwägungen weithin nicht in Form alternativer Prioritätskonzepte konkretisiert.[685] Anliegen der hiesigen Untersuchung ist es, vor dem Hintergrund der ökonomischen Bedeutung restrukturierungs- und insolvenzrechtlicher Prioritätssysteme einen Beitrag zu einer verstärkten rechtsökonomischen Auseinandersetzung in dem Bereich zu leisten.

---

679 *Jacoby/Madaus/Sack/Schmidt/Thole*, Evaluierung ESUG (2018), S. 179.

680 Zu den neuen Regelungen nachf. auf den S. 191 ff. (New Value Exception) sowie S. 193 ff. (Durchbrechung des absoluten Vorrangs).

681 S. die Ausführungen bei Fußn. 651 m.w.Nachw.

682 S. jedoch den ausführlichen Beitrag im Vorfeld der Reform durch das ESUG von *Eidenmüller/Engert*, ZIP 2009, 541 ff.; ebenso die rechtsökonomischen Erwägungen zum Obstruktionsverbot bei *Drukarczyk/Schüler*, in: MüKo, InsO, § 245 Rn. 13 ff.; ein Überblick zur rechtsökonomischen Untersuchung insolvenzrechtlicher Priorität unter deutschem Recht auf den S. 316 f.

683 Näher zuvor auf den S. 114 ff.

684 S. die Richtlinienvorgaben zur Regel des relativen Vorrangs auf den S. 218 ff.

685 S. jedoch die Gegenüberstellung von „gesellschaftsrechtlicher Verteilungsregel" für den Debt-Equity-Swap unter deutschem Insolvenzplanrecht vor der Erstreckung des Obstruktionsverbots auf die Gesellschafter durch das ESUG und geltender „insolvenzrechtlicher Verteilungsregel" bei *Eidenmüller/Engert*, ZIP 2009, 541 (544).

2.2.4 Liquidationsprioritäten unter der Insolvenzordnung

Anliegen des Insolvenzverfahrens ist die gemeinschaftliche Haftungsverwirklichung durch Verwertung des schuldnerischen Vermögens, wobei sich die Varianten der Zerschlagung und der Fortführung grundsätzlich gleichwertig gegenüber stehen.[686] Dabei ist in sämtlichen Verfahrensvarianten, vorbehaltlich einer Zustimmung zu einer abweichenden Behandlung, die haftungsrechtliche Rangfolge der Kapitalbeiträge gesicherter Gläubiger, einfacher und nachrangiger Insolvenzgläubiger, sowie der Eigenkapitalgeber zu wahren.[687]

2.2.4.1 Frühere Liquidationsprioritäten unter der Konkursordnung

Mit der Ablösung des Konkurs- und Vergleichsrechts durch die Insolvenzordnung im Jahr 1999 hat das deutsche System der Liquidationsprioritäten[688] einen Wandel durchlaufen. Schon unter dem alten Recht waren Vorrechte in der Befriedigung in Form von Aus- und Absonderungsrechten (§§ 43 ff., 47 ff. KO) und eine bevorzugte Vorwegbefriedigung von Massegläubigern (§§ 57 ff. KO) anerkannt. Darüber hinaus war für sog. Konkursforderungen eine gegenüber der InsO differenziertere Rangordnung vorgesehen. Durch ein gestuftes System von insgesamt sechs Rangklassen mit weitergehenden Differenzierungen wurden bestimmten Personengruppen und Institutionen (etwa Arbeitnehmer, Fiskus, Sozialversicherungsträger) nach sozialen Gesichtspunkten Vorrechte im Konkurs eingeräumt, welche häufig über eine vollständige Befriedigung oder einen Totalausfall entscheiden konnten.[689] Rangklassen nachrangiger Gläubiger waren hingegen nicht vorgesehen. Anstelle dessen wurden bestimmte Forderungen von der Anmeldung im Insolvenzverfahren ausgeschlossen (§ 63 KO).[690]

---

686 Begr. RegE InsO, BT-Drucks. 12/2443, S. 83, 77 f.

687 Ebd.

688 Auch „liquidationsrechtliche Verteilungsordnung", s. Begr. RegE InsO, BT-Drucks. 12/2443, S. 92.

689 Begr. RegE InsO, BT-Drucks. 12/2443, S. 90.

690 Diese entsprachen weithin den heutigen Fallgruppen des § 39 Abs. 1 InsO; dazu auch *K. Schmidt/Herchen*, in: K. Schmidt, InsO, § 39 Rn. 2.

Mit der Einführung der InsO wurde die als komplex, in sich nicht vollends konsistente und durch soziale Erwägungen nicht zu rechtfertigende Rangordnung von Konkursvorrechten abgeschafft[691] und durch ein schlankes System insolvenzrechtlicher Liquidationsprioritäten ersetzt (§§ 38, 39 InsO).[692] Im geltenden System ist jeder Forderung gegen den Schuldner eine Rangstellung im Insolvenzverfahren zugeordnet.[693] Es bestimmt für das Szenario der Einzel- oder Gesamtliquidation im Regelinsolvenzverfahren, in welcher Reihenfolge der Liquidationserlös an die Gläubiger auszukehren ist. Gesetzgeberisches Anliegen war es dabei unter anderem, das Interesse einfacher Insolvenzgläubiger an der Beteiligung am Insolvenzverfahren durch erhöhte Befriedigungsquoten zu steigern. Verlorene Fiskusvorrechte sollten durch eine gesteigerte Effizienz des neuen Insolvenzverfahrens kompensiert werden.[694]

Mit dem Abbau vielzähliger Rangklassen durch die Insolvenzordnung hat die absolute Vorrangregel für das deutsche Recht, besonders für Verhältnisse einfacher Insolvenzgläubiger, an Bedeutung abgenommen.[695] Unter anderem

---

691 Näher Begr. RegE InsO, BT-Drucks. 12/2443, S. 90; ferner wurde gerügt, dass das System der Konkursvorrechte Umverteilungseffekte in der Wahl der Verfahrensvariante zwischen Konkurs- und Vergleichsverfahren ermöglicht habe, dazu *Balz*, ZIP 1988, 1438 (1439 f.); krit. auch *Pape*, in: Pape/Reichelt/Schultz/Voigt-Salus, InsR, § 1 Rn. 1: Rangvorrechte verschärften den Verteilungskampf der Gläubiger und verhindern eine geordnete Abwicklung von Unternehmen.

692 LG Traunstein, Beschl. v. 27.8.1999 – 4 T 2966/99 = NZI 1999, 461 (464); Ablösung der Rangordnung der Konkursgläubiger durch eine „Nachrangordnung“ gem. § 39 InsO, dazu *Smid*, WM 2002, 1033 (1036).

693 *K. Schmidt/Herchen*, in: K. Schmidt, InsO, § 39 Rn. 2.

694 Begr. RegE InsO, BT-Drucks. 12/2443, S. 90. Im Jahr 2011 folgte die Wiedereinführung eines Fiskusvorrechts mit § 55 Abs. 4 InsO, welcher bestimmte, im Insolvenzeröffnungsverfahren begründete Steuer- und Abgabenverbindlichkeiten als Masseverbindlichkeiten einordnet. Die rangmäßige Privilegierung wurde vonseiten des Gesetzgebers damit begründet, dass der Fiskus andernfalls gegenüber anderen Gläubigern, die im Eröffnungsverfahren Vorkehrungen gegen drohende Verluste durchsetzen könnten, benachteiligt würde (Begr. RegE HBeglG, BT-Drucks. 17/3030, S. 42 f.). Die Regelung wird in der Literatur dahingehend kritisiert, dass das Rangvorrecht den Fiskus systemwidrig gegenüber sonstigen ungesicherten Insolvenzgläubigern privilegiere (insb. auch gegenüber anderen unfreiwilligen Gläubigern) und den Grundsatz der Gläubigergleichbehandlung gem. § 1 InsO verletze, Nachw. bei *Sinz*, in: Uhlenbruck, InsO, § 55 Rn. 105; eingehend *Hölzle*, BB 2012, 1571 (1571 ff.); *Pape/Schaltke*, in: Kübler/Prütting/Bork/Jacoby, InsO, § 55 Rn. 341: „Wiederbelebung des Fiskusvorrechts“; *Sinz*, in: Uhlenbruck, InsO, § 55 Rn. 105 m.w.Nachw.

695 *Thole*, ZIP 2017, 101 (109 f.).

durch die zentrale Regelung des Obstruktionsverbots gemäß § 245 InsO finden die insolvenzrechtlichen Liquidationsprioritäten Eingang in das Insolvenzplanverfahren und die Durchsetzung nicht-konsensualer Pläne. Als Grundlage der weiteren Betrachtung seien die Liquidationsprioritäten unter der InsO deshalb vorab erörtert.

2.2.4.2 Heutige Liquidationsprioritäten der §§ 38, 39, 199 S. 2 InsO

Die InsO kennt eine Reihe von Rangregelungen, welche in verschiedener Hinsicht Vorgaben für die Verteilung des haftenden Schuldnervermögens statuieren. Den Kern dieser Regelungen für die Verteilung der Insolvenzmasse sowie die Rangverhältnisse unter § 245 InsO bilden die Rangklassen für Forderungen nach den §§ 38, 39 InsO sowie der Überschussanspruch der Gesellschafter gemäß § 199 S. 2 InsO. Hinzu treten weitergehende Regelungen für Sicherungsrechte und Masseforderungen.

Den Inhabern durch Absonderungsrechte gesicherter Forderungen wird unter den §§ 49 ff. InsO eine vorrangige Befriedigung aus dem Sicherungsgegenstand zugestanden. Dem Insolvenzverwalter sind hinsichtlich des Gegenstands Verwertungsrechte nach den §§ 165 ff. InsO eingeräumt, der Erlös ist an den absonderungsberechtigten Gläubiger auszukehren (§ 170 Abs. 1 S. 2 InsO). Die Auskehr des Verwertungserlöses beruht auf dem Absonderungsrecht, nicht der gesicherten Forderung.[696] Absonderungsrechte verbürgen damit nicht einen Anspruch an der Insolvenzmasse, sondern vermitteln ihrem Inhaber eine gegenstandsbezogene Priorität. Sie sind als rechtliches Aliud gegenüber Forderungen einzuordnen[697] und stehen bei formaler Betrachtung außerhalb der Rangverhältnisse für Forderungen nach den §§ 38, 39 InsO. Die gesicherte Forderung selbst ist isoliert ihrem Rangverhältnis nach zu qualifizieren.[698]

Die Forderungen von Massegläubigern sind aus der Insolvenzmasse vollständig *vorweg* zu berichtigen (§§ 53, 55, 209 InsO), womit auch diese außerhalb der allgemeinen Liquidationsprioritäten für Kapitalbeiträge stehen. Die Befriedigung

696 *Spliedt*, in: K. Schmidt, InsO, § 245 Rn. 23.

697 LG Traunstein, Beschl. v. 27.8.1999 - 4 T 2966/99 = NZI 1999, 461 (464).

698 Als einfache (§ 38 InsO) oder nachrangige Insolvenzforderung (§ 39 InsO); dazu LG Traunstein, Beschl. v. 27.8.1999 - 4 T 2966/99 = NZI 1999, 461 (464); *Spliedt*, in: K. Schmidt, InsO, § 245 Rn. 23: kein Sonderrang für Absonderungsgläubiger; *Lüer/Streit*, in: Uhlenbruck, InsO, § 245 Rn. 24.

der Massegläubiger erfolgt mithin nicht unter dem Insolvenzplan[699] und ist im Rahmen des § 245 Abs. 2 InsO außer Betracht zu lassen.[700]

Die Rangordnung für Forderungen wird sodann durch die §§ 38, 39 InsO bestimmt und in (einfache) Insolvenzforderungen (§ 38 InsO) sowie nachrangige Insolvenzforderungen (§ 39 InsO) unterteilt. Die Insolvenzmasse dient der Befriedigung der Insolvenzgläubiger (§ 38 InsO), welche ohne Differenzierung auf einer Rangstufe stehen und in der Liquidation gemeinschaftlich und gleichmäßig (§ 1 S. 1 InsO), quotal zu befriedigen sind.[701] Ihnen folgen in der Befriedigung die nachrangigen Insolvenzgläubiger gemäß der in § 39 InsO bestimmten Rangfolge.

Außerhalb dieser Rangfolge für Forderungen stehen die Gesellschafter des Schuldners. Verbleibt nach einer vollständigen Befriedigung der Insolvenzforderungen und nachrangigen Insolvenzforderungen (§§ 38, 39 InsO) ein Überschuss, ist dieser an die Gesellschafter als Residualberechtigte am Unternehmenswert auszukehren (§ 199 S. 2 InsO). Damit nehmen die Gesellschafter in der Liquidationspriorität eine faktisch letztrangige Stellung ein und haben praktisch nur in Ausnahmefällen Aussichten auf Auszahlungen.[702] Die Gläubiger werden in der Insolvenz die wirtschaftlichen Eigentümer des schuldnerischen Unternehmens.[703]

Erfolgt die Masseverwertung anstelle einer Liquidation im Regelinsolvenzverfahren im Insolvenzplanverfahren, werden die Verteilungsregelungen im Insolvenzplan festgelegt. Wird der Plan in sämtlichen Gruppen durch die notwendigen Zustimmungsmehrheiten (§ 244 InsO) getragen, erfolgt grundsätzlich keine Prüfung der Einhaltung der Liquidationsprioritäten.[704] Stimmt hingegen eine Gruppe mehrheitlich gegen den Plan, sind die Voraussetzungen eines klassenübergreifenden Cram Down (Obstruktionsverbot, § 245 InsO) an die Wertverteilung in

699 Begr. RegE InsO, BT-Drucks. 12/2443, S. 209.

700 S. § 245 Abs. 2 S. 1 Hs. 1 InsO: „Für eine Gruppe der Gläubiger liegt eine angemessene Beteiligung im Sinne des Absatzes 1 Nummer 2 vor, wenn *nach dem Plan* […].“ (Hervorhebung durch den Verf.).

701 *Büteröwe*, in: K. Schmidt, InsO, § 38 Rn. 1; *Ehricke/Behme*, in: MüKo, InsO, § 38 Rn. 1 f.

702 *Kebekus/Schwarzer*, in: MüKo, InsO, § 199 Rn. 1; *Holzer*, in: Kübler/Prütting/Bork/Jacoby, InsO, § 199 Rn. 9 m.w.Nachw.: hinter den § 38 InsO, § 39 InsO „doppelt nachrangig“; *K. Schmidt*, ZIP 2012, 2085 (2086): „konstitutive Nachrangigkeit [der] Einlagen in einem insolvenzrechtlichen Verteilungsverfahren“.

703 *Eidenmüller/Engert*, ZIP 2009, 541 (545).

704 Etwa über Schutzanträge innerhalb der Gruppen überstimmter Minderheiten nach § 251 InsO, s. die Rüge einer voraussichtlichen Schlechterstellung durch den Plan gemäß § 251 Abs. 1 Nr. 2 InsO.

Anknüpfung an die Liquidationsprioritäten zu prüfen. Die Liquidationsprioritäten wirken so mittelbar in das Insolvenzplanverfahren hinein.[705]

2.2.5 Entscheidungsmodus im Insolvenzplanverfahren

Angestoßen durch die Lehren des als sanierungsfeindlich wahrgenommenen Konkurs- und Vergleichsrechts[706] sollte die Einführung der Insolvenzordnung im Jahr 1999 eine weitreichende Flexibilisierung der Insolvenzabwicklung durch Deregulierung bringen. Das neue Regelwerk sollte der marktwirtschaftlichen Einsicht folgen, dass privatautonome Entscheidungen ein höheres Maß an wirtschaftlicher Effizienz verbürgen als die hoheitliche Regulierung wirtschaftlicher Abläufe. Fortan sollten rationale Verwertungsentscheidungen, getroffen unter Wettbewerbsbedingungen in freien Verhandlungen, zu einer Maximierung der Wohlfahrt im gesamtwirtschaftlichen Interesse beitragen.[707] Dieses Leitbild verbietet es, die Entscheidung über das wirtschaftliche Plankonzept in die Hände von Gerichten oder Verwaltern zu legen und fordert, dass das Insolvenzrecht der privatautonomen Verwertung so wenig Schranken wie möglich setzt.[708] Den Kapitalgebern sollte in der mehrheitlich-konsensualen Verwertung ein Höchstmaß an Flexibilität und Gestaltungsspielraum eingeräumt werden.

Die Autonomie der Gläubiger, deren bestmöglicher Befriedigung das Insolvenzverfahren zu dienen bestimmt ist (§ 1 S. 1 InsO), sollte entschieden gestärkt werden.[709] Entscheidungen über den Gang des Verfahrens und die Masseverwertung müssten in einer Marktwirtschaft grundsätzlich in die Hände derer gelegt sein, deren Vermögenswerte betroffen sind und welche damit die wirtschaftlichen Folgen der Entscheidungen tragen.[710] Durch die Reform der Insolvenzordnung mit dem ESUG im Jahr 2012 hat der Gesetzgeber dieses Anliegen bekräftigt und die Gläubigerautonomie abermals gestärkt.[711]

---

705 S. das Schlechterstellungsverbot (§ 245 Abs. 1 Nr. 1 InsO), absolute Vorrangregel (Abs. 2 S. 1 Nr. 2), Verbot der Besserstellung gleichrangiger Klassen (Abs. 2 S. 1 Nr. 3); eingehend nachf. auf den S. 166 ff.

706 Begr. RegE InsO, BT-Drucks. 12/2443, A. Zielsetzung: „weitgehend funktionsunfähig geworden".

707 Ebd., S. 76, 78.

708 Ebd.; *Drukarczyk/Schüler*, in: MüKo, InsO, § 245 Rn. 1.

709 Begr. Rege InsO, BT-Drucks. 12/2443, S. 79.

710 Ebd., S. 79 f.

711 Begr. RegE ESUG, BT-Drucks. 17/5712, S. 17 f.; *Frind*, in: HambKomm, InsO, § 69 Rn. 1.

Kern des Insolvenzplanverfahrens ist die privatautonome Insolvenzbewältigung durch Abstimmung nach dem Mehrheitsprinzip. In der Erarbeitung mehrheitsfähiger Plankonzepte obliegt es den Beteiligten zu verhandeln, welche Wertverzichte die jeweiligen Klassen zu akzeptieren bereit sind. Die Entscheidung über die Verwertungslösung wird unmittelbar in die Hände derer gelegt, die wirtschaftlich von ihr betroffen werden.[712] Die Beteiligten werden nach gleichartigen wirtschaftlichen Interessen, maßgeblich nach ihrem Liquidationsrang, in Abstimmungsgruppen aufgeteilt. Mehrheitsentscheidungen allein garantieren jedoch nicht wirtschaftlich optimale Verwertungslösungen.[713] Hinzu treten deshalb Mindestanforderungen an die Verteilung des Unternehmenswerts, sollten nicht sämtliche Kapitalgeber für den Plan stimmen. Die Durchsetzung eines wirtschaftlichen Plankonzepts kommt in Betracht, wenn konsentierende Gruppen eine Besserstellung unter dem Plan erwarten, während dissentierende Gruppen nicht schlechter gestellt werden als im Alternativszenario ohne einen Plan. Leitkriterium ökonomischer Effizienz ist das Pareto-Optimum.[714] Auf diesem Weg sollen marktwirtschaftliche Verwertungslösungen begünstigt und zugleich missbräuchliche Obstruktionen innerhalb einer Gruppe verhindert werden.[715] Der wirtschaftliche Individualschutz überstimmter Minderheiten wird durch einen verfahrensrechtlichen Minderheitenschutz (§§ 251, 253 InsO) abgesichert und ist auf den Liquidationswert beschränkt.[716] Hinzu tritt ein gruppeninternes Gleichbehandlungsgebot (§ 226 InsO), sodass eine Gleichbehandlung konsentierender und dissentierender Beteiligter gewährleistet ist.[717]

2.2.6 Abstimmung über den Insolvenzplan

Voraussetzung der gerichtlichen Planbestätigung ist, dass der Plan die notwendige Zustimmung in sämtlichen Gruppen gefunden hat. Sei es durch mehrheitliche Zustimmung aller Gruppen oder aufgrund der Zustimmungsfiktion des

---

712 Begr. RegE InsO, BT-Drucks. 12/2443, S. 92.

713 Ebd., S. 78.

714 Ebd.; zudem *Eidenmüller*, in: MüKo, InsO, Vor. §§ 217–269 Rn. 24; *Koch/de Bra*, in: Gottwald/Haas, InsR-HdB, § 64 Rn. 13 ff.

715 Begr. RegE InsO, BT-Drucks. 12/2443, S. 76, 92; *Drukarczyk/Schüler*, in: MüKo, InsO, § 245 Rn. 2.

716 *Drukarczyk/Schüler*, in: MüKo, InsO, § 245 Rn. 16.

717 Dazu Begr. RegE InsO, BT-Drucks. 12/2443, S. 91; zur Natur des Insolvenzplans führte der deutsche Gesetzgeber (ebd.) aus: „Der Plan ist mithin die privatautonome, den gesetzlichen Vorschriften entsprechende Übereinkunft der mitspracheberechtigten Beteiligten über die Verwertung des haftenden Schuldnervermögens unter voller Garantie des Werts der Beteiligtenrechte.“.

klassenübergreifenden Cram Down, § 248 InsO. Die Abstimmung über den Insolvenzplan erfolgt in dem gerichtlich zu bestimmenden Erörterungs- und Abstimmungstermin (§§ 235 Abs. 1, 241 InsO) innerhalb der Gruppen, denen die Rechte der Beteiligten im Insolvenzplan zugeordnet sind (§§ 243, 222 InsO).

Zwecks Festlegung der Rechte der Beteiligten sind im Insolvenzplan Gruppen zu bilden, welchen Beteiligte mit wirtschaftlich gleichartigen Interessen zuzuordnen sind (§ 222 Abs. 1, 2 InsO). Neben strikt zu beachtenden Unterscheidungen in der Gruppenbildung gemäß § 222 Abs. 1 InsO (absonderungsberechtigte Gläubiger, einfache und nachrangige Insolvenzgläubiger, Gesellschafter, gruppeninterne Drittsicherheiten) können ferner für gleichrangige Beteiligte gemäß Abs. 2 weitere sog. fakultative Gruppen gebildet werden.[718] Für gestaltende Planregelungen gilt innerhalb der Gruppen ein striktes Gleichbehandlungsgebot (§ 226 Abs. 1 InsO).[719] Die Gruppenbildung ist Aufgabe des Planverfassers – mithin des Schuldners oder Insolvenzverwalters (§ 217 Abs. 1 InsO) – wobei diesem ein Einschätzungsspielraum zukommt.[720] Werden die Vorschriften über die Gruppenbildung nicht beachtet, ist der Insolvenzplan durch das Insolvenzgericht von Amts wegen zurückzuweisen (näher § 231 Abs. 1 S. 1 Nr. 1 InsO). Durch die Bündelung gleichgerichteter Interessen soll eine effiziente Selbstkoordinierung in der Ausarbeitung konsensualer Verwertungskonzepte gefördert werden.[721] Es wird die Wahrscheinlichkeit erhöht, dass das gefundene Ergebnis auch dem wirtschaftlichen Interesse der überstimmten Minderheit entspricht und die Legitimationskraft des Votums gesteigert.[722]

Eine Gruppe von Gläubigern stimmt gemäß § 244 Abs. 1 InsO für den Plan, wenn die die Mehrheit der abstimmenden Gläubiger dem Plan zustimmt und dies zugleich die Mehrheit des abstimmenden Forderungsvolumens repräsentiert (kumulative einfache Kopf- und Summenmehrheit). Für die Gruppe der Anteilsinhaber gilt gemäß § 244 Abs. 3 InsO eine einfache Summenmehrheit nach der Beteiligung am abstimmenden Kapital. Einer zusätzlichen Kopfmehrheit bedarf es in Fortführung der Wertungen des Kapitalgesellschaftsrechts nicht.[723]

---

718 S. *Spahlinger*, in: Kübler/Prütting/Bork/Jacoby, InsO, § 222 Rn. 5, 26.

719 Vorbehaltlich einer Zustimmung aller Betroffenen in einer Gruppe zu einer Ungleichbehandlung, Abs. 2.

720 *Spahlinger*, in: Kübler/Prütting/Bork/Jacoby, InsO, § 222 Rn. 1, 4.

721 Begr. RegE InsO, BT-Drucks. 12/2443, S. 77; krit. *Spliedt*, in: K. Schmidt, InsO, § 222 Rn. 1.

722 Begr. RegE InsO, BT-Drucks. 12/2443, S. 92; *Spahlinger*, in: Kübler/Prütting/Bork/Jacoby, InsO, § 222 Rn. 1.

723 Begr. RegE ESUG, BT-Drucks. 17/5712, S. 34; *Lüer/Streit*, in: Uhlenbruck, InsO, § 244 Rn. 8.

Ein Stimmrecht steht gemäß §§ 237 Abs. 1 S. 1, 77 InsO grundsätzlich sämtlichen Gläubigern zu, einschließlich der nachrangigen Insolvenzgläubiger[724] und der absonderungsberechtigten Gläubiger.[725] Gläubiger, deren Forderungen durch den Plan bereits nicht beeinträchtigt werden, sind nicht stimmberechtigt (§ 237 Abs. 2 InsO).[726] Anteilsinhaber sind nach ihrer Beteiligung am gezeichneten Kapital oder Vermögen des Schuldners stimmberechtigt (§ 238a Abs. 1 InsO). Stimmberechtigt sind damit nur Beteiligte, deren Rechte bzw. Forderungen durch den Plan beeinträchtigt werden und deshalb im Insolvenzplan einer Gruppe zuzuordnen sind.[727] Das Stimmgewicht der Beteiligten bestimmt sich nach dem wirtschaftlichen (Nominal-)Wert ihrer Kapitalbeiträge,[728] die Ausübung des Stimmrechts wird als Investitionsentscheidung verstanden.[729] Dies kommt in den Regelungen der Abstimmungsmehrheiten (§ 244 InsO) sowie der Überstimmung ablehnender Gruppen (§ 245 InsO) zum Ausdruck.

2.2.7 Obstruktionsverbot, § 245 InsO

Hat eine Gruppe dem Plan nicht mehrheitlich zugestimmt, kommt eine Planbestätigung nur im Wege des klassenübergreifenden Cram Down aufgrund des Obstruktionsverbots gemäß § 245 InsO in Betracht.[730] Regelungstechnisch ist

---

724 § 237 Abs. 1 S. 1 InsO verweist gerade nicht auch auf § 77 Abs. 1 S. 2 InsO; für sie ist im Insolvenzplan nur eine Gruppe zu bilden, wenn ihre Forderungen nicht mangels abweichender Regelung im Plan als erlassen gelten, §§ 222 Abs. 1, 225 Abs. 1 InsO. In diesem Fall nehmen sie mangels Gruppenzugehörigkeit nicht an der Abstimmung teil, können die Verletzung ihrer Rechte jedoch über die §§ 250, 251, 253 InsO rügen; m.w.Einzelheiten *Braun/Frank*, in: Braun, InsO, § 237 Rn. 7.

725 §§ 237 Abs. 1 S. 2, 238 InsO.

726 *Spliedt*, in: K. Schmidt, InsO, § 237 Rn. 9.

727 §§ 222, 237, 238, 238a InsO; *Lüer/Streit*, in: Uhlenbruck, InsO, § 243 Rn. 2.

728 Begr. RegE InsO, BT-Drucks. 12/2443, S. 205.

729 *Drukarczyk/Schüler*, in: MüKo, InsO, § 245 Rn. 40; *Spliedt*, in: K. Schmidt, InsO, § 220 Rn. 4.

730 Haben lediglich einzelne Angehörige einer (insgesamt zustimmenden) Gruppe gegen den Plan gestimmt, stehen diesen die individualschützenden Rechtsbehelfe nach § 251 InsO (Minderheitenschutzantrag auf Versagung der Planbestätigung) sowie § 253 InsO (sofortige Beschwerde gegen Beschluss im Verfahren der Planbestätigung); s. auch *Spliedt*, in: K. Schmidt, InsO, § 245 Rn. 2; die ergänzender Sonderregelung des § 246 InsO ist von geringer praktischer Relevanz, da für nachrangige Gläubiger im Plan regelmäßig bereits keine Abstimmungsgruppe zu bilden ist (§§ 222 Abs. 1 S. 2 Nr. 3, 225 Abs. 1 InsO, dazu in Fußn. 724), s. *Spliedt*, in: K. Schmidt, InsO, § 246 Rn. 1.

dies im Wege einer Zustimmungsfiktion umgesetzt. Das Insolvenzgericht hat die Voraussetzungen der Zustimmungsfiktion im Rahmen der Planbestätigung von Amts wegen zu prüfen, ein Antragserfordernis gilt nicht.[731] Liegen die Voraussetzungen des Obstruktionsverbots nicht vor und greift die Zustimmungsfiktion des § 245 InsO folglich nicht ein, fehlt es an der notwendigen Zustimmung sämtlicher Gruppen und das Insolvenzgericht hat die Planbestätigung zu versagen (§§ 250 Nr. 1, 248 InsO).[732]

2.2.7.1 Mindestanforderungen an die Verteilung des Unternehmenswerts für nicht-konsensuale Pläne

Die Grundvoraussetzungen der Zustimmungsfiktion sind in § 245 Abs. 1 InsO geregelt. Dem folgend gilt die Zustimmung einer ablehnenden Abstimmungsgruppe als erteilt, wenn:[733]

1. die Angehörigen der Gruppe durch den Insolvenzplan voraussichtlich nicht schlechter gestellt werden, als sie ohne einen Plan stünden – untere Wertgrenze (Schlechterstellungsverbot, Nr. 1);
2. diese angemessen an dem wirtschaftlichen Wert beteiligt werden, der auf der Grundlage des Plans den Beteiligten zufließen soll (Nr. 2); und
3. die Mehrheit der Gruppen für den Plan gestimmt hat (Gruppenmehrheit, Nr. 3).

Das Merkmal der angemessenen Beteiligung am Wirtschaftlichen Planwert (§ 245 Abs. 1 Nr. 2 InsO) ist konkretisiert durch Anforderungen an die Verteilung des Planwerts, maßgeblich in Anknüpfung an die Prioritätsstellung der ablehnenden Klasse (Abs. 2 S. 1):

---

731 *Spliedt*, in: K. Schmidt, InsO, § 245 Rn. 3.

732 *Braun/Frank*, in: Braun, InsO, § 250 Rn. 5. Die gerichtliche Entscheidung über das Vorliegen der Voraussetzungen des Obstruktionsverbots ist nicht isoliert anfechtbar. Beteiligten steht das Rechtsmittel der sofortigen Beschwerde gemäß § 253 InsO gegen den Beschluss der Bestätigung oder Versagung der Bestätigung (§ 248 InsO) offen, dazu *Lüer/Streit*, in: Uhlenbruck, InsO, § 245 Rn. 3; *Spliedt*, in: K. Schmidt, InsO, § 245 Rn. 3.

733 S. zudem den Strukturvergleich der Regelungen des klassenübergreifenden Cram Down des Chapter-11-Verfahrens, der InsO, der europäischen RestRL und des StaRUG in Übersicht 1 auf den S. 377 ff.

1. keine Zuteilung von Werten über den vollen Betrag der Forderung hinaus – obere Wertgrenze (Verbot der Überbefriedigung, Nr. 1);
2. keine Wertzuweisungen an gegenüber den ablehnenden, nicht vollständig befriedigten Klasse nachrangige Klassen (absolute Vorrangregel, Nr. 2); und
3. keine Besserstellung gleichrangiger Gläubiger (Nr. 3).

Bei der Prüfung dieser Voraussetzungen gilt eine rein wirtschaftliche Betrachtungsweise.[734]

2.2.7.1.1 Schlechterstellungsverbot (untere Wertgrenze) und Verbot der Überbefriedigung (obere Wertgrenze)

Durch das Schlechterstellungsverbot des § 245 Abs. 1 Nr. 1 InsO wird Mitgliedern ablehnender Gruppen der wirtschaftliche Wert ihrer Position in einem hypothetischen Alternativszenario ohne Plan als *untere Wertgrenze* unentziehbar garantiert. Sie dürfen durch den Plan nicht schlechter gestellt werden, als sie ohne einen Plan stünden.[735] Ferner darf der Planmehrwert nicht derart zugewiesen werden, dass andere Gläubiger Beträge über den vollen Betrag ihres Anspruchs hinaus erhielten (Verbot der Überbefriedigung, § 245 Abs. 2 S. 1 Nr. 1 InsO). Für Wertverteilungen durch den Planverfasser in nicht-konsensualen Plänen ist damit eine *obere Wertgrenze* bestimmt.[736]

2.2.7.1.2 Vorrangregel – angemessene Verteilung des Planmehrwerts

Ein mehrheitlich ablehnendes Votum einer Gruppe kann unter Einschränkung ihrer Stimmrechtsmacht nur überwunden werden, wenn die Angehörigen der Gruppe zugleich angemessen am wirtschaftlichen Wert des Plans beteiligt werden (§ 245 Abs. 1 Nr. 2 InsO). Adressiert ist damit die Verteilung des Planmehrwerts, mithin des Werts, welcher über das Vergleichsszenario einer Liquidation in der Regelabwicklung hinaus durch den Plan generiert wird.[737] Der Terminus ist nun auch in der Durchbrechung des absoluten Vorrangs gemäß Abs. 2 S. 2

734 *Spliedt*, in: K. Schmidt, InsO, § 245 Rn. 6; s. auch *Drukarczyk/Schüler*, in: MüKo, InsO, § 245 Rn. 2.

735 Näher nachf. auf den S. 173 ff.

736 *Drukarczyk/Schüler*, in: MüKo, InsO, § 245 Rn. 21: „diskretionäre[r] Spielraum für die Verteilung des Mehrwertes".

737 Begr. RegE InsO, BT-Drucks. 12/2443, S. 208: „[...] gewährleistet ist, daß die Gruppe bei der Verteilung des durch den Plan realisierten Mehrwertes im Verhältnis zu anderen Gruppen nicht unbillig benachteiligt wird."; *Drukarczyk/Schüler*, in: MüKo, InsO, § 245 Rn. 18; *Rühle*, in: Römermann, InsO, § 245 Rn. 13; *Spliedt*, in: K. Schmidt, InsO, § 245 Rn. 4.

ausdrücklich begrifflich festgehalten.[738] Durch die Vorgaben der §§ 245 Abs. 1 Nr. 2, Abs. 2 u. 3 InsO wird der Spielraum des Planverfassers in der Verteilung des Planmehrwerts beschränkt, wenn der Plan gegen das ablehnende Votum einer Gruppe durchsetzbar sein soll. Das Gebot der angemessenen wirtschaftlichen Beteiligung am Planwert wird für ablehnende Gläubigergruppen in Abs. 2 anhand drei kumulativ zu beachtender Kriterien konkretisiert.

Das Verbot der Überbefriedigung (§ 245 Abs. 2 S. 1 Nr. 1 InsO) und das Schlechterstellungsverbot (§ 245 Abs. 1 Nr. 1 InsO) markieren die obere und untere Grenze für Wertzuteilungen. Hinzu tritt das Kriterium insolvenzrechtlicher Priorität, durch welches der Gesetzgeber definiert hat, anhand welcher Kriterien der über den Liquidationswert hinaus bestehende, verteilungsfähige Planmehrwert unter den Gruppen zu verteilen ist. Gemäß dem US-amerikanischen Vorbild hat sich der deutsche Gesetzgeber für ein Konzept absoluter Priorität entschieden. Erfährt eine ablehnende Gruppe unter dem Plan nicht volle Befriedigung und soll durch den Mehrheitswillen zu Sanierungsbeiträgen gezwungen werden, dürfen gemäß der absoluten Vorrangregel des § 245 Abs. 2 S. 1 Nr. 2 InsO keine nachrangige Gruppe von Gläubigern oder die Gesellschafter unter dem Plan jegliche Werte erhalten. Auf diesem Weg wird gewährleistet, dass nicht gegen den Willen einer Gruppe von der zivilrechtlichen Haftungsfolge der Kapitalbeiträge in Anknüpfung an die Liquidationsprioritäten abgewichen werden kann.[739] Durch wertäquivalente Gegenleistungen aufgewogene Planwerte sind dieser Wertung folgend nicht als Verletzung des absoluten Vorrangs einzuordnen (New Value Exception).[740] In § 245 Abs. 2 in S. 2 u. 3 InsO ist seit der Neufassung durch das SanInsFoG im Jahr 2021 ferner eine punktuelle Durchbrechung des absoluten Vorrangs geregelt.[741]

Abschließend ist in der Verteilung des wirtschaftlichen Planmehrwerts der insolvenzrechtliche Gleichrang zu wahren. Kein mit der ablehnenden Gläubigergruppe gleichrangiger Gläubiger darf unter dem Plan wirtschaftlich bessergestellt

738 § 245 Abs. 2 S. 2 InsO: „[…] unerlässlich ist, um den Planmehrwert zu verwirklichen […]“.

739 Dazu bereits in den einleitenden Ausführungen zur absoluten Vorrangregel auf den S. 154 ff.

740 Nach der dem Vorbild des US-amerikanischen Chapter-11-Verfahrens folgenden, im Insolvenzplanrecht bereits praktizierten und nun in § 245 Abs. 2 S. 1 Nr. 2 InsO kodifizierten sog. New Value Exception. Zum US-amerikanischen Recht zuvor auf den S. 70 ff., zum Insolvenzplanrecht nachf. auf den S. 191 ff.

741 Näher dazu nachf. auf den S. 193 ff.

werden (§ 245 Abs. 2 S. 1 Nr. 3 InsO).[742] Hinzu tritt die neu geschaffene Regelung für Gruppen von Inhabern gruppeninterner Drittsicherheiten, Abs. 2a.[743] Für eine Gruppe von Gesellschaftern ist das Merkmal der angemessenen Beteiligung am Planmehrwert in Abs. 3 eigens konkretisiert. Die faktisch letztrangige Stellung der Gesellschafter (§ 199 S. 2 InsO) findet darin Ausdruck, dass es zu ihrem Schutz nicht der Einhaltung einer Prioritätsregel bedarf (s. § 245 Abs. 3 InsO).[744]

2.2.7.2 Der klassenübergreifende Cram Down als Kernelement eines marktwirtschaftlichen Insolvenzrechts

Mit dem Obstruktionsverbot (§ 245 InsO) wird das Mehrheitsprinzip auf Gruppenebene fortgeführt und es dem Gericht ermöglicht, den Plan obgleich der fehlenden Zustimmung einer Gruppe oder mehrerer Gruppen zu bestätigen.[745] Aus der Einbeziehung stark heterogener und gegenläufiger Partikularinteressen erwächst das Bedürfnis nach einer Missbrauchsregelung.[746] Ebenso wie einzelne Gläubiger innerhalb einer Abstimmungsklasse eine mehrheitlich befürwortete Verwertungslösung nicht verhindern können sollen, ist auch einzelnen Abstimmungsklassen kein schrankenloses Vetorecht zuzugestehen. Andernfalls könnten sich Abstimmungsklassen durch Einnahme einer Blockadehaltung gegenüber anderen Klassen auf deren Kosten Sondervorteile ausbedingen.[747] Das Ziel einer bestmöglichen Verwertung des Schuldnervermögens würde gefährdet.[748] Das Obstruktionsverbot ist damit Ausdruck der Grundeinsicht rechtsstaatlichen Zusammenlebens innerhalb eines Kollektivs, dass die persönliche Autonomie ihre Grenzen in den berechtigten Interessen anderer findet.

---

742 Dazu auf den S. 183 f.

743 Die Anwendung des § 245 Abs. 1, 2 InsO auf Gruppen von Inhabern gruppeninterner Drittsicherheiten wird an die Voraussetzung geknüpft, dass diese für den Eingriff in ihre Rechte angemessen entschädigt werden.

744 S. § 245 Abs. 3 InsO, welcher bei der Konkretisierung des Kriteriums der angemessenen Beteiligung am Planwert (§ 245 Abs. 1 Nr. 2 InsO) auf die Vorrangregel des § 245 Abs. 2 S. 1 Nr. 2 InsO verzichtet; dazu *Rühle*, in: Römermann, InsO, § 245 Rn. 3.

745 S. das Erfordernis der Gruppenmehrheit in § 245 Abs. 1 Nr. 3 InsO; s. auch *Spliedt*, in: K. Schmidt, InsO, § 245 Rn. 1.

746 *Lüer/Streit*, in: Uhlenbruck, InsO, § 245 Rn. 2.

747 *Drukarczyk/Schöntag*, in: Gottwald/Haas, InsR-HdB, § 3 Rn. 9: „taktische Störpositionen".

748 Begr. RegE InsO, BT-Drucks. 12/2443, S. 79, 94; *Drukarczyk/Schüler*, in: MüKo, InsO, § 245 Rn. 2.

Voraussetzung einer solchen Flexibilisierung des Verwertungsprozesses, welche den Beteiligten ein hohes Maß an Differenzierung und Individualisierung erlaubt, ist zugleich der gesicherte Schutz der Vermögensrechte einzelner Beteiligter.[749] So fordert die Einschränkung der Stimmrechtsmacht die Einhaltung bestimmter Schutzstandards unter rechtsstaatlicher Aufsicht. Die Stimmrechtsmacht eines Verfahrensbeteiligten wird im Insolvenzplanverfahren maßgeblich nach dem wirtschaftlichen Wert der individuellen Rechtsstellung bemessen.[750] Unter diesem Gesichtspunkt hat der Gesetzgeber in § 245 InsO die Schwelle definiert, ab welcher ein Plan trotz der fehlenden Zustimmung einzelner Gruppenmitglieder oder gesamter Gruppen gerichtlich bestätigt werden kann.

Werden die Angehörigen einer ablehnenden Gruppe durch den Plan nicht wirtschaftlich schlechter gestellt, als sie ohne Plan stünden und werden sie zugleich an dem durch den Plan generierten Planmehrwert angemessen beteiligt, kann die Gruppe kein schützenswertes Interesse an der Verhinderung des Plans geltend machen.[751] Das Individualinteresse muss in diesem Fall hinter dem Gesamtinteresse der Beteiligten zurücktreten.[752] Ihre im Grundsatz legitime Ablehnung des Plans ist in diesem Fall als missbräuchliche Obstruktion des mehrheitlich angestrebten Verwertungskonzepts zu betrachten und soll das Zustandekommen des Plans nicht verhindern können.[753] Einzelnen Abstimmungsgruppen soll nicht die Möglichkeit eröffnet werden, durch Zurückhaltung ihrer Zustimmung zu einem sinnvollen Insolvenzplan von den übrigen Beteiligten ungerechtfertigte Vorteile ausbedingen zu können. Es soll keine unüberwindbare Blockadeposition geschaffen werden.[754]

Damit wird zugleich das schuldnerische Unternehmen vor missbräuchlichem Abstimmungsverhalten der Kapitalgeber geschützt.[755] Als Ausdruck einer

---

749 Begr. RegE InsO, BT-Drucks. 12/2443, S. 78.

750 Ebd., S. 205; dies verdeutlicht auch die Regelung des § 237 Abs. 2 InsO, gemäß der Gläubiger, deren Forderungen durch den Plan nicht beeinträchtigt werden, in der Gläubigerversammlung bereits kein Stimmrecht haben.

751 Begr. RegE InsO, BT-Drucks. 12/2443, S. 94 (Gedanke des Schikaneverbots), S. 208; dazu *Drukarczyk/Schüler*, in: MüKo, InsO, § 245 Rn. 20; *Spliedt*, in: K. Schmidt, InsO, § 245 Rn. 1.

752 *Spliedt*, in: K. Schmidt, InsO, § 245 Rn. 1.

753 Begr. RegE InsO, BT-Drucks. 12/2443, S. 208; *Lüer/Streit*, in: Uhlenbruck, InsO, § 245 Rn. 1; *Thole*, in: Brünkmans/Thole, HdB Insolvenzplan, § 17 Rn. 1.

754 S. auch *Lüer/Streit*, in: Uhlenbruck, InsO, § 245 Rn. 1; *Pleister*, in: Kübler/Prütting/Bork/Jacoby, InsO, § 245 Rn. 4.

755 *Pleister*, in: Kübler/Prütting/Bork/Jacoby, InsO, § 245 Rn. 4; *Distler*, ZIP 2021, 1033 (1035).

marktkonformen Rechts- und Wirtschaftsordnung werden die Kapitalgeber im Interesse einer optimalen Haftungsverwirklichung dem Mehrheitswillen unterworfen.

2.2.7.3 Festlegung des Verhandlungsraums und Verteilungswirkung

Dabei statuiert das Insolvenzplanrecht keine generellen Vorgaben hinsichtlich der Verteilung des Unternehmenswerts. Eine strikte Prioritätsfolge nach dem Vorbild der Erlösverteilung nach Liquidationsprioritäten im Regelinsolvenzverfahren gilt nicht. Vielmehr erfolgt die Verteilung des Unternehmenswerts des restrukturierten Schuldners durch Abstimmung der wirtschaftlich Betroffenen nach dem Mehrheitsprinzip;[756] konsensuale Verteilungslösungen werden zugelassen und gefördert. So gilt unter dem Insolvenzplanrecht auch kein generelles Verbot der Schlechterstellung gegenüber einem Liquidationsszenario.[757]

Die Verhandlungen über die Verteilung des Unternehmenswerts werden im Schatten der insolvenzplanrechtlichen Vorgaben des § 245 InsO geführt. Damit entfalten die Regelungen verhaltenssteuernde Wirkung.[758] Kapitalgeber werden im Insolvenzverfahren sowie auch im Vorfeld dessen incentiviert, anderen Beteiligten nicht weniger zuzugestehen, als diesen insolvenzrechtlich zugesichert ist.[759] Durch die verfahrensrechtlichen Regelungen der InsO wird den Beteiligten für die Verteilung des Unternehmenswerts ein Raum für strukturierte Verhandlungen unter gerichtlicher Aufsicht eröffnet.[760] Eine einseitige Verfolgung von Sonderinteressen zulasten anderer Beteiligter soll verhindert werden.[761] Der Austragung von Verteilungskonflikten werden angemessene Grenzen gesetzt.[762] Als wirtschaftliche Mindestvorgaben für die Durchsetzung nicht-konsensualer Pläne entfalten die Vorgaben des § 245 InsO mittelbar Verteilungswirkung.[763] Damit werden zugleich konsensuale Lösungen außerhalb des formalen Insolvenzverfahrens begünstigt.[764]

---

756 *Balz*, ZIP 1988, 1438 (1441); zudem *Pape*, in: Uhlenbruck, InsO, § 1 Rn. 1.

757 Begr. RegE InsO, BT-Drucks. 12/2443, S. 91.

758 *Drukarczyk/Schüler*, in: MüKo, InsO, § 245 Rn. 15; *Drukarczyk/Schöntag*, in: Gottwald/Haas, InsR-HdB, § 3 Rn. 10 (durch Antizipation).

759 *Drukarczyk/Schöntag*, in: Gottwald/Haas, InsR-HdB, § 3 Rn. 10: „zulässige und nicht zulässige Lösungsmuster werden unterscheidbar".

760 Begr. RegE InsO, BT-Drucks. 12/2443, S. 91; *Drukarczyk/Schüler*, in: MüKo, InsO, § 245 Rn. 2: „strukturierter Verhandlungsraum", 15; *Eidenmüller*, ebd., Vor. §§ 217–269 Rn. 27; *Drukarczyk/Schöntag*, in: Gottwald/Haas, InsR-HdB, § 3 Rn. 10.

761 Begr. RegE InsO, BT-Drucks. 12/2443, S. 91.

762 *Eidenmüller*, in: MüKo, InsO, Vor. §§ 217–269 Rn. 25.

763 Näher zur Verteilungswirkung des § 245 InsO auf den S. 170 ff.

764 *Drukarczyk/Schöntag*, in: Gottwald/Haas, InsR-HdB, § 3 Rn. 10.

2.2.7.4 *Mindestzustimmung*

Formale Voraussetzung der Zustimmungsfiktion ist gemäß § 245 Abs. 1 Nr. 3 InsO, dass die Mehrheit der abstimmenden Gruppen dem Plan mit den erforderlichen Mehrheiten (§ 244 InsO) zugestimmt hat (sog. Gruppenmehrheit). Damit scheidet eine Anwendung des § 245 InsO zugleich aus, wenn im Plan nur zwei Gruppen gebildet sind. Mit der Anknüpfung an die *abstimmenden* Gruppen wird zugleich verdeutlicht, dass es als Ausdruck des Mehrheitswillens einer faktischen mehrheitlichen Zustimmung innerhalb jeder Gruppe bedarf, Zustimmungsfiktionen (etwa § 246 InsO) sind insoweit unbeachtlich.[765] Mit dem Erfordernis soll nichtkonsensualen Plänen eine breitere Legitimationsgrundlage geschaffen werden.[766]

2.2.8 Untere Wertgrenze: Schlechterstellungsverbot

Voraussetzung des klassenübergreifenden Cram Down ist es zunächst, dass die Angehörigen der dissentierenden Abstimmungsgruppe „durch den Insolvenzplan voraussichtlich nicht schlechter gestellt werden, als sie ohne einen Plan stünden“ (Schlechterstellungsverbot, § 245 Abs. 1 Nr. 1 InsO). Um der weiteren Untersuchung eine dogmatische und systematische Grundlage zu bereiten, werden Schutzrichtung und innere Rechtfertigung des Schlechterstellungsverbots erläutert. Sodann werden die in die Vergleichsbetrachtung einzubeziehenden Szenarien und Wertansätze näher untersucht. Mit dem SanInsFoG wurde das Erfordernis einer Vergleichsrechnung als Teil des Insolvenzplans nunmehr gesetzlich kodifiziert und um Vorgaben hinsichtlich der einzustellenden Vergleichsszenarien ergänzt. Die neuen Regelungen und damit verbundene Anwendungsfragen und praktische Implikationen werden knapp erörtert. Abschließend werden Bewertungsfragen in der Prüfung einer Schlechterstellung thematisiert.

2.2.8.1 *Schutzrichtung des Schlechterstellungsverbots*

Das Schlechterstellungsverbot sichert als zentrales Instrument des Minderheitenschutzes Angehörigen ablehnender Gruppen den wirtschaftlichen Wert ihrer Position.[767] Ihnen wird das bestmögliche Ergebnis in einer Regelabwicklung

---

765 *Pleister*, in: Kübler/Prütting/Bork/Jacoby, InsO, § 245 Rn. 31; *Spliedt*, in: K. Schmidt, InsO, § 245 Rn. 18.

766 *Pleister*, in: Kübler/Prütting/Bork/Jacoby, InsO, § 245 Rn. 2; *Spliedt*, in: K. Schmidt, InsO, § 245 Rn. 18.

767 BGH, Beschl. v. 19.7.2012 – IX ZB 250/11 = WM 2012, 1640 (1640), Rn. 6 zu § 251 Abs. 1 Nr. 2 InsO; *Drukarczyk/Schüler*, in: MüKo, InsO, § 245 Rn. 41: „untere Schutzgrenze“; *Rühle*, in: Römermann, InsO, § 245 Rn. 6; *Spliedt*, in: K. Schmidt, InsO, § 245 Rn. 7.

garantiert.[768] Die Mehrheitsentscheidung allein bietet keine hinreichende Legitimation, Verfahrensbeteiligten Vermögenswerte gegen ihren Willen zu entziehen.[769] Untersagt ist damit eine unfreiwillige Schlechterstellung der Gruppenmitglieder.[770] Dahinter steht der ferner Gedanke, dass dissentierende Gruppenangehörige nur zur Durchführung des zeit- und kostenaufwändigen Planverfahrens „gezwungen“ werden können, wenn der Plan gegenüber der besten Verwertungsalternative im Regelinsolvenzverfahren einen wirtschaftlichen Mehrwert erwarten lässt.[771] Jedenfalls soll der mehrheitlich befürwortete Plan (Erfordernis der Gruppenmehrheit, § 245 Abs. 1 Nr. 3 InsO) sich für die ablehnende Gruppe gegenüber der Regelabwicklung nicht als wirtschaftlich nachteilhaft darstellen. Damit dient das Schlechterstellungsverbot zugleich dem übergeordneten Ziel der bestmöglichen Gläubigerbefriedigung.

Werden die Verteilungsregelungen des Plans dem nicht gerecht, muss eine ablehnende Gruppe eine Zustimmungsersetzung nicht hinnehmen. Das in § 245 Abs. 1 Nr. 1 InsO für das Obstruktionsverbot kodifizierte Schlechterstellungsverbot bildet damit einen der zentralen Wirkungspunkte des Insolvenzplanverfahrens. Entsprechend wird in der Vergleichsrechnung oftmals das Herzstück des Insolvenzplans gesehen.[772] Denselben Maßstab hat der Gesetzgeber auch für die Voraussetzungen des Minderheitenschutzes für überstimmte Gruppenmitglieder (§ 251 Abs. 1 Nr. 2 InsO) und die Beschwerde gegen die Planbestätigung (§ 253 Abs. 2 Nr. 3 InsO) kodifiziert.

---

768 BGH, Beschl. v. 29.3.2007 – IX ZB 204/05 = NZI 2007, 409 (410); *Spliedt*, in: K. Schmidt, InsO, § 245 Rn. 7; *Pleister*, in: Kübler/Prütting/Bork/Jacoby, InsO, § 245 Rn. 10.

769 Begr. RegE InsO, BT-Drucks. 12/2443, S. 211; BGH, Beschl. v. 19.7.2012 – IX ZB 250/11 = WM 2012, 1640 (1640), Rn. 6; Beschl. v. 29.3.2007 – IX ZB 204/05 = NZI 2007, 409 (410); *Bork*, ZIP 2017, 1441 (1447): „wirksames Mittel des Minderheitenschutzes, also gegen die Enteignung einer Minderheit durch Mehrheitsbeschluss“.

770 *Lüer/Streit*, in: Uhlenbruck, InsO, § 220 Rn. 11.

771 *Drukarczyk/Schüler*, in: MüKo, InsO, § 245 Rn. 41.

772 S. etwa *J. Schmidt*, NZI 2019, 31 (32); *Frind*, NZI 2019, 73 (73); BGH, Beschl. v. 19.5.2022 – IX ZB 6/21 = NZI 2022, 743 (746) Rz. 24: „einer der wichtigsten Bestandteile des darstellenden Teils des Insolvenzplans“.

2.2.8.2 *Vergleichsszenarien und Vergleichswerte*

Die Prüfung einer Schlechterstellung erfolgt durch Vergleich des Planszenarios mit einer hypothetischen Liquidation im Regelinsolvenzverfahren.[773] Das Schlechterstellungsverbot ist damit eingehalten, wenn die Barwerte aller Leistungen an die ablehnende Gruppe im Planszenario mindestens ebenso wirtschaftlich werthaltig sind wie die für die Gruppe im Alternativszenario einer Regelabwicklung zu erwartenden Zuflüsse. Eine Besserstellung ist nicht erforderlich.[774]

Den Ausgangspunkt der Vergleichsbetrachtung bildet das für die ablehnende Gruppe vorgesehene Planszenario, mithin das Szenario bei Wirksamwerden des Plans mit dessen rechtskräftiger Bestätigung.[775] Mit dem Alternativszenario „ohne einen Plan" (§ 245 Abs. 1 Nr. 1 InsO) wird allein das Regelinsolvenzverfahren adressiert, nicht hingegen auch vorgelegte oder denkbare Alternativpläne.[776] Als Vergleichsszenarien kommen eine Einzelliquidation sowie eine Gesamtliquidation (übertragende Sanierung, § 160 Abs. 2 Nr. 1 InsO) des schuldnerischen Unternehmens im Regelverfahren in Betracht, womit in die Vergleichsbetrachtung Liquidationswerte oder im Falle eines Going-Concern-Verkaufs Fortführungswerte einzustellen sein können.[777] Das Insolvenzgericht hat den realisierbaren Liquidationserlös für das verteilungsfähige Schuldnervermögen zu bestimmen und daraus die für die ablehnende Gruppe geltende Befriedigungsquote als Mindestzuteilung abzuleiten.[778]

Dabei sind nur Verwertungskonzepte zu berücksichtigen, deren praktische Umsetzung hinreichend wahrscheinlich ist.[779] Es bedarf einer Prognoseentscheidung des Insolvenzgerichts hinsichtlich hypothetischer Alternativverläufe, wobei dem Gericht bei der tatsächlichen Prognose durch das Merkmal einer „voraussichtlich[en]" Schlechterstellung der notwendige Einschätzungsspielraum

---

773 LG Traunstein, Beschl. v. 27.8.1999 – 4 T 2966/99 = NZI 1999, 461 (463); *Thies*, in: HambKomm, InsO, § 245 Rn. 6; *Rühle*, in: Römermann, InsO, § 245 Rn. 6.

774 *Rühle*, in: Römermann, InsO, § 245 Rn. 6.

775 *Skauradszun*, ZIP 2021, 1091 (1091).

776 LG Stade, Beschl. v. 20.12.2017 – 7 T 151/17 = NZI 2019, 31 (31 f.); *Spliedt*, in: K. Schmidt, InsO, § 245 Rn. 7 (näher zur Prüfung bei konkurrierenden Plänen); *Pleister*, in: Kübler/Prütting/Bork/Jacoby, InsO, § 245 Rn. 10.

777 Begr. RegE InsO, BT-Drucks. 12/2443, S. 211 (Begr. RegE zu § 251 InsO); s. auch *Drukarczyk/Schüler*, in: MüKo, InsO, § 245 Rn. 15.

778 LG Mühlhausen, Beschl. v. 17.9.2007 – 2 T 190/06 = NZI 2007, 724 (727); *Braun/Frank*, in: Braun, InsO, § 245 Rn. 3; näher *Tan/Lambrecht*, NZI 2019, 249 (251).

779 *Drukarczyk/Schüler*, in: MüKo, InsO, § 245 Rn. 15; dahingehend auch Begr. RegE InsO, BT-Drucks. 12/2443, S. 211 (Begr. RegE zu § 251 InsO).

zugestanden wird.[780] Als Eintrittswahrscheinlichkeit wird eine überwiegende Wahrscheinlichkeit im Sinne einer Wahrscheinlichkeit >50% gefordert.[781] Aus gerichtlicher Sicht müssen die dem Plan zugrunde gelegten Prämissen mit hinreichender Wahrscheinlichkeit zutreffend und darauf gründende Folgerungen plausibel sein.[782]

Um den Schutz der wirtschaftlichen Positionen der Beteiligten zu gewährleisten, hat das Insolvenzgericht unter mehreren Verwertungsoptionen zugunsten der ablehnenden Gruppe die wirtschaftlich bestmögliche Variante in die Betrachtung einzustellen.[783]

Damit ist das Schlechterstellungsverbot eingehalten, wenn:

$$= \text{Planszenariowert } (V^P) \geq \text{Liquidationsszenariowert } (V^L; = \max\{V^{EL}, V^{GC}\})$$
$$= (V^P) \geq \max\{V^{EL}, V^{GC}\}$$

Mit den Variablen werden die wirtschaftlichen Barwerte beschrieben, die aus Sicht der Angehörigen der ablehnenden Gruppe (§ 245 Abs. 1 Nr. 1 InsO) im jeweiligen Vergleichsszenario individuell zu erwarten sind:

V^P = wirtschaftlicher Wert der Planleistungen

V^L = wirtschaftlicher Wert der im Liquidationsszenario zu erwartenden Zahlungen

- V^{EL} = wirtschaftlicher Wert der im Szenario einer Einzelliquidation (Zerschlagung) zu erwartenden Zahlungen
- V^{GC} = wirtschaftlicher Wert der im Szenario einer Gesamtliquidation des Unternehmens mittels Going-Concern-Verkaufs zu erwartenden Zahlungen

---

780 LG Traunstein, Beschl. v. 27.8.1999 – 4 T 2966/99 = NZI 1999, 461 (462); *Braun/Frank*, in: Braun, InsO, § 245 Rn. 5.

781 LG Mühlhausen, Beschl. v. 17.9.2007 – 2 T 190/06 = NZI 2007, 724 (727); LG Traunstein, Beschl. v. 27.8.1999 – 4 T 2966/99 = NZI 1999, 461 (463): „[…] Prognoseentscheidung […], ob der Eintritt eines Ereignisses wahrscheinlicher ist als der Eintritt eines anderen."; *Drukarczyk/Schüler*, in: MüKo, InsO, § 245 Rn. 42; *Lüer/Streit*, in: Uhlenbruck, InsO, § 245 Rn. 12.

782 *Spliedt*, in: K. Schmidt, InsO, § 245 Rn. 10.

783 LG Mühlhausen, Beschl. v. 17.9.2007 – 2 T 190/06 = NZI 2007, 724 (727); *Braun/Frank*, in: Braun, InsO, § 245 Rn. 3; *Drukarczyk/Schüler*, in: MüKo, InsO, § 245 Rn. 15.

Wertdifferenzen zwischen den Fortführungswerten V^{P} und V^{GC} können sich daraus ergeben, dass mit einem Gesamtverkauf aus der Insolvenz anstelle einer Sanierung des Rechtsträgers im Insolvenzplanverfahren Wertabschläge verbunden wären. Etwa, da rechtsträgerspezifische Berechtigungen (z.B. öffentlich-rechtliche Berechtigungen, Verlustvorträge) nur mittels Insolvenzplan erhalten werden können und im Falle einer Veräußerung des Geschäftsbetriebs verloren gingen. Auch können Informationsasymmetrien zwischen den bisherigen Kapitalgebern und Außenstehenden als potenziellen Erwerbern zu einer geringeren Bewertung des Unternehmens in einem Verkaufsprozess führen.[784] Fordert die Krisensituation einen beschleunigten Verkauf des Unternehmens, können Bieter einen eingeschränkten Informationszugang und geringe Zeit für eine Due Diligence ferner mit Abschlägen auf ihr Gebot einpreisen. Werden keine Kaufangebote abgegeben oder gewährleisten die Bieter aus Sicht des Verwalters oder Gerichts keine hinreichende Transaktionssicherheit, kann im Einzelfall auch gar kein Vergleichswert V^{GC} gegeben sein.

Abschließend hat das Gericht den ermittelten Planwert dem Liquidationswert gegenüberzustellen und eine voraussichtliche Schlechterstellung der Gruppe zu prüfen. Maßgeblich sind in der Prüfung allein wirtschaftliche Gesichtspunkte.[785] Der wirtschaftliche Wert der Position eines Gläubigers im jeweiligen Szenario (V^{P}, V^{EL}, V^{GC}) wird gebildet durch die kumulierten Barwerte[786] der wirtschaftlichen Zuflüsse, die Mitglieder der dissentierenden Gruppe nach der Prognose insgesamt zu erwarten hätten.[787] Individualinteressen (auch wirtschaftlicher Natur) einzelner Beteiligter bleiben dabei außer Betracht.[788] Im Ergebnis ist für die Szenarien ein Quotenvergleich anzustellen (Quotenvergleichsrechnung).[789]

In der Bezifferung des Planwerts und des Liquidationswerts darf das Gericht nicht unreflektiert die im darstellenden Teil durch den Planverfasser angegebenen Werte heranziehen, sondern muss diese einer eigenen Prüfung im Hinblick auf

---

784 *Eidenmüller*, in: MüKo, InsO, Vor. §§ 217–269 Rn. 7.

785 BGH, Beschl. v. 19.7.2012 - IX ZB 250/11 = WM 2012, 1640 (1640), Rn. 6; Beschl. v. 24.3.2011 - IX ZB 80/11 = NZI 2011, 410 (411), Rn. 9; *Thies*, in: HambKomm, InsO, § 245 Rn. 7; nicht berücksichtigungsfähig ist etwa ein Interesse, Verträge mit dem Schuldner fortzuführen, s. *Rühle*, in: Römermann, InsO, § 245 Rn. 6.

786 Näher zum Erfordernis der Diskontierung künftiger Zahlungsflüsse auf den S. 181 f.

787 *Drukarczyk/Schüler*, in: MüKo, InsO, § 245 Rn. 43.

788 *Thies*, in: HambKomm, InsO, § 245 Rn. 6.

789 *Lüer/Streit*, in: Uhlenbruck, InsO, § 220 Rn. 14; *Thies*, in: HambKomm, InsO, § 220 Rn. 7; *Tan/Lambrecht*, NZI 2019, 249 (251).

die Machbarkeit des Plans unterziehen.[790] Das Fehlen einer Schlechterstellung ist gemäß § 245 Abs. 1 Nr. 1 InsO durch das Gericht positiv festzustellen. Etwaige Zweifel oder Ungewissheiten insoweit gehen zulasten des Plans.[791]

2.2.8.3 Vergleichsrechnung

Den Ausgangspunkt der gerichtlichen Prüfung einer voraussichtlichen Schlechterstellung bildet die dem darstellenden Teil des Plans gemäß § 220 Abs. 2 S. 2 InsO beizufügende Vergleichsrechnung, in welcher die Auswirkungen des Plans auf die voraussichtliche Befriedigung der Gläubiger darzustellen sind. Bereits vor der Kodifizierung in § 220 Abs. 2 S. 2 InsO n.F. durch das SanInsFoG im Jahr 2021 war das Erfordernis einer Vergleichsrechnung als wesentliche Voraussetzung informierter Meinungsbildung und gerichtlicher Aufsicht in der Rechtsprechung anerkannt.[792] Besonders ablehnenden Betroffenen soll eine Wahrnehmung ihrer Verfahrensrechte ermöglicht werden. Für den präventiven Restrukturierungsrahmen ist das Erfordernis in § 6 Abs. 2 StaRUG festgehalten.[793] Mit der Einführung der § 220 Abs. 2 S. 2–4 InsO sollte zugunsten der Gläubiger der Ansatz von Fortführungswerten in der Vergleichsrechnung praktisch erleichtert werden, wodurch sich neue Anwendungsfragen stellen.

2.2.8.3.1 Literatur und Rechtsprechung zu § 220 Abs. 2 InsO a.F.

Bereits unter der alten Fassung des § 220 Abs. 2 InsO hatte der darstellende Teil des Plans eine Vergleichsrechnung zu umfassen, mit sämtlichen Angaben zu den Grundlagen und Auswirkungen des Plans, die für die Abstimmung der Gläubiger über den Plan und für dessen gerichtliche Bestätigung erheblich waren. Die Gläubiger sind darüber zu unterrichten, inwieweit sie durch den Plan gegenüber einer Verwertung im Regelinsolvenzverfahren bessergestellt werden. Dabei ist für jede Gläubigergruppe darzulegen, welche Sanierungsbeiträge ihnen auferlegt werden (etwa Stundungen, Forderungsverzichte), welche Befriedigungsquote für sie

790 *Braun/Frank*, in: Braun, InsO, § 245 Rn. 4; *Spliedt*, in: K. Schmidt, InsO, § 245 Rn. 10; *Thies*, in: HambKomm, InsO, § 245 Rn. 8.

791 *Rühle*, in: Römermann, InsO, § 245 Rn. 8; anders hingegen beim Minderheitenschutz gem. § 251 Abs. 1 Nr. 2 InsO, s. *Spliedt*, in: K. Schmidt, InsO, § 245 Rn. 9.

792 *Thies*, in: HambKomm, InsO, § 245 Rn. 8; in § 259 RegE InsO war das Erfordernis einer Vergleichsrechnung noch ausdrücklich bestimmt und wurde allein zur redaktionellen Straffung des Gesetzestextes entfernt, BT-Drucks. 12/7302, S. 182; dazu *Lüer/Streit*, in: Uhlenbruck, InsO, § 220 Rn. 4 ff.

793 Näher auf den S. 266 ff.

daraus folgt und unter welchen Modalitäten die Erfüllung durchgeführt wird.[794] Der Umfang der Masse und im Verhältnis zum Verfahrensumfang erhebliche Wertansätze sind offenzulegen.[795]

Bei der Erstellung der Vergleichsrechnung hat der Planverfasser tatsächliche Annahmen und Prognosen zugrunde zu legen, welche Gegenstand der gerichtlichen Überprüfung sind.[796] Dabei ist die Planbestätigung jedenfalls bei Verfahrensfehlern, etwa der Nichtaufzählung wesentlicher Vermögenswerte, zu versagen (§ 231 Abs. 1 S. 1 Nr. 1 InsO).[797] Darüber hinaus genießt der Planverfasser einen nicht unerheblichen Einschätzungs- und Prognosespielraum, welcher Raum für die Verfolgung von Individualinteressen eröffnet.[798]

Ein Going-Concern-Verkauf (V^{GC}) des schuldnerischen Unternehmens sollte nach Literatur und Rechtsprechung zu § 220 Abs. 2 InsO a.F. nur dann der Vergleichsbetrachtung zugrunde gelegt werden können, wenn für dessen praktische Durchführbarkeit konkrete Anhaltspunkte vorlagen, insbesondere in Form eines konkreten Kaufangebots.[799] Zur Einholung entsprechender Angebote dient in der Praxis nicht selten die Durchführung des Insolvenzplanverfahrens nebst einem parallelen M&A-Prozess (dual Track).[800] Fehlte es an entsprechenden konkreten Anhaltspunkten für die Möglichkeit eines Going-Concern-Verkaufs, hatte das Insolvenzgericht der Vergleichsrechnung Zerschlagungswerte zugrunde zu legen.[801] Bei der schätzungsweisen Ermittlung von Zerschlagungswerten können

---

794 S. 5.4 des IDW Standard: Anforderungen an Insolvenzpläne (IDW S2); s. auch die Muster-Quotenvergleichsrechnung in Anlage 2 zum IDW S2.

795 BGH, Beschl. v. 26.4.2018 – IX ZB 49/17 = NZI 2018, 691 (694), Rn. 33; Beschl. v. 15.7.2010 – IX ZB 65/10 = NZI 2010, 734 (737), Rn. 45.

796 *Tan/Lambrecht*, NZI 2019, 249 (251); zur eingeschränkten tatsächlichen Prüfungsmöglichkeit des Insolvenzgerichts *J. Schmidt*, in: Kübler/Bork/Prütting, HRI II, § 29 Rn. 25 ff.

797 *Tan/Lambrecht*, NZI 2019, 249 (251).

798 Eingehend *Tan/Lambrecht*, NZI 2019, 249 (252 ff.).

799 LG Mühlhausen, Beschl. v. 17.9.2007 – 2 T 190/06 = NZI 2007, 724 (727); *Braun/Frank*, in: Braun, InsO, § 245 Rn. 3; *Drukarczyk/Schüler*, in: MüKo, InsO, § 245 Rn. 41; *Rühle*, in: Römermann, InsO, § 245 Rn. 10.

800 *Lüer/Streit*, in: Uhlenbruck, InsO, § 220 Rn. 15 ff.

801 LG Stade, Beschl. v. 20.12.2017 – 7 T 151/17 = NZI 2019, 31 (32); LG Mühlhausen, Beschl. v. 17.9.2007 – 2 T 190/06 = NZI 2007, 724 (727); *Braun/Frank*, in: Braun, InsO, § 245 Rn. 3; *Lüer/Streit*, in: Uhlenbruck, InsO, § 245 Rn. 14; zu alternativen Maßnahmen im Regelverfahren und den Anforderungen an die Darlegung in der Vergleichsrechnung ebd., § 220 Rn. 17 ff.; Unklarheiten hat insoweit die Neufassung des § 220 Abs. 2 S. 2–4 InsO geschaffen, dazu nachf. auf den S. 180 f.

Daten aus der Buchhaltung sowie Bewertungsgutachten von Sachverständigen herangezogen werden.[802]

2.2.8.3.2 Neue Vorgaben des § 220 Abs. 2 S. 2–4 InsO n.F.

Ist im Plan eine Fortführung des schuldnerischen Unternehmens vorgesehen, ist gemäß § 220 Abs. 2 S. 3 InsO n.F. bei der Ermittlung der voraussichtlichen Liquidationsquote nunmehr in der Regel von einer Fortführung auszugehen. Dies soll gemäß Satz 4 jedoch nicht gelten, wenn eine Gesamtliquidation oder eine anderweitige Fortführung aussichtslos sind. Die Ergänzung der Sätze 3 und 4 beruhte maßgeblich auf dem Gedanken, der Planersteller solle nicht ohne fundierte Begründung ein Liquidationsszenario zugrunde legen können, um sich größere Spielräume für Eingriffe in die Rechte ablehnender Beteiligter zu schaffen, indem die Vergleichsquote gezielt niedrig angesetzt wird.[803]

Dabei liegt es wiederum nahe, das Merkmal der fehlenden Aussichtslosigkeit restriktiv dahingehend zu interpretieren, dass für das vorgebrachte Alternativszenario eine hinreichende Wahrscheinlichkeit,[804] im Sinne einer überwiegenden Wahrscheinlichkeit[805] dessen praktischer Durchführbarkeit gegeben sein muss. Dies folgt bereits aus dem Schutzzweck des § 245 Abs. 1 Nr. 1 InsO, namentlich dem Schutz des aktuellen (nicht rein fiktiven) wirtschaftlichen Liquidationswerts der Positionen der ablehnenden Gruppenangehörigen.[806] Lässt sich einem geltend gemachten Fortführungsszenario keine hinreichende Eintrittswahrscheinlichkeit auf Grundlage konkreter tatsächlicher Anhaltspunkte beimessen, bleibt aus praktischer Sicht schon das beschriebene Szenario vage und undefiniert, mithin einer vergleichenden Betrachtung nicht zugänglich.[807] Machen ablehnende Betroffene individuell oder als ablehnende Gruppe eine Schlechterstellung gegenüber einem aussichtsreichen Fortführungsszenario geltend, haben sie nach bisheriger Rechtsprechung deshalb konkrete, haltbare Erwerbsangebote darzulegen, um

---

802 *Tan/Lambrecht*, NZI 2019, 249 (251 f.).

803 Begr. RegE SanInsFoG, BT-Drucks. 19/24181, S. 200 (deutlicher formuliert für die strukturell analoge restrukturierungsrechtliche Regelung des § 6 Abs. 2 StaRUG auf S. 116); einer entsprechenden Empfehlung aus der Evaluierung des ESUG im Jahr 2018 folgend (ebd., S. 116), s. *Jacoby/Madaus/Sack/Schmidt/Thole*, Evaluierung ESUG (2018), S. 188 ff. (bezeichnet als gesetzliche Vermutungsregel, S. 189).

804 *Skauradszun*, ZIP 2021, 1091 (1092 f.); *Geiwitz/v. Danckelmann*, in: BeckOK, InsR, § 220 InsO Rn. 25b.

805 Zutr. *Spahlinger*, in: Kübler/Prütting/Bork/Jacoby, InsO, § 220 Rn. 20d.

806 Zur Schutzrichtung des Schlechterstellungsverbots zuvor auf den S. 173 ff.

807 Ebenso *Spahlinger*, in: Kübler/Prütting/Bork/Jacoby, InsO, § 220 Rn. 20d.

den geltend gemachten Marktpreis und die Durchführbarkeit der Transaktion zu stützen.[808]

Lässt sich im Einzelfall schon das Fortführungsszenario nicht hinreichend substantiieren und belegen, kann auch der konkrete Fortführungswert für die Vergleichsbetrachtung nicht sachgerecht begründet werden. Mangels fixierter Prämissen des Fortführungsszenarios fehlte es an einem Maßstab für die Bewertung von Argumenten für einen höheren oder niedrigeren Fortführungswert. Privat eingeholte Bewertungsgutachten, welche für das Unternehmen einen höheren Fortführungswert ausweisen und nicht durch Angebote vonseiten des Marktes gestützt werden, sind aufgrund ihrer Fehler- und Manipulationsanfälligkeit von begrenzter Aussagekraft.[809] Mit Blick auf die Bedeutung der Vergleichsrechnung für die Wertverteilung sollten sich Gerichte durch die neuen Regelungen nicht veranlasst sehen, behauptete Fortführungswerte ohne eingehende Prüfung derer Herleitung und Prämissen zugrunde zu legen.

2.2.8.4 Gerichtliche Bewertung der Vergleichsszenarien

Die Ermittlung der Befriedigungsquote der Gruppenangehörigen im Planszenario sowie im Liquidationsszenario erfordert gerichtliche Bewertungsentscheidungen.[810] Es handelt sich um eine zukunftsgerichtete Betrachtung, die eine Prognose des Gerichts erfordert.[811] Dabei hat das Gericht nicht zwingend einen Sachverständigen heranzuziehen.[812]

Um eine Vergleichbarkeit künftiger Zahlungsströme zu unterschiedlichen Zeitpunkten herzustellen, sind die zu erwartenden Zuflüsse mit ihrem Barwert kumuliert in die Betrachtung einzustellen.[813] Dies betrifft besonders Fortführungspläne,

---

808 Nachw. in Fußn. 799.

809 S. hingegen *Jacoby/Madaus/Sack/Schmidt/Thole*, Evaluierung ESUG (2018), S. 190: „angesichts der mit einer echten Marktansprache einhergehenden Probleme" solle eine gutachterliche Bestimmung des Liquidationswerts (Fortführungs- oder Zerschlagungswert) durch den Planersteller genügen.

810 *Braun/Frank*, in: Braun, InsO, § 245 Rn. 3; *Lüer/Streit*, in: Uhlenbruck, InsO, § 245 Rn. 8.

811 BGH, Beschl. v. 29.3.2007 – IX ZB 204/05 = NZI 2007, 409 (410); LG Mühlhausen, Beschl. v. 17.9.2007 – 2 T 190/06 = NZI 2007, 724 (727); *Thies*, in: HambKomm, InsO, § 245 Rn. 8.

812 *Pleister*, in: Kübler/Prütting/Bork/Jacoby, InsO, § 245 Rn. 10 m.w.Nachw.

813 *Drukarczyk/Schüler*, in: MüKo, InsO, § 245 Rn. 43, 51 ff.; *Braun/Frank*, in: Braun, InsO, § 245 Rn. 3; a.A.: *Lüer/Streit*, in: Uhlenbruck, InsO, § 245 Rn. 19 f.; *Harmann*, in: Brünkmans/Thole, HdB Insolvenzplan, § 6 Rn. 218 (Bewertungsstichtag: Wirksamwerden des Plans).

unter denen Forderungen aus künftigen Cashflows des Schuldners bedient werden sollen. Für die Angehörigen der ablehnenden Gruppe ist dabei kein individueller, sondern ein einheitlicher Diskontierungszinssatz zugrunde zu legen.[814] Einer Bewertung des Unternehmens in Gänze bedarf es nur, wenn den Gläubigern im Plan der Wandel ihrer Forderungen in Anteile am sanierten Unternehmen im Wege eines Debt-Equity-Swap angeboten wird.[815]

Bei der Bewertung für die Zukunft in Aussicht gestellter Zahlungen, besonders im Falle der Stundung von Forderungen unter dem Insolvenzplan, sind mit dem Zahlungsversprechen verbundene Risiken (Ausfallrisiko) in Form einer angemessenen Risikoprämie zu berücksichtigen.[816] Besonders die Bewertung der wirtschaftlichen Position einer Gruppe von Absonderungsberechtigten, welche im Regelfall keine identische Position haben, bringt Herausforderungen mit sich.[817] Für analoge Rechtsfragen unter dem StaRUG wurden die Erfordernisse der Diskontierung künftiger Zahlungsströme sowie der Berücksichtigung einer Risikoprämie in einer ersten gerichtlichen Entscheidung bereits anerkannt.[818]

2.2.9 Obere Wertgrenze: voller Betrag des Anspruchs

Von einer angemessenen Beteiligung ablehnender Gruppen an dem gegenüber der Liquidation generierten Planmehrwert ist ferner nur auszugehen, wenn kein anderer Gläubiger unter dem Plan wirtschaftliche Werte erhält, die über den vollen Nennbetrag seines Anspruchs hinaus gehen.[819] Damit wird eine obere Wertgrenze für durchsetzbare Wertzuteilungen unter nicht-konsensualen Plänen definiert (Verbot der Überbefriedigung, § 245 Abs. 2 S. 1 Nr. 1 InsO). Keine ablehnende Gruppe soll es hinnehmen müssen, dass sie zwar nicht schlechter

---

814 *Drukarczyk/Schüler*, in: MüKo, InsO, § 245 Rn. 54; *Spliedt*, in: K. Schmidt, InsO, § 245 Rn. 12.

815 Dazu *Braun/Frank*, in: Braun, InsO, § 245 Rn. 3; *Rühle*, in: Römermann, InsO, § 245 Rn. 11.

816 Eingehend *Drukarczyk/Schüler*, in: MüKo, InsO, § 245 Rn. 55 ff.; *Pleister*, in: Kübler/Prütting/Bork/Jacoby, InsO, § 245 Rn. 13; *Spliedt*, in: K. Schmidt, InsO, § 245 Rn. 9; s. auch die IDW S2 Muster-Quotenvergleichsrechnung, Anlage 2 zum IDW S2, Anmerkung 4: „[...] Die Überschüsse dieser Planung werden hier als Barwert gezeigt. Das Risikokalkül bei der Ableitung des Barwerts ist zu dokumentieren."; a.A.: *Lüer/Streit*, in: Uhlenbruck, InsO, § 245 Rn. 19 f.

817 Näher *Spliedt*, in: K. Schmidt, InsO, § 245 Rn. 14, welcher sich für eine „Durchschnittsbetrachtung" bei Absonderungsrechten ausspricht.

818 Näher in Fußn. 1294.

819 *Rühle*, in: Römermann, InsO, § 245 Rn. 15.

gestellt wird als in der Liquidation, andere Gläubiger jedoch Werte über den vollen Betrag ihrer Forderung hinaus erhalten[820] und damit Gewinne auf Kosten anderer Plangruppen erzielen.[821]

Die für die Gruppen vorgesehenen Leistungen sind wiederum mit ihren Barwerten unter Berücksichtigung von Risikofaktoren in die Betrachtung einzustellen.[822] Besondere Herausforderungen stellen sich wiederum, wenn für eine Gruppe unter dem Plan Sachleistungen vorgesehen sind, wie etwa die Zuwendung von Gesellschaftsanteilen im Rahmen eines Debt-Equity-Swap. Bei der Prüfung einer Überbefriedigung ist der volle Betrag des Anspruchs zugrunde zu legen; ein dem gegenüber niedrigerer Kaufpreis im Rahmen eines vorherigen Forderungserwerbs ist unbeachtlich.[823]

2.2.10 Wahrung des Gleichrangs: Verbot der Besserstellung gleichrangiger Gläubiger

Ferner darf kein Gläubiger, der ohne einen Plan gleichrangig mit den Gläubigern der Gruppe zu befriedigen wäre, bessergestellt werden als die Angehörigen der ablehnenden Gruppe (§ 245 Abs. 2 S. 1 Nr. 3 InsO). Damit bedarf es keiner strikten Gleichbehandlung der Gruppen; untersagt ist lediglich eine Besserstellung einer anderen gleichrangigen Gläubigergruppe gegenüber der ablehnenden Gruppe. Mit dem Vergleichsszenario „ohne einen Plan" wird wiederum an die Liquidationsprioritäten im Regelinsolvenzverfahren angeknüpft.[824] Der Begriff des Gleichrangs ist damit auf die §§ 38, 39 InsO bezogen.[825]

Bei der Prüfung gilt eine wirtschaftliche, keine formale Betrachtungsweise; den Gruppen sind unter dem Plan mithin nicht zwingend dieselben Rechte anzubieten.[826] Die für die Gruppen unter dem Plan vorgesehenen Befriedigungsquoten sind einander gegenüberzustellen.[827] Das Verbot der Besserstellung ist strikt

---

820 Begr. RegE InsO, BT-Drucks. 12/2443, S. 209.

821 Dazu auch *Drukarczyk/Schüler*, in: MüKo, InsO, § 245 Rn. 17; *F. Becker*, in: Kübler/Bork/Prütting, HRI II, § 36 Rn. 48, unter Verweis auf das Verfahrensziel des § 1 S. 1 InsO.

822 *Braun/Frank*, in: Braun, InsO, § 245 Rn. 8; *Drukarczyk/Schüler*, in: MüKo, InsO, § 245 Rn. 17; *Rühle*, in: Römermann, InsO, § 245 Rn. 15.

823 *Rühle*, in: Römermann, InsO, § 245 Rn. 16; *Spliedt*, in: K. Schmidt, InsO, § 245 Rn. 20.

824 Zu diesen zuvor auf den S. 159 ff.

825 *Geiwitz/v. Danckelmann*, in: BeckOK, InsR, § 245 InsO Rn. 2.1.

826 S. hingegen das gruppeninterne Gleichbehandlungsgebot § 226 Abs. 1 InsO; dazu *Spliedt*, in: K. Schmidt, InsO, § 245 Rn. 29.

827 S. LG Göttingen, Beschl. v. 7.9.2004 – 10 T 78/04 = NZI 2005, 41 (42 f.).

gefasst und eröffnet keinen Raum für die Prüfung einer sachgerechten Besserstellung im Einzelfall. Verboten ist jede Besserstellung einer gleichrangigen Gruppe.[828] Eine Durchbrechung des Gleichrangs in der Priorität nach dem Vorbild der restrukturierungsrechtlichen Regelung des § 28 Abs. 1 StaRUG kennt die InsO nicht.[829] Die Regelung des § 245 Abs. 2 S. 1 Nr. 3 InsO ist insoweit restriktiver gefasst als die betreffende Regelung des klassenübergreifenden Cram Down im US-amerikanischen Chapter-11-Verfahren (11 U.S.C. § 1129(b)), welche lediglich eine unfaire Diskriminierung („does not discriminate unfairly") untersagt und damit Ungleichbehandlungen toleriert, sollten diese auf vernünftige Gründe gestützt sein.[830]

Die Prüfung einer Besserstellung erfordert wiederum gerichtliche Bewertungen der für die Gruppen unter dem Plan vorgesehenen Leistungen.[831] Die Planleistungen sind mit ihren Barwerten unter Berücksichtigung etwaiger Risiken in die Betrachtung einzustellen.[832] Durch das Kriterium wird für nicht-konsensuale Pläne in der Verteilung des Planmehrwerts die insolvenzrechtliche Priorität von Gruppen desselben Rangs abgesichert. Damit wird die in § 245 Abs. 2 S. 1 Nr. 2 InsO kodifizierte absolute Vorrangregel ergänzt, welche sich auf die Rangverhältnisse zwischen der ablehnenden Gläubigergruppe und niederrangigen Gruppen bezieht.[833]

2.2.11 Priorität in der Verteilung des Planmehrwerts: absolute Vorrangregel, § 245 Abs. 2 S. 1 Nr. 2 InsO

Schließlich ist von einer angemessenen Beteiligung der ablehnenden Gruppe am wirtschaftlichen Planmehrwert nur auszugehen, wenn die in § 245 Abs. 2 S. 1 Nr. 2 InsO verbürgte absolute Vorrangregel eingehalten ist. Die absolute Vorrangregel wurde mit § 245 InsO als Teil der neuen Insolvenzordnung eingeführt

---

828 *Rühle*, in: Römermann, InsO, § 245 Rn. 23; krit. *Lüer/Streit*, in: Uhlenbruck, InsO, § 245 Rn. 32 f. (für ein Verständnis des § 245 Abs. 2 InsO als Regelbeispiele einer angemessenen wirtschaftlichen Beteiligung anstelle zwingender Voraussetzungen); zu praktischen Bedürfnissen für Besserstellungen (insb. Gruppen von Kleingläubigern und Arbeitnehmern ggü. sonstigen ungesicherten Insolvenzgläubigern) *Brockdorff/Heintze/Rolle*, BB 2014, 1859 (1862).

829 Zur Regelung des § 28 Abs. 1 StaRUG auf den S. 278 ff.

830 Nachw. in Fußn. 181; zur Regelung zuvor auf den S. 64 ff.

831 *Braun/Frank*, in: Braun, StaRUG, § 245 Rn. 30; *Drukarczyk/Schüler*, in: MüKo, InsO, § 245 Rn. 76; *Rühle*, in: Römermann, InsO, § 245 Rn. 24.

832 Näher zuvor auf den S. 181 f.; *Spliedt*, in: K. Schmidt, InsO, § 245 Rn. 30.

833 *Spliedt*, in: K. Schmidt, InsO, § 245 Rn. 29.

und hatte für zwei Jahrzehnte ohne gesetzgeberische Änderungen Bestand. Mit der Einbeziehung der Gesellschafter als Gruppe in das Insolvenzplanverfahren[834] durch das ESUG von 2012 wurde ihr Anwendungsbereich auf die Gruppe der Gesellschafter erweitert.[835] Im Zuge der Reform des deutschen Restrukturierungs- und Insolvenzrechts durch das SanInsFoG im Jahr 2021 wurde die Regelung durch eine Kodifikation der in der Rechtsprechung bereits anerkannten New Value Exception ergänzt.[836] Ferner ist nunmehr erstmals eine Durchbrechung des absoluten Vorrangs in Abs. 2 S. 2 und 3 festgeschrieben. Die absolute Vorrangregel folgt in ihrer Konzeption dem Vorbild der Absolute Priority Rule des US-amerikanischen Chapter-11-Verfahrens (11 U.S.C. § 1129(b)(1)).[837]

2.2.11.1 Anforderungen der absoluten Vorrangregel

Die absolute Vorrangregel gemäß § 245 Abs. 2 S. 1 Nr. 2 InsO ist gewahrt, wenn unter dem Plan

> „weder ein Gläubiger, der ohne einen Plan mit Nachrang gegenüber den Gläubigern der Gruppe zu befriedigen wäre, noch der Schuldner oder eine an ihm beteiligte Person einen durch Leistung in das Vermögen des Schuldners nicht vollständig ausgeglichenen wirtschaftlichen Wert erhält".

Eine Zustimmungsfiktion gemäß § 245 InsO scheidet aus, wenn nachrangigen Gläubigern oder den Gesellschaftern unter dem Plan (jegliche) Werte zuteilwerden, während eine ablehnende höherrangige Gläubigergruppe nicht vollständig befriedigt wird.[838] In der Prüfung gilt eine streng wirtschaftliche Betrachtungsweise.[839] Dabei wird das Gericht nicht in jedem Fall vor komplexe Bewertungsfragen gestellt. So bedarf es allein der Prüfung, ob (1) die ablehnende Gruppe unter dem Plan vollständig befriedigt wird oder (2) einer nachrangigen Gruppe

---

834 § 222 Abs. 1 S. 1 Nr. 4 InsO, sofern deren Anteils- oder Mitgliedschaftsrechte in den Plan einbezogen sind.

835 Begr. RegE ESUG, BT-Drucks. 17/5712, S. 18, 34.

836 § 245 Abs. 2 S. 1 Nr. 2 Hs. 2 InsO: „[...] einen durch Leistung in das Vermögen des Schuldners nicht vollständig ausgeglichenen wirtschaftlichen Wert erhält [...]".

837 Begr. RegE InsO, BT-Drucks. 12/2443, S. 208; *Lüer/Streit*, in: Uhlenbruck, InsO, § 245 Rn. 26; *Rühle*, in: Römermann, InsO, § 245 Rn. 17.

838 *Drukarczyk/Schüler*, in: MüKo, InsO, § 245 Rn. 74; *Pleister*, in: Kübler/Prütting/Bork/Jacoby, InsO, § 245 Rn. 22; werden die Forderungen einer Gruppe von Gläubigern unter dem Plan nicht beeinträchtigt (mithin voll befriedigt), haben diese in der Planabstimmung bereits kein Stimmrecht (§ 237 Abs. 2 InsO).

839 *F. Becker*, in: Kübler/Bork/Prütting, HRI II, § 36 Rn. 55.

dennoch unter dem Plan jegliche Werte zugewiesen werden.[840] Die Prüfung einer vollständigen Befriedigung der ablehnenden Gruppe kann hingegen eine Bewertung des restrukturierten Unternehmens erfordern, wenn Gläubigern im Wege eines Debt-Equity-Swap unter dem Plan Anteilsrechte (oder auf diese bezogene derivative Rechte) zugewiesen oder Gesellschaftern Anteile belassen werden.[841] In der Prüfung sind die Forderungen der Gläubiger mit ihrem Nennwert, nicht ihrem – in der Insolvenz weithin geminderten – Marktwert anzusetzen. Ablehnende Gläubigergruppen können mithin auf eine vorrangige, volle Befriedigung ihrer Forderungen beharren, bevor nachrangigen Gruppen entgegen ihrem Votum Werte zugewiesen werden dürfen.[842] Der absolute Vorrang erlaubt es Gläubigergruppen, nicht weniger als eine vollständige Befriedigung ihrer Forderungen zu akzeptieren.[843]

Für den praktischen Regelfall, dass der Nennwert der Verbindlichkeiten den verteilungsfähigen Unternehmenswert des restrukturierten Schuldners überschreitet, können die Gesellschafter aufgrund ihrer Altbeteiligungen keinen Anteil am restrukturierten Eigenkapital beanspruchen und scheiden ohne Wertzuweisungen aus.[844] Altgesellschafter und niederrangige Gläubigergruppen werden damit incentiviert, im Verfahren der gerichtlichen Bewertung auf eine höhere Unternehmensbewertung hinzuwirken, um sich Aussichten auf Wertzuweisungen unter dem Plan zu eröffnen.[845] Höherrangige Gläubigergruppen werden umgekehrt in Richtung eines niedrigen Wertansatzes incentiviert, womit der Unternehmenswert auf weniger Kapitalgeber verteilt würde.

Während das Verbot der Besserstellung gemäß § 245 Abs. 2 S. 1 Nr. 3 InsO den Gleichrang absichert, schützt die absolute Vorrangregel des Abs. 2 S. 1 Nr. 2 bestehende Vorrangstellungen. Konkret wird allein die Verletzung des Vorrangs der *ablehnenden* Gläubigergruppe untersagt. Im Übrigen können Gläubigergruppen eine Verteilung des Planmehrwerts unter Nichtachtung ihrer Vorrangstellung

---

840 *Drukarczyk/Schüler*, in: MüKo, InsO, § 245 Rn. 77.

841 Ebd.

842 *Eidenmüller/Engert*, ZIP 2009, 541 (546); s. auch *Brünkmans/Harmann*, in: Brünkmans/Thole, HdB Insolvenzplan, § 35 Rn. 46.

843 *Eidenmüller/Engert*, ZIP 2009, 541 (546); ein Anwendungsbeispiel bei *Drukarczyk/Schüler*, in: MüKo, InsO, § 245 Rn. 22.

844 *Eidenmüller/Engert*, ZIP 2009, 541 (545).

845 *Drukarczyk/Schüler*, in: MüKo, InsO, § 245 Rn. 106; näher zu Anreizrichtungen in der strategischen Unternehmensbewertung im Kontext des US Chapter-11-Verfahrens zuvor auf den S. 96 ff.

gegenüber nachrangigen Gruppen durch ihr zustimmendes Votum legitimieren. Es gilt ein absoluter Vorrang ablehnender, höherrangiger Gläubigergruppen.

2.2.11.2 Rangverhältnisse: Wahrung der Liquidationsprioritäten

Die gemäß § 245 Abs. 2 S. 1 Nr. 2 InsO maßgeblichen Rangverhältnisse sind wiederum nach den insolvenzrechtlichen Liquidationsprioritäten zu bestimmen und bestehen allein zwischen einfachen (§ 38 InsO) und nachrangigen Insolvenzgläubigern (§ 39 InsO).[846] Das Merkmal „Nachrang" bezieht sich damit auf den Nachrang von Insolvenzforderungen gemäß § 39 InsO.[847] Die Befriedigung der Massegläubiger erfolgt vorweg, nicht unter dem Insolvenzplan und ist daher im Rahmen des § 245 Abs. 2 InsO außer Betracht zu lassen.[848]

Zur Sicherung von Forderungen eingeräumte Absonderungsrechte sind gegenüber Forderungen als rechtliches Aliud einzuordnen und stehen außerhalb der Rangordnung der §§ 38, 39 InsO.[849] Das Absonderungsrecht vermittelt dem Inhaber lediglich einen Anspruch auf vorrangige Befriedigung aus dem Sicherungsgegenstand und eben nicht auf Beteiligung am darüberhinausgehenden Planmehrwert, wie es bei Forderungen der Fall ist.[850] Auf das Verhältnis von absonderungsberechtigten Gläubigern zu Insolvenzgläubigern findet die absolute Vorrangregel gemäß § 245 Abs. 2 S. 1 Nr. 2 InsO mithin keine Anwendung.[851] Damit nehmen Gruppen Absonderungsberechtigter unter der absoluten Vorrangregel keine Vorrangstellung gegenüber Gruppen einfacher und nachrangiger Insolvenzgläubiger ein. Werden diesen unter dem Plan Werte zugedacht, steht dies einer Zustimmungsfiktion gegenüber einer ablehnenden Gruppe

---

846 Näher zuvor auf den S. 159 ff.; *Pleister*, in: Kübler/Prütting/Bork/Jacoby, InsO, § 245 Rn. 23; *Lüer/Streit*, in: Uhlenbruck, InsO, § 245 Rn. 24.

847 *Rühle*, in: Römermann, InsO, § 245 Rn. 19; *Geiwitz/v. Danckelmann*, in: BeckOK, InsR, § 245 InsO Rn. 11; prägnant auch LG Traunstein, Beschl. v. 27.8.1999 – 4 T 2966/99 = NZI 1999, 461 (464): „Daraus versteht es sich auch, warum § 245 II Nr. 2 InsO ausdrücklich von ‚ohne einen Plan mit Nachrang gegenüber den Gläubigern der Gruppe zu befriedigen wäre' spricht.".

848 S. dazu zuvor auf den S. 159 ff.; Begr. RegE InsO, BT-Drucks. 12/2443, S. 209.

849 *Braun/Frank*, in: Braun, InsO, § 245 Rn. 10; *Keller*, in: Keller, InsR, Rn. 1820: „nicht höherrangig sondern wesensverschieden"; zum Meinungsstand *Drukarczyk/Schüler*, in: MüKo, InsO, § 245 Rn. 75; *Skauradszun*, ZRI 2020, 625, 634; näher zuvor auf den S. 159 ff.

850 *Thole*, in: Brünkmans/Thole, HdB Insolvenzplan, § 17 Rn. 25.

851 LG Traunstein, Beschl. v. 27.8.1999 – 4 T 2966/99 = NZI 1999, 461 (464); *Spliedt*, in: K. Schmidt, InsO, § 245 Rn. 23; *Lüer/Streit*, in: Uhlenbruck, InsO, § 245 Rn. 24.

Absonderungsberechtigter nicht bereits im Wege.[852] Die gesicherte Forderung ist isoliert und ungeachtet des Absonderungsrechts nach den §§ 38, 39 InsO zu qualifizieren.[853] Der Schutz der wirtschaftlichen Position der Absonderungsberechtigten und ihres Rechts auf angemessene Beteiligung am wirtschaftlichen Planmehrwert wird in ihrer Stellung als einfache oder nachrangige Insolvenzgläubiger sodann über die § 245 Abs. 1 Nr. 2, Abs. 2 S. 1 Nr. 2 InsO gewährleistet. Gesellschafter stehen als Residualberechtigte formal betrachtet außerhalb der insolvenzrechtlichen Rangfolge und können einen etwaigen Überschuss beanspruchen (§ 199 S. 2 InsO). Entsprechend werden die Gesellschafter in § 245 Abs. 2 S. 1 Nr. 2 InsO nach der Rangfolge unter den Gläubigern separat hervorgehoben.[854]

Stimmt mithin eine Gruppe nicht nachrangiger Insolvenzgläubiger mehrheitlich gegen den Plan, steht einer Ersetzung ihres Votums die absolute Vorrangregel entgegen, wenn nachrangigen Insolvenzgläubigern oder Gesellschaftern unter dem Plan wirtschaftliche Werte zuteilwerden. Stimmt eine Gruppe nachrangiger Gläubiger gegen den Insolvenzplan, gilt es die Nachrangordnung des § 39 InsO sowie den Vorrang gegenüber dem Eigenkapital zu wahren.[855]

2.2.11.3 Schutzrichtung und Telos der absoluten Vorrangregel

In der deutschen insolvenzrechtlichen Literatur werden Fragen um die Schutzrichtung und die teleologische Fundierung der absoluten Vorrangregel nur wenig behandelt. Besonders in Kommentierungen des § 245 InsO bleibt die Thematik teils gänzlich unerwähnt oder wird nur erwähnungsweise angesprochen. Dies steht in starkem Kontrast zur US-amerikanischen Insolvenzrechtswissenschaft, welche seit dem frühen 20. Jahrhundert von Kontroversen um die sachgerechte Prioritätsregel und rechtsökonomische Implikationen dieser geprägt ist.[856]

Mit der Einführung der absoluten Vorrangregel mit der InsO im Jahr 1999 strebte der deutsche Gesetzgeber zuvorderst eine Symmetrie zwischen zivilrechtlicher Haftungslage, Liquidation und Fortführung im Planverfahren an.

---

852 *Lüer/Streit*, in: Uhlenbruck, InsO, § 245 Rn. 24; *Spliedt*, in: K. Schmidt, InsO, § 245 Rn. 23.

853 LG Traunstein, Beschl. v. 27.8.1999 – 4 T 2966/99 = NZI 1999, 461 (464).

854 § 245 Abs. 2 S. 1 Nr. 2 InsO: „weder ein Gläubiger, der ohne einen Plan mit Nachrang gegenüber den Gläubigern der Gruppe zu befriedigen wäre, *noch der Schuldner oder eine an ihm beteiligte Person* […]" (Hervorhebung durch den Verf.).

855 Vorbehaltlich eines vollständigen Ausgleichs durch Leistung in das Vermögen des Schuldners; s. auch *Rühle*, in: Römermann, InsO, § 245 Rn. 19.

856 Dazu zuvor auf den S. 50 ff.

Die Liquidation im Regelverfahren und die fortführende Sanierung im Insolvenzplanverfahren seien dem einheitlichen Hauptzweck des Insolvenzverfahrens verpflichtet, der gemeinschaftlichen Verwirklichung der Vermögenshaftung des Schuldners. Als alternative Verfahrensvarianten liege ihnen eine einheitliche haftungsrechtliche Rangfolge der Kapitalbeiträge zugrunde.[857] Sollte die primär angestrebte zivilrechtliche Haftung nicht zu verwirklichen sein, sollte sodann der Insolvenzplan keine Umverteilungseffekte gegen den Willen der Beteiligten ermöglichen.[858] Gleichsam nicht die Wahl zwischen den Verwertungsvarianten der Liquidation im Regelinsolvenzverfahren sowie der Fortführung im Insolvenzplanverfahren. Die Haftungsverwirklichung folge den Liquidationsprioritäten und unabhängig davon, ob der verbliebene Unternehmenswert liquidiert und ausgeschüttet werde oder hingegen im Schuldnerunternehmen gebunden bleibe und erstreckt sich damit auch auf einen Fortführungswert im Planszenario.[859] Dies soll nach der gesetzlichen Wertung auch den Fall umfassen, dass der Plan bei Verstoß gegen die absoluten Vorrangregel mangels Zustimmungsfiktion nicht zustande kommt und der Planmehrwert nicht generiert wird.[860] Der Insolvenzplan dürfe nicht der Verfolgung verfahrenszweckwidriger Sondervorteile dienen.[861] Die Residualberechtigung des Eigenkapitals gemäß § 199 S. 2 InsO wird vom Regelinsolvenzverfahren in das Insolvenzplanverfahren überführt.[862]

Würde zugunsten der Gesellschafter im Insolvenzplanverfahren von den Liquidationsprioritäten abgewichen, verlöre das Verfahren für Gläubiger gegenüber dem Regelinsolvenzverfahren an Attraktivität. Gläubiger könnten incentiviert sein, sich gegen zeit- und kostenaufwändige Versuche der Realisierung eines erhöhten Planmehrwerts unter Erhalt des Rechtsträgers zu entscheiden und anstelle dessen eine Gesamtliquidation mittels übertragender Sanierung

---

857 Begr. RegE InsO, BT-Drucks. 12/2443, S. 83: „Ziel der Haftungsverwirklichung ist damit die Abwicklung oder der planmäßige Umbau der gesamten Finanzstruktur des Schuldners unter Wahrung der haftungsrechtlichen Rangfolge der Finanzbeiträge der gesicherten Gläubiger, der einfachen Insolvenzgläubiger, der nachrangigen Insolvenzgläubiger und der Eigenkapitalgeber."; *Rühle*, in: Römermann, InsO, § 245 Rn. 2; *Thole*, in: Brünkmans/Thole, HdB Insolvenzplan, § 245 Rn. 24; s. auch *Braun/Frank*, in: Braun, InsO, § 245 Rn. 11; zust. *Eidenmüller/Engert*, ZIP 2009, 541 (545).

858 Begr. RegE InsO, BT-Drucks. 12/2443, S. 91; *Jacoby/Madaus/Sack/Schmidt/Thole*, Evaluierung ESUG (2018), S. 303; *Schäfer*, ZIP 2019, 1305 (1305).

859 Begr. RegE InsO, BT-Drucks. 12/2443, S. 83.

860 *Thole*, in: Brünkmans/Thole, HdB Insolvenzplan, § 245 Rn. 24.

861 Begr. RegE InsO, BT-Drucks. 12/2443, S. 83, 91.

862 Dazu *Eidenmüller/Engert*, ZIP 2009, 541 (545).

befürworten.[863] Anreize für wertmaximierende Sanierungen gingen verloren. Mit einer Abschwächung der absoluten Vorrangregel würde der volkswirtschaftliche Mehrwert des Insolvenzplanverfahrens gemindert.

Gilt zum Schutz der Gläubigergruppen kein absoluter Vorrang, könnten Gläubigergruppen niederrangige Gruppen durch Wertzuweisungen im Wege des Stimmkaufs zur Unterstützung ihres Plankonzepts bewegen.[864] Auch würden Fortführungen auf Grundlage eines Insolvenzplans vorrangig bei mittleren und großen Unternehmen in Erwägung gezogen, bei welchen Einflussnahmen der Gesellschafter in Richtung einer Verzögerung der Insolvenzantragstellung einen geringeren Stellenwert einnehmen.[865]

Schließlich könne die Aussicht auf Wertzuweisungen im Insolvenzfall die Gesellschafter zu übermäßig risikobehaftetem Investitionsverhalten unter Einsatz hoher Volumina an Fremdkapital incentivieren. Vereinnahmen Gesellschafter potenzielle Gewinne nach Tilgung der Fremdkapitalkosten vollständig, sind potenzielle Verlust ihrerseits auf ihren Eigenkapitalbeitrag begrenzt und sind zu weiten Teilen durch die Gläubiger zu tragen. Fremdkapitalgeber werden in der Folge zur Forderung höherer Risikoprämien oder zur restriktiveren Kreditvergabe angehalten.[866]

Darüberhinausgehend fehlt es weithin an Auseinandersetzungen mit Grundgedanken relativer Prioritätskonzepte, etwa der Frage, aus welcher Rechtfertigung sich die strikte und finale Durchsetzung des absoluten Vorrangs schöpft, wenn das schuldnerische Vermögen nicht liquidiert, sondern fortgeführt und der Unternehmenswert künftig angereichert wird. Etwaige Fortführungswerte über den Betrag vorrangiger Kapitalbeiträge hinaus werden mit dem Stichtag der Planbestätigung auch unter deutschem Insolvenzplanrecht vorrangigen Kapitalklassen endgültig zugewiesen.[867] Hervorgehoben wird hingegen eine sanierungsfeindliche Anreizwirkung absoluter Priorität gegenüber dem Eigenkapital sowie der eigenkapitalgesteuerten Unternehmensführung des Schuldners.[868]

---

863 Ebd.

864 Dazu *Thole*, in: Brünkmans/Thole, HdB Insolvenzplan, § 17 Rn. 24.

865 *Eidenmüller/Engert*, ZIP 2009, 541 (545).

866 Ebd., 544 f.; näher zu Investitionsanreizen von Prioritätssystemen gegenüber dem Eigenkapital sowie dem schuldnerischen Management in Teil II auf den S. 324 ff., sowie zu Wechselwirkungen zwischen Prioritätssystemen und der Unternehmensfremdfinanzierung auf den S. 338 ff.

867 Zur Thematik in den einleitenten Ausführungen auf den S. 37 ff. sowie mit Blick auf Konzepte einer Relative Priority Rule auf den S. 114 ff.

868 *Eidenmüller/Engert*, ZIP 2009, 541 (544).

2.2.11.4 *Wirtschaftlich ausgeglichene Wertzuweisungen: New Value Exception*

Gemäß dem strikten Wortlaut des § 245 Abs. 2 S. 1 Nr. 2 InsO a.F. hinderten jegliche Wertzuweisungen an niederrangige Gruppen die Planbestätigung mittels klassenübergreifendem Cram Down. Gestützt auf die insoweit klare Gesetzesbegründung zur Insolvenzordnung aus dem Jahr 1999[869] war in der insolvenzgerichtlichen Rechtsprechung jedoch seit Anbeginn eine Privilegierung wirtschaftlich ausgeglichener Planleistungen anerkannt. Mit der punktuellen Ergänzung des § 245 InsO durch das SanInsFoG im Jahr 2021 wurde diese nunmehr gesetzlich kodifiziert. Für präventive Restrukturierungen unter dem StaRUG verbürgt § 27 Abs. 1 Nr. 2 StaRUG eine entsprechende Regelung.

Gemäß § 245 Abs. 2 S. 1 Nr. 2 InsO n.F. verletzen Zuweisungen wirtschaftlicher Werte an niederrangige Gruppen nicht die absolute Vorrangregel, wenn diese durch Leistungen in das Vermögen des Schuldners vollständig ausgeglichen werden. Der Gedanke entstammt der sog. New Value Exception der US-amerikanischen Vorbildregelung (11 U.S.C. § 1129), gemäß welcher nur Wertzuteilungen „aufgrund“ der alten Forderung oder Beteiligung bzw. „in Anrechnung auf diese“[870] („on account of“) mit der Absolute Priority Rule unvereinbar sind.[871]

Dahinter steht der Gedanke, dass wertmäßig vollständig ausgeglichene Planleistungen keine Schmälerung des verteilungsfähigen Planmehrwerts darstellen und mithin einer angemessenen Beteiligung der ablehnenden Gläubigergruppe nicht entgegenstehen. Der absolute Vorrang wird in diesem Fall nicht verletzt, die Anwendung des Obstruktionsverbots soll mithin nicht gesperrt sein.[872] Wesen der (nunmehr tatbestandlichen) Privilegierung ist damit keine Durchbrechung des absoluten Vorrangs oder eine Ausnahme von dieser, sondern vielmehr eine Anwendung der absoluten Vorrangregel unter der gebotenen wirtschaftlichen Betrachtungsweise.

Wertzuweisungen unter dem Plan gegen vollständigen Wertausgleich liegen besonders dann nahe, wenn der Erhalt einer Eigenkapitalposition angestrebt wird.

---

869 Begr. RegE InsO, BT-Drucks. 12/2443, S. 209.

870 LG Mühlhausen, Beschl. v. 17.9.2007 – 2 T 190/06 = NZI 2007, 724 (726).

871 *Lüer/Streit*, in: Uhlenbruck, InsO, § 245 Rn. 26 (auch insoweit zu systematischen Unterschieden zwischen dem deutschen und dem US-amerikanischen Recht, Rn. 27); *Drukarczyk/Schüler*, in: MüKo, InsO, § 245 Rn. 82; näher zur New Value Exception zuvor auf den S. 70 ff.

872 Begr. RegE SanInsFoG, BT-Drucks. 19/24181, S. 201; *Pleister*, in: Kübler/Prütting/Bork/Jacoby, InsO, § 245 Rn. 24.

Durch die Privilegierung sollen Betriebsfortführungen durch die Altgesellschafter erleichtert werden, welche dem Ziel einer bestmöglichen Gläubigerbefriedigung (§ 1 S. 1 InsO) dienen und andernfalls aufgrund des absoluten Vorrangs stets ausscheiden müssten, sofern eine Gläubigergruppe nicht vollständig befriedigt wird und mehrheitlich gegen den Plan stimmt.[873] Gesellschaftern kann diese Aussicht auf einen Beteiligungserhalt unter dem Plan, wenn auch gegen vollen Wertausgleich, einen Anreiz für frühzeitige Sanierungen setzen.[874] Zugleich wird durch die Abmilderung der sanktionierenden Wirkung der Insolvenz eine angestrebte Disziplinierung des Eigenkapitals abgeschwächt.[875]

In der Prüfung der Privilegierung hat das Gericht unter dem Plan zugewiesene Werte, im Falle von Beteiligungen mithin Anteile am Unternehmenswert, zu quantifizieren und der im Plan vorgesehenen Gegenleistung gegenüberzustellen.[876] Noch immer fehlt es jedoch an Konkretisierungen dessen durch höchstrichterliche Rechtsprechung. Besonders umstritten bleibt die Frage, in welchem Fall den Gesellschaften ein – sodann im Falle des § 245 Abs. 2 S. 1 Nr. 2 InsO ausgleichspflichtiger – wirtschaftlicher Wert verbleibt, wenn diesen Gesellschaftsanteile belassen werden.[877] Bereits in der Begründung des Regierungsentwurfs der Insolvenzordnung war ausgeführt, dass in der Möglichkeit der Betriebsfortführung durch den Schuldner nicht stets eine Zuwendung wirtschaftlicher Werte zu sehen sei, welche die absolute Vorrangregel verletze; es bedürfe einer Einzelfallprüfung.[878] Dies erschließt sich vor dem Hintergrund der insolvenzplanrechtlichen Zielsetzung, die Sanierung des Schuldners unter Erhalt des Rechtsträgers zu erleichtern.[879]

Allein in der Fortführungsmöglichkeit nach bilanzieller Sanierung der Passivseite kann damit nicht bereits ein wirtschaftlicher Wert im Sinne des § 245 Abs. 2 S. 1 Nr. 2 InsO erblickt werden.[880] Wird darüber hinaus in der Handelsbilanz ein positiver Kapitalsaldo generiert, ist dieser nach verbreiteter

---

873 *Pleister*, in: Kübler/Prütting/Bork/Jacoby, InsO, § 245 Rn. 24.

874 *Thole*, in: Brünkmans/Thole, HdB Insolvenzplan, § 17 Rn. 28.

875 *Eidenmüller/Engert*, ZIP 2009, 541 (545); *Drukarczyk/Schüler*, Unternehmensbewertung, S. 343; zum Spannungsverhältnis *Drukarczyk/Schüler*, in: MüKo, InsO, § 245 Rn. 86–88.

876 S. auch *Pleister*, in: Kübler/Prütting/Bork/Jacoby, InsO, § 245 Rn. 24.

877 Dem „Erhalten" wirtschaftlicher Werte ist das „Behalten" gleichzustellen.

878 Begr. RegE InsO, BT-Drucks. 12/2443, S. 209.

879 *Geiwitz/v. Danckelmann*, in: BeckOK, InsR, § 245 InsO Rn. 12.

880 *Thole*, in: Brünkmans/Thole, HdB Insolvenzplan, § 17 Rn. 27; *F. Becker*, in: Kübler/Bork/Prütting, HRI II, § 36 Rn. 59.

Ansicht durch entsprechende Leistungen der Gesellschafter unter dem Plan auszugleichen.[881]

Gestützt auf die Begründung des Regierungsentwurfs und in Anlehnung an die Rechtsprechung des US Supreme Court wird in der untergerichtlichen Rechtsprechung geprüft, ob ein Dritter zur Fortführung des Unternehmens bereit gewesen wäre.[882] Hinsichtlich der Darlegung eines solchen Fortführungsinteresses werden wiederum konkrete Anhaltspunkte gefordert.[883] Der zugewiesene Fortführungswert ist mithin anhand eines Markttests zu bestimmen.[884] Die Anforderungen an die Marktansprache sind jedoch noch immer wenig konturiert.[885] Liegt ein Erwerbsangebot eines Dritten für eine übertragende Sanierung im Regelverfahren vor, ist dies ferner bereits über das Schlechterstellungsverbot gemäß § 245 Abs. 1 Nr. 1 InsO zugunsten der ablehnenden Gläubigergruppe zu berücksichtigen.[886]

2.2.11.5 Durchbrechung des absoluten Vorrangs, § 245 Abs. 2 S. 2 u. 3 InsO

Mit dem SanInsFoG hat der deutsche Gesetzgeber im Jahr 2021 erstmals eine Durchbrechung des absoluten Vorrangs in § 245 Abs. 2 S. 2, 3 InsO normiert. Gemäß Satz 2 steht eine Wertzuweisung an eine natürliche Person als Schuldner unter dem Plan einer angemessenen Beteiligung der ablehnenden Gläubigergruppe am Planwert (§ 245 Abs. 2 S. 1 Nr. 2 InsO) nicht entgegen, wenn die Mitwirkung des Schuldners für die Fortführung des Unternehmens und die Verwirklichung des Planmehrwerts unerlässlich ist. Durch die Regelung des Satz 3 wird die Anwendbarkeit auf geschäftsführende Gesellschafter des Schuldners

881 *Braun/Frank*, in: Braun, InsO, § 245 Rn. 14 ff.; *Lüer/Streit*, in: Uhlenbruck, InsO, § 245 Rn. 29; *F. Becker*, in: Kübler/Bork/Prütting, HRI II, § 36 Rn. 62; *Thole*, in: Brünkmans/Thole, HdB Insolvenzplan, § 17 Rn. 29.

882 Ausdr. Begr. RegE InsO, BT-Drucks. 12/2443, S. 209; LG Mühlhausen, Beschl. v. 17.9.2007 – 2 T 190/06 = NZI 2007, 724 (726); LG Traunstein, Beschl. v. 27.8.1999 – 4 T 2966/99 = NZI 1999, 461 (464).

883 S. etwa LG Mühlhausen, Beschl. v. 17.9.2007 – 2 T 190/06 = NZI 2007, 724 (726): fehlende erforderliche Finanzierungsbestätigung.

884 Zu Defiziten in der Anwendung klassischer Methoden der Unternehmensbewertung auf den Fall *Drukarczyk/Schüler*, in: MüKo, InsO, § 245 Rn. 89 (zu einem Verständnis als Option auf einen etwaigen Fortführungswert in Rn. 94).

885 Dazu ebd., Rn. 97.

886 *Spliedt*, in: K. Schmidt, InsO, § 245 Rn. 25; *Thole*, in: Brünkmans/Thole, HdB Insolvenzplan, § 17 Rn. 29.

als Empfänger von Planwerten erstreckt.[887] Eine entsprechende Ergänzung war (neben anderen Neuerungen) im Rahmen der Evaluierung des ESUG im Jahr 2018 vorgeschlagen worden.[888] Die Vorgaben entsprechen in Wortlaut und Regelungsgehalt weitgehend der Durchbrechung der absoluten Priorität gemäß § 28 Abs. 2 Nr. 1 StaRUG.[889] Insoweit ist ein Gleichlauf zwischen den insolvenzrechtlichen und den restrukturierungsrechtlichen Regelungen des klassenübergreifenden Cram Down gewährleistet.[890]

Damit wird Gesellschaftern der Erhalt von Beteiligungen für Fälle ermöglicht, in denen die Wertzuweisung nicht durch Leistungen in das Vermögen des Schuldners vollständig ausgeglichen wird.[891] Die absolute Vorrangregel wird mithin, anders als unter der New Value Exception, zugunsten der Gesellschafter punktuell durchbrochen.[892] Die Durchsetzung des Plans gegen den Widerstand einzelner Gruppen soll im Interesse der Gläubigergesamtheit ermöglicht werden.[893] Voraussetzung ist dabei zunächst, dass die weitere Mitwirkung des Gesellschafters infolge „besonderer, in der Person des Schuldners liegender Umstände“ unerlässlich ist. Mithin muss der Gesellschafter in seiner Person liegende Gründe vorbringen, die ihn für die gelungene Sanierung als nicht substituierbar erscheinen lassen.[894] Ferner muss sich der Gesellschafter im Plan dazu verpflichten, die unter dem Plan erhaltenen oder belassenen wirtschaftlichen Werte zu übertragen, wenn seine Mitwirkung aus von ihm zu vertretenden Gründen vor dem Ablauf von fünf Jahren oder einer kürzeren, für den Vollzug des Insolvenzplans bestimmten Frist, endet (S. 2 Hs. 2).[895]

---

887 § 245 Abs. 2 S. 3 InsO: „an der Geschäftsführung beteiligte Inhaber von Anteils- oder Mitgliedschaftsrechten“.

888 *Jacoby/Madaus/Sack/Schmidt/Thole*, Evaluierung ESUG (2018), S. 179; zustimmend *Schäfer*, ZIP 2019, 1305 (1309).

889 *Geiwitz/v. Danckelmann*, in: BeckOK, InsR, § 245 InsO Rn. 14d; *Pleister*, in: Kübler/Prütting/Bork/Jacoby, InsO, § 245 Rn. 25a.

890 *Pleister*, in: Kübler/Prütting/Bork/Jacoby, InsO, § 245 Rn. 3a.

891 Begr. RegE SanInsFoG, BT-Drucks. 19/24181, S. 201; s. die nunmehr in § 245 Abs. 2 S. 2 InsO kodifizierte New Value Exception.

892 Begr. RegE SanInsFoG, BT-Drucks. 19/24181, S. 201; *Geiwitz/v. Danckelmann*, in: BeckOK, InsR, § 245 InsO Rn. 14c.

893 Begr. RegE SanInsFoG, BT-Drucks. 19/24181, S. 201.

894 *Geiwitz/v. Danckelmann*, in: BeckOK, InsR, § 245 InsO Rn. 14c; *Pleister*, in: Kübler/Prütting/Bork/Jacoby, InsO, § 245 Rn. 25e.

895 Dazu *Pleister*, in: Kübler/Prütting/Bork/Jacoby, InsO, § 245 Rn. 25e, welcher auf eine Beschränkung auf eine Verpflichtung zur Rückübertragung (anstelle einer bedingten Verfügung) sowie eine fehlende Absicherung der Insolvenzfestigkeit des Rückgewähranspruchs hinweist.

Anliegen des Gesetzgebers war es, Unternehmensfortführungen im übergeordneten Gläubigerinteresse zu ermöglichen.[896] Damit soll verhindert werden, dass die Wirkung der starren absoluten Vorrangregel als Instrument des Gläubigerschutzes in Ausnahmefällen in ihr Gegenteil verkehrt wird und zulasten der Gläubigergesamtheit sinnvolle Sanierungen hindert. Mit der Durchbrechung wird die gläubigerschützende Zielrichtung des absoluten Vorrangs mithin nicht in Frage gestellt oder primär im Interesse der Gesellschafter aufgeweicht. Vielmehr wird der Wille der Gläubigermehrheit weitergehend in den Vordergrund gestellt.[897] Das Gläubigerinteresse soll ferner durch die Verpflichtung der Rückübertragung für die Nichterfüllung der Mitwirkungsverpflichtung abgesichert werden.[898]

Mit der tatbestandlichen Unbestimmtheit der besonderen Bedeutung des Gesellschafters für den Sanierungsversuch einerseits sowie auch der einzugehenden Verpflichtung zur Übertragung wirtschaftlicher Werte ist der Tatbestand der Durchbrechung stark unbestimmt gefasst und lässt für die Insolvenzgerichte nicht unerhebliche Herausforderungen in der praktischen Anwendung erwarten.[899] Hinsichtlich praktischer Anwendungsfragen sowie einer Einordnung in das Prioritätssystem des StaRUG wird auf die näheren Erörterungen zur strukturanalogen Regelung des § 28 Abs. 2 Nr. 1 StaRUG verwiesen.[900] Auf eine eingehende Erörterung wird aufgrund der strukturellen Nähe der Prioritätssysteme des StaRUG sowie der InsO, obgleich der Unterschiede außerinsolvenzlicher und insolvenzlicher Restrukturierungen, auch vor dem Hintergrund der absehbar eher geringen praktischen Relevanz verzichtet.

Tatbestandliche Abweichungen gegenüber § 28 Abs. 2 Nr. 1 StaRUG ergeben sich insoweit, als dass § 245 Abs. 2 S. 3 InsO die Durchbrechung des absoluten Vorrangs ausdrücklich auf geschäftsführende Gesellschafter beschränkt, während die Regelung des StaRUG tatbestandlich offener gefasst ist und das Leitbild des geschäftsführenden Gesellschafters allein in den Gesetzesmaterialien Erwähnung findet. Inwieweit aus der tatbestandlichen Differenz auch praktische Unterschiede erwachsen, wird von der Handhabung des § 28 Abs. 2 Nr. 1 StaRUG durch die Restrukturierungsgerichte abhängen.[901]

---

896 Ausdr. Begr. RegE SanInsFoG, BT-Drucks. 19/24181, S. 201: „In einer solchen Situation soll es im Interesse der Gläubigergesamtheit auch möglich sein, die fehlende Zustimmung obstruierender Gläubiger gerichtlich zu ersetzen.".

897 *Pleister*, in: Kübler/Prütting/Bork/Jacoby, InsO, § 245 Rn. 25a.

898 Ebd.

899 Ebd.

900 Zur Regelung auf den S. 280 ff.

901 Ebd.

Die Durchbrechung wurde vonseiten der deutschen insolvenzrechtlichen Literatur zuweilen als differenzierte, sanierungsfördernde Ausnahmeregelung wahrgenommen;[902] an anderer Stelle wird eine Begrenzung dieser auf an der Geschäftsführung beteiligte Gesellschafter bedauert.[903]

2.2.12 Zusammenfassung

In der Einführung des Insolvenzplanverfahrens und der Regelung des Obstruktionsverbots mit der InsO im Jahr 1999 hat sich der deutsche Gesetzgeber maßgeblich am Vorbild des US-amerikanischen Chapter-11-Verfahrens orientiert. Die Struktur eines durch die wirtschaftlich Betroffenen ausgehandelten und gestalteten Plans soll marktwirtschaftlich effiziente Verwertungslösungen fördern und Marktmechanismen stimulieren. Wie Chapter 11 des US Bankruptcy Code formuliert auch das Insolvenzplanrecht keine generellen Vorgaben hinsichtlich der Verteilung des Unternehmenswerts. Findet der Plan hingegen nicht die Zustimmung sämtlicher Klassen, werden die Anforderungen an einen klassenübergreifenden Cram Down auch im deutschen Recht an die Wahrung der Prioritätsfolge geknüpft. Der absolute Vorrang hindert in diesem Fall die Überwindung einer mehrheitlich den Plan ablehnenden Gruppe, sofern nachrangigen Gruppen Werte zuteilwerden. Mit dem SanInsFoG im Jahr 2021 wurde eine eng gefasste Durchbrechung des absoluten Vorrangs geschaffen für Gesellschafter, die für die Realisierung des Fortführungswerts von zentraler Bedeutung sind. Die Durchbrechung dient der Realisierung des Fortführungswerts im Interesse der Gläubiger und stellt mithin die gläubigerschützende Wirkung des absoluten Vorrangs nicht infrage.

Während Einzelheiten der Absolute Priority Rule in der US-amerikanischen Rechtsprechung und Literatur noch immer kontrovers diskutiert werden, erfährt die absolute Vorrangregel im deutschen Kontext deutlich weniger Aufmerksamkeit. So bleibt ein aus US-Sicht wesentliches Themenfeld – Anwendungsdefizite absoluter Priorität aufgrund des Erfordernisses gerichtlicher Unternehmensbewertung – weithin unbehandelt. Rechtsökonomische Betrachtungen des absoluten Vorrangs bleiben vereinzelt. Konzepte relativer Priorität wurden für das deutsche Insolvenzrecht nicht erkennbar entwickelt. Zugleich finden sich in der Literatur und auch der Evaluierung des ESUG von 2018 keine Berichte von zeit- und kostenintensiven gerichtlichen Bewertungskonflikten vor deutschen Insolvenzgerichten. Die europäische Diskussion um die Regeln absoluten und relativen

902 *Pleister*, in: Kübler/Prütting/Bork/Jacoby, InsO, § 245 Rn. 3b.
903 *Geiwitz/v. Danckelmann*, in: BeckOK, InsR, § 245 InsO Rn. 14b.

Vorrangs hat jedoch auch für die deutsche Debatte neue Impulse gesetzt, die eine intensivere Beschäftigung mit der Priorität von Kapitalpositionen in der Zukunft möglich erscheinen lassen.

2.3 Regeln des relativen und absoluten Vorrangs, Art. 11 RestRL

Das deutsche Restrukturierungsrecht war traditionell geprägt durch einen Zweiklang der freien, konsensualen Sanierung einerseits sowie vereinzelter Mechanismen zur Umsetzung zwangsweiser Eingriffe in die Rechte von Gläubigern und Anteilsinhabern andererseits. Neben Collective-Action-Clauses in Anleihebedingungen unter dem Schuldverschreibungsgesetz von 2009 (§ 5 Abs. 3 SchVG)[904] blieb bei Scheitern außerinsolvenzlicher Sanierungsversuche häufig nur die Restrukturierung im Insolvenzverfahren. Gleichsam kannten die Rechtsordnungen weiterer europäischer Mitgliedstaaten weithin keine Instrumente, um dissentierende Gläubiger und Gesellschafter im vorinsolvenzlichen Bereich im übergeordneten Interesse einer frühzeitigen Sanierung zu binden.[905] Mit der Einführung des klassenübergreifenden Cram Down für präventive Restrukturierungen brachte die RestRL[906] einen Wandel dessen für die Mitgliedstaaten der Europäischen Union.

Wird in der Überwindung von Holdout-Strategien im vorinsolvenzlichen Bereich das zentrale Anliegen der RestRL gesehen, so verwundert es nicht, dass die Vorgaben zum klassenübergreifenden Cram Down im europäischen Gesetzgebungsverfahren einen zentralen Diskussionspunkt bildeten.[907] Besonders stand das Konzept restrukturierungsrechtlicher Priorität im Blickpunkt. In dem Bestreben, eine Flexibilisierung präventiver Restrukturierungen zu erreichen und hergebrachte Herausforderungen des Konzepts absoluter Priorität zu überwinden, setzte der europäische Gesetzgeber sich mit der neuen Regel des

904 Zum praktisch nicht bedeutsamen und mittlerweile aufgehobenen KredReorgG in Fußn. 658.

905 *de Weijs/Jonkers/Malakotipour*, Amsterdam Law School Research Paper No. 2019-10 (2019), SSRN: 3350375, S. 1 f.

906 Richtlinie (EU) 2019/1023 des Europäischen Parlaments und des Rates vom 20. Juni 2019 über präventive Restrukturierungsrahmen, über Entschuldung und über Tätigkeitsverbote sowie über Maßnahmen zur Steigerung der Effizienz von Restrukturierungs-, Insolvenz- und Entschuldungsverfahren und zur Änderung der Richtlinie (EU) 2017/1132 (Richtlinie über Restrukturierung und Insolvenz), im Folgenden „RestRL".

907 Näher im Nachfolgenden.

relativen Vorrangs von etablierten Schutzstandards ab. Während ablehnenden Gläubigern auch unter der RestRL in jedem Fall der Liquidationswert ihrer Position gesichert sein soll, wurde den Mitgliedstaaten hinsichtlich der Standards zur Verteilung des durch den Plan generierten Planmehrwerts ein Umsetzungsspielraum eröffnet. Zur Durchsetzung nicht-konsensualer Restrukturierungspläne soll es nicht in jedem Fall einer vollen Befriedigung vorrangiger Klassen bedürfen (absolute Priorität). Vielmehr möge eine relative Besserstellung der ablehnenden Klasse ausreichen.[908]

Eine unionsweite Einführung und Harmonisierung präventiver Restrukturierungsrahmen soll die Marktbedingungen der Unternehmensfinanzierung verbessern. Strukturell einheitliche, effiziente Restrukturierungsverfahren sollen die Einschätzung mit der Kreditvergabe verbundener Risiken erleichtern, Befriedigungsquoten steigern und im Binnenmarkt einen einheitlichen Zugang zu Fremdkapital fördern. Die Widerstandsfähigkeit der europäischen Volkswirtschaften soll gestärkt werden.[909] Abseits der Formulierung übergeordneter Ziele fehlt es jedoch an einer näheren rechtsökonomischen Auseinandersetzung mit möglichen Implikationen gesetzgeberischer Gestaltungsentscheidungen im Hinblick auf das Feld der Unternehmensfremdfinanzierung. Besonders mögliche Auswirkungen der für Kreditgeber maßgebenden Konzepte absoluter und relativer Priorität fanden in den Erwägungsgründen der Richtlinie keine Erwähnung. Dies gilt in ähnlichem Maß für die Implikationen der Prioritätskonzepte für weitere Dynamiken präventiver Restrukturierungsverfahren. Vor dem Hintergrund, dass die Einführung des klassenübergreifenden Cram Down für das Recht vieler Mitgliedstaaten eine bedeutende Neuerung darstellt, wäre eine tiefergehende Erörterung und vorherige rechtsökonomische Untersuchung umso wünschenswerter gewesen. Zuweilen wird in der Literatur gar das gänzliche Fehlen eines konzeptionellen und dogmatischen Fundaments beklagt, welches sich in einer Vielzahl unklarer Wertungs- und Anwendungsfragen äußere.[910]

Während des Gesetzgebungsprozesses wurden die Vorgaben zur Vorrangregel in der Literatur teils kontrovers diskutiert. Aus Sicht mancher betrifft der Faktor restrukturierungsrechtlicher Priorität nicht weniger als die Grundfesten

908 Ausf. zu den Vorgaben und den Regeln des absoluten und relativen Vorrangs sowie deren Funktionsweisen auf den S. 214 ff.

909 Erwg. (8), (16) RestRL.

910 Etwa *Seymour/Schwarcz*, 1 U. Ill. L. Rev. 1 (2021), 28; näher dazu auf den S. 214 ff.

des Vertrags-, Restrukturierungs- und Insolvenzrechts.[911] Während aufseiten der Befürworter der Regel absoluten Vorrangs fundamentale Prinzipien der Fairness im Restrukturierungsrecht verletzt gesehen werden, werden unter Befürwortern der Regel des relativen Vorrangs teils zusätzliche Ausnahmen für diese erwogen, um im Einzelfall flexible und faire Verteilungslösungen gewährleisten zu können.[912] Sowohl das hergebrachte und um Ausnahmen erweiterte Konzept absoluter Priorität sowie die Regel des relativen Vorrangs haben jeweils vielzählige Unterstützer gefunden. Gleichsam wird der Gestaltungsentscheidung eine weitgehende makroökonomische Relevanz für die Unternehmensfinanzierung beigemessen.[913] Zugleich hat die Debatte erfreulicherweise zu einer weiteren Verknüpfung und Integration der europäischen Rechtswissenschaft und Rechtsökonomie im Bereich des Restrukturierungsrechts beigetragen.[914]

Im Nachfolgenden wird zunächst ein Überblick über die europäische RestRL sowie Gegenstand und Verfahrensstruktur des präventiven Restrukturierungsrahmens gegeben. Sodann folgt eine eingehende Auseinandersetzung mit den Vorgaben zum klassenübergreifenden Cram Down. Neben einer verfahrensrechtlichen Einordnung werden, wie auch in den Abschnitten zuvor, Verteilungs- und Anreizwirkungen der Vorgaben erörtert. Im Vordergrund stehen die Vorgaben zum Kriterium des Gläubigerinteresses als Mindestgarantie sowie zur Prioritätsregel in der Verteilung des Planmehrwerts. Funktionsweisen sowie Argumente für und wider der jeweiligen Vorrangregel werden näher erörtert, ebenso Bewertungsfragen unter der RestRL. Die Richtlinienvorgaben haben die Prioritätssysteme präventiver Restrukturierungsrahmen in den europäischen Mitgliedstaaten beeinflusst und sind daher von besonderer praktischer Bedeutung. Die nähere Auseinandersetzung mit den Richtlinienvorgaben und ihrer Genese erlaubt es

---

911 *de Weijs/Jonkers/Malakotipour*, Amsterdam Law School Research Paper No. 2019-10 (2019), SSRN: 3350375, S. 1: "The proposed RPR risks turning a rule of creditor protection into a vehicle for opportunistic behavior that threatens the basic fabric of private law.".

912 Dafür *Madaus*, Is the Relative Priority Rule right for your jurisdiction?, WP 2020-1, SSRN: 3827696, S. 6: „relaxed relative priority rule"; näher zur Diskussion über das Für und Wider beider Regelungen im Nachfolgenden (S. 218 ff.).

913 *Ballerini*, 30 Int. Insol. Rev. 7 (2021), 11–12; *Richter/Thery*, INSOL Europe Guidance Note No. 1 on the Implementation of Preventive Restructuring Frameworks under EU Directive 2019/1023 (April 2020), S. 35 Abs. 132; *Seymour/Schwarcz*, 1 U. Ill. L. Rev. 1 (2021), 34; näher auf den S. 245 ff.

914 S. etwa die Nachw. in den vorstehenden Fußnoten.

ferner, Entscheidungen des deutschen Gesetzgebers in der Gestaltung der Prioritätssystems des StaRUG nachzuvollziehen.

2.3.1 Die europäische Richtlinie über Restrukturierung und Insolvenz – RL (EU) 2019/1023

Übergeordnetes Ziel der RestRL ist es, durch eine weitergehende Harmonisierung des Restrukturierungs- und Insolvenzrechts in den Mitgliedstaaten Hindernisse für den freien Kapitalverkehr sowie die Niederlassungsfreiheit zu beseitigen und damit die Funktionsfähigkeit und Attraktivität des europäischen Binnenmarkts zu steigern.[915] Durch Verfahrensrahmen für frühzeitige, effektive Restrukturierungen sollen bestandsfähige Unternehmen erhalten und unwirtschaftliche Liquidationen vermieden werden. Damit werde ein wesentlicher Beitrag geleistet, den Verlust von Arbeitsplätzen und Know-how im gesamtwirtschaftlichen Interesse zu verhindern[916] und die Widerstandsfähigkeit europäischer Volkswirtschaften zu stärken.[917] Durch die frühzeitige Restrukturierung bestandsfähiger Unternehmen soll ferner dem Aufbau notleidender Kredite und damit Belastungen des Finanzsektors vorgebeugt werden.[918]

Ein wesentlicher Beitrag bestehe darin, Konvergenz zwischen mitgliedstaatlichen Restrukturierungs- und Insolvenzverfahren zu schaffen. Grenzüberschreitend tätigen Unternehmensgruppen würden finanzielle Restrukturierungen erleichtert und so Hemmnisse hinsichtlich grenzüberschreitender Expansionen und Investitionen abgebaut.[919] Zugleich wird ein Beitrag zum Ausbau stärkerer und liquiderer Kapitalmärkte innerhalb der Europäischen Union geleistet. Eine Steigerung der Rechtssicherheit im Binnenmarkt soll Anlegern die Bewertung von Kreditrisiken sowie die grenzüberschreitende Durchsetzung von Forderungen erleichtern.[920] Indem die Verfahrensdauern für finanzielle Restrukturierungen verkürzt werden, werden Befriedigungsquoten für Gläubiger und damit die Attraktivität des

---

915 Erwg. (1), (8) RestRL; Entwurf RestRL, COM(2016) 723 final, S. 2; *Thole*, in: Brünkmans/Thole, HdB Insolvenzplan, § 30 Rn. 1.

916 Erwg. (2), (3) RestRL; Entwurf RestRL, COM(2016) 723 final, S. 2 f., u.a. zur Marktsituation in der Europäischen Union (insolvenzbedingter direkter Verlust von ca. 1,7 Mio. Arbeitsplätzen jährlich).

917 Erwg. (8) RestRL.

918 Erwg. (1), (3) RestRL; Entwurf RestRL, COM(2016) 723 final, S. 6; *Thole*, in: Brünkmans/Thole, HdB Insolvenzplan, § 30 Rn. 1.

919 Erwg. (4), (7) RestRL; Entwurf RestRL, COM(2016) 723 final, S. 2.

920 Erwg. (8) RestRL; Entwurf RestRL, COM(2016) 723 final, S. 2.

Binnenmarkts für Anleger gesteigert.[921] Eine Vertiefung der finanziellen Integration und eine Diversifizierung der Finanzierungsquellen fördern einen gleichen Zugang zu Fremdkapital für Marktteilnehmer in den Mitgliedstaaten.[922]

Den maßgebenden Anwendungsbereich des präventiven Restrukturierungsrahmens erblickt der europäische Gesetzgeber in der Restrukturierung kleiner und mittlerer Unternehmen (KMU), welchen ca. 99% der Unternehmen in der Europäischen Union zuzuordnen seien.[923] Ausgenommen vom Anwendungsbereich der Richtlinie sind bestimmte Versicherungsunternehmen, Kreditinstitute sowie weitere Finanzinstitute, welche der Aufsicht besonderer nationaler Aufsichts- und Abwicklungsbehörden unterstehen.[924] Um Raum für die Abstimmung mit nationalen wirtschaftlichen und rechtlichen Gegebenheiten zu lassen, sind die Vorgaben der RestRL zum präventiven Restrukturierungsrahmen auf eine Mindestharmonisierung beschränkt und eröffnen den Mitgliedstaaten durch sog. Öffnungsklauseln zahlreiche Umsetzungsspielräume,[925] mitunter in der Gestaltung der Prioritätsregel beim klassenübergreifenden Cram Down (Art. 11 Abs. 1, 2 RestRL).

Neben den zentralen Vorschriften über die Einführung und Harmonisierung präventiver Restrukturierungsrahmen (einschließlich dem Zugang zu sog. Frühwarnsystemen) umfasst die RestRL insolvenzrechtliche Vorgaben zur Einräumung einer zweiten Chance für Unternehmer (Entschuldung und Tätigkeitsverbote, Titel III) sowie Maßnahmen zur Steigerung der Effizienz von Restrukturierungs-, Insolvenz- und Entschuldungsverfahren (Titel IV).

Die Richtlinie ergänzt die europäische Verordnung über Insolvenzverfahren aus dem Jahr 2015 (EuInsVO)[926] um Vorgaben für einen präventiven Restrukturierungsrahmen.[927] Hinzu treten die besonderen Vorgaben der

---

921 Erwg. (6) RestRL.

922 Erwg. (8) RestRL; Entwurf RestRL, COM(2016) 723 final, S. 2.

923 Erwg. (17) RestRL; *Cranshaw*, in: Pannen/Riedemann/Smid, StaRUG, RL (EU) 2019/1023, Teil 1 Rn. 11.

924 Art. 1 Abs. 2 RestRL, zudem öffentliche Stellen nach nationalem Recht sowie nichtunternehmerische natürliche Personen; Erwg. (19) bis (21) RestRL.

925 Entwurf RestRL, COM(2016) 723 final, S. 19; dazu *Cranshaw*, in: Pannen/Riedemann/Smid, StaRUG, RL (EU) 2019/1023, Teil 1 Rn. 37; *Skauradszun*, in: BeckOK, StaRUG, Einl. Rn. 4.

926 Verordnung (EU) 2015/848 des Europäischen Parlaments und des Rates vom 20. Mai 2015 über Insolvenzverfahren; Regelungsgegenstände sind insb. kollisionsrechtliche Fragestellungen in grenzüberschreitenden Insolvenzverfahren und die Anerkennung von Urteilen mit Insolvenzbezug innerhalb der Europäischen Union.

927 *Cranshaw*, in: Pannen/Riedemann/Smid, StaRUG, RL (EU) 2019/1023, Teil 1 Rn. 1.

Bankenabwicklungsrichtlinie Bank Recovery and Resolution Directive (BRRD)[928] zur Sanierung und Abwicklung von Kreditinstituten und Wertpapierfirmen.[929]

2.3.2 Bedeutung der RestRL für die Untersuchung

Erstmals wurde mit Art. 11 RestRL, soweit erkennbar, ein verbindlicher internationaler Standard restrukturierungsrechtlicher Priorität für Regelungen des klassenübergreifenden Cram Down formuliert. Mit der Überführung aus dem Insolvenzverfahren bekannter Strukturen in den vorinsolvenzlichen Bereich – namentlich des Mehrheitsprinzips – wurden konventionelle Muster für vorinsolvenzliche Restrukturierungen in vielen Mitgliedstaaten überwunden. Mit der angestoßenen internationalen Debatte werden ferner Blickwinkel vielzähliger Rechtsordnungen in einem intellektuellen Diskurs zusammengeführt. Für die rechtsökonomische Untersuchung bestehender sowie künftiger Prioritätssysteme verspricht die eingehende Untersuchung der Richtlinienvorgaben damit einen Mehrwert.

Eine bedeutende Abweichung gegenüber insolvenzrechtlichen Verfahrensrahmen folgt aus dem teilkollektiven Charakter des präventiven Restrukturierungsrahmens. Bezogen auf insolvenzrechtliche Gesamtverfahren erhebt die Priorität einen umfassenden Geltungsanspruch in der Handhabung sämtlicher Kapitalpositionen. Die Betrachtung des Prioritätssystems unter der RestRL hat hingegen stets vor dem Hintergrund zu erfolgen, dass es Schuldnern anheimgestellt wird, nicht sämtliche Kapitalgeber in den Restrukturierungsplan einzubeziehen (Art. 8 Abs. 1 lit. c), e) RestRL). Ferner können bestimmte Rechtsverhältnisse der Gestaltbarkeit durch einen Restrukturierungsplan gänzlich entzogen werden (Art. 1 Abs. 5 RestRL).[930]

---

928 Richtlinie 2014/59/EU des Europäischen Parlaments und des Rates vom 15. Mai 2014 zur Festlegung eines Rahmens für die Sanierung und Abwicklung von Kreditinstituten und Wertpapierfirmen und zur Änderung der Richtlinie 82/891/EWG des Rates, der Richtlinien 2001/24/EG, 2002/47/EG, 2004/25/EG, 2005/56/EG, 2007/36/EG, 2011/35/EU, 2012/30/EU und 2013/36/EU sowie der Verordnungen (EU) Nr. 1093/2010 und (EU) Nr. 648/2012 des Europäischen Parlaments und des Rates.

929 Ein Überblick über Richtlinien der Europäischen Union im Bereich des Insolvenz- und Restrukturierungsrechts bei *Kolmann/C. Keller*, in: Gottwald/Haas, InsR-HdB, § 129 Rn. 222 ff.

930 Dies betrifft Forderungen von Arbeitnehmern, Unterhaltsforderungen sowie Forderungen aus einer deliktischen Haftung des Schuldners; den Mitgliedstaaten ist insoweit ein Umsetzungsspielraum eröffnet (Art. 1 Abs. 5 RestRL). Ferner sind erworbene Ansprüche auf eine betriebliche Altersversorgung zwingend von der Gestaltbarkeit auszunehmen (Art. 1 Abs. 6 RestRL).

2.3.3 Überblick: Gegenstand der präventiven Restrukturierung und Verfahrensstruktur

Gegenstand des präventiven Restrukturierungsrahmens ist die „Restrukturierung" des schuldnerischen Unternehmens. Der Begriff ist in Art. 2 Abs. 1 Nr. 1 RestRL legaldefiniert und umfasst die Änderung der Zusammensetzung, der Bedingungen oder der Struktur der Vermögenswerte und Verbindlichkeiten eines Schuldners oder jedes anderen Teils der Kapitalstruktur.[931] Planerstellern wird damit ein weiter Gestaltungsspielraum eröffnet.[932] Zu den möglichen Maßnahmen der Restrukturierung zählen auch der Verkauf von Vermögenswerten oder Geschäftsbereichen sowie – sofern dies im nationalen Recht vorgesehen ist – des Unternehmens in Gänze und alle erforderlichen operativen Maßnahmen. In seiner weiten Fassung dürfte der Begriff sämtliche gängigen Restrukturierungsmaßnahmen wie die Kürzung von Forderungen, die Anpassung von Zinsen, Besserungsscheine, sowie auch Share Deals und Asset Deals umfassen.[933] Der präventive Restrukturierungsrahmen ist damit maßgeblich auf eine finanzwirtschaftliche Restrukturierung der Passivseite des Schuldners ausgerichtet.[934] Spezielle Instrumente der leistungswirtschaftlichen Restrukturierung sind nicht vorgesehen. Der präventive Restrukturierungsrahmen folgt in seiner Konzeption als Planverfahren den Vorbildern des US-amerikanischen Chapter-11-Verfahrens sowie des deutschen Insolvenzplanverfahrens.[935] Die Regelungen sind an die Vorschriften zum Insolvenzplanverfahren angelehnt.[936]

Der Zugang zum präventiven Restrukturierungsrahmen ist Schuldnern auf Antrag ab dem Stadium einer „wahrscheinlichen Insolvenz"[937] zu eröffnen (Art. 4 Abs. 7 RestRL), um Insolvenzen bestandsfähiger Schuldner frühzeitig

---

931 So Art. 2 Abs. 1 Nr. 1 RestRL im Wortlaut.

932 *Richter/Thery*, INSOL Europe Guidance Note No. 1 on the Implementation of Preventive Restructuring Frameworks under EU Directive 2019/1023 (April 2020), S. 28 Abs. 95.

933 *Thole*, in: Brünkmans/Thole, HdB Insolvenzplan, Rn. 5.

934 *Cranshaw*, in: Pannen/Riedemann/Smid, StaRUG, RL (EU) 2019/1023, Teil 1 Rn. 42.

935 *Richter/Thery*, INSOL Europe Guidance Note No. 1 on the Implementation of Preventive Restructuring Frameworks under EU Directive 2019/1023 (April 2020), S. 36 Abs. 138.

936 *Thole*, in: Brünkmans/Thole, HdB Insolvenzplan, § 30 Rn. 2.

937 Engl. *likelihood of insolvency*, Art. 1 Abs. 1 lit. a) RestRL englische Fassung; der Begriff ist im Sinne des jeweiligen mitgliedstaatlichen Rechts auszulegen, Art. 2 Abs. 2 lit. b) RestRL.

abwenden oder nicht bestandsfähige Schuldner effizient abwickeln zu können.[938] Der Schuldner darf das Verfahren in Eigenverwaltung führen und damit ganz oder teilweise die Kontrolle über seine Vermögenswerte und den täglichen Unternehmensbetrieb behalten (Art. 5 Abs. 1 RestRL). In Einzelfällen wird der Schuldner durch einen Restrukturierungsbeauftragten unterstützt (Art. 5 RestRL). In Abgrenzung zum Insolvenzverfahren ist das präventive Restrukturierungsverfahren dabei nicht als Gesamtverfahren ausgestaltet und kann auf ausgewählte Gruppen beschränkt werden.[939] Die Rechte der Anteilsinhaber können durch gesellschaftsrechtliche Maßnahmen im Plan modifiziert werden.[940] Hinsichtlich der Reichweite gerichtlicher oder behördlicher Übersicht über das Verfahren wurde den Mitgliedstaaten ein weiter Umsetzungsspielraum eingeräumt (Art. 4 Abs. 6 RestRL). Die Phase der Verhandlungen und der Abstimmung über den Plan kann durch die Aussetzung von Einzelvollstreckungsmaßnahmen (Moratorium) abgesichert werden (Art. 6, 7 RestRL).

Den Kern des Verfahrens bildet der Restrukturierungsplan, durch welchen die vorgeschlagenen Restrukturierungsmaßnahmen implementiert werden (Art. 8 RestRL). Als Entscheidungsmodus ist wiederum die Entscheidung der Planbetroffenen[941] nach dem Mehrheitsprinzip vorzusehen (Art. 10 Abs. 2 UAbs. 1 lit. a), 9 Abs. 6 RestRL). Der Restrukturierungsplan gilt als angenommen, wenn innerhalb jeder Klasse[942] von Planbetroffenen eine Summenmehrheit erreicht wird (Art. 9 Abs. 6 UAbs. 1 S. 1 RestRL). Ferner können die Mitgliedstaaten ein zusätzliches Erfordernis einer kumulativen Kopfmehrheit vorsehen (Abs. 6 UAbs. 1 S. 2) sowie die erforderlichen Mehrheiten bestimmen, welche jedoch nicht oberhalb einer Schwelle von 75% liegen dürfen (Abs. 6 UAbs. 2). Für normierte Konstellationen (u.a. Eingriff in die Rechte ablehnender Planbetroffener) ist vorzusehen, dass der Restrukturierungsplan den Planbetroffenen gegenüber nur mit der Bestätigung durch eine nationale Justiz- oder Verwaltungsbehörde verbindlich wird (Art. 10 Abs. 1 RestRL).

Um die Phase der Restrukturierungsverhandlungen abzusichern sowie die Umsetzung des Plans zu unterstützen werden neue Finanzierungen und Zwischenfinanzierungen im Zusammenhang mit der Restrukturierung anfechtungs- und haftungsrechtlich privilegiert (Art. 17 RestRL).[943]

---

938 Art. 4 Abs. 1, 7 RestRL; Erwg. (22) RestRL.

939 Art. 8 Abs. 1 lit. c), e) RestRL; *Thole*, in: Brünkmans/Thole, HdB Insolvenzplan, Rn. 2.

940 *Thole*, in: Brünkmans/Thole, HdB Insolvenzplan, Rn. 22.

941 Legaldefinition „betroffene Parteien" gemäß Art. 2 Nr. 2 RestRL.

942 Zu Anforderungen an die Klassenbildung Art. 9 Abs. 4 RestRL.

943 Erwg. (66) RestRL.

2.3.4 Klassenübergreifender Cram Down, Art. 11 RestRL

Um effektive finanzielle Restrukturierungen auch gegen den Willen ablehnender Klassen von Planbetroffenen ermöglichen zu können, haben die Mitgliedstaaten im Restrukturierungsrahmen einen klassenübergreifenden Cram Down vorzusehen (Art. 11 Abs. 1 RestRL).[944] Zuweilen wird in der Überwindung strategischer Holdout-Verhaltensweisen außerhalb des Insolvenzverfahrens die maßgebende Zielrichtung des präventiven Restrukturierungsrahmens gesehen.[945] Für viele Mitgliedstaaten war mit dieser Vorgabe eine weitreichende Verschiebung in Richtung eines sanierungsfreundlicheren Restrukturierungsrechts unter Beschränkung der vorinsolvenzlichen Rechte von Gläubigern und Anteilsinhabern verbunden.[946]

Das Instrument des klassenübergreifenden Cram Down erlaubt es der nationalen Justiz- oder Verwaltungsbehörde einen Restrukturierungsplan auf Vorschlag des Schuldners oder mit dessen Zustimmung auch zu bestätigen, wenn der Plan nicht in jeder Klasse Planbetroffener die notwendige Zustimmung gefunden hat (Art. 11 Abs. 1 UAbs. 1 RestRL). Kollektivhandlungsprobleme sollen überwunden werden.[947] Räumt ein Verfahrensrahmen einzelnen Klassen ein faktisches Vetorecht ein, wird diesen der zwangsweise Transfer von Werten durch die Verfolgung von Holdout- und Freerider-Strategien ermöglicht.[948] Der klasseninterne Cram Down durch Implementierung des Mehrheitsprinzips[949] wird durch den

944 Engl. cross-class cram-down; sehen die Mitgliedstaaten von einer Erstreckung des klassenübergreifenden Cram Down auf Anteilsinhaber ab, ist auf andere Weise sicherzustellen, dass diese die Annahme und Bestätigung eines Restrukturierungsplans nicht grundlos verhindern oder erschweren dürfen (Art. 12 Abs. 1 RestRL), näher dazu in Erwg. (57) RestRL; zu Umsetzungsmöglichkeiten *Veder*, in: Paulus/Dammann, European Preventive Restructuring, Art. 11 Rn. 10 f.

945 Näher *Skauradszun*, in: BeckOK, StaRUG, Einl. Rn. 12; *Brinkmann*, NZI-Beilage 2019, 27 (29).

946 *de Weijs/Jonkers/Malakotipour*, Amsterdam Law School Research Paper No. 2019-10 (2019), SSRN: 3350375, S. 1 f.

947 *Richter/Thery*, INSOL Europe Guidance Note No. 1 on the Implementation of Preventive Restructuring Frameworks under EU Directive 2019/1023 (April 2020), S. 27 Abs. 91.

948 Ebd., S. 27 Abs. 91; *Veder*, in: Paulus/Dammann, European Preventive Restructuring, Art. 11 Rn. 4.

949 S. noch die Definition des „Cram-down ablehnender Gläubiger" im Richtlinienentwurf gem. Art. 2 Nr. 7 Entwurf RestRL, COM(2016) 723 final: „die Bestätigung eines Restrukturierungsplans, der von einer auf den Wert bezogenen Mehrheit der Gläubiger oder einer auf den Wert bezogenen Mehrheit in jeder Gläubigerklasse unterstützt wird, durch eine Justiz- oder Verwaltungsbehörde, obwohl er von einer Minderheit der Gläubiger oder einer Minderheit der Gläubiger in jeder Klasse abgelehnt wird".

klassenübergreifenden Cram Down[950] ergänzt; der Rechtsgedanke des Mehrheitsprinzips wird auf Klassenebene fortgesetzt.[951]

Wie im US-amerikanischen Chapter-11-Verfahren und im deutschen Insolvenzplanverfahren ermöglicht auch der europäische Restrukturierungsrahmen eine konsensuale Verteilung des Unternehmenswerts durch Mehrheitsvotum. Strukturanalog zur US-amerikanischen und zur deutschen Regelung wird eine Überwindung einer ablehnenden Klasse gemäß Art. 11 Abs. 1 UAbs. 1 RestRL überdies als angemessen angesehen, wenn folgende materielle Schutzkriterien gewahrt sind:[952]

1. die Mindestzustimmung vonseiten der Planbetroffenen (lit. b)), zuweilen bezeichnet als minimum support test;[953]
2. das Verbot der Schlechterstellung gegenüber dem nächstbesten Alternativszenario als untere Wertgrenze (Kriteriums der Gläubigerinteresses, lit. a));
3. die Vorrangregel in der Verteilung des Planmehrwerts, welcher über das nächstbeste Alternativszenario hinaus generiert wird (lit. c));
4. die obere Wertgrenze des vollen Betrags der Forderung oder Beteiligung (lit. d)); sowie
5. das Verbot der Besserstellung gleichrangiger Klassen (lit. c)).[954]

Durch die Vorgaben hat der europäische Gesetzgeber den Rahmen für den wirtschaftlichen Interessenausgleich zwischen zustimmenden und dissentierenden Abstimmungsklassen festgelegt und Mindestanforderungen der Fairness in der

950 Definition „klassenübergreifender Cram-down" gem. Art. 2 Nr. 7 Entwurf RestRL, COM(2016) 723 final: „die Bestätigung eines Restrukturierungsplans durch eine Justiz- oder Verwaltungsbehörde, obwohl er von einer oder mehreren betroffenen Gläubigerklassen abgelehnt wird".

951 *Richter/Thery*, INSOL Europe Guidance Note No. 1 on the Implementation of Preventive Restructuring Frameworks under EU Directive 2019/1023 (April 2020), S. 27 Abs. 91; *Veder*, in: Paulus/Dammann, European Preventive Restructuring, Art. 11 Rn. 4.

952 *Veder*, in: Paulus/Dammann, European Preventive Restructuring, Art. 11 Rn. 5; Erwg. (55) RestRL; s. zudem den Strukturvergleich der Regelungen des klassenübergreifenden Cram Down des Chapter-11-Verfahrens, der InsO, der europäischen RestRL und des StaRUG in Übersicht 1 auf den S. 377 ff.

953 *Richter/Thery*, INSOL Europe Guidance Note No. 1 on the Implementation of Preventive Restructuring Frameworks under EU Directive 2019/1023 (April 2020), S. 29 Abs. 103 (i), S. 33 Abs. 120.

954 Zudem sind Gläubiger innerhalb einer Klasse durch den Plan gleich zu behandeln, Art. 10 Abs. 2 UAbs. 1 lit. b) RestRL.

Verteilung definiert.[955] Den Mitgliedstaaten ist in der RestRL die Einführung einer Regel relativen oder absoluten Vorrangs (mit Durchbrechungen) eröffnet, Art. 11 Abs. 1 UAbs. 1 lit. c), Abs. 2 RestRL. Die Voraussetzungen werden nachfolgend näher erörtert.

2.3.4.1 Mindestzustimmung

Über die Voraussetzungen der Planbestätigung (Art. 10 Abs. 2, 3 RestRL) hinaus muss der Restrukturierungsplan eine Mindestzustimmung unter den Klassen Planbetroffener gefunden haben. Dabei können die Mitgliedstaaten eine Zustimmung der Mehrheit der Klassen fordern, wobei mindestens eine Klasse gesicherter Gläubiger oder sonst gegenüber der Klasse gewöhnlicher ungesicherter Gläubiger vorrangige Klasse sein muss (Art. 11 Abs. 1 UAbs. 1 lit. b) i) RestRL).[956] Optional ist es ausreichend, wenn mindestens eine Klasse Planbetroffener für den Plan gestimmt hat, bei der es sich nicht um eine Klasse von Anteilsinhabern oder um eine Klasse handelt, welche bei einer Fortführungsbewertung des Schuldners nach den mitgliedstaatlichen Liquidationsprioritäten keine Zahlung erhalten oder Beteiligung behalten würde (lit. b) ii)).[957] Im Kern bedarf es in dieser Umsetzungsvariante der Zustimmung mindestens einer Abstimmungsklasse, deren Positionen in-the-money sind.[958] Niederrangige Out-of-the-Money-Klassen können mithin einen Restrukturierungsplan nicht gegenüber höherrangigen Klassen im Wege eines sog. Cram Up durchsetzen, ohne dass der Plan die Unterstützung zumindest

---

955 S. *Cranshaw*, in: Pannen/Riedemann/Smid/Cranshaw, RL (EU) 2019/1023 Teil 1, Art. 11 Rn. 1; *Veder*, in: Paulus/Dammann, European Preventive Restructuring, Art. 11 Rn. 9 ("checks and balances"), 25; *Richter/Thery*, INSOL Europe Guidance Note No. 1 on the Implementation of Preventive Restructuring Frameworks under EU Directive 2019/1023 (April 2020), S. 44 Abs. 167; *Madaus*, Is the Relative Priority Rule right for your jurisdiction?, WP 2020-1, SSRN: 3827696, S. 1. Über die Mindestvoraussetzungen des Art. 11 Abs. 1 RestRL („mindestens") hinaus können die Mitgliedstaaten weitergehende Voraussetzungen für den klassenübergreifenden Cram Down normieren, sofern nicht die Effektivität des Instruments beeinträchtigt wird, *Cranshaw*, in: Pannen/Riedemann/Smid, StaRUG, RL (EU) 2019/1023, Teil 1, Art. 11 Rn. 11.

956 *Veder*, in: Paulus/Dammann, European Preventive Restructuring, Art. 11 Rn. 22 f.: "minimum support test".

957 *Thole*, in: Brünkmans/Thole, HdB Insolvenzplan, § 30 Rn. 38.

958 *Veder*, in: Paulus/Dammann, European Preventive Restructuring, Art. 11 Rn. 24; die Mitgliedstaaten dürfen die erforderliche Zahl zustimmender Klassen erhöhen, sofern nicht die Zustimmung sämtlicher Klassen gefordert wird, Erwg. (54) RestRL.

einer In-the-Money-Klasse findet.[959] Sind nur zwei Abstimmungsklassen gebildet, genügt die Zustimmung einer Klasse.[960] Die Richtlinienvorgaben sind insoweit flexibler gefasst als die Regelung des § 245 Abs. 1 Nr. 3 InsO, nach welcher ein klassenübergreifender Cram Down im Insolvenzplanverfahren die Zustimmung der Mehrheit der Gruppen fordert und zugleich ausscheidet, sollten im Plan nur zwei Gruppen gebildet sein.[961]

Die abgesenkten Anforderungen an die Mindestzustimmung vonseiten der Planbetroffenen wurden vielfach kritisch betrachtet. Folgt der klassenübergreifende Cram Down weithin dem Leitbild der Überwindung einer obstruierenden Minderheit, ermöglichten die Richtlinienvorgaben nun mit Zustimmung einer Minderheit die Überwindung der Mehrheit.[962] Wesen des Restrukturierungsplans sei eine Investition der aktuellen Kapitalgeber in ungewisse künftige Erträge des Schuldners. Werde das wirtschaftliche Plankonzept keiner effektiven Prüfung durch die Gläubigermehrheit unterzogen, würden Unternehmensfortführungen gegen den Markt ermöglicht,[963] womit die rechtsökonomische Rechtfertigung des Verfahrens in Frage gestellt werde. Vereint die einzige zustimmende Klasse jedoch einen Großteil des schuldnerischen Kapitals, erschließt sich der Mehrwert der abgesenkten Vorgaben.

2.3.4.2 Obere Wertgrenze: voller Betrag der Forderung oder Beteiligung

In Art. 11 Abs. 1 UAbs. 1 lit. d) RestRL ist eine obere Wertgrenze für zulässige Wertzuteilungen definiert, gemäß der keine Klasse Planbetroffener mehr Werte erhalten oder behalten darf als den vollen Nennbetrag ihrer Forderungen oder Beteiligungen. Werden die Planregelungen dem nicht gerecht, kommt eine zwangsweise Durchsetzung des Plans gegenüber ablehnenden Klassen nicht in Betracht. Das Kriterium dient wiederum dem Schutz der geltenden

959 *Richter/Thery*, INSOL Europe Guidance Note No. 1 on the Implementation of Preventive Restructuring Frameworks under EU Directive 2019/1023 (April 2020), S. 28 Abs. 94.

960 Erwg. (54) RestRL.

961 Dazu *Cranshaw*, in: Pannen/Riedemann/Smid, StaRUG, RL (EU) 2019/1023, Teil 1, Art. 11 Rn. 3; näher zuvor auf den S. 173.

962 *Cranshaw*, in: Pannen/Riedemann/Smid, StaRUG, RL (EU) 2019/1023, Teil 1, Art. 11 Rn. 2: idealtypisch das Bild des Akkordstörers.

963 *Korch*, ZHR 2018, 440 (479); zudem *Madaus*, Is the Relative Priority Rule right for your jurisdiction?, WP 2020-1, SSRN: 3827696, S. 3 f.

Prioritätsfolge,[964] nach welcher Planwerte den Gläubigerklassen entsprechend ihrer Rangfolge und darüber hinaus den Eigenkapitalgebern zustehen. Die Vorgabe entspricht der insolvenzplanrechtlichen Regelung des § 245 Abs. 2 S. 1 Nr. 1 InsO.[965] Ihre Prüfung stellt Rechtsanwender vor Bewertungsfragen, wenn Planleistungen nicht in einer Auszahlung bestehen sowie hinsichtlich der Bewertung zukünftiger Zahlungsflüsse.

2.3.4.3 Untere Wertgrenze: Kriterium des Gläubigerinteresses

Das Kriterium des Gläubigerinteresses[966] ist dem best-interests-of-creditors test des US-amerikanischen Chapter-11-Verfahrens (11 U.S.C. § 1129(a)(7)(A)(ii)) nachempfunden und damit strukturanalog auch zum Schlechterstellungsverbot des deutschen Insolvenzplanrechts (§ 245 Abs. 1 Nr. 1 InsO).[967] Das Kriterium des Gläubigerinteresses markiert als Instrument des Minderheitenschutzes die Schwelle, ab welcher Eingriffe in die Rechte den Plan ablehnender Gläubiger unter wirtschaftlichen Gesichtspunkten hinzunehmen sind. Ablehnenden Gläubigern wird der wirtschaftliche Wert ihrer Forderung im nächstbesten Alternativszenario bei Nichtbestätigung des Restrukturierungsplans als Wertuntergrenze bzw. Mindestgarantie zugesichert.[968] Die Verteilung dieses Werts ist der Verteilungsbefugnis durch die Abstimmungsmehrheit der Planbetroffenen entzogen.

Das Kriterium des Gläubigerinteresses ist in Art. 2 Abs. 1 Nr. 6 RestRL definiert und schützt allein Gläubiger. Gesellschafter sind nicht in den Schutzbereich des Kriteriums einbezogen, da die Regelungen der Art. 9–11 RestRL auf sie nicht

---

964 *Veder*, in: Paulus/Dammann, European Preventive Restructuring, Art. 11 Rn. 28; *Richter/Thery*, INSOL Europe Guidance Note No. 1 on the Implementation of Preventive Restructuring Frameworks under EU Directive 2019/1023 (April 2020), S. 27 Abs. 93.

965 *Thole*, in: Brünkmans/Thole, Insolvenzplan-HdB, § 30 Rn. 39.

966 Engl. best-interests-of-creditors test (Art. 2 Abs. 1 Nr. 6 RestRL engl. Fassung); *H. Schmidt*, WM 2017, 1735 (1742).

967 Zur Regelung des US Chapter-11-Verfahrens auf den S. 63 f., zur insolvenzplanrechtlichen Regelung auf den S. 173 ff.

968 *Veder*, in: Paulus/Dammann, European Preventive Restructuring, Art. 11 Rn. 27; *Richter/Thery*, INSOL Europe Guidance Note No. 1 on the Implementation of Preventive Restructuring Frameworks under EU Directive 2019/1023 (April 2020), S. 44 Abs. 166: "liquidation value is an unwaivable minimum"; *Madaus*, Is the Relative Priority Rule right for your jurisdiction?, WP 2020-1, SSRN: 3827696, S. 1; s. auch Begr. RegE SanInsFoG, BT-Drucks. 19/24181, S. 163 (zu § 71 RegE-StaRUG): „Insgesamt geht es dem Kriterium des Gläubigerinteresses darum, überstimmten Gläubigern zumindest den Wert zu erhalten, den die Forderung hat.“.

zwingend anzuwenden sind (Art. 12 Abs. 1 RestRL).[969] Die Mindestgarantie kann sowohl auf den Fortführungswert als auch auf den Liquidationswert bezogen sein. Maßgeblich sind insoweit die Umsetzung der Vorgaben durch den mitgliedstaatlichen Gesetzgeber[970] sowie alternative Perspektiven einer Restrukturierung oder Liquidation im konkreten Fall.

Stimmen sämtliche Klassen für den Plan, wird das Kriterium im Rahmen der Planbestätigung nur im Falle einer diesbezüglichen Beanstandung durch einen ablehnenden Gläubiger geprüft (Art. 10 Abs. 2 UAbs. 2 RestRL). Damit soll vermieden werden, dass in jedem Fall eine möglicherweise zeit- und kostenaufwändige Bestimmung und Bewertung des hypothetischen Alternativszenarios erfolgen muss.[971] Ferner ist das Kriterium als Voraussetzungen eines klassenübergreifenden Cram Down zu prüfen.[972]

2.3.4.3.1 Vergleichsszenarien

Gemäß der Definition des Art. 2 Abs. 1 Nr. 6 RestRL ist das Kriterium des Gläubigerinteresses erfüllt, wenn kein ablehnender Gläubiger durch den Restrukturierungsplan schlechter gestellt wird, als er bei Anwendung der Liquidationsprioritäten nach mitgliedstaatlichem Recht oder im nächstbesten Alternativszenario bei Nichtbestätigung des Plans stünde. Dem Gericht obliegt damit eine zweistufige Prüfung: Auf erster Stufe bedarf es der Bestimmung des zugrunde zu legenden hypothetischen Vergleichsszenarios, auf zweiter Stufe ist für dieses Vergleichsszenario die zu erwartende Befriedigungsquote des ablehnenden Gläubigers zu bestimmen. Nach Erwg. (52) ist den Mitgliedstaaten hinsichtlich der ersten Stufe in der Anknüpfung an das Vergleichsszenario einer Liquidation

---

969 Dazu *Skauradszun*, in: BeckOK, StaRUG, Einl. Rn. 21; krit. *Spahlinger*, NZI-Beilage 2019, 69 (71); dennoch ist den Gesellschaftern in der Planbestätigung der wirtschaftliche Wert ihrer Beteiligungen in einer hypothetischen Liquidation oder im nächstbesten Alternativszenario zu sichern, s. Erwg. (49) RestRL, dazu auch *Spahlinger*, ebd.

970 Insb. der Umsetzungsspielraum hinsichtlich der (alternativen) Anknüpfung an das Alternativszenario einer Liquidation oder das nächstbeste Alternativszenario; näher nachf.

971 Erwg. (50) RestRL; *Veder*, in: Paulus/Dammann, European Preventive Restructuring, RL (EU) 2019/1023, Art. 2 Rn. 35; *Schluck-Amend/Hacker*, WPg 2019, 737 (742); näher zu Vorgaben hinsichtlich Bewertungsfragen unter der Richtlinie auf den S. 248 ff.

972 Art. 10 Abs. 2 UAbs. 1 lit. d), 11 Abs. 1 lit. a) RestRL.

oder das „nächstbeste Alternativszenario" ein Umsetzungsspielraum eröffnet.[973] Die Vorgaben weichen insoweit von den Vorschriften des deutschen und US-amerikanischen Insolvenzrechts ab, welche allein eine Anknüpfung an das Alternativszenario einer Liquidation im Insolvenzverfahren vorsehen.[974]

Das Alternativszenario einer Liquidation kann sowohl in einer stückweisen Einzelliquidation sowie auch in einer Gesamtliquidation im Wege eines fortführenden Going-Concern-Verkaufs liegen (Art. 2 Abs. 1 Nr. 6 Hs. 1 RestRL).[975] Der ermittelte Höchstwert beider Varianten ist zugrunde zu legen.[976] Die Richtlinienvorgaben knüpfen damit an die unter dem jeweiligen mitgliedstaatlichen Recht geltenden, insbesondere insolvenzrechtlichen Liquidationsprioritäten an.[977] Die Schutzwirkung des best-interests-of-creditors test für ablehnende Gläubiger divergiert damit mit der Umsetzung der Vorgaben durch die Mitgliedstaaten sowie deren Liquidationsprioritäten.[978]

Als weiteres hypothetisches Vergleichsszenario kann ferner das voraussichtliche nächstbeste Alternativszenario[979] für den Fall der Nichtbestätigung des Restrukturierungsplans herangezogen werden (Art. 2 Abs. 1 Nr. 6 Hs. 2 RestRL). Das nächstbeste Alternativszenario schließt die Liquidation des schuldnerischen Unternehmens in Teilen oder in Gänze ein und kann ferner dessen Fortführung umfassen.[980] Mit Blick auf die Zugangsvoraussetzung einer „wahrscheinlichen Insolvenz" (Art. 4 Abs. 1 RestRL) wird ein naheliegendes Alternativszenario bei Scheitern des Plans für beide Varianten häufig in der insolvenzrechtlichen

---

973 *Madaus*, Is the Relative Priority Rule right for your jurisdiction?, WP 2020-1, SSRN: 3827696, S. 2; in diese Richtung auch Erwg. (52) RestRL.

974 *Madaus*, Is the Relative Priority Rule right for your jurisdiction?, WP 2020-1, SSRN: 3827696, S. 2.

975 Erwg. (52) RestRL; *Cranshaw*, in: Pannen/Riedemann/Smid, StaRUG, RL (EU) 2019/1023, Teil 1, Art. 2 Rn. 21.

976 *Lau/Schwartz*, NZG 2020, 450 (455).

977 *Thole*, in: Brünkmans/Thole, HdB Insolvenzplan, § 30 Rn. 34; so kennt etwa das deutsche Recht Liquidationsprioritäten allein für das Insolvenzverfahren; dazu auch *Richter/Thery*, INSOL Europe Guidance Note No. 1 on the Implementation of Preventive Restructuring Frameworks under EU Directive 2019/1023 (April 2020), S. 14 Abs. 29, 30, welche sich für eine einheitliche Ausgestaltung von Liquidationsprioritäten für Restrukturierungen innerhalb oder außerhalb der Insolvenz aussprechen, um insoweit Anreize für die Erzielung von Arbitrageeffekten in der Nutzung verschiedener Verfahrensrahmen zu vermeiden.

978 *Seymour/Schwarcz*, 1 U. Ill. L. Rev. 1 (2021), 30.

979 Engl. next-best-alternative scenario (Art. 2 Abs. 1 Nr. 6 RestRL engl. Fassung).

980 *Skauradszun*, ZIP 2021, 1091 (1092).

Gesamtvollstreckung liegen.[981] Vor dem Hintergrund, dass der präventive Restrukturierungsrahmen auf nicht zahlungsunfähige und rentable Unternehmen zugeschnitten ist, sollte die schuldnerische Insolvenz jedoch nicht als einzig relevantes Alternativszenario verstanden werden.[982] Als Referenzpunkt können gleichsam die Liquidation oder Fortführung außerhalb des Insolvenzverfahrens dienen, sofern diese im Einzelfall hinreichend wahrscheinlich sind.[983] Dabei wären wiederum aufgrund der finanziellen Krise im Alternativszenario erforderliche Eingriffe in die Gläubigerrechte und mit einer hypothetischen Restrukturierung verbundene Kosten zu berücksichtigen.[984] Zurecht weist *Thole* jedoch darauf hin, dass bei einer Fortführung außerhalb der Insolvenz unter deutschem Recht von einer Solvenz auszugehen wäre,[985] womit fällige und in den kommenden zwölf Monaten fällig werdende Forderungen voll zu befriedigen wären.[986]

Das Kriterium des Gläubigerinteresses verbietet gemäß Art. 2 Abs. 1 Nr. 6 RestRL eine Schlechterstellung ablehnender Gläubiger gegenüber dem Vergleichsszenario. Das Kriterium ist mithin gewahrt, wenn der Barwert der individuellen Planleistungen den Barwert der Leistungen in einer Liquidation oder dem nächstbesten Alternativszenario erreicht oder übersteigt.[987]

2.3.4.3.2 Anforderungen an die Eintrittswahrscheinlichkeit

Die Befriedigungsaussichten ablehnender Gläubiger im vorgetragenen Alternativszenario müssen hinreichend wahrscheinlich sein und sind konkret zu beziffern. Dem Gericht obliegt damit im Rahmen der Planbestätigung die Überprüfung der dem Alternativszenario zugrunde gelegten Forderungs- und

981 *Fendel*, in: Braun, StaRUG, § 64 Rn. 9 (in Bezug auf Art. 2 Abs. 1 Nr. 6 RestRL); *Thole*, in: Brünkmans/Thole, HdB Insolvenzplan, § 30 Rn. 34; *Korch*, ZHR 2018, 440 (478).

982 Dazu *Bork*, ZIP 2017, 1441 (1448).

983 *Fendel*, in: Braun, StaRUG, § 64 Rn. 9; *Thole*, in: Brünkmans/Thole, HdB Insolvenzplan, § 30 Rn. 34; Begr. RegE SanInsFoG, BT-Drucks. 19/24181, S. 163 (zu § 71 RegE-StaRUG); die RestRL formuliert selbst keine Anforderungen an die Wahrscheinlichkeit des angeführten Alternativszenarios.

984 *Schönfelder*, in: Flöther, Sanierungsrecht, Kap. F Rn. 223a.

985 *Thole*, in: Brünkmans/Thole, HdB Insolvenzplan, § 30 Rn. 34.

986 Andernfalls wäre der Schuldner zahlungsunfähig (§ 17 Abs. 2 InsO) oder überschuldet (§ 19 Abs. 2 InsO).

987 *Schönfelder*, in: Flöther, Sanierungsrecht, Kap. F Rn. 317: im Extremfall „‚einen Cent mehr‘ als im Zerschlagungsszenario“.

Unternehmensbewertung.[988] Berufen sich ablehnende Gläubiger auf einen höheren erzielbaren Kaufpreis in einem Going-Concern-Verkauf des schuldnerischen Unternehmens, kann bei Verfügbarkeit hinreichender Mittel und Zeit ein paralleler Verkaufsprozess (dual track) naheliegen.[989] Im Übrigen ist auf etablierte Methoden der Unternehmensbewertung zurückzugreifen.[990] Sowohl hinsichtlich der Bestimmung des naheliegenden Alternativszenarios sowie auch dessen wirtschaftlicher Bewertung werden die Beteiligten häufig vor praktische Herausforderungen gestellt sein.[991] So wird in präventiven Restrukturierungsverfahren mangels gesetzlichen Verfahrens der Anmeldung und Feststellung von Forderungen schon die Summe der Forderungen gegen den Schuldner schwer feststellbar sein. Gleichsam fehlt es an einer Erfassung sämtlicher Aktiva des Schuldners.[992] Damit bestehen hinsichtlich des wahrscheinlichen Alternativszenarios, der ausstehenden Forderungen sowie schließlich derer voraussichtlicher Befriedigungsquote bedeutende Unsicherheiten.[993] Der Zeitdruck der Krisensituation erschwert dem Restrukturierungsgericht die sachgerechte Prüfung abermals.[994]

2.3.4.4 Verbot der Besserstellung gleichrangiger Klassen

Schließlich ist gemäß Art. 11 Abs. 1 UAbs. 1 lit. c) Hs. 1 RestRL die Prioritätsfolge hinsichtlich des Gleichrangs zu wahren. So darf ein klassenübergreifender Cram Down nur in Betracht kommen, wenn der Restrukturierungsplan gewährleistet,

---

988 *Cranshaw*, in: Pannen/Riedemann/Smid, StaRUG, RL (EU) 2019/1023, Teil 1, Art. 2 Rn. 21; *Thole*, in: Brünkmans/Thole, HdB Insolvenzplan, § 30 Rn. 45; zu Bewertungsfragen unter der Richtlinie auch auf den S. 248 f.

989 Zweifelnd in Bezug auf die Durchführbarkeit im Restrukturierungsverfahren *Brinkmann*, NZI-Beilage 2019, 27 (28).

990 Krit. in Bezug auf die praktischen Herausforderungen *Fendel*, in: Braun, StaRUG, § 64 Rn. 9 (in Bezug auf Art. 2 Abs. 1 Nr. 6 RestRL).

991 Ebd.: „[…] Berechnungsmethoden, die zu den komplexesten Prüfungskriterien gehören […]"; krit. insb. ggü. einer etwaig erforderlichen Unternehmensbewertung: „solche hypothetische Unternehmensbewertung weder pragmatisch noch einfach noch schnell, sondern im Gegenteil unpraktikabel, kompliziert und langwierig sowie obendrein teuer".

992 *Bork*, ZIP 2017, 1441 (1448); *Brinkmann*, NZI-Beilage 2019, 27 (28).

993 *Brinkmann*, NZI-Beilage 2019, 27 (28): aus dessen Sicht „das Kriterium des Gläubigerinteresses im Rahmen eines Restrukturierungsverfahrens wegen den massiven Unsicherheiten auf der Aktiv- wie auf der Passivseite sowie wegen der erheblichen Prognoseunsicherheit nicht seriös überprüft werden kann"; *Bork*, ZIP 2017, 1441 (1448): „Dies ist nicht nur ein Hinweis auf praktische Hindernisse, sondern auch ein Beleg für das Fehlen einer zugrunde liegenden Theorie.".

994 *Korch*, ZHR 2018, 440 (478).

dass ablehnende Gläubigerklassen wirtschaftlich mindestens ebenso gut wie gleichrangige Klassen gestellt werden. Das Kriterium war im Richtlinienvorschlag nicht vorgesehen, was unter anderem in der deutschen Rechtswissenschaft auf deutliche Kritik stieß. So wurde zutreffend kritisiert, dass Teile der Gläubigerschaft in separaten Gruppen isoliert und ohne Schutzgewähr wirtschaftlich schlechter gestellt werden könnten, sofern nur die untere Wertgrenze des Kriteriums des Gläubigerinteresses nicht verletzt wird.[995]

2.3.5 Verteilung des Planmehrwerts: Vorrangregel

Die Vorgaben der europäischen RestRL sind weitgehend auf die Handhabung bestehender Prioritäten von Forderungen und Beteiligungen in der Restrukturierung beschränkt, maßgeblich wiederum über den klassenübergreifenden Cram Down.[996] Prioritätsklassen von Kapitalpositionen werden durch die Richtlinie selbst nicht definiert. Die Regelungsmaterie verbleibt beim jeweiligen mitgliedstaatlichen Insolvenz-, Vertrags- und Sicherheitenrecht und wirkt in den präventiven Restrukturierungsrahmen hinein.[997]

Gleich dem US-amerikanischen Chapter-11-Verfahren und dem Insolvenzplanverfahren ist auch unter der RestRL die Verteilung des Unternehmenswerts in die Hände der abstimmenden Planbetroffenen gelegt; lediglich für nichtkonsensuale Restrukturierungspläne werden Mindestvorgaben definiert.[998] Durch die obere Wertgrenze des vollen Nennbetrags der Forderung oder Beteiligung sowie das Kriterium des Gläubigerinteresses als untere Wertgrenze für ablehnende Gläubiger und Gläubigerklassen sind der Verteilung des Unternehmenswerts äußere Grenzen gesetzt. Hinzu tritt die restrukturierungsrechtliche Priorität in Gestalt der Vorrangregel, welche als Kriterium der Fairness die Verteilung des

995 *Thole*, ZIP 2017, 101 (110); *Korch*, ZHR 2018, 440 (478).

996 S. jedoch die Vorgaben zum Vorrang von neuen Finanzierungen und Zwischenfinanzierungen in einem etwaigen späteren Insolvenzverfahren nach Art. 17 Abs. 4 InsO; eingehend *Parzinger*, ZIP 2019, 1748 ff.

997 S. auch *Richter/Thery*, INSOL Europe Guidance Note No. 1 on the Implementation of Preventive Restructuring Frameworks under EU Directive 2019/1023 (April 2020), S. 14 Abs. 28, Abs. 31–33.

998 Näher zuvor auf den S. 58 ff. (Chapter-11-Verfahren) und S. 167 ff. (Insolvenzplanverfahren).

Planmehrwerts innerhalb dieser Grenzen bestimmt.[999] Adressiert ist der Wert, welcher im Planszenario über das Vergleichsszenario einer Liquidation oder das nächstbeste Alternativszenario hinaus generiert wird.[1000] Der Planmehrwert ist nicht zwingend gleichzusetzen mit dem Fortführungswert, da der Fortführungswert eines schuldnerischen Unternehmens ebenso unter dem Kriterium des Gläubigerinteresses in einem Going-Concern-Verkauf als Gesamtliquidation oder im nächstbesten Alternativszenario zu berücksichtigen sein kann.[1001] Anders als das Kriterium des Gläubigerinteresses schützt die Vorrangregel nicht auch individuelle ablehnende Gläubiger innerhalb zustimmender Klassen. Die Prüfung der Priorität erfolgt allein im Rahmen des klassenübergreifenden Cram Down und in Bezug auf den Plan insgesamt ablehnende Klassen.

Die Richtlinienvorgaben zur Vorrangregel waren im europäischen Gesetzgebungsprozess einer der zentralen Diskussionspunkte und haben einen grundlegenden Wandel durchlaufen.[1002] So war im Richtlinienentwurf der Europäischen Kommission noch allein die Regel des absoluten Vorrangs vorgesehen.[1003] Überlegungen zur Implementierung einer Regel eines relativen Vorrangs waren weder in den Erwägungsgründen, noch als Umsetzungsspielraum im Richtlinienentwurf zu finden.[1004] In den letzten Zügen des Gesetzgebungsverfahrens hat sodann, zur

---

999 Erwg. (28) Entwurf RestRL, COM(2016) 723 final; *Veder*, in: Paulus/Dammann, European Preventive Restructuring, Art. 11 Rn. 25: “fairness test”; *Madaus*, Is the Relative Priority Rule right for your jurisdiction?, WP 2020-1, SSRN: 3827696, S. 1; s. auch Erwg. (55) RestRL (engl. Fassung).

1000 *Thole*, in: Brünkmans/Thole, HdB Insolvenzplan, § 30 Rn. 42; *Veder*, in: Paulus/Dammann, European Preventive Restructuring, Art. 11 Rn. 27: “the reorganization value, i.e. the value that is realized as a result of the restructuring”; *Ballerini*, 30 Int. Insol. Rev. 7 (2021), 10: “surplus value”; *Richter/Thery*, INSOL Europe Guidance Note No. 1 on the Implementation of Preventive Restructuring Frameworks under EU Directive 2019/1023 (April 2020), S. 44 Abs. 165 f.: “restructuring premium”.

1001 *Ballerini*, 30 Int. Insol. Rev. 7 (2021), 24 Fußn. 27.

1002 *W. Bayer/J. Schmidt*, BB 2019, 2178 (2185): „einer der neuralgischsten Punkte des gesamten Legislativverfahrens“.

1003 Art. 11 Abs. 1 lit. c) Entwurf RestRL, COM(2016) 723 final; zum Begriff Erwg. (28), (30) Entwurf RestRL, COM(2016) 723 final sowie die Legaldefinition des Begriffs „Regel des absoluten Vorrangs“ gem. Art. 2 Nr. 10 Entwurf RestRL, COM(2016) 723 final: „den Umstand, dass eine ablehnende Gläubigerklasse in vollem Umfang befriedigt werden muss, bevor eine nachrangige Klasse nach dem Restrukturierungsplan eine Auszahlung erhalten oder eine Beteiligung behalten kann“.

1004 Dazu *Veder*, in: Paulus/Dammann, European Preventive Restructuring, Art. 11 Rn. 31.

Überraschung vieler Beobachter, die Regel des relativen Vorrangs[1005] oder European Relative Priority Rule[1006] Eingang in die Richtlinie gefunden.[1007] Entgegen der international vorherrschenden Konzeption absoluter Priorität hat der europäische Gesetzgeber in Art. 11 Abs. 1 UAbs. 1 lit. c) RestRL die relative Vorrangregel als Standardkonzept vorgesehen.[1008] Ein Verzicht auf jegliche Prioritätsregel beim klassenübergreifenden Cram Down, wie im Fall des englischen Restructuring-Plan-Verfahrens (Part 26a CA 2006),[1009] wäre unter der RestRL hingegen nicht zulässig.

Im Vordergrund stand dabei das Bestreben, präventive Restrukturierungen zu flexibilisieren und Konzepte unter Mitwirkung und fortgesetzter Beteiligung der Altgesellschafter zu erleichtern.[1010] So habe im Gesetzgebungsprozess eine Reihe von Mitgliedstaaten Bedenken hinsichtlich der Regel des absoluten Vorrangs geäußert. Die neu geschaffene Regel relativen Vorrangs soll durch eine Flexibilisierung der Cram-Down-Regelung abhelfen.[1011] Zur Bestimmung, welche Klasse unter absoluter Priorität ouf-of-the-money sei, bedürfe es stets einer gerichtlichen Unternehmensbewertung. Die fortgesetzte Beteiligung einer niederrangigen Klasse fordere eine vollständige Befriedigung vorrangiger Gläubigerklassen, sollte es einer Bestätigung mittels klassenübergreifendem Cram Down bedürfen. Diese Anforderungen der Regel absoluten Vorrangs seien mit Hindernissen und erhöhten Kosten verbunden und würden präventive Restrukturierungen teils

---

1005 Der Begriff findet in der RestRL und ihren Erwägungsgründen keine ausdrückliche Erwähnung, s. jedoch zu „Regel des absoluten Vorrangs" Erwg. (55), (56), (57) RestRL.

1006 *W. Bayer/J. Schmidt*, BB 2019, 2178 (2185).

1007 *Veder*, in: Paulus/Dammann, European Preventive Restructuring, Art. 11 Rn. 8; *Balthasar*, ZHR 183 (2019), 662 (678); *Thole*, in: Brünkmans/Thole, HdB Insolvenzplan, § 30 Rn. 41 (eingeführt „spät und ohne jede Diskussion").

1008 *Thole*, in: Brünkmans/Thole, HdB Insolvenzplan, § 30 Rn. 40.

1009 Nachw. in Fußn. 1147.

1010 *Thole*, in: Brünkmans/Thole, HdB Insolvenzplan, § 30 Rn. 41; *Balthasar*, ZHR 183 (2019), 662 (678).

1011 *Council of the European Union*, General Approach of the Council of the EU on the Proposal for a Directive on preventive restructuring frameworks (12536/18), S. 5 f.: "problematic for a considerable number of Member States"; krit. *Thole*, in: Brünkmans/Thole, HdB Insolvenzplan, § 30 Rn. 41.

hindern oder gar unmöglich machen.[1012] Wenngleich auch die neu formulierte Regelung aus Sicht einzelner Mitgliedstaaten nicht hinreichend flexibel gefasst gewesen sei, fand diese im weiteren Gesetzgebungsprozess hinreichende Unterstützung.[1013] In der deutschen Rechtswissenschaft haben sich Autoren bereits früh für die Implementierung absoluter Priorität in der Umsetzung in deutsches Recht ausgesprochen.[1014]

Zugleich wurde den Mitgliedstaaten ein Umsetzungsspielraum zur Einführung der Regel des absoluten Vorrangs sowie möglicher Durchbrechungen eröffnet, sofern dies erforderlich ist, um die Ziele des Restrukturierungsplans zu erreichen und wenn der Restrukturierungsplan die Rechte oder Beteiligungen betroffener Parteien nicht in unangemessener Weise beeinträchtigt (Art. 11 Abs. 2 UAbs. 2 RestRL). Auf diesem Weg wurde es Mitgliedstaaten ermöglicht, das hergebrachte und praktisch erprobte Konzept absoluter Priorität einzuführen und zugleich durch punktuelle Durchbrechungen dieser eine weitergehende Flexibilisierung unter Berücksichtigung der jeweiligen Gegebenheiten des nationalen Rechts- und Wirtschaftssystems zu erreichen.[1015] Die Wahlfreiheit hinsichtlich der Vorrangregel stieß zuweilen auf Kritik, da insoweit Anreize für ein Forum Shopping innerhalb der Europäischen Union geschaffen würden.[1016]

1012 *Council of the European Union*, General Approach of the Council of the EU on the Proposal for a Directive on preventive restructuring frameworks (12536/18), S. 5: "Some Member States considered that these requirements would make the procedure more burdensome and costly and would render the preventive restructuring more restrictive if not impossible.".

1013 *Council of the European Union*, General Approach of the Council of the EU on the Proposal for a Directive on preventive restructuring frameworks (12536/18), S. 6.

1014 *Thole*, in: Brünkmans/Thole, HdB Insolvenzplan, § 30 Rn. 39 (relative Priorität „höchst schwierig"), 43; *Brinkmann*, NZI-Beilage 2019, 27 (29); *Hofmann*, NZI-Beilage 2019, 22 (26): „empfiehlt sich dringend"; *Balthasar*, ZHR 183 (2019), 662 (684, 692).

1015 Dazu *Richter/Thery*, INSOL Europe Guidance Note No. 1 on the Implementation of Preventive Restructuring Frameworks under EU Directive 2019/1023 (April 2020), S. 36 Abs. 133.

1016 *Kowalewski/Praß*, in: Morgen, StaRUG, § 27 Rn. 18; *W. Bayer/J. Schmidt*, BB 2019, 2178 (2185); allg. mit Blick auf die zahlreichen Umsetzungsspielräume in der Richtlinie *Balthasar*, ZHR 183 (2019), 662 (693); dazu *Seymour/Schwarcz*, 1 U. Ill. L. Rev. 1 (2021), 7: "[…] a political compromise, designed to reassure Member States for whom the introduction of reorganization procedures breaks new ground by giving them the flexibility to alter traditional insolvency distributional rules.".

2.3.5.1 Regel des relativen Vorrangs

Gemäß der Regel des relativen Vorrangs nach Art. 11 Abs. 1 UAbs. 1 lit. c) RestRL kann ein Restrukturierungsplan bei Nichtzustimmung einer oder mehrerer Klassen nur bestätigt werden, wenn unter diesem ablehnende Abstimmungsklassen betroffener Gläubiger mindestens ebenso günstig wie andere gleichrangige Klassen und besser als alle nachrangigen Klassen gestellt werden.[1017] In Betracht kommt etwa der Cram Down einer Klasse ungesicherter Gläubiger, sofern diese in der Teilhabe am Planmehrwert mindestens gleichgestellt wird mit gleichrangigen Klassen und bessergestellt wird als Klassen nachrangiger Gläubiger und Gesellschafter.[1018] Anders als unter dem Konzept absoluter Priorität wird keine starre Verteilungsfolge hinsichtlich des Planmehrwerts unter den Klassen vorgeschrieben.[1019] Auf erster Stufe wird durch das Merkmal der „Besserstellung" ein Obergrenze für zulässige Zuteilungen an die nachrangige Klasse definiert. Auf zweiter Stufe ist dem Schuldner innerhalb dieser Grenzen ein Gestaltungsspielraum eröffnet.[1020] Die Verteilung des Planmehrwerts wird auch für nicht-konsensuale Pläne in die Hände der Abstimmungsmehrheit der Planbetroffenen gelegt.[1021]

Das Merkmal der Besserstellung ist dabei stark unbestimmt, den Mitgliedstaaten ist insoweit ein Umsetzungsspielraum eröffnet. So wird offengelassen, ob eine absolute Besserstellung der ablehnenden Klasse gegenüber nachrangigen Klassen (etwa + EUR 1) genügt, oder es einer relativen Besserstellung durch einer höhere Befriedigungsquote bedarf.[1022] Kennt eine Rechtsordnung für den vorinsolvenzlichen Bereich keine Rangordnung, so auch das deutsche Recht, bleibt ferner der Bezugspunkt in der Bestimmung der Rangverhältnisse unklar.[1023]

Die Regel relativen Vorrangs gemäß Art. 11 Abs. 1 UAbs. 1 lit. c) RestRL sichert Gläubigern keine Teilhabe am Planmehrwert entsprechend ihrer für den Insolvenzfall bestimmten Liquidationsprioritäten. Mitgliedern ablehnender Klassen

---

1017 Art. 11 Abs. 1 UAbs. 1 lit. c) RestRL im Wortlaut.

1018 S. auch *Thole*, in: Brünkmans/Thole, HdB Insolvenzplan, § 30 Rn. 40.

1019 *Madaus*, Is the Relative Priority Rule right for your jurisdiction?, WP 2020-1, SSRN: 3827696, S. 5.

1020 Dazu *A. Bornemann*, bei *Malakotipour*, University of Amsterdam Conference 24.2.2020, "Deviating from Absolute Priority", S. 5 f.

1021 *Madaus*, Is the Relative Priority Rule right for your jurisdiction?, WP 2020-1, SSRN: 3827696, S. 5.

1022 Dazu *de Weijs/Jonkers/Malakotipour*, CSECL WP 2019-05, SSRN: 3350375, S. 18 (mit Beispiel); ebenso *Seymour/Schwarcz*, 1 U. Ill. L. Rev. 1 (2021), 17.

1023 Dazu *Thole*, in: Brünkmans/Thole, HdB Insolvenzplan, § 30 Rn. 39; *Brinkmann*, NZI-Beilage 2019, 27 (29).

wird (lediglich) ihr Gleichrang gegenüber den Mitgliedern gleichrangiger Klassen oder sowie ihre Vorrangstellung gegenüber nachrangigen Kapitalklassen gesichert.[1024] Sie entfernt sich damit für präventive Restrukturierungen von der Haftungsverfassung des Gesellschaftskapitals nach insolvenzrechtlichem Vorbild.[1025]

2.3.5.1.1 Argumente für die Regel des relativen Vorrangs

Nachfolgend werden die in der Debatte um die Vorrangregel geäußerten, wesentlichen Argumente für die Regel des relativen Vorrangs nachgezeichnet. Die gegenüber dem Konzept absoluter Priorität in anderen Verfahrensrahmen (etwa US Chapter-11-Verfahren, Insolvenzplanverfahren) geäußerten Kritikpunkte lassen sich dem Grunde nach auf den Kontext der RestRL übertragen.

2.3.5.1.1.1 Dogmatisches Begründungskonzept: contractual approach to restructuring proceedings (*Madaus*)

Im Entstehungsprozess der RestRL hat der europäische Gesetzgeber für die Regel des relativen Vorrangs kein klares dogmatisches Begründungskonzept formuliert.[1026] Einer klaren konzeptionellen Begründung bedarf es jedoch, um die praktischen Auswirkungen des Konzepts prüfend gegenüberzustellen und auch den Mitgliedstaaten eine sachgerechte Abwägung und Umsetzung der Vorgaben zu erleichtern. Erörternswert ist das von *Madaus* formulierte Begründungskonzept für die Regel relativen Vorrangs.

In dogmatischer Hinsicht lehnt *Madaus* eine Regel absoluten Vorrangs mit der Begründung ab, dass der präventive Restrukturierungsrahmen, anders als das Insolvenzverfahren, keine Form der kollektiven Forderungsverwirklichung sei.[1027] Das Anliegen der Restrukturierung solventer Schuldner reiche über das für Insolvenzverfahren wesenstypische Common-Pool-Problem hinaus.[1028] Gegenstand des Restrukturierungsrechts sei vielmehr die Förderung kooperativer

---

1024 *W. Bayer/J. Schmidt*, BB 2019, 2178 (2185).

1025 *Veder*, in: Paulus/Dammann, European Preventive Restructuring, Art. 11 Rn. 33: "restructuring plan in case of a preventive restructuring framework [...] not a matter of insolvency law, but rather a combination of contract and insolvency law"; krit. *Brinkmann*, NZI-Beilage 2019, 27 (29): verletze „Grundprinzipien der gesellschaftsrechtlichen Haftungsverfassung".

1026 Krit. etwa *Seymour/Schwarcz*, 1 U. Ill. L. Rev. 1 (2021), 28; näher nachf. auf den S. 233 ff.

1027 *Madaus*, 19 Eur. Bus. Org. L. Rev. (2018) 615, 620; s. auch *Veder*, in: Paulus/Dammann, European Preventive Restructuring, Art. 11 Rn. 33.

1028 *Madaus*, 19 Eur. Bus. Org. L. Rev. (2018) 615, 625.

Lösungsansätze zur Vermeidung dessen.[1029] Die schuldnerische Gesellschaft werde restrukturiert durch einen Vertrag unter den Beteiligten, welcher mit der gerichtlichen Bestätigung verbindlich werde. Das Restrukturierungsrecht sei wesensmäßig dem Vertragsrecht zuzuordnen, nicht hingegen dem Insolvenzrecht (contractual approach to restructuring proceedings).[1030] In vorgelagerten Krisenphasen dürften Mechanismen zur Verteilung des Unternehmenswerts deshalb nicht undifferenziert dem Insolvenzrecht entlehnt werden.[1031] Vielmehr bedürfe es eines restrukturierungsrechtlichen Rahmens, welcher kooperative Lösungen fördere und eine differenzierende Behandlung der Beteiligten im Einzelfall ermögliche.[1032]

Der Planmehrwert werde erst durch die Kooperation der Planbetroffenen generiert.[1033] Planregelungen müssten nicht in jedem Falle als Kompensation für die gegenwärtigen wirtschaftlichen Positionen der Beteiligten verstanden werden, sondern könnten diesen auch im Hinblick auf künftig erwartete Beiträge zum unternehmerischen Erfolg zugesprochen werden.[1034] Der vollstreckbare Wert Ihrer Positionen sei Gläubigern durch das Kriterium des Gläubigerinteresses gesichert. Zugleich begründeten die Positionen der Beteiligten die berechtigte Erwartung, gegebenenfalls einen größeren Anteil am Planmehrwert zu erhalten. Im Rahmen dieser äußeren Grenzen könne unter der Regel des relativen Vorrangs in der Verteilung des Planmehrwerts die Kooperation der Beteiligten belohnt werden.[1035] Schließlich sei es dem Kollektiv der Planbetroffenen unbenommen,

---

1029 Ebd., 623–632; näher auch *Skauradszun*, in: BeckOK, StaRUG, Einl. 12; im Kontext der US-amerikanischen Diskussion bereits *Baird*, 165 U. Pa. L. Rev. 785 (2017), 814: "To a much greater extent than absolute priority, [relative priority] induces parties to work toward a common purpose.".

1030 *Madaus*, 19 Eur. Bus. Org. L. Rev. (2018) 615, 645.

1031 Ebd., 628–629; s. auch *Korch*, ZIP 2020, 446 (450): Absolute Priority Rule nach US-amerikanischem Vorbild „kann im Vorfeld der Insolvenz nicht der richtige Anknüpfungspunkt sein".

1032 *Madaus*, 19 Eur. Bus. Org. L. Rev. (2018) 615, 640.

1033 *Madaus*, Is the Relative Priority Rule right for your jurisdiction?, WP 2020-1, SSRN: 3827696, S. 4: "reorganisation surplus as a cooperation premium".

1034 *Veder*, in: Paulus/Dammann, European Preventive Restructuring, Art. 11 Rn. 36 im Hinblick auf den möglichen Wert der fortgesetzten Beteiligung von Altgesellschaftern unter Verweis auf den Gedanken der New Value Exception nach US-amerikanischem Recht.

1035 *Madaus*, Is the Relative Priority Rule right for your jurisdiction?, WP 2020-1, SSRN: 3827696, S. 7; krit. demgegenüber etwa *Ballerini*, 30 Int. Insol. Rev. 7 (2021), 13–15.

im Restrukturierungsplan Verteilungsregelungen nach dem Vorbild absoluter Priorität zu vereinbaren.[1036]

2.3.5.1.1.2 Abgesenkte Anforderungen an die gerichtliche Unternehmensbewertung

Ein wesentlicher Kritikpunkt in der internationalen Diskussion um das Konzept absoluter Priorität bezieht sich auf das Erfordernis einer gerichtlichen Unternehmensbewertung und damit einhergehender praktischer Hürden. Die gerichtliche Prüfung, ob die ablehnende Klasse entsprechend ihrer Prioritätsstellung berücksichtigt sei, erfordere eine Bestimmung des value break in der schuldnerischen Kapitalstruktur und damit eine Prüfung der dem Plan zugrunde gelegten Unternehmensbewertung durch das Gericht. Diese sei mit erheblichen Unsicherheiten und für die Verfahrensbeteiligten mit erhöhtem Zeit- und Kostenaufwand verbunden.[1037] Gleichsam wird das Erfordernis der Unternehmensbewertung als einer der wesentlichen, von den Mitgliedstaaten geäußerten Kritikpunkte hervorgehoben, welcher zur Einführung der Regel des relativen Vorrangs als Grundfall des präventiven Restrukturierungsrahmens führte.[1038]

In der gerichtlichen Prüfung einer Besserstellung unter der Regel des relativen Vorrangs kann es etwa genügen festzustellen, dass den Gesellschaftern belassene Beteiligungen jedenfalls unter dem Wert der für die Klasse ablehnender Gläubiger vorgesehenen Werte liegt. Es genügt die Bestimmung eine obersten Bewertungsgrenze (tw. ceiling valuation).[1039] Insoweit würden Unsicherheiten in der Unternehmensbewertung, insbesondere in Grenzbereichen, zwar nicht vollständig beseitigt, jedenfalls doch vermindert.[1040] Zugleich sei damit jedoch der Anreiz gemindert, im Schatten einer andernfalls erforderlichen, zeit- und kostenaufwändigen Bewertung eine konsensuale Lösung zu erreichen.[1041]

1036 *Madaus*, Is the Relative Priority Rule right for your jurisdiction?, WP 2020-1, SSRN: 3827696, S. 7.

1037 Eingehend zum US-amerikanischen Chapter-11-Verfahren zuvor auf den S. 78 ff.

1038 Nachw. zur Kritik im Hinblick auf den Gesetzgebungsprozess der RestRL in Fußn. 1012.

1039 Näher *Seymour/Schwarcz*, 1 U. Ill. L. Rev. 1 (2021), 18–19, auch zu einer ähnlichen Praxis im US Chapter-11-Verfahren.

1040 *Seymour/Schwarcz*, 1 U. Ill. L. Rev. 1 (2021), 18; dazu auch *Ballerini*, 30 Int. Insol. Rev. 7 (2021), 15–16.

1041 *Seymour/Schwarcz*, 1 U. Ill. L. Rev. 1 (2021), 19, 25–26; s. auch *Madaus*, Is the Relative Priority Rule right for your jurisdiction?, WP 2020-1, SSRN: 3827696, S. 7; s. auch *Ballerini*, 30 Int. Insol. Rev. 7 (2021), 16–17.

2.3.5.1.1.3 Sanierungsfreundliche Anreizwirkung gegenüber niedrigen Kapitalklassen und Entschärfung der Holdout-Problematik

Die späte Entscheidung für die Regel des relativen Vorrangs als Standardkonzeption wird verbreitet auf die Empfehlungen des Arbeitsgruppe CODIRE[1042] zurückgeführt, denen die Richtlinienvorgaben zum relativen Vorrang inhaltlich entsprechen.[1043] In ihrem Abschlussbericht aus dem Jahr 2018 kritisierte die Arbeitsgruppe eine verfehlte sanierungsfeindliche Anreizwirkung absoluter Priorität gegenüber niedrigen Kapitalklassen, besonders den Eigenkapitalgebern. Die Regel des relativen Vorrangs begünstige hingegen nach dem Vorbild der etablierten Praxis vorinsolvenzlicher, freier Sanierungen das Zustandekommen konsensualer Restrukturierungskonzepte im Wege gegenseitigen Entgegenkommens. Aus Sicht der Beteiligten sei es wirtschaftlich häufig sinnvoll, wertmäßige Zugeständnisse auch gegenüber Kapitalgebern zu machen, deren Positionen unter Liquidationsprioritäten keinen wirtschaftlichen Wert verbürgen. Damit werde eine praxisgerechtere, realistischere Alternative geboten und die Unternehmensfortführung begünstigt.[1044]

Indem Mitgliedern ablehnender Klassen ihre relative Position gegenüber anderen Betroffenen gesichert wird, würden zugleich Anreize zur Verfolgung von Holdout-Strategien gemindert.[1045] Besonders mit Blick auf Altgesellschafter

---

1042 Arbeitsgruppe "The Contractualised distress resolution in the shadow of the law: Effective judicial review and oversight of insolvency and pre-insolvency proceedings", eine Partnerschaft mehrerer Universitäten und weiterer Partner, finanziert aus Mitteln der Europäischen Union; Abschlussbericht *Stanghellini/Mokal/Paulus/Tirado*, Best Practices in European Restructuring – CODIRE, Final Report (2018).

1043 *Stanghellini/Mokal/Paulus/Tirado*, Best Practices in European Restructuring – CODIRE, Final Report (2018), S. 46: "The 'relative priority rule' [...] requires that (i) each dissenting class is to receive treatment at least as favourable as other classes with the same rank; (ii) no class of a lower rank is to be given equivalent or better treatment than it; and (iii) higher ranking classes must receive no more than the full present economic value of their claims.", s. auch die Empfehlungen auf S. 47, 269; *Veder*, in: Paulus/Dammann, European Preventive Restructuring, Art. 11 Rn. 31.

1044 *Stanghellini/Mokal/Paulus/Tirado*, Best Practices in European Restructuring – CODIRE, Final Report (2018), S. 46; *Cranshaw*, in: Pannen/Riedemann/Smid, RL (EU) 2019/1023 Teil 1, Art. 11 Rn. 7; *Deppenkemper*, ZIP 2020, 595 (602): Vermeidung „strategischer Fehlanreize“; *Madaus*, Is the Relative Priority Rule right for your jurisdiction?, WP 2020-1, SSRN: 3827696, S. 7.

1045 *Stanghellini/Mokal/Paulus/Tirado*, Best Practices in European Restructuring – CODIRE, Final Report (2018), S. 46; dazu auch *Veder*, in: Paulus/Dammann, European Preventive Restructuring, Art. 11 Rn. 34.

würden Konfliktlagen entschärft und befürwortete, fortgesetzte Beteiligungen dieser erleichtert.[1046] Mit dem Wertverlust ihrer Beteiligungen unter dem Konzept absoluter Priorität würden Gesellschafter andernfalls wirtschaftlich indifferent gegenüber der Unternehmensfortführung und geradezu zur Verfolgung von Holdout-Strategien incentiviert.[1047] Würde ihnen durch eine Regel relativen Vorrangs hingegen ein jedenfalls teilweiser Erhalt ihrer Beteiligungen ermöglicht, würden Anreize für frühzeitige Restrukturierungen gesetzt.[1048] Gesellschafter familien- sowie durch Private-Equity-Investoren geführter Unternehmen, welche Restrukturierungsbemühungen tendenziell später initiieren, würden adressiert.[1049] Besonders auf dem europäischen Markt, welcher durch eine starke Präsenz von KMU geprägt sei, bestehe ein gesteigertes Bedürfnis zum Erhalt mit den Altgesellschaftern verbundenen Know-How und Goodwill.[1050]

Kritiker der Regel relativen Vorrangs führen wiederum an, dass das Konzept absoluter Priorität konsensualen Planlösungen nicht entgegenstehe. Seien die Altgesellschafter nach Ansicht der Kapitalgeber von besonderer Bedeutung für das Unternehmen, bestehe für diese ein natürlicher Anreiz, diesen Beteiligungen zu belassen.[1051] Ferner könnten rechtzeitige präventive Restrukturierungen gleichsam durch ein Antrags- bzw. Eröffnungsrecht der Gläubiger gefördert werden.[1052] Der Vorschlag ist jedoch vor der beabsichtigten Ausrichtung des gesamten präventiven Restrukturierungsrahmens (schuldnergeführt oder gläubigergeführt) zu beurteilen. Schließlich kann eine fortgesetzte Beteiligung für das schuldnerische Unternehmen bedeutsamer Gesellschafter durch entsprechende Ausnahmen zu einer Regel absoluten Vorrangs begünstigt werden. Diesen Weg hat der deutsche Gesetzgeber mit der absoluten Prioritätsregel und ihren Durchbrechungen unter dem StaRUG gewählt.[1053]

1046 *Cranshaw*, in: Pannen/Riedemann/Smid, StaRUG, RL (EU) 2019/1023, Teil 1, Art. 11 Rn. 6 ff.; *Kowalewski/Praß*, in: Morgen, StaRUG, § 27 Rn. 13.

1047 *Stanghellini/Mokal/Paulus/Tirado*, Best Practices in European Restructuring – CODIRE, Final Report (2018), S. 17 Fußn. 19, 46; *Veder*, in: Paulus/Dammann, European Preventive Restructuring, Art. 11 Rn. 34.

1048 *Stanghellini/Mokal/Paulus/Tirado*, Best Practices in European Restructuring – CODIRE, Final Report (2018), S. 17 f., 46; *Deppenkemper*, ZIP 2020, 595 (602).

1049 *Stanghellini/Mokal/Paulus/Tirado*, Best Practices in European Restructuring – CODIRE, Final Report (2018), S. 18.

1050 Ebd., S. 46 f.; *Veder*, in: Paulus/Dammann, European Preventive Restructuring, Art. 11 Rn. 34; s. auch *H.-F. Müller*, ZIP 2020, 2253 (2256).

1051 *de Weijs/Jonkers/Malakotipour*, CSECL WP 2019-05, SSRN: 3350375, S. 21.

1052 S. *Ballerini*, 30 Int. Insol. Rev. 7 (2021), 18.

1053 Eingehend dazu auf den S. 272 ff.

2.3.5.1.1.4 Relative Priorität als Schutzmechanismus gegen Loan-to-Own-Strategien

Weiter stützt sich die Arbeitsgruppe CODIRE auf eine vermeintliche Eignung relativer Priorität zur Abwehr als unfair oder problematisch wahrgenommener Loan-to-Own-Strategien.[1054] Die Regel des relativen Vorrangs biete einen Schutzmechanismus gegen unangemessene Loan-to-Own-Strategien, durch welche Distressed-Debt-Investoren den Erwerb von Eigenkapitalpositionen am schuldnerischen Unternehmen anvisieren, deren Wert über den aktuellen wirtschaftlichen Wert ihrer Forderungen hinausgehe.[1055]

Die Hintergründe und zugrundeliegenden Wirkungsweisen einer solchen unangemessen Beanspruchung wirtschaftlicher Werte unter dem Konzept absoluter Priorität werden nicht näher dargelegt. Insbesondere nicht, inwieweit es sich um eine für das Loan-to-Own spezifische Wirkungsweise handelt, welche nicht gleichsam sämtliche Angehörigen verschiedener Rangklassen unter der Geltung absoluter Priorität betrifft. Die knappe Stellungnahme im Abschlussbericht wirft weitergehende Fragestellungen auf. So fehlt eine Einordnung der Thematik in das Schutzsystem der Vorgaben zum klassenübergreifenden Cram Down (Kriterium des Gläubigerinteresses, obere Wertgrenze des vollen Betrags, Mindestzustimmung). Ebenso mit Blick auf die Thematik der Forderungsbewertung im Planverfahren zur Gewährleistung der Wertäquivalenz zwischen eingebrachter Forderung und erworbener Beteiligung im Rahmen eines Debt-Equity-Swap.

1054 *Stanghellini/Mokal/Paulus/Tirado*, Best Practices in European Restructuring – CODIRE, Final Report (2018), S. 42 Rn. 8; der Begriff Loan-to-Own beschreibt ein Spektrum von Investitionsstrategien, im Rahmen derer Investoren (insbesondere Hedgefonds als Distressed-Debt-Investoren) Fremdkapital schuldnerischer Zielgesellschaften unter Nominalwert erwerben und/oder als Finanzierung ausreichen, um sodann unter Einbringung ihrer Fremdkapitalposition Eigenkapital an der Zielgesellschaft (Debt-Equity-Swap) oder Vermögensgegenstände dieser (Debt-Asset-Swap) zu erwerben; ausf. zur Thematik des Loan-to-Own unter deutschem sowie US-amerikanischem Recht *Wang*, Loan-to-Own (Diss., 2022), passim; zur Begriffsdefinition ebd., S. 18 f.

1055 *Stanghellini/Mokal/Paulus/Tirado*, Best Practices in European Restructuring – CODIRE, Final Report (2018), S. 47: "The rule also provides a measure of protection against improper 'loan-to-own' strategies by which acquirers of distressed debt seek to acquire a share of debtor's equity greater than the present economic value of their debt claims."; *Veder*, in: Paulus/Dammann, European Preventive Restructuring, Art. 11 Rn. 34.

Ferner bleibt bereits das adressierte Konzept des aktuellen wirtschaftlichen Werts („present economic value")[1056] der eingebrachten Forderung unklar. Ermöglicht der präventive Restrukturierungsrahmen den Erwerb von Eigenkapitalpositionen, welche den aktuellen Marktwert der Forderung in Gestalt deren Barwerts übersteigen, so sind Fragen der Forderungsbewertung im Verfahren betroffen. Ebenso sollte an die Wertdifferenz zwischen den am Sekundärmarkt für die notleidende Forderung gezahlten Kaufpreis[1057] sowie dem ihr im Planentwurf beigemessenen Barwert angeknüpft werden. Offen bleibt ferner, in welcher Hinsicht spezifisch eine Regel absoluten Vorrangs Planbetroffenen Möglichkeiten zur Beanspruchung von Werten über den Wert ihrer Positionen hinaus ermöglicht.

Von anderer Seite wird der Argumentation entgegengehalten, dass Unsicherheiten in der Prüfung der erforderlichen „Besserstellung" unter der Regel relativen Vorrangs Loan-to-Own-Investoren vielmehr strategische Verhandlungsvorteile gegenüber den sonstigen Beteiligten eröffnen würden.[1058]

2.3.5.1.2 Kriterium der „Besserstellung": Umsetzungskonzepte

Durch das unbestimmte und begrifflich weit gefasste Merkmal der „Besserstellung" wurde den Mitgliedstaaten in der Einführung einer Regel relativen Vorrangs ein weiter Umsetzungsspielraum eröffnet. Adressiert ist die erforderliche Schwelle, ab welcher von einer Besserstellung der ablehnenden Klasse gegenüber nachrangigen Klassen unter dem Plan auszugehen ist und ein klassenübergreifender Cram Down unter der Regel relativen Vorrangs in Betracht kommt (Art. 11 Abs. 1 UAbs. 1 lit. c) RestRL). Die RestRL formuliert keine näheren Vorgaben oder Interpretationshilfen zum Merkmal der Besserstellung. Als Prämisse gilt, dass es nach den Richtlinienvorgaben einer wirtschaftlichen, mithin wertmäßigen Besserstellung durch die Zuteilungen im Restrukturierungsplan bedarf. Eine Besserstellung der ablehnenden Klasse muss in Bezug auf jede dieser gegenüber nachrangige Kapitalklasse gegeben sein.[1059]

Den Weg einer relativen Vorrangregel hat der österreichische Gesetzgeber beschritten. Gemäß § 36 Abs. 1 Nr. 2 ReO genügt für einen klassenübergreifenden Cram Down einer Gläubigerklasse die Besserstellung gegenüber nachrangigen

1056 *Stanghellini/Mokal/Paulus/Tirado*, Best Practices in European Restructuring – CODIRE, Final Report (2018), S. 47.

1057 Ein solcher ist für die Forderungsbewertung im Insolvenzplanverfahren unbeachtlich, s. etwa Nachw. in Fußn. 823 (dort zur oberen Wertgrenze des § 245 Abs. 2 S. 1 Nr. 1 InsO).

1058 Näher *Brinkmann*, NZI-Beilage 2019, 27 (29).

1059 Art. 11 Abs. 1 UAbs. 1 lit. c) RestRL: „besser als alle nachrangigen Klassen".

Klassen. Leitende Erwägungen waren mitunter, dass die relative Vorrangregel bei der Planerstellung größere Flexibilität biete, ablehnende Gläubigerklassen so nicht unangemessen beeinträchtigt würden und die Ergebnisse der absoluten Vorrangregel mit ihren Ausnahmen unter der RestRL ohnehin angenähert seien.[1060] Strukturelle Unterschiede gegenüber der InsO und zum StaRUG bestehen jedoch insoweit, als die österreichische Insolvenzordnung keine Gläubigerklassen kennt und die Anteilsinhaber grundsätzlich nicht in den Restrukturierungsplan einbezogen sind.[1061] Restrukturierungen unter Nutzung der ReO sind bislang nicht bekannt geworden.

Wenngleich die Mitgliedstaaten die Richtlinienvorgaben bereits in nationales Recht überführt haben, eröffnet eine Auseinandersetzung mit möglichen Gestaltungen einer Regel relativen Vorrangs Perspektiven für künftige Untersuchungen restrukturierungs- und auch insolvenzrechtlicher Prioritätssysteme. Vorgestellt wird eine Auswahl denkbarer Umsetzungskonzepte.

2.3.5.1.2.1 Absolute Besserstellung

Zunächst könnte eine Regel relativen Vorrangs unter den Richtlinienvorgaben dahingehend gestaltet werden, dass die Planleistung für die ablehnende Klasse einen höheren absoluten Wert haben muss als Planleistungen für nachrangige Klassen.

1060 Erläuterungen zur Regierungsvorlage ReO, 950 Blg. XXVII, S. 20 f.

1061 Erläuterungen zur Regierungsvorlage ReO, 950 Blg. XXVII, S. 20 f. Werden die Rechte der Anteilsinhaber in den Plan einbezogen, unterliegen sie nach dem Vorbild des Art. 12 RestRL einem eng gefassten Verbot „grundloser" Verhinderung des Plans (§ 37 Abs. 1 S. 1 ReO). Erfordert die Umsetzung des Plans die Zustimmung der Gesellschafter (z.B. Debt-Equity-Swap), sind die Vorschriften des Gesellschaftsrechts maßgeblich (S. 2). Eine gerichtliche Ersetzung dieser Zustimmung kommt nur in Betracht, wenn der Restrukturierungsplan nicht in die rechtliche oder wirtschaftliche Stellung der Anteilsinhaber eingreift (S. 3). Restrukturierungen unter Einbeziehung des Eigenkapitals gegen den Willen der Gesellschafter sind unter der ReO damit wohl kaum umzusetzen, der praktische Mehrwert des Obstruktionsverbots gem. § 37 ReO wird nachvollziehbar als gering angesehen. Näher *Kluge/Wilke*, NZI 2022, 10 (12); *Wörle*, ZfRV 2022, 32 (38 f.).

Dem folgend wäre diese Voraussetzung erfüllt, wenn:[1062]

$V^S > V^J$

In diesem Fall gilt:

$V^S = V^J + \alpha$

$\alpha > 0$ €

Dabei gilt:

V^S = Wert der Planleistungen für die ablehnende, höherrangige (Senior-)Gläubigerklasse
V^J = Wert der Planleistungen für nachrangige (Junior-)Klasse(n)

Beispiel 1: Das ablehnende Votum einer Klasse ungesicherter, nicht nachrangiger Gläubiger könnte ersetzt werden, wenn dieser unter dem Plan Werte in Höhe von 100 (V^S) zugesprochen werden, sofern Planleistungen an nachrangige Klassen einen Maximalwert von 99,99 (V^J) haben ($\alpha = 0{,}01$).

Haben die Forderungen der nachrangigen Klasse in Beispiel 1 einen Nominalwert von 99,99, erfährt die Klasse unter dem Plan eine Befriedigungsquote von 100%. Zugleich könnte die Klasse nicht nachrangiger Gläubiger eine deutlich niedrigere Befriedigungsquote erfahren (etwa 50% bei einem Nominalwert ihrer Forderungen von 200). Bei dieser Ausgestaltung würde das Kriterium der Fairness in der Verteilung des Planmehrwerts, welches durch die Vorrangregel konkretisiert werden soll,[1063] losgelöst vom jeweiligen Sanierungsbeitrag, welcher der Klasse unter dem Plan abverlangt wird (Forderungsverzicht, Aufgabe von

1062 S. auch *Bornemann*, bei *Malakotipour*, University of Amsterdam Conference 24.2.2020, "Deviating from Absolute Priority", S. 6; zu diesem Verständnis der Richtlinienvorgaben *Seymour/Schwarcz*, 1 U. Ill. L. Rev. 1 (2021), 22 (s. auch Fußn. 154); dafür auch *Madaus*, Is the Relative Priority Rule right for your jurisdiction?, WP 2020-1, SSRN: 3827696, S. 5: für zulässig gehalten wird eine Wertverteilung Senior-Gläubiger/Junior-Gläubiger/Gesellschafter, bei der Senior-Gläubiger 40 erhielten und Junior-Gläubiger und Gesellschafter jeweils nicht über 39, beispielhaft etwa 40/21/20.

1063 Nachw. in Fußn. 955.

Altbeteiligungen).[1064] Denkbar sind Plankonzepte, unter denen Altgesellschaftern 100% der Gesellschaftsanteile an der restrukturierten Gesellschaft belassen werden, während vorrangigen ablehnenden Gläubigerklassen Befriedigungsquoten im mittleren oder unteren Bereich zuteilwerden. Durch ein solches Merkmal absoluter Besserstellung würde das Zustandekommen zufälliger, weitgehend der Diskretion des Schuldners anheimgestellter Verteilungsergebnisse begünstigt. Das nachfolgende – wenn auch überzeichnete – Beispiel 4 verdeutlicht dies. Das breite Spektrum möglicher Verteilungslösungen würde zugleich die Vorhersehbarkeit der Restrukturierung (etwa die Verteilung des restrukturierten Eigenkapitals), die risikoorientierte Bepreisung von Finanzierungen ex ante und die Preisbildung am Sekundärmarkt deutlich erschweren.[1065]

Aus Sicht des mitgliedstaatlichen Gesetzgebers wäre ferner zu erwägen, ob jegliche wirtschaftliche Besserstellung – etwa in Höhe von 0,01 wie im vorstehenden Beispiel – bereits dem Kriterium der Fairness in der Verteilung des Planmehrwerts genügen und einen klassenübergreifenden Cram Down ermöglichen soll. Gesetzlich könnte ein erhöhtes Mindestmaß einer Besserstellung in Form einer bestimmten Quote gefordert werden.[1066] Ferner wäre festzulegen, ob dieses Mindestmaß der Besserstellung in Orientierung an den Rangklassen zu bestimmen wäre.[1067] Werden geringe Anforderungen an das Ausmaß der erforderlichen Besserstellung gestellt, wird dem Planersteller ein entsprechend größerer Gestaltungsspielraum hinsichtlich nicht-konsensualer Pläne eingeräumt.

Beispiel 2: Die Kapitalstruktur eines Schuldners auf Fremdkapitalseite wird gebildet durch Forderungen gesicherter Gläubiger in Höhe von 100 sowie Forderungen ungesicherter Gläubiger in Höhe von 500. Für den Fall einer Liquidation in der Insolvenz (einzig realistisches Alternativszenario) wird die Befriedigungsquote für die (nicht vollständig) gesicherten Gläubiger mit 80% beziffert, für ungesicherte Gläubiger mit 50%. Dem von der Klasse gesicherter Gläubiger im präventiven Restrukturierungsverfahren vorgelegten Plankonzept wird ein verteilungsfähiger Unternehmensgesamtwert von 375 zugrunde gelegt. Unter dem Plan erfährt die

1064 *Bornemann*, bei *Malakotipour*, University of Amsterdam Conference 24.2.2020, "Deviating from Absolute Priority", S. 6.

1065 Näher zu diesen Aspekten in Teil II auf den S. 338 ff.

1066 Beispiel: Es genügt unter der Regel relativen Vorrangs eine absolute (nicht am Nominalwert der Forderungen orientierte) Besserstellung, wobei der vorrangigen, ablehnenden Gruppe Werte zugewiesen werden müssen, welche (absolut) mindestens 20% höher sind als diejenige für nachrangige Klassen.

1067 *Bornemann*, bei *Malakotipour*, University of Amsterdam Conference 24.2.2020, "Deviating from Absolute Priority", S. 6.

Klasse gesicherter Gläubiger eine gegenüber der Liquidation erhöhte Befriedigungsquote von 90% (= 90). Die Forderungen ablehnender, ungesicherter Gläubiger sollen unter dem Plan mit einer Quote fortbestehen, welche einen Barwert von 51% des ursprünglichen Nominalwerts der Forderungen ($V^S = 255$) repräsentiert, während den Altgesellschaftern 100% der Gesellschaftsanteile belassen werden, mithin ein Wert von 30 ($V^J = 375 - 90 - 255$).[1068]

Die ablehnende Klasse ungesicherter Gläubiger wird unter dem Plan gegenüber der nachrangigen Klasse der Gesellschafter absolut bessergestellt. Die Regel relativen Vorrangs wäre in diesem Fall gewahrt, da:

$$V^S > V^J$$

$$V^S = V^J + \alpha$$

$$255 = 30 + 225$$

Und damit

$$\alpha = 225 => 0$$

Die Regel relativen Vorrangs ermöglicht es in diesem Fall, gegenüber einer ablehnenden Klasse ungesicherter Gläubiger weitreichende Forderungsverzichte durchzusetzen (49%), während den Altgesellschaftern – unter Umständen ohne Sanierungsbeitrag durch Aufbringung neuen Eigenkapitals – 100% der Gesellschaftsanteile an der restrukturierten Gesellschaft belassen werden. Zudem ist die Gesellschaft weitreichend entschuldet und fortan nur mit Fremdkapital im Volumen von 345 belastet, anstelle der bisherigen 600. Durch eine derart oder vergleichbar günstige Behandlung der Eigenkapitalgeber in der Restrukturierung würden diese zu einem Investitionsverhalten unter Inkaufnahme erhöhter Risiken und der Nutzung erhöhter Verschuldungsgrade incentiviert.[1069] Als Gesellschafter können sie auf das vom Schuldner entwickelte Plankonzept Einfluss nehmen. Findet dieses die Unterstützung einer – ggf. nicht am Erhalt von Eigenkapital (Debt-Equity-Swap) interessierten, insoweit indifferenten – Gläubigergruppe, kann der Plan gegen eine nicht vollständig befriedigte Gläubigergruppe unter Auferlegung weitereichender Sanierungsbeiträge durchgesetzt werden.

1068 S. auch das Beispiel bei *Seymour/Schwarcz*, 1 U. Ill. L. Rev. 1 (2021), 22–23.

1069 Ebd., 23–24.

Beispiel 3: Die Fremdkapitalstruktur eines schuldnerischen Unternehmens wird gebildet durch ungesicherte Forderungen in Höhe von 50 sowie eine Klasse nachrangiger Gläubiger mit Forderungen in Höhe von 5.000. Wollte man den nachrangigen Gläubigern unter dem Plan Werte äquivalent zu 1% des Nominalwerts ihrer Forderungen (50) oder mehr zuweisen, wäre die vorrangige Klasse ungesicherter Gläubiger in jedem Fall mit einer Quote von 100% zu befriedigen. Andernfalls wäre die vorrangige Gläubigerklasse unter dem Plan nicht bessergestellt und der Plan nicht gegen ihr ablehnendes Votum durchsetzbar. Es wird deutlich, dass das Erfordernis einer absoluten Besserstellung mit signifikanten Abweichungen aufseiten der relativen Befriedigungsquote einhergehen kann.

Wären die Nominalwerte der Forderungen beider Klassen in vorstehendem Beispiel umgekehrt verteilt, so würde das Fehlen eines kohärenten Konzepts hinter einem Erfordernis absoluter Besserstellung umso deutlicher (Beispiel 4).

Beispiel 4: So könnte ein Unternehmenswert in Höhe von 99 derart verteilt werden, dass eine vorrangige Klasse mit Forderungen in Höhe von 5.000 Werte von 50 (Befriedigungsquote 1%) erhält und die nachrangige Klasse mit Forderungen in Höhe von 50 Werte von 49 (Befriedigungsquote 98%). Eine zwangsweise Durchsetzung des Plans gegenüber der vorrangigen Gläubigerklasse würde nicht am relativen Vorrang scheitern.[1070] Eine Verteilung erforderlicher Sanierungsbeiträge über verschiedene Kapitalklassen hinweg zur Begründung kollektiver Sanierungsanreize wäre unter einem Kriterium absoluter Besserstellung nur begrenzt umsetzbar.

2.3.5.1.2.2 Besserstellung durch erhöhte Befriedigungsquote

Als weitere Gestaltungsmöglichkeit könnte das Kriterium der Besserstellung fordern, dass der ablehnenden Klasse unter dem Plan eine gegenüber nachrangigen Klassen erhöhte Befriedigungsquote zuteilwird.[1071] Nachrangigen Klassen müssten unter dem Plan mithin weitergehende anteilige Sanierungsbeiträge auferlegt werden, als der ablehnenden Klasse. Ob diese Gestaltung für vor- oder nachrangige Klassen gegenüber einem Kriterium absoluter Besserstellung

---

1070 Mit dem Kriterium des Gläubigerinteresses wäre diese Verteilung vereinbar, wenn die Klasse ungesicherter Gläubiger im Alternativszenario Werte von 50 oder weniger zu erwarten hätte, sodass diese unter dem Plan nicht schlechter gestellt würde; näher zum Kriterium des Gläubigerinteresses zuvor auf den S. 209 ff.

1071 Dazu sowie auch zum Nachf. *Bornemann*, bei *Malakotipour*, University of Amsterdam Conference 24.2.2020, "Deviating from Absolute Priority", S. 6.

vorteilhaft wäre, hinge wiederum vom Forderungsvolumen der jeweiligen Klassen ab.[1072]

Betrachtet man zwei Klassen von Gläubigern, so wären die Anforderungen an eine Besserstellung gewahrt, wenn:

$$Q^S = Q^J + \alpha$$

Dabei gilt:

Q^S = Befriedigungsquote für die ablehnende, höherrangige (Senior-)Gläubigerklasse
Q^J = Befriedigungsquote(n) für nachrangige (Junior-)Klasse(n)
$\alpha > 0\%$

Da die Regel des relativen Vorrangs gemäß Art. 11 Abs. 1 UAbs. 1 lit. c) RestRL allein das Verhältnis der ablehnenden Klasse gegenüber nachrangigen Klassen und nicht die Verhältnisse nachrangiger Klassen untereinander betrifft, wird insoweit kein Stufenverhältnis hinsichtlich der Befriedigungsquoten niederrangiger (zustimmender) Klassen gefordert. Die Variable Q^J beschreibt deshalb die maximale Befriedigungsquote, welche eine gegenüber der ablehnenden Klasse nachrangige Klasse unter dem Plan erfährt.

Beispiel 1: Eine ablehnende Klasse ungesicherter und nicht nachrangiger Gläubiger hält Forderungen gegen den Schuldner in Höhe von insgesamt 1.000. Der Klasse werden Planleistungen zugesprochen, deren Wert eine Befriedigungsquote von 70% (Q^S) der ursprünglichen Forderungen repräsentiert (700). Eine Klasse nachrangiger Gläubiger hält Forderungen gegen den Schuldner in Höhe von insgesamt 600. Ein Plan ist gegen das Votum der ablehnenden Klasse ungesicherter Gläubiger mittels klassenübergreifendem Cram Down durchsetzbar, wenn die Klasse nachrangiger Gläubiger unter dem Plan Werte von weniger als $600 \times 70\% = 420$ ($Q^J < 70\%$) erhält.

In die Vergleichsbetrachtung sind stets auch etwaige Planleistungen an Altgesellschafter einzubeziehen. Dabei verbleiben unter den Richtlinienvorgaben signifikante Unklarheiten hinsichtlich der Quantifizierung der Sanierungsbeiträge von Altgesellschaftern. So kann hinsichtlich möglicher Eingriffe in die Beteiligungen durch den Plan nicht ohne Weiteres an den Nominalwert der Beteiligungen angeknüpft werden. Damit kommt die Bestimmung einer Befriedigungsquote wie im

1072 S. dazu die vorstehenden Beispiele.

Fall von Forderungen nicht in Betracht.[1073] Verbürgt etwa eine Alleinbeteiligung mit einer nominalen Stammkapitalziffer von 200 das volle Gesellschaftskapital (100%), belässt auch eine gedachte quotenmäßige Kürzung der Kapitalziffer um 50% durch eine Kapitalherabsetzung dem Altgesellschafter weiterhin eine Alleinbeteiligung am Eigenkapital der restrukturierten Gesellschaft.

In Betracht käme eine tatbestandliche Anknüpfung an eine Verwässerungsquote hinsichtlich der Beteiligung, welche der Befriedigungsquote der vorrangigen ablehnenden Gläubigerklasse gegenübergestellt wird.[1074] Demnach wäre die Voraussetzung der Besserstellung gewahrt, wenn:

$$Q^S = Q^J + \alpha$$

sowie zugleich

$$Q^S > (1 - Q^{AG})$$

dabei gilt ergänzend:

$$Q^{AG} = (N - K)/N + \alpha$$

$$\alpha > 0\%$$

Q^{AG} = Verwässerungsquote für die Altgesellschafter

wobei gilt
N = Nominalwert der Forderungen der höherrangigen, ablehnenden Klasse
K = Betrag der Kürzung der Forderungen der höherrangigen, ablehnenden Klasse unter dem Plan

1073 *Brinkmann*, NZI-Beilage 2019, 27 (29); *de Weijs/Jonkers/Malakotipour*, CSECL WP 2019-05, SSRN: 3350375, S. 18; dazu auch nachf. im Kontext der Regel absoluten Vorrangs auf den S. 240 ff.

1074 Dazu sowie auch zum Nachf. *Bornemann*, bei *Malakotipour*, University of Amsterdam Conference 24.2.2020, "Deviating from Absolute Priority", S. 6.

Beispiel 2: In Ergänzung zu Beispiel 1 hält ein Altgesellschafter 100% der Gesellschaftsanteile an der schuldnerischen Gesellschaft. Eine Besserstellung der Klasse ungesicherter, nicht nachrangiger Gläubiger gegenüber nachrangigen Klassen wäre gegeben, wenn die Klasse nachrangiger Gläubiger eine Befriedigungsquote von unter 70% erhält ($Q^J < 70\%$) und dem Altgesellschafter weniger als 70% der Gesellschaftsanteile an der restrukturierten Gesellschaft belassen werden ($Q^{AG} > 30\%$).

Lehnt ergänzend auch die Klasse nachrangiger Gläubiger den Plan ab, muss die Verwässerungsquote des Altgesellschafters zudem eine Besserstellung der Klasse nachrangiger Gläubiger gegenüber dem Gesellschafter gewährleisten.

2.3.5.1.2.3 Relativer Erhalt der Rangklasse in der neuen Kapitalstruktur

Weiter zeigt *Bornemann* eine Umsetzungsvariante auf, im Rahmen derer Kapitalgebern in der Kapitalstruktur der restrukturierten Gesellschaft derselbe relative Rang zu gewährleisten wäre, welchen diese vor der Restrukturierung einnahmen.[1075] Eine Besserstellung in Orientierung an den bestehenden Rangverhältnissen würde durch einen Erhalt dieser im Rahmen der Restrukturierung gewährleistet. Auf diesem Weg würde die vertraglich und gesetzlich bestimmte Rangfolge der Kapitalpositionen auch in der Restrukturierung verwirklicht, jedoch nicht vollumfänglich, wie unter dem Konzept absoluter Priorität.

Würde das Merkmal der Besserstellung allein den Erhalt der relativen Rangstellung fordern, könnte die Wertzuweisung für die ablehnende Klasse in absoluter Höhe auf den Liquidationswert der jeweiligen Position beschränkt werden, welcher unter dem Kriterium des Gläubigerinteresses gesichert ist. Die Fairness in der Verteilung des Planmehrwerts (Anliegen der Vorrangregel)[1076] würde mit der rangmäßigen Besser-/Schlechterstellung der Kapitalpositionen begründet.

2.3.5.1.3 Reflektion

Der europäische Gesetzgeber hat der Regel des relativen Vorrangs keine klare dogmatische oder rechtsökonomische Fundierung gegeben. Es verbleiben grundlegende konzeptionelle Fragen.

1075 *Bornemann*, bei *Malakotipour*, University of Amsterdam Conference 24.2.2020, "Deviating from Absolute Priority", S. 6; s. bereits *Bonbright/Bergerman*, 28 Colum. L. Rev. 127 (1928), 131.

1076 Näher zuvor auf den S. 214 ff.

2.3.5.1.3.1 Gesetzgebungsprozess

In den Erwägungsgründen zur RestRL wird die Entscheidung für die neuartige Regel des relativen Vorrangs nicht näher begründet.[1077] Argumente für deren Einführung beschränken sich auf geäußerte Kritik hinsichtlich der Regel absoluten Vorrangs.[1078] Allein das Aufzeigen nachteiliger Auswirkungen einer Regelung kann jedoch nicht das Fundament der Einführung einer abweichenden, zumal neuartigen Gestaltung bilden und deren innere, konzeptionelle Rechtfertigung begründen. So kann die Regel relativen Vorrangs nachteiligen Folgen der Regel absoluten Vorrangs abhelfen, zeitigt darüber hinaus jedoch weitergehende Wirkungen. Es fehlt der Richtlinie an einer klaren konzeptionellen Begründung der Regel relativen Vorrangs als Teil des präventiven Restrukturierungsrahmens.

Eine Abwägung erwarteter Vor- und Nachteile beider Prioritätsregeln vor dem übergeordneten Ziel frühzeitiger, effektiver Restrukturierungen fehlt bedauerlicherweise. Ohne nähere Begründung werden die Regeln relativen und absoluten Vorrangs in den Erwägungsgründen als unterschiedliche, aber gleichsam hinreichende Konzepte zum Schutz der Klassen ablehnender Gläubiger vor unangemessenen Beeinträchtigungen beschrieben. Wird etwa die Bedeutung des Schutzes des wirtschaftlichen Werts bestehender Sicherungsrechte unter Geltung der Regel absoluten Vorrangs hervorgehoben, wird unter der Vorgabe zum relativen Vorrang ohne Begründung weitgehend auf diesen verzichtet.[1079] Das Fehlen einer klaren konzeptionellen Grundlage der neuen Regel relativen Vorrangs erschwert deren systematische Einordnung sowie die Abschätzung möglicher Implikationen für Planbetroffene und den Markt.[1080] Das Fehlen einer eingehenden Auseinandersetzung mit einer so kritischen Materie wie der restrukturierungsrechtlichen Priorität wird zuweilen durch Zeitdruck in den letzten Zügen

---

1077 *Veder*, in: Paulus/Dammann, European Preventive Restructuring, Art. 11 Rn. 32; *de Weijs/Jonkers/Malakotipour*, CSECL WP 2019-05, SSRN: 3350375, S. 1: "Absolute Priority Rule […] was removed for no clear reason".

1078 *Ballerini*, 30 Int. Insol. Rev. 7 (2021), 13.

1079 S. Erwg. (55) RestRL.

1080 Bezeichnend *Seymour/Schwarcz*, 1 U. Ill. L. Rev. 1 (2021), 28: "One problem with analyzing relative priority under the Directive, as this Article has observed, is that it is far from clear what the relative priority provisions of the Directive actually mean – or, indeed, what exactly motivates them. There is no systematic study explaining how the Directive will, or even should, work in practice. Nor has scholarly commentary on relative priority included in-depth analysis of the Directive's actual provisions."; ebd., S. 33: "It seems that the Directive's 'innovative' relative priority default rule has not benefited from sufficient thought or study.".

des Gesetzgebungsverfahrens erklärt. Ferner seien die Vorgaben zur Regel des relativen Vorrangs nicht als Umsetzungsvorschlag zu verstehen, sondern sollten den Mitgliedstaaten den Freiraum geben, flexiblere Regelungen eines klassenübergreifenden Cram Down zu gestalten.[1081]

Während die rechtlichen und ökonomischen Auswirkungen des Konzepts absoluter Priorität in der internationalen Wissenschaft und Praxis bereits eingehend untersucht wurden, fehlt es an Untersuchungen zur praktischen Funktionsweise von Cram-Down-Regelungen unter relativer Priorität.[1082] Dabei handelt es sich um einen Umstand, welcher legislativen Neuerungen und Fortentwicklungen immanent ist. Zugleich ist die Vorgabe mit dem zentralen Kriterium der „Besserstellung" jedoch stark unbestimmt und zeitigt weitere Herausforderungen in der Auslegung und praktischen Rechtsanwendung durch Beteiligte und Gerichte.[1083]

Mit der Willensbildung der Verfahrensbeteiligten und der Verteilung des Unternehmenswerts, wenn auch mittelbar geregelt in der Cram-Down-Regelung, berühren die Richtlinienvorgaben eine sensible und für Restrukturierungen zentrale Regelungsmaterie. Erlaubt das System relativer Priorität die Neuverteilung von Werten, etwa indem eine rangmäßige Privilegierung nicht-nachrangiger Gläubiger aufgehoben wird, so bedürfen diese Verteilungswirkungen einer inneren Rechtfertigung. Im Lichte dessen wäre eine eingehende juristische und auch rechtsökonomische Untersuchung des normierten, neuartigen Systems relativer

---

1081 S. *Alexander Bornemann* (seinerzeit Referatsleiter Insolvenzrecht im BMJV), Zusammenfassung durch *Malakotipour*, University of Amsterdam Conference 24.2.2020, "Deviating from Absolute Priority", S. 5 f.: "Bornemann remarked that the EU RPR was a last-minute stopgap solution in the legislative process, intended to accommodate the concerns of delegations that had opposed the APR and/or the concept of cross-class cram-down. The proposal came in late September by the Austrian presidency and was included within a few days into the document that formed the subject of the political agreement in the Council in early October. Consequently, there had not been time for a meaningful debate on the nature of the rule and its operation in practice. It was, in particular, not meant to be a ready-to-apply-rule, but rather a means to provide Member States with more flexibility, when designing their cross-class cram-down regimes.".

1082 *Richter/Thery*, INSOL Europe Guidance Note No. 1 on the Implementation of Preventive Restructuring Frameworks under EU Directive 2019/1023 (April 2020), S. 36 Abs. 134; *Balthasar*, ZHR 183 (2019), 662 (684); *de Weijs/Jonkers/Malakotipour*, CSECL WP 2019-05, SSRN: 3350375, S. 1.

1083 Näher zu diesem Aspekt auf den S. 225 ff.

Priorität unter der Richtlinie sowie eine nähere Begründung der Vorgaben wünschenswert und geboten gewesen.[1084]

2.3.5.1.3.2 Konzeptionelle Fragen

Zuweilen wird die Einführung der Regel relativen Vorrangs durch den europäischen Gesetzgeber gar auf grundlegende Missverständnisse zurückgeführt. Zentral auf ein Missverständnis in der US-amerikanischen Literatur diskutierter Konzepte relativer Priorität, gegenüber welchen die nun eingeführte Regel des relativen Vorrangs jedoch konzeptionell grundverschieden ist.[1085] So lässt das zuweilen diskutierte, von *Baird* entworfene Konzept einer Relative Priority Rule nicht jegliche Besserstellung einer vorrangigen Klasse genügen. Vielmehr wird der absolute Befriedigungsvorrang vorrangiger Kapitalgeber gewahrt, während niederrangigen Kapitalgebern lediglich das Wertaufholungspotenzial ihrer Positionen für einen bestimmten Zeitraum durch Einräumung von Call-Optionen gesichert werden soll.[1086] Ferner sei die vonseiten vieler Mitgliedstaaten geäußerte Kritik missverstanden worden, welche nicht allein auf das Konzept absoluter Priorität bezogen war, sondern vielmehr auf die weitreichenden Wirkungen des klassenübergreifenden Cram Down im vorinsolvenzlichen Bereich.[1087]

2.3.5.2 Regel des absoluten Vorrangs

Abweichend von der in Art. 11 Abs. 1 UAbs. 1 lit. c) RestRL vorgesehenen Regel des relativen Vorrangs wurde es den Mitgliedstaaten eröffnet, als Schutzstandard unter der Cram-Down-Regelung die Regel des absoluten Vorrangs vorzusehen (Art. 11 Abs. 2 UAbs. 1 RestRL).[1088] Dem folgend käme ein klassenübergreifender Cram Down einer ablehnenden Klasse nicht in Betracht, wenn eine dieser gegenüber nachrangige Klasse unter dem Plan eine Zahlung oder eine Beteiligung erhält, sofern nicht die ablehnende Klasse „in vollem Umfang und in gleicher oder gleichwertiger Weise befriedigt“ wird. Abweichend gegenüber der Regel relativen

---

1084 Dazu auch *Richter/Thery*, INSOL Europe Guidance Note No. 1 on the Implementation of Preventive Restructuring Frameworks under EU Directive 2019/1023 (April 2020), S. 35 Abs. 132.

1085 Dazu *Thole*, in: Brünkmans/Thole, HdB Insolvenzplan, § 30 Rn. 41; *de Weijs/Jonkers/Malakotipour*, CSECL WP 2019-05, SSRN: 3350375, S. 1, 11 ff.; *Seymour/Schwarcz*, 1 U. Ill. L. Rev. 1 (2021), 28; *Ballerini*, 30 Int. Insol. Rev. 7 (2021), 16.

1086 Eingehend zu Konzepten relativer Priorität dieser Art aus der US-amerikanischen Forschung auf den S. 114 ff.

1087 *de Weijs/Jonkers/Malakotipour*, CSECL WP 2019-05, SSRN: 3350375, S. 10 f.

1088 Zum Begriff auch Erwg. (55) RestRL.

Vorrangs lässt die Regel absoluten Vorrangs damit nicht jede Besserstellung der ablehnenden Klasse gegenüber nachrangigen Klassen ausreichen, sondern normiert einen absoluten, vollständigen Befriedigungsvorrang höherrangiger, ablehnender Kapitalklassen. Hinsichtlich der Umsetzung des Kriteriums der vollumfänglichen Befriedigung ist den Mitgliedstaaten wiederum ein Umsetzungsspielraum eröffnet, unter anderem hinsichtlich des gebotenen Zeitpunkts der Zahlung, sowie der Befriedigung in gleicher oder gleichwertiger Weise. Dabei ist stets der Wert der Forderung oder einer bestellten Sicherheit zu gewährleisten.[1089]

Das Bestreben des europäischen Gesetzgebers, der Rigidität und Striktheit der Absolute Priority Rule nach US-amerikanischem Vorbild abzuhelfen und den Beteiligten weitergehenden Spielraum in der Plangestaltung zu gewähren, kommt in der Regelung des Art. 11 Abs. 2 UAbs. 2 RestRL zum Ausdruck. Mit der Vorgabe wird den Mitgliedstaaten ein weiter Umsetzungsspielraum eingeräumt zur Normierung von Abweichungen von der Regel absoluten Vorrangs, die zur Erreichung der Ziele des Restrukturierungsplans erforderlich sind.[1090] In Erwg. (56) RestRL werden als mögliche Anwendungsfälle Klassen von Altgesellschaftern sowie Lieferanten wesentlicher Versorgungsgüter hervorgehoben. Die Bestimmung wird in der Richtlinie nicht weiter konkretisiert, weshalb sie in diesem Abschnitt nur punktuell behandelt wird.[1091]

Im Nachfolgenden werden weitere Argumente zur dogmatischen Begründung sowie zu praktischen Vorteilen der Regel absoluten Vorrangs als Teil präventiver Restrukturierungsrahmen erörtert.

2.3.5.2.1 Wahrung der zivilrechtlichen Haftungsverfassung

Befürworter des Konzepts absoluter Priorität betrachten deren Geltung regelmäßig als elementar für Anliegen des materiellen Schutzes der Gläubiger, der Anerkennung privatautonomer Vereinbarungen, sowie zur Wahrung fundamentaler Prinzipien der und zivilrechtlichen – vertraglichen, gesellschafts- und insolvenzrechtlichen – Haftungsverfassung. So sei das Konzept absoluter Priorität als Maxime des Gläubigerschutzes unerlässlich und stütze die Grundfesten der zivilrechtlichen Haftungsverfassung, unter der das Eigenkapital zuvorderst

---

1089 Erwg. (55) RestRL; *Veder*, in: Paulus/Dammann, European Preventive Restructuring, Art. 11 Rn. 42.

1090 *Veder*, in: Paulus/Dammann, European Preventive Restructuring, Art. 11 Rn. 43.

1091 S. jedoch die Untersuchungen der Durchbrechungen absoluter Priorität unter dem StaRUG auf den S. 278 ff.

hafte.[1092] Anstelle einer primären Haftung des Eigenkapitals würden unter der Regel relativen Vorrangs vielmehr Plankonzepte ermöglicht, unter denen zulasten der Gläubiger weitreichende Forderungsverzichte durchgesetzt werden, während die Altgesellschafter sämtliche Anteile an der restrukturierten Gesellschaft behalten, ohne jegliche Sanierungsbeiträge zu erbringen.[1093] In der Insolvenz sowie auch im Vorfeld dessen seien zwangsweise Eingriffe in die Rechte von Gläubigern nicht zu rechtfertigen, sofern Gesellschafter an ihren Beteiligungen festhalten dürften.[1094] Das Restrukturierungsrecht schöpfe seine Rechtfertigung aus denselben Erwägungen wie das Insolvenzrecht und sei diesem wesensmäßig zuzuordnen.[1095] Die Regel relativen Vorrangs begünstige in der Krise den Transfer von Werten von den Gläubigern hin zu den Gesellschaftern.[1096] Zuweilen wird vor diesem Hintergrund vor potenziellen gesamtwirtschaftlichen Schäden gewarnt.[1097]

Im Hinblick auf das deutsche Recht stünde die Regel relativen Vorrangs schließlich in Wertungswiderspruch zum insolvenzplanrechtlichen Obstruktionsverbot des § 245 InsO, da der Eingriff in Gläubigerreichte im vorinsolvenzlichen Bereich erleichtert würde gegenüber dem eröffneten Insolvenzverfahren.[1098] Für eine extensive Gestaltung und Handhabung des klassenübergreifenden Cram Down in der Durchsetzung nicht-konsensualer Pläne bestehe kein Bedürfnis.[1099]

1092 *de Weijs/Jonkers/Malakotipour*, CSECL WP 2019-05, SSRN: 3350375, S. 5; s. zudem Nachw. in Fußn. 1025.

1093 *Seymour/Schwarcz*, 1 U. Ill. L. Rev. 1 (2021), 23–24; *Veder*, in: Paulus/Dammann, European Preventive Restructuring, Art. 11 Rn. 33: "restructuring plan in case of a preventive restructuring framework [...] not a matter of insolvency law, but rather a combination of contract and insolvency law"; krit. *Brinkmann*, NZI-Beilage 2019, 27 (29): die Regel des relativen Vorrangs verletze „Grundprinzipien der gesellschaftsrechtlichen Haftungsverfassung"; dazu auch zuvor auf den S. 225 ff.

1094 *de Weijs/Jonkers/Malakotipour*, CSECL WP 2019-05, SSRN: 3350375, S. 14.

1095 Ebd.; zum „vertragsrechtlichen Ansatz" hingegen *Madaus*, s. zuvor Fußn. 1030.

1096 *de Weijs/Jonkers/Malakotipour*, CSECL WP 2019-05, SSRN: 3350375, S. 2; s. auch *Garrido/DeLong/Rasekh/Rosha*, Restructuring and Insolvency in Europe: Policy Options in the Implementation of the EU Directive (IMF WP/21/152), S. 22.

1097 *de Weijs/Jonkers/Malakotipour*, CSECL WP 2019-05, SSRN: 3350375, S. 2: "[...] outcome will be that they will allow for a distortion of the insolvency process which transfers wealth from creditors to shareholders, which is likely to be damaging to the economy, to put jobs at risk and to further undercut the position of SME's.".

1098 *Thole*, in: Brünkmans/Thole, HdB Insolvenzplan, § 30 Rn. 43; *ders.*, KTS 2019, 289 (298); *Hofmann*, NZI-Beilage 2019, 22 (26).

1099 *Thole*, in: Brünkmans/Thole, HdB Insolvenzplan, § 30 Rn. 43.

2.3.5.2.2 Symmetrie von Liquidation und Restrukturierung

Das restrukturierungsrechtliche Konzept absoluter Priorität gewährleiste einen Gleichlauf zwischen den Verwertungsvarianten der Liquidation sowie der Restrukturierung. Wie die Liquidation stelle auch die Restrukturierung bei gebotener wirtschaftlicher Betrachtung einen Verkauf des schuldnerischen Unternehmens dar.[1100] Die Varianten würden sich lediglich in dem Modus der Wertrealisierung und -verteilung unterscheiden.[1101] Im Rahmen eines tatsächlichen Verkaufs würden außenstehende Investoren das Unternehmen erwerben; der Liquidationswert des Unternehmens werde sodann unter den Gläubigern nach der Prioritätsfolge durch Auszahlungen verteilt. Im Rahmen einer finanziellen Restrukturierung komme eine Befriedigung durch Auszahlungen regelmäßig nicht in Betracht, weshalb der Reorganisationswert anhand derselben Prioritätsfolge durch Ausgabe neuer Kapitalpositionen an die Gläubiger unter dem Plan verteilt werde.[1102] Diese Eigen- und Fremdkapitalpositionen verbürgen den Barwert künftiger Umsätze des restrukturierten Unternehmens und mithin den Unternehmenswert.[1103] Im Wege eines fiktiven Verkaufs würden damit die bestehenden Gläubiger die neuen Berechtigten am Unternehmenskapital anstelle eines außenstehenden Dritten als Erwerber.[1104]

Während ein Teil des Fortführungswerts des schuldnerischen Unternehmens im Falle der Liquidation aufgrund von Preisabschlägen beim Verkauf mit der Abwicklung des schuldnerischen Rechtsträgers verloren gehe, verbleibe dieser

1100 *Richter/Thery*, INSOL Europe Guidance Note No. 1 on the Implementation of Preventive Restructuring Frameworks under EU Directive 2019/1023 (April 2020), S. 33 Abs. 122; *Veder*, in: Paulus/Dammann, European Preventive Restructuring, Art. 11 Rn. 34.

1101 *Richter/Thery*, INSOL Europe Guidance Note No. 1 on the Implementation of Preventive Restructuring Frameworks under EU Directive 2019/1023 (April 2020), S. 34 Abs. 126; zu dieser aus dem US-amerikanischen Recht sowie dem deutschen Insolvenzplanrecht bekannten Betrachtungsweise zuvor auf den S. 152 ff.

1102 Ebd., S. 33 Abs. 122, S. 34 Abs. 123, 125, 126; *Veder*, in: Paulus/Dammann, European Preventive Restructuring, Art. 11 Rn. 41.

1103 *Richter/Thery*, INSOL Europe Guidance Note No. 1 on the Implementation of Preventive Restructuring Frameworks under EU Directive 2019/1023 (April 2020), S. 34 Abs. 125.

1104 Ebd., S. 34 Abs. 125: “notional acquisition”; *Veder*, in: Paulus/Dammann, European Preventive Restructuring, Art. 11 Rn. 39.

im Falle einer Restrukturierung den Gläubigern.[1105] Ungeachtet unterschiedlicher verfahrensrechtlicher Einkleidung handele es sich damit um alternative Verwertungsvarianten mit wirtschaftlich einheitlichen Ergebnissen.[1106] Wesen und Regelungsgegenstand absoluter Priorität sei mithin die Anwendung der Liquidationsprioritäten auf die Verteilung des Reorganisationswerts im Planverfahren.[1107]

2.3.5.2.3 Rechtsklarheit und -sicherheit

Nach dem Vorbild des US-amerikanischen Chapter-11-Verfahrens folgen Planverfahren internationaler Restrukturierungs- und Insolvenzsysteme konventionell dem Konzept absoluter Priorität. Eine Fortführung dessen in der Gestaltung präventiver Restrukturierungsrahmen in der Europäischen Union würde es Marktteilnehmern und Gerichten ermöglichen, im Verständnis und der Anwendung des neuen Rechts auf die in Wissenschaft und Praxis gesammelten Erkenntnisse zurückzugreifen. Mit der Kodifizierung der Regel relativen Vorrangs als Grundregel in Art. 11 Abs. 1 UAbs. 1 lit. c) RestRL ließ der europäische Gesetzgeber hingegen den Willen erkennen, etablierte Regelungskonzepte zu überwinden, um für Unternehmen ein sanierungsfreundlicheres Umfeld zu schaffen.

Vor diesem Hintergrund wird zuweilen kritisiert, dass die tatbestandlich unbestimmten Vorgaben zur Regel relativen Vorrangs mit gesteigerter Rechtsunsicherheit verbunden seien. Dies betreffe besonders die Bestimmung einer Planleistung, welche für die Mitglieder einer ablehnenden höherrangigen Klasse eine „Besserstellung" gegenüber niederrangigen Klassen bedeute.[1108] Werden Gläubiger unter einem nicht-konsensualen Plan nicht vollständig befriedigt und Altgesellschaftern Beteiligungen belassen, werden die Beteiligten bei der Prüfung einer Besserstellung vor die Herausforderung einer Bewertung der – teilweise oder vollständig – den Altgesellschaftern belassenen Gesellschaftsanteile gestellt.[1109] Dabei

---

1105 *Richter/Thery*, INSOL Europe Guidance Note No. 1 on the Implementation of Preventive Restructuring Frameworks under EU Directive 2019/1023 (April 2020), S. 33 Abs. 122; *Veder*, in: Paulus/Dammann, European Preventive Restructuring, Art. 11 Rn. 40.

1106 *Richter/Thery*, INSOL Europe Guidance Note No. 1 on the Implementation of Preventive Restructuring Frameworks under EU Directive 2019/1023 (April 2020), S. 33 Abs. 122.

1107 Ebd., S. 34 Abs. 126.

1108 Zur Kritik *Richter/Thery*, INSOL Europe Guidance Note No. 1 on the Implementation of Preventive Restructuring Frameworks under EU Directive 2019/1023 (April 2020), S. 35 Abs. 132; *Balthasar*, ZHR 183 (2019), 662 (684).

1109 *Balthasar*, ZHR 183 (2019), 662 (684).

könne für Beteiligungen, anders als für Gläubigerforderungen, bereits kein Nennwert als Grundlage der Vergleichsbetrachtung angegeben werden.[1110] Vielmehr seien die Gesellschafter residualberechtigt hinsichtlich des nach Berichtigung sämtlicher Verbindlichkeiten verbleibenden Vermögens.[1111] Die Richtlinie gebe Mitgliedstaaten und Rechtsanwendern insoweit keinerlei Hilfestellungen mit auf den Weg.[1112] Insolvenzrechtliche Rangklassen könnten im präventiven Restrukturierungsverfahren folglich „ohne greifbare Kriterien“ modifiziert werden.[1113]

Aus Sicht niederrangiger Gläubiger sei damit eine verfehlte Anreizwirkung verbunden. Anstelle der Ausverhandlung konsensualer Planlösungen könnten diese dahingehend incentiviert seien, den Weg eines klassenübergreifenden Cram Down und die Interpretation der „Besserstellung“ durch das Gericht abzuwarten.[1114] Die darin begründete Rechtsunsicherheit eröffne Räume für rechtsmissbräuchliches Verhalten.[1115] Die Regel des relativen Vorrangs mindere damit nicht mit der Unternehmensbewertung unter absoluter Priorität verbundene Unsicherheiten und Lasten, sondern verstärke diese.[1116] Diese Unsicherheit eröffne weitere Handlungsspielräume für opportunistisches Verhalten und die Übervorteilung strukturell schwächerer Gruppen.[1117] In der Folge sei absehbar mit vermehrten gerichtlichen Auseinandersetzungen über die Voraussetzungen des klassenübergreifenden Cram Down zu rechnen.[1118] Die Regel relativen Vorrangs würde mithin

---

1110 *Brinkmann*, NZI-Beilage 2019, 27 (29); *de Weijs/Jonkers/Malakotipour*, CSECL WP 2019-05, SSRN: 3350375, S. 18, auch zu weiteren Unklarheiten in der Anwendung des Merkmals hinsichtlich verschiedener Rangklassen von Gläubigern; *Seymour/Schwarcz*, 1 U. Ill. L. Rev. 1 (2021), 18.

1111 Näher *Seymour/Schwarcz*, 1 U. Ill. L. Rev. 1 (2021), 34-36, auch zu möglichen Ansätzen einer Bewertung des Eigenkapitals unter der Regel des relativen Vorrangs der RestRL.

1112 *Balthasar*, ZHR 183 (2019), 662 (684); krit. auch *Brinkmann*, NZI-Beilage 2019, 27 (29): „in der Praxis kaum zu handhaben“.

1113 *Balthasar*, ZHR 183 (2019), 662 (684).

1114 *Richter/Thery*, INSOL Europe Guidance Note No. 1 on the Implementation of Preventive Restructuring Frameworks under EU Directive 2019/1023 (April 2020), S. 35 Abs. 132.

1115 *Balthasar*, ZHR 183 (2019), 662 (684); s. auch *Brinkmann*, NZI-Beilage 2019, 27 (29) mit Blick auf professionelle Distressed-Debt-Investoren.

1116 *de Weijs/Jonkers/Malakotipour*, CSECL WP 2019-05, SSRN: 3350375, S. 17 ff.; ebenso *Ballerini*, 30 Int. Insol. Rev. 7 (2021), 15–16.

1117 Dazu nachf. auf den S. 243 ff.

1118 *de Weijs/Jonkers/Malakotipour*, CSECL WP 2019-05, SSRN: 3350375, S. 19; *Seymour/Schwarcz*, 1 U. Ill. L. Rev. 1 (2021), 34.

keinen Verhandlungsrahmen für effiziente Konfliktlösungen schaffen. Gewährleiste eine Regel relativen Vorrangs nicht das notwendige Maß an Bestimmtheit und Klarheit sowie Vorkehrungen gegen ihre Nutzung zur Durchsetzung von Partikularinteressen, bleibe sie mit Risiken für die Reorganisationspraxis verbunden.[1119]

2.3.5.2.4 Vorhersehbarkeit und Planbarkeit der Restrukturierung

Ferner erschwere das Konzept relativer Priorität dem Management die frühzeitige Bestimmung, in welcher Rangklasse der Kapitalstruktur die sog. Fulcrum Security[1120] belegen ist. Dabei handelt es sich um diejenige Kapitalklasse, in welcher der Unternehmenswert unter Geltung absoluter Priorität „bricht". Dieser gegenüber höherrangige, vollständig in-the-money befindliche Rangklassen müssen unter dem Konzept absoluter Priorität – vorbehaltlich ihrer Zustimmung zu einer abweichenden Behandlung – eine volle Befriedigung ihrer Forderungen erfahren; niedrigere Rangklassen, welche vollständig out-of-the-money sind, haben hingegen unter absoluter Priorität regelmäßig keine Aussichten auf Wertzuteilungen. Nach den insolvenzrechtlichen Regelungen des US-amerikanischen sowie aus des deutschen Rechts konzentriert sich das faktische Stimmgewicht und mithin die Entscheidungsmacht im Verfahren bei den Mitgliedern dieser Klasse der Fulcrum Security.[1121]

In der Restrukturierungspraxis ist die Fulcrum Security, abhängig vom verbliebenen Unternehmenswert sowie der individuellen Kapital- und Sicherheitenstruktur, regelmäßig in der Klasse ungesicherter Gläubiger oder unterbesicherter Gläubiger (insbesondere zweitrangig besicherte Gläubiger im sog. Second Lien) belegen.[1122] Kommt, wie es regelmäßig der Fall ist, eine Auszahlung der Mitglieder dieser Gläubigerklasse nicht in Betracht, hat diese Klasse Aussicht darauf, in einer finanziellen Restrukturierung ihre Forderungen im Wege eines Debt-Equity-Swap in eine (ggf. kontrollvermittelnde) Eigenkapitalposition an der restrukturierten

---

1119 S. bereits *Bonbright/Bergerman*, 28 Colum. L. Rev. 127 (1928), 164–165.

1120 Engl. fulcrum = Hebelpunkt bzw. Wirkungspunkt eines Hebels.

1121 Eine beispielhafte Konstellation bei *Richter/Thery*, INSOL Europe Guidance Note No. 1 on the Implementation of Preventive Restructuring Frameworks under EU Directive 2019/1023 (April 2020), S. 37 ff. Abs. 142 ff.; zu diesen Hintergründen der Fulcrum Security (im Kontext des Loan-to-Own) *Wang*, Loan-to-Own (Diss., 2022), S. 66 ff.

1122 Zur US-amerikanischen Praxis *ABI Commission Chapter 11*, Final Report (2014), S. 216 f. m.w.Nachw.

Gesellschaft zu wandeln. Aus Sicht des schuldnerischen Managements sowie weiterer Stakeholder ist es deshalb von Interesse, das Restrukturierungskonzept frühzeitig mit den Gläubigern dieser Rangklasse abzustimmen.

Gilt für die Durchsetzung nicht-konsensualer Pläne unter einer relativen Vorrangregel nunmehr keine fixe Rangfolge in der Verteilung des Planwerts, wird die Bestimmung der späteren Fulcrum Security erschwert. Vor diesem Hintergrund wird kritisiert, dass ein Konzept relativer Priorität die Komplexität in der Corporate Governance von Unternehmen in der Restrukturierung steigere.[1123] Ferner würde durch eine verminderte Vorhersehbarkeit in der Verteilung des Unternehmenswerts in einer Restrukturierung zugleich die Preisfindung im Verkauf notleidender Forderungen erschwert.[1124]

2.3.5.2.5 Schutz strukturell schwacher Beteiligtengruppen

Die Absolute Priority Rule US-amerikanischen Insolvenzrechts findet ihren historischen Ursprung in dem Bestreben, den Schutz strukturell schwächerer Beteiligtengruppen in der Umsetzung nicht-konsensualer Pläne zu gewährleisten.[1125] Indem für Verhandlungen über die Verteilung des Planmehrwerts ein klarer Rahmen definiert wird, wird die wirtschaftliche Einflussmacht einzelner Gläubiger auf die Verteilung des Unternehmenswerts begrenzt.[1126] Mit der vollständigen Aufgabe des strikten Befriedigungsvorrangs höherrangiger Klassen zugunsten einer flexiblen Verteilungsfolge unter relativer Priorität gehe diese gläubigerschützende Wirkung absoluter Priorität verloren. So würde die Wertverteilung in der Restrukturierung nicht mehr ex ante bestimmten vertraglichen und gesetzlichen Rangregelungen folgen. Vielmehr wäre die Verteilung des Planmehrwerts ex post weithin der Diskretion des Schuldners und mittelbar der Diskretion einflussstarker Gruppen von Gesellschaftern und gesicherter Gläubiger anheimgestellt. Diesen würde es ermöglicht, den Planmehrwert abseits einer gerichtlichen Fairnesskontrolle weg von niederrangigen Gläubigern, in

---

1123 Dazu *Richter/Thery*, INSOL Europe Guidance Note No. 1 on the Implementation of Preventive Restructuring Frameworks under EU Directive 2019/1023 (April 2020), S. 35 Abs. 132.

1124 Ebd., S. 35 Abs. 132; zudem in Teil II auf den S. 320 ff.

1125 Näher zuvor auf den S. 52 ff.

1126 S. auch *de Weijs/Jonkers/Malakotipour*, CSECL WP 2019-05, SSRN: 3350375, S. 9 (mit Blick auf das US-amerikanische Recht).

Richtung höherrangiger Gläubiger und der Gesellschafter zu verteilen.[1127] So könnten diese nachrangigen Gläubigern mittels klassenübergreifendem Cram Down weitgehende Forderungsverzichte aufzwingen, während Altgesellschaftern ohne eigenen Sanierungsbeitrag der Beteiligungserhalt ermöglicht wird. Verteilungsergebnissen dieser Art fehlt es an der konzeptionellen Fundierung und ökonomischen Rechtfertigung.

Die Regel des relativen Vorrangs fordert nach den Richtlinienvorgaben kein Maß einer Besserstellung gegenüber nachrangigen Gruppen, sondern lässt zunächst jegliche – noch so geringe – Besserstellung genügen.[1128] Stellt sich der Restrukturierungsplan für die Klasse nicht nachrangiger Gläubiger als vorteilhaft dar, würde der Plan durch deren Zustimmung mitgetragen.[1129] Dies gilt gleichsam mit Blick auf das Verhältnis ungesicherter Gläubiger zu den Gesellschaftern in ihrer Eigenschaft als Gläubiger aus Gesellschafterdarlehen.[1130] Davon würden besonders KMU, deren Schutz die RestRL beabsichtigt, in ihrer Eigenschaft als operative Gläubiger betroffen.[1131] Das Konzept relativer Priorität implementiert damit einen Mechanismus der Selbstregulierung, welcher keiner gerichtlichen Kontrolle unterliegt.[1132] Der Wettbewerb um die beste, maximierende Verwertungslösung würde zum Wettbewerb um die Einflussnahme auf die Planerstellung.

Mit den Vorgaben des Art. 4 Abs. 7, 8 RestRL ist der präventive Restrukturierungsrahmen bereits als schuldnergeführtes Verfahren ausgestaltet. Gleichsam kommt eine Bestätigung des Restrukturierungsplans mittels klassenübergreifenden Cram Down nur auf Vorschlag des Schuldners oder mit dessen Zustimmung in Betracht (Art. 11 Abs. 1 UAbs. 1 RestRL), wobei „Schuldner" sowohl das schuldnerische Management als auch eine Gesellschaftermehrheit umfassen

1127 *Seymour/Schwarcz*, 1 U. Ill. L. Rev. 1 (2021), 20–21.

1128 Sofern zugleich das Kriterium des Gläubigerinteresses gewahrt ist; zum stark unbestimmten Merkmal der „Besserstellung" zuvor auf den S. 218 ff. sowie zu möglichen Konzepten zur Umsetzung der Richtlinienvorgaben näher auf den S. 225 ff.

1129 *Balthasar*, ZHR 183 (2019), 662 (688) spricht von einem „Squeeze-Out nachrangiger Gläubiger"; s. auch *Cranshaw*, ZIP 2020, 1269 (1269); ferner *Brinkmann*, NZI-Beilage 2019, 27 (28).

1130 Ferner *Hofmann*, NZI-Beilage 2019, 22 (26) Fußn. 20.

1131 *de Weijs/Jonkers/Malakotipour*, CSECL WP 2019-05, SSRN: 3350375, S. 19 f.

1132 Zutr. *Ballerini*, 30 Int. Insol. Rev. 7 (2021), 18.

kann (s. Erwg. (53)).[1133] Der Gesellschaftermehrheit ist damit, unmittelbar oder mittelbar über die Steuerung des schuldnerischen Managements, ein faktisches Vetorecht zur Blockade etwaiger konkurrierender Restrukturierungspläne eingeräumt.[1134] Vor diesem Hintergrund scheint es nicht geboten, den Schutz der Gesellschafter durch die Einführung einer gesellschafterfreundlichen, besonders weiten Regel relativen Vorrangs abermals zu erweitern.

2.3.5.2.6 Auswirkungen auf die Praxis der Unternehmensfremdfinanzierung

Schließlich wird in der Diskussion um das Prioritätssystem des präventiven Restrukturierungsrahmens der unauflösbare Zusammenhang zwischen der Gestaltung restrukturierungsrechtlicher Prioritätssysteme und Dynamiken der Unternehmensfremdfinanzierung hervorgehoben. Es wird die Gefahr gesehen, dass eine Abweichung vom gläubigerfreundlichen Konzept absoluter Priorität durch die Regel relativen Vorrangs die Attraktivität von Fremdkapitalinvestitionen in der Europäischen Union mindern könnte.[1135] Aufgrund der konzeptionellen Nähe der Regel absoluten Vorrangs (RestRL) zur absoluten Vorrangregel des deutschen Insolvenzplanrechts sowie der Absolute Priority Rule des US-amerikanischen Chapter-11-Verfahrens wird auf die Untersuchungen in Teil II der Arbeit verwiesen.[1136] Die Argumentationslinien aus der Diskussion um die Regel absoluten Vorrangs unter der RestRL werden nachfolgend knapp umrissen. Die Autoren stützen sich dabei weitgehend auf die aus der US-amerikanischen Literatur bekannten Argumentationen und Quellen, welche in Teil II wiederum eingehend behandelt werden.

1133 Das Erfordernis der Zustimmung des Schuldners kann gemäß Art. 11 Abs. 1 UAbs. 2 RestRL auf KMU beschränkt werden; da nach Einschätzung des europäischen Gesetzgebers ca. 99% der Unternehmen in der Union der Gruppe der KMU zuzuordnen sind (Nachw. in Fußn. 923), wird eine mögliche Beschränkung des Erfordernisses weitgehend konsumiert (so zutreffend *Seymour/Schwarcz*, 1 U. Ill. L. Rev. 1 (2021), 19); für eine enge Handhabung des Erfordernisses der Zustimmung der Gesellschafter zum Plan *Garrido/DeLong/Rasekh/Rosha*, Restructuring and Insolvency in Europe: Policy Options in the Implementation of the EU Directive (IMF WP/21/152), S. 24: "[…] possibly reducing the scope even further to micro and small enterprises, and especially to individual entrepreneurs.".

1134 *Seymour/Schwarcz*, 1 U. Ill. L. Rev. 1 (2021), 20.

1135 Ebd., 27.

1136 Eingehend zu Auswirkungen von Prioritätssystemen auf das Feld der Unternehmensfremdfinanzierung auf den S. 338 ff.

Die Regel absoluten Vorrangs gewährleiste Gläubigern eine gegenüber Anteilsinhabern vorrangige Befriedigung im Restrukturierungsfall. Damit würden für unternehmerische Kreditnehmer am Markt Finanzierungskosten gesenkt und die Eigenkapitalgeber zu einer sachgerechten Risikovorsorge im Umgang mit unternehmerischen Investitionen angehalten.[1137] Die Regel relativen Vorrangs begründe hingegen gesteigerte Moral-Hazard-Risiken und zeitige negative ex ante Wirkungen auf die Praxis der Unternehmensfremdfinanzierung in Form eingeschränkten Kapitalzugangs und erhöhter Finanzierungskosten.[1138] Divergenzen in der Umsetzung durch einzelne Mitgliedstaaten könnten schließlich mit unterschiedlicher Verfügbarkeit von Fremdkapital in den Mitgliedstaaten einhergehen und zu Verzerrungen im grenzüberschreitenden Kreditgeschäft führen.[1139] Mögliche Implikationen seien im Gesetzgebungsprozess insoweit nicht erwogen worden.[1140]

2.3.5.2.7 Disziplinierende Wirkung gegenüber dem Eigenkapital

Schließlich gewährleiste eine Regel absoluten Vorrangs eine ausgewogene Anreizstruktur für das Eigenkapital. Durch eine Aufweichung dessen würden die Eigenkapitalgeber in Richtung eines risikoreicheren Kapitaleinsatzes, insbesondere auch einer erhöhten Verschuldung incentiviert, womit Moral-Hazard-Problematiken verstärkt würden.[1141] Die Thematik wird in Teil II der Untersuchung wiederum näher beleuchtet.[1142]

1137 *Ballerini*, 30 Int. Insol. Rev. 7 (2021), 11–12.

1138 Ebd.; *Richter/Thery*, INSOL Europe Guidance Note No. 1 on the Implementation of Preventive Restructuring Frameworks under EU Directive 2019/1023 (April 2020), S. 35 Abs. 132; *Seymour/Schwarcz*, 1 U. Ill. L. Rev. 1 (2021), 34.

1139 *Garrido/DeLong/Rasekh/Rosha*, Restructuring and Insolvency in Europe: Policy Options in the Implementation of the EU Directive (IMF WP/21/152), S. 22.

1140 *Richter/Thery*, INSOL Europe Guidance Note No. 1 on the Implementation of Preventive Restructuring Frameworks under EU Directive 2019/1023 (April 2020), S. 35 Abs. 130.

1141 *de Weijs/Jonkers/Malakotipour*, CSECL WP 2019-05, SSRN: 3350375, S. 15 ff.: der Anreiz zu höheren Graden der Unternehmensverschuldung widerspreche zugleich dem Ziel der RestRL, das europäische Bankensystem zu stärken; zustimmend *Seymour/Schwarcz*, 1 U. Ill. L. Rev. 1 (2021), 23–24.

1142 Näher zur disziplinierenden Wirkung absoluter Priorität gegenüber den Eigenkapitalgebern in Teil II auf den S. 324 ff.

2.3.5.3 *Umsetzung in einzelnen Mitgliedstaaten*

Der deutsche Gesetzgeber hat sich mit der Einführung der §§ 26-28 StaRUG für das Konzept einer Regel absoluten Vorrangs mit punktuellen Durchbrechungen entschieden.[1143] Ebenso der französische Gesetzgeber für das Verfahren *sauvegarde accélérée*, unter dem Abweichungen vom absoluten Vorrang zulässig sind, wenn diese zur Erreichung der Ziele des Plans unabdingbar sind und die Interessen der betroffenen Beteiligten nicht unangemessen beeinträchtigt werden (Art. L.626-32 C.com.). Als mögliche Begünstigte solcher Abweichungen vom absoluten Vorrang werden Forderungen von Lieferanten oder Dienstleistern, Anteilsinhaber und deliktische Forderungen gesetzlich hervorgehoben.[1144] Auch das niederländische präventive Restrukturierungsverfahren *Wet Homologatie Onderhands Akkoord* (WHOA) sieht eine solche Form der gelockerten absoluten Priorität vor. Abweichungen vom absoluten Vorrang sind zulässig, sofern diese im Einzelfall sachgerecht sind und die Interessen der Betroffenen angemessen berücksichtigt werden (Art. 384 Abs. 4 Faillissementswet).[1145]

Der österreichische Gesetzgeber hat mit § 36 ReO hingegen eine Regel relativen Vorrangs unter Anknüpfung an das Kriterium der „Besserstellung" eingeführt. Die konkreten Anforderungen an die Besserstellung (etwa absolute Besserstellung, erhöhte Befriedigungsquote) werden in den Gesetzgebungsmaterialien offengelassen und bleiben weiter unklar. Restrukturierungen unter der österreichischen ReO sind auch mehrere Jahre nach ihrer Einführung bislang nicht bekannt geworden.[1146]

Einen Sonderweg bildet der Verzicht auf eine Prioritätsregel, wie im Falle des englischen Restructuring-Plan-Verfahrens (Sec. 901G CA 2006), insoweit jedoch nicht in Umsetzung der europäischen RestRL. Die Wertverteilung unterliegt jedoch der allgemeinen Billigkeitskontrolle des Gerichts.[1147] Da Art. 11 RestRL in jedem Fall die Einführung einer Regel absoluten oder relativen Vorrangs fordert,

---

1143 Eingehend nachf. auf den S. 251 ff.

1144 *Zipperer*, in: Uhlenbruck, InsO, Vor. §§ 35 ff. StaRUG Rn. 20; *Dammann*, in: BeckOK, InsR, Länderberichte – Frankreich, Rn. 280a, 280o-280q; *Degenhardt*, NZI 2022, 201 (203).

1145 *van Helden/van Eck*, in: Wegen/Spahlinger/Barth, GesellschaftsR des Auslands, Niederlande, Rn. 110; *Kowalweski/Praß*, in: Morgen, StaRUG, § 27 Rn. 21; *Knapp*, in: Flöther, StaRUG, § 26 Rn. 6.

1146 Näher zuvor in Fußn. 1061.

1147 *Kowalweski/Praß*, in: Morgen, StaRUG, § 27 Rn. 19; *Knapp*, in: Flöther, StaRUG, § 26 Rn. 7; *Tashiro*, NZI-Beilage 2021, 77 (78) m.w.Nachw.

wäre das Konzept eines klassenübergreifenden Cram Down ohne Prioritätsregel für die Mitgliedstaaten nicht umsetzbar gewesen.

2.3.6 Unternehmensbewertung unter der RestRL

Unter der RestRL sind Fragen der Unternehmensbewertung im Grundsatz der konsensualen Einigung der Gläubiger und Anteilseigner auf dem Verhandlungsweg überlassen.[1148] Im Angesicht der weitreichenden Bedeutung einer korrekten Unternehmensbewertung als Grundlage der Verteilungswirkungen des Plans hat der europäische Gesetzgeber in Art. 14 RestRL für normierte Fälle eine Entscheidung über die Bewertung des Unternehmens durch die Justiz- oder Verwaltungsbehörde vorgeschrieben. Die Überprüfung der Bewertung erfolgt als Voraussetzung der Planbestätigung.[1149] Der Schutz der wirtschaftlichen Positionen dissentierender Gläubiger soll verfahrensrechtlich abgesichert werden.[1150]

Zugleich soll eine gerichtliche oder behördliche Bewertung nur auf entsprechende Beanstandung des Plans durch einen Planbetroffenen hin erfolgen (Art. 14 Abs. 1 RestRL). Dies umfasst gleichsam Konstellationen, in denen durch den Schuldner, andere Beteiligte oder Sachverständige erstellte Bewertungen gebilligt werden.[1151] Zeit- und kostenaufwändige Bewertungsprozesse unter gerichtlicher oder behördlicher Aufsicht, welche weitreichendes Konfliktpotenzial bergen können, sollen auf ein Mindestmaß beschränkt sein.[1152]

Das Erfordernis einer behördlichen oder gerichtlichen Bewertung erfasst gemäß Absatz 1 Konstellationen des klasseninternen (Abs. 1 lit. a)) sowie des klassenübergreifenden Cram Down (Abs. 1 lit. b).[1153] Gegenstand der Prüfung ist in ersterem Fall die Einhaltung des Kriteriums des Gläubigerinteresses, im Fall

---

1148 Näher zum Grundsatz konsensualer Unternehmensbewertung im Kontext des US-amerikanischen Rechts auf den S. 82 ff.

1149 *Dammann*, in: Paulus/Dammann, European Preventive Restructuring, Art. 14 Rn. 12; ferner *Cranshaw*, in: Pannen/Riedemann/Smid, StaRUG, RL (EU) 2019/1023, Teil 1, Art. 14 Rn. 8.

1150 *Dammann*, in: Paulus/Dammann, European Preventive Restructuring, Art. 14 Rn. 1 (auch zu Einzelheiten der Unternehmensbewertung als *going concern* sowie zu Liquidationswerten, Rn. 4 ff.).

1151 Ausdr. Erwg. (63).

1152 *Dammann*, in: Paulus/Dammann, European Preventive Restructuring, Art. 14 Rn. 13; s. auch Erwg. (50) RestRL (zum Kriterium des Gläubigerinteresses).

1153 *Dammann*, in: Paulus/Dammann, European Preventive Restructuring, Art. 14 Rn. 1-3.

des klassenübergreifenden Cram Down darüber hinaus die Mindestzustimmung einer In-the-Money-Klasse.[1154]

Zum Zweck der gerichtlichen Prüfung der dem Plan zugrundeliegenden Unternehmensbewertung und Vergleichsrechnungen ist sicherzustellen, dass die Justiz- oder Verwaltungsbehörde qualifizierte Sachverständige bestellen oder hören kann (Art. 14 Abs. 2 RestRL).[1155] Dabei kann auch eine durch den Sachverständigen, den Schuldner oder eine andere Partei erstellte Bewertung zugrunde gelegt werden.[1156] Als Informationsgrundlage der Bewertung wird mitunter die dem Planentwurf beizufügende Übersicht über Vermögenswerte und Verbindlichkeiten des Schuldners, Wertansätze für die Vermögenswerte, sowie die wirtschaftliche Situation des Schuldners dienen (Art. 8 Abs. 1 lit. b) RestRL).

Hinsichtlich der praktischen Herausforderungen in der Unternehmensbewertung durch das Restrukturierungsgericht (Zeitdruck, Informationsasymmetrie, Unklarheiten über das schuldnerische Vermögen und Bewertungsansätze, unter Umständen vage Bestimmung des wahrscheinlichen Alternativszenarios, Bedeutung des Bewertungszeitpunkts) wird auf die betreffenden Ausführungen zum Kriterium des Gläubigerinteresses verwiesen. Auch die potenziell hohe Wertdivergenz zwischen der Fortführung des schuldnerischen Unternehmens im Planszenario sowie einer etwaigen Liquidation im Insolvenzverfahren im Vergleichsszenario wird die Gerichte vor Herausforderungen stellen.

Gemäß Art. 14 Abs. 3 RestRL ist den Plan ablehnenden betroffenen Parteien ein Rechtsbehelf gegen die Bewertung zu eröffnen.

2.3.7 Zusammenfassung

Die Einführung vorinsolvenzlicher Restrukturierungsverfahren auf Grundlage des Mehrheitsprinzips und mit einem klassenübergreifenden Cram Down brachte für viele Mitgliedstaaten einen Wandel des Restrukturierungsrechts, so auch für das deutsche Recht. Der Restrukturierungsrahmen folgt strukturell dem Vorbild des US-amerikanischen Chapter-11-Verfahrens und den Regelungen des deutschen Insolvenzplanrechts. Zugleich formulierte der europäische Gesetzgeber mit Art. 11 RestRL verbindliche Vorgaben zur Gestaltung der restrukturierungsrechtlichen Priorität. Die unionsweite Einführung und Harmonisierung

---

1154 *Cranshaw*, in: Pannen/Riedemann/Smid, StaRUG, RL (EU) 2019/1023, Teil 1, Art. 14 Rn. 2 ff.; *Dammann*, in: Paulus/Dammann, European Preventive Restructuring, Art. 14 Rn. 1 f.

1155 *Schluck-Amend/Hacker*, WPg 2019, 737 (742): praktischer Regelfall.

1156 Ausdr. Erwg. (63) S. 3 RestRL.

präventiver Restrukturierungsrahmen soll Unternehmen frühzeitige Sanierungen ermöglichen und Befriedigungsquoten steigern. Die Marktbedingungen der Unternehmensfinanzierung sollen verbessert werden, indem Kreditgebern die Einschätzung von Kreditrisiken erleichtert und ein einheitlicher Zugang von Unternehmen zu Fremdkapital gefördert wird.

Gleich dem US-amerikanischen und dem deutschen Vorbild wird die Verteilung des Unternehmenswerts für konsensuale Pläne grundsätzlich in die Hände der Planbetroffenen gelegt. Dabei gilt das Verbot der Schlechterstellung gegenüber der Liquidation oder dem nächstbesten Alternativszenario als untere Wertgrenze für dissentierende Planbetroffene (Kriterium des Gläubigerinteresses). Bedarf es zur Planbestätigung hingegen eines klassenübergreifenden Cram Down, unterliegt die Verteilung des durch den Plan generierten Planmehrwerts der Vorrangregel. In Abweichung vom internationalen Standard absoluter Priorität im Bereich des Insolvenzrechts wurde den Mitgliedstaaten die Wahl zwischen Regeln eines relativen und absoluten Vorrangs eröffnet. Während die Regel des absoluten Vorrangs einen vollen Befriedigungsvorrang ablehnender, höherrangiger Klassen statuiert, lässt die neuartige Regel relativen Vorrangs (zuweilen European Relative Priority Rule) eine „Besserstellung" der ablehnenden Klasse gegenüber nachrangigen Klassen genügen.

Der europäische Gesetzgeber hat die neuartige Regel des relativen Vorrangs mit keinem klaren dogmatischen oder rechtsökonomischen Begründungskonzept unterlegt. War die Regel des absoluten Vorrangs im Richtlinienentwurf noch als Standardkonzeption vorgesehen, wurde sie in der endgültigen Fassung ohne Begründung und nachvollziehbare Erwägungen durch die neuartige Regel des relativen Vorrangs ersetzt. Diese findet auch im internationalen Kontext kein Vorbild, womit Gesetzgeber, Wissenschaft und Praxis sich auf keine praktischen Erfahrungswerte im Umgang mit dieser stützen können. Eingehende juristische und rechtsökonomische Untersuchungen des Konzepts sind der Gesetzgebung nicht erkennbar vorausgegangen.

Das Kriterium der Besserstellung ist stark unbestimmt und lässt verschiedene Umsetzungsvarianten zu. Etwa ein Erfordernis einer nur absoluten Besserstellung der ablehnenden Klasse, die nur minimal sein kann (etwa + EUR 1) und eine Verteilung des Planmehrwerts über sämtliche Rangklassen hinweg erlauben würde. Mögliche Verteilungslösungen würden von einer Verteilung nach dem Vorbild absoluter Priorität bis hin zu einer fast gleichmäßigen Verteilung des Planmehrwerts über höhere und niedrigere Rangklassen hinweg reichen. Fixe Wertgrenzen bilden allein das Kriterium des Gläubigerinteresses (im Regelfall der Liquidationswert) sowie das Verbot der Überbefriedigung. Entgegen der erklärten Intention des europäischen Gesetzgebers würde Kreditgebern die Einschätzung von Befriedigungsquoten für den Fall einer Restrukturierung deutlich erschwert. Zugleich ginge der Schutz strukturell schwächerer Rangklassen, das historische Grundanliegen der Absolute Priority Rule unter US-amerikanischem Recht, verloren. Höherrangige Gläubiger und Altgesellschafter könnten im Zusammenwirken den Planmehrwert weitgehend in Richtung der Altgesellschafter verteilen und diesen ohne Zuführung neuer Finanzmittel einen Beteiligungserhalt ermöglichen, ohne dass dies einer Rechtfertigung oder näheren Begründung bedürfte.

Bestimmte Umsetzungsvarianten relativer Priorität, etwa eine quotale Besserstellung der ablehnenden Klasse in Anknüpfung an Befriedigungsquoten (bzw. im Fall der Altgesellschafter Verwässerungsquote), würden die Vorhersehbarkeit zu erwartender Befriedigungsquoten steigern. Dem Schuldner verbliebe jedoch weiterhin ein weiter diskretionärer Verteilungsspielraum und die Risikoprofile von Finanzierungsinstrumenten verschiedener Kapitalklassen würden einander angenähert. Höherrangigen ungesicherten Gläubigern könnte eine Vorrangstellung gegenüber nachrangigen Gläubigern und Gesellschaftern nicht zugesichert werden. Die disziplinierende Wirkung absoluter Priorität gegenüber dem Eigenkapital in Richtung eines risikoadäquaten Kapitaleinsatzes würde gemindert. Andererseits kann die Abweichung vom absoluten Vorrang Anreize für frühzeitige Sanierungen unter Zusammenwirken sämtlicher Kapitalklassen stärken. Gesellschaftern, die für das Unternehmen von besonderer Bedeutung sind, wird ein Beteiligungserhalt erleichtert.

Der deutsche, französische und niederländische Gesetzgeber haben sich für die Einführung einer Regel absoluten Vorrangs mit punktuellen Durchbrechungen entschieden, um im Einzelfall Abweichungen zugunsten von Gesellschaftern, Lieferanten oder Deliktsgläubigern zu erlauben. Der österreichische Gesetzgeber hat mit dem Kriterium der Besserstellung hingegen das (weiterhin unklare) Konzept einer relativen Vorrangregel übernommen. Eine Evaluation der neuen oder nach den Vorgaben der RestRL reformierten Verfahrensrahmen auf europäischer Ebene könnte eine weitergehende Beurteilung der Effizienz der Verfahren ermöglichen.

2.4 Absolute Prioritätsregel, § 27 StaRUG

Mit Einführung des StaRUG im Jahr 2021 wurde das deutsche Recht um einen Verfahrensrahmen für vorinsolvenzliche finanzielle Restrukturierungen ergänzt. Bereits kurze Zeit nach der Vorlage des Regierungsentwurfs am 9. November 2020[1157] wurde das Gesetz zur Fortentwicklung des Sanierungs- und

1157 RegE SanInsFoG, BT-Drucks. 19/24181.

Insolvenzrechts (Sanierungsrechtsfortentwicklungsgesetz, SanInsFoG) durch den deutschen Bundestag verabschiedet und trat zum 1. Januar 2021 in Kraft. Gegenstände des SanInsFoG waren maßgeblich die Umsetzung der RestRL sowie die Fortentwicklung des Sanierungs- und Insolvenzrechts auf Grundlage in der Evaluierung des ESUG[1158] gesammelter Erkenntnisse.[1159] Darüber hinaus wurden aufgrund der wirtschaftlichen Auswirkungen der COVID-19 Pandemie erforderliche vorübergehende Anpassungen des Sanierungs- und Insolvenzrechts umgesetzt.[1160] Das Herzstück des SanInsFoG bildete die Einführung des präventiven Restrukturierungsrahmens in einem neuen Unternehmensstabilisierungs- und -restrukturierungsgesetz (StaRUG). Das StaRUG schließt im deutschen Recht die Lücke zwischen der konsensualen, freien Sanierung und dem Gesamtverfahren nach der Insolvenzordnung.[1161] Die Kapitalgeber werden in einem vorinsolvenzlichen Planverfahren im übergeordneten Sanierungsinteresse dem Mehrheitswillen unterworfen. Dissentierende Gläubiger und Gesellschafter können innerhalb einer Abstimmungsklasse (klasseninterner Cram Down) durch das Mehrheitsvotum gebunden werden, ebenso ablehnende Klassen insgesamt (klassenübergreifender Cram Down bzw. gruppenübergreifende Mehrheitsentscheidung).

Unter Nutzung des gemäß Art. 11 Abs. 2 RestRL eröffneten Umsetzungsspielraums hat sich der deutsche Gesetzgeber für das Prioritätssystem einer absoluten Prioritätsregel[1162] (§ 27 Abs. 1 Nr. 2 StaRUG) mit punktuellen Durchbrechungen dieser (§ 28 StaRUG) entschieden. Im Ergebnis steht ein Prioritätssystem, welches höheren Rangklassen weitgehend eine vorrangige Befriedigung ihrer Forderungen sichert. Die in § 28 StaRUG zugunsten von Gläubigergruppen (Abs. 1) und Gesellschaftern (Abs. 2) formulierten Ausnahmen sind an hohe Voraussetzungen geknüpft und folgen dem Ziel, den realisierbaren Planwert im Interesse der Gläubiger zu maximieren. Die wirtschaftliche Bevorrechtigung des Fremdkapitals

---

1158 *Jacoby/Madaus/Sack/Schmidt/Thole*, Gesamtbericht Evaluierung ESUG, 2017; s. dazu auch Bericht der Bundesregierung über die Erfahrungen mit der Anwendung des Gesetzes zur weiteren Erleichterung der Sanierung von Unternehmen, BT-Drucks. 19/4880 (2018).

1159 Begr. RegE SanInsFoG, BT-Drucks. 19/24181, S. 84.

1160 Ebd.

1161 Näher zuvor auf den S. 197 ff.

1162 Die Terminologie variiert zwischen dem StaRUG und der Begründung des Regierungsentwurfs, sowie innerhalb des Entwurfs; s. §§ 27, 28 StaRUG: „absolute Priorität" sowie Begr. RegE SanInsFoG, BT-Drucks. 19/24181, S. 129 („absolute Vorrangregelung"), S. 129 („absolute Prioritätsregel").

wird nicht in Frage stellt.[1163] Handelte es sich bei der restrukturierungsrechtlichen Priorität im europäischen Gesetzgebungsprozess noch um einen der zentralen Streitpunkte, blieb eine Auseinandersetzung mit den betreffenden Regelungen des StaRUG im Regierungsentwurf auf einen deskriptiven Überblick beschränkt.[1164] In der US-amerikanischen und der europäischen Diskussion untersuchte Wechselwirkungen von Prioritätskonzepten mit dem Feld der Unternehmensbewertung, der Unternehmensfremdfinanzierung sowie gesamtwirtschaftlich effizienter Anreizwirkungen und Verteilungseffekte finden keine Erwähnung.

Während die Einbeziehung der Anteils- und Mitgliedschaftsrechte der Gesellschafter in das Verfahren zuweilen kritisch betrachtet wird,[1165] wird der neue Verfahrensrahmen vonseiten der Praxis weitgehend als ausgewogen und förderlich wahrgenommen.[1166] Der umfassende Regelungsansatz des StaRUG mit 102 Paragraphen lässt jedoch Herausforderungen in der Anwendung auf internationale Konzernsachverhalte erwarten.[1167] Ferner ist der Zugang zum StaRUG auf Schuldner mit effektivem Verwaltungssitz in Deutschland beschränkt (§ 35 StaRUG),[1168] was auch ausländische Unternehmen mit weitreichenden Geschäftsaktivitäten in Deutschland an der Nutzung hindern kann.[1169] Zugleich präsentieren sich englisch-rechtliche Verfahren wie das Scheme of Arrangement oder der Restructuring Plan sowie das niederländische WHOA als flexibler und mit international breitem Anwendungsbereich,[1170] weshalb einer fortgesetzte Sanierungsmigration

1163 Eingehend dazu im Kontext der Durchbrechungen der absoluten Priorität sowie einer abschließenden Reflektion des Prioritätssystems unter dem StaRUG auf den S. 278 ff.

1164 Begr. RegE SanInsFoG, BT-Drucks. 19/24181, S. 127 ff.

1165 S. etwa *Korch*, NZG 2020, 1299 ff.; *Schäfer*, ZIP 2020, 2164 ff.

1166 S. etwa *Wilkens*, WM 2021, 573 (584); *Hofmann*, NZI 2020, 871 (871): „weitgehend gelungener ‚großer Wurf'".

1167 Krit. *Paulus*, ZIP 2020, 2363 (auch mit Blick auf die Restrukturierung von KMU, welche nach Einschätzung des europäischen Gesetzgebers 99% der Unternehmen in der Europäischen Union ausmachen, dazu zuvor auf den S. 200 ff.); mit Blick auf KMU ebenso *Skauradszun*, NZI 2021, 568 (568).

1168 *Vuia*, in: MüKo, StaRUG, § 35 Rn. 47.

1169 *Wilkens*, WM 2021, 573 (584 f.).

1170 So lässt das WHOA eine Zwei-Drittel-Summenmehrheit innerhalb der Klassen genügen und erlaubt die Anpassung oder Beendigung von Verträgen, *Harder/Harig*, in: Kluth/Harder/Harig/Kunz, Das neue Restrukturierungsrecht, § 1 H. Rn. 19; *Herding/Kranz*, ZRI 2021, 123 (124, 127).

deutscher Unternehmen in andere Jurisdiktionen zu beobachten ist.[1171] Beispielhaft ließe sich die finanzielle Restrukturierung des deutschen Wohnungsbaukonzerns *Adler Group* im Jahr 2023 nennen, im Rahmen derer deutsch-rechtliche Anleiheverbindlichkeiten einer Luxemburger Obergesellschaft mittels englischem Restructuring Plan restrukturiert wurden.[1172]

Nachdem das StaRUG anfänglich nur selten und ausschließlich durch kleine Unternehmen genutzt wurde,[1173] hat im Jahr 2023 der deutsche Automobilzulieferer *LEONI* eine umfassende finanzielle Restrukturierung unter dem StaRUG umgesetzt.[1174] In einer wachsenden Zahl von Entscheidungen haben sich die Restrukturierungsgerichte bereits mit der gruppenübergreifenden Mehrheitsentscheidung auseinandergesetzt und einzelne Merkmale weiter konturiert.[1175] In der deutschen Rechtswissenschaft stehen seit Inkrafttreten des StaRUG primär deskriptive Untersuchungen der §§ 26-28 StaRUG im Vordergrund. Nähere rechtsökonomische Auseinandersetzungen mit dem restrukturierungsrechtlichen Prioritätssystem als Teil der Regelungen zur gruppenübergreifenden Mehrheitsentscheidungen (§§ 26-28 StaRUG) stehen noch aus.

Nachfolgend werden zunächst die Bedeutung des StaRUG und dessen Konzeption als Rahmenwerk für präventive Restrukturierungen erörtert. Nach einer Auseinandersetzung mit den Gestaltungsinstrumenten und -möglichkeiten des StaRUG folgt ein Überblick über das Verfahren der Abstimmung über den Restrukturierungsplan. Sodann werden die neuen Regelungen zur gruppenübergreifenden Mehrheitsentscheidung untersucht. Wie zuvor stehen dabei Verteilungs- und Anreizwirkungen des Prioritätssystems im Zentrum der Betrachtung. Neben dem geltenden Schlechterstellungsverbot werden die neue absolute Prioritätsregel und ihre gesetzlichen Durchbrechungen eingehend untersucht. Abschließend wird das neue Prioritätssystem des StaRUG hinsichtlich seiner Konzeption und absehbarer praktischer Implikationen reflektiert.

1171 Zu dieser Erwartung *Wilkens*, WM 2021, 573 (584 f.); s. auch Begr. RegE SanInsFoG, BT-Drucks. 19/24181, S. 150; *Thole*, ZIP 2020, 1985 (1995).

1172 *Handelsblatt* v. 13.4.2023 („Adler Group darf sich selbst abwickeln: High Court genehmigt Sanierungsplan"), online abrufbar.

1173 *Börsen-Zeitung* v. 18.4.2023 („StaRUG: Sanierung mit Seltenheitswert"), online abrufbar; nachvollziehbar zudem anhand der geringen Zahl veröffentlichter Entscheidungen deutscher Restrukturierungsgerichte bis Ende 2022.

1174 *FINANCE* v. 29.3.2023 („Pierer will Leoni mit StaRUG sanieren"), online abrufbar.

1175 AG München, Beschl. v. 15.2.2023 – 1507 RES 3229/22 = ZRI 2023, 319 ff.; AG Köln, Beschl. v. 3.3.2021 – 83 RES 1/21 = NZI 2021, 433 ff.; AG Hamburg, Beschl. v. 12.4.2021 – 61 a RES 1/21 = NZI 2021, 544 ff.; AG Dresden, Beschl. v. 7.6.2021 – 574 RES 2/21 = NZI 2021, 893 ff.

2.4.1 Bedeutung des StaRUG für das deutsche Restrukturierungsrecht

Vor der Einführung des StaRUG wurden Unternehmensrestrukturierungen in Deutschland im Wege konsensgebundener, vorinsolvenzlicher Restrukturierungen oder im Rahmen des Gesamtverfahrens unter der Insolvenzordnung vollzogen. Mangels gesetzlicher Zwangsmechanismen, namentlich der Entscheidungsfindung nach dem Mehrheitsprinzip (klasseninterner Cram Down) sowie eines klassenübergreifenden Cram Down im vorinsolvenzlichen Bereich, setzten Rechtseingriffe die Zustimmung sämtlicher betroffener Gläubiger und Gesellschafter voraus.[1176] Eine Ausnahme bildete das Schuldverschreibungsgesetz (SchVG),[1177] welches bei entsprechendem Opt-in in den Anwendungsbereich des Gesetzes eine Restrukturierung nach deutschem Recht begebener Schuldverschreibungen durch Mehrheitsentscheidungen (sog. Collective-Action-Clauses) ermöglicht (§§ 1 Abs. 1, 5 ff. SchVG).[1178] Mehrheitlich getragene, vorinsolvenzliche Sanierungsbestrebungen konnten deshalb bislang am Widerstand einzelner Beteiligter scheitern, welche auf eine Geltendmachung ihrer Rechte obschon mehrheitlich erbrachter Sanierungsopfer beharrten. Erstrebenswerte Sanierungsversuche waren zum Teil nur gegen Gewährung ungerechtfertigter wirtschaftlicher Vorteile durch die sanierungswillige Mehrheit umsetzbar.[1179] Das Insolvenzverfahren bot aufgrund des umfassenden Vermögensbeschlags, der Verfahrensdauer und Reputationsschäden durch das noch immer vorherrschende Stigma der Insolvenz nicht immer eine sachgerechte Alternative.[1180] In der Einführung des Mehrheitsprinzips für vorinsolvenzliche Restrukturierungen wird daher aufseiten des deutschen Gesetzgebers sowie in der Literatur der entscheidende Mehrwert des neuen Verfahrensrahmes gesehen.[1181] Für das deutsche Recht liegt

1176 BGH, Urt. v. 12.12.1991 – IX ZR 178/91 = NJW 1992, 967 ff. (Akkordstörer); dazu auch *Spahlinger/Schlott*, in: Bieg/Borchardt/Frind, Unternehmenssanierung und Betriebsfortführung, Teil 2 A. II. Rn. 10 ff.; im hiesigen Kontext *Thole*, in: Brünkmans/Thole, HdB Insolvenzplan, § 30 Rn. 2; *Cranshaw*, in: Pannen/Riedemann/Smid, StaRUG, RL (EU) 2019/1023, Teil 1, Art. 11 Rn. 1.

1177 Gesetz über Schuldverschreibungen aus Gesamtemissionen v. 31.7.2009 (Schuldverschreibungsgesetz – SchVG).

1178 Begr. RegE SanInsFoG, BT-Drucks. 19/24181, S. 112; zum praktisch nicht bedeutsamen und mittlerweile aufgehobenen KredReorgG in Fußn. 658.

1179 Begr. RegE SanInsFoG, BT-Drucks. 19/24181, S. 84; *Balthasar*, ZHR 183 (2019), 662 (663 f.).

1180 Begr. RegE SanInsFoG, BT-Drucks. 19/24181, S. 84.

1181 Ebd.; s. auch *Herweg*, in: MüKo StaRUG, § 26 Rn. 1; *Distler*, ZIP 2021, 1033 (1033).

darin ein weiterer Schritt in Richtung eines moderneren und international wettbewerbsfähigeren Restrukturierungsrechts.

2.4.2 Konzeption des präventiven Restrukturierungsrahmens des StaRUG

Unter dem StaRUG wird es deutschen[1182] Schuldnern ermöglicht, einen sog. Restrukturierungsplan auszuhandeln und dem Restrukturierungsgericht zur Prüfung und Bestätigung vorzulegen. Durch den Plan kann die Eigen- und Fremdkapitalseite des Schuldners umfassend restrukturiert werden, einschließlich gruppeninterner Drittsicherheiten.[1183] Anstelle einer punktuellen Erweiterung des Zivil-, Zivilprozess- oder Insolvenzrechts[1184] hat sich der deutsche Gesetzgeber für eine ganzheitliche Regelung des neuen Verfahrensrahmens in einem neuen Gesetz, dem StaRUG, entschieden.[1185] Der Verfahrensrahmen des StaRUG ist strukturell an das Insolvenzplanverfahren sowie das englische Scheme of Arrangement angelehnt und folgt dem gemeinsamen Vorbild des US-amerikanischen Chapter-11-Verfahrens. Gemäß der Vorgaben der RestRL ist das StaRUG nicht als einheitliches Verfahren ausgestaltet, sondern eröffnet Schuldnern als modulares Rahmenwerk den Zugang zu einer Auswahl von Stabilisierungs- und Restrukturierungsinstrumenten.[1186]

Die Entscheidung über die Inanspruchnahme der Instrumente sowie deren Zeitpunkt obliegt im Wesentlichen dem Schuldner.[1187] Der Schuldner führt das Verfahren in Eigenverwaltung und behält mangels anderweitiger gesetzlicher Beschränkungen während des gesamten Verfahrens die volle Verfügungs- und

---

1182 S. die Zuständigkeitsregelungen gem. §§ 34, 35 StaRUG.

1183 § 2 StaRUG, näher nachf. auf den S. 258 ff.

1184 Erwägungen gegen eine Eingliederung in das Gesamtverfahren betreffende Insolvenzverfahrensrecht Begr. RegE SanInsFoG, BT-Drucks. 19/24181, S. 89.

1185 *Frind*, NZI 2020, 865 (865); krit. insoweit *Eidenmüller*, in: MüKo, InsO, Vor. §§ 217–269 Rn. 77, der durch das neue Gesetz eine Entwertung des Insolvenzplanverfahrens sowie eine Flucht liquidationsreifer Unternehmen in das Verfahren, mit daraus erwachsenden Abstimmungsproblemen mit der InsO, befürchtet (publiziert nach Verabschiedung der RestRL, noch vor Verabschiedung des StaRUG).

1186 Legaldefiniert in § 29 Abs. 1 StaRUG; Aufzählung in Abs. 2.

1187 Begr. RegE SanInsFoG, BT-Drucks. 19/24181, S. 92: „[…] Instrumente des Rahmens den Beteiligten als Optionen eingeräumt […], von denen sie im Zuge einer möglichst ungebundenen Herrschaft über den Sanierungsprozess Gebrauch machen können."; *Graf-Schlicker*, in: Flöther, StaRUG, Einl. Rn. 8.

Verwaltungsbefugnis über sein Vermögen.[1188] Eine Aufsicht durch das Restrukturierungsgericht oder einen sog. Restrukturierungsbeauftragten ist nur für bestimmte Fälle vorgesehen.[1189] Die Zuständigkeit für Entscheidungen in Restrukturierungssachen liegt beim Amtsgericht in neu geschaffener Rolle als Restrukturierungsgericht.[1190]

Dabei ist der präventive Restrukturierungsrahmen, anders als im Falle des Insolvenzverfahrens nach der InsO, nicht als Gesamtverfahren strukturiert, in welches zwingend sämtliche Gläubiger einzubeziehen sind.[1191] Vielmehr erlaubt die Konzeption des StaRUG als teilkollektives Verfahren Schuldnern, nur bestimmte Gläubiger und Anteilsinhaber nach dem Maßstab sachgerechter Kriterien in das Planverfahren einzubeziehen (Auswahl der Planbetroffenen, § 8 StaRUG). Das gesetzgeberische Leitbild ist dabei – jedenfalls vorwiegend – die Restrukturierung der Forderungen von Finanzgläubigern, während der operative Betrieb des Schuldners von Belastungen der Restrukturierung verschont bleibt. So wird als Fall der sachgerechten Auswahl der Planbetroffen die Restrukturierung von Finanzverbindlichkeiten hervorgehoben, während die Forderungen von Kleingläubigern (etwa Verbraucher und KMU) oder Lieferanten unberührt bleiben können (§ 8 S. 2 Nr. 2 StaRUG).[1192]

In funktionaler Hinsicht soll der präventive Restrukturierungsrahmen im Einklang mit dem Insolvenzrecht der bestmöglichen Gläubigerbefriedigung dienen.[1193] Dem Gebot der Marktkonformität des Insolvenz- und Restrukturierungsrechts folgend soll auch der neue Verfahrensrahmen zur Effizienz der Kapitalmärkte und zur Stärkung der Gesamtwirtschaft beitragen.[1194]

2.4.3 Zugang zum präventiven Restrukturierungsrahmen

Der deutsche Gesetzgeber hat sich bei der Ausfüllung des Merkmals einer „wahrscheinlichen Insolvenz" der RestRL[1195] für eine Anlehnung an das Insolvenzrecht entschieden. Als Eingangsschwelle des präventiven Restrukturierungsverfahrens wurde deshalb der Tatbestand der drohenden Zahlungsunfähigkeit in

---

1188 Begr. RegE SanInsFoG, BT-Drucks. 19/24181, S. 106.

1189 Ebd., S. 87; Regelungen zum Restrukturierungsbeauftragten sind in den §§ 73 ff. StaRUG verortet.

1190 § 34 Abs. 1 StaRUG.

1191 Begr. RegE SanInsFoG, BT-Drucks. 19/24181, S. 89.

1192 Eingehend Ebd., S. 118.

1193 Ebd., S. 86.

1194 Ebd.

1195 Verfügbarkeit präventiver Restrukturierungsrahmen, Art. 4 Abs. 1 RestRL.

Anknüpfung an § 18 Abs. 2 InsO bestimmt. Ab deren Eintritt kann der Schuldner die Instrumente des StaRUG in Anspruch nehmen (§ 29 Abs. 1 StaRUG).[1196]

Ein formales Eröffnungsverfahren mit dem Gegenstand einer gerichtlichen Prüfung der drohenden Zahlungsunfähigkeit ist nicht vorgesehen.[1197] Voraussetzung für die Inanspruchnahme der Instrumente des StaRUG ist allein die Anzeige des Restrukturierungsvorhabens beim zuständigen Restrukturierungsgericht (§ 31 Abs. 1 StaRUG).[1198] Kommt das Gericht im Rahmen der Planbestätigung zu dem Schluss, dass der Schuldner nicht drohend zahlungsunfähig ist, so hat es die Bestätigung zu versagen (§ 63 Abs. 1 Nr. 1 StaRUG).

Befindet sich das Unternehmen bereits im Zustand der materiellen Insolvenz aufgrund einer Zahlungsunfähigkeit (§ 17 InsO) oder Überschuldung (§ 19 InsO), so ist eine Inanspruchnahme der Instrumente des StaRUG ausgeschlossen.[1199] Der eingetretenen Insolvenz ist im Gesamtverfahren nach der InsO zu begegnen. Solange die Restrukturierungssache rechtshängig ist – beginnend mit deren Anzeige an das Restrukturierungsgericht (§ 31 Abs. 3 StaRUG) – ruht eine etwaige zwischenzeitlich eingetretene Insolvenzantragspflicht gemäß § 15a InsO (§ 42 Abs. 1 StaRUG). Werden eine Zahlungsunfähigkeit oder Überschuldung des Schuldners erkennbar, so kann das Gericht von einer Aufhebung der Restrukturierungssache absehen, wenn die Eröffnung des Insolvenzverfahrens mit Blick auf den erreichten Stand den Interessen der Gläubigergesamtheit zuwiderliefe (§ 33 Abs. 2 S. 1 Nr. 1 StaRUG).

2.4.4 Gestaltbare Rechtsverhältnisse und Restrukturierungsplan

In § 2 StaRUG sind die durch Restrukturierungspläne gestaltbaren Rechtsverhältnisse geregelt. Dazu zählen Forderungen gegen den Schuldner (Restrukturierungsforderungen)[1200] sowie an den Gegenständen des schuldnerischen Vermögens bestehende Rechte, welche den Inhaber im Falle der Eröffnung des Insolvenzverfahrens zur Absonderung berechtigen würden (Absonderungsanwartschaften). Im Rahmen mehrseitiger Rechtsverhältnisse des Schuldners mit mehreren Gläubigern können zudem zwischen Gläubigern bestehende Vertragsverhältnisse sowie Nebenbestimmungen im Rahmen des Vertragsverhältnisses

1196 *Thole*, ZIP 2020, 1985 (1990 f.).

1197 Begr. RegE SanInsFoG, BT-Drucks. 19/24181, S. 102.

1198 Ebd., S. 89.

1199 Ebd., S. 102.

1200 Dies umfasst gemäß § 3 Abs. 1 StaRUG auch bedingte und noch nicht fällige Forderungen.

mit dem Schuldner gestaltet werden (§ 2 Abs. 2 StaRUG). Anwendungsfälle bilden insbesondere Konsortialkreditverträge, über Intercreditor Agreements verbundene Finanzierungen sowie quasi-kollektive Finanzierungen wie Schuldverschreibungen oder Schuldscheindarlehen.[1201] Gemäß § 2 Abs. 3 StaRUG können durch den Restrukturierungsplan auch die Anteils- und Mitgliedschaftsrechte der am Schuldner beteiligten Personen gestaltet und übertragen sowie gesellschaftsrechtlich zulässige Regelungen (insbesondere Kapitalmaßnahmen) getroffen werden. Die Rechtfertigung der Einbeziehung von Anteils- und Mitgliedschaftsrechten wird maßgeblich in der Zugangsvoraussetzung einer drohenden Zahlungsunfähigkeit sowie der Schutzgewähr des Schlechterstellungsverbots erblickt.[1202] Von der Gestaltbarkeit ausgenommen sind Forderungen im Zusammenhang mit Arbeitsverhältnissen, aus vorsätzlich begangenen unerlaubten Handlungen sowie aus Geldstrafen und ähnliche Forderungen (§ 4 StaRUG).

Das StaRUG eröffnet ein breites Spektrum möglicher Restrukturierungsmaßnahmen, wozu unter anderem Stundungen, Anpassungen der Zinslast, der teilweise oder vollständige Erlass von Forderungen, die Gestaltung vertraglicher Nebenbestimmungen, die Übertragung von Gesellschaftsanteilen, Debt-Equity-Swaps sowie auch eine Veräußerung des Geschäftsbetriebs in Teilen oder in Gänze im Wege einer Going-Concern-Übertragung zählen (§ 7 StaRUG). Nachdem entsprechende Regelungen im Regierungsentwurf zum SanInsFoG noch enthalten waren, hat sich der deutsche Gesetzgeber letztlich gegen die Einführung eines Instruments zur Beendigung gegenseitiger, beiderseits noch nicht vollständig erfüllter Verträge entschieden.[1203] Das Instrument hätte es Schuldnern ermöglicht, sich bereits in einer präventiven Restrukturierung von Belastungen durch wirtschaftlich nachteilige Verträge (etwa langlaufende Mietverträge) zu befreien und zugleich den Weg für eine operative Restrukturierung zu bereiten.

Der Restrukturierungsplan ist gleich dem Insolvenzplan (§§ 220 f. InsO) in einen darstellenden und einen gestaltenden Teil gegliedert (§§ 5-7 StaRUG).[1204] Im darstellenden Teil werden die Grundlagen und die Auswirkungen des Restrukturierungsplans beschrieben.[1205] Dies umfasst insbesondere die für die gruppenübergreifende Mehrheitsentscheidung zentrale Vergleichsrechnung zwischen dem Planszenario sowie einem Szenario ohne Plan (§ 6 Abs. 2 S. 1 StaRUG). Im

1201 Begr. RegE SanInsFoG, BT-Drucks. 19/24181, S. 111.

1202 Ebd., S. 113; krit. etwa *Schäfer*, ZIP 2020, 2164 ff.

1203 Sog. Vetragsbeendigung, §§ 51 ff. RegE-StaRUG.

1204 *Thole*, ZIP 2020 1985 (1989).

1205 § 6 Abs. 1 S. 1 StaRUG.

gestaltenden Teil des Restrukturierungsplans wird festgelegt, wie die Rechtsstellung der Planbetroffenen durch den Plan geändert werden soll (§ 7 Abs. 1 StaRUG).

2.4.5 Planabstimmung und Planbestätigung

Zum Zweck der Festlegung der Rechte der Planbetroffenen sind im Restrukturierungsplan Gruppen zu bilden, soweit Planbetroffene mit unterschiedlicher Rechtsstellung einbezogen sind (§ 9 Abs. 1 S. 1 StaRUG). Als Pflichtgruppen sind die Inhaber von Absonderungsanwartschaften, einfache Restrukturierungsgläubiger, nachrangige Restrukturierungsgläubiger[1206] sowie die Inhaber von Anteils- und Mitgliedschaftsrechten vorgesehen (S. 2), sofern deren Rechte durch den Plan gestaltet werden sollen.[1207] Die Abstimmung über das Planangebot erfolgt sodann in den jeweiligen Gruppen (§ 20 Abs. 5 StaRUG). Innerhalb der Gruppen sind den Planbetroffenen gleiche Rechte anzubieten (Gleichbehandlungsgebot, § 10 StaRUG).

Die Regelungen des StaRUG zum Stimmrecht sowie erforderlichen Mehrheiten folgen wiederum den insolvenzplanrechtlichen Regelungen.[1208] Das Stimmrecht der Planbetroffenen bestimmt sich im Falle der Restrukturierungsgläubiger nach dem Betrag ihrer Forderungen, im Falle von Absonderungsanwartschaften und gruppeninterner Drittsicherheiten nach deren Wert. Anteilsrechte gewähren Stimmrechte nach dem Anteil am gezeichneten Kapital oder Vermögen des Schuldners (§ 24 Abs. 1 StaRUG).[1209]

Zur Annahme des Plans ist erforderlich, dass sämtliche Gruppen dem Plan zustimmen. Innerhalb einer Gruppe bedarf es einer qualifizierten Summenmehrheit von mindestens 75% der Stimmrechte dieser Gruppe (§ 25 Abs. 1 StaRUG). Maßgeblicher Bezugswert sind sämtliche Stimmrechte der in der Gruppe zusammengefassten Forderungen oder Rechte, nicht allein die in der Abstimmung vertretenen oder abgegebenen Stimmen (s. Abs. 1). Auf das zusätzliche Erfordernis einer Kopfmehrheit – wie es etwa in § 244 Abs. 1 InsO für das Insolvenzplanverfahren vorgesehen ist (kumulativ einfache Kopf- und Summenmehrheit) – wurde

---

1206 Gemäß § 9 Abs. 1 S. 2 Nr. 3 StaRUG definiert in Anknüpfung an den insolvenzrechtlichen Nachrang gemäß § 39 InsO, nicht etwa mit Blick auf in Intercreditor Agreements vertraglich vereinbarte Rangverhältnisse; dazu *Knapp*, in: Flöther, StaRUG, § 26 Rn. 26.

1207 Nach Maßgabe gemeinsamer wirtschaftlicher Interessen können gemäß § 11 Abs. 2 StaRUG weitere, fakultative Gruppen gebildet werden.

1208 Begr. RegE SanInsFoG, BT-Drucks. 19/24181, S. 125.

1209 Weiter spezifiziert in den Absätzen 2–4.

aufgrund der hohen Zustimmungsschwelle der Summenmehrheit verzichtet.[1210] Die fehlende Zustimmung einer Gruppe kann im Wege des klassenübergreifenden Cram Down – in der Terminologie des StaRUG, der gruppenübergreifenden Mehrheitsentscheidung – gemäß §§ 26-28 StaRUG ersetzt werden.

Auf Antrag des Schuldners hin bestätigt das Restrukturierungsgericht den Plan (§ 60 Abs. 1 StaRUG), womit dieser seine Wirkungen gegenüber den Planbetroffenen entfaltet, einschließlich den Plan ablehnender Betroffener (§ 67 Abs. 1 StaRUG).[1211] Prüfungsmaßstab des Gerichts ist allein die Rechtmäßigkeit des Plans, nicht hingegen auch dessen Zweckmäßigkeit.[1212]

2.4.6 Gruppenübergreifende Mehrheitsentscheidung, §§ 26-28 StaRUG

Die gruppenübergreifende Mehrheitsentscheidung ermöglicht eine Bestätigung des Restrukturierungsplans für Fälle, in denen die gemäß § 25 StaRUG erforderlichen Zustimmungsmehrheiten (75% Summenmehrheit in jeder Gruppe) nicht erreicht sind. Regelungstechnisch wird die Überwindung der fehlenden Zustimmung einer Gruppe in Form einer Zustimmungsfiktion umgesetzt.[1213] Die Regelung findet gleichsam auf Gruppen ablehnender Gläubiger und Gesellschafter Anwendung. Die Begründung zum Regierungsentwurf des SanInsFoG schweigt zu Telos und Schutzzweck des grundlegenden Instruments der gruppenübergreifenden Mehrheitsentscheidung. Mit der Inbezugnahme des insolvenzplanrechtlichen Obstruktionsverbots werden die neuen Regelungen auf dieselbe Legitimationsgrundlage wie § 245 InsO gestützt.[1214] Das Pareto-Optimum wird

---

1210 Begr. RegE SanInsFoG, BT-Drucks. 19/24181, S. 125; insoweit in Ausübung des Umsetzungsspielraums gemäß Art. 9 Abs. 6 UAbs. 1 S. 2.

1211 *Laroche*, in: Flöther, StaRUG, § 60 Rn. 1.

1212 S. die Versagungsgründe gem. § 63 StaRUG (an der Schnittstelle steht der Versagungsgrund des § 63 Abs. 1 Nr. 3 StaRUG); zudem *Thole*, ZIP 2020, 1985 (1997), zum Referentenentwurf.

1213 § 26 Abs. 1 StaRUG: „gilt die Zustimmung dieser Gruppe als erteilt".

1214 Einzig Begr. RegE SanInsFoG, BT-Drucks. 19/24181, S. 127: „Wie auch im Insolvenzplanverfahren (§ 245 InsO) muss es im Stabilisierungs- und Restrukturierungsrahmen nach Artikel 11 der Richtlinie möglich sein, dass ein Plan gegen das Votum einer Gruppe bestätigt werden kann."; übertragen auf das StaRUG *Distler*, ZIP 2021, 1033 (1040).

auch für die präventive Restrukturierung zum Kriterium ökonomischer Effizienz erhoben.[1215]

Nach einem Überblick über die Regelungen zur gruppenübergreifenden Mehrheitsentscheidung werden die verschiedenen Schutzkriterien der §§ 26-28 StaRUG erörtert. Im Zentrum der Betrachtung stehen wiederum Anforderungen an die Verteilung des Unternehmenswerts unter den Planbetroffenen durch obere und untere Wertgrenzen, Gleichrang, sowie die absolute Prioritätsregel und ihre Durchbrechungen.

2.4.6.1 Struktur der Regelungen zur gruppenübergreifenden Mehrheitsentscheidung und Verteilungswirkung

Als Ausgangspunkt in der Gestaltung der §§ 26-28 StaRUG hat der deutsche Gesetzgeber die insolvenzplanrechtliche Regelung des § 245 InsO gewählt, welche nach dessen Einschätzung den Richtlinienvorgaben des Art. 11 RestRL bereits weitgehend gerecht wurde.[1216] In der Folge sind die Regelungen der §§ 26 Abs. 1, 27 Abs. 1 StaRUG der Vorbildregelung des § 245 Abs. 1, Abs. 2 InsO fast wortgleich entlehnt. Damit kommt in der Erörterung von Auslegungs- und Anwendungsfragen ein Rückgriff auf die in Literatur und Rechtsprechung zum Obstruktionsverbot des § 245 InsO gesammelten Erkenntnisse grundsätzlich in Betracht.[1217]

Gemäß § 26 Abs. 1 StaRUG gilt die Zustimmung einer ablehnenden Gruppe als erteilt, wenn:[1218]

1. hinsichtlich der Mitglieder der ablehnenden Gruppe die untere Wertgrenze des Schlechterstellungsverbots gewahrt ist (Nr. 1);
2. diese angemessen am wirtschaftlichen Planwert beteiligt werden (Nr. 2); und
3. die erforderliche Mindestzustimmung erreicht ist (Nr. 3).

Entsprechend dem insolvenzplanrechtlichen Vorbild des § 245 Abs. 1, 2 InsO ist eine ablehnende Gruppe gemäß § 27 Abs. 1 StaRUG angemessen am wirtschaftlichen Planwert beteiligt, wenn:

1215 Nachw. in Fußn. 714; im Kontext *Herzig*, in: Braun, StaRUG, § 26 Rn. 19 (Fußn. 31); *Herweg*, in: MüKo, StaRUG, § 26 Rn. 42.

1216 Begr. RegE SanInsFoG, BT-Drucks. 19/24181, S. 127.

1217 Dazu *Spahlinger*, in: BeckOK, StaRUG, § 26 Rn. 3.

1218 S. zudem den Strukturvergleich der Regelungen des klassenübergreifenden Cram Down des Chapter-11-Verfahrens, der InsO, der europäischen RestRL und des StaRUG in Übersicht 1 auf den S. 377 ff.

1. das Verbot der Überbefriedigung als obere Wertgrenze gewahrt ist (Nr. 1);
2. die Regel absoluten Vorrangs gewahrt ist (Nr. 2); und
3. der Gleichrang gewahrt ist (Nr. 3).

In § 28 StaRUG sind Durchbrechungen der absoluten Priorität normiert.

Mit den Regelungen zur gruppenübergreifenden Mehrheitsentscheidung hat der deutsche Gesetzgeber einzuhaltende Mindestvorgaben hinsichtlich der Verteilung des Unternehmenswerts für die Durchsetzung nicht-konsensualer Restrukturierungspläne festgelegt. Mittelbar wirken die Vorgaben wiederum in die vorgelagerte Phase der Planverhandlungen hinein und definieren den Verhandlungsraum für die Beteiligten. Hinsichtlich der Anreizwirkung sowie der Verteilungswirkung der Regelungen wird auf die betreffenden Ausführungen zum klassenübergreifenden Cram Down im US-amerikanischen Chapter-11-Verfahren, dem deutschen Insolvenzplanverfahren, sowie unter der RestRL verwiesen.[1219]

Das Restrukturierungsgericht hat das Vorliegen der Voraussetzungen einer gruppenübergreifenden Mehrheitsentscheidung im Rahmen der gerichtlichen Planbestätigung von Amts wegen zu prüfen (§ 63 Abs. 1 Nr. 2 StaRUG).[1220] Die gerichtliche Entscheidung über die Voraussetzungen der gruppenübergreifenden Mehrheitsentscheidung ist nicht isoliert anfechtbar. Planbetroffene sind auf die Anfechtung des bestätigenden Beschlusses des Restrukturierungsgerichts im Wege der sofortigen Beschwerde gemäß § 66 StaRUG verwiesen.[1221]

2.4.6.2 Mindestzustimmung

Legitimationsvoraussetzung eines klassenübergreifenden Cram Down ist es zunächst, dass die Mehrheit der abstimmenden Gruppen dem Plan mit den erforderlichen Mehrheiten zugestimmt hat. Wurden im Plan lediglich zwei Abstimmungsgruppen gebildet, genügt die Zustimmung einer Gruppe, die wiederum nicht ausschließlich aus Anteilsinhabern oder Inhabern nachrangiger

---

1219 Näher auf den S. 58 ff. (Chapter-11-Verfahren), S. 172 ff. (Insolvenzplanverfahren) sowie den S. 205 ff. (RestRL); mit Blick auf die §§ 26–28 StaRUG auch *Herweg*, in: MüKo, StaRUG, § 26 Rn. 3.

1220 *Spahlinger*, in: BeckOK, StaRUG, § 26 Rn. 1.

1221 *Herweg*, in: MüKo, StaRUG, § 26 Rn. 11; *Herzig*, in: Braun, StaRUG, § 27 Rn. 16.

Restrukturierungsforderungen bestehen darf (§ 26 Abs. 1 Nr. 3 StaRUG).[1222] Zur Durchsetzung des Restrukturierungsplans mittels gruppenübergreifender Mehrheitsentscheidung bedarf es damit der Zustimmung mindestens einer Klasse der Inhaber von Absonderungsanwartschaften oder nicht nachrangiger Restrukturierungsgläubiger.[1223] Unbeachtlich ist dabei, welches Forderungsvolumen die zustimmende Gruppe repräsentiert. Auch kapitalmäßig kleine Gruppen können Pläne gegen den Willen größerer Gruppen durchsetzen.[1224]

2.4.7 Untere Wertgrenze: Schlechterstellungsverbot

Voraussetzung der gruppenübergreifenden Mehrheitsentscheidung ist es zunächst, dass die Mitglieder der ablehnenden Gruppe durch den Restrukturierungsplan voraussichtlich nicht schlechter gestellt werden, als sie ohne einen Plan stünden (Schlechterstellungsverbot, § 26 Abs. 1 Nr. 1 StaRUG). Die Regelung dient der Umsetzung der Richtlinienvorgaben zum Kriterium des Gläubigerinteresses.[1225] Das Schlechterstellungsverbot gilt für Gruppen von Gläubigern sowie auch Gesellschaftern.[1226]

Damit folgt der präventive Restrukturierungsrahmen jener grundlegenden restrukturierungs- und insolvenzrechtlichen Wertung, die auch den Varianten des best-interests-of-creditors test im Chapter-11-Verfahren (11 U.S.C. § 1129(a)(7)(A)(ii)) sowie dem Schlechterstellungsverbot des Insolvenzplanrechts (§ 245 Abs. 1 Nr. 1 InsO) zugrunde liegt. Sinn und Zweck der Regelung ist es, dissentierenden Planbetroffenen den wirtschaftlichen Wert ihrer Position als untere Wertgrenze für Planleistungen zu sichern.[1227] Wenngleich Restrukturierungspläne nach dem gesetzgeberischen Willen auch gegen das Votum einzelner Klassen

---

1222 Insoweit abweichend gegenüber § 245 Abs. 1 Nr. 3 InsO; sind im Insolvenzplan nur zwei Gruppen gebildet, kommt eine Anwendung des Obstruktionsverbots gemäß § 245 Abs. 1 Nr. 3 InsO nicht in Betracht, s. etwa *Spliedt*, in: K. Schmidt, InsO, § 245 Rn. 18.

1223 Begr. RegE SanInsFoG, BT-Drucks. 19/24181, S. 127 a.E. f.; in Anknüpfung an Art. 11 Abs. 1 UAbs. 1 lit. b) ii) RestRL: „[...] bei der vernünftigerweise davon ausgegangen werden könnte, dass sie keine Zahlung erhalten oder keine Beteiligung behalten würde“; *Herzig*, in: Braun, StaRUG, § 26 Rn. 2.

1224 *Knapp*, in: Flöther, StaRUG, § 26 Rn. 24 (Umkehrschluss § 28 Abs. 1 S. 2 StaRUG, der eine Stimmrechtsmehrheit in der Rangklasse fordert).

1225 Begr. RegE SanInsFoG, BT-Drucks. 19/24181, S. 128; eingehend zum Kriterium des Gläubigerinteresses zuvor auf den S. 209 ff.

1226 *Spahlinger*, in: BeckOK, StaRUG, § 26 Rn. 13.

1227 *Knapp*, in: Flöther, StaRUG, § 26 Rn. 8.

durchsetzbar sein sollen, so legitimiert der Mehrheitswille nicht dazu, den Planbetroffenen bestehende wirtschaftliche Werte gegen ihren Willen zu entziehen. Maßgeblich ist eine rein wirtschaftliche Betrachtungsweise.[1228]

Entsprechend der Formulierung des § 26 Abs. 1 Nr. 1 StaRUG und dessen systematischer Verortung in den Regelungen zur gruppenübergreifenden Mehrheitsentscheidung bezieht sich das Erfordernis allein auf den Plan mehrheitlich ablehnende Gruppen. Angehörige dieser Gruppen sowie innerhalb einer Gruppe überstimmte Planbetroffene können einen Verstoß gegen das Schlechterstellungsverbot ferner individuell über einen Minderheitenschutzantrag gemäß § 64 Abs. 1 S. 1 StaRUG gerichtlich geltend machen.[1229]

Die gerichtliche Prüfung durch das Restrukturierungsgericht hat ohne entsprechende Rüge von Amts wegen zu erfolgen.[1230] Ein Verstoß gegen das Schlechterstellungsverbot führt jedoch nur zur Versagung der Planbestätigung, wenn ein dadurch benachteiligter Planbetroffener dies beantragt (§ 63 Abs. 1 Nr. 2, Abs. 2 StaRUG).[1231] Die Prüfung erfolgt wiederum zweistufig: (1) zunächst ist das in die Vergleichsbetrachtung einzustellende Alternativszenario zu bestimmen, (2) sodann sind die Befriedigungsaussichten der Mitglieder der ablehnenden Gruppe im Alternativszenario wirtschaftlich zu bewerten und dem Planszenario vergleichend gegenüber zu stellen.[1232]

Wie im Kontext anderer Verfahrensrahmen ist die Prüfung einer voraussichtlichen Schlechterstellung auch unter dem StaRUG mit bedeutenden Unsicherheiten behaftet. So treten zu den Unsicherheiten der Unternehmens- und Liquidationsbewertung in Krisensituationen der für präventive Restrukturierungen erweiterte Prognosezeitraum und das erweiterte Spektrum alternativer Sanierungskonzepte erschwerend hinzu.[1233] Die Restrukturierungsgerichte haben sich bereits in einer überschaubaren Zahl von Entscheidungen mit der gruppenübergreifenden

---

1228 Ebd.

1229 *Spahlinger*, in: BeckOK, StaRUG, § 26 Rn. 9.

1230 *Knapp*, in: Flöther, StaRUG, § 26 Rn. 8; *Spahlinger*, in: BeckOK, StaRUG, § 26 Rn. 11; dies folgt aus § 63 Abs. 1 Nr. 2 StaRUG, wonach einem Restrukturierungsplan durch das Gericht bei Nichtbeachtung der Vorschriften über die Annahme des Plans in einem wesentlichen Punkt die Bestätigung von Amts wegen zu versagen ist, dazu *Distler*, ZIP 2021, 1033 (1035) Fußn. 13.

1231 *Spahlinger*, in: BeckOK, StaRUG, § 26 Rn. 11a; *Berner/Thole*, in: Jacoby/Thole, StaRUG, § 63 Rn. 38 f.

1232 S. auch *Knapp*, in: Flöther, StaRUG, § 26 Rn. 9; ähnlich *Distler*, ZIP 2021, 1033 (1035).

1233 Dazu näher nachf.

Mehrheitsentscheidung sowie auch speziell der Prüfung des Schlechterstellungsverbots auseinandergesetzt.[1234]

2.4.7.1 *Alternativszenario und Vergleichsrechnung*

Gegenstand des Schlechterstellungsverbots ist eine vergleichende Betrachtung der für die ablehnende Gruppe unter dem Plan zu erwartenden Befriedigungsquote mit der in einem hypothetischen Alternativszenario „ohne einen Plan“ (§ 26 Abs. 1 Nr. 1 StaRUG) zu erwartenden Befriedigungsquote.[1235] Unter dem Plan für andere Gruppen vorgesehene Leistungen sind bei der Prüfung unbeachtlich.[1236]

In der Umsetzung der betreffenden Richtlinienvorgabe zum Kriterium des Gläubigerinteresses[1237] hat der deutsche Gesetzgeber sich gegen eine ausschließliche Anknüpfung an das Alternativszenario einer Liquidation und für die Anknüpfung an das nächstbeste Alternativszenario entschieden.[1238] Zugunsten der ablehnenden Gruppe ist die bestmögliche Verwertungsalternative ohne einen Restrukturierungsplan in die Vergleichsbetrachtung einzustellen.[1239] Dabei können Szenarien sowohl innerhalb wie auch außerhalb eines Insolvenzverfahrens in Betracht gezogen werden.[1240]

1234 AG München, Beschl. v. 15.2.2023 – 1507 RES 3229/22 = ZRI 2023, 319 ff.; AG Köln, Beschl. v. 3.3.2021 – 83 RES 1/21 = NZI 2021, 433 ff.; AG Hamburg, Beschl. v. 12.4.2021 – 61 a RES 1/21 = NZI 2021, 544 ff.; AG Dresden, Beschl. v. 7.6.2021 – 574 RES 2/21 = NZI 2021, 893 ff.

1235 Ebenso im Minderheitenschutz gemäß § 64 Abs. 1 S. 1 StaRUG; alternative Restrukturierungspläne sind damit („ohne einen Plan“) kein taugliches Vergleichsszenario, *Spahlinger*, in: BeckOK, StaRUG, § 26 Rn. 14; AG Köln, Beschl. v. 3.3.2021 – 83 RES 1/21 = ZRI 2021, 377 (380): andernfalls wäre jede Regelung des Restrukturierungsplans auf ihre Erforderlichkeit hin zu prüfen.

1236 *Distler*, ZIP 2021, 1033 (1035).

1237 Art. 11 Abs. 1 UAbs. 1 lit. a), 10 Abs. 2 UAbs. 1 lit. d), 2 Abs. 1 Nr. 6 RestRL; eingehend dazu zuvor auf den S. 209 ff.

1238 Begr. RegE SanInsFoG, BT-Drucks. 19/24181, S. 128; ferner AG Hamburg, Beschl. v. 12.4.2021 – 61 a RES 1/21 = NZI 2021, 544 (545) Rn. 7; AG Dresden, Beschl. v. 7.6.2021 – 574 RES 2/21 = NZI 2021, 893 (894) Rn. 14 f.

1239 *Spahlinger*, in: BeckOK, StaRUG, § 26 Rn. 18.

1240 *Herzig*, in: Braun, StaRUG, § 26 Rn. 5; *Knapp*, in: Flöther, StaRUG, § 26 Rn. 11, 14; Begr. RegE SanInsFoG, BT-Drucks. 19/24181, S. 163 zu § 71 RegE-StaRUG (Minderheitenschutz).

Die Bestimmung des nächstbesten Alternativszenarios hat zugleich vor dem Hintergrund der gesetzlichen Vorgaben des StaRUG für die Vergleichsrechnung zu erfolgen.[1241] Sieht der Restrukturierungsplan eine Fortführung des schuldnerischen Unternehmens vor, so hat gemäß § 6 Abs. 2 S. 2 StaRUG die Ermittlung der Befriedigungsaussichten im Alternativszenario ohne einen Plan eine Fortführung des Unternehmens zu unterstellen. Eine Gesamt- oder Einzelliquidation des Schuldners darf folglich nur dann als Alternativszenario gewählt werden, wenn eine anderweitige Fortführung aussichtslos ist.[1242] Gegenstand der Vergleichsbetrachtung können mithin sowohl Liquidations- als auch Fortführungswerte sein. Zugleich hat der Gesetzgeber zutreffend klargestellt, dass diese Vorgabe nicht bedingungslos gelten soll. So ist vom Ansatz von Fortführungswerten für das Alternativszenario abzusehen, wenn ein Verkauf des Unternehmens oder eine anderweitige Fortführung aussichtslos ist (S. 3). In diesem Fall ist die Insolvenz der Vergleichsmaßstab der Prüfung.[1243] Der Umstand der Aussichtslosigkeit einer Fortführung ist durch den Schuldner fundiert zu begründen, damit diesem nicht strategische Gestaltungsspielräume für Eingriffe in die Rechte ablehnender Gruppen und Planbetroffener eröffnet werden.[1244]

Das unbestimmte Merkmal der voraussichtlichen Schlechterstellung eröffnet Planerstellern und Gerichten einen Prognosespielraum. Um eine sachgerechte Vergleichsbetrachtung zu gewährleisten, muss der Eintritt des hypothetischen

1241 *Knapp*, in: Flöther, StaRUG, § 26 Rn. 12; *Spahlinger*, in: BeckOK, StaRUG, § 26 Rn. 12; *Distler*, ZIP 2021, 1033 (1037).

1242 Begr. RegE SanInsFoG, BT-Drucks. 19/24181, S. 128; s. auch *Herzig*, in: Braun, StaRUG, § 26 Rn. 5; *Smid*, in: Pannen/Riedemann/Smid, StaRUG, § 26 Rn. 13; anders hingegen der best-interests-of-creditors test des US-amerikanischen Chapter-11-Verfahrens (11 U.S.C. § 1129(a)(7)(A)(ii)), welcher ausschließlich an eine hypothetische Liquidation im Chapter 7-Verfahren anknüpft, dazu zuvor auf den S. 63 f.; s. etwa AG Dresden, Beschl. v. 7.6.2021 – 574 RES 2/21 = NZI 2021, 893 (894): „Nach den Ausführungen im Restrukturierungsplan [...] ist aufgrund der besonderen Kunden- und Produktstruktur eine Fortführung des operativen Geschäftsbetriebs der Schuldnerin im Rahmen eines Insolvenzverfahrens ausgeschlossen, da es sich im Wesentlichen bei den Kunden um öffentliche Auftraggeber handelt, die an insolvente Gesellschaften keine Aufträge vergeben dürfen. Ein Kaufinteressent ist nicht vorhanden. Das nächstbeste Alternativszenario ist demnach die Liquidation.".

1243 Ausdr. AG Hamburg, Beschl. v. 12.4.2021 – 61 a RES 1/21 = NZI 2021, 544 (545) Rn. 7, 11 f.; *Herzig*, in: Braun, StaRUG, § 26 Rn. 10; *Spahlinger*, in: BeckOK, StaRUG, § 26 Rn. 21.

1244 Begr. RegE SanInsFoG, BT-Drucks. 19/24181, S. 116; *Korch*, NZG 2020, 1299 (1300).

Alternativszenarios hinreichend wahrscheinlich sein.[1245] Werden etwa ein Verkauf von Vermögenswerten oder sonstige Transaktionen zugrunde gelegt, hat der Schuldner konkrete Anhaltspunkte für deren praktische Durchführbarkeit darzulegen, in Form konkreter Erwerbsangebote.[1246] Der deutsche Gesetzgeber hat insoweit, wie auch der europäische Gesetzgeber zuvor, keine konkreten Anforderungen normiert. In der Literatur wird im Einklang mit der Rechtsprechung zum insolvenzplanrechtlichen Schlechterstellungsverbot verbreitet eine *überwiegende Wahrscheinlichkeit* im Sinne einer Eintrittswahrscheinlichkeit >50% gefordert.[1247] Ist der Schuldner den Weg in das präventive Restrukturierungsverfahren gegangen, wird eine außergerichtliche, konsensuale Sanierung im Regelfall kein realistisches Alternativszenario darstellen.[1248] Ferner unterliegt die Hypothese eines realistischen Alternativszenarios der Dynamik und Wandelbarkeit des Restrukturierungsprozesses, etwa im Hinblick auf die Vermeidbarkeit einer Insolvenz in einem Szenario ohne Plan.[1249]

Die Erstellung der Vergleichsrechnung wird den Schuldner nicht selten vor praktische Herausforderungen stellen. So ist dem Restrukturierungsplan, der regelmäßig in früheren Phasen der Krise entwickelt wird, ein gegenüber dem Insolvenzplanverfahren verlängerter Prognosezeitraum zugrunde zu legen.[1250] Ein zugleich erweitertes Spektrum alternativer Sanierungskonzepte kann die Bestimmung des nächstbesten Alternativszenarios ebenfalls erschweren. Ebenso kann es zum Zeitpunkt der Ausarbeitung der Vergleichsrechnung häufig noch an Erwerbsangeboten von Marktteilnehmern fehlen.[1251] Aus Sicht ablehnender Gläubiger birgt dies spiegelbildlich das Risiko, dass die Vergleichsrechnung nur

---

1245 S. Begr. RegE SanInsFoG, BT-Drucks. 19/24181, S. 163 zu § 71 RegE-StaRUG (Minderheitenschutz): „Daher kommen hier auch andere Fortführungsszenarien in Betracht, sofern sie nur hinreichend wahrscheinlich sind und sich auch insoweit als nächstbeste Alternative präsentieren."; *Herzig*, in: Braun, StaRUG, § 26 Rn. 7, 13; *Distler*, ZIP 2021, 1033 (1040).

1246 *Distler*, ZIP 2021, 1033 (1037).

1247 *Knapp*, in: Flöther, StaRUG, § 26 Rn. 11; *Thies*, in: Bieg/Borchardt/Frind, Unternehmenssanierung und Betriebsfortführung, Teil 2, B. VII. Rn. 65; *Spahlinger*, in: BeckOK, StaRUG, § 26 Rn. 20; *Distler*, ZIP 2020, 1033 (1038); *Ringelspacher/Fehl-Weileder*, ZRI 2022, 210 (212).

1248 *Distler*, ZIP 2021, 1033 (1037).

1249 Ebd., 1038.

1250 *Thies*, in: Bieg/Borchardt/Frind, Unternehmenssanierung und Betriebsfortführung, Teil 2, B. VII. Rn. 65.

1251 Ebd.

schwer zu widerlegen sein wird.[1252] Die Handhabung dieser Unwägbarkeiten wird Aufgabe der Restrukturierungsgerichte sein.

2.4.7.2 Bewertung des Alternativszenarios und Vergleichsbetrachtung

Die Prüfung einer Schlechterstellung erfolgt auf Grundlage der anzustellenden Vergleichsrechnung zwischen den im Planszenario sowie im Alternativszenario zu erwartenden Leistungen bzw. Befriedigungsquoten. Gegenüberzustellen sind allein die für die ablehnende Gruppe in Aussicht stehenden Leistungen, für andere Gruppen Planbetroffener vorgesehene Leistungen bleiben außer Betracht.

Der durch den Schuldner als Planinitiator (§§ 17 Abs. 1, 60 Abs. 1 StaRUG) durchzuführende und in der Vergleichsrechnung offenzulegende Bewertungsprozess muss dem Restrukturierungsgericht eine sachgerechte Prüfung ermöglichen.[1253] Die Bewertung des Alternativszenarios hat unter Berücksichtigung sämtlicher in das Szenario einzustellender juristischer und betriebswirtschaftlicher Faktoren zu erfolgen. Dies umfasst außerhalb sowie innerhalb einer Insolvenz geltende Rangverhältnisse,[1254] bestehende Sicherungsrechte, sowie mit der alternativen Verwertungslösung verbundene, hypothetische Kosten und Auswirkungen auf die Unternehmensbewertung.[1255] In Konzernsachverhalten hat die Bewertung wiederum mit Blick auf die Stellung des jeweiligen Gläubigers innerhalb der Konzernstruktur zu erfolgen.[1256]

Im Einklang mit der Rechtsprechungspraxis im Bereich des Insolvenzplanverfahrens geht die wohl überwiegende Ansicht in der Literatur davon aus, dass es zur Bewertung des Alternativszenarios nicht stets der Durchführung eines parallelen Verkaufsverfahrens (dual track) bedarf. Dies liegt besonders nahe, wenn sich für das schuldnerische Unternehmen im Alternativszenario bereits keine Fortführungsperspektive darstellen lässt.[1257] Begründet wird dies mit dem oftmals hohen Zeit- und Kostenaufwand eines parallelen Bieterprozesses sowie der angestrebten

---

1252 Krit. *Korch*, NZG 2020, 1299 (1300).

1253 *Herzig*, in: Braun, StaRUG, § 26 Rn. 8.

1254 S. AG Hamburg, Beschl. v. 12.4.2021 – 61 a RES 1/21 = NZI 2021, 544 (545) Rn. 7.

1255 *Knapp*, in: Flöther, StaRUG, § 26 Rn. 19, 21.

1256 Ebd., Rn. 21, zur Ermittlung von Liquidationswerten unter dem Entity Priority Model.

1257 S. AG Hamburg, Beschl. v. 12.4.2021 – 61 a RES 1/21 = NZI 2021, 544 (545) Rn. 7; zudem zust. Anm. *Stahlschmidt*, EWiR 2021, 440 (441).

Nichtöffentlichkeit und Schnelligkeit präventiver Restrukturierungen.[1258] Ferner sei die Aussagekraft entsprechender Erwerbsangebote nicht gesichert, wenn das Bieterverfahren erkennbar primär zur Absicherung der dem Fortführungsplan zugrundeliegenden Vergleichsrechnung durchgeführt werde.[1259]

Der Umstand, dass für präventive Restrukturierungen unter dem StaRUG, anders als im Insolvenzverfahren, keine umfassende Erfassung von Aktiva und Passiva des Schuldners vorgesehen ist, erschwert die zutreffende Unternehmensbewertung. Ist eine Gesamtverwertung im Insolvenzverfahren als Alternativszenario überwiegend wahrscheinlich, sind die Planbetroffenen der präventiven Restrukturierung (teilkollektives Verfahren, § 8 StaRUG) ferner nicht zwingend mit den Beteiligten am Insolvenzverfahren (Gesamtverfahren) identisch.[1260] Da die wirtschaftliche Bewertung der Vergleichsszenarien jedoch nur mit Blick auf die ablehnende Gruppe zu erfolgen hat, kann die Komplexität der Bewertung im Einzelfall deutlich gemindert sein.[1261]

Abschließend sind die für die ablehnende Gruppe im Planszenario und im nächstbesten Alternativszenario ohne Plan ermittelten Befriedigungsaussichten einander vergleichend gegenüberzustellen. Entsprechend der Zielsetzung des Vermögensschutzes gilt eine rein wirtschaftliche Betrachtungsweise.[1262] Das Schlechterstellungsverbot ist dabei gewahrt, wenn die Mitglieder der Gruppe durch den Restrukturierungsplan voraussichtlich nicht schlechter gestellt werden, als sie ohne einen Plan stünden (§ 26 Abs. 1 Nr. 1 StaRUG). Einer Besserstellung durch den Plan bedarf es nicht.[1263] Die Prüfung erfolgt bezogen auf den Zeitpunkt der Planbestätigung.[1264]

2.4.8 Obere Wertgrenze: voller Betrag des Anspruchs

Eine gruppenübergreifende Mehrheitsentscheidung kommt ferner nur dann in Betracht, wenn in Bezug auf andere Gläubigerklassen die obere Wertgrenze des vollen Forderungsbetrags gewahrt ist (Verbot der Überbefriedigung, § 27 Abs. 1

1258 *Herzig*, in: Braun, StaRUG, § 26 Rn. 8; *Jacoby*, in: Jacoby/Thole, StaRUG, § 26 Rn. 19; *Knapp*, in: Flöther, StaRUG, § 26 Rn. 19; *Kowalewski/Praß*, in: Morgen, StaRUG, § 26 Rn. 49 f.; *Brinkmann*, NZI-Beilage 2019, 27 (28); *Ringelspacher/Fehl-Weileder*, ZRI 2022, 210 (213).

1259 *Knapp*, in: Flöther, StaRUG, § 26 Rn. 19.

1260 Näher *Distler*, ZIP 2021, 1033 (1039).

1261 Ebd.

1262 *Spahlinger*, in: BeckOK, StaRUG, § 26 Rn. 17; *Distler*, ZIP 2021, 1033 (1038).

1263 *Distler*, ZIP 2021, 1033 (1040).

1264 *Spahlinger*, in: BeckOK, StaRUG, § 26 Rn. 25.

Nr. 1 StaRUG).[1265] Keine ablehnende Gläubigergruppe soll es hinnehmen müssen, dass eine andere Gruppe durch den Restrukturierungsplan ungerechtfertigte Gewinne über den vollen Forderungsbetrag hinaus erzielt.[1266] Die Norm entspricht der insolvenzplanrechtlichen Regelung des § 245 Abs. 2 S. 1 Nr. 1 InsO.

In der Prüfung des Merkmals hat das Restrukturierungsgericht den Barwert der Planleistung zu ermitteln und dem Forderungsbetrag des planbetroffenen Gläubigers gegenüberzustellen. Bezugszeitpunkt der gerichtlichen Prüfung ist die Entscheidung über die Planbestätigung.[1267] Weniger herausfordernd ist die gerichtliche Prüfung des Erfordernisses in dem seltenen Fall, dass eine Gruppe unmittelbar nach der Planbestätigung eine Barabfindung erhalten soll.[1268] In Aussicht gestellte, zukünftige Zahlungen sind auf den Bezugszeitpunkt der gerichtlichen Entscheidung über die Planbestätigung zu diskontieren, mithin mit ihrem Barwert in die Betrachtung einzustellen.[1269] Mit der Erfüllung des Zahlungsversprechens verbundene Risiken, besonders im Fall weit in der Zukunft liegender Zahlungen, sind bei der Bewertung angemessen zu berücksichtigen.[1270] Erwirbt eine Gruppe von Gläubigern im Wege eines Debt-Equity-Swap oder Debt-Asset-Swap Beteiligungen am restrukturierten Schuldner oder Vermögenswerte dessen, sind diese Gegenstand der Bewertung.[1271] Insoweit sieht sich das Restrukturierungsgericht den aus der Unternehmensbewertung im Allgemeinen sowie dem Insolvenzplanverfahren bekannten Herausforderungen gegenüber.[1272]

1265 In Umsetzung der Richtlinienvorgabe gemäß Art. 11 Abs. 1 UAbs. 1 lit. d) RestRL.

1266 Mit Blick auf § 245 Abs. 2 S. 1 Nr. 1 InsO *Drukarczyk/Schüler*, in: MüKo, InsO, § 245 Rn. 17; im Kontext *Knapp*, in: Flöther, StaRUG, § 27 Rn. 4.

1267 *Spahlinger*, in: BeckOK, StaRUG, § 27 Rn. 10.

1268 *Knapp*, in: Flöther, StaRUG, § 27 Rn. 5.

1269 *Herzig*, in: Braun, StaRUG, § 27 Rn. 4; *Knapp*, in: Flöther, StaRUG, § 27 Rn. 5; in der Prüfung einer Besserstellung gemäß § 27 Abs. 1 Nr. 3 StaRUG ausdr. auch AG Dresden, Beschl. v. 7.6.2021 – 574 RES 2/21 = NZI 2021, 893 (894 f.) Rn. 30.

1270 Dazu *Drukarczyk/Schüler*, in: MüKo, InsO, § 245 Rn. 55 ff.; AG Dresden, Beschl. v. 7.6.2021 – 574 RES 2/21 = NZI 2021, 893 (894 f.) Rn. 30: „Der Gläubiger trägt im Gegensatz zu den anderen Gläubigern ein höheres Ausfallrisiko, welches bei der Bewertung […] zu berücksichtigen ist […].".

1271 *Herweg*, in: MüKo, StaRUG, § 27 Rn. 9; *Knapp*, in: Flöther, StaRUG, § 27 Rn. 6; näher *Spahlinger*, in: BeckOK, StaRUG, § 27 Rn. 11 f.

1272 Im Kontext des Insolvenzplanverfahrens etwa *Spliedt*, in: K. Schmidt, InsO, § 245 Rn. 20; *Drukarczyk/Schüler*, in: MüKo, InsO, § 245 Rn. 17.

2.4.9 Verteilung des Planmehrwerts: Absolute Priorität und Durchbrechungen

In der Umsetzung der Richtlinienvorgaben zum klassenübergreifenden Cram Down hat sich der deutsche Gesetzgeber für die Implementierung einer absoluten Prioritätsregel (§ 27 Abs. 1 Nr. 2 StaRUG) mit punktuellen Durchbrechungen dieser (§ 28 StaRUG) entschieden.[1273] Wie zuvor der europäische Gesetzgeber schweigt auch der deutsche Gesetzgeber zu der Diskussion um die Konzepte des relativen und absoluten Vorrangs.[1274] Allein die Entsprechung zum insolvenzplanrechtlichen Vorbild des § 245 Abs. 2 S. 1 Nr. 2 InsO wird hervorgehoben,[1275] worin weniger eine Begründung als vielmehr eine Feststellung liegt. Im Lichte der weitreichenden Bedeutung der Prioritätsregel als Teil der Regelungen zur gruppenübergreifenden Mehrheitsentscheidung wäre eine eingehende Auseinandersetzung mit dem Für und Wider beider Regelungen, in restrukturierungsrechtlicher und rechtsökonomischer Perspektive, wünschenswert gewesen.[1276]

Mit der Konzeption der absoluten Prioritätsregel und punktueller Durchbrechungen hat der deutsche Gesetzgeber den Versuch unternommen, zentralen Kritikpunkten hinsichtlich absoluter Prioritätskonzepte abzuhelfen und zugleich die für den Insolvenzfall ex ante bestimmten Rangverhältnisse zu wahren.[1277] Zunächst entfaltet die weniger flexible absolute Prioritätsregel ihre Schutzwirkung zugunsten höherer Rangklassen, indem ihnen ein vollständiger Befriedigungsvorrang gegenüber niederrangigen Gruppen gesichert wird (§ 27 Abs. 1 Nr. 2 StaRUG). Eine Besserstellung nach dem Vorbild der Regel des relativen Vorrangs unter der RestRL soll dem Fairness-Test nicht genügen.[1278] Zugleich wird eine Besserstellung gleichrangiger, planbetroffener Gruppen untersagt (§ 27 Abs. 1 Nr. 3 StaRUG).

Nachteilige Wirkungen der strikten und unflexiblen Konzeption absoluter Priorität sollen durch punktuelle Durchbrechungen dieser abgemildert werden.

1273 Umsetzungsspielraum gemäß Art. 11 Abs. 2 UAbs. 1 und 2 RestRL; eingehend zu den Richtlinienvorgaben zu den Regeln des relativen und absoluten Vorrangs zuvor auf den S. 218 ff. und S. 236 ff.

1274 S. die knappen deskriptiven Ausführungen bei Begr. RegE SanInsFoG, BT-Drucks. 19/24181, S. 128, 129.

1275 Ebd., S. 129.

1276 Zur Kritik hinsichtlich des europäischen Gesetzgebungsprozesses zuvor auf den S. 214 ff.

1277 *Knapp*, in: Flöther, StaRUG, § 27 Rn. 8 (Anknüpfung an das System der Haftungsverfassung und die Verteilungsreihenfolge in der Insolvenz).

1278 Ebd.

So sollen sachgerechte Abweichungen vom Verbot der Besserstellung gleichrangiger Gruppen gegenüber der ablehnenden Gläubigergruppe in engen Grenzen zulässig sein (§ 28 Abs. 1 StaRUG). Auch Gesellschaftern soll bei nicht vollständiger Befriedigung einer ablehnenden Gläubigergruppe der Behalt einer Beteiligung ermöglicht werden, wenn ein Gesellschafter für den Sanierungsversuch von herausragender Bedeutung ist oder Eingriffe in die Rechte der Gläubiger als nur geringfügig anzusehen sind (§ 28 Abs. 2 StaRUG). Die Flexibilität in der Durchsetzung von Restrukturierungsplänen gegen den Widerstand einzelner Gruppen soll gesteigert werden.[1279] Durchbrechungen der absoluten Priorität zugunsten niederrangiger Gruppen von Gläubigern sind hingegen nicht vorgesehen. Schutzbedürfnisse und potenzielle Effizienzgewinne aufgrund von Lockerungen der Priorität werden maßgeblich hinsichtlich der Kapitalklasse der Altgesellschafter anerkannt.[1280]

Ablehnenden Gruppen von Gesellschaftern wird ihre Prioritätsstellung als Residualberechtigte am Unternehmenswert (Verbot der Überbefriedigung von Gläubigern, § 27 Abs. 2 Nr. 1 StaRUG) sowie im Gleichrang mit anderen Gesellschaftergruppen (Nr. 2) gewährleistet. Nachfolgend wird das gemäß § 27 Abs. 1 Nr. 2 und 3 StaRUG geltende System absoluter Priorität, einschließlich der Durchbrechungen gemäß § 28 StaRUG untersucht. Abschließend werden die gesammelten Erkenntnisse reflektiert.

2.4.9.1 Absolute Prioritätsregel, § 27 Abs. 1 Nr. 2 StaRUG

Die in § 27 Abs. 1 Nr. 2 StaRUG normierte absolute Prioritätsregel folgt dem Vorbild der absoluten Vorrangregel des Insolvenzplanverfahrens sowie der Absolute Priority Rule des US-amerikanischen Chapter-11-Verfahrens.[1281] So steht es einer angemessenen Beteiligung der ablehnenden Gruppe am Planwert entgegen, wenn ein gegenüber der Gruppe in einem Insolvenzverfahren nachrangiger Gläubiger oder die Gesellschafter unter dem Plan wirtschaftliche Werte erhalten, welche nicht durch eine Leistung in das Vermögen des Schuldners vollständig ausgeglichen werden. Eine Ersetzung des ablehnenden Votums einer Gruppe scheidet mithin aus, wenn nachrangigen Gruppen entgegen der insolvenzrechtlichen

---

1279 Begr. RegE SanInsFoG, BT-Drucks. 19/24181, S. 129 f.; s. auch *Knapp*, in: Flöther, StaRUG, § 28 Rn. 1.

1280 Zur Diskussion um den absoluten Vorrang unter deutschem Insolvenzplanrecht zuvor auf den S. 156 ff.

1281 S. nur *Herweg*, in: MüKo, StaRUG, § 26 Rn. 12; *Herzig*, in: Braun, StaRUG, § 27 Rn. 7.

Liquidationsprioritäten Werte zugewiesen werden. Abseits einer mehrheitlichen Zustimmung zu einer abweichenden Behandlung sind vorrangige Rangklassen zunächst vollständig zu befriedigen. Werden etwa einer Gruppe von Gesellschaftern Beteiligungen zugesprochen oder belassen, kann das ablehnende Votum einer Gläubigergruppe nicht ersetzt werden, sofern nicht die Voraussetzungen des § 28 Abs. 2 StaRUG (Durchbrechung der absoluten Priorität) vorliegen.[1282]

Der Vorbehalt des vollständigen Ausgleichs der erhaltenen Planleistung durch eine Leistung in das Vermögen des Schuldners soll Planzuteilungen privilegieren, welche keine Schmälerung des verteilungsfähigen Unternehmenswerts zulasten vorrangiger Gläubiger mit sich bringen.[1283] Vor diesem Hintergrund ist dem normierten Erhalten wirtschaftlicher Werte das Behalten einer Beteiligung am Schuldner gleichzustellen.[1284] Damit wird die aus dem US-amerikanischen Chapter-11-Verfahren bekannte New Value Exception kodifiziert, welche im Zuge des SanInsFoG auch in § 245 Abs. 2 S. 1 Nr. 2 InsO ausdrücklich normiert wurde.[1285]

Die relativen Rangverhältnisse unter den Gläubigern werden nach den für das Insolvenzverfahren geltenden Rangverhältnissen bestimmt.[1286] Der teilkollektiven Natur des Verfahrens folgend werden in die Prüfung wiederum nur Planbetroffene einbezogen.[1287] Eine zwingende Einbeziehung der Gesellschafter in den Plan ist zugleich nicht vorgesehen. Gläubiger werden durch die absolute

---

1282 S. auch *Korch*, NZG 2020, 1299 (1300).

1283 *Spahlinger*, in: BeckOK, StaRUG, § 27 Rn. 17 m.w.Nachw. (Ausgleich insb. durch Geld- oder Sachleistung in entsprechender Höhe, ggf. durch Übernahme einer persönlichen Haftung).

1284 Nach der zu § 245 Abs. 2 S. 1 Nr. 2 InsO herrschenden Ansicht stellt dabei der Behalt einer Beteiligung am Schuldner nicht in jedem Fall einen wirtschaftlichen Vorteil dar, s. Begr. RegE InsO, BT-Drucks. 12/2443, S. 209: kein wirtschaftlicher Vorteil, wenn „kein Dritter bereit ist, anstelle des Schuldners das Unternehmen zu den im Plan vorgesehenen Bedingungen fortzuführen […].“; ebenso für die Regelung des § 27 Abs. 1 Nr. 2 StaRUG AG Dresden, Beschl. v. 7.6.2021 – 574 RES 2/21 = NZI 2021, 893 (894) Rn. 25 f.; krit. ggü. einer Übertragung auf das StaRUG *Spahlinger*, in: BeckOK, StaRUG, § 27 Rn. 14a m.w.Nachw. zur Diskussion; s. auch *Herzig*, in: Braun, StaRUG, § 27 Rn. 9 (wirtschaftlicher Wert bei positivem Kapitalsaldo in der Handelsbilanz nach Plandurchführung); *Knapp*, in: Flöther, StaRUG, § 27 Rn. 15 (wirtschaftlicher Wert bei positivem Eigenkapitalwert der Beteiligungen).

1285 Näher dazu zuvor auf den S. 191 ff.; *Smid*, in: Pannen/Riedemann/Smid, StaRUG, § 27 Rn. 5.

1286 Wtlt. § 27 Abs. 1 Nr. 2 StaRUG; die letztrangige Stellung der Gesellschafter hinter sämtlichen Gläubigern gemäß § 199 S. 2 InsO wird stillschweigend als Prämisse zugrunde gelegt; näher dazu nachf. auf den S. 276 ff.

1287 *Knapp*, in: Flöther, StaRUG, § 27 Rn. 3.

Vorrangregel dennoch vor einer Wertzuweisung an die nachrangige Gruppe der Anteilsinhaber geschützt.[1288]

2.4.9.2 Verbot der Besserstellung gleichrangiger Gläubigergruppen, § 27 Abs. 1 Nr. 3 StaRUG

Schließlich ist von einer angemessenen Beteiligung der ablehnenden Gläubigergruppe am Planwert nur auszugehen, wenn kein planbetroffener Gläubiger, der in einem Insolvenzverfahren gegenüber den ablehnenden Gläubigern nachrangig wäre, durch den Plan bessergestellt wird als diese Gläubiger (Verbot der Besserstellung, § 27 Abs. 1 Nr. 3 StaRUG). Die Regelung folgt wiederum dem insolvenzplanrechtlichen Vorbild des § 245 Abs. 2 S. 1 Nr. 3 StaRUG. Aufgrund des teilkollektiven Charakters des StaRUG-Verfahrensrahmens sind in die Prüfung des Besserstellungsverbots nur planbetroffene Gläubigergruppen einzubeziehen.[1289] Die Bestimmung der relativen Rangverhältnisse erfolgt in Anknüpfung an die insolvenzrechtlichen Rangvorschriften der §§ 38, 39 InsO.[1290] Verboten ist grundsätzlich jegliche wirtschaftliche Besserstellung einer gleichrangigen Gruppe,[1291] eine Erheblichkeitsschwelle ist nicht vorgesehen.

Die Vorschrift soll ungerechtfertigten Ungleichbehandlungen gleichrangiger Gläubigergruppen durch den Plan vorbeugen.[1292] Ist eine Besserstellung der ablehnenden Gruppe durch die Zustimmung anderer gleichrangiger Klassen getragen, besteht kein solches Bedürfnis, weshalb die Regelung nicht als Gleichbehandlungsgebot, sondern als Verbot der Besserstellung gegenüber ablehnenden Klassen formuliert ist. Damit wird der Gleichrang als Ausprägung der Priorität gewahrt. Dies verdeutlicht die zum Verbot des § 27 Abs. 1 Nr. 3 StaRUG formulierte Ausnahmeregelung des § 28 Abs. 1 StaRUG, welche als punktuelle Durchbrechung der absoluten Priorität verstanden wird.[1293]

1288 § 27 Abs. 1 Nr. 2 StaRUG: „weder ein *planbetroffener Gläubiger*, […] noch der Schuldner oder eine *an dem Schuldner beteiligte Person* einen nicht durch Leistung in das Vermögen des Schuldners vollständig ausgeglichenen wirtschaftlichen Wert erhält"; *Knapp/Wilde*, in: Morgen, StaRUG, § 8 Rn. 18; *Parzinger/Knebel*, in: MüKo, StaRUG, § 8 Rn. 29.

1289 *Smid*, in: Pannen/Riedemann/Smid, StaRUG, § 27 Rn. 16; *Herzig*, in: Braun, StaRUG, § 27 Rn. 11.

1290 Näher nachf. auf den S. 276 ff.

1291 *Knapp*, in: Flöther, StaRUG, § 27 Rn. 19.

1292 Die Gleichbehandlung von Mitgliedern derselben Gruppe wird durch § 10 StaRUG abgesichert.

1293 S. amtliche Überschrift des § 28 StaRUG („Durchbrechung der absoluten Priorität").

In der Prüfung sind die für beide Gruppen unter dem Plan vorgesehenen Leistungen durch das Gericht wirtschaftlich zu bewerten und einander vergleichend gegenüberzustellen. Sollen Gläubigergruppen unter dem Plan Forderungen gegen den restrukturierten Schuldner behalten, sind die künftigen Zahlungsflüsse auf den Betrachtungszeitpunkt der Planbestätigung zu diskontieren. Gleichsam sind mit dem Zahlungsversprechen, insbesondere im Fall ferner Fälligkeitszeitpunkte, verbundene Ausfallrisiken in der Wertermittlung zu berücksichtigen.[1294]

Ist für die Forderungen einer Gläubigergruppe unter dem Plan ein Debt-Equity-Swap vorgesehen, können Bewertungsfragen in der Prüfung einer unzulässigen Besserstellung gemäß § 27 Abs. 1 Nr. 3 StaRUG vermieden werden, wenn sämtlichen gleichrangigen Gläubigern unter dem Plan Optionen zur Wandlung ihrer Forderungen in Eigenkapital zu denselben Konditionen eingeräumt werden. In der gleichzeitigen Einräumung einer geringwertigeren Option einer Barauszahlung wird aufgrund der Gleichwertigkeit der angebotenen Leistungen (Option zum Debt-Equity-Swap) kein Verstoß gegen das Verbot einer Besserstellung gesehen.[1295]

Das strenge Verbot einer Besserstellung einer gleichrangigen Gläubigergruppe gegenüber der ablehnenden Gruppe wird durch die Ausnahmereglung des § 28 Abs. 1 StaRUG gelockert; die gleichrangige Prioritätsstellung Gruppen wird punktuell durchbrochen.

2.4.9.3 Bestimmung der Rangverhältnisse

Die gemäß § 27 Abs. 1 Nr. 2 und Nr. 3 StaRUG zu wahrende, absolute Priorität wird in Anknüpfung an die insolvenzrechtlichen Rangverhältnisse unter den

---

1294 AG Dresden, Beschl. v. 7.6.2021 – 574 RES 2/21 = NZI 2021, 893 (894 f.) Rn. 30: „Zwar erhält der Planbetroffene der Gruppe 5 insgesamt ca. 66,6 Prozent seiner Gesamtforderung iHv insgesamt 472.500 Euro und nicht wie die übrigen Gläubiger 50 Prozent. Im Gegensatz zu den Gläubigern der Gruppen erhält der Gläubiger der Gruppe 5 den Betrag jedoch nicht sofort. Die Rückzahlung des Darlehensanspruchs erstreckt sich über mindestens 225 Monate, ca. 19 Jahre. Der Gläubiger trägt im Gegensatz zu den anderen Gläubigern ein höheres Ausfallrisiko, welches bei der Bewertung ebenso zu berücksichtigen ist wie der Umstand, dass dem Gläubiger [der] Vergleichsbetrag nicht wie den anderen Gläubigern sofort zur weiteren Verfügung steht."; wobei die Beschreibung einer „wertenden Betrachtung" in der Prüfung einer Besserstellung (ebd., Rn. 29) irreführend ist und vielmehr eine rein *bewertende* (i.S.v. den Marktwert ermittelnde) Betrachtung maßgeblich sein muss; *Spahlinger*, in: BeckOK, StaRUG, § 27 Rn. 22.

1295 Dazu *Spahlinger*, in: BeckOK, StaRUG, § 27 Rn. 22.

Gläubigern und den Gesellschaftern bestimmt.[1296] Angesprochen sind damit die Liquidationsprioritäten unter der InsO.[1297]

Absonderungsrechte sind gegenüber Forderungen als rechtliches Aliud einzuordnen und vermitteln dem Inhaber ein Recht auf vorrangige Befriedigung aus dem Sicherungsgegenstand; sie stehen außerhalb der insolvenzrechtlichen Liquidationsprioritäten. Gleichsam besteht damit zwischen Absonderungsanwartschaften und Restrukturierungsforderungen kein Rangverhältnis im Sinne des § 27 Abs. 1 Nr. 2 StaRUG.[1298] Die gegenstandsbezogene Vorrangstellung absonderungsberechtigter Gläubiger wird durch das Schlechterstellungsverbot geschützt.[1299] Rangverhältnisse im engeren Sinne bestehen in Anknüpfung an die §§ 38, 39 InsO (einfache Insolvenzgläubiger, nachrangige Insolvenzgläubiger) allein zwischen den Inhabern einfacher und nachrangiger Restrukturierungsforderungen (§ 9 Abs. 1 S. 2 Nr. 2, 3 StaRUG).[1300] Vertragliche Nachrangvereinbarungen sind unter den Voraussetzungen des § 39 Abs. 2 InsO zu berücksichtigen.[1301]

Ferner wird in der Literatur zuweilen befürwortet, dass bei der Bestimmung der Rangverhältnisse unter den Gläubigern auch vereinbarte vertragliche Rangverhältnisse (insb. aus Intercreditor Agreements) zu berücksichtigen seien. Der ausdrücklichen Inbezugnahme des insolvenzrechtlichen Rangs folgend wäre eine Berücksichtigung ausgeschlossen. So bleiben vertraglich vereinbarte Rangverhältnisse im Rahmen des § 245 Abs. 2 S. 1 Nr. 2 InsO außer Betracht.[1302] Vereinzelt wird dem für den Kontext des § 27 Abs. 1 StaRUG entgegengehalten, dass vertragliche Rangvereinbarungen häufig die zentrale Grundlage für präventive Restrukturierungsverhandlungen bilden würden. Eine Nichtbeachtung dieser Rangfolge im Rahmen des § 27 Abs. 1 Nr. 2 StaRUG sowie des Verbots der Besserstellung (Nr. 3) würde Inkonsistenzen für die Behandlung nach Abschluss der Restrukturierung fortbestehender Forderungsverhältnisse mit sich bringen.[1303]

1296 S. jeweils den Wortlaut der Regelungen („in einem Insolvenzverfahren mit Nachrang“, „in einem Insolvenzverfahren gleichrangig“).

1297 Näher zu den insolvenzrechtlichen Liquidationsprioritäten zuvor auf den S. 159 ff.

1298 *Herzig*, in: Braun, StaRUG, § 27 Rn. 6; *Knapp*, in: Flöther, StaRUG, § 27 Rn. 9; *Spahlinger*, in: BeckOK, StaRUG, § 27 Rn. 19 f.

1299 *Jacoby*, in: Jacoby/Thole, StaRUG, § 27 Rn. 16.

1300 *Herzig*, in: Braun, StaRUG, § 27 Rn. 6.

1301 *Knapp*, in: Flöther, StaRUG, § 27 Rn. 10.

1302 Ebd.

1303 Näher *Knapp*, in: Flöther, StaRUG, § 27 Rn. 10-13; *Westpfahl/Liedl*, in: FS Gehrlein (2022), S. 589 (605).

Gesellschafter können als Residualberechtigte am Unternehmenswert den nach vollständiger Berichtigung sämtlicher Gläubigerforderungen verbleibenden Überschuss beanspruchen (§ 199 S. 2 InsO). Ihre faktisch letztrangige Stellung kommt bereits in § 27 Abs. 1 Nr. 2 StaRUG zum Ausdruck.[1304]

2.4.9.4 Durchbrechungen der absoluten Priorität, § 28 StaRUG

In § 28 Abs. 1 StaRUG wird unter Durchbrechung der absoluten Priorität eine Besserstellung einer mit der ablehnenden Gruppe gleichrangigen Gläubigergruppe punktuell zugelassen. Die Tatbestände des § 28 Abs. 2 Nr. 1 und 2 StaRUG normieren ferner Durchbrechungen der absoluten Priorität zugunsten des Eigenkapitals, indem auch für nicht-konsensuale Pläne ein Erhalt von Beteiligungen ermöglicht wird. Dieser bedarf es zur Bestätigung von Restrukturierungsplänen, unter denen Altgesellschaftern entgegen dem ablehnenden Votum einer Gläubigergruppe Planwerte zugewiesen werden sollen (§ 27 Abs. 1 Nr. 2 StaRUG).[1305] Liegen die gleichsam hohen Voraussetzungen eines der Tatbestände vor, ist in Durchbrechung der strikten absoluten Priorität von einer angemessenen Beteiligung der ablehnenden Gruppe am wirtschaftlichen Planmehrwert auszugehen. Durchbrechungen der absoluten Priorität zugunsten niederrangiger Gläubigergruppen sind nicht vorgesehen.[1306] In der Restrukturierungspraxis scheint die Norm bislang von geringer Bedeutung zu sein.

2.4.9.4.1 Besserstellung gleichrangiger Gläubiger, § 28 Abs. 1 StaRUG

Der Ausnahmetatbestand des § 28 Abs. 1 StaRUG normiert eine Ausnahme vom strikten Verbot der Besserstellung einer gegenüber der ablehnenden Gläubigergruppe gleichrangigen Gruppe (§ 27 Abs. 1 Nr. 3 StaRUG). Einer angemessenen Beteiligung der ablehnenden Gläubigergruppe am wirtschaftlichen Planwert steht es nicht entgegen, wenn die Abweichung nach der Art der zu bewältigenden wirtschaftlichen Schwierigkeiten und nach den Umständen sachgerecht ist. In Betracht kommt etwa die Durchsetzung zwangsweiser Forderungsverzichte in unterschiedlicher Höhe gegenüber gleichrangigen Gruppen. Dieselbe Prioritätsstellung vermittelt Gläubigern daher nicht in jedem Fall einen Anspruch

---

1304 S. die Bezugnahme auf den insolvenzrechtlichen Rang im Verhältnis der Gläubiger untereinander in Hs. 1 und sodann die Bezugnahme auf sämtliche Wertzuteilungen zugunsten von Gesellschaftern in Hs. 2.

1305 *Harig*, in: Kluth/Harder/Harig/Kunz, Das neue Restrukturierungsrecht, § 8 Rn. 77.

1306 *Bork*, ZRI 2021, 345 (357).

auf gleichmäßige Beteiligung am Planmehrwert.[1307] Die insolvenzplanrechtliche Regelung des § 245 InsO kennt keine entsprechende Durchbrechung des absoluten Vorrangs.[1308]

Das Kriterium der Sachgerechtigkeit hat weder gesetzlich noch in der Begründung des Regierungsentwurfs zum SanInsFoG eine positive Konkretisierung erfahren. In § 28 Abs. 1 S. 2 StaRUG wird lediglich klargestellt, dass eine Abweichung vom Verbot der Besserstellung jedenfalls dann nicht sachgerecht sei, wenn die überstimmte Gruppe mehr als die Hälfte der Stimmrechte der Gläubiger der betroffenen Rangklasse repräsentiert (Stimmrechtsmehrheit in der Rangklasse).[1309]

Die Durchbrechung der absoluten Priorität ist zugleich vor dem Hintergrund des teilkollektiven Verfahrenscharakters des StaRUG einzuordnen. Die Regelungen des § 8 StaRUG (Auswahl der Planbetroffenen) sowie des § 28 Abs. 1 StaRUG (Durchbrechung des Verbots der Besserstellung) sollen – auf unterschiedlichen Stufen des Verfahrens – jeweils sachgerechte Ungleichbehandlungen gleichrangiger Rangklassen ermöglichen, um die Flexibilität des Verfahrensrahmens zu steigern und Bedürfnissen der Sanierungspraxis gerecht zu werden. Über die Auswahl der Planbetroffenen (§ 8 StaRUG) kann dies erreicht werden, indem diese von Beginn an nicht in den Plan einbezogen werden. Über § 28 Abs. 1 StaRUG können sodann für nicht-konsensuale Pläne gleichrangige Gruppen punktuell bessergestellt werden. Die Regelungen knüpfen einheitlich an das Kriterium der Sachgerechtigkeit in der Auswahl bzw. Besserstellung an und folgen denselben Erwägungen.[1310]

Die Durchbrechung der absoluten Priorität führt die Entscheidung für ein teilkollektives Verfahren der präventiven Restrukturierung, welchem

1307 Ebd.

1308 Ebd.

1309 *Knapp*, in: Flöther, StaRUG, § 28 Rn. 6.

1310 Begr. RegE SanInsFoG, BT-Drucks. 19/24181, S. 129 f.; *Spahlinger*, in: BeckOK, StaRUG, § 28 Rn. 4-6; s. auch *Knapp*, in: Flöther, StaRUG, § 28 Rn. 4 f., mit Zweifeln hinsichtlich der Richtlinienkonformität des § 28 Abs. 1 S. 1 StaRUG, da der Umsetzungsspielraum des Art. 11 Abs. 2 UAbs. 2 RestRL sich im Wortlaut allein auf die Regel absoluten Vorrangs gemäß UAbs. 1 beziehe, nicht hingegen auf das Verbot der Besserstellung gemäß Art. 11 Abs. 1 UAbs. 1 lit. c) RestRL, ebd. Rn. 2; dem könnte jedoch entgegengehalten werden, dass Art. 11 Abs. 2 RestRL den Mitgliedstaaten einen umfassenden Umsetzungsspielraum in der Einführung einer Regel absoluten Vorrangs einräumen sollte, s. Wtlt. Art. 11 Abs. 2 UAbs. 1 RestRL: „Abweichend von Absatz 1 Buchstabe c".

Ungleichbehandlungen gleichrangiger Gläubigergruppen inhärent sind, fort.[1311] So können unter Nutzung der Durchbrechung der absoluten Priorität etwa operative Gläubiger in die Restrukturierung einbezogen, zugleich jedoch gegenüber einer (ablehnenden) Gruppe von Finanzgläubigern bessergestellt werden, um ihre fortgesetzte Unterstützung des Betriebs zu sichern. Privilegierungen einzelner Gläubigergruppen im Eigeninteresse des Gläubigerkollektivs sollen zugelassen werden.[1312]

Vereinzelt wird weitergehend eine Anwendung der Ausnahmeregelung auf Ungleichbehandlungen von Gläubigergruppen erwogen, welche zwar insolvenzrechtlich gleichrangig sind, jedoch aufgrund vertraglicher Vereinbarungen (insb. Intercreditor Agreements) unterschiedliche relative Rangstellungen einnehmen.[1313]

Vor dem Hintergrund der engen Fassung des Ausnahmetatbestands, des bereits teilkollektiven Verfahrenscharakters des StaRUG sowie der tatbestandlichen Beschränkung auf Besserstellungen von Stimmrechtsmehrheiten innerhalb einer Rangklasse ist die Durchbrechung der absoluten Priorität von geringem Gewicht.

2.4.9.4.2 Wertzuweisungen an Gesellschafter, § 28 Abs. 2 StaRUG

Mit einer weiteren Durchbrechung der absoluten Priorität zugunsten des Eigenkapitals gemäß § 28 Abs. 2 StaRUG unternimmt der deutsche Gesetzgeber den Versuch, einem zentralen Kritikpunkt hinsichtlich des Konzepts absoluter Priorität abzuhelfen. Teil-konsensuale finanzielle Restrukturierungen unter fortgesetzter Beteiligung der Altgesellschafter sollen erleichtert werden. Die Ausnahmetatbestände erlauben es, Altgesellschaftern werthaltige Eigenkapitalpositionen ohne wirtschaftlichen Wertausgleich in das Schuldnervermögen (§ 27 Abs. 1 Nr. 2 StaRUG) zu belassen, ohne dass dieser Umstand bereits einer angemessenen Beteiligung der ablehnenden Gruppe am Planwert und mithin einer gruppenübergreifenden Mehrheitsentscheidung im Weg steht.[1314]

Im Gesetzgebungsprozess wurde den vorgeschlagenen Durchbrechungen der absoluten Priorität teils mit deutlicher Kritik begegnet. So wurde die Regelung vonseiten des Bundesrats als stärkere Gewichtung der Interessen der Gesellschafter gegenüber den Gläubigerinteressen verstanden, welche „mit tradierten

---

1311 Dazu *Bork*, ZRI 2021, 345 (357).

1312 S. dazu *Knapp*, in: Flöther, StaRUG, § 28 Rn. 1.

1313 Ebd., Rn. 5; zur Bestimmung der im Rahmen des § 27 Abs. 1 Nr. 2, 3 StaRUG maßgebenden, insolvenzrechtlichen Rangverhältnisse zuvor auf den S. 276 ff.

1314 Begr. RegE SanInsFoG, BT-Drucks. 19/24181, S. 130.

Rechtsvorstellungen in Deutschland bricht, nach denen die Eigentümer/Anteilseigner in der Insolvenz nachrangig befriedigt werden". Die Gesellschafter würden am stärksten von einer erfolgreichen Unternehmenssanierung profitieren, womit diese hinreichend zu Eigenbeiträgen incentiviert sein sollten.[1315]

Sind vorgelagerte Versuche einer Refinanzierung und konsensualen Restrukturierung gescheitert und wählen Schuldner den Weg ins StaRUG, bricht der Unternehmenswert nicht selten deutlich oberhalb des Eigenkapitals in der Kapitalstruktur, womit (auch gewichtige) Eigenkapitalbeiträge häufig nur zu einer (teilweisen) Aufwertung des Fremdkapitals führen würden, ohne dass zugleich dem Sanierungsbedürfnis des Unternehmens langfristig abgeholfen würde. Vor dem Hintergrund wird allein die (unter Umständen vage) Perspektive einer erfolgreichen Sanierung Gesellschaftern häufig keinen hinreichenden Anreiz zur Zuführung weiteren Eigenkapitals setzen.

2.4.9.4.2.1 Für die Realisierung des Planwerts erforderliche Gesellschafter, § 28 Abs. 2 Nr. 1 StaRUG

Gemäß § 28 Abs. 2 Nr. 1 StaRUG können Altgesellschaftern unter dem Plan Beteiligungen belassen werden, wenn ihre Mitwirkung an der Fortführung des Unternehmens aufgrund besonderer, in ihrer Person liegender Umstände unabdingbar ist, um den Planwert zu verwirklichen. Ferner müssen sich die Gesellschafter im Plan zu der erforderlichen Mitwirkung sowie zur Übertragung der wirtschaftlichen Werte für den Fall verpflichten, dass ihre Mitwirkung aus von ihnen zu vertretenden Gründen vor dem Ablauf von fünf Jahren oder einer kürzeren, für den Vollzug des Plans bestimmten Frist, endet.[1316] Damit wird für den vorinsolvenzlichen Bereich ein Gleichlauf mit der Privilegierung des § 245 Abs. 2 S. 2, 3 InsO geschaffen.[1317]

Privilegiert werden Konstellationen, in denen Gesellschafter infolge in ihrer Person liegender, besonderer Umstände für die Realisierung des Planwerts unersetzbar sind oder jedenfalls Dritte nicht zur Leistung der betreffenden Beiträge

1315 Stellungnahme des Bundesrats zum RegE SanInsFoG, BT-Drucks. 19/24903, S. 4 (zu § 30 RegE-StaRUG); a.A. *Pleister*, in: Kübler/Prütting/Bork/Jacoby, InsO, § 245 Rn. 3b.

1316 Als Leitbild der Verpflichtung zur fortgesetzten Mitwirkung werden Restrukturierungen von Unternehmen in der Gründungsphase gesehen, s. *Thole*, ZIP 2020, 1985 (1990).

1317 *Pleister*, in: Kübler/Prütting/Bork/Jacoby, InsO, § 245 Rn. 3a.

bereit sind.[1318] Folglich werden Forderungen aus Gesellschafterdarlehen als regelmäßig passives Fremdkapital nicht ebenfalls privilegiert.[1319] Liegt die fortgesetzte Beteiligung eines Gesellschafters im übergeordneten Interesse der Gläubiger, fehlt es insoweit an dem Bedürfnis, an der gläubigerschützenden strikten absoluten Prioritätsregel festzuhalten.[1320] Die strikte Bevorrechtigung der Gläubiger am schuldnerischen Kapital soll nicht aufrechterhalten werden, wo dieser Umstand zu einer geringeren absoluten Befriedigung der Gläubiger führen würde. Die Durchbrechung der absoluten Priorität gemäß § 28 Abs. 2 Nr. 1 StaRUG wird mithin gesetzgeberisch nicht mit einer Schutzbedürftigkeit des Eigenkapitals begründet. Vielmehr soll vermieden werden, dass sich die Striktheit der absoluten Priorität gegen die Gläubiger wendet, wenn es zu einer wertmaximierenden Verwertung des Schuldnervermögens unter einem nicht-konsensualen Plan der weitergehenden Beteiligung eines Altgesellschafters ohne entsprechenden Wertausgleich bedarf.

In der Begründung des Regierungsentwurfs wird das Leitbild eines geschäftsführenden Gesellschafters hervorgehoben. Die Regelung des § 28 Abs. 2 Nr. 1 StaRUG hat jedoch tatbestandlich keine solche Einschränkung erfahren.[1321] Hinsichtlich der Prognose der Erforderlichkeit der Mitwirkung der Gesellschafter zur Realisierung des Planwerts oder jedenfalls eines höheren Planwerts wird eine überwiegende Wahrscheinlichkeit gefordert.[1322] Das Merkmal der erforderlichen „Mitwirkung" ist weit gefasst und kann grundsätzlich persönliche Leistungen sowie auch Sachleistungen (z.B. Einräumung von Nutzungsrechten) umfassen.[1323]

1318 Begr. RegE SanInsFoG, BT-Drucks. 19/24181, S. 130; *Spahlinger*, in: BeckOK, StaRUG, § 28 Rn. 17.

1319 RegE SanInsFoG, BT-Drucks. 19/24181, S. 130; *Herzig*, in: Braun, StaRUG, § 28 Rn. 14.

1320 RegE SanInsFoG, BT-Drucks. 19/24181, S. 130; *Herzig*, in: Braun, StaRUG, § 28 Rn. 9; mit einer anderen Begründung *Bork*, ZRI 2021, 345 (358): ließe sich der Planmehrwert ohne den persönlichen Einsatz des Gesellschafters nicht realisieren, ermögliche dieser erst die Besserstellung der Gläubiger unter dem Plan, womit eine Beteiligung des Gesellschafters am Planwert angemessen sei.

1321 *Kowalewski/Praß*, in: Morgen, StaRUG, § 28 Rn. 24; *Spahlinger*, in: BeckOK, StaRUG, § 28 Rn. 18.

1322 *Spahlinger*, in: BeckOK, StaRUG, § 28 Rn. 16; s. auch *Jacoby*, in: Jacoby/Thole, StaRUG, § 28 Rn. 16.

1323 *Spahlinger*, in: BeckOK, StaRUG, § 28 Rn. 19 nennt beispielhaft als Sachleistung die Zurverfügungstellung eines unabdingbaren Betriebsgrundstücks.

An die Voraussetzung der mangelnden Ersetzbarkeit werden hohe Anforderungen gestellt.[1324]

Zugleich wird die Privilegierung an eine Verpflichtung zur fortgesetzten Mitwirkung geknüpft, um den für die Realisierung des Planwerts unerlässlichen Beitrag des Gesellschafters abzusichern. Diese Verpflichtung soll fünf Jahre andauern, sofern nicht für den Planvollzug eine kürzere Frist bestimmt wird. Kommt der Gesellschafter dieser im Plan eingegangenen Verpflichtung nicht nach, sollen ihm die Vorteile der (nicht durch seine Mitwirkung verdienten) Privilegierung nicht verbleiben. Folglich soll sich der Gesellschafter zugleich für den Fall, dass er die Nichterfüllung zu vertreten hat, im Plan zur „Übertragung der wirtschaftlichen Werte" verpflichten (§ 28 Abs. 2 Nr. 1 Hs. 2 StaRUG). Die geforderte Mitwirkungsverpflichtung bringt eine Fülle tatbestandlicher und praktischer Unklarheiten mit sich. Dies beginnt bei der Formulierung der Mitwirkungsverpflichtung im Restrukturierungsplan und ihrer praktischen Umsetzung und Überwachung und setzt sich fort in den Folgen einer Pflichtverletzung. So lässt das Gesetz an dieser Stelle gänzlich unklar, ob die „Übertragung der wirtschaftlichen Werte" die unter dem Plan belassenen Beteiligungen oder deren wirtschaftlichen Wert erfasst, auf welchen Zeitpunkt bezogen der zu übertragende Wert bestimmt wird und unter welchen Modalitäten die Übertragung zu erfolgen hat.[1325] Auch ein Blick in die Begründung des Regierungsentwurfs schafft keine Klarheit. In der praktischen Rechtsanwendung werden sich die Planbetroffenen und die Restrukturierungsgerichte absehbar vor bedeutende Herausforderungen gestellt sehen.

2.4.9.4.2.2 Geringfügige Eingriffe in Gläubigerrechte, § 28 Abs. 2 Nr. 2 StaRUG

Schließlich steht der Behalt von Beteiligungen von Gesellschaftern einer gruppenübergreifenden Mehrheitsentscheidung unter den Voraussetzungen des § 28 Abs. 2 Nr. 2 StaRUG nicht entgegen, wenn die Eingriffe in die Rechte der ablehnenden Gläubigergruppe unter dem Plan geringfügig sind. Die Prüfung erfolgt allein bezogen auf die mehrheitlich ablehnende Gläubigergruppe (s. §§ 26 Abs. 1 Nr. 2, 28 Abs. 2 Nr. 2 StaRUG). Als Regelbeispiel werden Restrukturierungspläne angeführt, durch welche die Forderungen der Gläubiger nicht gekürzt werden und

1324 *Herzig*, in: Braun, StaRUG, § 28 Rn. 10.

1325 *Spahlinger*, in: BeckOK, StaRUG, § 28 Rn. 21; *Knapp*, in: Flöther, StaRUG, § 28 Rn. 12 f. mit einem Umsetzungskonzept für den Fall der Übertragung der Beteiligungen (Übertragung auf einen Treuhänder, Veräußerung, Auskehr an die Gläubiger entsprechend ihrer Rangordnung, ebd. Rn. 12); *Herweg*, in: MüKo, StaRUG, § 28 Rn. 36: (Rück-)Übertragung der Gesellschaftsanteile.

deren Fälligkeit um nicht mehr als 18 Monate verschoben wird. Für den Fall nur geringfügiger Eingriffe in die Rechte der Mitglieder der ablehnenden Gläubigergruppe wird das Erfordernis einer vollständigen Beseitigung der Beteiligungen der Gesellschafter als ungerechtfertigt angesehen.[1326]

Die Regelung des § 28 Abs. 2 Nr. 2 StaRUG normiert erfasste Konstellationen im Wege eines nicht abschließenden Regelbeispiels („insbesondere"). Die Formulierung („und") lässt offen, ob die Anforderungen des Verzichts auf eine Kürzung der Forderungen sowie eine Verlängerung von weniger als 18 Monaten zugleich gewahrt werden müssen, oder es sich hingegen um zwei beispielhafte Konstellationen handelt. Interpretiert man die Norm in letzterem Sinne, dürften auch geringfügige Forderungskürzungen einer gruppenübergreifenden Mehrheitsentscheidung nicht entgegenstehen.[1327] Die – wenn auch knappe – Gesetzesbegründung deutet jedoch in die Richtung, dass Forderungskürzungen jeglicher Art nicht mehr als geringfügiger Eingriff anzusehen sind.[1328] Als Maßnahmen von ähnlich geringer Eingriffsintensität werden unter dieser Lesart etwa Anpassungen von Financial Covenants angesehen.[1329]

Durchbrechungen der absoluten Priorität werden unter § 28 Abs. 2 Nr. 2 StaRUG wiederum nur zur Flexibilisierung der Cram-Down-Regelung im Interesse der Gläubiger und für Fälle zugelassen, in denen die gläubigerschützende Wirkung absoluter Priorität aufgrund der Geringfügigkeit der Eingriffe nicht in Frage gestellt wird.[1330] Anders als unter § 28 Abs. 2 Nr. 1 StaRUG haben Altgesellschafter für den Beteiligungserhalt hingegen keine Gegenleistung durch Mitwirkung an dem Sanierungsversuch zu erbringen.

1326 Begr. RegE SanInsFoG, BT-Drucks. 19/24181, S. 130; *Herzig*, in: Braun, StaRUG, § 28 Rn. 15; *Spahlinger*, in: BeckOK, StaRUG, § 28 Rn. 24.

1327 So etwa *Spahlinger*, in: BeckOK, StaRUG, § 28 Rn. 24: zulässig sind etwa geringfügige Kürzungen oder längere Stundungen; *Herzig*, in: Braun, StaRUG, § 28 Rn. 16 nennt beispielhaft Kleingläubigergruppen, deren Anteil am Restrukturierungserfolg nur geringfügig sei.

1328 Begr. RegE SanInsFoG, BT-Drucks. 19/24181, S. 130: „Ein in diesem Sinne geringfügiger Eingriff in die Rechte der Gläubiger liegt nach dem genannten Beispiel bei kurz- und mittelfristigen Fälligkeitsverschiebungen bis zu 18 Monaten vor."; so auch *Kowalewski/Praß*, in: Morgen, StaRUG, § 28 Rn. 36.

1329 *Kowalewski/Praß*, in: Morgen, StaRUG, § 28 Rn. 36 (zugleich werden Änderungen der – wohl vertraglich für außerinsolvenzliche Restrukturierungen, etwa in Intercreditor Agreements – vorgesehenen Prioritätsregelungen, sog. Wasserfallregelungen, als einzelfallabhängig zulässig angesehen).

1330 S. auch *Bork*, ZRI 2021, 345 (358).

2.4.9.4.2.3 Einordnung der Durchbrechungen in das Prioritätssystem des StaRUG

Konsistent mit der restriktiven Wertung des § 28 Abs. 1 StaRUG bleiben auch die Ausnahmetatbestände des § 28 Abs. 2 Nr. 1 und 2 StaRUG auf eng umgrenzte Sondersituationen beschränkt. So wird nicht grundsätzlich der Erhalt des Eigenkapitals vor einer vollständigen Befriedigung der Gläubiger begünstigt, wie etwa durch die europäische Regel des relativen Vorrangs.[1331]

Der Regelung des § 28 Abs. 2 Nr. 1 StaRUG liegt das Leitbild des geschäftsführenden Gesellschafters zugrunde, dessen besondere Kenntnisse, Fähigkeiten oder sonstigen Beziehungen zur Umwelt für die erfolgreiche Restrukturierung des schuldnerischen Betriebs entscheidend sind. Seine fortgesetzte Mitwirkung am Gelingen der Sanierung soll durch die Möglichkeit zum teilweisen oder vollständigen Erhalt seiner Beteiligung gefördert werden.[1332] Adressiert sind damit besonders Konstellationen, in denen Gesellschafter zugleich in ihrer Eigenschaft als natürliche Person einen unverzichtbaren Mehrwert für das schuldnerische Unternehmen bieten. Damit steht, wie auch im europäischen Gesetzgebungsprozess, wiederum die Restrukturierung von KMU im Vordergrund,[1333] speziell von kleinen Unternehmen und Kleinstunternehmen.

Ferner hat es der deutsche Gesetzgeber damit erkennbar nicht zum Ziel erhoben, eine – erkannte oder vermeintliche – sanierungshindernde Wirkung des Konzepts absoluter Priorität auszugleichen.[1334] Zunächst werden reine Kapitalpositionen zu Investitionszwecken, etwa von Finanzinvestoren, im Falle börsennotierter Unternehmen oder schlicht sonstiger nicht operativ oder strategisch eingebundener Gesellschafter, regelmäßig nicht die Voraussetzungen des engen Ausnahmetatbestands des § 28 Abs. 2 Nr. 1 StaRUG erfüllen können.[1335] Ein potenziell weiter Wirkungsbereich zur Incentivierung des Eigenkapitals in Richtung früher Sanierungsbemühungen[1336] ist von Beginn an durch den engen Tatbestand der Durchbrechung begrenzt. Auch wird es aus Sicht eines geschäftsführenden

---

1331 Eingehend auf den S. 218 ff.

1332 Dies verdeutlicht auch der Umstand, dass Forderungen aus Gesellschafterdarlehen (Leitbild: passives Fremdkapital) nicht auch privilegiert werden, s. bereits Nachw. in Fußn. 1319.

1333 Dazu auf den S. 156 ff.; im hiesigen Kontext auch *H.-F. Müller*, ZIP 2020, 2253 (2256).

1334 Im Kontext der RestRL S. 222 f.

1335 S. auch *Knapp*, in: Flöther, StaRUG, § 28 Rn. 10.

1336 Zu diesem Aspekt etwa *Harig*, in: Kluth/Harder/Harig/Kunz, Das neue Restrukturierungsrecht, § 8 Rn. 80.

Gesellschafters ex ante nicht immer verlässlich einzuschätzen sein, ob in seiner Person liegende, besondere Umstände seinen Verbleib in der Gesellschaft nach Ansicht des Gerichts rechtfertigen würden. Aus praktischer Sicht erscheint damit fraglich, wie häufig die Aussicht auf eine Privilegierung die Scheu vor einer tiefgreifenden Restrukturierung wird aufwiegen können. Damit bleibt ein von § 28 Abs. 2 Nr. 1 StaRUG ausgehender, effektiver Anreiz für frühzeitige Sanierungsbemühungen mit der Perspektive des Beteiligungserhalts auf ein geringes Maß begrenzt. Der unbestimmte Tatbestand eröffnet Gesellschaftern zugleich Raum, sich über eine Einflussnahme auf den Schuldner selbst zum Träger unentbehrlicher Eigenschaften zu erklären.[1337]

Die restriktive Durchbrechung der absoluten Priorität für geringfüge Eingriffe in Gläubigerrechte gemäß § 28 Abs. 2 Nr. 2 StaRUG bleibt ebenfalls auf tatbestandlich und praktisch eng umrissene Ausnahmefälle (kein Eingriff in Gläubigerrechte und Fälligkeitsverschiebung um maximal 18 Monate) begrenzt. Die gläubigerschützende Wirkung absoluter Priorität wird damit im Kern nicht in Frage gestellt. Da es in Fällen finanzieller Restrukturierungen unter dem StaRUG häufig der Kürzung von Forderungen sowie Fälligkeitsverschiebungen um mehr als 18 Monate gegen den Willen einer Gruppe bedürfen wird,[1338] ist mit einem begrenzten praktischen Anwendungsbereich der Regelung zu rechnen.

Zunächst werden durch die Privilegierungen des § 28 Abs. 2 StaRUG allein Gesellschafter begünstigt, nicht hingegen auch gegenüber der ablehnenden Gruppe niederrangige Gläubiger, deren Positionen gleichsam out-of-the-money sind. Das Wertaufholungspotenzial ihrer Beteiligungen soll Gesellschaftern damit nur verbleiben, wenn deren fortgesetzte Beteiligung zur Realisierung des Planwerts – im übergeordneten Interesse der Gläubiger – unerlässlich ist und stellt sich als Nebeneffekt dar. Ferner wird die Realisierung einer etwaigen Wertaufholung unter § 28 Abs. 2 Nr. 1 StaRUG an strenge Voraussetzungen einer fortgesetzten Einbringung in den schuldnerischen Geschäftsbetrieb geknüpft. Mit dem restriktiven Erfordernis einer fortgesetzten operativen oder strategischen Mitwirkung an der Sanierung, welche nach dem Regelbeispiel des § 28 Abs. 2 Nr. 1 Hs. 2 StaRUG fünf Jahre betragen soll, soll verbleibenden Gesellschaftern erkennbar eine signifikante „Gegenleistung" für den Beteiligungserhalt abverlangt werden. Dogmatisch kann man den Tatbestand in die Nähe der New Value Exception gerückt sehen.[1339] Schließlich tritt daneben für den Fall der Nichterfüllung der (jedenfalls

---

1337 *Thole*, ZIP 2020, 1985 (1990); dazu *Herzig*, in: Braun, StaRUG, § 28 Rn. 20.

1338 S. auch *Knapp*, in: Flöther, StaRUG, § 28 Rn. 15; *Hacker/Weber*, WPg 2021, 258 (263).

1339 S. auch *Herweg*, in: MüKo, StaRUG, § 28 Rn. 23-26; *Bork*, ZRI 2021, 345 (358).

tatbestandlich) vagen[1340] Verpflichtung zur Mitwirkung das Risiko der Haftung auf Übertragung der belassenen wirtschaftlichen Werte.[1341] Die einschränkende Voraussetzung einer zu vertretenden Verletzung der Mitwirkungsverpflichtung schafft weitere Unklarheiten.

2.4.10 Zusammenfassung und Reflektion des Prioritätssystems unter dem StaRUG

Strukturell folgt das Prioritätssystem unter dem StaRUG den Linien des US-amerikanischen Chapter-11-Verfahrens sowie des deutschen Insolvenzplanverfahrens. Ist ein Konsens der Kapitalgeber hinsichtlich der Verteilung des Unternehmenswerts nicht zu erreichen, wird die wirtschaftliche Position von Mitgliedern ablehnender Gruppen durch die Regelungen zur gruppenübergreifenden Mehrheitsentscheidung bestimmt. Es gelten die untere Wertgrenze des Schlechterstellungsverbots, die obere Wertgrenze des vollen Forderungsbetrags sowie der Gleichrang.[1342] Die Verteilung des durch den Restrukturierungsplan gegenüber dem Alternativszenario ohne Plan generierten wirtschaftlichen Mehrwerts unterliegt der Prioritätsregel. Bedeutende Abweichungen folgen aus dem teilkollektiven Verfahrenscharakter des StaRUG, womit die Prioritätsregelungen unmittelbar allein die in den Plan einbezogenen Kapitalpositionen betreffen. Betrachtet man die Historie der starren absoluten Vorrangregel des Insolvenzplanverfahrens, so präsentiert sich die Konzeption des StaRUG mit einer absoluten Prioritätsregel und punktuellen, gesetzlich normierten Durchbrechungen dieser als Novum. Wurden stets der strikte Befriedigungsvorrang der Gläubiger sowie die vorrangige Haftung des Eigenkapitals hervorgehoben,[1343] könnten die neuen Regelungen gar als Wandel im System insolvenz- und restrukturierungsrechtlicher Priorität unter deutschem Recht verstanden werden.

Die Ausführungen zu den Regelungen der gruppenübergreifenden Mehrheitsentscheidung sind im Regierungsentwurf des SanInsFoG auf ein Mindestmaß beschränkt. An einer Erörterung des zugrundeliegenden Prioritätssystems sowie insbesondere einer Auseinandersetzung mit der alternativen Regel relativen Vorrangs fehlt es vollständig. In der internationalen Forschung entwickelte Argumente für Konzepte relativer Priorität (etwa sanierungsfreundliche

---

1340 Dazu bereits zuvor auf den S. 281 ff.

1341 Krit. etwa *Proske/Streit*, NZI 2020, 969 (971): „Insgesamt erscheint die Regelung unpraktisch und überzogen.".

1342 Eingehend zuvor auf den S. 261 ff.

1343 Näher zuvor auf den S. 188 ff.

Anreizwirkung, abgesenktes Konfliktpotenzial) und gegen Konzepte absoluter Priorität (etwa Gleichbehandlung von Fortführung und Liquidation, Komplexität der Unternehmensbewertung) wurden nicht thematisiert. Mit dem Schweigen gibt der Gesetzgeber Wissenschaft und Praxis kaum Orientierungspunkte zur systematischen Einordnung der neuen Regelungen an die Hand. Als Äquivalent wurde erkennbar der Verweis auf die Vorbildwirkung und analoge Struktur der insolvenzplanrechtlichen Regelungen zum Obstruktionsverbot (§ 245 InsO) verstanden. Da Gegenstand des StaRUG jedoch die präventive, vorinsolvenzliche Restrukturierung ist und der europäische Gesetzgeber mit der Einführung der Regel des relativen Vorrangs eine tiefergehende Reflektion anzustoßen suchte, bedarf es einer näheren Untersuchung des neuen Rechts.

2.4.10.1 Bevorrechtigung des Fremdkapitals am Unternehmenswert

Eine Auseinandersetzung mit der absoluten Prioritätsregel und ihren Durchbrechungen unter dem StaRUG verdeutlicht, dass auch die neuen Regelungen eng der gläubigerschützenden Zielrichtung absoluter Priorität folgen und die normierten Ausnahmen auf eng umgrenzte Fälle beschränkt sind. Der charakteristische Befriedigungsvorrang der Gläubiger gegenüber den Gesellschaftern (§ 199 S. 2 InsO) wird nicht angetastet. Insolvenzrechtliche Regelungen werden durch die Anknüpfung an die Liquidationsprioritäten der InsO im vorinsolvenzlichen Bereich fortgeführt. So stützte sich der deutsche Gesetzgeber hinsichtlich der Tatbestände des § 28 Abs. 1 sowie Abs. 2 Nr. 1 und 2 StaRUG einzig auf die Erwägung, dass diese der Förderung des Sanierungsversuchs als solchem und damit zugleich der gläubigerschützenden Zielrichtung der absoluten Prioritätsregel dienen.[1344]

Während freie Sanierungen mangels Instrumenten zur Bindung dissentierender Minderheiten Lösungen nach dem Vorbild relativer Priorität begünstigen, wird für den Bereich präventiver Restrukturierungen in der Verteilung des Unternehmenswerts für nicht-konsensuale Pläne eine Symmetrie mit dem Insolvenzplanverfahren sowie auch der Liquidation in der Insolvenz gewährleistet. In der Einschätzung potenzieller Ausfallrisiken können potenzielle Kreditgeber für sämtliche Verfahrensrahmen der Restrukturierung unter deutschem Recht weithin einheitliche Prioritätsregeln zugrunde legen. Zugleich bleiben mit der Anknüpfung an die insolvenzrechtlichen Rangverhältnisse auch Rangregelungen aus Intercreditor Agreements außer Betracht. Vertragliche Rangregelungen werden unter dem StaRUG damit ab der Schwelle einer drohenden Zahlungsunfähigkeit durch die insolvenzrechtlichen Liquidationsprioritäten überlagert.

1344 S. Begr. RegE SanInsFoG, BT-Drucks. 19/24181, S. 129 f.

Im Ergebnis hat der deutsche Gesetzgeber mit den §§ 27 Abs. 1 Nr. 2, 28 StaRUG einen schonenden Ausgleich zwischen den Anliegen des Gläubigerschutzes sowie der Förderung frühzeitiger Sanierungsbemühungen gefunden. Dessen tieferer Grund liegt darin, dass Durchbrechungen der absoluten Priorität erkennbar dem übergeordneten Sanierungsinteresse und der Maximierung des Planwerts zu dienen bestimmt sind, während Effekte der Umverteilung des Unternehmenswerts zugunsten niedriger Rangklassen als begrenzte Nebeneffekt auftreten. Erleichtert wird die Begünstigung gleichrangiger Gläubigergruppen (§ 28 Abs. 1 StaRUG) sowie für die Sanierung erfolgskritischer Gesellschafter (§ 28 Abs. 2 StaRUG). Auf eine Begünstigung gegenüber der ablehnenden Gruppe niedrigerer Gläubigergruppen sowie generelle Begünstigungen des Eigenkapitals wird zutreffend verzichtet.

2.4.10.2 Klarheit und Bestimmtheit der Verteilungsvorgaben

In der praktischen Anwendung werden die Regelungen der §§ 27 Abs. 1 Nr. 2, 28 Abs. 2 StaRUG voraussichtlich leichter zu handhaben sein, als es hinsichtlich einer Regel des relativen Vorrangs nach der RestRL – welche eine Besserstellung der ablehnenden Gruppe gegenüber nachrangigen Gruppen genügen lässt – zu erwarten wäre.[1345] Die für das Konzept absoluter Priorität charakteristische Klarheit und Bestimmtheit der Verteilungsfolge wird aufrechterhalten. Praktischen Bedürfnissen der Rechtssicherheit und -klarheit wird damit entsprochen; aus Sicht von Kreditgebern im Markt der Unternehmensfinanzierung sind keine gesteigerten Unsicherheiten einzupreisen. Zwar bleiben die Voraussetzungen des § 28 Abs. 2 Nr. 1 StaRUG tatbestandlich unbestimmt und durch das Gericht im Einzelfall auszufüllen. Jedoch verbleibt ein gegenüber der Regel relativen Vorrangs deutlich eingeschränktes Spektrum für mögliche Wertzuteilungen, womit auch gerichtliche Konflikte in geringerem Ausmaß zu erwarten sind. Das Fehlen veröffentlichter Entscheidungen von Restrukturierungsgerichten zu § 28 StaRUG stützt diese These bis dato. Bedeutende Unklarheiten verbleiben bedauerlicherweise hinsichtlich einer etwaigen Verpflichtung zur Übertragung der „wirtschaftlichen Werte" durch die Gesellschafter bei schuldhafter Nichterfüllung ihrer Mitwirkungsverpflichtung sowie den Modalitäten dieser. Die Unbestimmtheit des Tatbestands bietet Potenzial für gerichtliche Auseinandersetzungen.[1346]

1345 Zu weitreichenden Spielräumen in der Umsetzung des Merkmals der Besserstellung auf den S. 225 ff.

1346 S. auch *Thole*, ZIP 2020, 1985 (1990).

2.4.10.3 Stellung der Gesellschafter und praktischer Anwendungsbereich der gruppenübergreifenden Mehrheitsentscheidung

Es verbleibt der Eindruck, dass es – wie es zuweilen auch den europäischen Richtlinienvorgaben attestiert wurde – an einer klaren konzeptionellen Grundlage des entwickelten Prioritätssystems fehlt. Kernanliegen des StaRUG sind nicht allein flexible, sondern vielmehr auch frühzeitige Restrukturierungen. Mit der Konzeption eines schuldnergeführten Verfahrens wären damit besonders die Gesellschafter zu adressieren gewesen, welche maßgebenden Einfluss auf die Verfahrenseinleitung haben.[1347] Durch die absolute Prioritätsregel werden hingegen hohe Anforderungen an die Bestätigung nicht-konsensualer Pläne gestellt, unter denen Altgesellschaftern Beteiligungen belassen werden. Die Bestätigung des Plans gegen das Votum einer ablehnenden Gläubigergruppe scheidet wegen der Wertzuweisung an die Gesellschafter aus, wenn nicht eine Durchbrechung der absoluten Priorität gemäß § 28 Abs. 2 StaRUG abhilft. Die Durchbrechungstatbestände werden jedoch nur in eng umgrenzten Fällen Abhilfe leisten können. In tiefgreifenden Restrukturierungen sowie in Restrukturierungen mittlerer und großer Unternehmen werden die Voraussetzungen selten erfüllt sein.[1348] So hat das in der Begründung zum Regierungsentwurf formulierte Leitbild des geschäftsführenden Gesellschafters (als natürliche Person) in der Regelung § 28 Abs. 2 Nr. 1 StaRUG eine deutliche Ausprägung erfahren.[1349] Werden Gesellschaftern unter dem Plan Beteiligungen belassen, wird eine Überwindung einer ablehnenden Gläubigergruppe demnach nur selten in Betracht kommen. Als wesentlicher praktischer Anwendungsbereich des StaRUG könnten sich damit im Vorhinein abgestimmte und weitgehend konsensfähige Planlösungen erweisen.[1350] Aus Sicht der Gesellschafter wird eine Restrukturierung unter dem StaRUG regelmäßig nur dann eine Perspektive bieten, wenn mit einer Zustimmung sämtlicher Gläubigergruppen mit der notwendigen 75%-Summenmehrheit zu rechnen ist.[1351]

Gleichsam fraglich ist der Mehrwert der gruppenübergreifenden Mehrheitsentscheidung in Konstellationen, in denen die Gesellschaft zwar liquiditätsbedingt drohend zahlungsunfähig ist und die Gesellschaftsanteile jedoch zumindest in

---

1347 S. auch *Wilkens*, WM 2021, 573 (584).

1348 Zu Voraussetzungen und Anwendungsbereich des § 28 Abs. 2 StaRUG zuvor auf den S. 280 ff.

1349 S. auch *Wilkens*, WM 2021, 573 (584).

1350 Ebd.

1351 Ebd.: Es ergibt sich hinsichtlich der angestrebten frühzeitigen Einleitung von Sanierungen ein „Dysfunktionalitätspotential".

geringem Maß werthaltig sind. In diesem Fall sind den Gesellschaftern aufgrund des Schlechterstellungsverbots zwingend Beteiligungen im Umfang des § 26 Abs. 1 Nr. 1 StaRUG (nächstbestes Alternativszenario) zu belassen, womit zunächst die absolute Prioritätsregel einem Cram Down einer Gläubigergruppe entgegensteht. Die Durchsetzung des Plans unter Rückgriff auf § 28 Abs. 2 StaRUG wird wiederum nur in den spezifischen, typisierten Fällen gelingen.[1352] An dieser Stelle wird offenbar, welche Friktionen eine Nachbildung insolvenzplanrechtlicher Vorschriften im präventiven Restrukturierungsrahmen zeitigen kann. Während die gläubigerschützende absolute Vorrangregel im gläubigergeführten Insolvenzverfahren konsistente Anforderungen vorgibt, weist die Implementierung der gläubigerschützenden absoluten Prioritätsregel im schuldnergeführten StaRUG-Verfahren zugleich in entgegengesetzte Richtungen.

2.5 Zusammenfassung und Fazit – Teil I

2.5.1 Rechtsökonomische Grundlagen und Verteilungswirkungen der Regelungen zum klassenübergreifenden Cram Down

Während die Priorität in der Liquidation unmittelbar die Verteilung des Verwertungserlöses an die Kapitalgeber bestimmt, entfaltet sie in der Fortführung in restrukturierungs- und insolvenzrechtlichen Planverfahren nur mittelbar Wirkung. Als Teil der verfahrensrechtlichen Regelungen, zuvorderst des klassenübergreifenden Cram Down, bestimmt sie die Berechtigung der Kapitalgeber am Unternehmenswert und ihre Durchsetzungskraft in der Entscheidung über die Masseverwertung und -verteilung.

Die Verteilung des Unternehmenswerts sowie die zugrundeliegende Unternehmensbewertung obliegen in restrukturierungs- und insolvenzrechtlichen Planverfahren grundsätzlich der mehrheitlich-konsensualen Übereinkunft der Planbetroffenen. Das deutsche und das US-amerikanische Insolvenz- und Restrukturierungsrecht, ebenso wie die RestRL, sehen insoweit keine zwingenden Verteilungs- und Bewertungsregelungen vor. Findet ein Planentwurf nicht die Zustimmung sämtlicher Abstimmungsklassen, so erlaubt das Instrument des klassenübergreifenden Cram Down eine Durchsetzung dessen unter Bindung dissentierender Klassen. Zum Schutz überstimmter Klassenangehöriger statuiert das Gesetz wirtschaftliche Mindestanforderungen.

1352 Dazu *Korch*, NZG 2020, 1299 (1300): „Für nachweisbar werthaltige Anteile schafft die Regel des absoluten Vorrangs einen unauflösbaren Anforderungswiderspruch […].“

In Orientierung am US-amerikanischen Chapter-11-Verfahren hat sich für den klassenübergreifenden Cram Down auch im deutschen Restrukturierungs- und Insolvenzrecht sowie unter der europäischen RestRL ein mehrgliedriges Schutzsystem etabliert. Der Planentwurf muss verschiedenen wirtschaftlichen Vorgaben hinsichtlich der Verteilung des Unternehmenswerts des restrukturierten Schuldners gerecht werden. Das Schlechterstellungsverbot sichert den Angehörigen ablehnender Klassen als untere Wertgrenze den wirtschaftlichen Wert ihrer Position in der Liquidation oder dem nächstbesten Alternativszenario. Der volle Betrag der Forderung markiert die obere Wertgrenze für Zuteilungen zugunsten anderer Klassen. Die ablehnende Klasse darf gegenüber anderen, gleichrangigen Klassen wirtschaftlich nicht schlechter gestellt werden; die Priorität ist im Gleichrang zu wahren. Schließlich ist bei der Verteilung des gegenüber dem Alternativszenario durch den Plan generierten Planmehrwerts zugunsten der ablehnenden Klasse eine Prioritätsregel zu wahren. Die Prioritätsregel bestimmt, inwieweit die Liquidationsprioritäten in der zwangsweisen Durchsetzung fortführender Pläne zu wahren sind. Durch die Regelungen über die Planabstimmung und den klassenübergreifenden Cram Down wird den Beteiligten ein strukturierter Verhandlungsraum eröffnet, in dem sich Marktkräfte entfalten und zu bestmöglichen, wertmaximierenden Verwertungslösungen führen sollen.

2.5.2 Konzepte absoluter Priorität

In der Insolvenzrechtswissenschaft haben sich zwei konkurrierende Prioritätskonzepte herausgebildet: absolute und relative Priorität. Nach dem Vorbild des US-amerikanischen Chapter-11-Verfahrens folgen internationale restrukturierungs- und insolvenzrechtliche Rahmenwerke weithin dem Konzept absoluter Priorität. Absolute Priorität statuiert für nicht-konsensuale Pläne eine vollen, absoluten Befriedigungsvorrang ablehnender Gruppen. Demnach kommt eine zwangsweise Durchsetzung eines Plans gegen das Votum einer ablehnenden Klasse nur in Betracht, wenn unter dem Plan keiner gegenüber der ablehnenden Klasse nachrangigen Klasse Werte zuteilwerden. Die Rangstellung im Zugriff auf den Planmehrwert folgt dabei den insolvenzrechtlichen Liquidationsprioritäten. Vorrang genießt das Fremdkapital, während die Eigenkapitalgeber am Schluss der Befriedigungsfolge stehen. Innerhalb des Fremdkapitals gelten wiederum Vor- und Nachrangverhältnisse.

Die Anknüpfung an Liquidationsprioritäten gewährleistet eine Symmetrie in der Verteilung des Unternehmenswerts zwischen der Liquidation und der Fortführung. Die Anknüpfung an die insolvenzrechtlichen Liquidationsprioritäten unter dem StaRUG schafft diese Symmetrie auch zwischen der Verwertung in der Insolvenz sowie der vorinsolvenzlichen Restrukturierung. Die Wahl des Verfahrensrahmens sowie der Verwertungsvariante ermöglicht damit keine Verschiebungen in der Wertverteilung. Kapitalpositionen unterliegen einer fixen Prioritätsfolge, sollten die Beteiligten nicht konsensual eine abweichende Lösung vereinbaren. Ein Zusammenwirken liquidationsrechtlich höher- und niederrangiger Klassen zulasten mittlerer Rangklassen durch Wertzuweisungen an das Eigenkapital wird verhindert; strukturell schwächere Gläubigergruppen werden geschützt. Die absolute Priorität wird als grundlegendes Ordnungskonzept verstanden, Abweichungen werden nur in engen Grenzen zugelassen. Dieser Konzeption einer absoluten Priorität mit punktuellen Durchbrechungen folgen auch das deutsche Insolvenzplanverfahren sowie das StaRUG.

Indem die Priorität ex post die Beteiligung am Unternehmenswert bestimmt, entfaltet sie ex ante verhaltensleitende Wirkung gegenüber den Kapitalgebern. Die Striktheit und Inflexibilität absoluter Priorität kann kooperativen Sanierungslösungen unter wertmäßiger Einbeziehung aller Kapitalklassen im Weg stehen und für niederrangige Kapitalklassen, besonders das Eigenkapital, ineffiziente Verzögerungs- und Holdoutanreize begründen. Die starre Verteilungsfolge bietet den Verfahrensbeteiligten ex post und Marktteilnehmern ex ante jedoch größtmögliche Transparenz und Vorhersehbarkeit hinsichtlich der Wertverteilung im Krisenfall. Marktteilnehmer können ihr Verhalten an den Normen des Insolvenzrechts ausrichten. Den Verfahrensbeteiligten wird ein strukturierter Verhandlungsrahmen mit klaren äußeren Grenzen eröffnet.

2.5.3 Wechselwirkungen absoluter Priorität mit dem Feld der Unternehmensbewertung

Unter Geltung absoluter Priorität wird die zutreffende Unternehmensbewertung durch das Gericht zum zentralen Faktor. Der vollständige Befriedigungsvorrang unter absoluter Priorität hat zur Folge, dass höherrangige ablehnende Kapitalklassen vollständig zu befriedigen sind, während niederrangigen Kapitalklassen häufig keinerlei Werte zuteilwerden, besonders dem letztrangigen Eigenkapital. Aufgabe der Gerichte in der Anwendung einer absoluten Prioritätsregel ist es daher, den „value break“ in der schuldnerischen Kapitalstruktur zu bestimmen. Anknüpfungspunkte sind etwa das Schlechterstellungsverbot (vergleichende Bewertung der Leistungen im Planszenario und im Alternativszenario), die absolute Priorität (etwa Planleistungen an niederrangige Klassen, obwohl die höherrangige ablehnende Klasse aufgrund einer Überbewertung ihrer Planleistungen tatsächlich nicht vollständig befriedigt ist; Behalten oder Erwerb von Eigenkapital gegen vollen Wertausgleich unter der New Value Exception), das Verbot der Überbefriedigung (etwa Erhalt von Eigenkapitalpositionen im Wege eines Debt-Equity-Swap durch Gläubiger) und das Gebot der Gleichbehandlung (bei unterschiedlichen Planleistungen für gleichrangige Gruppen). Da ein Verkauf am Markt gerade nicht stattfindet, bedarf es einer gerichtlichen Unternehmensbewertung. Mit ihr verbundene Herausforderungen, Unsicherheiten und Konfliktpotenziale finden Einzug in des Planverfahren.

Die strikte Rangfolge setzt für Kapitalgeber signifikante Anreize, durch Bewertungsgutachten Einfluss auf die dem Plankonzept zugrundeliegende gerichtliche Unternehmensbewertung zu nehmen und die Wertverteilung in eigenen Sinne zu beeinflussen. Die US-amerikanische Sanierungspraxis berichtet zuweilen von zeit- und kostenintensiven gerichtlichen Bewertungskonflikten, die teils in hohen Verfahrenskosten und direkten und indirekten Insolvenzkosten resultieren. Eine empirische Studie legt nahe, dass die Bewertungsansätze der Beteiligten im Laufe der Zeit zunehmend divergieren. Beteiligte können daher in Richtung konsensualer Lösungen unter Inkaufnahme wertmäßiger Zugeständnisse zugunsten rangniederer Klassen incentiviert sein. Die empirisch belegte Varianz gerichtlicher Unternehmensbewertungen erzeugt ferner asymmetrische Verteilungseffekte zugunsten rangniederer Klassen und zulasten ranghöherer Klassen. Der Bewertungszeitpunkt wird zum bestimmenden Faktor, zufällige Verschiebungen können den Unterschied zwischen Alleininhaberschaft des restrukturierten Eigenkapitals und Totalverlust bedeuten.

In der US-amerikanischen juristischen und rechtsökonomischen Literatur bildet das Erfordernis einer gerichtlichen Unternehmensbewertung, praktisch in Form der Auseinandersetzung mit Bewertungsgutachten der Beteiligten, den zentralen Kritikpunkt am Konzept absoluter Priorität. Im Kontext des deutschen Insolvenzplanverfahrens wird die Thematik nur stellenweise erörtert. Mit der Diskussion um die Prioritätsregel unter der RestRL erfuhr die Thematik im europäischen Kontext neue Aktualität. Mit Blick auf das StaRUG werden Wechselwirkungen mit dem Feld der Unternehmensbewertung wiederum selten thematisiert.

2.5.4 Konzepte relativer Priorität

Um den beschriebenen Defiziten absoluter Priorität abzuhelfen, haben Autoren in der US-amerikanischen Rechtswissenschaft und Rechtsökonomie bereits früh begonnen, alternative Konzepte relativer Priorität zu entwickeln. Es wird kritisiert, dass mit der absoluten Priorität für den Liquidationsfall bestimmte Prioritäten auf die Fortführung übertragen würden, obwohl eine künftige Wertaufholung zugunsten nachrangiger Kapitalklassen nicht ausgeschlossen sei. In der Liquidation wird der schuldnerische Unternehmenswert in ein Barvermögen gewandelt, welches an die bisherigen Kapitalgeber ausgeschüttet wird. Sämtliche Verbindlichkeiten des Schuldners werden auf ihren Barwert reduziert und der Haftungsmasse gegenübergestellt. Die Liquidation wird zum Tag der Abrechnung, an welchem Verteilungsregelungen final durchgesetzt werden. Die Fortführung eröffnet hingegen Raum für künftige Steigerungen des schuldnerischen Unternehmenswerts. War eine Kapitalposition zum Zeitpunkt der Planbestätigung nicht oder nicht vollständig vom Unternehmenswert gedeckt, könnte eine erfolgreiche Unternehmensfortführung auch niederrangigen Kapitalschichten Befriedigungsaussichten eröffnen. Für finale Wertverteilungen zugunsten nur weniger Klassen bestehe kein Bedürfnis.

Der Begriff relativer Priorität beschreibt ein Spektrum von Prioritätsregeln und alternativer Verwertungsmechanismen, die vom strikten Befriedigungsvorrang höherrangiger Klassen abweichen und/oder niederrangigen Kapitalklassen die Teilhabe an einer möglichen künftigen Steigerung des Fortführungswerts ermöglichen. Wesentliche Begründungsansätze sind der Optionswert niederrangiger Kapitalpositionen in der Krise sowie Effizienzverluste in der Krisenbewältigung ex post aufgrund des Erfordernisses einer gerichtlichen Unternehmensbewertung oder sanierungsfeindlicher Anreizwirkungen.

Unter relativen Prioritätskonzepten US-amerikanischer Prägung wird der absolute Befriedigungsvorrang höherrangiger Klassen weithin nicht in Frage gestellt. Konzepte reichen von der Zuteilung von Call-Optionen niederrangiger Kapitalgeber auf das restrukturierte Eigenkapital gegen Ablösung des vorrangigen Fremdkapitals (Optionsmodelle von *Baird* und *Morrison/Casey*) bis hin zu Ausgleichszahlungen vonseiten höherrangiger Gläubiger zur Kompensation eines bestehenden Optionswerts (Modell des Redemption Option Value der ABI Kommission). Prioritätskonzepte unter Zuweisung tatsächlicher Call-Optionen auf das restrukturierte Eigenkapital werfen wiederum eine Vielzahl neuer Bewertungsfragen und ungleich komplexere Fragen der konzeptionellen Gestaltung der Verwertungsmechanismen auf. Die mögliche Trennung gesellschaftsrechtlicher Kontrolle und wirtschaftlicher Berechtigung und die Perspektive einseitig herbeigeführter Gesellschafterwechsel durch Ausübung der Optionsrechte begründen Anreize zur Unterinvestition in das Unternehmen und Wertextraktion aufseiten der Gesellschafter und sind mit Anliegen nachhaltiger Corporate Governance nicht vereinbar. Da die Unternehmensbewertung künftige Potenziale der Wertentwicklung reflektiert, in Form des Wertzuwachses sowie auch des Wertverlustes, fehlt es ferner an einer ökonomischen Rechtfertigung der generellen Zuweisung von Wertaufholungsinstrumenten oder Ausgleichsansprüchen zulasten höherrangiger Gläubiger, die beim Erwerb des Eigenkapitals zugleich das Risiko der temporären Überbewertung des Unternehmens auf sich nehmen. Es stellen sich

Fragen grundlegender konzeptioneller Stimmigkeit und ökonomischer Rechtfertigung, die vonseiten der Autoren nicht beantwortet werden.

In Anknüpfung an die Erkenntnisse aus der US-amerikanischen Forschung und das Bedürfnis einzelner europäischer Mitgliedstaaten nach einem flexiblen Verfahrensrahmen hat sich der europäische Gesetzgeber bei der Einführung der RestRL für eine neuartige Regel relativen Vorrangs (European Relative Priority Rule) entschieden. Abweichend von Konzepten relativer Priorität US-amerikanischer Prägung lässt diese jegliche „Besserstellung" vorrangiger Klassen genügen. Das Kriterium lässt eine Vielzahl denkbarer Umsetzungskonzepte zu, von einer nur minimalen absoluten Besserstellung bis hin zu einer quotenmäßigen Besserstellung oder der Fortführung der relativen Rangverhältnisse in der neuen Kapitalstruktur. Zugleich fehlt es der Richtlinie an einem klaren dogmatischen und rechtsökonomischen Begründungskonzept. Anliegen des Schutzes strukturell schwächerer Beteiligtengruppen vor Wertverschiebungen in Richtung des Eigenkapitals, der effizienten Verhandlungsführung innerhalb eines klar definierten Rahmens sowie der Disziplinierung des Eigenkapitals in Richtung eines risikoadäquaten Kapitaleinsatzes treten in den Hintergrund. Marktteilnehmern in der Unternehmensfremdfinanzierung würden die Quantifizierung von Ausfallrisiken erschwert und Möglichkeiten zur Schaffung restrukturierungs- und insolvenzfester Rangstellungen genommen, womit Unternehmen potenziell höhere Fremdfinanzierungskosten und einen eingeschränkten Kapitalzugang zu erwarten hätten. Vor dem Hintergrund hat sich der deutsche Gesetzgeber zutreffend für die Einführung der Regel absoluten Vorrangs mit punktuellen Durchbrechungen entschieden.

3. Teil II – Ökonomie der Priorität

Im ersten Teil der Untersuchung wurden die Strukturen insolvenz- und restrukturierungsrechtlicher Prioritätssysteme, Schnittstellen zum Feld der Unternehmensbewertung sowie alternative Konzepte relativer Priorität analysiert. Im zweiten Teil werden nunmehr weitergehende rechtsökonomische Betrachtungen der Priorität angestellt und mit den Erkenntnissen der bisherigen Untersuchung zusammengeführt.

Untersuchungsgegenstand der ökonomischen Theorie des Rechts sind Zusammenhänge rechtlicher Gestaltung und ökonomischer Theorie. Das Recht soll in Einklang mit den Gesetzen des Marktes ökonomisch effiziente Ergebnisse zeitigen.[1353] Wirtschaftliche Realfolgen rechtlicher Normen werden aufgedeckt. Übergeordnetes Ziel ist der Erkenntnisgewinn an der Schnittstelle der Rechts- und Wirtschaftswissenschaft. Die Betrachtungsweise ist besonders dort unumgänglich, wo unmittelbar wirtschaftliche Sachverhalte geregelt werden. Der Teilbereich der positiven ökonomischen Theorie des Rechts hat es zum Gegenstand, menschliches Verhalten vor dem Hintergrund rechtlicher Rahmenbedingungen zu erklären oder zu prognostizieren. Einen Anwendungsfall bildet die Untersuchung mit der Gestaltung rechtlicher Normen verbundener Verhaltensanreize gegenüber Rechtssubjekten. Rechtlichen Gestaltungen werden positive Folgen zugeordnet. Das Recht dient insoweit als Instrument, um Handlungsalternativen auf- oder abzuwerten.[1354] Vor dem Hintergrund (oft volks-)wirtschaftlicher Zielsetzungen können in einem weiteren Schritt effiziente Strukturen und Gestaltungsmerkmale identifiziert und konkrete Normgestaltungen bewertet werden. Diesem Teilbereich der positiven ökonomischen Theorie des Rechts werden auch die hiesigen Untersuchungen zugeordnet. Eine Nähe zur normativen bzw. präskriptiven ökonomischen Theorie des Rechts erwächst aus dem hier übergeordneten Leitmotiv marktwirtschaftlicher Krisenbewältigung.[1355] Gemeinsam adressieren diese Strömungen die Kernfragen der ökonomischen Theorie des Rechts, nach den

---

1353 *Baumann*, RNotZ 2007, 297 (297).

1354 Näher *Petersen/v. Towfigh*, in: v. Towfigh/Petersen, Ökonomische Methoden im Recht, § 1 Rn. 6 f.

1355 Zur normativen ökonomischen Theorie des Rechts Ebd., Rn. 8; zur Marktkonformität des Restrukturierungs- und Insolvenzrechts als Gestaltungsaufgabe nachf. auf den S. 299 ff.

Auswirkungen rechtlicher Normen auf das Verhalten des Einzelnen und inwieweit diese einen Gewinn an gesellschaftlicher Wohlfahrt versprechen.[1356]

Angewandt auf das Insolvenzrecht lassen sich übergeordnete Effizienzziele umreißen. Insolvenzrechtliche Regelungen sollen die optimale Zahl an Insolvenzen herbeiführen und diese zu möglichst geringen Transaktionskosten bewältigen.[1357] Der Wert der schuldnerischen Haftungsmasse ex post soll maximiert werden, während zugleich unerwünschte Verhaltensanreize ex ante vermieden werden.[1358] Die Regelungen des Insolvenzrechts sollen die Krisenbewältigung transparent und in Verlauf und Ausgang vorhersehbar machen, sodass Marktteilnehmer ihr Verhalten danach ausrichten können.[1359] Die Gedanken lassen sich im Kern gleichsam auf Verfahrensrahmen präventiver Restrukturierungen übertragen.[1360]

Die einführenden Abschnitte zur Marktkonformität als Gestaltungsziel des Restrukturierungs- und Insolvenzrechts thematisieren die lang geführte Debatte um dessen normative Zielbestimmung und dienen zugleich der Positionierung dieser Arbeit. Für die Gestaltung effizienter Restrukturierungs- und Insolvenzrechtssysteme wesentliche makroökonomische Faktoren werden identifiziert. Damit wird die Grundlage für die weiterführenden rechtsökonomischen Betrachtungen der Priorität in den nachfolgenden Abschnitten bereitet. Als implizite Vereinbarung von Finanzierungsverträgen entfaltet die Priorität gesamtwirtschaftliche Relevanz. In der Krise ex post bestimmt sie unmittelbar die Verteilung des Unternehmenswerts. Darüber hinaus wirkt sie auch in vorgelagerte Bereiche des unternehmerischen Lebens hinein und entfaltet Anreizwirkungen gegenüber dem schuldnerischen Management in Bezug auf Investitionen, Kreditgeber in der Unternehmensfremdfinanzierung und sämtlichen Beteiligten in der Krise ex post. Damit begründet die Priorität selbst Effizienzeffekte und beeinflusst über die Verteilung hinaus auch die Höhe des realisierbaren Unternehmenswerts.[1361]

In der US-amerikanischen Forschung nimmt die Auseinandersetzung mit der marktwirtschaftlichen Orientierung und der makroökonomischen Bedeutung des Insolvenzrechts seit Jahrzehnten einen hohen Stellenwert ein. Aufgrund gemeinsamer Kernanliegen von Restrukturierungs- und Insolvenzverfahren lassen sich

---

1356 *Kaplow/Shavell*, NBER WP 6960 (1999), SSRN: 150860, S. 1.

1357 *Meckling*, 41 Law & Contemp. Probs. 13 (1977), 31.

1358 *Eidenmüller*, in: MüKo, InsO, Vor. §§ 217 ff. InsO Rn. 23; näher nachfolgend auf den S. 249 ff.

1359 S. auch *Pape*, in: Pape/Reichelt/Schultz/Voigt-Salus, InsR, § 10 Rn. 6.

1360 Dazu nachf. auf den S. 308 ff.

1361 Dazu auch *M. White*, NBER WP 11536 (2005), SSRN: 779946, 13.

die Erkenntnisse der insolvenzrechtlichen Forschung auch in der ökonomischen Analyse des Restrukturierungsrechts fruchtbar machen.[1362]

3.1 Marktkonformität des Restrukturierungs- und Insolvenzrechts als Gestaltungsaufgabe

Nachfolgend wird zunächst auf das Anliegen der Marktkonformität des Restrukturierungs- und Insolvenzrechts eingegangen, welches als übergeordnetes Leitmotiv auch der hiesigen Untersuchungen verstanden wird. Neben der Diskussion um die Zielbestimmung des Insolvenzrechts sowie dessen makroökonomische Bedeutung umfasst dies anerkannte Parameter volkswirtschaftlich effizienter Insolvenzrechts- und Restrukturierungssysteme. Abschließend wird auf die Gestaltungsaufgabe effizienter Fremdkapitalmärkte für Unternehmen eingegangen, womit gleichsam das Fundament für die weitergehenden Betrachtungen gelegt wird.

3.1.1 Diskussion um die Zielbestimmung des Insolvenzrechts

Das deutsche und das US-amerikanische Rechtsverständnis folgen einer marktwirtschaftlichen Orientierung des Insolvenzrechts. Während im deutschen Recht weithin ein rein ökonomisches Verständnis des Insolvenzrechts herrscht, bleibt der alleinige Geltungsanspruch marktwirtschaftlicher Orientierung in der US-amerikanischen Literatur bis heute streitig.[1363] Verschiedene Interpretationsweisen der in der Vergangenheit breit geführten US-amerikanischen Debatte bewegen sich zwischen den Polen einer streng ökonomischen Betrachtungsweise sowie einer gleichzeitigen Orientierung an weitergehenden gesellschafts- und sozialpolitischen Erwägungen. Angesprochen ist die Kernfrage sachgerechter Parameter in der Beurteilung restrukturierungs- und insolvenzrechtlicher Systeme und der partielle Zielkonflikt zwischen gesamtwirtschaftlicher Effizienz und sozialpolitischen Verteilungszielen. Der Gestaltungsfaktor restrukturierungs- und insolvenzrechtlicher Priorität von Kapitalpositionen ist dabei von wesentlicher Bedeutung.

1362 Viele der nachfolgend zitierten Quellen haben die rechtsökonomische Analyse des Insolvenzrechts zum Gegenstand. Soweit sich es sich um Gedanken und Zusammenhänge handelt, welche gleichsam restrukturierungsrechtlichen Rahmenwerken inhärent sind, wird nicht stets ausdrücklich der insolvenzrechtliche Bezug der zitierten Quelle hervorgehoben.

1363 Dazu *Madaus*, in: BeckOK, InsR, § 1 InsO Rn. 22.

In der US-amerikanischen insolvenzrechtlichen Literatur werden konventionell die Strömungen der *traditionalists* sowie der *proceduralists* unterschieden. Wesentliche Streitfragen betreffen die Rolle des Insolvenzrechts in der Entscheidung über die Liquidation oder Fortführung insolventer Unternehmen, die Berücksichtigung ökonomischer Anreizwirkungen im marktwirtschaftlichen System in der Gestaltung des Insolvenzrechts, sowie die Rolle des Richters in der Insolvenzbewältigung.[1364] Unter dem heutigen US Bankruptcy Code sind den Inhabern bestimmter Forderungen aufgrund sozialpolitischer Erwägungen Prioritätsstellungen eingeräumt.[1365] Die Privilegierungen bleiben dennoch derart eng gefasst, dass das Konzept absoluter Priorität im Kern nicht berührt wird. Zugrunde liegt die Wertung, dass etwaige Effizienzverluste durch sozialpolitische Vorteile aufgewogen werden.[1366]

Der Strömung der *traditionalists* folgend sind über Erwägungen ökonomischer Effizienz hinaus Aspekte sozialer Gerechtigkeit in der Verteilung des schuldnerischen Vermögens zu berücksichtigen. Dies umfasse auch Teile der Gesellschaft, die keine formalen Rechte gegenüber dem Schuldner innehaben und außerhalb des Insolvenzverfahrens stehen. So seien in der Entscheidung über Erhalt und Fortführung insolventer Unternehmen Aspekte wie der drohende Verlust von Arbeitsplätzen und schädliche Auswirkungen auf Kommunen zu berücksichtigen. In der finanziellen Krise eines Unternehmens habe in gewissem Maße eine Reallokation des Unternehmenswerts zugunsten strukturell besonders schutzbedürftiger Teile der Gesellschaft stattzufinden. Beispielhaft werden Personengruppen wie Arbeitnehmer und Zulieferer, Kunden oder auch der Fiskus genannt, welche gleichsam von einer Betriebsschließung betroffen seien.[1367] Potenzielle Anreizwirkungen insolvenzrechtlicher Regelungen gegenüber Marktteilnehmern ex ante seien von untergeordneter Bedeutung. In der praktischen Umsetzung der Zielbestimmungen müssten die individuellen Umstände des Falls im Vordergrund

---

1364 Einen Überblick über die Debatte gibt *Baird*, 108 Yale L. J. 573 (1998), 576–580, welcher die Debatte anhand dieser drei Kernfragen charakterisiert; zudem *Schwartz*, 107 Yale L. J. 1807 (1998), 1815–1816; s. auch *Korch*, ZHR 2018, 440 (447 ff.).

1365 Dazu zuvor auf den S. 54 ff.; zur Tendenz des Bankruptcy Code in Richtung der Wertungen der traditionalists s. *Korch*, ZHR 2018, 440 (448 f.).

1366 *Lubben*, 21 Fordh. J. Corp. & Fin. L. 581 (2016), 603.

1367 *Warren*, 54 U. Chi. L. Rev. 775 (1987), 788–789; *dies.*, 92 Mich. L. Rev. 336 (1993), 354–356; dazu auch *Rasmussen*, 1994 U. Ill. L. Rev. 1 (1994), 2–3, 15 sowie eingehend auf den S. 23–40, krit. auf den S. 41–42; zudem *Korch*, ZHR 2018, 440 (447 ff.); krit. *Schwartz*, 107 Yale L. J. 1807 (1998), 1814–1819.

stehen, womit der Person des Richters in der Anleitung der Beteiligten eine besondere Bedeutung zukomme.[1368]

Der streng ökonomischen Interpretationsweise der *proceduralists* folgend nimmt das Insolvenzrecht hingegen eine rein prozessrechtliche Funktion in der Koordinierung der Kapitalgeber ein. Das Insolvenzrecht sei stets im Lichte seiner Einbettung in die weitere Rechtsordnung und den Markt zu betrachten. Erhalt und Fortführung insolventer Unternehmen seien ausschließlich durch Marktkräfte zu bestimmen. Aufgabe des Rechts sei allein die Koordinierung der Gläubiger, um ineffiziente Verwertungslösungen zu vermeiden.[1369] Mit insolvenzrechtlichen Regelungen verbundene Investitionsanreize seien als bedeutender Gestaltungsfaktor zu berücksichtigen. Zur Verfolgung sozialpolitischer Erwägungen bilde das Insolvenzrecht (allein) nicht den richtigen Ansatzpunkt. Der Richter nehme die Rolle einer neutralen Instanz ein und soll durch die Beteiligten wirkende, gegenläufige Marktkräfte unter Bereitstellung notwendiger Informationen koordinieren. Wirtschaftliche Verwertungsentscheidungen seien allein den Beteiligten überlassen.[1370]

In der Einführung der Insolvenzordnung im Jahr 1999 hat sich der deutsche Gesetzgeber mit deutlichen Worten für ein marktwirtschaftliches, von der ökonomischen Theorie des Rechts geleitetes Verständnis des Insolvenzrechts entschieden.[1371] Das schuldnerische Vermögen soll im Interesse der Gläubiger[1372] und vor dem Hintergrund der volkswirtschaftlichen Zielsetzung eines effizienten Ressourceneinsatzes[1373] einer bestmöglichen Verwertung zugeführt werden. Zugleich hat sich der Gesetzgeber ausdrücklich gegen eine wirtschafts- und sozialpolitische Instrumentalisierung des Insolvenzrechts ausgesprochen.[1374] Aufgabe des Insolvenzrechts sei nicht die Verfolgung industrie-, regional-, arbeitsmarkt- oder stabilitätspolitischer Zielsetzungen.[1375] Einzelwirtschaftliche Dispositionen

---

1368 Dazu *Baird*, 108 Yale L. J. 573 (1998), 577–580.

1369 *Ders.*, 50 L. & Contemp. Probs. 173 (1987), 183–186.

1370 Dazu *ders.*, 108 Yale L. J. 573 (1998), 577–580.

1371 Dazu *Madaus*, in: BeckOK, InsR, § 1 InsO Rn. 22 (mit einem historischen Überblick, Rn. 22.2); *Balz*, ZIP 1988, 1438 ff.

1372 Im deutschen Recht § 1 InsO, gemeinschaftliche Befriedigung der Gläubiger.

1373 Begr. RegE InsO, BT-Drucks. 12/2443, S. 75 f.

1374 Ebd., S. 75; dazu auch *Korch*, ZHR 2018, 440 (442 f.).

1375 Begr. RegE InsO, BT-Drucks. 12/2443, S. 76; dazu *Madaus*, in: BeckOK, InsR, § 1 InsO Rn. 22: „Das deutsche Insolvenzrecht basiert damit offen auf dem theoretischen Fundament einer Doktrin, die seit den 1980iger Jahren versucht, die Funktionen des Insolvenzrechts in alleiniger (!) Anwendung der Methodik der ökonomischen Analyse des Rechts zu definieren.“.

der Beteiligten dürften nicht durch richterliche Sozialgestaltung oder durch Interessen Außenstehender ersetzt werden.[1376] Mithin sei auch dem Arbeitsplatzinteresse von Arbeitnehmern kein genereller Vorrang vor Rentabilitätsgesichtspunkten einzuräumen. Der Verzicht auf rangmäßige Privilegierungen für Forderungen von Arbeitnehmern, Sozialversicherungsträgern und dem Fiskus in den §§ 38, 39 InsO, wie sie unter der Konkursordnung noch vorgesehen waren, zeugt davon.[1377] Wie auch im Rahmen freier Sanierungen oder Liquidationen seien Gesichtspunkte privatwirtschaftlicher Investitions- und Desinvestitionsentscheidungen maßgeblich.[1378] Das Insolvenzrecht soll Marktgesetze nicht durch hoheitliche Interventionen außer Kraft setzen, sondern diese stimulieren.[1379]

Dieser marktwirtschaftlichen Zielbestimmung folgte auch die Rechtssetzung der Europäischen Union zum präventiven Restrukturierungsrahmen[1380] sowie der deutsche Gesetzgeber in der Gestaltung des StaRUG. So findet sich in der Begründung des Regierungsentwurfs zum SanInsFoG erneut ein deutliches Bekenntnis zur Orientierung des Verfahrens an den Interessen der Gläubiger. Anliegen sei eine „effektive Ausrichtung der verfahrensförmigen Sanierungsoptionen an den Interessen der Gläubiger in gesamtwirtschaftlicher Sicht".[1381] Kreditvergaben und Kapitalüberlassungen soll eine sichere Grundlage geschaffen werden. Ziel sei eine gesamtwirtschaftlich effiziente Allokation von Kredit und Kapital. Der Fortbestand von Unternehmen dürfe nicht gegen die Gesetzmäßigkeiten des Marktes ermöglicht werden, um den Erfolg wettbewerbsfähiger Unternehmen zu ermöglichen und Wettbewerbsverzerrungen zu vermeiden.[1382]

3.1.2 Makroökonomische Perspektive

Ausgangspunkt der marktwirtschaftlichen Orientierung des Restrukturierungs- und Insolvenzrechts ist das Bekenntnis zu derer makroökonomischen Bedeutung. In Zeiten finanzieller Krisen soll es die effiziente Handhabung finanzieller Notlagen von Unternehmen ermöglichen und zur wirtschaftlichen Erholung

---

1376 Begr. RegE InsO, BT-Drucks. 12/2443, S. 75.

1377 Näher zu den Liquidationsprioritäten unter der früheren KO und der heutigen InsO zuvor auf den S. 159 ff.

1378 Begr. RegE InsO, BT-Drucks. 12/2443, S. 76.

1379 Ausdr. ebd., S. 75.

1380 Dazu zuvor auf den S. 197 ff.

1381 Begr. RegE SanInsFoG, BT-Drucks. 19/24181, S. 86.

1382 Ebd.

beitragen.[1383] Dabei kommt insolvenz- und restrukturierungsrechtlichen Rahmenwerken in verschiedener Hinsicht eine marktbereinigende Funktion zu,[1384] wodurch Unternehmen ein erleichterter und vergünstigter Zugang zu Fremdkapital gewährleistet werden kann.[1385] Das Insolvenz- und Restrukturierungsrecht hat unter anderem die Aufgabe, Verschuldungen im privatwirtschaftlichen Sektor zu adressieren. Insbesondere soll Situationen vorgebeugt werden, in denen hohe Level von Fremdkapital relativ zu vorhandenen Vermögenswerten sinnvollen unternehmerischen Investitionen entgegenstehen. Weist ein mögliches Investitionsprojekt einen positiven Barwert auf, welcher jedoch nicht den Nennwert des ausstehenden Fremdkapitals des Kreditnehmers erreicht, kommen potenzielle Erträge zunächst bestehenden Gläubigern zugute und werten bestehende Forderungen auf. Etwaige Verluste wären hingegen gleichsam durch potenzielle Eigen- oder Fremdkapitalgeber zu tragen, welche in der Folge von einer Bereitstellung von Kapital absehen können. Angesprochen sind konträre Investitionsanreize eines Schuldenüberhangs (debt overhang), welche zu Unterinvestitionen von Schuldnern in der Krise führen.[1386] Dieser Effekt wurde über die vergangenen Jahre mitunter weiten Teilen der Eurozone attestiert, welche durch niedriges unternehmerisches Wachstum bei niedrigen Inflationsraten geprägt war.[1387] Mit steigenden Verschuldungsgraden steigen Finanzierungskosten und am Markt wahrgenommene Ausfallrisiken auf Unternehmensseite, womit Anreize für neue Investitionen gemindert werden.[1388] Zugleich mindern hohe Finanzierungskosten die Nachfrage von Arbeitskraft von unternehmerischer Seite am Markt.[1389] Vor diesem Hintergrund kann das Insolvenzrecht eine bedeutende Rolle in der

---

1383 *World Bank Group*, Principles of Effective Insolvency and Creditor/Debtor Regimes (revised 2021), S. 2; *Jackson/Skeel*, Bankruptcy and Economic Recovery (Faculty Scholarship U. Pa. Law. 476, 2013), S. 1.

1384 *Pape*, in: Pape/Reichelt/Schultz/Voigt-Salus, InsR, § 10 Rn. 6.

1385 *World Bank Group*, A Toolkit For Out-of-Court Workouts (2016), S. 97.

1386 Grundlegend *Myers*, 5 J. Fin. Econ. 147 (1977), passim; s. auch *Dynan*, Brookings Papers on Economic Activity (Spring 2012), S. 299; *Carcea/Ciriaci/Cuerpo/Lorenzani/Pontuch*, The Economic Impact of Rescue and Recovery Frameworks in the EU (European Commission Disc. Paper 004/2015), S. 2.

1387 *Bricongne/Demertzis/Pontuch/Turrini*, Macroeconomic Relevance of Insolvency Frameworks in a High-debt Context: An EU Perspective (European Commission Disc. Paper 032/2016), S. 3, 6.

1388 Ebd., S. 5.

1389 Ebd., S. 5.

aktiven Reduktion nicht nachhaltiger Verschuldungsgrade von Unternehmen einnehmen.[1390]

Weitere Zielsetzung ist der erleichterte Abbau von Non-Performing Loans, welche auf den Portfolios kreditgebender Banken lasten und eine Fehlallokation von Kapital zur Folge haben können.[1391] Aus Sicht der Gläubiger sinkt mit einem höheren Bestand ausfallgefährdeter Kredite im Portfolio die Bereitschaft, Unternehmen weiteres Fremdkapital zur Verfügung zu stellen.[1392] Durch Mechanismen zur geordneten Schuldenbereinigung kann der Bestand an Non-Performing Loans im nationalen Bankensystem reduziert werden, wodurch die Angebotsseite am Fremdkapitalmarkt gestärkt und zur Stabilität des Finanzsystems beigetragen wird.[1393] Zugleich werden Unternehmen durch geringere Fremdkapitallasten Investitionen erleichtert.[1394] Ein hoher Bestand an Non-Performing Loans in einer Marktwirtschaft kann zudem eine Fehlallokation von Kapital dergestalt zur Folge haben, dass Fremdkapital in nicht profitablen Unternehmen gebunden wird, wodurch wiederum die Wachstumschancen gesunder Unternehmen beeinträchtigt werden.[1395]

Ferner soll das Insolvenzrecht gesunde von insolventen Unternehmen trennen[1396] und das Vermögen letzterer einer effizienten Verwertung zuführen. Durch Verfahrensregelungen sind der Marktaustritt nicht überlebensfähiger Unternehmen

1390 Ebd., S. 5.

1391 S. auch Erwg. (3) RestRL.

1392 *Bricongne/Demertzis/Pontuch/Turrini*, Macroeconomic Relevance of Insolvency Frameworks in a High-debt Context: An EU Perspective (European Commission Disc. Paper 032/2016), S. 5 unter Verweis auf verschiedene Folgen eines wachsenden NPL-Bestands in Gläubigerportfolios wie einem zunehmenden Bedürfnis nach Rückstellungen (mit der Folge geminderter Unternehmensergebnisse aufseiten der Gläubiger), zunehmender wahrgenommener Risiken im Portfolio, erhöhter Eigenkapitalanforderungen auf Bankenseite sowie erhöhter Aufwendungen im Monitoring und Management der NPL.

1393 *World Bank Group*, Principles for Effective Insolvency and Creditor/Debtor Regimes (revised 2021), S. 1; *Carcea/Ciriaci/Cuerpo/Lorenzani/Pontuch*, The Economic Impact of Rescue and Recovery Frameworks in the EU (European Commission Disc. Paper 004/2015), S. 14 ff.

1394 *World Bank Group*, A Toolkit For Out-of-Court Workouts (2016), S. 7.

1395 *Bricongne/Demertzis/Pontuch/Turrini*, Macroeconomic Relevance of Insolvency Frameworks in a High-debt Context: An EU Perspective (European Commission Disc. Paper 032/2016), S. 5: Banken können incentiviert sein, nicht profitablen „Zombie"-Unternehmen Refinanzierungen zu gewähren, um andernfalls anfallende Kreditverluste in die Zukunft zu verschieden.

1396 S. auch Begr. RegE InsO, BT-Drucks. 12/2443, S. 75.

und die Freisetzung in ihnen gebundener Ressourcen zu begünstigen.[1397] Ihr Marktaustritt ist durch transparente und verlässliche Prozesse zu begleiten.[1398] In finanzieller Not befindlichen, jedoch fortführungswürdigen Unternehmen sind zugleich Instrumente zur Sanierung oder Fortführung im Wege eines Going-Concern-Verkaufs an die Hand zu geben.[1399] Auf diese Weise werden im wirtschaftlichen Wettbewerb die Durchsetzung ertragsstarker Unternehmen sowie Wachstum und Profitabilität begünstigt.[1400] In der Umsetzung dessen sind die insolvenzbedingten (direkten und indirekten) Kosten durch die Zurverfügungstellung eines schnellen und transparenten Rahmens zur Bewältigung nicht nachhaltigen Fremdkapitals auf ein Minimum zu reduzieren.[1401]

Wird potenziellen Investoren ein Zugang zu einem effizienten und transparenten Restrukturierungs- oder Insolvenzverfahren in Aussicht gestellt, steigt die Attraktivität des Rechts- und Wirtschaftsraums für ausländische Kapitalanlagen.[1402] Für Unternehmen wird damit ein Zugang zu Fremdkapital zu geringeren Risikoprämien gefördert.[1403] Indem die frühzeitige Restrukturierung erleichtert und Schuldnern ein fresh start ermöglicht wird, werden Marktteilnehmer zu unternehmerischem Handeln unter Inkaufnahme angemessener Risiken incentiviert.[1404]

1397 So ebd., S. 76; *Bricongne/Demertzis/Pontuch/Turrini*, Macroeconomic Relevance of Insolvency Frameworks in a High-debt Context: An EU Perspective (European Commission Disc. Paper 032/2016), S. 3; *Thole*, KTS 2019, 289 (291); z.T. beschrieben als „Prozess schöpferischer Zerstörung", dazu *Pape*, in: Pape/Reichelt/Schultz/Voigt-Salus, InsR, § 3 Rn. 1.

1398 *World Bank Group*, A Toolkit For Out-of-Court Workouts (2016), S. 1.

1399 Ebd., S. 5.

1400 Ebd., S. 1.

1401 *Bricongne/Demertzis/Pontuch/Turrini*, Macroeconomic Relevance of Insolvency Frameworks in a High-debt Context: An EU Perspective (European Commission Disc. Paper 032/2016), S. 3; s. auch *Meckling*, 41 Law & Contemp. Probs. 13 (1977), 31: "[...] the optimal corporate bankruptcy system must fulfill two requirements: (1) it must generate the optimal number of bankruptcies, and (2) it must do so at minimum cost.".

1402 S. Erwg. (6), (7) RestRL.

1403 *UNCITRAL*, Legislative Guide on Insolvency Law (Part I and II, 2005), S. 13.

1404 *Carcea/Ciriaci/Cuerpo/Lorenzani/Pontuch*, The Economic Impact of Rescue and Recovery Frameworks in the EU (European Commission Disc. Paper 004/2015), S. 11.

3.1.3 Merkmale effizienter Insolvenzrechtssysteme

Als Teil des Unternehmensrechts in Gänze trägt das Unternehmensinsolvenzrecht dazu bei, Investitionsanreize zu setzen und gesamtwirtschaftliches Wachstum zu fördern.[1405] Die gesamtwirtschaftliche Effizienz eines Insolvenzrechtssystems ist dabei stets vor dem Hintergrund seiner Einbettung in das weitere Rechts- und Wirtschaftssystem des jeweiligen Staates zu beurteilen. Spezifische Gestaltungsziele variieren mit den jeweiligen wirtschaftlichen und rechtlichen Rahmenbedingungen sowie nach Unternehmensgröße und weiteren Faktoren.[1406] Aufgrund dieser Interdependenzen kann kein einheitlicher, optimaler Verfahrensrahmen bestimmt werden. In der rechtsökonomischen Literatur werden jedoch verschiedene Merkmale und Grundprinzipien herausgestellt, die verbreitet als Merkmale effizienter Insolvenzrechtssysteme für Unternehmen verstanden werden.[1407]

Im Nachgang der Asienkrise veröffentlichte die *Weltbank* im Jahr 2001 erstmals ihre *Principles for Effective Insolvency and Creditor/Debtor Regimes*, um Gesetzgebern Leitlinien in der Gestaltung restrukturierungs- und insolvenzrechtlicher Systeme an die Hand zu geben. Zugrunde lag die Überzeugung, dass geordnete Mechanismen der Schuldenbereinigung eine kritische Voraussetzung resilienter und stabiler Finanzsysteme seien sowie Kapital anziehen und ökonomisches Wachstum fördern.[1408] Vor dem Hintergrund schwerster ökonomischer Disruptionen und einer globalen Rezession aufgrund der COVID-19 Pandemie hat die Weltbank im Jahr 2021 eine weitere, aktualisierte Fassung der Prinzipien veröffentlicht, in welchen unter anderem elf Zielsetzungen bzw. Merkmale effektiver

---

1405 *Schwartz*, 107 Yale L. J. 1807 (1998), 1813 m.w.Nachw.; eine Übersicht zur Entwicklung der Diskussion um die rechtspolitischen und rechtsökonomischen Zielsetzungen des Insolvenzrechts in den USA bei *Schwartz*, 91 Va. L. Rev. 1199 (2005), 1200–1207; *Rasmussen*, 1994 U. Ill. L. Rev. 1 (1994), 19; *World Bank Group*, Principles of Effective Insolvency and Creditor/Debtor Regimes (revised 2021), S. 2.

1406 Näher *World Bank Group*, Principles for Effective Insolvency and Creditor/Debtor Regimes (revised 2021), S. 8 f. zu den besonderen Herausforderungen in Insolvenzverfahren von Klein- und Kleinstunternehmen (Micro and Small Enterprises, MSEs).

1407 Zum Nachf. *Bricongne/Demertzis/Pontuch/Turrini*, Macroeconomic Relevance of Insolvency Frameworks in a High-debt Context: An EU Perspective (European Commission Disc. Paper 032/2016), S. 17 m.w.Nachw.

1408 *World Bank Group*, Principles for Effective Insolvency and Creditor/Debtor Regimes (revised 2021), S. i, ii, 1.

Insolvenzrechtssysteme für Unternehmen beschrieben sind.[1409] Angesichts der zutreffenden Charakterisierung seien diese nachfolgend knapp resümiert.

Das Unternehmensinsolvenzrecht soll (1) sich in das weitere Rechts- und Wirtschaftssystem des Landes einfügen, (2) den Unternehmenswert und die Befriedigungsaussichten für Gläubiger maximieren, (3) effiziente Liquidationen von Unternehmen fördern, die keine Fortführungsaussichten haben oder deren Liquidationswert für die Gläubiger höher ist als deren Fortführungswert sowie die Fortführung erhaltenswerter Unternehmen fördern, (4) eine sorgfältige Balance zwischen Liquidation und Sanierung schaffen und einen leichten Wechsel von einer Verfahrensvariante zur anderen ermöglichen, (5) eine faire Behandlung von Gläubigern in vergleichbarer Position sicherstellen, einschließlich in- und ausländischer Gläubiger, (6) eine zügige, effiziente und unparteiische Bewältigung von Insolvenzen sicherstellen, (7) einen Missbrauch des Insolvenzsystems verhindern, (8) einer übereilten Zerschlagung des Unternehmensvermögens durch einzelne Gläubiger vorbeugen, (9) ein transparentes Verfahren schaffen, das klare Regelungen der Risikoverteilung implementiert und Anreize zur Sammlung und Weitergabe von Informationen schafft, (10) existente Gläubigerrechte und die Priorität von Forderungen anerkennen und in einem vorhersehbaren Verfahren realisieren, sowie (11) einen Rahmen für grenzüberschreitende Insolvenzen unter Anerkennung ausländischer Verfahren schaffen.[1410] Dem entsprechen die durch die *United Nations Commission on International Trade Law (UNCITRAL)* im Legislative Guide on Insolvency Law (2005) formulierten Leitlinien.[1411]

Sowohl in den von der Weltbank entwickelten Prinzipien effektiver Insolvenz- und Restrukturierungssysteme als auch im legislativen Leitfaden für das Insolvenzrecht der UNCITRAL wird hinsichtlich des Kriteriums insolvenzrechtlicher Priorität hervorgehoben, dass dieses primär Transparenz und Vorhersehbarkeit in wirtschaftlichen Beziehungen gewährleisten müsse. Unter den Gläubigern vereinbarte Prioritäten seien im Insolvenzfall aufrechtzuerhalten. Vor diesem Hintergrund wird in beiden Leitfäden ein System absoluter Priorität empfohlen.[1412]

1409 Ebd., S. ii.

1410 Ebd., S. 7.

1411 *UNCITRAL*, Legislative Guide on Insolvency Law (Part I and II, 2005), S. 10 ff.

1412 *World Bank Group*, Principles for Effective Insolvency and Creditor/Debtor Regimes (revised 2021), S. 26; *UNCITRAL*, Legislative Guide on Insolvency Law (Part I and II, 2005), S. 13 f.

Hinsichtlich des Entscheidungsmodus spricht sich die Weltbank für ein gläubigergeführtes Verfahren nach dem Mehrheitsprinzip aus. Der Rechtsrahmen solle einer Gläubigermehrheit die Ausarbeitung eines wirtschaftlichen Verwertungskonzepts ermöglichen, welches mit Bindungswirkung gegenüber anderen Gläubigern durchsetzbar sei, während diesen ein adäquates Schutzniveau gewährleistet wird.[1413] Damit ist aus rechtsökonomischer Sicht die zentrale Bedeutung der Entscheidungsfindung nach dem Mehrheitsprinzip sowie auf nächster Stufe des klassenübergreifenden Cram Down hervorgehoben.

3.1.4 Merkmale effizienter Restrukturierungssysteme

Da Insolvenzverfahren sowie Verfahren außerinsolvenzlicher Restrukturierung demselben Grundanliegen folgen – der verfahrenstechnisch und gesamtwirtschaftlich effizienten Verwertung des Schuldnervermögens – können die vorgenannten Prinzipien effizienter Insolvenzrechtssysteme im Kern auch auf Systeme der außerinsolvenzlichen Restrukturierung übertragen werden. Abweichungen folgen aus den angestrebten Charakteristika einer außerinsolvenzlichen Restrukturierung und Sanierung: ein besonderer Fokus auf Stille und Flexibilität, um frühzeitige Restrukturierungen ohne Disruptionen des laufenden Geschäftsbetriebs zu gewährleisten.

Zu den Kriterien effizienter außerinsolvenzlicher Restrukturierungssysteme zählen nach verbreiteter Ansicht: (1) ein früher Zugang zum Verfahrensrahmen, (2) die Möglichkeit einer Verfahrensführung durch den Schuldner in Eigenverwaltung, (3) der Zugang zu einem Moratorium, (4) die Entscheidungsfindung nach dem Mehrheitsprinzip anstelle des Erfordernisses der Einstimmigkeit (Cram Down), (5) der Zugang zu neuen Finanzierungen, (6) die Möglichkeit einer nicht-öffentlichen Verfahrensführung, bei (7) begrenzter gerichtlicher Aufsicht, sowie (8) die Existenz von Frühwarnmechanismen im Hinblick auf eine Insolvenz.[1414]

Die praktische Effektuierung dieser Faktoren ist wiederum bedingt durch weitere externe Faktoren wie die Verlässlichkeit des jeweiligen Rechtssystems sowie der Erfahrung des Marktes im Umgang mit den Instrumenten.[1415] Hervorgehoben

---

1413 *World Bank Group*, Principles for Effective Insolvency and Creditor/Debtor Regimes (revised 2021), S. 8.

1414 *Carcea/Ciriaci/Cuerpo/Lorenzani/Pontuch*, The Economic Impact of Rescue and Recovery Frameworks in the EU (European Commission Disc. Paper 004/2015), S. 4 f.

1415 Ebd., S. 9.

wird unter anderem der positive Einfluss effizienter präventiver Restrukturierungssysteme auf das Unternehmertum in Gestalt der Quote Selbständiger als Treiber wirtschaftlichen Wachstums.[1416]

3.1.5 Effiziente Fremdkapitalmärkte als Gestaltungsaufgabe

Im rechtswissenschaftlichen und rechtsökonomischen Diskurs besteht Einigkeit darüber, dass Insolvenzrecht und Unternehmensfremdfinanzierung in einem unauflösbaren Zusammenhang stehen. Die Gestaltung des Insolvenzrechts zeitigt stets Auswirkungen auch auf den vorgelagerten Bereich der Unternehmensfremdfinanzierung.[1417] Angesprochen ist der Zusammenhang zwischen Verfügbarkeit und Kosten von Fremdkapital für Unternehmen sowie dem Rechtsrahmen der Anerkennung und Durchsetzung von Finanzierungsverträgen.[1418] So können effiziente Fremdkapitalmärkte nur existieren, wo eine transparente und verlässliche Durchsetzung von Forderungen von staatlicher Seite gewährleistet ist, soweit möglich bereits im vorinsolvenzlichen Bereich.[1419] Wird hingegen gesetzgeberisch den Interessen des restrukturierungsbedürftigen oder insolventen Schuldners oder der Gesellschafter zu großes Gewicht beigemessen, können damit erhöhte Kapitalkosten oder ein verminderter Zugang zu Fremdkapital für übrige Marktteilnehmer einhergehen.[1420]

1416 S. die Untersuchung von *Carcea/Ciriaci/Cuerpo/Lorenzani/Pontuch*, The Economic Impact of Rescue and Recovery Frameworks in the EU (European Commission Disc. Paper 004/2015), S. 11 ff.; als maßgebende Treiber wurden vier Faktoren identifiziert: (1) der erleichterte Zugang zu präventiven Maßnahmen, (2) Möglichkeiten zur Fortführung des schuldnerischen Geschäftsbetriebs im präventiven Verfahren, (3) direkte und indirekte Kosten der Maßnahmen, sowie (4) die Möglichkeit zur Reduktion der Verschuldung auf nachhaltige Grade (ebd., S. 7); dabei habe vorstehender Aspekt (2) im Modell den stärksten positiven Einfluss auf den entwickelten Gesamtindex entfaltet (ebd., S. 12).

1417 Dazu mit Blick auf die Diskussion um die Zielsetzungen des US-amerikanischen Insolvenzrechts *Schwartz*, 107 Yale L. J. 1807 (1998), 1816; *ders.*, 91 Va. L. Rev. 1199 (2005), 1203: "Modern theory relates the results of a bankruptcy procedure to earlier stages in the life of the borrowing firm.".

1418 *World Bank Group*, Principles for Effective Insolvency and Creditor/Debtor Regimes (revised 2021), S. 3.

1419 Ebd., S. 5, insb. mit Blick auf ungesicherte Forderungen.

1420 *Meckling*, 41 Law & Contemp. Probs. 13 (1977), 27.

Im Lichte dessen wird die Effizienz eines Insolvenzrechtsregimes heute am rechtspolitischen und rechtsökonomischen Gestaltungsziel effizienter Unternehmensfremdfinanzierung gemessen.[1421] Aufgabe des Gesetzgebers ist es, Anreize von Kreditgebern und Kreditnehmern am Markt gesetzgeberisch derart anzugleichen, dass intakte Kreditverhältnisse effektuiert und gestörte Kreditverhältnisse effizient modifiziert oder abgewickelt werden.[1422] Durch Verfahrensrahmen einer sachgerechten Verwirklichung der Gläubigerinteressen ist Kreditrationierungen vorzubeugen und eine effiziente Allokation von Kapital am Markt zu fördern.[1423] Zwar vollziehen sich Transaktionen im Bereich der Unternehmensfremdfinanzierung weitgehend im Wirkungsbereich freier Marktkräfte, sodass die Annahme naheliegt, die individuelle Vorteilhaftigkeit der Investition für die Beteiligten würde auf dem Verhandlungsweg sichergestellt. Zutreffend führt *Meckling* jedoch weiter aus, dass das Insolvenzrecht weitergehend daran zu messen sei, inwieweit es das Ergebnis dieser marktwirtschaftlichen Prozesse verbessern könne.[1424]

Will man dem Gestaltungsziel effizienter Fremdkapitalmärkte zu größtmöglicher Geltung verhelfen, verbietet sich eine allein auf die Phase nach Eintritt des Financial Distress[1425] begrenzte Betrachtungsweise ex post. Vielmehr sind die restrukturierungs- und insolvenzrechtlichen Rahmenbedingungen bereits mit Blick auf ihre zeitlich vorgelagerte Anreizwirkung ex ante in der Phase der Verhandlung und Ausreichung der Finanzierung zu untersuchen.[1426] Dieser Einsicht

---

1421 Zuletzt in der Einführung des StaRUG Begr. RegE SanInsFoG, BT-Drucks. 19/24181, S. 86.

1422 *Bricongne/Demertzis/Pontuch/Turrini*, Macroeconomic Relevance of Insolvency Frameworks in a High-debt Context: An EU Perspective (European Commission Disc. Paper 032/2016), S. 8 f.

1423 Begr. RegE SanInsFoG, BT-Drucks. 19/24181, S. 86.

1424 *Meckling*, 41 Law & Contemp. Probs. 13 (1977), 27.

1425 Ein Definitionsansatz etwa bei *Drukarczyk/Schüler*, Unternehmensbewertung, S. 335 f.

1426 Dazu *Seymour/Schwarcz*, 1 U. Ill. L. Rev. 1 (2021), 27 m.w.Nachw.; *H-J. Wang*, 56 Fin. Anal. J. 85 (2000), 86; *Schwartz*, 107 Yale L. J. 1807 (1998), 1816; *ders.*, 72 Wash. U. L. Q. 1213 (1994), 1213.

folgte auch der europäische Gesetzgeber im Gesetzgebungsprozess der RestRL[1427] sowie der deutsche Gesetzgeber in der Gestaltung des StaRUG.[1428]

Einzelne Autoren formulieren diesen Gedanken in einer Striktheit, nach der das übergeordnete Ziel der Maximierung gesellschaftlichen Wohlstands allein durch die Reduktion von Fremdkapitalkosten zu verfolgen sei. Eben darin liege die einzig sachgerechte Zielgröße des Unternehmensinsolvenzrechts. Erreicht würde dieses Ziel am ehesten durch höchstmögliche Befriedigungsquoten für Fremdkapitalgeber in der Insolvenz, bedingt durch eine Maximierung des Unternehmenswerts insolventer Unternehmen sowie eine Minimierung der Kosten dessen Realisierung.[1429] Hätten Unternehmen erhöhte Fremdkapitalzinsen zu entrichten, stehe dieses Kapital nicht zur Verfügung, um operative Projekte zu finanzieren. Fremdfinanzierte Projekte könnten mit steigenden Fremdkapitalkosten unprofitabel werden und gänzlich unterbleiben.[1430] Im Fall niedriger Fremdkapitalkosten würden Kreditgeber hingegen einen geringeren Anteil der Erträge einer Investition beanspruchen, womit sich Unternehmen im Sinne der Maximierung gesellschaftlichen Wohlstands gesteigerte Investitionsanreize bieten, angestrebte Projekte umzusetzen.[1431]

1427 Erwg. (16) RestRL: „Schließlich würden effiziente Verfahren der präventiven Restrukturierung, Insolvenz und Entschuldung eine bessere Bewertung der mit Kreditvergabe- und Kreditaufnahmeentscheidungen verbundenen Risiken ermöglichen und eine Anpassung für insolvente oder überschuldete Schuldner erleichtern, wodurch sich die wirtschaftlichen und sozialen Kosten beim Schuldenabbau minimieren ließen. […]“.

1428 Begr. RegE SanInsFoG, BT-Drucks. 19/24181, S. 86: „Dem liegt der Gedanke zugrunde, dass eine effektive Ausrichtung der verfahrensförmigen Sanierungsoptionen an den Interessen der Gläubiger in gesamtwirtschaftlicher Sicht sicherstellt, dass Kreditvergaben und andere Kapitalüberlassungen von den Unsicherheiten verschont bleiben, die aus einem den Wirkungen der Marktgesetze entzogenen Insolvenzbewältigungsregime zwangsläufig folgen […]. Sie beugt damit nicht nur Kreditrationierungen vor und stellt eine effiziente Allokation von Kredit und Kapital sicher, sondern gewährleistet darüber hinaus, dass die im Unternehmen gebündelten Ressourcen den Weg zu ihrer produktivsten Verwendung im Wirtschaftssystem finden.“.

1429 *Schwartz*, 91 Va. L. Rev. 1199 (2005), 1200; *ders.*, 109 Yale L. J. 343 (1999), 343; *ders.*, 107 Yale L. J. 1807 (1998), 1814, 1817.

1430 *Ders.*, 107 Yale L. J. 1807 (1998), 1814.

1431 *Ders.*, 91 Va. L. Rev. 1199 (2005), 1203 (mit einer Modellrechnung auf den S. 1207–1220); *ders.*, 107 Yale L. J. 1807 (1998), 1814.

Einen Gegenstand der nachfolgenden Betrachtung bilden Anreizwirkungen restrukturierungs- und insolvenzrechtlicher Prioritätssysteme – wiederum ihre mittelbare Wirkung über den klassenübergreifenden Cram Down[1432] – im Hinblick auf zwei Aspekte der Unternehmensfremdfinanzierung: (1) der Zugang von Unternehmen zu Fremdkapital, sowie (2) die für Unternehmen damit verbundenen Fremdkapitalkosten.

3.2 Gegenstand und Anliegen der rechtsökonomischen Analyse restrukturierungs- und insolvenzrechtlicher Prioritätssysteme in der Literatur

Gegenstand der rechtsökonomischen Untersuchung restrukturierungs- und insolvenzrechtlicher Prioritätssysteme ist konventionell die Abwägung erwünschter und unerwünschter, im Verhältnis des Zielkonflikts stehender Anreizwirkungen ex ante und ex post.[1433] Adressiert sind mit den Regelungen verbundene Verhaltensanreize gegenüber Markt- und späteren Verfahrensteilnehmern, welche ihre Wirkung im Vorfeld einer finanziellen Krise, Restrukturierung oder Insolvenz (ex ante) entfalten, sowie innerhalb der finanziellen Krise, Restrukturierung oder Insolvenz (ex post).[1434]

Ausgangspunkt in der rechtsökonomischen Untersuchung von Prioritätssystemen ist regelmäßig die Einsicht, dass sich Teilnehmer der Fremdkapitalmärke auf dem Weg der Vertragsgestaltung grundsätzlich jedem geltenden Prioritätssystem anpassen können.[1435] Aufgrund der Mechanismen der risikoorientierten Bepreisung von Fremdfinanzierungen sowie der Marktsteuerung durch Angebot und Nachfrage wären Kreditgeber somit indifferent gegenüber Verschiebungen im Prioritätssystem.[1436] Vor diesem Hintergrund kann bei isolierter Betrachtung zunächst keinem Prioritätskonzept ein genereller, volkswirtschaftlicher Mehrwert gegenüber konkurrierenden Konzepten zugesprochen werden. Zugleich beschränkt ist damit die Eignung restrukturierungs- und insolvenzrechtlicher Rahmenwerke, langfristig andauernde Verteilungseffekte zu erzielen.[1437]

1432 Eingehend dazu in Teil I im Kontext der jeweiligen Verfahrensrahmen.

1433 *Skeel/Triantis*, 166 U. Pa. L. Rev. 1777 (2018), 1782 m.w.Nachw.

1434 Zur Differenzierung in diesem Sinne im Hinblick auf die insolvenzrechtliche Forschung s. nur ebd., 166 U. Pa. L. Rev. 1777 (2018), 1779.

1435 *Baird*, 165 U. Pa. L. Rev. 785 (2017), 798; *Casey*, 78 U. Chi. L. Rev. 759 (2011), 778–779; *Adler/Ayres*, 111 Yale L. J. 83 (2001–2002), 88; *Rasmussen*, 1994 U. Ill. L. Rev. 1 (1994), 19.

1436 *Rasmussen*, 1994 U. Ill. L. Rev. 1 (1994), 19.

1437 *Schwartz*, 91 Va. L. Rev. 1199 (2005), 1202.

Auch herrscht weitreichend Einigkeit, dass der Unternehmenswert von der Prioritätsstruktur der Kapitalansprüche eines Unternehmens grundsätzlich unberührt bleibt.[1438] Davon ausgehend läge die Aufgabe des Verfahrensrechts darin, Transaktionskosten in der Realisierung des Unternehmenswerts zu senken und Vorhersehbarkeit und Transparenz zu gewährleisten. Konkurrierende Ansichten in der rechtökonomischen Literatur divergieren jedoch weitergehend und maßgeblich in der Einschätzung, welches Prioritätssystem effiziente Anreizwirkungen gegenüber Teilnehmern der Fremdkapitalmärkte sowie späteren Verfahrensbeteiligten mit sich bringt.

Vor diesem Hintergrund werden in der Debatte um konkurrierende Konzepte absoluter und relativer Priorität verbreitet zwei konträre Perspektiven eingenommen. Befürworter des Konzepts absoluter Priorität sind maßgeblich auf effiziente Anreizwirkungen ex ante bedacht, während verfehlte Anreizwirkungen in der finanziellen Krise ex post vermieden werden sollen.[1439] Primäres Anliegen ist die Reduzierung von Fremdfinanzierungskosten für Schuldner und von Moral Hazard im Verhältnis vom Fremd- zum Eigenkapital ex ante.[1440] Befürworter des Konzepts relativer Priorität setzen hingegen stärker beim Gedanken effizienter Distribution ex post an, während zugleich Fehlanreize ex ante minimiert werden sollen. Transaktionskosten aufgrund sanierungsfeindlicher Anreize in der Krisenbewältigung ex post sollen reduziert werden.[1441] Da die Priorität ihre Wirkung erst in der finanziellen Krise des Schuldners entfalte, sei es sachgerecht,

---

1438 S. etwa *Baird*, 165 U. Pa. L. Rev. 785 (2017), 798; *Roe/Tung*, 99 Va. L. Rev. 1235 (2013), 1273–1274; *Casey*, 78 U. Chi. L. Rev. 759 (2011), 778–779; jeweils unter Bezugnahme auf das von *Modigliani/Miller*, 48 Am. Econ. Rev. 261 (1958), passim entwickelte Irrelevanztheorem für vollkommene Kapitalmärkte.

1439 S. etwa *Bebchuk*, 57 J. Fin. 445 (2002), 446: "While the distributive consequences of alternative bankruptcy rules are by themselves irrelevant for efficiency, the substantial interest in them by financial economists reflects the recognition that such consequences might have significant ex ante efficiency effects. [...] The ex post division that is optimal is the one that would have the best overall effect on ex ante incentives and behavior.".

1440 Näher nachf. auf den S. 324 ff. sowie auf den S. 341 ff.

1441 *Baird*, 165 U. Pa. L. Rev. 785 (2017), 828: "The debate should shift from the question of how to find a bankruptcy mechanism that best vindicates the absolute priority rule to the question of identifying the priority rule that minimizes the costs of bankruptcy itself. Whether a priority rule helps to implement a successful plan at reasonable cost is a better point of focus than debating which priority rule provides the best set of ex ante incentives."; ein Überblick zu diesen Strömungen in der Diskussion bei *Casey*, 78 U. Chi. L. Rev. 759 (2011), 768–769.

die Beurteilung mit ihr verbundener Verhaltensanreize auf diesen Bereich zu fokussieren.[1442] Gegenstand beider Konzepte bildet einheitlich das übergeordnete Ziel der Gesamteffizienz restrukturierungs- und insolvenzrechtlicher Verhaltensanreize, betrachtet aus unterschiedlichen Perspektiven und mit verschiedener Konnotation.

Restrukturierungs- und insolvenzrechtliche Prioritätssysteme in der Tradition des Civil Law, so etwa das deutsche Recht, folgen eng den gesetzlichen Vorgaben zur Priorität; gerichtliche Durchbrechungen und Einschätzungsspielräume bleiben auf ein Mindestmaß begrenzt.[1443] Im US-amerikanischen Kontext des Chapter-11-Verfahrens treten normierte Rangvorrechte aus sozialpolitischen Erwägungen sowie ein weitergehender gerichtlicher Spielraum in der Handhabung konsensualer Abweichungen von der Priorität hinzu.[1444] Entsprechend ist die Diskussion neben der Effizienz von Prioritätssystemen ex ante um die Perspektive punktueller gerichtlicher Modifizierungen der Priorität ex post erweitert.[1445]

3.3 Herausforderungen in der rechtsökonomischen Analyse restrukturierungs- und insolvenzrechtlicher Prioritätssysteme

Die rechtsökonomische Analyse restrukturierungs- und insolvenzrechtlicher Prioritätssysteme bringt eine Reihe von Herausforderungen mit sich. Eine statische Betrachtung einer schuldnerischen Kapitalstruktur in der finanziellen Krise ex post, vor dem Hintergrund eines bestimmten Verfahrensrahmens, erlaubt zunächst eine greifbare Benennung und Konturierung wirkender Verhaltensanreize des Rechts. Gleichsam können im Vorfeld der Krise, ex ante aufseiten kreditgebender Gläubiger, des Eigenkapitals sowie des schuldnerischen Managements wirkende Verhaltensanreize identifiziert werden.

1442 *Baird*, 165 U. Pa. L. Rev. 785 (2017), 806.

1443 S. jeweils die Untersuchungen zum Insolvenzplanverfahren sowie zum StaRUG in Teil I; hinsichtlich des StaRUG gilt es weitere gerichtliche Entscheidungen zur Priorität im Rahmen der gruppenübergreifenden Mehrheitsentscheidung abzuwarten, wobei die gesetzlichen Vorschriften des StaRUG eng am Insolvenzplanverfahren orientiert sind.

1444 S. die jeweiligen Ausführungen in Teil I zu den Liquidationsprioritäten unter dem US Bankruptcy Code (S. 54 ff.) sowie zu konsensualen Umverteilungen unter der Absolute Priority Rule (S. 73 ff.).

1445 *Adler/Triantis*, 91 Am. Bankr. L. J. 563 (2017), 564: "Thus, the academic discussion of debt priorities has two dimensions: the optimal ex ante arrangement for allocating priorities and the role of the courts in intervening to adjust priorities.".

Gesetzliche Regelungen als abstrakt-generelle Rechtssätze unterwerfen jedoch dynamische Prozesse einheitlichen Regelungen, um Transparenz, Vorhersehbarkeit und Verlässlichkeit zu schaffen. So auch im Fall der betrachteten restrukturierungs- und insolvenzrechtlichen Prioritätssysteme, welche Rangklassen für den Fall der Restrukturierung und Insolvenz in einheitlichen Regelungen für den Lebenszyklus des Schuldners sowie einzelner Finanzierungen definieren. Mit dem Beginn und Fortschreiten der finanziellen Krise des Schuldners wandeln sich jedoch zugleich Verhaltensanreize gegenüber den Kapitalgebern. Ermöglicht eine starre Priorisierung des Fremdkapitals Schuldnern ex ante den Zugang zu vergünstigtem Fremdkapital, verspricht sie für das Eigenkapital ex post häufig den wirtschaftlichen Totalverlust. Gleichsam gebieten zu berücksichtigende individuelle Charakteristika der schuldnerischen Kapitalstruktur sowie der finanzierungsvertraglichen Gestaltung eine dynamische Betrachtung. Zuletzt werden die verhaltensleitenden Wirkungen der hier betrachteten Prioritätsregelungen mittelbar über das Instrument des klassenübergreifenden Cram Down induziert. Zusammenfassend lassen sich konkrete Anreizwirkungen allein in einer zeitpunktbezogenen Betrachtung für individuelle Kapitalklassen bestimmen. Geboten ist mithin eine dynamische, auf verschiedene Zeitpunkte und Kapitalklassen bezogene Betrachtung und Differenzierung.

Während sorgsam erarbeitete Betrachtungen diesen Anforderungen noch gerecht werden können, stellt der zweite Schritt der rechtsökonomischen Analyse den Betrachter vor schwer überwindbare Herausforderungen. So lassen sich gesamtwirtschaftliche Effizienzgewinne oder -verluste einzelner Prioritätssysteme kaum verlässlich bestimmen. Die Priorität entfaltet für Restrukturierungen und Insolvenzen allumfassende Wirkungen und zeigt eine Interdependenz mit sämtlichen Aspekten eines Verfahrens sowie dem jeweiligen Finanzierungsmarkt. Diese Vielfalt von Variablen bereitet vergleichenden Betrachtungen verschiedener Verfahrensrahmen, welche die Wirkungen abweichender Prioritätssysteme aussagekräftig isolieren könnten, bedeutende Hindernisse. Vor diesem Hintergrund ist es einzuordnen, dass es in der verstärkt empirisch betriebenen rechtsökonomischen Forschung zum Chapter-11-Verfahren noch immer an entsprechenden Untersuchungen von Prioritätssystemen fehlt. Während sich Wirkungszusammenhänge abstrakt plausibilisieren lassen, sind sie empirisch ungleich schwerer zu erfassen. Da diese Herausforderungen jedoch weithin in der Natur der ökonomischen Analyse des Rechts begründet liegen und deren Mehrwert auch in Bezug auf Prioritätssysteme nicht in Frage stellen, sollen sie auch den hiesigen Bemühungen nicht im Wege stehen.

Im deutschen Kontext fehlte es lange an umfassenden und komparativen Untersuchungen der Grundlagen restrukturierungs- und insolvenzrechtlicher

Prioritätssysteme im US-amerikanischen, deutschen und europäischen Recht. Diese Grundlage war mit Teil I der Arbeit zunächst zu schaffen. Weitergehende qualitative und quantitative Untersuchungen der Effizienz bestimmter Prioritätssysteme bleiben der künftigen Forschung vorbehalten. Diese Rahmenbedingungen definieren zugleich den erreichbaren und angestrebten Mehrwert der hiesigen Betrachtungen. Mit restrukturierungs- und insolvenzrechtlichen Prioritätssystemen verbundene Wirkungszusammenhänge und Anreizwirkungen gegenüber Verfahrens- und Marktteilnehmern werden aufgezeigt, reflektiert und gegeneinander abgewogen. Konkrete Gestaltungsmerkmale effizienter Prioritätssysteme werden erwogen.

3.4 Rechtsökonomische Untersuchungen der Priorität im internationalen Kontext

Während die Ökonomie insolvenzrechtlicher Priorität in den USA seit dem frühen 20. Jahrhundert einen wesentlichen Gegenstand der rechtsökonomischen Forschung bildet, blieben entsprechende Auseinandersetzungen in der deutschen Forschung bislang vereinzelt und auf spezifische Themen fokussiert. So sind aus der deutschen insolvenzrechtlichen Forschung nur punktuell rechtsökonomische Untersuchungen verschiedener Prioritätssysteme hervorgegangen. Hervorzuheben sind einzelne Untersuchungen im Vorfeld des ESUG,[1446] in der Reform des Konzerninsolvenzrechts von 2013,[1447] zu § 245 InsO,[1448] sowie neuere Betrachtungen im Kontext der europäischen RestRL.[1449] Entsprechende Untersuchungen zum deutschen Umsetzungsgesetz, dem StaRUG, blieben bislang weitgehend aus.[1450]

Hinzu tritt eine wachsende Zahl von Veröffentlichungen supranationaler Organisationen und Institutionen (Europäische Union, Internationaler Währungsfonds, Weltbank), welche die Gestaltung volkswirtschaftlich effizienter Restrukturierungs- und Insolvenzrechtssysteme im Allgemeinen und punktuell

1446 *Eidenmüller/Engert*, ZIP 2009, 541 ff.

1447 Zu möglichen nachteiligen Auswirkungen einer Möglichkeit zur Massekonsolidierung auf den Markt für Fremdfinanzierungen Begr. RegE Gesetz zur Erleichterung der Bewältigung von Konzerninsolvenzen, BT-Drucks. 18/407, S. 17; *Eidenmüller*, ZHR 169 (2005), 528 (565).

1448 *Drukarczyk/Schüler*, in: MüKo, InsO, § 245 passim.

1449 Etwa *Madaus*, Is the Relative Priority Rule right for your jurisdiction?, WP 2020-1, SSRN: 3827696; *ders.*, 19 Eur. Bus. Org. L. Rev. (2018) 615 ff.

1450 Jüngst auch *Klostermann*, Die absolute und die relative Vorrangregel im Recht der Unternehmensreorganisation (Diss., 2022), passim.

von Prioritätssystemen im Besonderen behandeln. Dabei handelt es sich einerseits um Leitfäden für die Gestaltung nationaler Rechtsrahmen,[1451] andererseits um Stellungnahmen im Kontext des Gesetzgebungsprozesses der europäischen Richtlinie über Restrukturierung und Insolvenz.

Aufgrund der Vorbildwirkung des US-amerikanischen Chapter-11-Verfahrens für deutsche und europäische Planverfahren im Bereich des Insolvenz- und Restrukturierungsrechts lassen sich jedoch viele der in der US-Forschung entwickelten Gedanken auch für den deutschen Kontext aufnehmen. Die Auseinandersetzung mit der US-amerikanischen Literatur in dem Bereich verspricht deshalb wertvolle Einblicke auch für den deutschen Diskurs.

3.5 Bedeutung US-amerikanischer Forschungsansätze in der ökonomischen Theorie des Insolvenzrechts

In der insolvenzrechtlichen Forschung der USA haben rechtsökonomische Denkansätze bereits früh bedeutenden Raum eingenommen.[1452] Dabei nehmen auch empirische Untersuchungen der Reorganisations- und Insolvenzpraxis einen hohen Stellenwert ein.[1453] Ausgehend von der Einführung des US Bankrutpcy Code in seiner Prägung des Reform Act von 1978 hat sich das Chapter-11-Verfahren als internationaler Standard insolvenzrechtlicher Planverfahren etabliert. Wesentliche Gedanken der ökonomischen Theorie des Insolvenzrechts haben in einem marktwirtschaftlichen Verfahren privatautonomer Insolvenzbewältigung Ausdruck gefunden und Rechtsordnungen weltweit als Vorbild gedient. So wirken sie international fort und dienen Wissenschaftlern und Gesetzgebern noch heute als Orientierungspunkt in der Reflektion und Gestaltung von Mechanismen marktwirtschaftlicher Krisenbewältigung.

Wesentliche Forschungsfelder der US-amerikanischen Theorie des Insolvenzrechts bilden zunächst grundlegende Theorien zur Funktion des Insolvenzrechts,

---

1451 *UNCITRAL*, Legislative Guide on Insolvency Law (Part I and II, 2005); *Bricongne/Demertzis/Pontuch/Turrini*, Macroeconomic Relevance of Insolvency Frameworks in a High-debt Context: An EU Perspective (European Commission Disc. Paper 032/2016); *World Bank Group*, Principles for Effective Insolvency and Creditor/Debtor Regimes (revised 2021).

1452 Einen wertvollen Überblick über wesentliche Werke mit einer Einordnung in den Stand US-amerikanischer rechtsökonomischer Forschung im Bereich des Insolvenzrechts bis 2012 gibt *Morrison*, Economics of Bankruptcy, passim.

1453 S. etwa die zuvor auf den S. 78 ff. in Bezug genommenen Untersuchungen zum Bereich gerichtlicher Unternehmensbewertung im Chapter-11-Verfahren (u.a. mit Blick auf die Absolute Priority Rule).

wie das von *Jackson* entwickelte Creditors' Bargain Model. Mit dieser normativen Theorie wurde das heutige, an vertraglichen Dynamiken orientierte Verständnis des US-amerikanischen Insolvenzrechts begründet.[1454] Dem folgend sollten insolvenzrechtliche Verteilungs- und Prioritätsregeln dasjenige widerspiegeln, was die Gläubiger hypothetisch ex ante – vor einer Restrukturierung oder Insolvenz – für den Krisenfall ausgehandelt hätten.[1455] In Umsetzung dessen würden insolvenzrechtliche Prioritäten regelmäßig die im Vorfeld der Insolvenz vertragsrechtlich und gesetzlich bestimmten Prioritäten reflektieren. Der Grundgedanke des Modells wird weithin zur Begründung des Konzepts absoluter Priorität herangezogen.[1456] Mit der Einführung des heutigen Bankruptcy Act im Jahr 1978 und des Chapter-11-Verfahrens wurde das vertragliche Verständnis des Insolvenzrechts in Gestalt von Reorganisationsverhandlungen ex post festgeschrieben.[1457] Besonders wiederum in den verfahrensrechtlichen Regelungen über die Planabstimmung.[1458]

Ein weiteres wesentliches Feld der Forschung bilden Mechanismen kollektiver Entscheidungsfindung in der Insolvenz, welche gleichsam im Vorfeld einen wesentlichen Beitrag zur effizienten Entscheidungsfindung und der Vermeidung formaler Insolvenzverfahren leisten.[1459] Entwickelte Konzepte reichen bis zu einer Öffnung von Insolvenzrechtssystemen für die vertragsrechtliche Implementierung insolvenzrechtlicher Mechanismen ex ante durch Schuldner und Gläubiger

---

1454 *Skeel/Triantis*, 166 U. Pa. L. Rev. 1777 (2018), 1778.

1455 Grundlegend *Jackson*, 91 Yale L. J. 857 (1982), 860: "a system designed to mirror the agreement one would expect the creditors to form among themselves were they able to negotiate such an agreement from an ex ante position"; "vantage point from which to analyze bankruptcy law's treatment of many non-bankruptcy entitlements, and a focus from which to examine the deviations made in the name of bankruptcy policy"; dazu auch *Paulus*, ZIP 1985, 1449 (1453); das Modell wird in der jüngeren Literatur eingehend und kritisch reflektiert bei *Casey*, 120 Colum. L. Rev. 1709 (2020), passim; zudem *Janger*, 167 U. Pa. L. Rev. 47 (2019), 47–50.

1456 *Jackson*, 91 Yale L. J. 857 (1982), 858; dazu in der Einordnung der Absolute Priority Rule etwa *Baird*, 165 U. Pa. L. Rev. 785 (2017), 792; *Casey*, 78 U. Chi. L. Rev. 759 (2011), 759: "The standard law and economics understanding is that absolute priority follows inevitably from the 'creditors' bargain' model. That model tells us that the optimal system of reorganization must respect nonbankruptcy contract rights while maximizing the expected value of assets in bankruptcy. The conventional wisdom is that absolute priority fits this bill as the singular way of protecting creditors' nonbankruptcy contract rights."; *Roe/Tung*, 99 Virg. L. Rev. 1235 (2013), 1239–1240.

1457 Dazu *Skeel/Triantis*, 166 U. Pa. L. Rev. 1777 (2018), 1784–1785.

1458 Ebd., 1799.

1459 *Jackson*, 91 Yale L. J. 857 (1982), 867–868.

oder gesellschaftsvertragliche Regelungen.[1460] Ferner wurden verschiedentlich Perspektiven aufgezeigt, Verfahrensmodelle privatautonomer Verwertung durch Auktions- oder Optionsmodelle abzulösen. Zeit- und kostenaufwändige Verhandlungen sowie Unsicherheiten in der gerichtlichen Unternehmensbewertung sollen vermieden werden.[1461]

Einen wesentlichen Gegenstand rechtsökonomischer Untersuchungen bildet schließlich die Absolute Priority Rule. Den Ausgangspunkt bildet dabei stets das etablierte Konzept der Absolute Priority Rule. Ausgehend davon werden vorwiegend gesetzliche und praktische Abweichungen vom Konzept absoluter Priorität[1462] sowie alternative Konzepte relativer Priorität hinsichtlich ihrer gesamtwirtschaftlichen Effizienz untersucht.[1463] Beleuchtet werden dabei vermehrt Wirkzusammenhänge zwischen Prioritätsregeln und effizienten Investitionsentscheidungen des Schuldners sowie der Kapitalgeber, ex ante im Vorfeld der Krise sowie ex post nach Insolvenzeintritt.[1464] Die jüngere Literatur hat vermehrt die Wechselwirkungen der Priorität mit Teilaspekten des Insolvenzrechts, etwa Fragen der Unternehmensbewertung im Insolvenzverfahren, sowie gerichtliche Abweichungen von der Priorität ex post zum Gegenstand.[1465] Alternative Konzepte relativer Priorität wurden entwickelt.[1466]

Ein weiterer wesentlicher Aspekt betrifft sodann den unauflösbaren Zusammenhang zwischen dem Feld der Unternehmensfremdfinanzierung sowie der finanziellen Restrukturierung und Insolvenz von Unternehmen. Der Zugang zu Fremdkapital und Aspekte der Vertragsgestaltung werden maßgeblich durch die erwartete Handhabung der Finanzierung in einer schuldnerischen Krise

1460 S. insb. *Schwartz*, 107 Yale L. J. 1807 (1998), passim: "A Contract Theory Approach to Business Bankruptcy"; *ders.*, 109 Yale L. J. 343 (1999), passim; *Rasmussen*, 19 Mich. J. Int. L. 1 (1997), passim.

1461 Für zeitnahe Auktionen börsennotierter Unternehmen nach Insolvenzeintritt etwa *Baird*, 15 J. Leg. Stud. 127 (1986), passim; ein Überblick über Ansätze von *Roe*, *Bebchuk* und weiteren bei *Drukarczyk/Schüler*, in: MüKo, InsO, § 245 Rn. 119 ff.; näher zu dem von *Baird* entwickelten Optionsmodell als Konzept einer Relative Priority Rule zuvor auf den S. 119 ff.

1462 S. etwa *Eberhart/Weiss*, 27 Fin. Man. 106 (1998), passim.

1463 S. wiederum den Überblick bei *Morrison*, Economics of Bankruptcy, Kap. 12 ff.

1464 *Bebchuk*, 57 J. Fin. 445 (2002), passim; *Gertner/Scharfstein*, 64 Fin. J. 1189 (1991), passim; *M. White*, 3 J. Econ. Persp. 129 (1989), passim.

1465 Dazu *Adler/Triantis*, 91 Am. Bank. L. J. 563 (2017), 572; etwa *Baird*, 165 U. Pa. L. Rev. 785 (2017), passim; *Seymour/Schwarcz*, 1 U. Ill. L. Rev. 1 (2021), 10–16; eingehend in Teil I auf den S. 78 ff.

1466 Näher zu ausgewählten Konzepten zuvor auf den S. 114 ff.

bestimmt. Schaffen die Regelungen einseitige Begünstigungen oder Ineffizienzen in der Restrukturierung von Finanzierungsverträgen, zeitige dies Auswirkungen auf die Verfügbarkeit von Fremdkapital und Finanzierungskosten für schuldnerische Unternehmen am Markt.[1467] Zusammenhänge insolvenzrechtlicher Prioritätssysteme mit Aspekten der Fremdfinanzierung wie der Kreditrationierung (credit rationing),[1468] dem Schuldenüberhang (debt overhang)[1469] sowie Finanzierungskosten[1470] werden bis heute eingehende Auseinandersetzungen gewidmet. Ferner wurde die Priorität als Gestaltungsinstrument der Unternehmensfremdfinanzierung näher beleuchtet.[1471]

3.6 Effizienz durch Vorhersehbarkeit der Wertverteilung ex post

In der rechtsökonomischen Analyse restrukturierungs- und insolvenzrechtlicher Systeme wird ein Gestaltungsziel stets als grundlegend hervorgehoben: die Vorhersehbarkeit von Ablauf und Ausgang des Verfahrens. So bilden Faktoren wie Transparenz und Verlässlichkeit die Grundlage nachhaltiger Finanzierungsverhältnisse und eines attraktiven Investitionsumfelds.[1472] Marktteilnehmern soll es ermöglicht werden, ihr wirtschaftliches Handeln in Einklang mit dem Insolvenzrecht auszurichten.[1473] Ausfallrisiken sollen für Kreditgeber im Vorfeld einer Insolvenz kalkulierbar sein.[1474] Neben verfahrensrechtlichen Aspekten wird insoweit dem Faktor der Priorität besondere Bedeutung und besonderes Potenzial beigemessen. Die Erwägungen betreffen das Wesen der Priorität und gelten unabhängig vom jeweils geltenden Prioritätssystem.

1467 S. etwa *Meckling*, 41 Law & Contemp. Probs. 13 (1977), 27; w.Nachw. auf den S. 309 ff. sowie in den weiteren Untersuchungen des Teil II.

1468 *Longhofer*, 6. J. Fin. Intermed. 249 (1997), passim; *Eidenmüller/Engert*, ZIP 2009, 541 (544 f.); grundlegend dazu *Stiglitz/Weiss*, 71 Am. Econ. Rev. 393 (1981), passim.

1469 *Schwartz*, 72 Wash. U. L. Q. 1213 (1994), 1218–1222.

1470 *Longhofer*, 6. J. Fin. Intermed. 249 (1997), passim.

1471 *Hackbarth/Mauer*, 25 Rev. Fin. Stud. 747 (2012), passim; s. auch *Ravid/Sverdlove/Bris/Coiculescu*, 50 J. Fin. & Quant. Anal. 1353 (2015), passim.

1472 *World Bank Group*, Principles for Effective Insolvency and Creditor/Debtor Regimes (revised 2021), S. 3, 9.

1473 *Pape*, in: Pape/Reichelt/Schultz/Voigt-Salus, InsR, § 10 Rn. 6.

1474 Ebd.

3.6.1 Konsensfindung im strukturierten Verhandlungsrahmen

Den Ausgangspunkt bildet die Erwägung, dass insolvenzrechtliche Regelungen über ihre unmittelbare Anwendung hinaus einen weitergehenden Wirkungsbereich entfalten. Verhandlungen im Vorfeld der Insolvenz sowie im eröffneten Verfahren werden im Schatten insolvenzrechtlicher Verteilungsmaßstäbe geführt. Bereits die Perspektive einer Antragstellung und damit der Anwendung insolvenzrechtlicher Verteilungsmaßstäbe definiert den Verhandlungsraum für die Beteiligten.[1475] Vor diesem Hintergrund sind die betreffenden Regelungen derart zu gestalten, dass Anreize für ineffiziente Inanspruchnahmen gerichtlicher Kollektivverfahren minimiert werden. Wesentlich sind dabei klare Vorgaben, welche im Vorhinein bestimmbare Verfahrensergebnisse erwarten lassen.[1476] Wird den Beteiligten ein klarer Verhandlungsraum definiert, wird das Spektrum möglicher Verhandlungsergebnisse verkleinert und konsensuale Einigungen sind leichter zu erreichen.[1477]

Im Einklang damit fordern auch internationale Leitfäden und Musterrahmenwerke, restrukturierungs- und insolvenzrechtliche Verfahrensrahmen müssten die im Vorfeld fixierten Rechte der Gläubiger aufrechterhalten, um berechtigten Erwartungen von Gläubigern gerecht zu werden und Vorhersehbarkeit und Stabilität innerhalb wirtschaftlicher Beziehungen zu stärken.[1478] Gläubigern werde die Einschätzung mit ihrer Investition verbundener Risiken und damit ein effektives Risikomanagement ermöglicht.[1479] Diese müssten ex ante bereits verlässlich antizipieren können, wie sich Störungen der Leistungsfähigkeit des Schuldners auf ihre Position auswirken.[1480] Letztlich würden damit der Zugang von Unternehmen zu Fremdkapital zu niedrigeren Risikozinssätzen und mithin geringere Finanzierungskosten begünstigt.[1481]

1475 Näher dazu in Teil I in der Einordnung der Regelungen zum klassenübergreifenden Cram Down im Kontext der verschiedenen Verfahrensrahmen.

1476 *Jackson*, 91 Yale L. J. 857 (1982), 867–868.

1477 Zu diesem Aspekt *Lipson*, 93 Wash. U. L. Rev. 631 (2018), 637.

1478 *World Bank Group*, Principles for Effective Insolvency and Creditor/Debtor Regimes (revised 2021), S. 26; *UNCITRAL*, Legislative Guide on Insolvency Law (Part I and II, 2005), S. 13.

1479 *UNCITRAL*, Legislative Guide on Insolvency Law (Part I and II, 2005), S. 13.

1480 Ebd., S. 15.

1481 Ebd., S. 13; Nachw.; ausf. zu diesem Aspekt im Weiteren auf den S. 338 ff.

Dies umfasse im Besonderen den Faktor der Priorität von Kapitalpositionen.[1482] Zielsetzung seien ein klar definiertes Prioritätssystem und dessen konsistente praktische Anwendung und Durchsetzung, um effiziente Restrukturierungen zu ermöglichen.[1483] Das begrenzte Spektrum möglicher Verteilungslösungen erleichtere die Verhandlungen.[1484] Unnötige Kosten zur Sicherung oder Erhaltung der eigenen Prioritätsstellung können reduziert werden.[1485] Besonders in der Restrukturierung mittlerer oder großer Unternehmen können klare Verteilungsmaßstäbe Verfahrenskosten senken.[1486] Ferner würde durch eine verminderte Vorhersehbarkeit in der Verteilung des Unternehmenswerts in einer Restrukturierung die Preisfindung im Verkauf notleidender Forderungen auf dem Sekundärmarkt erschwert,[1487] was wiederum Auswirkungen auch auf den Primärmarkt zeitigt.

3.6.2 Gestaltung von Prioritätsklassen

In Umsetzung dessen sollen Liquidationsprioritäten losgelöst von sozialen und politischen Erwägungen weitestmöglich die wirtschaftlichen Vereinbarungen der Marktteilnehmer reflektieren.[1488] Ein notwendiger Interessenausgleich könne außerhalb des Insolvenzrechts in anderen Rechtsbereichen effektiver erreicht werden.[1489] Die Vorrangstellung gesicherter Gläubiger hinsichtlich ihres Sicherungsguts sei zu wahren. In Ihre Sicherheiten dürfe im Insolvenzverfahren nicht gegen

---

1482 S. auch *World Bank Group*, Principles for Effective Insolvency and Creditor/Debtor Regimes (revised 2021), S. 26; *Bricongne/Demertzis/Pontuch/Turrini*, Macroeconomic Relevance of Insolvency Frameworks in a High-debt Context: An EU Perspective (European Commission Disc. Paper 032/2016), S. 19; *UNCITRAL*, Legislative Guide on Insolvency Law (Part I and II, 2005), S. 13.

1483 *UNCITRAL*, Legislative Guide on Insolvency Law (Part I and II, 2005), S. 13; *Roe/Tung*, 99 Virg. L. Rev. 1235 (2013), 1245.

1484 Dazu *Lipson*, 93 Wash. U. L. Rev. 631 (2018), 679; näher dazu unter anderem auf den S. 61 ff.

1485 Dazu *Baird*, 165 U. Pa. L. Rev. 785 (2017), 803.

1486 *Lipson*, 93 Wash. U. L. Rev. 631 (2018), 679.

1487 *Richter/Thery*, INSOL Europe Guidance Note No. 1 on the Implementation of Preventive Restructuring Frameworks under EU Directive 2019/1023 (April 2020), S. 35 Abs. 132.

1488 *UNCITRAL*, Legislative Guide on Insolvency Law (Part I and II, 2005), S. 13, 275.

1489 Ebd., S. 16, beispielhaft: versicherungsrechtliche Absicherung der Forderungen von Arbeitnehmern anstelle einer generellen insolvenzrechtlichen Priorisierung; *World Bank Group*, Principles for Effective Insolvency and Creditor/Debtor Regimes (revised 2021), S. 26: kein genereller Vorrang der Forderungen öffentlicher Stellen gegenüber den Forderungen privater Gläubiger.

ihren Willen eingegriffen werden.[1490] Die Zahl anerkannter Prioritätsklassen sei auf eine Mindestzahl zu beschränken.[1491] Abweichungen von der Priorität ex post müssten auf ein Mindestmaß beschränkt sein und nur zur Förderung konkurrierender Verfahrensziele erwogen werden, etwa zur Förderung von Sanierungen oder der Maximierung des Schuldnervermögens.[1492] Während Abweichungen von der Priorität ex post die Restrukturierung erleichtern und den Unternehmenswert steigern können, kann bereits die Aussicht auf solche Abweichungen effiziente Verhaltensanreize ex ante stören.[1493]

3.6.3 Vorhersehbarkeit unter absoluter und relativer Priorität

Die starre Verteilungsfolge absoluter Priorität bietet Kapitalgebern das größtmögliche Maß an Vorhersehbarkeit hinsichtlich der Beteiligung am verbliebenen Unternehmenswert.[1494] In gesteigertem Maß zudem Konzepte relativer Priorität, unter denen der Befriedigungsvorrang höherrangiger Gläubiger gewahrt bleibt und zugleich niederrangigen Kapitalgebern eine Wertaufholung ermöglicht werden soll, etwa die von *Bebchuk*, *Baird* und *Morrison/Casey* entwickelten Optionsmodelle. Unter diesen wird niederrangigen Gläubigern als Optionsinhaber der Zugriff auf den Fortführungswert zu einem Ausübungspreis im Nominalwert vorrangiger Forderungen ermöglicht.[1495] Lässt eine Prioritätsregel hingegen jegliche Besserstellung genügen, wie die Regel des relativen Vorrangs unter der RestRL, können für den Fall einer Restrukturierung breite Spektren möglicher Verteilungslösungen eröffnet sein, bis hin zu einer nur minimalen absoluten Besserstellung vorrangiger Gruppen.[1496] Die Vorhersehbarkeit des Prioritätssystems und damit verbundene Effizienzvorteile gehen verloren.

3.7 Anreizwirkungen gegenüber dem Eigenkapital

Absolute Priorität stellt Gesellschaftern als letztrangige Gruppe für den Insolvenzfall – vorbehaltlich einer konsensualen Planlösung, unterstützt durch die übrigen

1490 *World Bank Group*, Principles for Effective Insolvency and Creditor/Debtor Regimes (revised 2021), S. 26.

1491 Ebd.

1492 Ebd.; s. auch *Lipson*, 92 Wash. U. L. Rev. 631 (2018), 680.

1493 *Skeel/Triantis*, 166 U. Pa. L. Rev. 1777 (2018), 1801.

1494 S. die Nachw. in der Untersuchung der verschiedenen Verfahrensrahmen in Teil I.

1495 Zu den verschiedenen Modellen zuvor auf den S. 114 ff.

1496 Näher zur Regel des relativen Vorrangs unter der RestRL und möglichen Umsetzungskonzepten auf den S. 218 ff.

Beteiligten – häufig einen vollständigen Verlust ihrer Eigenkapitalpositionen in Aussicht. Fehlt es Gesellschaftern für den Fall einer Restrukturierung oder Insolvenz an Perspektiven für ihre fortgesetzte Beteiligung am Eigenkapital, können systemische Fehlanreize die Folge sein. Während Verhaltensweisen innerhalb dynamischer Prioritätssysteme kein abstrakter Mehr- oder Minderwert gegenüber Alternativen zugeordnet werden kann, sind sie jedoch an den Effizienzzielen des Restrukturierungs- und Insolvenzrechts zu messen und vor dem Hintergrund gesamtwirtschaftlicher Zielsetzungen der Verfahrensrahmen zu beurteilen. Ferner können auf verschiedene Zeitpunkte bezogene Betrachtungen derselben Verhaltensweisen zu abweichenden Ergebnissen führen.[1497]

Eigenkapitalgebern sind zur Verwirklichung ihrer Interessen innerhalb sowie außerhalb von Sanierungssituationen unmittelbare sowie mittelbare Einwirkungsmöglichkeiten eröffnet. Im Vorfeld der Krise (ex ante) steht die Einwirkung auf die schuldnerische Geschäftsführung im Vordergrund, welche durch die Gesellschafter in Richtung einer Maximierung des Eigenkapitalwerts incentiviert wird. Daneben treten im Krisenfall (ex post) weitere Handlungsspielräume, etwa in Bezug auf die Bereitstellung frischen Eigenkapitals sowie die Ausübung verfahrensrechtlicher Stimmrechte. Mit Blick auf das schuldnerische Management stehen im Vorfeld der Krise (ex ante) Handlungen wie die Auswahl von Investitionsmöglichkeiten mit verschiedenen Risikoprofilen im Vordergrund der Untersuchung. Bei Eintritt der finanziellen Krise (ex post) leitet das Prioritätssystem maßgeblich die Entscheidung des schuldnerischen Managements hinsichtlich der Einleitung von Sanierungsbemühungen sowie der Stellung eines Insolvenzantrags.[1498]

3.7.1 Kapitaleinsatz durch den Schuldner: Moral Hazard und Agency-Kosten

Aufgrund ihrer Verteilungswirkung ex post entfaltet die Priorität Anreizwirkungen gegenüber dem schuldnerischen Management sowie den Eigenkapitalgebern hinsichtlich des Kapitaleinsatzes durch das schuldnerische Unternehmen. Während die absolute Priorität ex ante eine disziplinierende Wirkung gegenüber dem Eigenkapital entfaltet, kann sie ex post Anreize in Richtung eines risikoreicheren Kapitaleinsatzes begründen.

1497 Zu unterschiedlichen Wirkungsweisen von Abweichungen von der Absolute Priority Rule ex ante sowie in der finanziellen Krise ex post etwa *Eberhart/Senbet*, 22 Fin. Man. 101 (1993), 106–113; *Bebchuk*, 57 J. Fin. 445 (2002), 455–456.

1498 S. auch *M. White*, NBER WP 11536 (2005), SSRN: 779946, 12.

3.7.1.1 Disziplinierende Wirkung ex ante

Nach dem Konzept absoluter Priorität tragen die Eigenkapitalgeber in einer tiefgreifenden finanziellen Restrukturierung oder Insolvenz zuvorderst und mit dem vollen Wert ihrer Beteiligungen eintretende Verluste. Nimmt das Eigenkapital in der Insolvenz gegenüber dem Fremdkapital hingegen keine strikt nachgeordnete Prioritätsstellung ein und erhält damit Aussicht auf höhere Wertzuteilungen, so verändern sich zugleich Verhaltens- und Risikoanreize in der – mittelbar durch das Eigenkapital gesteuerten – Unternehmensführung.[1499] Durch die Abmilderung nachteiliger Folgen einer Insolvenz für Eigenkapitalgeber werden diese in Richtung eines risikoreicheren Kapitaleinsatzes incentiviert. In der Folge wird die Moral-Hazard-Problematik mit Blick auf strategische und operative Entscheidungen des Schuldners verstärkt.[1500] Nach dieser von *Bebchuk* besonders eindrücklich formulierten Ansicht bilden die Vermeidung von Moral Hazard und damit die Reduktion von Agency-Kosten das zentrale Anliegen der Absolute Priority Rule.[1501] Der Gedanke gilt über Abweichungen von der Priorität im Einzelfall hinaus auch für strukturelle Abweichungen von einer Regel absoluter Priorität sowie die Implementierung von Konzepten relativer Priorität.

Tritt neben den eigenkapitaltypischen Anspruch auf erzielte Überschüsse zugleich eine geminderte Verlustquote im Insolvenzfall, vereinnahmen die Eigenkapitalgeber in vollem Umfang potenzielle Erträge eines risikoreicheren Kapitaleinsatzes, während Verluste im Krisenfall zu Teilen durch die Fremdkapitalgeber getragen werden. In der Folge kann aus Sicht der Eigenkapitalgeber eine Erhöhung des Investitionsrisikos wirtschaftlich sinnvoll sein, obgleich der Gesamtkapitalwert gemindert wird.[1502] Die Gesellschafter sowie das Management werden incentiviert, im Gegenzug für höhere Erwerbsaussichten ungleich höhere

---

1499 *Bebchuk*, 57 F. Fin. 445 (2002), 447; *Meckling*, 41 Law & Contemp. Probs. 13 (1977), 30; *Schwartz*, 91 Va. L. Rev. 1199 (2005), 1219: "unobservable action"; *Adler/Ayres*, 111 Yale L. J. 83 (2001–2002), 89.

1500 *Bebchuk*, 57 J. Fin. 445 (2002), 447; *Longhofer*, 6 J. Fin. Intermed. 249 (1997), 252; *Adler/Ayres*, 111 Yale L. J. 83 (2001–2002), 88; ferner *Longhofer/Carlstrom*, Q4 Econ. Rev. FRB Cleveland 21 (1995), 26: verminderter Anreiz zur Erzielung positiver Unternehmensergebnisse.

1501 Dazu *Bebchuk*, 57 J. Fin. 445 (2002), 447; sowie *Schwartz*, 91 Va. L. Rev. 1199 (2005), 1219, jeweils mit Blick auf negative ex ante-Wirkungen von Abweichungen von der Absolute Priority Rule ex post; dazu auch *Baird*, 165 U. Pa. L. Rev. 785 (2017), 799.

1502 *Tirole*, The Theory of Corporate Finance, S. 77: "mean-decreasing increase in risk"; s. auch *Eidenmüller/Engert*, ZIP 2009, 541 (544 f.).

Insolvenzrisiken in Kauf zu nehmen,[1503] selbst wenn ein risikoreicheres Projekt eine geringere Rendite verspricht.[1504] Die disziplinierende Wirkung absoluter Priorität gegenüber dem Eigenkapital wird gemindert.[1505] Die Attraktivität der Insolvenz für Schuldner wird gesteigert.[1506] Daher betrifft die Priorität nicht allein die Verteilung des Unternehmenswerts, sondern kann mittelbar auch dessen Höhe beeinflussen.[1507]

Zutreffend wird in der jüngeren Literatur hervorgehoben, dass diese konventionelle Fundierung restrukturierungs- und insolvenzrechtlicher, absoluter Priorität zur Begrenzung von Agency-Kosten nur in begrenztem Maße auf moderne Unternehmens- und Kapitalstrukturen übertragbar ist. Besonders größere börsennotierte Unternehmen werden regelmäßig nicht durch die Gesellschafter selbst geführt. Im Falle breiten Streubesitzes verdichtet sich zugleich die Machtfülle des schuldnerischen Managements im Verhältnis zu den Gesellschaftern. Nähert sich das Unternehmen einer finanziellen Krise, verschiebt sich das Augenmerk des Managements zunehmend in Richtung der Interessen der Gläubiger als Entscheidungsträger. Mit dem Eintritt in die Insolvenz wird die Verschiebung der Kontrolle über das Unternehmen hin zu den Gläubigern finalisiert.[1508] Der Agency-Konflikt wird damit vom Verhältnis verschiedener Kapitalschichten auf das Verhältnis zwischen Eigenkapitalgebern und Management des Schuldners übertragen.[1509] Eine Angleichung der Interessen in diesem Verhältnis erfolge wiederum losgelöst vom geltenden Prioritätssystem durch wirtschaftliche Anreizsetzung (etwa Beteiligungsprogramme, Vergütungssystem).[1510] Schon der spezifische Ansatzpunkt der These verdeutlicht jedoch zugleich ihren begrenzten Geltungsbereich. So entfällt auf große, börsennotierte Unternehmen ein äußerst geringer Anteil aller Unternehmensrestrukturierungen und -insolvenzen. Ferner wird ihr Geltungsgehalt dort relativiert, wo die Gesellschafterstruktur durch einzelne Ankerinvestoren mit signifikanten Eigenkapitalpositionen geprägt ist.

Schließlich kann die disziplinierende Wirkung absoluter Priorität die Folgen einer späteren Verschuldung des Schuldners für Bestandsgläubiger abmildern.

1503 *Meckling*, 41 Law & Contemp. Probs. 13 (1977), 30.

1504 *Bebchuk*, 57 F. Fin. 445 (2002), 447.

1505 *Adler/Ayres*, 111 Yale L. J. 83 (2001–2002), 88.

1506 *Meckling*, 41 Law & Contemp. Probs. 13 (1977), 30; *Weston*, 41 Law & Contemp. Probs. 47 (1977), 47.

1507 *M. White*, NBER WP 11536 (2005), SSRN: 779946, S. 13.

1508 *Baird*, 165 U. Pa. L. Rev. 785 (2017), 800.

1509 Ebd., 800–801.

1510 Ebd., 800.

Durch die Wahrung vertraglich vereinbarter Prioritätsstellungen können Gläubiger vor einer Verwässerung ihrer Rangstellung durch spätere Aufnahmen von Fremdkapital durch den Schuldner geschützt werden.[1511]

3.7.1.2 *Risikosteigernde Anreizwirkung ex post*

Befindet sich das schuldnerische Unternehmen bereits in einer finanziellen Krise, kann die gläubigerschützende Anreizwirkung absoluter Priorität ex post in ihr Gegenteil verkehrt werden. Stehen Gesellschaftern für den nahenden Fall einer Restrukturierung oder Insolvenz keine Wertzuweisungen in Aussicht, entfallen Anreize zur Maximierung des Gesamtunternehmenswerts, welcher nunmehr allein den vorrangigen Gläubigern zusteht. Stattdessen können Gesellschafter incentiviert sein, in der Wahrnehmung letzter Handlungschancen besonders riskante Investitionen zu tätigen, solange diese nur eine – wenn auch vage – Aussicht bieten, die Insolvenz im Erfolgsfall zu vermeiden, sollten sie auch einen negativen Barwert oder jedenfalls geringeren Barwert als alternative Investitionen aufweisen (gambling for resurrection).[1512] Mit der Investition verbundene, erhöhte Verlustrisiken werden durch die Gläubiger getragen.[1513] Die Problematik wird verschärft, wenn die Investition durch die Aufnahme zusätzlichen Fremdkapitals finanziert wird, wodurch zusätzlich eine Verwässerung der Befriedigungsquoten bestehender Gläubiger eintritt.[1514] Unter dem Schutz beschränkter Haftung bietet sich Gesellschaftern die Möglichkeit, Gewinnaussichten unter Inkaufnahme externer Effekte zulasten der Gläubiger zu schaffen. In der Diktion von *Bebchuk* werden Gläubiger gezwungen, das Eigenkapital zu bezuschussen.[1515] Zugleich werden damit Gesamtwirtschaftlich ineffiziente Investitionen, die nicht der Maximierung des Gesamtunternehmenswerts dienen, gefördert.[1516]

Dem Eigenkapital bietet sich unter der Geltung absoluter Priorität mithin ex post ein Anreiz zur Überinvestition in stärker risikobehaftete Projekte, welchem ein entsprechender Anreiz zur Unterinvestition in weniger risikobehaftete

---

1511 *Adler/Ayres*, 111 Yale L. J. 83 (2001–2002), 88–89 m.w.Nachw.; dazu auch *Hackbarth/Mauer*, 25 Rev. Fin. Stud. 747 (2012), 774 (zu damit verbundenen Werttransfers zulasten der Bestandsgläubiger und zugunsten der Gesellschafter auf S. 766).

1512 *Eberhart/Senbet*, 22 Fin. Man. 101 (1993), 103–104, 108; *Gertner/Scharfstein*, 46 J. Fin. 1189 (1991), 1191; *Levmore/Kanda*, 80 Va. L. Rev. 2103 (1994), 2108–2111; s. auch *Klöhn/Franke*, ZEuP 2022, 44 (54).

1513 *Bebchuk*, 57 J. Fin. 445 (2002), 447.

1514 *Levmore/Kanda*, 80 Va. L. Rev. 2103 (1994), 2110.

1515 *Bebchuk*, 57 J. Fin. 445 (2002), 454–455.

1516 *Levmore/Kanda*, 80 Va. L. Rev. 2103 (1994), 2110.

Anlagen gegenübersteht.[1517] Davon betroffen sind die Gläubiger als wirtschaftlich Berechtigte am Unternehmenswert. Sie können daher incentiviert sein, ineffiziente Anreize zu stark risikobehafteten Überinvestitionen durch teilweise Aufgabe ihnen zugewiesener Werte auszugleichen.[1518] Bereits die Aussicht auf solche Wertzuweisungen ex post in Abweichung von der absoluten Priorität kann Gesellschaftern einen subjektiven Restwert ihres Eigenkapitals vermitteln. Verlustrisiken risikoinadäquaten Verhaltens wären aus ihrer Sicht nicht mehr allein durch die Gläubiger zu tragen.[1519] Die riskante Investition stellt sich nur dann als vorteilhaft dar, wenn ihr Barwert aus Sicht der Gesellschafter höher ist als die erwarteten Werttransfers vonseiten der Gläubiger.[1520] Für Gläubiger stellen sich betreffende Werttransfers wiederum als vorteilhaft dar, wenn sie geringer sind als andernfalls zu erwartende Moral-Hazard-Kosten.[1521]

Die vorstehend beschriebenen Wirkungszusammenhänge erstrecken sich ferner auf weitere Entscheidungen des schuldnerischen Managements, die den Gesamtunternehmenswert ex post beeinflussen, wie Wertextraktionen durch Gesellschafter (besonders in Form von Dividenden und Beratungsverträgen) sowie die Steigerung des Verschuldungsgrads durch Aufnahme weiteren Fremdkapitals.[1522] Je weiter diese Verhaltensweisen im Vorfeld einer finanziellen Krise des Schuldners liegen, desto loser wird jedoch der Zusammenhang mit Aspekten der Priorität ex post.

3.7.2 Sanierungsfeindliche Wirkung ex post

Kritiker von Konzepten absoluter Priorität stützen sich maßgeblich darauf, dass die starre Verteilungsfolge zugunsten höherrangiger Gläubiger gegenüber Eigenkapitalgebern eine verfehlte, den Zielsetzungen des Reorganisationsrechts zuwiderlaufende Anreizwirkung in Richtung einer Verzögerung sinnvoller Sanierungsbemühungen entfalte. Die Entscheidung über die Einleitung von Restrukturierungsbemühungen sowie die Stellung eines Insolvenzantrags obliegt maßgeblich dem schuldnerischen Management als Repräsentanten des Eigenkapitals. So gibt die europäische RestRL etwa ein schuldnergeführtes Verfahren

---

1517 *Skeel/Triantis*, 166 U. Pa. L. Rev. 1777 (2018), 1802; s. auch *Adler/Triantis*, 91 Am. Bankr. L. J. 563 (2017), 566.

1518 *Skeel/Triantis*, 166 U. Pa. L. Rev. 1777 (2018), 1802.

1519 *Bebchuk*, 57 J. Fin. 445 (2002), 456.

1520 Ebd.

1521 Ebd., 455.

1522 Ebd., 447–448; s. auch *Eidenmüller/Engert*, ZIP 2009, 541 (544 f.).

vor.[1523] Im Fall geschäftsführender Gesellschafter besteht ferner Identität zwischen Management und repräsentiertem Eigenkapital. Insolvenzrechtliche Rahmenwerke eröffnen zuweilen konkurrierende Antragsrechte für Gläubiger.

Geleitet von übergeordneten rechtsökonomischen Effizienzzielen sollten Restrukturierungsbemühungen eingeleitet und Insolvenzanträge gestellt werden, wenn der Unternehmensgesamtwert in der Restrukturierung oder Insolvenz den Wert bei unveränderter Fortführung des Unternehmens übersteigt.[1524] Die unveränderte Fortführung des Unternehmens ist zeitpunktbezogen ökonomisch effizient, wenn der diskontierte realisierte Unternehmenswert größer ist als der Barwert der im Vergleichszeitpunkt erzielbaren Liquidationserlöse.[1525] Für Gesellschafter des schuldnerischen Unternehmens stellt sich eine Reorganisation im Insolvenzverfahren als wirtschaftlich erstrebenswert dar, wenn der Barwert ihrer Eigenkapitalpositionen unter dem Plan höher ist als im Falle einer anderweitigen Fortführung.[1526]

Steht den Gesellschaftern unter absoluter Priorität für eine Restrukturierung oder ein Insolvenzverfahren der wirtschaftliche Totalverlust in Aussicht, werden diese incentiviert, unter Umständen auch zwecks Maximierung des Unternehmenswerts sinnvolle, frühzeitige Sanierungsbemühungen direkt oder indirekt durch Einwirkung auf das schuldnerische Management zu verzögern oder gänzlich zu verhindern und anstelle dessen auf eine Verbesserung der Unternehmenssituation zu hoffen.[1527] Ebenso können die Gesellschafter einen Antrag auf Eröffnung eines Insolvenzverfahrens stellen oder dies als Drohmittel nutzen, wenn mit der Verfahrenseröffnung ein Moratorium über das schuldnerische Vermögen ermöglicht wird, womit den Gläubigern eine Vollstreckung ihrer Forderungen bis zum Abschluss des Verfahrens verwehrt bliebe.[1528] Im eröffneten Verfahren bieten sich ihnen Spielräume, um die Umsetzung eines

---

1523 Zur Konzeption des präventiven Restrukturierungsrahmens unter der RestRL zuvor auf den S. 203 ff.

1524 *M. White*, NBER WP 11536 (2005), SSRN: 779946, S. 13.

1525 S. auch ebd., S. 13.

1526 *Meckling*, 41 Law & Contemp. Probs. 13 (1977), 35; *Schüler/Dirschedl*, DBW 2016, 353 (355 f.); persönliche Reputation und andere weiche Faktoren bleiben hier aufgrund ihrer Individualität außer Betracht.

1527 *Povel*, 15 J. L. Econ. & Org. 659 (1999), 660; dazu auch *Baird*, 165 U. Pa. L. Rev. 785 (2017), 792.

1528 *Bebchuk*, 57 J. Fin. 445 (2002), 445; s. auch *Rasmussen*, 1994 U. Ill. L. Rev. 1 (1994), 26.

Reorganisationsplans zu verzögern oder gar zu verhindern.[1529] Durch Inaussichtstellen eines Insolvenzantrags können Gläubiger gleichsam zu wertmäßigen Zugeständnissen in außergerichtlichen Restrukturierungen bewegt werden.[1530] Mit zunehmender Einflussmacht von Schuldnern können damit systematische Abweichungen von der absoluten Priorität begünstigt werden.[1531] Dies kann besonders kleine und mittlere, inhabergeführte Unternehmen betreffen.[1532]

Wird aus Gesellschaftersicht die Offenlegung wesentlicher Informationen in Krisenphasen sanktioniert, kann dies zu einer faktischen Einschränkung des Informationszugangs der Fremdkapitalgeber führen.[1533] Für die übrigen Kapitalgeber, welchen nur begrenzte Steuerungsmöglichkeiten gegenüber der Gesellschaft eingeräumt sind, realisiert sich diese Anreizwirkung bei Verzögerung sinnvoller Sanierungsbemühungen unter Umständen in Wertverlusten ihrer Positionen oder insgesamt geminderten Erfolgsaussichten der Sanierung.[1534] Die gläubigerschützende Wirkung absoluter Priorität kann insoweit ins Gegenteil verkehrt sein.

3.7.3 Effiziente Abweichungen von der absoluten Priorität

Wenngleich Abweichungen von einer Regel absoluter Priorität in der Restrukturierung oder Insolvenz zunächst gläubigerfeindlich anmuten, kann die Aussicht auf solche das Verhandlungsverhalten der Beteiligten im Vorfeld eines Verfahrens positiv beeinflussen und die Interessen der Kapitalgeber angleichen. Dies kann neben der Klasse der Gesellschafter gleichsam für Gruppen höherrangiger, besonders gesicherter Gläubiger gelten. Ist diesen für den Fall einer Restrukturierung oder Insolvenz eine volle wertmäßige Sicherung in Aussicht gestellt, werden diese gegenüber dem Erfolg vorgelagerter Sanierungsbemühungen indifferent und potenziell desinteressiert.[1535] Ebenso können sich Abweichungen von der absoluten Priorität für Gläubiger als vorteilhaft darstellen, wenn das Unternehmen auch nach der Restrukturierung oder Insolvenz bei Führung durch den ehemaligen Gesellschafter einen höheren Unternehmenswert hätte als bei Führung

1529 *Bebchuk*, 57 J. Fin. 445 (2002), 445; etwa die Verzögerung des eigenverwalteten Verfahrens, im Kontext *Skeel/Triantis*, 166 U. Pa. L. Rev. 1777 (2018), 1801–1802.

1530 *Bebchuk*, 57 J. Fin. 445 (2002), 445.

1531 *Longhofer/Carlstrom*, Q4 Econ. Rev. FRB Cleveland 21 (1995), 27.

1532 *ABI Commission Chapter 11*, Final Report (2014), S. 285 Fußn. 1034.

1533 *Povel*, 15 J. L. Econ. & Org. 659 (1999), 660.

1534 Ebd.

1535 *Stein*, in: Blanchard/Froot/Sachs, The Transition in Eastern Europe (Vol. 2), S. 215 (241 f.).

durch einen Dritten, besonders im Fall kleiner inhabergeführter Unternehmen.[1536] Risikosteigernde Anreize gegenüber den Gesellschaftern zur Überinvestition in stark risikobehaftete Investitionen mit geringerem Barwert oder negativer Rendite ex post, zur Wertextraktion und zur Eingehung nicht nachhaltiger Verschuldungsgrade können durch die Aussichten auf Abweichungen von der absoluten Priorität gemindert werden.[1537]

Effizienzvorteile dieser Art versprechen Abweichungen von der absoluten Priorität ex post besonders im Bereich vorinsolvenzlicher Restrukturierungsverfahren (etwa StaRUG) oder der Insolvenzverfahren mit geringen Eintrittsschwelle, etwa dem Chapter-11-Verfahren. In früheren Krisenphasen konzentrieren sich Entscheidungsbefugnisse hinsichtlich der Einleitung einer finanziellen Restrukturierung noch weitgehend oder vollständig bei den Gesellschaftern, welche damit zum Zweck der Begünstigung frühzeitiger Sanierungen besonders zu adressieren sind.

Aufgabe der rechtsökonomischen Forschung und der gesetzgeberischen Gestaltung ist es, diese gegenläufigen Anreizwirkungen durch abstrakt-generelle gesetzliche Regelungen derart in Einklang zu bringen, dass die Gesamteffizienz des Verfahrensrahmens maximiert wird. Möglichkeiten zur Abweichung von der absoluten Priorität müssen dabei derart weit gefasst sein, dass Gesellschaftern hinreichende Anreize zu kooperativem Verhalten und einer Maximierung des Gesamtunternehmenswerts gesetzt werden, bis in die Phase der finanziellen Krise ex post. Zugleich müssen Effizienzvorteile absoluter Priorität ex ante weitestmöglich gewahrt bleiben, in Form der disziplinierenden Wirkung im Kapitaleinsatz durch die Gesellschafter, der Durchsetzung wirtschaftlicher Rangvereinbarungen von Gläubigern, sowie der Bereitstellung eines möglichst klaren und damit effizienten Verhandlungsrahmens, während keine unangemessenen Übervorteilungen strukturell schwächerer Gläubigergruppen ermöglicht werden.

3.7.3.1 Abweichungen unter relativer Priorität

Ineffiziente Verhaltensanreize und gegenläufige Effekte der beschriebenen Art dienen als Argumente für alternative Konzepte relativer Priorität, die auch niederrangigen Kapitalgebern Aussichten auf Wertzuweisungen oder jedenfalls eine künftige Wertaufholung begründen und damit gemeinsame Sanierungsanreize

---

1536 *Longhofer/Carlstrom*, Q4 Econ. Rev. FRB Cleveland 21 (1995), 26, 28.

1537 Näher bereits zuvor auf den S. 327 f.; *Eberhart/Senbet*, 22 Fin. Man. 101 (1993), 105–106; *Bebchuk*, 57 J. Fin. 445 (2002), 455.

schaffen sollen.[1538] Wie die Untersuchung verschiedener Konzepte relativer Priorität unter US-amerikanischem und deutschem Recht gezeigt hat, gelingt dies jedoch nur unter Inkaufnahme ungleich größerer Effizienzverluste ex ante, maßgeblich in Gestalt geminderter Befriedigungsquoten für Kreditgeber, dem Verlust eines klaren und daher effizienten Verhandlungsrahmens sowie des Schutzes strukturell schwächerer Beteiligtengruppen vor einer Übervorteilung durch die Gesellschafter.[1539]

3.7.3.2 Abweichungen durch konsensuale Werttransfers höherrangiger Klassen (gifting doctrine)

Auch unter grundsätzlicher Aufrechterhaltung absoluter Priorität können ineffiziente Anreizwirkungen in Richtung eines risikoreicheren Kapitaleinsatzes gemildert werden, indem punktuelle Abweichungen bzw. Durchbrechungen zugelassen werden. Etwa durch das richterrechtliche Konzept der *gifting doctrine* im US-amerikanischen Chapter-11-Verfahren, welches freiwillige Werttransfers unter dem Plan zugunsten niederrangiger Kapitalklassen erlaubt, während die Möglichkeit eines klassenübergreifenden Cram Down ablehnender Klassen erhalten bleibt.[1540] Der Anwendungs- und Wirkungsbereich des Konzepts ist insoweit beschränkt, als dass Werttransfers nur vonseiten zustimmender Gläubigerklassen möglich sind. Sind mehrere gleichrangige In-the-Money-Klassen gebildet und nicht sämtliche Klassen zu wertmäßigen Zugeständnissen bereit, kann auch die Bereitschaft der anderen Gruppe verloren gehen. Beispielhaft zu nennen sind Plankonzepte, unter denen mehrere gleichrangige Klassen gebildet sind, denen unterschiedliche (jedoch wertäquivalente) Leistungen zukommen sollen. Schließlich bleiben effiziente Anreizwirkungen auf ein geringeres Maß begrenzt, sofern der Tatbestand der Abweichungsmöglichkeit nicht gesetzlich kodifiziert ist. Ein Konzept nach dem US-amerikanischen Vorbild der *gifting doctrine* kann daher ex post die Auflösung stagnierender Konfliktlagen mit den Gesellschaftern oder den Beteiligungserhalt für die Sanierung bedeutsamer Gesellschafter ermöglichen. Eine signifikante Minderung ineffizienter Verhaltensanreize gegenüber den Gesellschaftern ex ante

---

1538 Näher zuvor etwa auf den S. 118 f. (US-amerikanische Diskussion), sowie zur vergleichbaren Diskussionen um ineffiziente Anreize für Holdoutstrategien auf den S. 222 ff.

1539 S. insb. die Untersuchung relativer Prioritätskonzepte aus der US-amerikanischen Forschung (S. 114 ff.) sowie der European Relative Priority Rule der RestRL (S. 218 ff.).

1540 Näher zur gifting doctrine zuvor auf den S. 73 ff.

oder ex post ist konzeptionell hingegen nicht zu erwarten und wird auch in der US-amerikanischen rechtsökonomischen Literatur nicht beschrieben.

3.7.3.3 Abweichungen auf Grundlage punktueller gesetzlicher Durchbrechungen der absoluten Priorität

Dieselbe Stoßrichtung haben auch die Durchbrechungen des absoluten Vorrangs unter der InsO und dem StaRUG, die Gesellschaftern einen Beteiligungserhalt ohne wertmäßigen Ausgleich ermöglichen können (§ 245 Abs. 2 S. 2 InsO, § 28 Abs. 2 Nr. 1 StaRUG). Die Tatbestände sind jedoch eng begrenzt auf Gesellschafter, die für die Realisierung des Fortführungswerts kritisch sind und folgen dem Leitbild eines geschäftsführenden Gesellschafters. Selbst für Sanierungen kleiner Unternehmen, besonders aber für mittlere und große Unternehmen, bleibt damit ein nur kleiner Anwendungsbereich.[1541] Entsprechend gering ist die Bedeutung der Tatbestände für die Anreizstruktur gegenüber dem Eigenkapital.

Abhilfe könnte eine Erweiterung der gesetzlichen Durchbrechungstatbestände auf nicht geschäftsführende und nicht in jedem Fall für die Sanierung erfolgskritische Gesellschafter schaffen. Gesellschafterseitig könnten damit unter anderem Finanzinvestoren in Gestalt von Private-Equity-Investoren und Family Offices sowie strategische Investoren in den Kreis potenziell Begünstigter einbezogen werden. Auch ihnen könnte durch eine Erweiterung der Durchbrechungstatbestände eine ausgewogenere Anreizstruktur geschaffen werden.

3.7.3.3.1 Legitimation von Abweichungen durch die Gläubigermehrheit

Unmittelbare Folgen erweiterter Durchbrechungstatbestände wären eine Aufweichung des strikten Befriedigungsvorrangs höherrangiger Gläubiger und damit Wertverschiebungen in Richtung des Eigenkapitals ex post. Eine mit dem Konzept absoluter Priorität konsistente Legitimationsgrundlage bieten dabei allein die Interessen der Gläubigermehrheit, welcher die absolute Priorität sowie Verfahren der Restrukturierung und Insolvenz insgesamt zu dienen bestimmt sind. In Fortführung dessen könnten punktuelle Abweichungen von der absoluten Priorität ex post von einer weitergehenden Unterstützung durch eine qualifizierte Mehrheit

---

1541 Näher zuvor auf den S. 193 ff. (§ 245 Abs. 2 S. 2 u. 3 InsO), S. 281 ff. (§ 28 Abs. 2 Nr. 1 StaRUG). Eine ähnliche, wenngleich abermals geminderte Anreizwirkung gegenüber dem Eigenkapital geht auch von der im Chapter-11-Verfahren, unter der InsO sowie dem StaRUG anerkannten New Value Exception aus, welche einen Beteiligungserhalt gegen vollen Wertausgleich ermöglicht, näher zuvor auf den S. 70 ff. (Chapter 11), S. 191 ff. (InsO) und S. 273 ff. (StaRUG).

planbetroffener Gläubiger abhängig gemacht werden, über die bestehenden Mehrheitserfordernisse bei der Planabstimmung hinaus.

Eine Anknüpfung an eine erhöhte Klassenmehrheit (etwa Zweidrittel- oder Dreiviertel-Klassenmehrheit) verspricht dabei einen nur begrenzten Mehrwert, sofern der klassenübergreifende Cram Down bereits eine einfache Klassenmehrheit fordert (etwa StaRUG, InsO),[1542] da die erhöhte Zustimmungsschwelle erst ab einer hohen Anzahl von fünf Klassen von Bedeutung wäre.[1543] Eine breite Legitimation durch die Gläubigermehrheit könnte besonders dadurch gewährleistet werden, dass die Abweichung von der absoluten Priorität an das Erfordernis erhöhter Mehrheitserfordernisse (zusätzliche Kopfmehrheit und/oder erhöhte Summenmehrheit) über die Klassen hinweg geknüpft wird. Out-of-the-Money-Klassen, deren fehlende Zustimmung durch den klassenübergreifenden Cram Down gerade überwunden werden soll, wären dabei nicht zu berücksichtigen. Umfasst der Plan nur eine In-the-Money-Klasse (etwa bei einem value break in der Gruppe gesicherter Gläubiger), so würde die erhöhte Zustimmungsschwelle nur für diese gelten.

Für das StaRUG und die InsO könnte die Neuerung dergestalt umgesetzt werden, dass die § 28 Abs. 2 Nr. 1 StaRUG, § 245 Abs. 2 S. 2 InsO entsprechend angepasst oder die Normen um einen neuen Privilegierungstatbestand für Gesellschafter ergänzt werden. Damit blieben die Abstimmungsmehrheiten, die Voraussetzungen eines klassenübergreifenden Cram Down sowie bestehende Durchbrechungen der absoluten Priorität unberührt. Nur für weitergehende Privilegierungen der Gesellschafter würde eine nochmals erhöhte Zustimmung vonseiten der Gläubiger gefordert (beispielhaft 75% Kopf- und Summenmehrheit über alle In-the-Money-Klassen hinweg).[1544]

1542 § 26 Abs. 1 Nr. 3 StaRUG, § 245 Abs. 1 Nr. 3 InsO.

1543 Wobei eine einfache Mehrheit bereits mit der Zustimmung durch drei Klassen erreicht wäre, eine Zweidrittelmehrheit und eine Dreiviertelmehrheit hingegen erst ab der Zustimmung durch vier Klassen. Im Fall einer geringeren Anzahl von Klassen (etwa drei) wäre das Kriterium einer Dreiviertelmehrheit hingegen nicht zu erreichen und würde faktisch die Zustimmung sämtlicher Klassen fordern.

1544 Denkbar wäre auch eine gegenüber der Summenmehrheit abgesenkte Kopfmehrheit (z.B. kumulative einfache Kopfmehrheit und 75%-Summenmehrheit). Das Erfordernis einer Kopfmehrheit wäre für Finanzierungsinstrumente mit einer Vielzahl verstreuter Kleingläubiger (etwa börsennotierte Anleihe) unter Umständen dennoch praktisch schwer bis nicht zu erreichen. Um Fälle dieser Art zu adressieren, könnte ferner auf das Erfordernis einer zusätzlichen Kopfmehrheit verzichtet werden, gegen Erhöhung der Summenmehrheit auf beispielhaft 85%.

In jedem Fall verbieten sich Aufweichungen des Schlechterstellungsverbots zur Begünstigung rangniederer Gläubiger- oder Gesellschafterklassen. So betrifft die Priorität allein die Verteilung des Planmehrwerts gegenüber dem Alternativszenario, nicht auch den Liquidationswert der Forderung. Dieser ist Gläubigern weiterhin als Mindestgarantie zu sichern (über das Schlechterstellungsverbot sowie Rechtsbehelfe des Minderheitenschutzes). Der Mehrheitswille bietet weiterhin keine Rechtfertigung für die Entziehung bestehender wirtschaftlicher Werte.[1545]

Die nachteiligen Auswirkungen dieser weitergehenden Abweichungen von der absoluten Priorität könnten gemindert werden, indem der Tatbestand auf vorinsolvenzliche Restrukturierungen (etwa unter dem StaRUG) begrenzt würde. Da in diesem Bereich noch keine Insolvenzantragspflichten akut sind, bleiben präventive Restrukturierungen weitgehend durch die Gesellschafter gesteuert, womit diese besonders zu adressieren sind, um frühzeitige Sanierungen zu fördern. Ferner wird der verteilungsfähige Unternehmenswert im Regelfall höher sein als in einer Insolvenz, womit die Gläubiger auch regelmäßig weniger weitreichende Sanierungsopfer erbringen müssen.

3.7.3.3.2 Begrenzung ineffizienter Anreizwirkungen gegenüber dem Eigenkapital

Notwendig gehen mit derartigen Abweichungen von der absoluten Priorität auch deren Effizienzvorteile zum Teil verloren. So würde die Gefahr gesteigert, dass höherrangige Gruppen und Gesellschafter zusammenwirken, um Werte von strukturell schwächeren Gläubigergruppen in Richtung der Gesellschafter zu verschieben.[1546] Das Schlechterstellungsverbot bietet dabei nur einen Mindestschutz, indem der Wert der Forderung im Alternativszenario (regelmäßig Einzel- oder Gesamtliquidation) der Disposition der Gläubigermehrheit entzogen wird. Zugleich wäre jedoch das Votum der In-the-Money-Klasse bei der Prüfung der qualifizierten Zustimmungsmehrheiten der Gläubiger zu berücksichtigen. Dennoch würde das Grundanliegen der absoluten Priorität betroffen: Höherrangigen Gläubigern und Gesellschaftern würde es ermöglicht, einen über den Liquidationswert hinausgehenden Planmehrwert in Richtung der Gesellschafter zu verteilen, während vorrangige Gläubiger auf den Liquidationswert ihrer Forderung verwiesen werden. Dem könnte wiederum entgegengewirkt werden,

1545 Näher in Teil I in den Ausführungen zum Schlechterstellungsverbot unter den verschiedenen Verfahrensrahmen.

1546 Zu dieser historischen Schutzrichtung der Absolute Priority Rule unter US-amerikanischem Recht zuvor auf den S. 52 ff.

indem die Durchbrechung der absoluten Priorität auf einen Teil des Planmehrwerts (beispielhaft 30–50%) begrenzt würde. Anknüpfungspunkt wäre wiederum die Quantifizierung des Planmehrwerts in der dem Plan zugrundeliegenden Vergleichsrechnung.[1547]

Ferner könnte erwogen werden, die qualifizierte Gläubigermehrheit nur in Bezug auf die Klasse zu prüfen, in welcher der Unternehmenswert bricht und welche von der Verteilung des Planmehrwerts betroffen ist. Voten höherrangiger Gläubiger wären insoweit unbeachtlich. Da eine erhöhte Zustimmungsmehrheit in Bezug auf allein diese Klasse jedoch praktisch ungleich schwerer zu erreichen sein wird, würde der praktische Mehrwert der Durchbrechung deutlich beeinträchtigt.

Ferner könnten Gesellschaftern Anreize zur Aufbringung neuen Eigenkapitals unter der New Value Exception geschaffen werden, indem die Zuweisung von Werten unter Durchbrechung der absoluten Priorität auf dieselbe Höhe begrenzt würde. Bringen Altgesellschafter neues Geld ein, dürften ihnen damit – getragen durch eine qualifizierte Zustimmungsmehrheit aufseiten der Gläubiger – Planwerte in selber Höhe ohne zusätzlichen Wertausgleich zugewiesen werden.[1548] Damit würden das Eigenkapital des restrukturierten Schuldners gestärkt und zugleich die restrukturierten Forderungen der Gläubiger wertmäßig gestützt.

Eine Begrenzung der Privilegierung auf Gesellschafter, während nicht zugleich Wertzuweisungen in Richtung niederrangiger Gläubiger privilegiert würden, ließe sich damit begründen, dass sich die Folgen ineffizienter Anreizwirkungen unter absoluter Priorität bei den Gesellschaftern konzentrieren (verspätete Einleitung

1547 Beispiel: Im Plan sind drei Gruppen gebildet in Gestalt (vollständig) gesicherter sowie ungesicherter Gläubiger, jeweils mit Forderungen in Höhe von 100, zudem Gesellschafter. Der verteilungsfähige Planwert liegt bei 170, der Liquidationswert im Alternativszenario bei 110. Unter grundsätzlicher Fortgeltung absoluter Priorität könnten die gesicherten Gläubiger Planwerte von 100 beanspruchen. Die Differenz zwischen dem Liquidationswert von 110 und dem Planwert von 170 (= 60) könnte dergestalt verteilt werden, dass die Klasse ungesicherter Gläubiger einen Anteil am Planmehrwert von 30 erhält (= 50% des Planmehrwerts; = Wertzuweisungen von 40 insgesamt), während den Altgesellschaftern das Eigenkapital mit einem Wert von 30 zugewiesen wird.

1548 In Anknüpfung an vorstehendes Beispiel müsste der Gesellschafter frisches Eigenkapital in Höhe von 30 einbringen, um Planwerte von (maximal) ebenfalls 30 ohne Wertausgleich in Durchbrechung der absoluten Priorität erhalten zu können. Die Kapitalstruktur des restrukturierten Schuldners würde gebildet durch gesicherte Forderungen in Höhe von 100, ungesicherte Forderungen in Höhe von 40 sowie Eigenkapital im Wert von 60.

der Restrukturierung, risikoinadäquater Kapitaleinsatz des Schuldners). Ihnen ist im Vorfeld der Insolvenz gesellschaftsrechtlich die Kontrolle über den Schuldner zugewiesen.

Zu beachten ist, dass mit Aufnahme weiterer Parameter einer Durchbrechung der absoluten Priorität zugleich die Klarheit des Verhandlungsrahmens abnimmt. Mit der qualifizierten Zustimmungsmehrheit, der Begrenzung auf einen fixen prozentualen Anteil des Planmehrwerts und die Forderung eines Eigenkapitalbeitrags in selber Höhe wird jedoch an objektive und fassbare Kriterien angeknüpft, abseits subjektiver Einschätzungsspielräume von Gerichten und variabler Schwellen. Potenziell nachteiligen Auswirkungen auf die Praxis der Unternehmensfremdfinanzierung[1549] aufgrund der Verteilung von Werten in Richtung des Eigenkapitals könnte durch entsprechend hohe Zustimmungserfordernisse aufseiten der Gläubiger entgegengewirkt werden. Dies gilt auch mit Blick auf eine potenziell verminderte disziplinierende Wirkung der absoluten Priorität gegenüber dem Eigenkapital ex ante. Ist die Anwendung der Privilegierung ex post in die Hände der Gläubiger gelegt, so könnte Verhalten der Gesellschafter ex ante zulasten der Gläubiger (etwa Wertextraktion durch Dividenden, risikoinadäquater Kapitaleinsatz) ex post weiterhin durch die strikte Anwendung absoluter Priorität sanktioniert werden. Besonders für Prioritätssysteme präventiver Restrukturierungsverfahren könnten die beschriebenen Parameter Ansatzpunkte zur Schaffung einer ausgewogenen und effizienten Anreizstruktur für Fremd- und Eigenkapital darstellen.

3.7.3.4 Abweichungen auf vertraglicher Grundlage

Aus Sicht von *Longhofer/Carlstrom* könnten Effizienzvorteile punktueller Abweichungen von der absoluten Priorität nutzbar gemacht werden, indem es Marktteilnehmern erlaubt wird, diese im Kreditvertrag mit dem Schuldner zu gestatten. So könnten die Vertragsparteien ex ante vertraglich bestimmen, unter welchen Voraussetzungen Abweichungen zulässig sein sollen.[1550] Zugleich weisen *Longhofer/Carlstrom* zutreffend darauf hin, dass derartige Vereinbarungen unter US-amerikanischen Recht im Insolvenzfall nicht durchsetzbar wären.[1551] Ferner

1549 Niedrigere erwartete Befriedigungsquoten von Kreditgebern für den Fall einer Restrukturierung ex post können in erhöhten Risikozinsen und einem eingeschränkten Kapitalzugang ex ante resultieren, näher im nachf. Abschnitt.

1550 *Longhofer/Carlstrom*, Q4 Econ. Rev. FRB Cleveland 21 (1995), 26; s. auch *Eberhart/Senbet*, 22 Fin. Man. 101 (1993), 105

1551 *Longhofer/Carlstrom*, Q4 Econ. Rev. FRB Cleveland 21 (1995), 26.

müssten Vereinbarungen dieser Art mit sämtlichen vorrangigen Gläubigern getroffen werden, zu deren wirtschaftlichem Schutz die absolute Priorität bestimmt ist oder auf Werttransfers vonseiten der zustimmenden Gläubiger begrenzt sein.

3.8 Priorität und Unternehmensfremdfinanzierung

Ein wesentlicher Aspekt der rechtsökonomischen Analyse restrukturierungs- und insolvenzrechtlicher Prioritätssysteme betrifft Wechselwirkungen mit dem Feld der Unternehmensfremdfinanzierung. Am Beginn steht die Einsicht, dass Fremdfinanzierung und Mechanismen der Haftungsverwirklichung[1552] in einem marktwirtschaftlich orientierten Rechtssystem ein einheitliches Ganzes bilden. Fremdfinanzierungen folgen in ihrer Grundform einem schlichten Prinzip der Überlassung von Kapital auf Zeit gegen Entgelt. Vertragliche Ansprüche auf Rückzahlung der Kreditsumme sowie auf Entrichtung vereinbarter Zinszahlungen verbriefen zugunsten des Kreditgebers ein Recht auf Teilhabe an den künftigen Erträgen des Schuldners, unabhängig vom Unternehmensergebnis.[1553] Der schuldnerische Rechtsträger dient als Nexus sämtlicher Vertragsbeziehungen.[1554]

Der erwartete Ausgang eines möglichen Restrukturierungs- oder Insolvenzverfahrens eines Kreditnehmers entfaltet weitreichende Auswirkungen in den Bereich der vorgelagerten Unternehmensfinanzierung hinein.[1555] Entsprechend zeitigen Verschiebungen im gesetzlichen Gefüge restrukturierungs- und insolvenzrechtlicher Priorität Auswirkungen auf die Gestaltung von Finanzierungsverträgen und haben damit gesamtwirtschaftliche Relevanz. Anliegen der rechtsökonomischen Forschung ist es wiederum, mit restrukturierungs- und insolvenzrechtlicher Priorität verbundene Verhaltensanreize zu identifizieren, um Kriterien für die Gestaltung effizienter Prioritätssysteme aufzuzeigen. Im Fokus steht dabei die der finanziellen Krise vorgelagerte Unternehmensfremdfinanzierung ex ante. Untersucht werden Auswirkungen von Prioritätssystemen auf die Bereitschaft von Kreditgebern zur Ausreichung von Finanzierungen sowie die Gestaltung von Finanzierungsverträgen. Einleitend werden grundlegende Aspekte der risikoorientierten Bepreisung von Fremdfinanzierungen sowie der Priorität als Gestaltungsfaktor für Finanzierungsverträge erörtert. Diese Zusammenhänge gründen

1552 Verstanden als übergeordneter Sammelbegriff für Subsysteme des Restrukturierungs- und Insolvenzrechts.

1553 *Meckling*, 41 Law & Contemp. Probs. 13 (1977), 30.

1554 Ebd., 29–30.

1555 *Rasmussen*, 1994 U. Ill. L. Rev. 1 (1994), 24; *Schwartz*, 91 Va. L. Rev. 1199 (2005), 1203.

auf der Prämisse, dass die betreffenden Gläubiger eine Sensitivität gegenüber dem jeweils geltenden Prioritätssystem aufweisen, wie es bei konsensualen bzw. adjustierenden Finanzierungsgläubigern der Fall ist.

International hat sich bislang kein einheitlicher Standard restrukturierungs- und insolvenzrechtlicher Priorität etablieren können.[1556] Auch innerhalb der Europäischen Union obliegt die Festlegung restrukturierungs- und insolvenzrechtlicher Prioritätsklassen weithin dem nationalen Restrukturierungs-, Insolvenz-, Vertrags- und Sicherheitenrecht. So sind etwa die Vorgaben der RestRL auf die restrukturierungsrechtliche Handhabung bestehender Prioritätsklassen im Falle eines klassenübergreifenden Cram Down beschränkt.[1557] Die Risikoeinschätzung potenzieller Kapitalgeber mit Blick auf den Faktor der Priorität hat innerhalb des Europäischen Binnenmarkts damit weiterhin länderspezifisch zu erfolgen.[1558] Vereinzelt wurde im europäischen Kontext daher die Frage aufgeworfen, ob eine europäische Mindestharmonisierung insolvenzrechtlicher Priorität von Forderungen den Zugang zu unternehmerischem Fremdkapital und niedrigere Fremdfinanzierungskosten in den Mitgliedstaaten begünstigen könne.[1559]

Wie Gläubigern dient die Priorität dabei auch Schuldnern als Gestaltungsinstrument in der Unternehmensfinanzierung. So können durch die statische oder dynamische Allokation von Priorität unter Kreditgebern Finanzierungskosten gesenkt und damit Effizienzgewinne auf Unternehmensseite erzielt werden. Zusammenhänge zwischen Aspekten restrukturierungs- und insolvenzrechtlicher Priorität und der Sanierungsfinanzierung ex post, besonders Effizienzgewinne durch die Möglichkeit der rangmäßigen Privilegierung dieser,[1560] werden hier nicht erörtert.

3.8.1 Vertragsgestaltung vor dem Hintergrund restrukturierungs- und insolvenzrechtlicher Priorität

In seiner einfachsten Form vermittelt Fremdkapital dem Kreditgeber einen Anspruch zuvor bestimmter Höhe auf Befriedigung aus den künftigen Erträgen des Schuldners.[1561] Der Kreditgeber überlässt dem Kreditnehmer Kapital und

1556 *World Bank Group*, A Toolkit For Out-of-Court Workouts (2016), S. 21.

1557 Dazu auch in Fußn. 996.

1558 *McCormack/Keay/Brown/Dahlgreen*, Study on a new approach to business failure and insolvency (EU-Commission, 2016), S. 135.

1559 Ebd., S. 135 f. mit einer Auflistung möglicher Reformperspektiven.

1560 Dazu etwa *Garrido*, Out-of-Court Debt Restructuring (World Bank Study, 2012), S. 18 f.

1561 *Tirole*, The Theory of Corporate Finance, S. 75 f.

erlangt im Gegenzug die verbindliche Zusage der Zahlung eines bestimmten Betrags in der Zukunft.[1562] Dabei sieht er sich einem inhärenten Ausfallrisiko aufseiten des Schuldners ausgesetzt. So liegt in der Forderung kehrseitig bloß ein Zahlungsversprechen. Fremdkapitalgebern bieten sich dabei nach Valutierung einer Finanzierung nur begrenzte Möglichkeiten, auf die Entscheidungen der Unternehmensleitung Einfluss zu nehmen. Die Steuerung der verfügbaren Haftungsmasse, mithin der Wert ihrer Fremdkapitalanlage, liegt fortan in den Händen des schuldnerischen Managements und mittelbar der Eigenkapitalgeber. Zugleich steht es Schuldnern offen, die Voraussetzungen eines Kreditausfalls gezielt herbeizuführen (strategic defaults), sofern sie dies als wirtschaftlich vorteilhafte Option wahrnehmen.[1563]

Anliegen des Kreditgebers ist es folglich, im Lichte bestehender Unsicherheit das Rückzahlungsversprechen des Kreditnehmers durch das Instrument der Vertragsgestaltung sowie vor dem Hintergrund gesetzlicher Regelungen zu validieren.[1564] Die Gestaltung preisrelevanter Charakteristika von Finanzierungsverträgen durch die Parteien ex ante erfolgt in Antizipation des Schicksals der Forderung in einer finanziellen Krise des Schuldners ex post. Das jeweils maßgebende Restrukturierungs- und Insolvenzrecht kann so als Teil eines jeden finanzierungsvertraglichen Interessengefüges bzw. als implizite Vereinbarung verstanden werden.[1565] Dies betrifft primär die im Restrukturierungs- oder Insolvenzfall durch den Gläubiger zu erwartende Befriedigungsquote, welche wiederum Anforderungen von Fremdkapitalgebern am Markt hinsichtlich Laufzeit, Besicherung, Risikozinssatz und Nebenabreden bestimmt.[1566] Hinzu treten in der Unternehmensfremdfinanzierung üblicherweise Bestimmungen zu Rangstellung bzw. Priorität, Zusicherungen des Schuldners (warranties), Nebenbestimmungen zu einzuhaltenden Finanzkennzahlen (financial covenants) und Informationsrechten (reporting covenants) sowie positive und negative Verpflichtungen des Schuldners

---

1562 *Meckling*, 41 Law & Contemp. Probs. 13 (1977), 14.

1563 *Bricongne/Demertzis/Pontuch/Turrini*, Macroeconomic Relevance of Insolvency Frameworks in a High-debt Context: An EU Perspective (European Commission Disc. Paper 032/2016), S. 8 f. unter dem Gesichtspunkt des Moral Hazard; zur Anreizsituation *Meckling*, 41 Law & Contemp. Probs. 13 (1977), 15–16.

1564 *Meckling*, 41 Law & Contemp. Probs. 13 (1977), 14–15.

1565 Dazu ebd., 28; *Schwartz*, 72 Wash. U. L. Q. 1213 (1994), 1224: "The bankruptcy scheme that is in place can be viewed as an implied term in the parties' investment contract."; *Rasmussen*, 1994 U. Ill. L. Rev. 1 (1994), 18.

1566 *Adler/Ayres*, 111 Yale L. J. 88 (2001–2002), 88; *Rasmussen*, 1994 U. Ill. L. Rev. 1 (1994), 19.

(affirmative und negative covenants) und Kündigungsrechte.[1567] Anliegen dieser weiterführenden Vertragsteile ist es, für den Gläubiger potenzielle Risiken zu minimieren, die daraus erwachsen, dass das haftende Unternehmenskapital in den Händen des Schuldners liegt und die künftige Erfüllung der Zinszahlungs- und Tilgungsverpflichtungen unsicher ist.

Ferner obliegt es weitgehend den Parteien im Rahmen der Vertragsgestaltung, die Prioritätsstellung des Gläubigers für den Fall einer Restrukturierung oder Insolvenz zu bestimmen.[1568] Als Gestaltungsinstrumente dienen die Bestellung von Sicherheiten (gegenstandsbezogene Priorität), der Abschluss von Nachrangvereinbarungen (vertragliche Priorität), die Aufnahme der Finanzierung durch eine Gruppengesellschaft mit erhöhtem Haftungsvermögen (strukturelle Priorität) sowie der Verzicht auf Sonderregelungen mit der Folge eines gesetzlichen Gleichrangs, pari passu mit weiteren einfachen Gläubigern.

Für die Teilnehmer der Fremdkapitalmärkte wird die restrukturierungs- und insolvenzrechtliche Priorität damit zum Gestaltungsfaktor für Finanzierungsverträge.[1569] Sie dient als Mittel der privatautonomen Risikoallokation und der Begründung erwünschter Anreize gegenüber dem anderen Vertragsteil.[1570] Ferner erwächst die Möglichkeit zur vertraglichen Gewährung von Prioritätsstellungen zum Gestaltungsfaktor der schuldnerischen Unternehmensfinanzierung (priority allocation).[1571] Diese grundlegenden Wirkungszusammenhänge sollen in den nachfolgenden Abschnitten untersucht werden.

3.8.1.1 Risikoorientierte Bepreisung von Fremdfinanzierungen

Die Bepreisung von Fremdfinanzierungen erfolgt in kompetitiven Kapitalmärkten auf Grundlage aller erwarteten Kosten des Gläubigers sowie der Risikocharakteristika der Anlage. Als Mindestverzinsung muss die Finanzierung den für den Kreditgeber erzielbaren risikofreien Zinssatz erreichen.[1572] Hinzu kommen mit der Finanzierung verbundene operative Kosten, etwa für Vertragsverhandlungen

---

1567 *Tirole*, The Theory of Corporate Finance, S. 80.

1568 *Adler/Ayres*, 111 Yale L. J. 88 (2001–2002), 89.

1569 *Adler/Triantis*, 91 Am. Bankr. L. J. 563 (2017), 563: "priority is one of the most important features of debt contracts".

1570 *Adler/Ayres*, 111 Yale L. J. 83 (2001–2002), 90: "A bankruptcy regime that honors contracts, then, allows investors to be the masters of the applicable distribution scheme and the consequent incentives, while a regime that dishonors contractual priority necessarily interferes with such a scheme and incentives.".

1571 S. etwa *Adler/Triantis*, 91 Am. Bankr. L. J. 563 (2017), 568.

1572 *Meckling*, 41 Law & Contemp. Probs. 13 (1977), 21.

und Monitoring der Investition sowie weitere administrative Kosten.[1573] Schließlich ist der Kreditgeber für das mit der Fremdkapitalinvestition als risikobehaftete Anlage verbundene Ausfallrisiko aufseiten des Kreditnehmers zu kompensieren.[1574] In kompetitiven Fremdkapitalmärkten kommt eine Finanzierung für potenzielle Kreditgeber in Betracht, wenn die Investition im Lichte dieser Faktoren zumindest eine Kostendeckung (break even) verspricht.[1575]

Die Einschätzung des Ausfallrisikos erfolgt in Antizipation der erwarteten Wahrscheinlichkeit eines Kreditausfalls, sowie der für einen solchen Fall erwarteten Befriedigungsquote des Kreditgebers.[1576] Finanzierungsgläubiger weisen in der risikoorientierten Bepreisung von Finanzierungen damit eine Sensitivität gegenüber der Prioritätsstruktur des schuldnerischen Fremd- und Eigenkapitals auf. Aus Sicht ungesicherter Gläubiger betrifft dies neben dem Verschuldungsgrad etwa das Volumen gesicherten Fremdkapitals.[1577] Mit einer niedrigeren Prioritätsstellung geht aus Sicht potenzieller Kreditgeber eine erhöhte Ausfallwahrscheinlichkeit in Form verminderter Befriedigungsquoten im Fall einer Restrukturierung oder Insolvenz einher, welche es durch einen höheren Risikozinssatz zu kompensieren gilt.[1578] Ferner werden Kreditgeber mit steigendem Ausfallrisiko incentiviert, einen erhöhten Aufwand in der Einholung von Informationen über Kreditnehmer sowie im Monitoring dieser zu betreiben.[1579] In effizienten Fremdkapitalmärkten werden durch den Kreditgeber ex post zu tragende Finanzierungskosten ex ante durch die Variable des Risikozinssatzes, Gebühren oder Forderungen nach weitergehenden Sicherheiten auf Kreditnehmer übertragen.[1580] Dies umfasst veränderte distributive Maßstäbe aufgrund von Verschiebungen im Prioritätssystem.[1581]

1573 *Meckling*, 41 Law & Contemp. Probs. 13 (1977), 21.

1574 Ebd.; *Levmore/Kanda*, 80 Va. L. Rev. 2103 (1994), 2108.

1575 *Schwartz*, 107 Yale L. J. 1807 (1998), 1813.

1576 *Adler/Ayres*, 111 Yale L. J. 83 (2001–2002), 88; *Rasmussen*, 1994 U. Ill. L. Rev. 1 (1994), 22.

1577 S. auch *Adler/Triantis*, 91 Am. Bankr. L. J. 563 (2017), 570.

1578 S. auch *Eidenmüller/Engert*, ZIP 2009, 541 (544 f.).

1579 *Meckling*, 41 Law & Contemp. Probs. 13 (1977), 22–23.

1580 *Schwartz*, 91 Va. L. Rev. 1199 (2005), 1213–1214; *Meckling*, 41 Law & Contemp. Probs. 13 (1977), 21: für den Fall eines elastischen Angebots am Markt für Finanzierungen im Verhältnis zu Kreditkosten; krit. gegenüber der Annahme eines vollständig elastischen Angebots *Weston*, 41 Law & Contemp. Probs. 47 (1977), 48–49; im Kontext der Priorität *Longhofer*, 6 J. Fin. Intermed. 249 (1997), 250.

1581 S. *Rasmussen*, 1994 U. Ill. L. Rev. 1 (1994), 22.

Ferner kann Teilen potenzieller Kreditnehmer der Zugang zu einer Fremdfinanzierung gänzlich verwehrt oder nur mit verkürzter Laufzeit gewährt werden.[1582] Als weiteres Gestaltungsmittel können in der Finanzierungspraxis Rangvereinbarungen mit dem Schuldner für den Insolvenzfall dienen.[1583] Ferner können Gläubiger ihre relativen Rangverhältnisse durch bilaterale oder multilaterale Vereinbarungen privatautonom bestimmen, wobei den Rangvereinbarungen nicht stets auch insolvenzrechtliche Rangwirkung zuerkannt wird.[1584]

3.8.1.2 Priorität als Gestaltungsfaktor für Finanzierungsverträge

In der rechtsökonomischen Literatur herrscht weithin Konsens darüber, dass es Vertragsparteien grundsätzlich offenstehen soll, Prioritätsverhältnisse vertraglich zu bestimmen.[1585] Unter Nutzung der vorstehend aufgezeigten Variablen können sich Finanzierungsgläubiger grundsätzlich jedem geltenden Prioritätssystem anpassen.[1586] Während ein System absoluter Priorität in der Krise höherrangige Gläubiger begünstigt, werden niederrangige Gläubiger und Eigenkapitalgeber durch ein System relativer Priorität bessergestellt.[1587] In der Theorie ist aus Sicht potenzieller Kreditgeber zum Zeitpunkt der Finanzierungsentscheidung ex ante keinem der Systeme ein genereller Vorzug einzuräumen. In effizienten Kapitalmärkten versprechen im Equilibrium die Forderungen höherer sowie niederer Priorität dieselbe risikoadjustierte Rendite.[1588]

Dennoch liegt die Annahme nahe, dass Fremdkapitalgeber gegenüber Verschiebungen im System restrukturierungs- und insolvenzrechtlicher Priorität nicht indifferent sind. So entfaltet die Priorität ihre Verteilungswirkung nicht

---

1582 *Meckling*, 41 Law & Contemp. Probs. 13 (1977), 23; ferner stellt *Longhofer*, 6 J. Fin. Intermed. 249 (1997), passim einen Zusammenhang zwischen Verstößen gegen die Absolute Priority Rule mit einem gesteigerten Risiko einer Kreditrationierung am Markt her; s. auch *Eidenmüller/Engert*, ZIP 2009, 541 (544 f.).

1583 *Adler/Triantis*, 91 Am. Bankr. L. J. 563 (2017), 563 (contractual priority); *Baird*, 165 U. Pa. L. Rev. 785 (2017), 804–805.

1584 Dazu zuvor, unter anderem auf den S. 54 ff. (Chapter-11-Verfahren) sowie S. 276 ff. (StaRUG).

1585 *Adler/Triantis*, 91 Am. Bankr. L. J. 563 (2017), 563–564.

1586 *Baird*, 165 U. Pa. L. Rev. 785 (2017), 798; *Casey*, 78 U. Chi. L. Rev. 759 (2011), 778–779; *Adler/Ayres*, 111 Yale L. J. 83 (2001–2002), 88; *Rasmussen*, 1994 U. Ill. L. Rev. 1 (1994), 19.

1587 *Baird*, 165 U. Pa. L. Rev. 785 (2017), 798.

1588 Ebd.; allg. *Rasmussen*, 1994 U. Ill. L. Rev. 1 (1994), 23 (ebenso mit Blick auf Kreditsicherheiten, S. 22; sowie dafür, dass der Effekt nicht nur in der Theorie perfekter Kapitalmärkte ohne Transaktionskosten, sondern auch real erzielt wird).

allein innerhalb der Gruppe der Fremdkapitalgeber, sondern gleichsam im Verhältnis dieser zu den Eigenkapitalgebern. Werden letztere bei der Verteilung des Unternehmenswerts ex post weitergehend priorisiert, steigt damit das Ausfallrisiko für Gläubiger im Kollektiv. Diese sehen sich veranlasst, über verschiedene Prioritätsklassen hinweg höhere Risikozinssätze zu fordern oder das ausgegebene Kreditvolumen zu senken.[1589] In der Folge kann die Nachfrage nach Fremdkapital von Unternehmensseite in ihrer Gesamtheit gemindert werden, da ein Anteil möglicher Investitionen vor dem Hintergrund erhöhter Finanzierungskosten nicht mehr rentabel ist.[1590] Damit haben Privilegierungen des Eigenkapitals durch ein Prioritätssystem ex post die Aussicht, durch entsprechend erhöhte Finanzierungskosten für Kreditnehmer ex ante begleitet zu werden.[1591] Ebenso praktische Abweichungen von der geltenden absoluten Priorität ex post zugunsten der Gesellschafter.[1592]

Vor diesem Hintergrund interpretiert *Rasmussen* Privilegierungen der Gesellschafter unter Priorität als Versicherung gegen eine finanzielle Krise, welche sämtliche Gesellschafter zu erwerben verpflichtet sind.[1593] Eine bevorzugte Behandlung des Eigenkapitals in der Insolvenz zeitige daher Werttransfers von vertragstreuen solventen Schuldnern sowie Schuldnern, welchen Kredite verweigert würden, in Richtung insolventer Schuldner.[1594]

3.8.1.3 Prämisse: Sensitivität der Gläubiger gegenüber dem geltenden Prioritätssystem

Der vorstehend beschriebene, grundsätzliche Wirkungszusammenhang zwischen restrukturierungs- und insolvenzrechtlicher Priorität sowie der risikoorientierten Vertragsgestaltung setzt voraus, dass aufseiten der Gläubiger eine Sensitivität

---

1589 *Rasmussen*, 1994 U. Ill. L. Rev. 1 (1994), 23; *Roe/Tung*, 99 Virg. L. Rev. 1235 (2013), 1273; *Longhofer/Carlstrom*, Q4 Econ. Rev. FRB Cleveland 21 (1995), 24.

1590 *Rasmussen*, 1994 U. Ill. L. Rev. 1 (1994), 23; s. auch *Longhofer*, 6 J. Fin. Intermed. 249 (1997), 250 unter Verweis darauf, dass die erhöhten Zinsaufwendungen nicht durch eine entsprechend gesteigerte Befriedigungsquote ex post ausgeglichen würden (S. 256 f.).

1591 *Eidenmüller/Engert*, ZIP 2009, 541 (544 f.); ferner *Meckling*, 41 Law & Contemp. Probs. 13 (1977), 33; s. auch *Adler/Ayres*, 111 Yale L. J. 83 (2001–2002), 89.

1592 *Bebchuk*, 57 J. Fin. 445 (2002), 447.

1593 *Rasmussen*, 1994 U. Ill. L. Rev. 1 (1994), 26–27.

1594 Zu diesem Wirkungszusammenhang *Meckling*, 41 Law & Contemp. Probs. 13 (1977), 29; dazu auch *Weston*, 41 Law & Contemp. Probs. 47 (1977), 47.

gegenüber der Prioritätsstruktur des schuldnerischen Fremdkapitals besteht.[1595] Während dies im Hinblick auf Finanzierungsgläubiger als Prämisse gilt, fehlt eine solche Sensitivität hinsichtlich nicht-konsensualer Gläubiger (etwa aus deliktischen Handlungen, staatliche Forderungen auf Steuern und Abgaben).[1596] Ihre Forderungen beruhen nicht auf einer privatautonomen Entscheidung für eine Geschäftsbeziehung mit dem Schuldner, unterliegen keiner vertraglichen Verzinsung und sind nicht mit Sicherheiten ausgestattet. Die Möglichkeit zur vertraglichen Vereinbarung einer Prioritätsstellung ihrer Forderung ist ihnen faktisch nicht eröffnet. Höhere Prioritätsstellungen konkurrierender Fremdkapitalansprüche und damit verbundene gesteigerte Ausfallrisiken können nicht im Wege einer risikoorientierten Bepreisung und Vertragsgestaltung ausgeglichen werden.[1597] Vor diesem Hintergrund wird auch die Bezeichnung der *adjusting* bzw. *non-adjusting creditors* verwendet.[1598] Diese Zusammenhänge gelten gleichsam für Teile konsensualer Gläubiger, welche rangmäßige Schlechterstellungen aufgrund mangelnder Expertise, Verhandlungsmacht oder rationaler Apathie bei geringem Forderungsvolumen nicht durch eine risikoadjustierte Vertragsgestaltung ausgleichen.[1599] Für Schuldner folgen daraus in der Unternehmensfinanzierung Potenziale, durch Rangvorrechte für adjustierende Gläubiger ihre Zinslast und damit ihre Kapitalkosten insgesamt zu mindern.[1600] Dieser Gestaltungsspielraum des Schuldners in der Unternehmensfinanzierung ist Gegenstand der nachfolgenden Untersuchungen.

1595 Dazu *Rasmussen*, 1994 U. Ill. L. Rev. 1 (1994), 23.

1596 S. die Typisierung bei *Bebchuk/Fried*, 82 Corn. L. Rev. 1279 (1997), 1295–1304, welche auch konsensuale Kleingläubiger miteinschließt; ebenso sonstige Gläubiger, welche die Vertragsbedingungen *nach* Begründung ihrer Forderungen durch den Schuldner eingeräumten Prioritätsstellungen nicht mehr anpassen können.

1597 In Bezug auf den Risikozinssatz *Adler/Triantis*, 91 Am. Bankr. L. J. 563 (2017), 563, 570; im US-amerikanischen Kontext ist der Gedanke vor dem Hintergrund einer breiter angelegten Diskussion zur Legitimität und Effizienz der Priorität gesicherter Gläubiger in der Insolvenz zu sehen, s. etwa *Bebchuk/Fried*, 105 Yale L. J. 857 (1996), passim, *dies.*, 82 Corn. L. Rev. 1279 (1997), passim; zudem *Adler/Triantis*, ebd., S. 571–572.

1598 *Bebchuk/Fried*, 82 Corn. L. Rev. 1279 (1997), passim.

1599 Erwähnungsweise zu Kleingläubigern etwa *Adler*, 2015 U. Ill. L. Rev. 811 (2015), 814; s. auch *Widen*, 75 Geo. Wash. L. Rev. 237 (2007), 308.

1600 Dazu nachf. auf den S. 347 ff.

3.8.1.4 Priorität als schuldnerisches Gestaltungsinstrument in der Unternehmensfremdfinanzierung

In der juristischen und rechtsökonomischen Untersuchung restrukturierungs- und insolvenzrechtlicher Prioritätssysteme wird regelmäßig eine Betrachtungsweise eingenommen, welche Gesellschafter und Gläubiger als Kapitalgeber in den Mittelpunkt stellt. Im hiesigen Kontext der Unternehmensfremdfinanzierung folgt daraus eine gläubigerzentrierte Betrachtung. Hingegen obliegt es weithin dem Schuldner, Gläubigern Prioritätsrechte im Wege der Vertragsgestaltung einzuräumen. Vor diesem Hintergrund lassen sich Anreize für die vertragliche Begründung von Prioritätsklassen durch Finanzierungsverträge gleichsam ausgehend von der Perspektive des Schuldners herleiten.[1601]

Unternehmen passen die Prioritätsstruktur ihres Fremdkapitals ihren Fundamentaldaten, der Unternehmensstruktur sowie dem jeweiligen Marktumfeld an. Unternehmensspezifisch umfasst dies Faktoren wie den Verschuldungsgrad, Finanzierungskosten, die Ertragssituation und steuerliche Gesichtspunkte, sowie künftige Bedürfnisse nach der Aufnahme weiteren Fremdkapitals.[1602] Der Gestaltungsspielraum umfasst gleichsam die Entscheidung gegen vertragliche Sonderregelungen zur Priorität und damit für eine Rangstellung der Finanzgläubiger pari passu.

Schuldnern eröffnete Spielräume in der Gestaltung der Priorität ihres Fremdkapitals lassen sich anhand einer zeitlichen Betrachtung differenzieren: der Allokation von Priorität unter verschiedenen Gläubigern bezogen auf denselben Zeitpunkt, sowie die Allokation von Priorität unter Gläubigern durch Finanzierungsentscheidungen zu verschiedenen Zeitpunkten. Nachfolgend werden diese Konzepte der statischen sowie der dynamischen Priorisierung durch Finanzierungsverträge erörtert.[1603]

1601 S. auch *Adler/Triantis*, 91 Am. Bankr. L. J. 563 (2017), 565; *Rasmussen*, 1994 U. Ill. L. Rev. 1 (1994), 22.

1602 *Hackbarth/Mauer*, 25 Rev. Fin. Stud. 747 (2012), 747.

1603 Zu einer ähnlichen Differenzierung *Adler/Triantis*, 91 Am. Bankr. L. J. 563 (2017), 566–570, jedoch begrenzt auf die Einordnung der Effizienz von Prioritätsklassen aufgrund von Informationsvorsprüngen einzelner Gläubigerklassen, bezeichnet als information efficiency benefits.

3.8.1.4.1 Statische Priorisierung: zeitpunktbezogene Allokation der Priorität

Die vertraglich fixierte Prioritätsklasse eines Gläubigers prägt das Risikoprofil der Investition und damit den adäquaten Risikozinssatz.[1604] Durch die vertragliche Zuweisung von Prioritätsklassen kann der Schuldner seine Zinslast auf verschiedene Kapitalklassen verteilen. Dabei ist in effizienten Fremdkapitalmärkten davon auszugehen, dass die Allokation konsensualer Finanzierungsgläubiger auf verschiedene Rangklassen keine Erhöhung oder Minderung der gesamten Zinslast mit sich bringt. Wird einem Gläubiger Haftungsvermögen in Form eines Sicherungsrechts bevorzugt zugewiesen, wird es anderen Gläubigern als solches entzogen. Veränderungen des Ausfallrisikos werden sodann in den Finanzierungsbedingungen reflektiert. Zwischen Klassen gesicherter und ungesicherter Finanzierungsgläubiger etwa dürften damit keine Arbitrageeffekte zu erzielen sein.[1605] Besonders deutlich wird dieser Zusammenhang in der schuldnerischen Allokation von Priorität, welche die Berechtigung am Vermögen des Schuldners in Gänze betrifft (vermögensbezogene Priorität bzw. blanket lien).[1606] Sind für konsensuale Gläubiger mit verschiedenen Rangklassen hingegen unterschiedliche Transaktions- und Agency-Kosten verbunden, etwa aufgrund von Spezialisierung, können durch das Gestaltungsinstrument der Priorität innerhalb der Gruppe konsensualer Finanzierungsgläubiger Effizienzgewinne durch eine abgesenkte Zinslast erzielt werden.[1607]

Ferner erlaubt die Einräumung einer vertraglichen Prioritätsstellung dem Schuldner eine Reduzierung seiner Kapitalkosten für Situationen, in denen im Gegenzug nicht anderen Gläubigern niedrigere Rangstellungen zugeordnet werden müssen. Weist ein Unternehmen einen geringen Verschuldungsgrad und wenig höherrangiges Fremdkapital auf, können Gläubigern hohe Rangklassen zu vergünstigten Risikozinssätzen zugewiesen werden. Bedarf es im weiteren

---

1604 S. Nachw. in Fußn. 1588.

1605 S. *Rasmussen*, 1994 U. Ill. L. Rev. 1 (1994), 22.

1606 *Adler/Triantis*, 91 Am. Bankr. L. J. 563 (2017), 568; in Abgrenzung zur gegenstandsbezogenen Priorität in Form dinglicher Sicherungsrechte (asset-based priority), zur Differenzierung in der Einführung auf den S. 36 ff.

1607 Zu diesem Begründungsansatz *Adler/Triantis*, 91 Am. Bankr. L. J. 563 (2017), 566 m.w.Nachw.: Hat ein Gläubiger weitergehende Informationen über den Schuldner, welche ihm ein effektiveres Screening und Monitoring oder eine kosteneffizientere Durchsetzung der Forderung erlauben, kann dieser ein gesteigertes Ausfallrisiko einer niedrigeren Rangklasse kostengünstiger auf sich nehmen; auch weitergehend zur Differenzierung zwischen einer zeitpunktbezogenen, statischen Betrachtungsweise verschiedener Gläubiger sowie der dynamischen Allokation von Priorität.

Verlauf etwa keiner Aufnahme weiteren Fremdkapitals bis zum Ende der Laufzeit der höherrangigen Finanzierungen, wird die erzielte Reduktion der Zinslast nicht durch entsprechend erhöhte Verzinsungen niederrangigen Fremdkapitals ausgeglichen. Ein System absoluter Priorität erlaubt die notwendige definitive, umfassende Einräumung eines solchen Vorrangs. Unter Konzepten relativer Priorität hingegen wird die Allokation von Unternehmenswerten zum Teil in der finanziellen Krise ex post erneut zur Disposition durch Verhandlungen der Kapitalgeber gestellt. Dies gilt etwa für die European Relative Priority Rule der europäischen RestRL, die als Voraussetzung eines klassenübergreifenden Cram Down keine starre Durchsetzung der Liquidationsprioritäten vorgibt, sondern eine Besserstellung der ablehnenden Klasse gegenüber nachrangigen Klassen genügen lässt.[1608]

Die vorstehend beschriebenen Wirkungszusammenhänge setzen jedoch voraus, dass betreffende Gläubiger eine Sensitivität gegenüber dem geltenden Prioritätssystem aufweisen. Während dies im Hinblick auf konsensuale Gläubiger (besonders Finanzierungsgläubiger) der Fall ist, fehlt es nicht-konsensualen Gläubigern an einer solchen Sensitivität. Ihnen stehen als nicht-adjustierenden Gläubigern keine Möglichkeiten offen, rangmäßige Schlechterstellungen durch erhöhte Risikozinssätze, Laufzeitbestimmungen oder Forderungen nach Sicherheiten zu kompensieren.[1609] Ihnen gegenüber zu entrichtende Zinssätze (allenfalls etwa in Form gesetzlicher Verzugszinsen) sind unabhängig von der Prioritätsstellung sonstiger Gläubiger des Schuldners und dessen Verschuldungsgrad.[1610] Aus schuldnerischer Sicht folgt daraus eine Anreizwirkung, zur Minderung der Kapitalkosten höhere Prioritätsklassen für adjustierende Gläubiger zu reservieren und nicht-adjustierenden Gläubigern möglichst niedrige Prioritätsstellungen zuzuweisen.[1611] Durch die vertragliche Begründung von Rangstellungen kann der Schuldner Ausfallrisiken weg von adjustierenden Gläubigern allokieren und

1608 Eingehend zuvor in Teil I auf den S. 218 ff.

1609 Dazu zuvor auf den S. 344 ff.; zu Gestaltungsfaktoren in der risikoorientierten Gestaltung von Finanzierungsverträgen zuvor auf den S. 341 ff.

1610 *Adler/Triantis*, 91 Am. Bankr. L. J. 563 (2017), 570.

1611 Ebd., 565, 570, welche diesen Zusammenhang als praktisch schwer quantifizierbar, jedoch akademisch weitgehend anerkannt beschreiben; *Rasmussen*, 1994 U. Ill. L. Rev. 1 (1994), 18–19.

insoweit die zu entrichtende Risikozinslast mindern.[1612] Nicht-adjustierenden Gläubigern steht es sodann nicht offen, ihre insoweit subordinierte Berechtigung am Haftungsvermögen des Schuldners durch einen (erhöhten) Risikozins auszugleichen.[1613] Die Gestaltung eines ausgewogenen Schutz- und Prioritätssystems unter Berücksichtigung der Belange nicht-adjustierender Gläubiger wird damit zur gesetzgeberischen Aufgabe. So dürfen ihre Interessen nicht Gegenstand unbegrenzter vertraglicher Gestaltungsmacht adjustierender Marktteilnehmer sein.[1614]

Zugleich können mit der Priorisierung adjustierender Gläubiger ineffiziente Anreizwirkungen verbunden sein. Indem erhöhte Ausfallrisiken aufseiten nicht-adjustierender Gläubiger nicht in erhöhten Kapitalkosten aufseiten des Schuldners resultieren, können Anreize zur Überinvestition in stark risikobehaftete Anlagen, begleitet von erhöhten Verschuldungsgraden, begünstigt werden.[1615] Mit der Verminderung des Ausfallrisikos sinken aufseiten adjustierender Gläubiger zudem Anreize für ein effektives Monitoring der finanziellen Situation des Schuldners.[1616]

3.8.1.4.2 Dynamische Priorisierung: zeitraumbezogene Allokation der Priorität

Ferner können Schuldner die Prioritätsstruktur ihres Fremdkapitals gestalten, indem sie Prioritätsstellungen unter gegenwärtigen und künftigen Emissionen verteilen, mithin bei der Zuweisung von Priorität bereits Bedürfnisse nach künftigen Emissionen berücksichtigen. Bei der Aufnahme einer Finanzierung kann ein Schuldner dieser eine höhere Priorität gewähren oder verwehren und damit den Handlungsspielraum im Hinblick auf künftige Finanzierungen bestimmen. Damit wird zugleich die (kostengünstige) Aufnahme künftigen Fremdkapitals erleichtert oder erschwert.[1617]

Diese Dynamik wird in der Praxis der Unternehmensfremdfinanzierung reflektiert. Verschiedene empirische Untersuchungen kamen zu dem Ergebnis, dass finanziell gesunde Unternehmen häufiger nicht nachrangige

---

1612 *Bebchuk/Fried*, 82 Corn. L. Rev. 1279 (1997), 1296: "[…] the borrower is able to 'sell' the nonadjusting creditors' share of bankruptcy value to the secured lender in exchange for a lower interest rate, without paying any *additional* interest to the nonadjusting creditors.".

1613 *Adler/Triantis*, 91 Am. Bankr. L. J. 563 (2017), 565, 570.

1614 Dazu *Rasmussen*, 1994 U. Ill. L. Rev. 1 (1994), 18–19.

1615 *Adler/Triantis*, 91 Am. Bankr. L. J. 563 (2017), 570.

1616 Ebd., 571.

1617 Ebd., 566.

Senior-Finanzierungen wählen.[1618] So beobachteten *Bris/Ravid/Sverdlove* in einer Untersuchung aus dem Jahr 2008, dass ausschließlich Senior-Fremdkapital emittierende Unternehmen durchschnittlich weitaus größer sind, profitabler sind, sowie einen geringeren Verschuldungsgrad und höhere Kreditratings aufweisen als Unternehmen, welche ausschließlich nachrangiges Junior-Fremdkapital emittieren.[1619] Die Ergebnisse wurden in einer weiteren, im Jahr 2015 veröffentlichten Studie bekräftigt.[1620] Auf diesem Weg können Finanzierungskosten durch die Einräumung einer höheren Prioritätsstellung gemindert werden, während keine absehbaren künftigen Finanzierungsbedürfnisse beeinträchtigt werden.

Umgekehrt seien Unternehmen, welche ausschließlich nachrangiges Junior-Fremdkapital emittieren, durchschnittlich kleiner.[1621] Finanziell weniger gesunde Unternehmen mit weitergehenden Wachstumsperspektiven könnten auf diesem Weg höherrangige Prioritätsklassen für künftige Fremdkapitalemissionen freihalten.[1622] In Übereinstimmung damit beobachteten *Rauh/Sufi*, dass Unternehmen mit abnehmender Kreditwürdigkeit zunehmend nachrangige Finanzierungen aufnehmen, um ihre Prioritätsstruktur unter dem Gesichtspunkt zukünftiger Emissionen zu optimieren (priority spreading).[1623] Durch zeitlich vorgelagerte Finanzierungen mit niederrangigem (insb. nachrangigem), höher verzinslichem Fremdkapital kann vermieden werden, dass der bestehende Verschuldungsgrad der Finanzierung künftiger Projekte mit positivem Ertragswert entgegensteht und zu Unterinvestitionen führt (debt overhang).[1624] Ähnliche Effekte können erzielt werden, indem Finanzierungsgläubigern in Gruppenstrukturen strukturelle Vorrangstellungen eingeräumt oder diese künftigen Finanzierungen vorbehalten werden.[1625]

1618 *Hackbarth/Mauer*, 25 Rev. Fin. Stud. 747 (2012), 748, 750: finanziell gesunde Unternehmen mit geringeren Wachstumschancen.

1619 *Bris/Ravid/Sverdlove*, The Effect of APR Violations on the Seniority and Timing of Debt Issuance (2008), SSRN: 1106444, S. 25 (Untersuchung der Priorität von Anleiheemissionen von über 10.000 Unternehmen im Zeitraum 1985–2004, zur Datengrundlage ebd. S. 23 f.); dazu auch *Hackbarth/Mauer*, 25 Rev. Fin. Stud. 747 (2012), 771 Fußn. 23.

1620 *Ravid/Sverdlove/Bris/Coiculescu*, 50 J. Fin. & Quant. Anal. 1353 (2015), 1354, 1374.

1621 *Bris/Ravid/Sverdlove*, The Effect of APR Violations on the Seniority and Timing of Debt Issuance (2008), SSRN: 1106444, S. 30.

1622 *Hackbarth/Mauer*, 25 Rev. Fin. Stud. 747 (2012), 748 m.w.Nachw.

1623 Ebd., 778.

1624 *Adler/Triantis*, 91 Am. Bankr. L. J. 563 (2017), 568; zur Thematik des debt overhang bereits zuvor auf den S. 302 ff.

1625 *Skeel/Triantis*, 166 U. Pa. L. Rev. 1777 (2018), 1813–1814.

3.8.2 Priorität und Kreditversorgung

Die risikoorientierte Bepreisung von Fremdfinanzierungen durch adjustierende Gläubiger beeinflusst über Aspekte der Vertragsgestaltung hinaus ex ante auch den Zugang von Unternehmen zu Fremdfinanzierungen, mithin die Kreditversorgung am Markt. Damit sind in der Priorität begründete Verhaltensanreize hinsichtlich der Entscheidung für oder gegen eine Kreditvergabe in die rechtsökonomische Betrachtung einzustellen. Zunächst werden restrukturierungs- und insolvenzrechtlich begründete, bestimmende Faktoren der Kreditversorgung erörtert. Im Anschluss werden mögliche Implikationen der Gestaltung von Prioritätssystemen auf die Kreditversorgung aufgezeigt.

3.8.2.1 Determinanten der Kreditversorgung: Informationszugang ex ante und Gläubigerrechte ex post

Die Finanzierungsbereitschaft von Kreditgebern und damit die Verfügbarkeit von Fremdkapital im privaten Sektor werden in der ökonomischen Literatur hinsichtlich Gläubiger-/Schuldnerbeziehungen auf zwei wesentliche Faktoren zurückgeführt: die Verfügbarkeit von Informationen über den Schuldner ex ante sowie Einflussrechte diesem gegenüber im Falle einer finanziellen Krise ex post.[1626] Nicht im Finanzierungs-, Restrukturierungs- oder Insolvenzrecht begründete Faktoren wie das Zinsumfeld und weitere makroökonomische oder regulatorische Faktoren bleiben hier außer Betracht. Abhängig von verschiedenen Kriterien wie dem Entwicklungsstand des jeweiligen Rechts- und Wirtschaftssystems sowie der jeweiligen Rechtstradition (insbesondere Common Law und Civil Law) können die Faktoren aus Sicht von Kreditgebern sowie aus gesetzgeberischer Sicht unterschiedliche Gewichtungen einnehmen.[1627] Mit der starken Präsenz angloamerikanischer Vertragsgestaltungen im Bereich mittel- und großvolumiger Akquisitions- und Unternehmensfinanzierungen verschwimmen diese Grenzen im deutschen Recht.

1626 *Djankov/McLiesh/Shleifer*, 84 J. Fin. Econ. 299 (2007), 300 m.w.Nachw. zu den verschiedenen Strömungen in der Diskussion (bezeichnet als information theories vs. power theories), mit einer empirischen Untersuchung der Auswirkungen beider Faktoren auf den Markt für Finanzierungen im privaten Sektor in 129 Ländern für den Zeitraum 1978–2003; s. auch *World Bank Group*, Principles for Effective Insolvency and Creditor/Debtor Regimes (revised 2021), S. 3.

1627 *Djankov/McLiesh/Shleifer*, 84 J. Fin. Econ. 299 (2007), 301.

Aus gesetzgeberischer Sicht bieten diese Faktoren Ansatzpunkte, um die Entwicklung effizienter, liquider und stabiler Fremdkapitalmärkte zu unterstützen. Wesentliche Instrumente bieten dabei die direkte oder indirekte Stärkung des Zugangs zu Informationen über Kreditnehmer durch gesetzliche Offenlegungspflichten sowie die Stärkung von Gläubigerrechten und ihrer effektiven Durchsetzung durch ein effizientes Rechtssystem.[1628]

Ein Informationszugang über die Finanzierungshistorie des Schuldners oder dessen bestehende Finanzierungen im Vorfeld der Bereitstellung der Finanzierung erleichtert Kreditgebern eine sachgerechte Einschätzung mit der Investition verbundener Risiken. Werden auf diesem Weg Bedenken hinsichtlich zu erwartender Leistungsstörungen gemindert, wird im Gegenzug die Finanzierungsbereitschaft von Kreditgebern am Markt gestärkt.[1629] Der Zugang zu Informationen über den Schuldner im Vorfeld der Finanzierung kann sowohl durch private wie auch öffentliche Intermediäre, Register usf. gewährleistet werden.[1630] Von privater Seite nehmen dabei Anbieter von Finanzdaten eine wesentliche Rolle ein; von öffentlicher Seite umfasst dies insbesondere durch Zentralbanken oder Bankenaufsichten geführte Datenbanken zur Lage von Kreditnehmern in einem Finanzsystem, welche Finanzinstitutionen zugänglich gemacht werden.[1631]

Die Finanzierungsbereitschaft auf Gläubigerseite kann ferner gestärkt werden, indem Gläubigern für den Fall einer finanziellen Krise des Schuldners ein erhöhtes Schutzniveau und Mechanismen zur effizienten Restrukturierung der Finanzierung in Aussicht gestellt werden.[1632] Dem liegt der Gedanke zugrunde, dass die Finanzierungsbereitschaft eines Kreditgebers im Einzelfall steigt, je effizienter dieser im Krisenfall eine Rückzahlung erzwingen, Sicherheiten verwerten oder sogar die Kontrolle über den Schuldner übernehmen kann.[1633] Diesem

---

1628 Ebd.

1629 Ebd., 300.

1630 Ebd., 301.

1631 Ebd., 303.

1632 *Bricongne/Demertzis/Pontuch/Turrini*, Macroeconomic Relevance of Insolvency Frameworks in a High-debt Context: An EU Perspective (European Commission Disc. Paper 032/2016), S. 8 hinsichtlich des letztgenannten Aspekts unter Verweis auf die Moral-Hazard-Problematik im Kontext der Unternehmensfinanzierung, dazu zuvor auf den S. 324 f.; *World Bank Group*, A Toolkit For Out-of-Court Workouts (2016), S. 5.

1633 *Djankov/McLiesh/Shleifer*, 84 J. Fin. Econ. 299 (2007), 300.

Aspekt kann auch die rechtliche Möglichkeit zur Einräumung und effektiven Durchsetzung einer Prioritätsstellung für Forderungen zugeordnet werden.[1634]

In ihrer Untersuchung messen *Djankov/McLiesh/Shleifer* der Rechtstradition des jeweiligen Rechtssystems für den Stellenwert der Faktoren eine maßgebende Bedeutung bei. Sie attestieren Common-Law-Systemen, welche (induktiv) stärker fallgeprägt sind und einen weitergehenden Fokus auf den Interessenausgleich im Wege vertraglicher Vereinbarung legen, ein höheres Niveau an Gläubigerrechten für den Fall einer finanziellen Krise des Schuldners. Stärker (deduktiv) an abstrakten, gesetzgeberischen Kodifikationen orientierte Civil-Law-Systeme seien hingegen durch eine stärkere Präsenz öffentlicher Informationsquellen hinsichtlich Kreditnehmern gekennzeichnet.[1635] Sowohl die Präsenz privater Informationsanbieter sowie Gläubigerrechte seien in wohlhabenderen Ländern tendenziell stärker ausgeprägt.[1636]

Dabei beobachteten die Autoren ferner, dass mit einer stärkeren Ausprägung beider Faktoren in einem Rechts- und Wirtschaftssystem zugleich erhöhte Grade der Verschuldung im privaten Sektor relativ zum BIP (GDP) einhergehen. Dies werde schließlich durch einen messbaren direkten Zusammenhang zwischen der Verbesserung der Faktoren und steigender Verschuldungsgrade im privaten Sektor belegt.[1637] Schließlich korreliere das Volumen von Fremdkapital im privaten Sektor negativ mit der Ineffizienz in der privaten Rechtsdurchsetzung, gemessen an der Zahl zur Durchsetzung von Verträgen erforderlicher Tage.[1638] Nach Ansicht der Autoren nehmen dabei Civil-Law-Rechtssysteme deutscher Prägung insoweit eine Sonderrolle ein, als dass sowohl der Informationszugang von Kreditgebern als auch Gläubigerrechte stark ausgeprägt seien.[1639]

3.8.2.2 Informationsasymmetrien ex ante und Kreditrationierung

Mit einem eingeschränkten Zugang zu Fremdkapital geht zugleich das gesteigerte Risiko einer Kreditrationierung (credit rationing) einher. In ihrer grundlegenden Arbeit aus dem Jahr 1981 haben *Stiglitz/Weiss* dargelegt, dass der Zugang

1634 Zu diesem Aspekt ebd., 316 mit Blick auf gesicherte Forderungen.

1635 Zusammenfassend ebd., 301; instruktiv zu den Unterschieden zwischen Rechtssystemen des Common Law und des Civil Law *Röhl*, Allgemeine Rechtslehre, 2. Aufl., § 70.

1636 *Djankov/McLiesh/Shleifer*, 84 J. Fin. Econ. 299 (2007), 301.

1637 Ebd.

1638 Ebd., 312.

1639 Ebd.; eine Übersicht zu den erreichten Werten der untersuchten Rechtssysteme auf S. 308.

zu Fremdkapital am Markt sowie preisbildende Faktoren von Finanzierungsverträgen nicht allein durch Angebot und Nachfrage am Markt bestimmt werden. *Stiglitz/Weiss* führen Kreditrationierungen maßgeblich auf ex ante bestehende Informationsasymmetrien am Markt nach Evaluierung potenzieller Kreditengagements zurück, welche die Auswahl von Kreditnehmern sowie Verhaltensanreize diesen gegenüber betreffen.[1640]

Mit dem Begriff der Kreditrationierung wird das Phänomen beschrieben, dass selbst bei einem Gleichgewicht (Equilibrium) von Angebot und Nachfrage am Kreditmarkt ein Nachfrageüberhang eintreten kann. Nicht jedes wahrgenommene Risiko könne vonseiten potenzieller Kreditgeber durch Erhöhung des Risikozinssatzes oder die Anpassung weiterer Vertragsmodalitäten ausgeglichen werden. Vielmehr mindern diese Verschärfungen aufseiten von Kreditgebern ab einem bestimmten Punkt deren erwartete Rendite auf eine Fremdkapitalinvestition.[1641] Einzelnen Marktteilnehmern ist es in diesem Fall nicht möglich, die vonseiten potenzieller Kreditgeber erwartete Rendite etwa durch eine Erhöhung des Risikozinssatzes zu erreichen.[1642] In diesem Fall werden potenziellen Kreditnehmern Fremdfinanzierungen verwehrt, obgleich diese bereit sind, einen höheren Risikozinssatz zu entrichten oder weitergehende Sicherheiten zu stellen als Marktteilnehmer, welchen Kredite gewährt werden.[1643] Kreditgeber sehen mithin davon ab, einen Nachfrageüberhang durch die Erhöhung des Risikozinssatzes zu bereinigen.[1644]

Maßgeblich bei der Bemessung des geforderten Risikozinssatzes durch den Kreditgeber ist das wahrgenommene Ausfallrisiko aufseiten des potenziellen Kreditnehmers. Ist dieser bereit einen höheren Risikozins zu entrichten, kann dies indizieren, dass dieser die Wahrscheinlichkeit der Rückzahlung bereits als gering einschätzt. Mit der Vereinbarung eines höheren Risikozinssatzes würde damit zugleich die erwartete Rendite des Kreditgebers gemindert (adverse selection

---

1640 *Stiglitz/Weiss*, 71 Am. Econ. Rev. 393 (1981), 393; anderer Ansicht *H.-J. Wang*, 56 Fin. Anal. J. 85 (2000), 86; damit sind die Untersuchungen von *Stiglitz/Weiss* den information theories (s. Fußn. 1626) zuzuordnen.

1641 *Stiglitz/Weiss*, 71 Am. Econ. Rev. 393 (1981), 393–394.

1642 *Longhofer*, 6 J. Fin. Intermed. 249 (1997), 257.

1643 *Stiglitz/Weiss*, 71 Am. Econ. Rev. 393 (1981), 408; dies kann auch nur Teile von Kreditnehmern innerhalb einer insgesamt kreditwürdigen Gruppe betreffen, ebd. S. 395.

1644 *Longhofer*, 6 J. Fin. Intermed. 249 (1997), 257 (der Markt befindet sich gerade per Definition im Equilibrium).

effect).[1645] Zugleich wird aufseiten von Kreditnehmern durch einen erhöhten Risikozins die erwartete Rendite auf das finanzierte Projekt gemindert. Kreditnehmer werden damit incentiviert, Projekte mit geringerer Erfolgswahrscheinlichkeit durchzuführen, welche eine erhöhte Rendite im Erfolgsfall versprechen (incentive effect).[1646]

3.8.2.3 Priorität und Kreditrationierung

Eine rechtsökonomische Untersuchung restrukturierungs- und insolvenzrechtlicher Priorität hat auch vor dem Hintergrund des Phänomens der Kreditrationierung zu erfolgen. *Longhofer* stellt einen Zusammenhang zwischen Verstößen gegen die Absolute Priority Rule im US-amerikanischen Chapter-11-Verfahren mit einem gesteigerten Risiko einer Kreditrationierung am Markt her.[1647] Ausgangspunkt ist der Gedanke, dass Verstöße gegen die absolute Priorität die Moral-Hazard-Problematik signifikant verstärken können.[1648]

Zunächst müsse der Gläubiger ex ante einen erhöhten Aufwand in der Einholung von Informationen über den potenziellen Kreditnehmer sowie in dessen Monitoring betreiben, womit für den Gläubiger erhöhte Verifikationskosten (costly state verification) einhergingen.[1649] Ferner würden Verstöße gegen die absolute Priorität die erwartete Rendite des Gläubigers für Fälle des Zahlungsausfalls reduzieren. Um die erwartete Rendite zu erreichen, müsse der Gläubiger ex ante einen höheren Risikozinssatz verlangen.[1650] Erhöhungen des Risikozinssatzes könnten die Ausfallwahrscheinlichkeit wiederum derart steigern, dass die Verifikationskosten sowie die gesteigerte Ausfallwahrscheinlichkeit eine zunächst gesteigerte erwartete Rendite aufseiten des Kreditgebers überwiegen. Steigerungen des Risikozinssatzes führten damit ex ante zu einer Verringerung der erwarteten Rendite des Kreditgebers. In der Folge steige die Wahrscheinlichkeit einer

---

1645 S. *Stiglitz/Weiss*, 71 Am. Econ. Rev. 393 (1981), 393.

1646 Ebd.; zu einer dahingehenden Anreizwirkung gegenüber Gesellschaftern unter absoluter Priorität in der Krise ex post (overinvestment in stark risikobehaftete Projekte) zuvor auf den S. 327 f.

1647 *Longhofer*, 6. J. Fin. Intermed. 249 (1997), 257–263; *ders./Carlstrom*, Q4 Econ. Rev. FRB Cleveland 21 (1995), 24.

1648 *Longhofer*, 6. J. Fin. Intermed. 249 (1997), 252.

1649 Ebd., S. 251, 255, 259–260; grundlegend dazu *Townsend*, 21 J. Econ. Theory 265 (1979), passim.

1650 *Longhofer*, 6. J. Fin. Intermed. 249 (1997), 256–257.

Kreditrationierung am Markt.[1651] Verstöße gegen die absolute Priorität erschweren damit die effiziente Gestaltung von Finanzierungsverträgen.[1652]

3.8.3 Priorität und Differenzierung von Finanzierungsinstrumenten anhand von Risikocharakteristika

Das geltende Prioritätssystem bestimmt ferner, inwieweit Marktteilnehmern die Differenzierung von Finanzierunginstrumenten anhand von Risikocharakteristika ermöglicht wird. Dabei handelt es sich um einen Aspekt, welcher bereits im frühen 20. Jahrhundert Eingang in die US-amerikanische Diskussion um konkurrierende Prioritätskonzepte gefunden hat, in der heutigen Debatte jedoch weithin unbeachtet bleibt.[1653]

Konzepte absoluter Priorität statuieren, teils ergänzt um punktuelle Durchbrechungen, einen vollständigen Befriedigungsvorrang unter Liquidationsprioritäten höherrangiger Kapitalklassen. Damit werden abgrenzbare Risikoprofile für verschiedene Rangklassen definiert. Weicht ein Konzept relativer Priorität davon ab, werden die erwarteten mittleren Befriedigungsquoten verschiedener Rangklassen einander angenähert oder können – jeweils abhängig von der konkreten Ausgestaltung – ineinander übergehen.[1654] Lässt eine relative Prioritätsregel etwa jegliche wirtschaftliche Besserstellung einer liquidationsrechtlich höherrangigen Klasse ausreichen, um eine Überwindung deren ablehnenden Votums mittels klassenübergreifendem Cram Down zu ermöglichen, verschwimmen die Risikoprofile verschiedener Kapitalklassen weithin. Dies gilt etwa für die Vorgaben der RestRL zur European Relative Priority Rule[1655] sowie das Umsetzungskonzept unter des österreichischen ReO.[1656] Hat jedes Instrument der Fremdfinanzierung für den Fall einer tiefgreifenden Restrukturierung oder Insolvenz des Schuldners eine stark angenäherte mittlere Befriedigungsquote in Aussicht, bieten sich Kreditgebern ungleich weniger Orientierungspunkte zur Strukturierung von Finanzierungsinstrumenten mit unterschiedlichen Risikoprofilen sowie zur Differenzierung gegenüber Wettbewerbern auf Angebotsseite. Marktwirtschaftliche Anreize zur Spezialisierung auf Angebotsseite und damit verbundene

---

1651 Ebd., 257–259.

1652 Ebd., 251.

1653 S. bereits *Bonbright/Bergerman*, 28 Colum. L. Rev. 127 (1928), 159–160.

1654 Ebd., 159.

1655 Eingehend zuvor auf den S. 225 ff.

1656 Dazu bei Fußn. 1060.

Effizienzeffekte für den Markt (Zeit- und Kostenvorteile in der Transaktionsabwicklung, effizientes Monitoring usf.) werden gemindert.

Entfällt die starre Bevorrechtigung liquidationsrechtlich höherrangiger Kapitalklassen, können sich Anleger potenziell einem verkürzten Spektrum von Investitionsprodukten gegenübersehen. So kann ihnen unter einer Regel relativer Priorität etwa die Möglichkeit genommen sein, Finanzierungsinstrumente zu strukturieren, welche nahezu keine Ausfallwahrscheinlichkeit aufweisen. Besonders, wenn nicht nur Vorrangstellungen von Forderungsklassen, sondern auch gegenstandsbezogene Prioritätsstellungen gesicherter Gläubiger sowie strukturelle Vorrangstellungen in Frage gestellt werden. Bedeutsam sind Produkte dieser Art für Anleger, für welche die Inkaufnahme höherer Ausfallrisiken gegen Vereinbarung eines entsprechend erhöhten Risikozinssatzes nicht in Betracht kommt.[1657] Spiegelbildlich sehen sich kreditnehmende Unternehmen in der Diversifizierung ihrer Finanzierungsinstrumente eingeschränkt und können die zuvor aufgezeigten Gestaltungspotenziale[1658] nicht oder nur eingeschränkt nutzen.

3.9 Aufhebung struktureller Priorität durch Konsolidierung von Vermögensmassen im Konzern

Während die Dimensionen vermögensbezogener, gegenstandsbezogener und zeitlicher Priorität rechtsträgerbezogen wirken, schafft die strukturelle Priorität in Gruppenstrukturen Rangverhältnisse in Bezug auf verschiedene Rechtsträger. Gesellschafts- und konzernrechtliche Prinzipien der Haftungstrennung begrenzen den unmittelbaren Zugriff von Gläubigern und Gesellschaftern auf die Haftungsmasse der jeweiligen Gesellschaft. Grundsätze der Kapitalerhaltung begrenzen zugleich Ausschüttungen von Vermögenswerten an die Gesellschafter. Ferner können Gesellschaften das Vermögen anderer Gesellschaften nicht ohne deren Zustimmung belasten. Es entstehen strukturelle Prioritäten entlang gesellschaftsrechtlicher Strukturen. Diese wirken auch in der Insolvenz der Konzerngesellschaften fort, deren Vermögen unter deutschem sowie auch US-amerikanischem Insolvenzrecht in Einzelverfahren für den jeweiligen Rechtsträger zu verwerten ist. Ganzheitliche „Konzerninsolvenzverfahren“ sowie eine Konsolidierung der Vermögensmassen verschiedener Rechtsträger sind gesetzlich nicht vorgesehen. Gleichsam kennt das StaRUG kein ganzheitliches Verfahren einer

---

1657 *Bonbright/Bergerman*, 28 Colum. L. Rev. 127 (1928), 159: "'widow and orphan' investments".

1658 Vorstehend auf den S. 346 ff.

Konzernrestrukturierung. Der Zugriff der Gläubiger und Gesellschafter bleibt damit auf die Haftungsmasse der jeweiligen Gesellschaft beschränkt.[1659]

Durch strukturelle Prioritäten werden zugleich Gestaltungspotenziale restrukturierungs- und insolvenzrechtlicher Prioritätssysteme vom einzelnen Rechtsträger auf die Konzernebene erweitert. Marktteilnehmern wird die interessenspezifische Gestaltung von Kapital- und Konzernstrukturen ermöglicht[1660] und die Strukturierung diversifizierter Finanzierungs- und Investitionsinstrumente über das Spektrum einer Konzernstruktur hinweg wird begünstigt.[1661] Besonders etwa durch Zweckgesellschaften begebene, strukturierte Finanzierungen.[1662]

Marktteilnehmer treffen Finanzierungs- und Geschäftsentscheidungen regelmäßig unter Berücksichtigung der strukturellen Prioritätsstellung, die sie im Falle einer Restrukturierung oder Insolvenz der schuldnerischen Gesellschaft und Unternehmensgruppe einnehmen würden. Besonders in der Praxis der Unternehmensfremdfinanzierung nehmen Erwägungen struktureller Priorität eine zentrale Rolle ein und bestimmen Kreditzugang und -bedingungen. Gleichsam werden operative Geschäftspartner eines Konzerns für Vertragsschlüsse häufig deren operative Gesellschaften als Träger von Vermögenswerten gegenüber strukturell nachrangigen Holdinggesellschaften vorziehen.

Ermöglichen Gesetzes- oder Richterrecht sodann eine Konsolidierung von Haftungsmassen in Konzerninsolvenzen, gehen daraus ex post Verteilungslösungen hervor, die von ex ante geschaffenen strukturellen Prioritäten abweichen. Der Einsicht folgend, dass die erwartete Behandlung einer Kapitalposition in der Restrukturierung oder Insolvenz ex post das Verhalten von Marktteilnehmern ex ante beeinflusst, sind mit der Massekonsolidierung bedeutende ökonomische Anreizwirkungen verbunden. Eine rechtsökonomische Betrachtung darf daher nicht auf potenzielle Effizienzgewinne ex post in Form von Kostenreduktionen beschränkt bleiben. Vielmehr bedarf es einer Gesamtbetrachtung, inwieweit mit der strukturellen Priorität verbundene Effizienzeffekte ex ante vermindert oder aufgehoben werden.[1663]

1659 Zu den Grundlagen struktureller Priorität bereits auf den S. 32 ff. (strukturelle Priorität) sowie auf den S. 142 ff. (substantive consolidation im Chapter-11-Verfahren).

1660 Dazu *Skeel/Triantis*, 166 U. Pa. L. Rev. 1777 (2018), 1812: "tailoring of capital structures".

1661 Zur Bedeutung der Priorität für die Differenzierung von Finanzierungsinstrumenten anhand von Risikocharakteristika zuvor auf den S. 356 ff.

1662 *Widen*, 75 Geo. Wash. L. Rev. 237 (2007), 266, 268 Fußn. 98.

1663 *Skeel/Triantis*, 166 U. Pa. L. Rev. 1777 (2018), 1813.

In der nachfolgenden Betrachtung wird an die Erfahrungen US-amerikanischer Insolvenzgerichte im Umgang mit der substantive consolidation sowie damit befasster Literatur angeknüpft. Ferner an die Stellungnahmen des deutschen Gesetzgebers gegen die Einführung einer Massekonsolidierung in der Reform des Konzerninsolvenzrechts von 2013 und Stellungnahmen vonseiten der deutschen Literatur.

3.9.1 Effizienzgewinne durch Konsolidierung ex post

In der US-amerikanischen Rechtsprechung haben sich als Fallgruppen der substantive consolidation (1) die kaum auflösbare Verflechtung von Vermögenswerten und Verbindlichkeiten von Konzerngesellschaften sowie (2) das Auftreten von Konzerngesellschaften als wirtschaftliche Haftungseinheit etabliert.[1664] Wenngleich die US-amerikanischen Gerichte stets den Ursprung der substantive consolidation in ihren equitable powers (11 U.S.C. § 105(a)) hervorheben, mithin deren Nutzung zur Herstellung materieller Gerechtigkeit,[1665] stehen besonders bei der ersten Fallgruppe Erwägungen ökonomischer Effizienz durch die Reduktion von Kosten in der Entflechtung gruppeninterner Vermögensverhältnisse und Geschäftsvorgänge im Vordergrund.[1666] Die zweite Fallgruppe zielt hingegen maßgeblich darauf ab, durch irreführende Darstellungen in Bezug auf Vermögensverhältnisse geweckten Haftungserwartungen zur Geltung zu verhelfen.[1667] Zwar ist auch diese Angleichung gegenüber Marktteilnehmern geweckter und sodann insolvenzrechtlich realisierter Haftungserwartungen von ökonomischer Relevanz. Aufgrund des stärker ausgeprägten rechtsökonomischen Bezugs soll jedoch die erste Fallgruppe der Verflechtung hier im Zentrum der Betrachtung stehen.

Werden mehrere Gesellschaften eines Konzerns insolvent, kann mit der Zuordnung von Vermögenswerten und Verbindlichkeiten aufgrund unklarer interner Dokumentation ein nicht unerheblicher Aufwand verbunden sein. Eine Vielzahl gruppeninterner Geschäftsvorgänge, deren Wirksamkeit oder insolvenzrechtliche

1664 Näher zuvor auf den S. 146 ff.; ebenso die Empfehlungen bei *World Bank Group*, Principles for Effective Insolvency and Creditor/Debtor Regimes (2016), S. 27: Insolvenzrechtliche Rahmenwerke sollten strukturelle Prioritäten grds. respektieren und Ausnahmen nur zulassen im Fall einer Verflechtung von Vermögensmassen, die nur mit unverhältnismäßigem wirtschaftlichen Aufwand entflochten werden könnte, sowie im Falle betrügerischen Verhaltens der Gruppe oder wenn diese keine legitime Geschäftsaktivität betrieben hat.

1665 Nachw. in Fußn. 611.

1666 *Widen*, 75 Geo. Wash. L. Rev. 237 (2007), 287.

1667 So auch ebd., 293-294.

Anfechtbarkeit fraglich sein kann, können diese Verflechtung verstärken. Indem eine Massekonsolidierung die Zuordnung von Vermögenswerten und Verbindlichkeiten entbehrlich macht, sowie gruppeninterne Garantien und wechselseitige Ansprüche unbeachtlich werden lässt, können Verfahrenskosten in mitunter erheblichem Umfang vermieden werden. Eine Massekonsolidierung in der Insolvenz ermöglicht insoweit bedeutende Kosteneinsparungen ex post.[1668]

In der Rechtsprechung US-amerikanischer Insolvenzgerichte wird eine substantive consolidation weithin nur dann als gerechtfertigt angesehen, wenn Kostenreduktionen zu einer Besserstellung *sämtlicher* Gläubiger einbezogener Konzerngesellschaften führen. Allein die Erhaltung einer höheren Gesamthaftungsmasse des Konzerns, während einzelne Gläubiger durch die Konsolidierung wirtschaftlich schlechter gestellt werden, soll hingegen nicht ausreichen.[1669] Die ökonomische Rechtfertigung der substantive consolidation ist damit dem Kriterium der Paretoeffizienz angenähert.[1670] Als weiteren denkbaren Ansatzpunkt führt *Widen* das Kaldor-Hicks-Kriterium an, bei welchem das Konzept des Paretooptimum durch die Möglichkeit interpersoneller Kompensationszahlungen erweitert wird.[1671] Betrachtet man das unmittelbare Primärziel des Insolvenzrechts, die Maximierung der Insolvenzmasse im Interesse der Gläubiger,[1672] so ließe sich eine Konsolidierung bereits mit der Maximierung der Gesamthaftungsmasse im Konzern rechtfertigen, obgleich der Schlechterstellung einzelner Gläubiger.

Stellt sich die Konsolidierung für jeden Gläubiger betroffener Konzerngesellschaften oder jedenfalls für das Kollektiv als insgesamt wirtschaftlich vorteilhaft dar, kann das praktische Bedürfnis nach einer gerichtlich angeordneten Konsolidierung in Zweifel gezogen werden. So haben Gläubiger besonders bei Vorteilhaftigkeit für *jeden* Gläubiger den ökonomischen Anreiz, bereits auf dem Verhandlungsweg zu einer Konsolidierungslösung im Plan zu kommen.[1673] Vor praktische Hürden wird dies jedoch gestellt, da die Einschätzung mit einer Zuordnung von Vermögenswerten und Verbindlichkeiten verbundener Kosten mit erheblichen Unsicherheiten behaftet ist, womit Gläubigern eine Übereinkunft erschwert wird. Auch wird es Gläubigern nicht selten an der notwendigen

---

1668 *Skeel/Triantis*, 166 U. Pa. L. Rev. 1777 (2018), 1812.

1669 Nachw. in Fußn. 628.

1670 Dazu *Widen*, 75 Geo. Wash. L. Rev. 237 (2007), 285–286.

1671 Ebd., 288.

1672 Für das deutsche Insolvenzrecht kodifiziert in § 1 S. 1 InsO.

1673 *Skeel/Triantis*, 166 U. Pa. L. Rev. 1777 (2018), 1815, auch unter Verweis auf eine entsprechende Praxis im US Chapter-11-Verfahren.

Informationsdichte und Expertise fehlen, um die individuelle Vorteilhaftigkeit einer Massekonsolidierung beurteilen zu können. Zugleich lassen sich Holdout-Anreize nicht unter Verweis auf den Mehrwert konsensualer Einigungen neutralisieren.[1674] Die Möglichkeit einer gerichtlich angeordneten Konsolidierung kann diese Hürden überwinden.

Ferner kann bereits die Aussicht einer möglichen Konsolidierung konsensfördernd wirken und Verhandlungen über ein Restrukturierungs- oder Insolvenzplankonzept beschleunigen.[1675] So wird von US-amerikanischen Insolvenzverfahren berichtet, in denen die subjektive Wahrscheinlichkeit einer gerichtlich angeordneten substantive consolidation als Grundlage einer vergleichsweisen Regelung gewählt wurde.[1676] In Fällen dieser Art bestimmt die Perspektive einer Konsolidierung mittelbar auch konsensuale Verteilungslösungen.

Lassen sich nur Teile von Vermögenswerten oder Verbindlichkeiten von Konzerngesellschaften nicht oder nicht mit ökonomisch tragbaren Verfahrenskosten zuordnen, könnte eine Konsolidierung auf diesen Betrag beschränkt werden, während die Vermögen der Gesellschaften im Übrigen getrennt betrachtet werden.[1677] Damit würden gerichtliche Eingriffe in strukturelle Prioritäten auf das notwendige Maß beschränkt, während zugleich die Vorteile der Konsolidierung nutzbar gemacht werden.

Würde eine Massekonsolidierung in der Insolvenz darüberhinausgehend zum gesetzlichen Regelfall erhoben, entfielen zugleich Kosten, die mit der Schaffung und Aufrechterhaltung struktureller Prioritäten verbunden sind. Beispielhaft sind für großvolumige Finanzierungen bestellte, komplexe Sicherheitenpakete von Garantien zahlreicher Konzerngesellschaften zu nennen.[1678] Zugleich

---

1674 Dazu auch *Widen*, 75 Geo. Wash. L. Rev. 237 (2007), 286–287.

1675 Ebd., 245, 289; Nachw. zum Aspekt der Verhandlungsführung im Schatten des Restrukturierungs- und Insolvenzrechts im Allgemeinen in Fußn. 22.

1676 Zu einer solchen Einigung im Fall *Enron* s. *Widen*, 75 Geo. Wash. L. Rev. 237 (2007), 284.

1677 Ebd., 284–285 (partial consolidation).

1678 Dies illustriert *Widen* am Beispiel großvolumiger Konsortialkredite, welche häufig (unter anderem) durch Garantien zahlreicher Konzerngesellschaften besichert werden; damit verbunden sind Kosten für eine Due Diligence zur Identifizierung der Gesellschaften, Zustimmungen der Gesellschaften zur Einräumung der Garantien, die vertragliche Dokumentation der Garantien, Rechtsgutachten zwecks Bestätigung der Wirksamkeit der Garantien, sowie laufendes Monitoring durch die Kreditgeber um zu gewährleisten, dass etwaige weitere Konzerngesellschaften gemäß den Bestimmungen des Kreditvertrags als Garantiegeber beitreten, *Widen*, 75 Geo. Wash. L. Rev. 237 (2007), 265.

entfiele weithin das Bedürfnis, in Kreditverträgen umfangreiche Beschränkungen hinsichtlich struktureller Maßnahmen (etwa Verschmelzungen), der Aufnahme neuen Fremdkapitals durch Tochtergesellschaften, der Verschiebung von Vermögenswerten sowie Zahlungen innerhalb der Gruppe auszuhandeln, um strukturelle Prioritäten aufrechtzuerhalten.[1679] Damit verbunden wäre jedoch der Verlust von Effizienzgewinnen aufgrund der Haftungstrennung ex ante, wie im nachfolgenden Abschnitt dargelegt wird.

3.9.2 Effizienzgewinne durch Haftungstrennung ex ante

Die Errichtung struktureller Prioritäten im Hinblick auf verschiedene Konzerngesellschaften erlaubt die Erzielung verschiedener Effizienzgewinne ex ante. In der Umsetzung dessen bedarf es nicht stets einer Bündelung von Vermögenswerten in einzelnen Gesellschaften, welcher Bedürfnisse des operativen Betriebs oder der Finanzierungspraxis entgegenstehen können. Vielmehr können auch durch die Einräumung gruppeninterner Drittsicherheiten (insbesondere dingliche Sicherheiten und Garantien sowie Haftungsbeitritte) strukturelle Prioritäten als Teil eines Sicherheitenkonzepts gestaltet werden.[1680] Strukturelle Prioritäten innerhalb von Konzern- und Kapitalstrukturen verkörpern daher häufig komplexe wirtschaftliche Interessengefüge. Werden Vermögenswerte und Verbindlichkeiten von Gesellschaften sodann in einer Restrukturierung oder Insolvenz ex post konsolidiert betrachtet, strukturelle Prioritäten mithin aufgehoben, werden zugleich ex ante begründete Haftungserwartungen enttäuscht. Wird eine Massekonsolidierung dabei mit gerichtlichen Erwägungen ökonomischer Effizienz begründet, werden zugleich ökonomische Einschätzungen betroffener Marktteilnehmer ex ante, namentlich des Konzerns und seine Gläubiger, unter Umständen durch gerichtliche Erwägungen überlagert.[1681]

Inwieweit damit ex ante begründete Effizienzgewinne gemindert werden oder entfallen, ist individuell zu beurteilen. Ein zentraler Aspekt ist, ob Effizienzgewinne

1679 Ebd.

1680 Dazu bereits in den Ausführungen zu den Grundlagen struktureller Priorität, S. 32 ff. Gleichwohl verkürzt die Bündelung haftenden Vermögens in der schuldnerischen Gesellschaft jedoch den Aufwand für die Realisierung des Haftungswerts, da es keiner zusätzlichen Inanspruchnahme einer dritten Konzerngesellschaft bedarf. Zugleich werden zusätzliche Einwendungsrisiken aus der rechtlichen Beziehung zum Besteller der Drittsicherheit vermieden.

1681 Krit. etwa *Skeel/Triantis*, 166 U. Pa. L. Rev. 1777 (2018), 1816, welche sich für eine strikte Durchsetzung ex ante errichteter struktureller Prioritäten in der Insolvenz aussprechen.

auf einer strengen rechtlichen Anknüpfung an den Rechtsträger beruhen oder vielmehr einer wirtschaftlichen Betrachtung der Gruppe nach Haftungsgesichtspunkten folgen. Von Bedeutung ist ferner, inwieweit etwaige Effizienzgewinne zum Zeitpunkt einer Konsolidierung ex post bereits realisiert sind. So hat die unter US-amerikanischem Insolvenzrecht vorherrschende Form der substantive consolidation keine tatsächliche Verschmelzung von Rechtsträgern zur Folge. Vielmehr werden die Haftungsmassen allein für Zwecke des Reorganisationsplans konsolidiert betrachtet, die betreffenden Rechtsträger bestehen grundsätzlich unverändert fort.[1682] Folgen strukturelle Prioritäten etwa steuerlichen oder regulatorischen Erwägungen, so gehen damit verbundene Effizienzgewinne durch eine fiktive Konsolidierung ex post daher nicht verloren.[1683] Auch werden solche Effizienzgewinne zum Zeitpunkt einer Konsolidierung ex post häufig bereits realisiert sein, womit das Interesse des Konzerns an der Aufrechterhaltung der Vermögenstrennung insoweit gemindert sein oder entfallen kann.[1684]

Treffen hingegen Marktteilnehmer Geschäfts-, Finanzierungs- und sonstige Investitionsentscheidungen nach Haftungsgesichtspunkten, mithin in Orientierung am haftenden Vermögen der betreffenden Gesellschaft und ihrer strukturellen Prioritätsstellung, so kann die Perspektive einer Konsolidierung ex post Veränderungen der ökonomischen Anreizsituation ex ante bedingen. Dies betrifft in geringerem Maß Konstellationen mit überschaubaren Gruppenstrukturen sowie Geschäftspartnern, welche die schuldnerische Gruppe als ganzheitliche Haftungseinheit betrachten. Wählen etwa Lieferanten kleinerer Unternehmen ihren vertraglichen Schuldner nicht nach strukturellen Prioritäten aus, sondern vertrauen sie auf die Kreditwürdigkeit des Unternehmens in Gänze, lässt eine Konsolidierung ex post insoweit keine Verzerrungen der Anreizsituation ex ante erwarten.[1685]

Umso deutlicher wird der Zusammenhang hingegen im Feld der Unternehmensfremdfinanzierung. Die Möglichkeit einer Massekonsolidierung stellt insoweit einen bedeutenden Parameter dar und kann zugrunde liegende Marktdynamiken wesentlich beeinflussen.[1686] So können Unternehmen durch die Aufteilung von Vermögenswerten innerhalb der Konzernstruktur strukturelle Prioritäten für Eigen- und Fremdkapitalpositionen errichten. Durch die gezielte

---

1682 Sog. deemed consolidation, *Widen*, 75 Geo. Wash. L. Rev. 237 (2007), 244.

1683 *Skeel/Triantis*, 166 U. Pa. L. Rev. 1777 (2018), 1813.

1684 Ebd., 1815.

1685 S. auch ebd., 1813.

1686 *Widen*, 75 Geo. Wash. L. Rev. 237 (2007), 247: "a doctrine vitally important to modern corporate finance".

Zuordnung haftender Aktiva zu separierten Rechtsträgern können Bonitätsprofile und Ausfallwahrscheinlichkeiten für Kreditgeber gesteuert werden. Wesentliche Aspekte der Finanzierungsstruktur (Risikozinssatz, Besicherung, Laufzeit, Nebenbestimmungen usf.) folgen dem.[1687] Bietet sich Marktteilnehmern die Perspektive, dass strukturelle Prioritäten ex post im Wege einer Konsolidierung aufgehoben werden können, so berührt dies wesentliche Aspekte der Vertragsgestaltung sowie der Bereitschaft zur Kreditvergabe. So hätten Kreditgeber folglich die Bonität des gesamten Konzerns zu prüfen und zu überwachen, womit für Unternehmen erhöhte Fremdfinanzierungskosten und ein geminderter Kreditzugang einhergehen können.[1688]

In der Reform des deutschen Konzerninsolvenzrechts im Jahr 2013 sah der deutsche Gesetzgeber eben darin das wesentliche Argument gegen die Einführung einer Massekonsolidierung für Konzerninsolvenzen.[1689] Auch vonseiten der deutschen insolvenzrechtlichen Literatur wird kritisiert, dass eine Massekonsolidierung eine risikoorientierte Preisgestaltung in der Unternehmensfremdfinanzierung verhindere[1690] und in erhöhten Fremdfinanzierungskosten resultiere.[1691] Legitime Haftungserwartungen der Gläubiger würden enttäuscht und die Anreizsteuerung des Marktes verzerrt.[1692] Schließlich würden Marktteilnehmer durch den Gegensatz einer Haftungsseparation ex ante sowie einer Konsolidierung

1687 Zur Vertragsgestaltung vor dem Hintergrund restrukturierungs- und insolvenzrechtlicher Priorität zuvor auf den S. 339 ff.

1688 Begr. RegE Gesetz zur Erleichterung der Bewältigung von Konzerninsolvenzen, BT-Drucks. 18/407, S. 17; In re Auto-Train Corp., 810 F.2d 270, 277 (D.C. Cir. 1987): Erwartung der Missachtung struktureller Prioritäten führt zu einem verminderten Kreditzugang in der Krise des Schuldners, womit auch die Sanierungsaussichten anderer Konzerngesellschaften beeinträchtigt werden können.

1689 Begr. RegE Gesetz zur Erleichterung der Bewältigung von Konzerninsolvenzen, BT-Drucks. 18/407, S. 17, 45: „unerwünschte Verteilungseffekte" zwischen den beteiligten Konzerngesellschaften; krit. demgegenüber *Madaus*, NZI-Beilage 2018, 4 (6).

1690 *Eidenmüller*, ZHR 169 (2005), 528 (532).

1691 *v. Wilcken*, in: Flöther, KonzernInsR, § 4 Rn. 33; *Harder/Lojowsky*, NZI 2013, 327 (327); *Brünkmans*, ZIP 2013, 193 (194); *Fölsing*, ZInsO 2013, 413 (414); *Sester*, ZIP 2005, 2099 (2100).

1692 S. etwa *v. Wilcken*, in: Flöther, KonzernInsR, § 4 Rn. 33; *Hoegen/Kranz*, in: Flöther, Sanierungsrecht, Kap. I Rn. 13; *Brünkmans*, ZIP 2013, 193 (194); *Eidenmüller*, ZHR 169 (2005), 528 (565): massive ökonomische Fehlanreize.

ex post zu einer strategischen Herbeiführung oder Vermeidung der Insolvenz incentiviert.[1693]

Strukturelle Prioritäten erlauben ferner die Senkung von Monitoringkosten für Kreditgeber. In der Expertise von Kreditgebern begründete Spezialisierungsvorteile (etwa hinsichtlich bestimmter Sektoren, Regionen oder Jurisdiktionen) in Bezug auf einzelne Konzerngesellschaften oder Vermögenswerte können genutzt werden.[1694] Auf diese Weise können Eigen- und Fremdfinanzierungskosten für die Gruppe insgesamt gesenkt werden.[1695] Mit steigender Wahrscheinlichkeit einer Massekonsolidierung ex post werden Anreize zu einem solchen Monitoring entsprechend gemindert.[1696]

3.10 Zusammenfassung und Fazit – Teil II

3.10.1 Determinanten in der Gestaltung effizienter Prioritätssysteme

Für vollkommene Kapitalmärkte gilt die Annahme, dass sich Teilnehmer der Finanzierungsmärkte grundsätzlich jedem geltenden Prioritätssystem anpassen können und Finanzierungsinstrumente unterschiedlicher Rangstellung dieselbe risikoadjustierte Rendite versprechen. Weitergehend begründet die Priorität jedoch gegenüber Gläubigern, Gesellschaftern und dem schuldnerischen Management im Verhältnis des Zielkonflikts stehende Anreizwirkungen ex ante sowie ex post und beeinflusst nicht allein die Verteilung des Unternehmenswerts, sondern auch die Schaffung und Erhaltung von Unternehmenswerten. Kernanliegen der rechtsökonomischen Erforschung der Priorität ist es daher, diese Anreizwirkungen in einer dynamischen Betrachtung gegeneinander abzuwägen und Prioritätskonzepte zu entwickeln, die in einer Gesamtschau größtmögliche Effizienz versprechen.

1693 *Eidenmüller*, ZHR 169 (2005), 528 (532): „sozial unproduktive rent seeking investments".

1694 *Skeel/Triantis*, 166 U. Pa. L. Rev. 1777 (2018), 1814; als Beispiel kann die Bündelung von Verbindlichkeiten und Vermögenswerten bei einer Immobilienholdinggesellschaft einer Gruppe dienen.

1695 Ebd., 1813: "capital structure tailoring".

1696 Ebd., 1815.

Als wesentliche Determinante in der Gestaltung effizienter Prioritätssysteme zeigt sich die Vorhersehbarkeit des Rechts hinsichtlich der Wertverteilung unter den Kapitalgebern. Marktteilnehmer sollen in der Lage sein, ihr Verhalten nach den Normen des Insolvenzrechts auszurichten. Ausfallrisiken müssen für Kreditgeber kalkulierbar sein. Dies betrifft zunächst die Gestaltung von Prioritätsklassen, wobei international verbreitet an die insolvenzrechtlichen Liquidationsprioritäten angeknüpft wird. Weitgehend losgelöst von sozialen oder politischen Erwägungen sollen diese bestmöglich die wirtschaftlichen Vereinbarungen der Marktteilnehmer reflektieren. Die Zahl anerkannter Prioritätsklassen ist auf ein Mindestmaß zu reduzieren.

Die größtmögliche Vorhersehbarkeit in der Wertverteilung bieten dabei Konzepte absoluter Priorität, unter denen die wirtschaftlichen Rangvereinbarungen der Kapitalgeber – auf Grundlage gesetzlicher und vertraglicher Rangregelungen, Sicherheiten, sowie dem strukturellem und zeitlichen Rang – im Wege eines vollständigen Befriedigungsvorrangs höherrangiger ablehnender Rangklassen durchgesetzt werden. Der absolute Vorrang höherer Rangklassen markiert fixe äußere Grenzen für durchsetzbare Plankonzepte, was Effizienzgewinne in der Masseverwertung und Krisenbewältigung ex post erwarten lässt. Konzepte relativer Priorität, die den vollständigen Befriedigungsvorrang aufgeben, sind daher mit Effizienzverlusten verbunden. Dies gilt besonders für relative Prioritätsregeln, die eine Besserstellung höherrangiger Klassen genügen lassen (namentlich die European Relative Priority Rule der RestRL).

3.10.2 Anreizwirkungen gegenüber dem Eigenkapital

Vom Prioritätssystem ausgehende Anreizwirkungen divergieren hinsichtlich der verschiedenen Kapitalschichten und unterliegen einem Wandel im Fortschreiten der finanziellen Krise des Schuldners. Unter absoluter Priorität steht für die Restrukturierung oder Insolvenz ein Befriedigungsvorrang des Fremdkapitals in Aussicht. Im Vorfeld einer finanziellen Krise oder frühen Phasen ex ante entfaltet das gläubigerschützende Konzept absoluter Priorität gegenüber dem Eigenkapital damit eine disziplinierende Wirkung in Richtung eines risikoadäquaten Einsatzes des Schuldnervermögens. Stellen Konzepte relativer Priorität den Befriedigungsvorrang höherrangiger Klassen in Frage, gehen Effizienzvorteile absoluter Priorität in Form der disziplinierenden Wirkung gegenüber dem Eigenkapital verloren. Im Zustand der finanziellen Krise ex post werden Investitionsanreize graduell in Richtung von Investitionsmöglichkeiten mit geringerem Barwert verschoben, welche eine geringere Erfolgswahrscheinlichkeit haben, jedoch größere Wertgewinne und eine Wertaufholung des Eigenkapitals im Erfolgsfall versprechen (gambling for resurrection). Die gläubigerschützende Wirkung absoluter Priorität wird insoweit ex post ins Gegenteil verkehrt.

Ferner begründet die strikt abgestufte Verteilungsfolge für Gesellschafter ex post Anreize, frühzeitige Sanierungsbemühungen hinauszuzögern oder zu vermeiden. Damit kann die absolute Priorität kooperativen Sanierungskonzepten unter Incentivierung sämtlicher Kapitalklassen im Weg stehen. Insoweit können sich punktuelle Abweichungen von der absoluten Priorität ex post, auf gesetzlicher Grundlage oder konsensual durch wertmäßige Zugeständnisse höherrangiger Kapitalklassen (etwa unter der gifting doctrine des US-amerikanischen Chapter-11-Verfahrens), als effizient und im Interesse auch höherrangiger Klassen darstellen.

3.10.3 Wechselwirkungen von Prioritätskonzepten mit dem Feld der Unternehmensfremdfinanzierung

Im Wissen um die ferne Bedeutung der Priorität richten auch Teilnehmer der Fremdkapitalmärke ihr Verhalten aus und treffen Investitions- und Desinvestitionsentscheidungen. Besonders signifikant sind die unmittelbaren Auswirkungen auf den Markt der Unternehmensfremdfinanzierung, dessen Teilnehmer eine Sensitivität gegenüber dem geltenden Prioritätssystem aufweisen. So erfolgen die Entscheidung über die Ausreichung einer Finanzierung sowie die risikoorientierte Bepreisung einer Finanzierung aufseiten adjustierender Gläubiger auch anhand der erwarteten Befriedigungsaussichten in einer Restrukturierung oder Insolvenz. Spiegelbildlich können fremdfinanzierende Unternehmen Gläubigern Prioritätsstellungen einräumen oder diese für künftige Emissionen reservieren, um ihre Kapitalkosten zu optimieren oder die Chancen auf einen späteren Kapitalzugang zu verbessern.

In der Theorie ist aus Sicht potenzieller Kreditgeber keinem Prioritätssystem ein genereller Vorrang einzuräumen. Vielmehr können sich Kreditgeber im Rahmen der Investitionsentscheidung und auf dem Weg der Vertragsgestaltung grundsätzlich jedem geltenden Prioritätssystem anpassen. Zugleich versprechen Fremdfinanzierungen verschiedener Rangklassen sowie unter verschiedenen Prioritätssystemen in vollkommenen Kapitalmärkten grundsätzlich dieselbe risikoadjustierte Rendite. Dennoch sind mit der Gestaltung von restrukturierungs- und insolvenzrechtlichen Prioritätssystemen weitergehende Effekte verbunden, welche die makroökonomische Effizienz der Fremdkapitalmärkte berühren. Anerkannte Parameter sind die Faktoren der Vorhersehbarkeit als Grundlage nachhaltiger Finanzierungsverhältnisse sowie die Wertverteilung zwischen Fremd- und Eigenkapital in Restrukturierung und Insolvenz.

Zeigt sich ein Prioritätssystem als wenig transparent und vorhersehbar oder übermäßig gesellschafterfreundlich, können damit ein eingeschränkter Zugang zu Fremdfinanzierungen (Kreditrationierung) und erhöhte Fremdfinanzierungskosten für Unternehmen einhergehen. Werden unter relativer Priorität ex ante durch Marktteilnehmer vertraglich fixierte Prioritäten ex post in der Fortführung nicht vollumfänglich realisiert, wird Marktteilnehmern die Möglichkeit genommen, krisenfest klar abgestufte Kapitalklassen und damit nuancierte Finanzierungs- und Sicherheitenstrukturen zu errichten.

Ebenso wird Schuldnern die Möglichkeit genommen, Finanzierungskosten und den späteren Zugang zu Fremdkapital durch die zeitliche Allokation von Prioritäten für Finanzierungsinstrumente zu optimieren. Je weiter der Befriedigungsvorrang höherrangiger Kapitalklassen aufgeweicht wird, bis hin zu Erfordernissen einer nur geringfügigen Besserstellung höherrangiger Kapitalklassen für fortführende Planlösungen, desto stärker werden ferner die mittleren Befriedigungsaussichten verschiedener Rangklassen einander angeglichen. Damit werden zugleich die Risikocharakteristika von Finanzierungs- und Investitionsinstrumenten einander angenähert. Mit der Priorität verbundene Gestaltungsspielräume der Marktteilnehmer gehen verloren und mit ihnen Effizienzvorteile in Form der Spezialisierung (Zeit- und Kostenvorteile in der Transaktionsabwicklung, effizientes Monitoring usf.) und des Wettbewerbs auf Angebotsseite innerhalb verschiedener Kapitalklassen.

Im Ergebnis gebührt der Vorzug einem Konzept absoluter Priorität, dass den wirtschaftlichen Vereinbarungen von Marktteilnehmern zu größtmöglicher Geltung verhilft und die Nutzung der Effizienzvorteile privatautonomer Gestaltung erlaubt, ergänzt um punktuelle Durchbrechungen zur Förderung effizienter und frühzeitiger Sanierungen und der Maximierung des Unternehmenswerts im gesamtwirtschaftlichen Interesse.

3.10.4 Aufhebung struktureller Rangverhältnisse durch eine Massekonsolidierung

Ermöglicht das Restrukturierungs- oder Insolvenzrecht eine Konsolidierung von Vermögensmassen von Konzerngesellschaften ex post, können ex ante errichtete strukturelle Prioritäten überwunden werden. Die Konsolidierung verspricht dabei Effizienzgewinne ex post, unter anderem in Form der Reduktion von Verfahrenskosten für die Zuordnung von Aktiva und Passiva zu einzelnen Konzerngesellschaften. Gleichsam entfällt Verfahrensaufwand für die Prüfung der Wirksamkeit und Anfechtbarkeit gruppeninterner Sicherheiten und Geschäftsvorgänge.

Die Massekonsolidierung kann sich damit für die Gesamtheit der Gläubiger oder auch jeden betroffenen Gläubiger als wirtschaftlich vorteilhaft darstellen.

Zugleich werden jedoch Effizienzgewinne struktureller Priorität durch die Haftungsseparation ex ante gemindert. So wird besonders Kreditgebern in der Unternehmensfremdfinanzierung die Einschätzung und Steuerung ihres Kreditausfallrisikos erschwert. Für Unternehmen können daraus, abhängig von der Reichweite der Möglichkeiten zur Massekonsolidierung und deren Vorhersehbarkeit, erhöhte Risikozinssätze sowie ein verminderter Kreditzugang resultieren. Die Divergenz von Haftungsseparation ex ante sowie Massekonsolidierung ex post incentiviert Marktteilnehmer ferner zur strategischen Herbeiführung oder Vermeidung der Insolvenz von Konzerngesellschaften.

4. Abschließende Reflektion

Keinem der konkurrierenden Prioritätskonzepte – der absoluten Priorität mit punktuellen Durchbrechungen dieser oder Konzepten relativer Priorität – kann abstrakt eine höhere Effizienz in der Krisenbewältigung oder im gesamtwirtschaftlichen Kontext zugesprochen werden. Maßgeblich bleiben zudem die Eigenheiten des jeweiligen nationalen Rechts- und Wirtschaftssystems. Zwar sind die Defizite von Konzepten absoluter Priorität nicht von der Hand zu weisen. Etwa das Erfordernis einer gerichtlichen Unternehmensbewertung, das in zeit- und kostenaufwändigen gerichtlichen Bewertungskonflikten resultieren kann. Der starre, absolute Befriedigungsvorrang schafft Anreize zur strategischen Einflussnahme auf die Unternehmensbewertung und zur Durchführung von fire sales, bei denen zulasten niederrangiger Klassen nicht der maximale Fortführungswert realisiert wird. Letztrangigen Eigenkapitalgebern werden sanierungsfeindliche Verhinderungs- und Holdoutanreize begründet, kooperative Sanierungslösungen unter wertmäßiger Berücksichtigung sämtlicher Kapitalklassen werden erschwert. Zugleich versprechen Systeme absoluter Priorität jedoch signifikante Effizienzgewinne aufgrund einer gesteigerten Vorhersehbarkeit der Wertverteilung ex post und der Möglichkeit zur Errichtung ausdifferenzierter Kapital- und Sicherheitenstrukturen für Marktteilnehmer. Um einem Konzept relativer Priorität unter Effizienzgesichtspunkten den Vorzug zu gewähren, müssen diese Vorteile absoluter Priorität zunächst aufgewogen werden. Die untersuchten Konzepte relativer Priorität US-amerikanischen und europäischen Ursprungs werden dem nicht gerecht.

4.1 Priorität und Unternehmensbewertung

Es gelingt einzelnen Konzepten relativer Priorität, das Erfordernis einer gerichtlichen Unternehmensbewertung zu vermeiden. So etwa dem Optionsmodell von *Baird* für Chapter-11-Verfahren, unter dem höherrangige Forderungen in Eigenkapital gewandelt werden und nachrangige Out-of-the-Money-Gläubiger Call-Optionen erhalten, welche sie zum Erwerb des restrukturierten Eigenkapitals gegen Ablösung ehemals höherrangiger Forderungen berechtigen. Ebenso dem von *Morrison/Casey* entwickelten Optionsmodell für fortführende 363 sales (sale subject to warrants), unter dem niederrangigen Gläubigern wiederum durch Call-Optionen der spätere Zugriff auf den Fortführungswert gegen Ablösung zur Zeit des Verkaufs vorrangigen Fremdkapitals ermöglicht wird. Mit Bedürfnissen der Restrukturierungs- und Sanierungspraxis und nachhaltiger Corporate

Governance sind Optionsmodelle dieser Art jedoch unvereinbar. So schafft die mittel- bis langfristige Trennung von wirtschaftlichem Eigentum und Kontrolle für Gesellschafter Anreize zur Unterinvestition in das mit Call-Optionen belastete Eigenkapital sowie zur Wertextraktion. Ein über den Ausübungspreis der Call-Optionen hinaus generierter Eigenkapitalwert könnte durch die Optionsinhaber vereinnahmt werden. Zugleich würde die risikoorientierte Bepreisung von Fremdfinanzierungen um das Kriterium eines potenziellen mittelfristigen Optionswerts der Forderung im Falle einer Restrukturierung des Schuldners erweitert und damit komplexer sowie zeit- und kostenaufwändiger. Mit der Bestimmung des Ausübungszeitraums würden zugleich neue komplexe und streitanfällige Bewertungsfragen aufgeworfen, womit der konzeptionelle Mehrwert der Optionsmodelle zur Vermeidung von Bewertungsfragen in Frage gestellt wird. Schließlich müssten Informationsasymmetrien zwischen den Gesellschaftern und den Optionsinhabern (jedenfalls im Falle nicht börsennotierter Unternehmen) durch detaillierte Neuregelungen abgemildert werden, um Optionsinhabern eine hinreichende Informationsgrundlage im Umgang mit ihren Call-Optionen zu bieten. Zugleich werden Konfliktpotenziale in den Bereich nach Abschluss des Verfahrens verlagert, anstatt dem Schuldner mit der Planbestätigung eine neue, unbelastete Kapitalstruktur zu geben. Die untersuchten Konzepte relativer Priorität können das Erfordernis einer gerichtlichen Unternehmensbewertung mithin nur unter Inkaufnahme neuer Bewertungsfragen und ungleich komplexerer Fragen der konzeptionellen Gestaltung alternativer Verwertungsmechanismen vermeiden. Vor diesem Hintergrund wird nachvollziehbar, dass sich Konzepte relativer Priorität auf Basis von Optionsmodellen nicht haben etablieren können. Dies gilt besonders für den Kontext deutscher Restrukturierungs- und Insolvenzverfahren, die nicht in ähnlichem Ausmaß wie das US-amerikanische Chapter-11-Verfahren von gerichtlichen Bewertungskonflikten geprägt sind.

4.2 Wertaufholungspotenziale niederrangiger Kapitalpositionen

Das von der ABI Kommission zur Reformierung des Chapter-11-Verfahrens entworfene Modell des Redemption Option Value scheint hingegen umsetzbar und praktikabel, potenziell auch für deutsche Restrukturierungs- und Insolvenzverfahren. Niederrangigen Gläubigern würden nicht tatsächlich Call-Optionen auf das restrukturierte Eigenkapital zugewiesen. Höherrangige Gläubiger hätten allein den Wert einer hypothetischen Call-Option niederrangiger Kapitalpositionen durch einmalige Zahlung auszugleichen. Mit der grundsätzlichen Fortgeltung absoluter Priorität besteht jedoch zugleich das Erfordernis einer

Unternehmensbewertung fort. Die anvisierten Umverteilungseffekte zulasten höherrangiger und zugunsten niederrangiger Klassen sind nicht durch das Anliegen des Ausgleichs temporärer Tiefs in der Unternehmensbewertung zu rechtfertigen. Insbesondere bleibt unbeachtet, dass höherrangige Gläubiger im Falle temporärer Hochs in der Unternehmensbewertung neben einer zu erwartenden Bewertungskorrektur zusätzlich mit der Ausgleichszahlung belastet würden. Die Abkehr vom absoluten Befriedigungsvorrang ließe ferner Beeinträchtigungen des Marktes für Unternehmensfremdfinanzierungen befürchten, dazu nachfolgend näher.

Wertaufholungspotenziale niederrangiger Kapitalpositionen bleiben ferner unter einer Regel relativen Vorrangs nach den Vorgaben der RestRL, die eine „Besserstellung" vorrangiger ablehnender Klassen genügen ließe, erhalten. Zwar erleichtert das Konzept kooperative Sanierungslösungen unter wertmäßiger Berücksichtigung niederrangiger Kapitalklassen. Besonders wiederum der Gesellschafter, welche das schuldnerische Management außerhalb der Insolvenz steuern und damit die Verfahrenseinleitung und -fortführung mittelbar kontrollieren, wodurch die praktische Nutzbarkeit des Verfahrensrahmens potenziell gesteigert werden kann. Wertaufholungspotenziale niederrangiger Kapitalpositionen werden erhalten. Zugleich hat das Merkmal jedoch das Potenzial, die mittleren zu erwartenden Befriedigungsquoten verschiedener Rangklassen einander anzugleichen. Kreditgebern würde – abhängig von der konkreten Ausgestaltung der Prioritätsregel – die Möglichkeit genommen, für den Fall einer Restrukturierung oder Insolvenz beständige Vorrangstellungen zu vereinbaren. Den Richtlinienvorgaben fehlt es zugleich an einer klaren konzeptionellen Begründung.

4.3 Priorität und Unternehmensfremdfinanzierung

Teilnehmer der Fremdfinanzierungsmärkte sind theoretisch in der Lage, sich jedem geltenden Prioritätssystem anzupassen. In der Reflektion der Auswirkungen von Konzepten relativer Priorität auf das Feld der Unternehmensfremdfinanzierung bedarf es eingangs einer grundlegenden Differenzierung. Abzugrenzen sind einerseits relative Prioritätskonzepte, welche einen vollen Befriedigungsvorrang ablehnender liquidationsrechtlicher vorrangiger Klassen vorsehen, wie die Optionsmodelle von *Baird* und *Morrison/Casey*. Andererseits Konzepte, die eine Besserstellung vorrangiger Klassen genügen lassen, etwa die European Relative Priority Rule der europäischen RestRL.

Konzepte der erstgenannten Kategorie sichern liquidationsrechtlich vorrangigen Klassen das Recht auf vorrangige, vollständige Befriedigung und eröffnen darüber hinaus niederrangigen Klassen Wertaufholungspotenziale für den

Zeitraum nach der Restrukturierung. Für Fremdkapitalgeber, welche über den Betrag ihrer Finanzierung hinaus keinen Zugriff auf den Fortführungswert des schuldnerischen Unternehmens haben, folgt daraus unmittelbar keine Erhöhung der Ausfallwahrscheinlichkeit ihrer Investition; ein Werttransfer zu ihren Lasten findet nicht statt. Weitergehend wird ihnen im Fall niederrangiger Fremdkapitalpositionen die Perspektive eröffnet, von einer etwaigen Wertaufholung nach der Restrukturierung zu profitieren. Dabei setzt das von *Baird* entwickelte Modell jedoch eine Umwandlung höherrangigen Fremdkapitals in Eigenkapital voraus, was mit den Interessen und regulatorischen Anforderungen vieler Kreditgeber bereits unvereinbar ist. Gleichsam der Erwerb von Call-Optionen als derivative Instrumente in Bezug auf das restrukturierte Eigenkapital.

Unter der letztgenannten Kategorie von Prioritätsregeln wird darüberhinausgehend der absolute Befriedigungsvorrang vollständig aufgegeben. Abweichend von der starren und vorhersehbaren Befriedigungsfolge absoluter Priorität wird Planerstellern damit ein (möglicherweise weitreichender) diskretionärer Spielraum in der Verteilung des Planmehrwerts eröffnet. Unter derart flexiblen Prioritätsregeln sind für den Restrukturierungs- und Insolvenzfall zu erwartende Befriedigungsquoten bzw. Ausfallrisiken aus Sicht potenzieller Kreditgeber ungleich schwerer zu quantifizieren. Teilnehmern der Fremdkapitalmärkte wird die Möglichkeit genommen, für den Fall einer Restrukturierung oder Insolvenz beständige Vorrangstellungen zu vereinbaren. Das Spektrum von Finanzierungsinstrumenten verschiedener Risikocharakteristika wird verkürzt. Anreize zur Spezialisierung und damit verbundene Effizienzeffekte (Zeit- und Kostenvorteile in der Transaktionsabwicklung, effizientes Monitoring usf.) werden gemindert. Zugleich wird Schuldnern die Möglichkeit genommen, Kreditgebern Prioritätsstellungen einzuräumen oder für künftige Emissionen zu reservieren und damit ihre Kapitalkosten zu optimieren und ihre Chancen auf einen späteren Kapitalzugang zu verbessern. Indem der strikte Vorrang des Fremdkapitals aufgehoben wird, tritt zugleich eine Wertallokation in Richtung des Eigenkapitals ein. Die geminderte mittlere Befriedigungsquote des Fremdkapitals ließe einen Anstieg der Risikozinssätze für Fremdfinanzierungen und eine verminderte Bereitschaft zur Kreditvergabe erwarten.

4.4 Schutz strukturell schwächerer Beteiligtengruppen

Wird die Verteilung des Planmehrwerts schließlich nicht durch die vertraglichen Vereinbarungen und gesetzlichen Regelungen ex ante bestimmt, sondern dem Planersteller ex post anheimgestellt, verschiebt sich zugleich der Wettbewerb um die beste, wertmaximierende Verwertungsart in Richtung eines Wettbewerbs um die Einflussnahme auf die Planerstellung, um der eigenen Kapitalklasse wirtschaftliche Vorteile zu sichern. Den Gesellschaftern als Inhabern gesellschaftsrechtlicher Kontrolle, besonders im vorinsolvenzlichen Bereich, kommt dabei naturgemäß die bedeutendste Einflussstellung zu. Kernanliegen der Effizienz restrukturierungs- und insolvenzrechtlicher Systeme – die vorhersehbare Wertverteilung unabhängig von der Einflussnahme einflussstarker Akteure auf die Plangestaltung – wird nicht mehr entsprochen. Ist ferner keine Symmetrie der Prioritätsregeln in der Liquidation sowie der Fortführung im Planverfahren gewährleistet, sowie zwischen der Restrukturierung außerhalb und in der Insolvenz, bieten sich Anreize für die strategische Nutzung oder Vermeidung des Planverfahrens zur Erzielung divergierender Verteilungseffekte, woraus für Kapitalgeber entsprechende Risiken erwachsen. Werden punktuelle Abweichungen von der absoluten Priorität erwogen, können diese zum Schutz der Klasse, in welcher der verteilungsfähige Planwert bricht, auf einen fixen prozentualen Anteil des Planmehrwerts begrenzt werden. Der übrige Planmehrwert wäre gemäß der absoluten Priorität der höherrangigen Gläubigergruppe gesichert. Zugleich können Abweichungen von der absoluten Priorität davon abhängig gemacht werden, dass begünstigte Gesellschafter der schuldnerischen Gesellschaft (etwa in selber Höhe) zusätzlich frisches Eigenkapital zuführen.

4.5 Fazit

Neben die geminderte Vorhersehbarkeit hinsichtlich der Wertverteilung treten unter relativer Priorität weitere Effekte, die Effizienzverluste gegenüber dem Konzept absoluter Priorität befürchten lassen. Deren Reichweite hängt von der konkreten Ausgestaltung des Konzepts relativer Priorität ab. Zwar bleiben die unmittelbaren Verteilungs- und Anreizwirkungen der Prioritätsregel auf den Fall des klassenübergreifenden Cram Down im Planverfahren beschränkt. Jedoch prägen dessen Regelungen weitergehend auch die Anreizstruktur in der vorgelagerten Phase der Planverhandlungen sowie für vorinsolvenzliche Restrukturierungen sowie im Markt für Unternehmensfremdfinanzierungen.

Die Untersuchung hat gezeigt, dass Konzepte relativer Priorität das viel kritisierte Erfordernis einer gerichtlichen Unternehmensbewertung nur durch Einführung alternativer Verwertungsmechanismen vermeiden können. Dies wiederum nur unter Inkaufnahme neuer Bewertungsfragen und ungleich komplexerer Fragen der konzeptionellen Gestaltung. Zugleich können niederrangigen Kapitalklassen Wertaufholungspotenziale nur unter spiegelbildlicher Belastung höherrangiger Kapitalklassen sowie der Aufgabe klarer und vorhersehbarer Verteilungsmaßstäbe gesichert werden. Die geminderte Vorhersehbarkeit in der

Wertverteilung sowie die Abkehr von der Durchsetzung der wirtschaftlichen Rangvereinbarungen von Marktteilnehmern in Richtung einer diskretionären Wertverteilung durch den Schuldner ließe ferner erhöhte Finanzierungskosten und eine verminderte Kreditvergabebereitschaft befürchten.

Die Vorteile relativer Prioritätskonzepte – maßgeblich die gesteigerte Flexibilität in der Wertverteilung sowie stärkere Anreize in Richtung kooperativer Planlösungen unter Inklusion rangniederer Kapitalklassen – sind nicht in Abrede zu stellen. Jedoch scheinen diese situativen Vorteile ex post mit der relativen Priorität verbundene systemische Fehlanreize ex ante nicht aufzuwiegen. Vor diesem Hintergrund wird es nachvollziehbar, dass restrukturierungs- und insolvenzrechtliche Planverfahren obgleich langanhaltender Kritik international weithin dem Konzept absoluter Priorität mit punktuellen Durchbrechungen dieser folgen.

Übersicht 1
Strukturvergleich Regelungen klassenübergreifender Cram Down

	11 U.S.C. § 1129	§ 245 InsO	Art. 11 RestRL	§§ 26-28 StaRUG
Mindest-zustimmung	**11 U.S.C. § 1129(a)(10)** • Greift der Plan in Gläubigerrechte ein, genügt die Zustimmung einer Klasse von Gläubigern, deren Forderungen unter dem Plan beeinträchtigt werden, 11 U.S.C. § 1129(a)(10).	**§ 245 Abs. 1 Nr. 3 InsO** • Mehrheit der abstimmenden Gruppen. • Daher kein klassenübergreifender Cram Down bei nur zwei Abstimmungsgruppen.	**Art. 11 Abs. 1 UAbs. 1 lit. b) i) und ii) RestRL** Umsetzungsspielraum, entweder: • Alt. 1: Mehrheit der Abstimmungsklassen, sofern mindestens eine dieser Klassen eine Klasse gesicherter Gläubiger ist oder gegenüber der Klasse gewöhnlicher ungesicherter Gläubiger vorrangig ist; oder • Alt. 2: mindestens eine Abstimmungsklasse, die keine Klasse von Anteilsinhabern oder Out-of-the-Money-Gläubigern (bei Fortführungsbewertung des Schuldners) ist (die Mitgliedstaaten dürfen die erforderliche Zahl zustimmender Klassen erhöhen, Erwg. (54)).	**§ 26 Abs. 1 Nr. 3 StaRUG** • Mehrheit der abstimmenden Gruppen; wurden lediglich zwei Gruppen gebildet, genügt die Zustimmung der anderen Gruppe. • Die zustimmenden Gruppen dürfen nicht ausschließlich durch Anteilsinhaber oder nachrangige Restrukturierungsgläubiger gebildet sein.

(Fortsetzung auf nächster Seite)

Fortsetzung

	11 U.S.C. § 1129	§ 245 InsO	Art. 11 RestRL	§§ 26-28 StaRUG
Wertuntergrenze	**Best-Interests-of-Creditors Test, 11 U.S.C. § 1129(a)(7)(A)(ii)** • Keine Schlechterstellung ablehnender Gläubiger und Anteilsinhaber. • Prüfung: von Amts wegen, als allgemeine Voraussetzung der Planbestätigung (daher auch im Fall konsensualer Pläne). • Vergleichsszenario: hypothetische Liquidation im Chapter-7-Verfahren.	**Schlechterstellungsverbot, § 245 Abs. 1 Nr. 1 InsO** • Keine Schlechterstellung ablehnender Gruppen von Gläubigern und Anteilsinhabern gegenüber dem Vergleichsszenario. • Prüfung: von Amts wegen, als Voraussetzung des klassenübergreifenden Cram Down; ausschließlich für nicht-konsensuale Pläne. • Vergleichsszenario: hypothetische Liquidation im Regelinsolvenzverfahren. • Individueller Schutz: Möglichkeit der individuellen Geltendmachung von Verstößen gegen das Schlechterstellungsverbot über Individualrechtsschutz gemäß §§ 251, 253 InsO.	**Kriterium des Gläubigerinteresses, Art. 11 Abs. 1 UAbs. 1 lit. a), 10 Abs. 2 UAbs. 1 lit. d), 2 Abs. 1 Nr. 6 RestRL** • Keine Schlechterstellung ablehnender Gläubiger gegenüber dem Vergleichsszenario. • Prüfung: von Amts wegen, als Voraussetzung des klassenübergreifenden Cram Down; im Fall konsensualer Pläne nur bei diesbezüglicher Beanstandung des Restrukturierungsplans (Art. 10 Abs. 2 UAbs. 2 RestRL). • Vergleichsszenario: Umsetzungsspielraum, entweder (i) hypothetische Liquidation oder (ii) nächstbestes Alternativszenario (Liquidation oder Fortführung), Erwg. (52).	**Schlechterstellungsverbot, § 26 Abs. 1 Nr. 1 StaRUG** • Keine Schlechterstellung ablehnender Gruppen von Gläubigern oder Anteilsinhabern gegenüber dem Vergleichsszenario. • Prüfung: von Amts wegen, als Voraussetzung des klassenübergreifenden Cram Down; ausschließlich für nicht-konsensuale Pläne. • Vergleichsszenario: Liquidation oder Fortführung, innerhalb oder außerhalb der Insolvenz. • Individueller Schutz: Möglichkeit der individuellen Geltendmachung von Verstößen gegen das Schlechterstellungsverbot über Individualrechtsschutz gemäß §§ 64, 66 StaRUG.

	11 U.S.C. § 1129	§ 245 InsO	Art. 11 RestRL	§§ 26-28 StaRUG
Wertobergrenze	**11 U.S.C. § 1129(b)(1), "fair and equitable"** • Kein anderer planbetroffener Gläubiger erhält wirtschaftliche Werte über den vollen Betrag seiner Forderung hinaus.	**§ 245 Abs. 1 Nr. 2, Abs. 2 S. 1 Nr. 1, Abs. 3 Nr. 1 InsO** • Kein Gläubiger erhält wirtschaftliche Werte über den vollen Betrag seiner Forderung hinaus.	**Art. 11 Abs. 1 UAbs. 1 lit. d) RestRL** • Keine Klasse Planbetroffener erhält oder behält unter dem Plan mehr als den vollen Betrag ihrer Forderungen oder Beteiligungen.	**§ 27 Abs. 1 Nr. 1 StaRUG** • Kein anderer planbetroffener Gläubiger erhält wirtschaftliche Werte über den vollen Betrag seiner Forderung hinaus.
Gleichrang	**11 U.S.C. § 1129(b)(1), "does not discriminate unfairly"** • Keine Diskriminierung der ablehnenden Klasse durch ungerechtfertigte (nicht unerhebliche) Besserstellung einer gleichrangigen Klasse. • Geltung weiterer, in der Rechtsprechung entwickelter Kriterien (insb. Markell-Test und Four-Factor-Test).	**§ 245 Abs. 1 Nr. 2, Abs. 2 S. 1 Nr. 3, Abs. 3 Nr. 2 InsO** • Keine Besserstellung mit der ablehnenden Gruppe gleichrangiger Gläubiger oder Gesellschafter.	**Art. 11 Abs. 1 UAbs. 1 lit. c) RestRL** • Keine Besserstellung gleichrangiger, planbetroffener Klassen gegenüber der ablehnenden Klasse.	**§ 27 Abs. 1 Nr. 3 StaRUG** • Keine Besserstellung planbetroffener, gleichrangiger Gläubiger gegenüber der Gruppe ablehnender Gläubiger.

(Fortsetzung auf nächster Seite)

Fortsetzung

	11 U.S.C. § 1129	§ 245 InsO	Art. 11 RestRL	§§ 26-28 StaRUG
Prioritätsregel	**Absolute Priority Rule, 11 U.S.C. § 1129(b)(2)** • Gesicherte Gläubiger: voller wertmäßiger Schutz der Sicherungsrechte gesicherter Gläubiger, § 1129(b)(2)(A). • Ungesicherte Gläubiger/Gesellschafter: Gegenüber einer ablehnenden, nicht voll befriedigten Klasse nachrangige Klassen von Gläubigern oder Anteilsinhabern dürfen unter dem Plan keine wirtschaftlichen Werte behalten oder erhalten, § 1129(b)(2)(B), (C). • Rangverhältnisse: Anknüpfung an die Liquidationsprioritäten im Chapter-7-Verfahren.	**Absolute Vorrangregel, § 245 Abs. 1 Nr. 2, Abs. 2 S. 1 Nr. 2 InsO** • Gegenüber einer ablehnenden, nicht voll befriedigten Gläubigerklasse nachrangige Klassen von Gläubigern oder Anteilsinhabern dürfen unter dem Plan keine wirtschaftlichen Werte behalten oder erhalten. • Rangverhältnisse: Anknüpfung an die Liquidationsprioritäten im Regelinsolvenzverfahren, §§ 38, 39, 199 InsO.	**Regeln des relativen und absoluten Vorrangs, Art. 11 Abs. 1 UAbs. 1 lit. c), Abs. 2 RestRL** • Regel des relativen Vorrangs: „Besserstellung" der ablehnenden Gläubigerklasse gegenüber allen nachrangigen Klassen, Abs. 1 UAbs. 1 lit. c). • Regel des absoluten Vorrangs: Gegenüber einer ablehnenden, nicht voll befriedigten Gläubigerklasse nachrangige Klassen von Gläubigern oder Anteilsinhabern dürfen unter dem Plan keine wirtschaftlichen Werte behalten oder erhalten, Abs. 2 UAbs. 1. • Rangverhältnisse: Anknüpfung an das jeweilige mitgliedstaatliche Recht.	**Absolute Prioritätsregel, § 27 Abs. 1 Nr. 2 StaRUG** • Gegenüber einer ablehnenden, nicht voll befriedigten Gläubigerklasse nachrangige Klassen von Gläubigern oder Anteilsinhabern dürfen unter dem Plan keine wirtschaftlichen Werte behalten oder erhalten. • Rangverhältnisse: Anknüpfung an die insolvenzrechtlichen Liquidationsprioritäten gemäß §§ 38, 39, 199 InsO.

	11 U.S.C. § 1129	§ 245 InsO	Art. 11 RestRL	§§ 26-28 StaRUG
New Value Exception	**11 U.S.C. § 1129(b)(2), "on account of"** • New Value Exception anerkannt in der Rechtsprechung. • Kein Verstoß gegen die Absolute Priority Rule, wenn die Zuweisung wirtschaftlicher Werte an nachrangige Klassen unter dem Plan durch eine vollwertige Gegenleistung in das Vermögen des Schuldners ausgeglichen wird.	**§ 245 Abs. 2 S. 1 Nr. 2 InsO** • Kein Verstoß gegen die Absolute Priority Rule, wenn die Zuweisung wirtschaftlicher Werte an nachrangige Klassen unter dem Plan durch eine vollwertige Gegenleistung in das Vermögen des Schuldners ausgeglichen wird.	Keine Ausführungen zur New Value Exception in der RestRL.	**§ 27 Abs. 1 Nr. 2 StaRUG** • Kein Verstoß gegen die Absolute Priority Rule, wenn die Zuweisung wirtschaftlicher Werte an nachrangige Klassen unter dem Plan durch eine vollwertige Gegenleistung in das Vermögen des Schuldners ausgeglichen wird.

(Fortsetzung auf nächster Seite)

Fortsetzung

	11 U.S.C. § 1129	§ 245 InsO	Art. 11 RestRL	§§ 26-28 StaRUG
Durchbrechungen der Priorität	**Small Business Debtors, 11 U.S.C. § 1191(c)(2)** • Privilegierung für Kleinunternehmen. **Gifting Doctrine** • In der Rechtsprechung entwickelte Privilegierung für konsensuale Werttransfers zwischen gleichrangigen Klassen oder Klassen unterschiedlichen Rangs unter dem Plan.	**§ 245 Abs. 2 S. 2, 3 InsO** • Privilegierung für die Realisierung des Planwerts erfolgskritischer geschäftsführender Gesellschafter.	**Art. 11 Abs. 2 UAbs. 2 RestRL** • Umsetzungsspielraum für die Mitgliedstaaten zur Einführung von Durchbrechungen des absoluten Vorrangs.	**§ 28 StaRUG** • Abs. 1: Abweichungen vom Gleichrang, die nach der Art der zu bewältigenden wirtschaftlichen Schwierigkeiten und nach den Umständen sachgerecht sind; auf die überstimmte Gruppe darf nicht mehr als die Hälfte der Stimmrechte der Gläubiger der betroffenen Rangklasse entfallen. • Abs. 2: Durchbrechungen der absoluten Prioritätsregel, (i) zugunsten für die Realisierung des Planwerts erfolgskritischer Gesellschafter und (ii) geringfügige Eingriffe in Gläubigerrechte.

Literaturverzeichnis

Adler, B., Priority in Going-Concern Surplus, 2015 University of Illinois Law Review (2015), S. 811–816.

ders./Ayres, I., A Dilution Mechanism for Valuing Corporations in Bankruptcy, 111 The Yale Law Journal (2001–2002), S. 83–150.

ders./Triantis, G., Debt Priority and Options in Bankruptcy: A Policy Intervention, 91 American Bankruptcy Law Journal (2017), S. 563–592.

Aghion, P./Hart, O./Moore, J., The Economics of Bankruptcy Reform, in: *O. Blanchard/K. Froot/J. Sachs*, The Transition in Eastern Europe, Volume 2, Chicago (IL, USA) 1994, S. 215–244.

American Bankruptcy Institute (ABI), Commission to Study the Reform of Chapter 11 – Final Report, Alexandria (VA, USA), 2014.

Ayotte, K./Morrison, E., Valuation Disputes in Corporate Bankruptcy, 166 University of Pennsylvania Law Review (2018), S. 1819–1851.

Baird, D., The Uneasy Case for Corporate Reorganizations, 15 The Journal of Legal Studies (1986), S. 127–147.

ders., A World Without Bankruptcy, 50 Law and Contemporary Problems (1987), S. 173–193.

ders., Bankruptcy's Uncontested Axioms, 108 The Yale Law Journal (1998), S. 573–599.

ders., Substantive Consolidation Today, 47 Boston College Law Review (2005), S. 5–22.

ders., Priority Matters: Absolute Priority, Relative Priority, and the Costs of Bankruptcy, 165 University of Pennsylvania Law Review (2017), S. 785–829.

ders./Bernstein, D., Absolute Priority Rule, Valuation Uncertainty, and the Reorganization Bargain, 115 The Yale Law Journal (2006), S. 1930–1970.

ders./Jackson, T., Bargaining after the Fall and the Contours of the Absolute Priority Rule, 55 The University of Chicago Law Review (1988), S. 738–789.

Ballerini, G., The priorities dilemma in the EU preventive restructuring directive: Absolute or relative priority rule?, 30 International Insolvency Review (2021), S. 7–33.

Balthasar S., Unternehmenssanierungen nach dem Schuldverschreibungsgesetz und der Restrukturierungsrichtlinie: eine kritische Analyse, Zeitschrift für das gesamte Handelsrecht & Wirtschaftsrecht (ZHR) 2019, S. 662–694.

Balz, M., Logik und Grenzen des Insolvenzrechts, Zeitschrift für Wirtschaftsrecht (ZIP) 1988, S. 1438–1445.

Baumann, W., Ökonomie und Recht – Ökonomische Effizienzjurisprudenz, Rheinische Notar-Zeitschrift (RNotZ) 2007, S. 297–308.

Baums, T., Recht der Unternehmensfinanzierung, München 2017.

Bayer, W./Schmidt, J., BB-Gesetzgebungs- und Rechtsprechungsreport zum Europäischen Unternehmensrecht 2018/19 – Teil II, Betriebsberater (BB) 2019, S. 2178–2192.

Bebchuk, L., A New Approach to Corporate Reorganizations, 101 Harvard Law Review (1988), S. 775–804.

ders., Ex Ante Costs of Violating Absolute Priority in Bankruptcy, 57 The Journal of Finance (2002), S. 445–460.

ders./Fried, J., The Uneasy Case for the Priority of Secured Claims in Bankruptcy, 105 The Yale Law Journal (1996), S. 857–934.

dies., The Uneasy Case for the Priority of Secured Claims in Bankruptcy: Further Thoughts and a Reply to Critics, 82 Cornell Law Review (1997), S. 1279–1348.

Beck'scher Online-Kommentar Insolvenzrecht, hrsg. v. A. Fridgen/A. Geiwitz/B. Göpfert, 31. Edition, München (zit.: *Bearbeiter*, in: BeckOK, InsR).

Beck'scher Online-Kommentar StaRUG, hrsg. v. D. Skauradszun/A. Fridgen, 8. Aufl., München 2023 (zit.: *Bearbeiter*, in: BeckOK, StaRUG).

Beck'sches Mandatshandbuch Unternehmenskauf, hrsg. v. S. Hettler/R.-C. Stratz/R. Hörtnagl, 2. Aufl., München 2013 (zit.: *Bearbeiter*, in: BeckMandatsHdB Unternehmenskauf).

Beck'sches M&A-Handbuch, hrsg. v. W. Meyer-Sparenberg/C. Jäckle, 2. Aufl., München 2022 (zit.: *Bearbeiter*, in: BeckHdB M&A).

Bieg, T./Borchardt, P.-A./Frind, F. (Hrsg.), Unternehmenssanierung und Betriebsfortführung, München 2021 (zit.: *Bearbeiter*, in: Bieg/Borchardt/Frind, Unternehmenssanierung und Betriebsfortführung).

Black, F./Scholes, M., The Pricing of Options and Corporate Liabilities, 81 The Journal of Political Economy (1973), S. 637–654.

Blum, W., Full Priority and Full Compensation in Corporate Reorganizations, A Reappraisal, 25 The University of Chicago Law Review (1958), S. 417–444.

ders./Kaplan, S., The Absolute Priority Doctrine in Corporate Reorganizations, 41 The University of Chicago Law Review (1974), S. 651–684.

Bonbright, J./Bergerman, M., Two Rival Theories of Priority Rights of Security Holders in Corporate Reorganization, 28 Columbia Law Review (1928), S. 127–165.

Bork, R., Präventive Restrukturierungsrahmen: „Komödie der Irrungen" oder „Ende gut, alles gut"?, Zeitschrift für Wirtschaftsrecht (ZIP) 2017, S. 1441–1450.

ders., Neue Grundfragen des Restrukturierungsrechts, Zeitschrift für Restrukturierung und Insolvenz (ZRI) 2021, S. 345–361.

ders./Hölzle, G. (Hrsg.), Handbuch Insolvenzrecht, 2. Aufl., Köln 2019 (zit.: *Bearbeiter*, in: Bork/Hölzle, HdB-InsR).

Bradley, M./Rosenzweig, M., The Untenable Case for Chapter 11, 101 The Yale Law Journal (1992), S. 1043–1095.

Braun, E. (Hrsg.), *Kommentar Unternehmensstabilisierungs- und -restrukturierungsgesetz (StaRUG)*, 1. Aufl., München 2021 (zit.: *Bearbeiter*, in: Braun, StaRUG).

Bricongne, J.-C./Demertzis, M./Pontuch, P./Turrini, A., Macroeconomic Relevance of Insolvency Frameworks in a High-debt Context: An EU Perspective, European Commission Discussion Paper 32, 2016, online abrufbar unter https://economy-finance.ec.europa.eu/system/files/2020-06/dp032_en.pdf (zuletzt abgerufen am: 24.3.2025).

Brinkmann, M., Wege aus der Insolvenz eines Unternehmens – oder: Die Gesellschafter als Sanierungshindernis, Zeitschrift für Wirtschafts- und Bankrecht (WM) 2011, S. 97–103.

ders., Der präventive Restrukturierungsrahmen als trojanisches Pferd für Finanzinvestoren, Zur Richtlinie (EU) 2019/1023 des Europäischen Parlaments und des Rates v. 20.6.2019, Beilage Neue Zeitschrift für Insolvenz- und Sanierungsrecht (NZI-Beilage) 2019, S. 27–29.

Bris, A./Ravid, A./Sverdlove, R., The Effect of APR Violations on the Seniority and Timing of Debt Issuance, 2008, SSRN: 1106444.

Brockdorff, C./Heintze, C./Rolle, J., „Change of Control" im Planinsolvenzverfahren – verbesserte Chancen für Gesellschafter und Investoren durch das ESUG, Betriebsberater (BB) 2014, S. 1859–1866.

Brünkmans, C., Entwurf eines Gesetzes zur Erleichterung der Bewältigung von Konzerninsolvenzen: Kritische Analyse und Anregungen aus der Praxis, Zeitschrift für Wirtschaftsrecht (ZIP) 2013, S. 193–203.

ders./Thole, C., Handbuch Insolvenzplan, 2. Aufl., Köln 2020 (zit.: *Bearbeiter*, in: Brünkmans/Thole, HdB Insolvenzplan).

Calkins, F., Valuation in Corporate Reorganization, 16 Notre Dame Law Review (1940), S. 18–28.

Carcea, M./Ciriaci, D./ Caballero, C./Lorenzani, D./Pontuch, P., The Economic Impact of Rescue and Recovery Frameworks in the EU, European Commission Discussion Paper 4/2015, 2015, online abrufbar unter https://economy-finance.ec.europa.eu/publications/economic-impact-rescue-and-recovery-frameworks-eu_en (zuletzt abgerufen am: 24.3.2025).

Case II, C./Newton, J., Three Current Issues under US Chapter 11 Law: Plan Sales, Gift Plans and Third Party Releases, International Insolvency Law Review (IILR) 2011, S. 511–544.

Casey, A., The Creditors' Bargain and Option-Preservation Priority in Chapter 11, 78 The University of Chicago Law Review (2011), S. 759–807.

ders., Chapter 11's Renegotiation Framework and the Purpose of Corporate Bankruptcy, 120 Columbia Law Review (2020), S. 1709–1770.

Couwenberg, O./Lubben, S., Solving creditor problems in the twilight zone: Superfluous law and inadequate private solutions, 34 International Review of Law and Economics (2013), S. 61–76.

dies., Essential Corporate Bankruptcy Law, 16 European Business Organization Law Review (2015), S. 39–61.

Cranshaw, F., Schnittstellen zwischen präventivem Restrukturierungsrahmen, Bankenaufsicht und außergerichtlicher Sanierung, Zeitschrift für Wirtschaftsrecht (ZIP) 2020, S. 1269–1280.

Crystal, M./Mokal, R., The Valuation of Distressed Companies — A Conceptual Framework, 2006, SSRN: 877155.

Degenhardt, E., Die Reform des französischen Insolvenzrechts zur Umsetzung der europäischen Restrukturierungsrichtlinie, Annäherung des deutschen und französischen Insolvenzrechts?, Neue Zeitschrift für Insolvenz- und Sanierungsrecht (NZI) 2022, S. 201–205.

Deppenkemper, G., Heute an morgen denken – der Restrukturierungsbeauftragte kommt!, Zeitschrift für Wirtschaftsrecht (ZIP) 2020, S. 1041–1052.

Dick, D., Valuation in Chapter 11 Bankruptcy: The Dangers of an Implicit Market Test, 4 University of Illinois Law Review (2017), S. 1487–1502.

Diem, A./Jahn, C., Akquisitionsfinanzierungen, 4. Aufl., München 2019.

Distler, W., Das Schlechterstellungsverbot gem. § 26 Abs. 1 Nr. 1 StaRUG in Theorie und Praxis, Zeitschrift für Wirtschaftsrecht (ZIP) 2021, S. 1033–1040.

Djankov, S./McLiesh, C./Shleifer, A., Private Credit in 129 Countries, 84 Journal of Financial Economics (2007), S. 299–329.

Drukarczyk, J./Schüler, A., Eröffnungsgründe: drohende Zahlungsunfähigkeit und Überschuldung, Zeitschrift für das gesamte Insolvenz- und Sanierungsrecht (ZInsO) 2017, S. 61–67.

Dynan, K., Is a Household Debt Overhang Holding Back Consumption?, in: Brookings Papers on Economic Activity, Spring 2012, S. 299–362.

Eberhart, A./Senbet, L., Absolute Priority Rule Violations and Risk Incentives for Financially Distressed Firms, 22 Financial Management (1993), S. 101–116.

ders./Weiss, L., The Importance of Deviations from the Absolute Priority Rule in Chapter 11 Bankruptcy Proceedings, 27 Financial Management (1998), S. 106–110.

Eidenmüller, H., Verfahrenskoordination bei Konzerninsolvenzen, Zeitschrift für das gesamte Handels- und Wirtschaftsrecht (ZHR) 2005, S. 528–569.

ders., Was ist ein Insolvenzverfahren?, Zeitschrift für Wirtschaftsrecht (ZIP) 2016, S. 145–151.

ders./Engert, E., Reformperspektiven einer Umwandlung von Fremd- in Eigenkapital (Debt-Equity Swap) im Insolvenzplanverfahren, Zeitschrift für Wirtschaftsrecht (ZIP) 2009, S. 541–554.

Foohey, P., Chapter 11 Reorganization and the Fair and Equitable Standard: How the Absolute Priority Rule Applies to All Nonprofit Entities, 86 St. John's Law Review (2012), S. 31–86.

Flessner, A., Sanierung und Reorganisation (Habil.), Tübingen 1982.

Flöther, L. (Hrsg.), Konzerninsolvenzrecht, 2. Aufl., München 2018 (zit.: *Bearbeiter*, in: Flöther, KonzernInsR).

ders. (Hrsg.), Sanierungsrecht, München 2019 (zit.: *Bearbeiter*, in: Flöther, Sanierungsrecht).

ders. (Hrsg.), StaRUG, München 2021 (zit.: *Bearbeiter*, in: Flöther, StaRUG).

Fölsing, P., Konzerninsolvenz: Gruppen-Gerichtsstand, Kooperation und Koordination, Zeitschrift für das gesamte Insolvenz- und Sanierungsrecht (ZInsO) 2013, S. 413–420.

Friendly, H., Some Comments on the Corporate Reorganization Act, 48 Harvard Law Review (1934), S. 39–81.

Frind, F., Handbuch Restrukturierung in der Insolvenz – Eigenverwaltung und Insolvenzplan, Neue Zeitschrift für Insolvenz- und Sanierungsrecht (NZI) 2019, S. 73.

ders., Insolvenzordnung 2021: Überzeugendes Sanierungsrecht oder Stückwerk?, Zu den insolvenzgesetzlichen Änderungsvorschlägen im RefE eines SanInsFoG, Neue Zeitschrift für Insolvenz- und Sanierungsrecht (NZI) 2020, S. 865–871.

Gardner, H., The SEC and Valuation under Chapter X, 91 University of Pennsylvania Law Review and American Law Register (1942–1943), S. 440–465.

Garrido, J., Out-of-Court Debt Restructuring, World Bank Study, 2012, online abrufbar unter https://documents.worldbank.org/curated/en/417551468159322109/pdf/662320PUB0EPI00turing09780821389836.pdf (zuletzt abgerufen am: 24.3.2025).

ders./DeLong, C./Rasekh, A./Rosha, A., Restructuring and Insolvency in Europe: Policy Options in the Implementation of the EU Directive, IMF Working Paper WP/21/152, 2021, online abrufbar unter https://www.imf.org/en/Publications/WP/Issues/2021/05/27/Restructuring-and-Insolvency-in-Europe-Policy-Options-in-the-Implementation-of-the-EU-50235 (zuletzt abgerufen am: 24.3.2025).

Gertner, R./Scharfstein, D., A Theory of Workouts and the Effects of Reorganization Law, 46 The Journal of Finance (1991), S. 1189–1222.

Gilson, S./Hotchkiss, E./Ruback, R., Valuation of Bankrupt Firms, 13 The Review of Financial Studies (2000), 43–74.

Gottwald, P./Haas, U. (Hrsg.), Insolvenzrechts-Handbuch, 6. Aufl., München 2020 (zit.: *Bearbeiter*, in: Gottwald/Haas, InsR-HdB).

Graulich, T., Substantive Consolidation - A Post-Modern Trend, 14 ABI Law Review (2006), S. 527–566.

Grohsgal, B., How Absolute is the Absolute Priority Rule in Bankruptcy? The Case for Structured Dismissals, 8 William & Mary Business Law Review (2017), S. 439–542.

Hackbarth, D./Mauer, D., Optimal Priority Structure, Capital Structure, and Investment, 25 The Review of Financial Studies (2012), S. 747–796.

Hacker, M./Weber, D., Das StaRUG (Unternehmensstabilisierungs- und -restrukturierungsgesetz) ist in Kraft!, Ablauf und praktische Anwendungsfälle des neuen Restrukturierungsverfahrens, Die Wirtschaftsprüfung (WPg) 2021, S. 258–265.

Harder, P.-B./Lojowksy, M., Der Diskussionsentwurf für ein Gesetz zur Erleichterung der Bewältigung von Konzerninsolvenzen – Verfahrensoptimierung zur Sanierung von Unternehmensverbänden?, Neue Zeitschrift für Insolvenz- und Sanierungsrecht (NZI) 2013, S. 327–332.

Herding, F./Kranz, C., Dutch Scheme und UK Restructuring Plan – Wie gut sind die neuen Sanierungstools?, Zeitschrift für Restrukturierung und Insolvenz (ZRI) 2021, S. 123–129.

Hofmann, M., Der Restrukturierungsplan im künftigen deutschen Restrukturierungsverfahren – Restrukturierungs- vs. Insolvenzplan?, Zur Richtlinie (EU) 2019/1023 des Europäischen Parlaments und des Rates v. 20.6.2019, Beilage Neue Zeitschrift für Insolvenz- und Sanierungsrecht (NZI-Beilage) 2019, S. 22–26.

ders., Vertragsbeendigung nach §§ 49 ff. StaRUG-E – praktisches Sanierungstool oder untaugliches Ungetüm?, Neue Zeitschrift für Insolvenz- und Sanierungsrecht (NZI) 2020, S. 871–874.

Hölzle, G., Konkurrenz von Steuerrecht und Insolvenzrecht, Betriebsberater (BB) 2012, S. 1571–1579.

Huang, B., Absolute Priority, Options, and Bargaining Dynamics in Chapter 11 Reorganizations, 2011, SSRN: 1930404.

Iacobucci, E./Triantis, G., Economic and Legal Boundaries of Firms, 93 Virginia Law Review (2007), S. 515–570.

Jackson, T., Bankruptcy, Non-Bankruptcy Entitlements, and the Creditors' Bargain, 91 The Yale Law Journal (1982), S. 857–907.

ders./Skeel, D., Bankruptcy and Economic Recovery, 476 Faculty Scholarship at Penn Law (7–2013).

Jacoby, F./Madaus, S./Sack, D./Schmidt, H./Thole, C., Evaluierung ESUG, 2018, online abrufbar unter https://www.bmj.de/SharedDocs/Publikationen/DE/Fachpublikationen/2018_ESUG_Evaluierung_Sanierung_Unternehmen.html (zuletzt abgerufen am: 24.3.2025).

ders./Thole, C. (Hrsg.), Unternehmensstabilisierungs- und -restrukturierungsgesetz: StaRUG, München 2023 (zit.: *Bearbeiter*, in: Jacoby/Thole, StaRUG).

Jacoby, M./Janger, E., Ice Cube Bonds: Allocating the Price of Process in Chapter 11 Bankruptcy, 123 The Yale Law Journal (2014), S. 862–947.

Janger, E., The Creditors' Bargain Reconstituted: Comments on Barry Adler's the Creditors' Bargain Revisited, 167 University of Pennsylvania Law Review Online (2019), S. 47–61.

ders./Jacoby, M., Tracing Equity: Realizing and Allocating Value in Chapter 11, 96 Texas Law Review (2018), S. 673–735.

Jesch, T./Striegel, A./Boxberger, L., Rechtshandbuch Private Equity, 2. Aufl., München 2020 (zit.: *Bearbeiter*, in: RechtsHdB Private Equity).

Kaplow, L./Shavell, S., Economic Analysis of Law, National Bureau of Economic Research (NBER) Working Paper 6960 (1999), SSRN: 150860.

Keller, U., Insolvenzrecht, 2. Aufl., München 2020.

Kim, J., Bankruptcy Law Dilemma: Appraisal of Corporate Value and Its Distribution in Corporate Reorganization Proceedings, 29 Northwestern Journal of International Law & Business (2009), S. 119–194.

Klostermann, M., Die absolute und die relative Vorrangregel im Recht der Unternehmensreorganisation (Diss.), Köln 2022.

Klöhn, L./Franke, J., Grund- und Gegenwartsfragen des Sanierungsrechts – Ein Beitrag zu der europäischen Restrukturierungsrichtlinie und dem deutschen SanInsFoG, Zeitschrift für Europäisches Privatrecht (ZEuP) 2022, S. 44–81.

Kluge, M./Wilke, A., Das StaRUG und seine österreichische Nachbarin ReO im Vergleich, Neue Zeitschrift für Insolvenz- und Sanierungsrecht (NZI) 2022, S. 10–15.

Kluth, D./Harder, P.-B./Harig, F./Kunz, D. (Hrsg.), Das neue Restrukturierungsrecht, Baden-Baden 2021 (zit.: *Bearbeiter*, in: Kluth/Harder/Harig/Kunz, Das neue Restrukturierungsrecht).

Korch, S., Insolvenzrecht und Marktgesetze, Eine Standortbestimmung im Angesicht des EU-Kommissionsvorschlags für einen präventiven Restrukturierungsrahmen, Zeitschrift für das gesamte Handels- und Wirtschaftsrecht (ZHR) 2018, S. 440–482.

ders., Restrukturierungsgesellschaftsrecht – Zur Überformung des Gesellschaftsrechts durch den StaRUG-Regierungsentwurf, Neue Zeitschrift für Gesellschaftsrecht (NZG) 2020, S. 1299–1303.

ders., Die Rolle der Gesellschafter im künftigen Restrukturierungsverfahren, Zeitschrift für Wirtschaftsrecht (ZIP) 2020, S. 446–453.

Kübler, B./Bork, R./Prütting, H., HRI II – Handbuch Restrukturierung in der Insolvenz, Eigenverwaltung und Insolvenzplan, 4. Aufl., Köln 2023 (zit.: *Bearbeiter*, in: Kübler/Bork/Prütting, HRI II).

ders./Prütting, H./Bork, R./Jacoby, F. (Hrsg.), InsO – Kommentar zur Insolvenzordnung, 100. EL, Köln 2024 (zitiert: *Bearbeiter*, in: Kübler/Prütting/Bork/Jacoby, InsO).

Lau, B.-A./Schwartz, D., Richtlinie für ein präventives Restrukturierungsverfahren – Analyse und Umsetzungsempfehlungen, Neue Zeitschrift für Gesellschaftsrecht (NZG) 2020, S. 450–457.

Levmore, S./Kanda, H., Explaining Creditor Priorities, 80 Virginia Law Review (1994), S. 2103–2154.

Liedl, F., Absoluter oder relativer Vorrang von Gläubigerklassen im Restrukturierungsrecht (Diss.), Berlin 2021.

Lipson, J., Directors' Duties to Creditors: Power Imbalance and the Financially Distressed Corporation, 50 UCLA Law Review (2003), S. 1189–1258.

ders., The Secret Life of Priority: Corporate Reorganization After *Jevic*, 93 Washington Law Review (2018), S. 631–713.

Longhofer, S., Absolute Priority Rule Violations, Credit Rationing, and Efficiency, 6 Journal of Financial Intermediation (1997), S. 249–267.

ders./Carlstrom, C., Absolute Priority Rule Violations in Bankruptcy, Q4 Economic Review FRB Cleveland (1995), S. 21–30.

LoPucki, L., The Myth of the Residual Owner: An Empirical Study, 82 Washington University Law Quarterly (2004), S. 1341–1374.

Lubben, S., The Overstated Absolute Priority Rule, 21 Fordham Journal of Corporate & Financial Law (2016), S. 581–606.

Madaus, S., Der Insolvenzplan (Habil.), Tübingen 2011.

ders., Keine Reorganisation ohne die Gesellschafter, Von den Grenzen der Gläubigermacht in der Insolvenz, Zeitschrift für Unternehmens- und Gesellschaftsrecht (ZGR) 2011, 749–775.

ders., Leaving the Shadows of US Bankruptcy Law: A Proposal to Divide the Realms of Insolvency and Restructuring Law, 19 European Business Organization Law Review (2018), S. 615–647.

ders., Das Konzerninsolvenzrecht – die Ziele des Gesetzgebers, Beilage Neue Zeitschrift für Insolvenz- und Sanierungsrecht (NZI-Beilage) 2018, S. 4–6.

ders., Is the Relative Priority Rule right for your jurisdiction? A simple guide to RPR, WP 2020-1, 2020, online abrufbar unter https://stephanmadaus.de/wp-content/uploads/2020/01/Is-the-Relative-Priority-Rule-right-for-your-jurisdiction-%E2%80%93-Madaus-WP-2020-1-1.pdf (zuletzt abgerufen am: 24.3.2025).

Malakotipour, M., Deviating from Absolute Priority, University of Amsterdam Conference 24.2.2020 Report, 2020, online abrufbar unter https://acle.uva.nl/events/other-events/other-events.html?cb#anker-conference-deviating-from-absolute-priority-held-on-24-february-2020 (zuletzt abgerufen am: 24.3.2025).

Markell, B., Owners, Auctions, and Absolute Priority in Bankruptcy Reorganizations, 44 Stanford Law Review (1991), S. 69–128.

ders., A New Perspective on Unfair Discrimination in Chapter 11, 72 American Bankruptcy Law Journal (1998), S. 227–263.

McCormack, G./Keay, A./Brown, S./Dahlgreen, J., Study on a new approach to business failure and insolvency, Comparative legal analysis of the Member States' relevant provisions and practices, European Commission, 2016, online abrufbar unter https://op.europa.eu/en/publication-detail/-/publication/3eb2f832-47f3-11e6-9c64-01aa75ed71a1/language-en (zuletzt abgerufen am: 24.3.2025).

Meckling, W., Financial Markets, Default, and Bankruptcy: The Role of the State, 41 Law and Contemporary Problems (1977), S. 13-38.

Modigliani, F./Miller, M., The Cost of Capital, Corporation Finance and the Theory of Investment, 48 The American Economic Review (1958), S. 261–297.

Morgen, C. (Hrsg.), StaRUG, 2. Aufl., Köln 2022 (zit.: *Bearbeiter*, in: Morgen, StaRUG).

Morrison, E., Economics of Bankruptcy, Cheltenham (UK), 2013.

ders./Casey, A., Beyond Options, Columbia Law & Economics Working Paper No. 551 (2016), online abrufbar unter https://scholarship.law.columbia.edu/cgi/viewcontent.cgi?article=3287&context=faculty_scholarship (zuletzt abgerufen am: 24.3.2025).

Moyer, S., Distressed Debt Analysis: Strategies for Speculative Investors, Plantation (FL, USA) 2005.

Müller, H.-F., Die Umsetzung der EU-Richtlinie über präventive Restrukturierungsrahmen, Zeitschrift für Wirtschaftsrecht (ZIP) 2020, S. 2253–2259.

Münchener Kommentar StaRUG, hrsg. v. R. Stürner/H. Eidenmüller/H. Schoppmeyer/S. Madaus, München 2023 (zit.: *Bearbeiter*, in: MüKo, StaRUG).

Münchener Kommentar zur Insolvenzordnung: InsO, hrsg. v. R. Stürner/H. Eidenmüller/H. Schoppmeyer, 4. Aufl., München 2019/2020 (zit. *Bearbeiter*, in: MüKo, InsO).

Myers, S., Determinants of Corporate Borrowing, 5 Journal of Financial Economics (1977), S. 147–175.

Pachulski, I., The Cram Down and Valuation under Chapter 11 of the Bankruptcy Code, 58 North Carolina Law Review (1980), S. 925–965.

Pannen, K./Riedemann, S./Smid, S. (Hrsg.), Unternehmensstabilisierungs- und -restrukturierungsgesetz (StaRUG), 1. Aufl., München 2021 (zit.: *Bearbeiter*, in: Pannen/Riedemann/Smid, StaRUG).

Pape, G./Reichelt, D./Schultz, V./Voigt-Salus, J., Insolvenzrecht, 3. Aufl., München 2022 (zit.: *Bearbeiter*, in: Pape/Reichelt/Schultz/Voigt-Salus, InsR).

Parzinger, J., Der Vorrang für neues Geld nach der Restrukturierungsrichtlinie, Zeitschrift für Wirtschaftsrecht (ZIP) 2019, S. 1748–1759.

Paulus, C., Die Insolvenzrechtsreform und der Schutz gesicherter Gläubiger, Zeitschrift für Wirtschaftsrecht (ZIP) 1985, S. 1449–1460.

ders., StaRUG und die Internationalität Deutschen Rechts, Zeitschrift für Wirtschaftsrecht (ZIP) 2020, S. 2363.

ders./Dammann, R. (Hrsg.), European Preventive Restructuring, München 2021 (zit.: *Bearbeiter*, in: Paulus/Dammann, European Preventive Restructuring).

Povel, P., Optimal "Soft" or "Tough" Bankruptcy Procedures, 15 The Journal of Law, Economics & Organization (1999), S. 659–684.

Proske, S./Streit, G., Rettende Restrukturierung durch Rechtsrahmen? Lob und Kritik zum Regierungsentwurf des StaRUG, Neue Zeitschrift für Insolvenz- und Sanierungsrecht (NZI) 2020, S. 969–975.

Rasmussen, R., An Essay on Optimal Bankruptcy Rules and Social Justice, 1994 University of Illinois Law Review (1994), S. 1–43.

ders., A New Approach to Transnational Insolvencies, 19 Michigan Journal of International Law (1997), S. 1–36.

Ravid, A./Sverdlove, R./Bris, A./Coiculescu, G., Conflicts in Bankruptcy and the Sequence of Debt Issues, 50 Journal of Financial and Quantitative Analysis (2015), S. 1353–1388.

Rendels D./Zabel, K., Insolvenzplan, 2. Aufl., Köln 2015.

Richter, T./Thery, A., INSOL Europe Guidance Note on the Implementation of Preventive Restructuring Frameworks under EU Directive 2019/1023 – Claims, Classes, Voting, Confirmation and the Cross-Class Cram-Down, 2020, online abrufbar unter https://www.insol-europe.org/publications/guidance-notes (zuletzt abgerufen am: 24.3.2025).

Ringelspacher, E./Fehl-Weileder, E., Die Vergleichsrechnung: Streitfragen und Erfahrungen oder Business as usual, Zeitschrift für Restrukturierung und Insolvenz (ZRI) 2022, S. 210–214.

Roe, M./Tung, F., Breaking Bankruptcy Priority: How Rent-Seeking Upends the Creditors' Bargain, 99 Virginia Law Review (2013), S. 1236–1290.

Röhl, K., Allgemeine Rechtslehre, 2. Aufl., Köln 2001.

Römermann, V. (Hrsg.), Insolvenzordnung (InsO), 49. EL, München 2024 (zit.: *Bearbeiter*, in: Römermann, InsO).

Ruback, R., Capital Cash Flows: A Simple Approach to Valuing Risky Cash Flows, 31 Financial Management (2002), S. 85–103.

Rusch, L., The New Value Exception to the Absolute Priority Rule in Chapter 11 Reorganizations: What Should the Rule Be?, 19 Pepperdine Law Review (1992), S. 1311–1336.

Schäfer, C., Einbeziehung der Gesellschafter in ein vorinsolvenzliches Restrukturierungsverfahren?, Zeitschrift für Wirtschaftsrecht (ZIP) 2019, S. 1645–1649.

ders., Zur Einbeziehung der Gesellschafter in ein vorinsolvenzliches Restrukturierungsverfahren nach dem Regierungsentwurf eines „StaRUG", Zeitschrift für Wirtschaftsrecht (ZIP) 2020, S. 2164–2168.

Schluck-Amend, A./Hacker, M., Revolution der vorinsolvenzlichen Unternehmenssanierung?, Das Europäische Parlament hat die Restrukturierungsrichtlinie verabschiedet, Die Wirtschaftsprüfung (WPg) 2019, S. 737–744.

Schmidt, A. (Hrsg.), Hamburger Kommentar zum Insolvenzrecht, 9. Aufl., Alphen aan den Rijn (Niederlande) 2021 (zit.: *Bearbeiter*, in: HambKomm, InsO).

Schmidt, H., Der Richtlinienvorschlag für präventive Restrukturierungsrahmen aus Bankensicht, Zeitschrift für Wirtschafts- und Bankrecht (WM) 2017, S. 1735–1744.

Schmidt, J., Anmerkung LG Stade, Beschluss vom 20.12.2017 – 7 T 151/17, Neue Zeitschrift für Insolvenz- und Sanierungsrecht (NZI) 2019, 31–33.

Schmidt, K., Schöne neue Sanierungswelt: Die Gläubiger okkupieren die Burg!, Zeitschrift für Wirtschaftsrecht (ZIP) 2012, S. 2085–2088.

ders. (Hrsg.), Insolvenzordnung, 20. Aufl., München 2023 (zit.: *Bearbeiter*, in: K. Schmidt, InsO).

Schulte Roth & Zabel, "Redemption Option Value": Mandatory Distributions to Out-of-the-Money Stakeholders, 2015, online abrufbar unter https://www.srz.com/images/content/6/9/v2/69655/020515-Redemption-Option-Value-Mandatory-Distributions-to-Out-of.pdf (zuletzt abgerufen am: 24.3.2025).

Schüler, A./Dirschedl, C., Die Betriebswirtschaft (DBW) 2016, S. 353-375.

Schwartz, A., The Absolute Priority Rule and the Firm's Investment Policy, 72 Washington University Law Quarterly (1994), S. 1213–1229.

ders., A Contract Theory Approach to Business Bankruptcy, 107 The Yale Law Journal (1998), S. 1807–1851.

ders., Bankruptcy Contracting Reviewed, 109 The Yale Law Journal (1999), S. 343–364.

ders., A Normative Theory of Business Bankruptcy, 91 Virginia Law Review (2005), S. 1199–1265.

Sester, P., Plädoyer gegen ein materielles Konzerninsolvenzrecht, Zeitschrift für Wirtschaftsrecht (ZIP) 2005, S. 2099–2101.

Seymour, J./Schwarcz, S., Corporate Restructuring under Relative and Absolute Priority Default Rules: A Comparative Assessment, 1 University of Illinois Law Review (2021), S. 1–36.

Siemon, K./Harder, P.-B., Die Evaluation des Chapter 11 und des deutschen Eigenverwaltungsverfahrens, Neujustierung des deutschen Eigenverwaltungsverfahrens nach Erfahrungen aus den USA?, Neue Zeitschrift für Insolvenz- und Sanierungsrecht (NZI) 2016, S. 434–440.

Silverman, P., Chapter 11 Law Revisions Being Considered Vast Reform Report with Condensed Insightful Comments, International Insolvency Law Review (IILR) 2015, S. 123–144.

Skauradszun, D., Neuralgische Punkte der Restrukturierungsverfahren nach dem StaRUG, Zeitschrift für Restrukturierung und Insolvenz (ZRI) 2020, S. 625–635.

ders., Die Vergleichsrechnung nach § 220 Abs. 2 InsO n.F., Zeitschrift für Wirtschaftsrecht (ZIP) 2021, S. 1091–1095.

Skeel D./Triantis G., Bankruptcy's Uneasy Shift to a Contract Paradigm, 166 University of Pennsylvania Law Review (2018), S. 1777–1817.

Smid, S., Thesen zu Kreditsicherheiten in Insolvenz, übertragender Sanierung und Reorganisation, Zeitschrift für Wirtschafts- und Bankrecht (WM) 2002, S. 1033–1037.

Sontchi, C., Valuation Methodologies: A Judge's View, 20 ABI Law Review (2012), S. 1–16.

Spahlinger, A., Die Rolle der Gesellschafter im Restrukturierungsverfahren Gestaltungsspielräume des deutschen Gesetzgebers, Einflussmöglichkeiten, Chancen und Risiken für die Gesellschafter, Zur Richtlinie (EU) 2019/1023 des Europäischen Parlaments und des Rates v. 20.6.2019, Beilage Neue Zeitschrift für Insolvenz- und Sanierungsrecht (NZI-Beilage) 2019, S. 69–71.

Sprayregen, J./Friedland, J./Gettleman, J., The Sum and Substance of Substantive Consolidation, Annual Survey of Bankruptcy Law, 2005, online abrufbar unter https://www.kirkland.com/-/media/publications/article/2005/12/the-sum-and-substance-of-substantive-consolidation/2005-asbl-sprayregen-friedland-gettlemean.pdf (zuletzt abgerufen am: 24.3.2025).

Stahlschmidt, J., Anmerkung zu AG Hamburg: „Gerichtliche Bestätigung eines Restrukturierungsplans nach StaRUG trotz fehlender Dreiviertel-Mehrheit in einer Gläubigergruppe", Entscheidungen zum Wirtschaftsrecht (EWiR) 2021, S. 440–442.

Stanghellini, L./Mokal, R./Paulus, C./Tirado, I., Best Practices in European Restructuring, 2018, online abrufbar unter https://www.codire.eu/wp-content/uploads/2018/11/Stanghellini-Mokal-Paulus-Tirado-Best-practices-in-European-restructuring.-Contractualised-distress-resolution-in-the-shadow-of-the-law-2018-1.pdf (zuletzt abgerufen am: 24.3.2025).

Stein, Kommentar bei *Aghion, P./Hart, O./Moore, J.*, The Economics of Bankruptcy Reform, in: *O. Blanchard/K. Froot/J. Sachs*, The Transition in Eastern Europe, Volume 2, Chicago (IL, USA) 1994, S. 215–244.

Stiglitz, J./Weiss, A., Credit Rationing in Markets with Imperfect Information, 71 The American Economic Review (1981), S. 393–410.

Tan, G./Lambrecht, M., Die Quotenvergleichsrechnung im Insolvenzplan als Instrument der Interessenverfolgung, Neue Zeitschrift für Insolvenz- und Sanierungsrecht (NZI) 2019, S. 249–255.

Tashiro, A., Das StaRUG im Vergleich zum Restructuring Plan – dem neuen „Super-Scheme", Beilage Neue Zeitschrift für Insolvenz- und Sanierungsrecht (NZI-Beilage) 2021, S. 77–79.

Thole, C., Der Debt Equity Swap bei der Restrukturierung von Anleihen, Zeitschrift für Wirtschaftsrecht (ZIP) 2014, S. 2365–2374.

ders., Der Richtlinienvorschlag zum präventiven Restrukturierungsrahmen, Zeitschrift für Wirtschaftsrecht (ZIP) 2017, S. 101–112.

ders., Was kann das Insolvenzrecht leisten?, Konkurs, Treuhand, Sanierung (KTS) 2019, S. 289–305.

ders., Der Entwurf des Unternehmensstabilisierungs- und restrukturierungsgesetzes (StaRUG-RefE), Zeitschrift für Wirtschaftsrecht (ZIP) 2020, S. 1985–2000.

Tirole, J., The Theory of Corporate Finance, Princeton (NJ, USA) 2006.

Townsend, R., Optimal Contracts and Competitive Markets with Costly State Verification, 21 Journal of Economic Theory (1979), S. 265–293.

Trujillo, B., Patterns in a Complex System: An Empirical Study of Valuation in Business Bankruptcy Cases, 53 UCLA Law Review (2005), S. 356–404.

Uhlenbruck, W., Konzerninsolvenzrecht über einen Insolvenzplan?, Neue Zeitschrift für Insolvenz- und Sanierungsrecht (NZI) 1999, S. 41–44.

ders. (Hrsg.), Insolvenzordnung: InsO, 16. Aufl., München 2023 (zit.: *Bearbeiter*, in: Uhlenbruck, InsO).

UNCITRAL, Legislative Guide on Insolvency Law (2005), online abrufbar unter https://uncitral.un.org/sites/uncitral.un.org/files/media-documents/uncitral/en/05-80722_ebook.pdf (zuletzt abgerufen am: 24.3.2025).

v. Towfigh, E./Petersen, N. (Hrsg.), Ökonomische Methoden im Recht, 3. Aufl., Tübingen 2023 (zit.: *Bearbeiter*, in: v. Towfigh/Petersen, Ökonomische Methoden im Recht).

Wang, D., Loan-to-Own (Diss.), Tübingen 2022 (eigene Veröffentlichung).

Wang, H.-J., Symmetrical Information and Credit Rationing: Graphical Demonstrations, 56 Financial Analysts Journal (2000), S. 85–95.

Warren, E., Bankruptcy Policy, 54 The University of Chicago Law Review (1987), S. 775–814.

dies., Bankruptcy Policymaking in an Imperfect World, 92 Michigan Law Review (1993), S. 336–387.

Wegen, G./Spahlinger, A./Barth, M. (Hrsg.), Gesellschaftsrecht des Auslands, 6. Aufl., München 2023 (zit.: *Bearbeiter*, in: Wegen/Spahlinger/Barth, GesellschaftsR des Auslands).

de Weijs, R./Jonkers, A./Malakotipour, M., The Imminent Distortion of European Insolvency Law: How the European Union Erodes the Basic Fabric of Private Law by Allowing 'Relative Priority' (RPR), Amsterdam Law School Legal Studies Research Paper No. 2019-10, 2019, SSRN: 3350375.

ders./Wessels, B., Proposed Recommendations for the Reform of Chapter 11 U.S. Bankruptcy Code, Centre for the Study of European Contract Law Working Paper Series No. 2015-05, 2015, SSRN: 2595577.

Weston, F., Some Economic Fundamentals for an Analysis of Bankruptcy, 41 Law and Contemporary Problems (1977), S. 47–65.

Westpfahl, L./Liedl, F., Priorität im Restrukturierungsrecht, in: G. Bitter/H. Haarmeyer/G. Pape (Hrsg.), Festschrift für Markus Gehrlein, Köln 2022, S. 589–608.

White, J., Absolute Priority and New Value, 8 Thomas M. Cooley Law Review (1991), S. 1–31.

White, M., The Corporate Bankruptcy Decision, 3 Journal of Economic Perspectives (1989), S. 129–151.

dies., Economic Analysis of Corporate and Personal Bankruptcy Law, National Bureau of Economic Research (NBER) Working Paper 11536, 2005, SSRN: 779946.

Widen, W., Corporate Form and Substantive Consolidation, 75 The George Washington Law Review (2007), S. 237–328.

Wilkens, J., Der präventive Restrukturierungsrahmen, Zeitschrift für Wirtschafts- und Bankrecht (WM) 2021, S. 573–585.

Wittig, A., Obstruktionsverbot und Cram Down, Zeitschrift für das gesamte Insolvenz- und Sanierungsrecht (ZInsO) 1999, S. 373–379.

World Bank Group, A Toolkit for Out-of-Court Workouts, 2016, online abrufbar unter https://documents1.worldbank.org/curated/en/851561511964075432/pdf/121753-WP-PUBLIC-OCWToolkitFINALENGLISHWEB.pdf (zuletzt abgerufen am: 24.3.2025).

dies., Principles for Effective Insolvency and Creditor/Debtor Regimes, 2021, abrufbar unter https://documents1.worldbank.org/curated/en/391341619072648570/pdf/Principles-for-Effective-Insolvency-and-Creditor-and-Debtor-Regimes.pdf (zuletzt abgerufen am: 24.3.2025).

Wörle, K., Vorinsolvenzliche Restrukturierung durch Kapitalmaßnahmen in Österreich, Deutschland und den USA, Zeitschrift für Europarecht, Internationales Privatrecht und Rechtsvergleichung (ZfRV) 2022, S. 32–46.

Schriften zum Controlling, Finanz- und Risikomanagement

Herausgegeben von Prof. Dr. Andreas Brieden, Prof. Dr. Thomas Hartung, Prof. Dr. Bernhard Hirsch und Prof. Dr. Andreas Schüler

In den „Schriften zum Controlling, Finanz- und Risikomanagement" werden Forschungsberichte aus dem Bereich der Betriebswirtschaftslehre veröffentlicht. Die Reihe umfasst die Gebiete der Revision, Bewertung, Finanzierung und Investition. Herausgegeben wird die Reihe von Professoren für Betriebswirtschaftslehre der Universität der Bundeswehr.

Band 1 Patrick Siklóssy: Vergleich der Durchführungswege der betrieblichen Altersversorgung aus Eigentümer- und Arbeitnehmersicht. 2009.

Band 2 Simon Krotter: Performance-Messung, Erwartungsänderungen und Analystenschätzungen. Theoretische Konzeption und empirische Umsetzung. 2009.

Band 3 Hans-Jürgen Straßer: DCF-Bewertung von Versicherungsunternehmen. 2009. Band 4 Bernhard Christian Kübler: Risk Classification by Means of Clustering. 2010.

Band 5 Benjamin Asche: Jahresabschlussanalyse und Bilanzpolitik von Schaden-/Unfallver- sicherern. Änderungen aufgrund von IFRS 4 Phase II Insurance Contracts: ED/2010/8. 2012.

Band 6 Matthias Schoen: Vertrauen und Kreditentscheidungen. Eine empirische Analyse zum Einfluss von Vertrauen in Kreditbeziehungen zwischen öffentlichen Banken und kleinen und mittelständischen Unternehmen. 2013.

Band 7 Thomas Bornemann: Verschmelzungsverhältnisse. Eine ökonomische Analyse unter besonderer Berücksichtigung der deutschen Rechtsprechung. 2013.

Band 8 Frank Angermann: Die Bilanzierung von Alternativen Risikotransferinstrumenten nach HGB und IFRS. 2015.

Band 9 David Müller: Die Ausschüttungspolitik europäischer Unternehmen. Eine empirische Untersuchung. 2015.

Band 10 Carlo Dirschedl: Maßnahmen finanzieller Restrukturierung. Rahmenbedingungen, Bewertung und Ausgestaltung am Beispiel von Debt Equity Swaps. 2015.

Band 11 Ephraim Robbe: Geschäftsprozessorientiertes Risikomanagement in komplexen Systemen der maritimen Containerlogistik. 2015.

Band 12 Lothar Weiß: Zur Legitimation alternativer Annahmen der Finanzierungspolitik in der Unternehmensbewertung. 2022.

Band 13 Sean Wiesinger: Der Einfluss des Credit Ratings auf den Unternehmenswert. Eine konzeptionelle und empirische Analyse. 2022.

Band 14 Sebastian Karl Wünsche: Zur Sanierung von Krisenunternehmen. Eine empirische Analyse der Anwendung finanzwirtschaftlicher Sanierungsmaßnahmen und ihrer Erfolgsdeterminanten. 2025 (in Vorbereitung)

Band 15 Donatus Wang: Priorität von Kapitalpositionen. Eine rechtsökonomische Untersuchung restrukturierungs- und insolvenzrechtlicher Prioritätssysteme. 2025

www.ingramcontent.com/pod-product-compliance
Ingram Content Group UK Ltd.
Pitfield, Milton Keynes, MK11 3LW, UK
UKHW021821290926
8980IPUK00004B/196

9 783631 923573